독일외교문서
한 국 편
1874~1910

5

이 저서는 2017년 대한민국 교육부와 한국학중앙연구원(한국학진흥사업단)의 한국학 분야 토대연구지원사업의 지원을 받아 수행된 연구임 (AKS-2017-KFR-1230002)

This work was supported by Korean Studies Foundation Research through the Ministry of Education of the Republic of Korea and Korean Studies Promotion Service of the Academy of Korean Studies (AKS-2017-KFR-1230002)

■ 독일학총서 Bibliothek der Germanistik ■

독일외교문서 한국편

1874~1910

5

고려대학교 독일어권문화연구소 편

보고사
BOGOSA

개항기 한국 관련
독일외교문서 번역총서 발간에 부쳐

1. 본 총서에 대하여

본 총서는 고려대학교 독일어권문화연구소가 한국학중앙연구원에서 시행하는 토대사업(2017년)의 지원을 받아 3년에 걸쳐 출간하는 작업의 두 번째 결과물이다. 해당 프로젝트 〈개항기 한국 관련 독일외교문서 탈초·번역·DB 구축〉은 1866년을 전후한 한－독 간 교섭 초기부터 1910년까지의 한국 관련 독일 측 외교문서 9,902면을 탈초, 번역, 한국사 감교 후 출판하고, 동시에 체계적인 목록화, DB 구축을 통해 온라인 서비스 토대를 마련함으로써 관련 연구자 및 관심 있는 일반인에게 제공하기 위한 것이다. 본 프로젝트의 의의는 개항기 한국에서의 독일의 역할과 객관적인 역사의 복원, 한국사 연구토대의 심화·확대, 그리고 소외분야 연구 접근성 및 개방성 확대라는 측면에서 찾을 수 있다.

이번 우리 연구소가 국역하여 공개하는 독일외교문서 자료는 한국근대사 연구는 물론이고 외교사, 한독 교섭사를 한 단계 끌어올릴 수 있는 중요한 일차 사료들이다. 그러나 이 시기의 해당 문서는 모두 전문가가 아닌 경우 접근하기 힘든 옛 독일어 필기체로 작성되어 있어 미발굴 문서는 차치하고 국내에 기수집된 자료들조차 일반인은 물론이고 국내 전문연구자의 접근성이 극히 제한되어 있는 상황이다. 이런 상황에서 우리의 프로젝트가 성공적으로 마무리된다면 절대적으로 부족한 독일어권 연구 사료를 구축하여, 균형 잡힌 개항기 연구 토대를 마련하고, 연구 접근성과 개방성, 자료 이용의 효율성을 제고함과 동시에 한국사, 독일학, 번역학, 언어학 전문가들의 학제 간 협동 연구를 촉진하는 중요한 계기가 될 것이다.

2. 정치적 상황

오늘날 우리는 전 지구적 세계화가 가속화되고 있는 상황 속에 살고 있다. '물결'만으로는 세계화의 속도를 따라잡을 수 없게 되었다. 초연결 사회의 출현으로 공간과 시간,

그리고 이념이 지배하던 지역, 국가 간 간극은 점차 줄어들고 있다. 그렇다고 국가의 개념이 사라지는 것은 아니다. 오히려 국가는 국민을 안전하게 보호하고 대외적으로 이익을 대변해야 하는 역할을 이런 혼란스러운 상황 속에서 더욱 성실히 이행해야 하는 사명을 갖는다.

한국을 둘러싼 동아시아 국제정세는 빠르게 변화하고 있다. 지난 2년 사이에 남북한 정상은 두 번의 만남을 가졌고, 영원히 만나지 않을 것 같던 북한과 미국의 정상 역시 싱가포르에 이어 하노이에서 역사적 회담을 진행하였다. 한반도를 둘러싼 오랜 적대적 긴장 관계가 완화되고 화해와 평화의 분위기가 조성된 것이다.

하지만 한반도에 완전한 평화가 정착되었다고 단언하기란 쉽지 않다. 휴전선을 둘러싼 남북한의 군사적 대치 상황은 여전히 변한 것이 없다. 동아시아에서의 주변 강대국의 패권 경쟁 또한 현재 진행형이다. 즉 한반도 평화 정착을 위해서는 한국, 북한, 미국을 비롯해서 중국, 러시아, 일본 등 동아시아 정세에 관여하는 국가들의 다양하고 때로는 상충하는 이해관계들을 외교적으로 세밀하게 조정할 필요가 있다.

한국은 다양한 국가의 복잡한 이해관계를 어떻게 조정할 것인가? 우리 프로젝트 팀은 세계화의 기원이라 할 수 있는 19세기 말에서 20세기 초 한반도의 시공간에 주목하였다. 이 시기는 통상 개항기, 개화기, 구한말, 근대 초기로 불린다. 증기기관과 증기선 도입, 철도 부설, 그 밖의 교통 운송 수단의 발달로 인해서 전 세계가 예전에 상상할 수 없을 정도로 가까워지기 시작하던 때였다. 서구 문물의 도입을 통해서 한국에서는 서구식 근대적 발전이 모색되고 있었다.

또 한편으로는 일본뿐만 아니라 청국, 그리고 서구 열강의 제국주의적 침탈이 진행되었던 시기였다. 한국 문제에 관여한 국가들은 동아시아에서 자국의 이익을 유지, 확대하려는 목적에서 끊임없이 경쟁 혹은 협력하였다. 한국 역시 세계화에 따른 근대적 변화에 공감하면서도 외세의 침략을 막고 독립을 유지하려는 데에 전력을 기울였다. 오늘날 세계화와 한국 관련 국제 정세를 이해하기 위해서는 무엇보다 그 역사적 근원인 19세기 후반에서 20세기 초반의 상황을 알아야 한다. 이에 본 연구소에서는 개항기 독일외교문서에 주목하였다.

3. 한국과 독일의 관계와 그 중요성

오늘날 한국인에게 독일은 친숙한 국가이다. 1960~70년대 약 18,000여 명의 한국인은 낯선 땅 독일에서 광부와 간호사로 삶을 보냈다. 한국인들이 과거사 반성에 미흡한 일본을 비판할 때마다 내세우는 반면교사의 대상은 독일이다. 한때는 분단의 아픔을 공유하기도 했으며, 통일을 준비하는 한국에 타산지석의 대상이 되는 국가가 바로 독일이다. 독일은 2017년 기준으로 중국과 미국에 이어 한국의 세 번째로 큰 교역 국가이기도 하다.

한국인에게 독일은 이웃과도 같은 국가이지만, 정작 한국인들은 독일 쪽에서는 한국을 어떻게 인식하고 정책을 추진하는지 잘 알지 못한다. 그 이유는 독일이 한반도 국제정세에 결정적인 역할을 끼쳐온 국가가 아니기 때문이다. 오늘날 한국인에게는 미국, 중국, 일본, 러시아가 현실적으로 중요하기에, 정서상으로는 가까운 독일을 간과하는 것이 아닐까 하는 생각이 든다.

그렇다면 우리는 독일을 몰라도 될까? 그렇지 않다. 독일은 EU를 좌우하는 핵심 국가이자, 세계의 정치, 경제, 사회, 문화를 주도하는 선진국이자 강대국이다. 독일은 유럽뿐만 아니라 동아시아를 비롯한 전 세계의 동향을 종합적으로 고려하는 가운데 한국을 인식하고 정책을 시행한다. 독일의 대한정책(對韓政策)은 전 지구적 세계화 속에서 한국의 위상을 보여주는 시금석과 같다.

세계화의 기원인 근대 초기도 지금과 상황이 유사하였다. 미국, 영국에 이어서 한국과 조약을 체결한 서구 열강은 독일이었다. 청일전쟁 직후에는 삼국간섭을 통해서 동아시아 진출을 본격화하기도 했다. 하지만 당시 동아시아에서는 영국, 러시아, 일본, 청국, 그리고 미국의 존재감이 컸다. 19세기 말에서 20세기 초 한반도를 둘러싼 국제정세에서 독일이 차지하는 위상은 상대적으로 높지 않았다.

하지만 당시 독일은 동아시아 정세의 주요 당사국인 영국, 러시아, 일본, 청국, 미국 등의 인식과 정책 관련 정보를 집중적으로 수집하고 종합적으로 분석하였다. 세계 각국의 동향을 종합적으로 판단한 과정에서 독일은 한국을 평가하고 이를 정책으로 구현하고자 했다.

그렇기 때문에 개항기 한국 관련 독일외교문서는 의미가 남다르다. 독일외교문서에는 독일의 한국 인식 및 정책뿐만 아니라, 한국 문제에 관여한 주요 국가들의 인식과 대응들이 담겨 있는 보고서들로 가득하다. 독일은 자국 내 동향뿐만 아니라 세계 각국의 동향을 고려하는 과정에서 한국을 인식, 평가하고 정책화하였다. 그렇기에 독일외교문서는 유럽 중심에 위치한 독일의 독특한 위상과 전 지구적 세계화 속에서 세계 각국이 한국을 이해한 방식의 역사적 기원을 입체적으로 추적하기에 더할 나위 없이 좋은 자료인 것이다.

4. 이번 번역총서 작업과정에 대해

1973년 4월 4일, 독일과의 본격적인 교류를 위하여 〈독일문화연구소〉라는 이름으로 탄생을 알리며 활동을 시작한 본 연구소는 2003년 5월 15일 자로 〈독일어권문화연구소〉

로 명칭을 바꾸고 보다 폭넓은 학술 및 연구를 지향하여 연구원들의 많은 활동을 통해, 특히 독일어권 번역학 연구와 실제 번역작업에 심혈을 기울여 왔다. 이번에 본 연구소에서 세상에 내놓는 4권의 책은 모두(冒頭)에서 밝힌 대로 2017년 9월부터 시작한, 3년에 걸친 한국학중앙연구원 프로젝트의 1년 차 연구의 결과물이다. 여기까지 오기까지 작업의 역사는 상당히 길고 또한 거기에 참여했던 인원도 적지 않다. 이 작업은 독일어권연구소장을 맡았던 한봉흠 교수로부터 시작된다. 한봉흠 교수는 연구소소장으로서 개항기 때 독일 외교관이 조선에서 본국으로 보낸 보고 자료들을 직접 독일에서 복사하여 가져옴으로써 자료 축적의 기본을 구축하였다. 그 뒤 김승옥 교수가 연구소 소장으로 재직하면서 그 자료의 일부를 번역하여 소개한 바 있다(고려대 독일문화연구소 편, 『(朝鮮駐在)獨逸外交文書 資料集』, 우삼, 1993). 당시는 여건이 만만치 않아 선별적으로 번역을 했고 한국사 쪽의 감교를 받지도 못하는 상태였다. 그러나 당시로써 옛 독일어 필기체로 작성된 보고문을 정자의 독일어로 탈초하고 이를 우리말로 옮기는 것은 생면부지의 거친 황야를 걷는 것과 같은 것이었다.

우리 연구팀은 저간의 사정을 감안하여 이번 프로젝트를 위해 보다 철저하게 다양한 팀을 구성하고 연구 진행에 차질이 없도록 하였다. 연구팀은 탈초, 번역, 한국사 감교팀으로 나뉘어 먼저 원문의 자료를 시대별로 정리하고 원문 중 옛 독일어 필기체인 쿠렌트체와 쥐털린체로 작성된 문서들을 독일어 정자로 탈초하고 이를 타이핑하여 입력한 뒤 번역팀이 우리말로 옮기고 이후 번역된 원고를 감교팀에서 역사적으로 고증하여 맞는 용어를 선택하고 필요에 따라 각주를 다는 등 다양한 협력을 수행하였다. 이번에 출간된 4권의 책은 데이터베이스화하여 많은 연구자들이 널리 이용할 수 있을 것이다. 총서는 전체 15권으로 구성될 예정이다.

2018년 9월부터 2019년 8월까지 작업한 2차분 6권을 드디어 출간하게 된 것을 연구책임자로서 기쁘게 생각한다. 무엇보다 긴밀하게 조직화된 팀워크를 보여준 팀원들(번역자, 탈초자, 번역탈초 감수 책임자, 한국사 내용 감수 책임자, 데이터베이스팀 책임자)과 연구보조원 한 분 한 분에게 감사드린다. 그리고 프로젝트의 준비단계에서 활발한 역할을 한 김용현 교수와 실무를 맡아 프로젝트가 순항하도록 치밀하게 꾸려온 이정린 박사와 한승훈 박사에게 감사의 뜻을 전한다. 본 연구에 참여한 모든 연구원의 해당 작업과 명단은 각 책의 말미에 작성하여 실어놓았다.

2020년 봄날에
고려대학교 독일어권문화연구소장
김재혁

일러두기

1. 『독일외교문서 한국편 1874~1910』은 독일연방 외무부 정치문서보관소(Archives des Auswärtigen Amts)에서 소장하고 있는 근대 시기 한국 관련 독일외교문서를 번역한 것이다. 구체적으로는 1874년부터 1910년에 이르는 시기 독일 외무부에서 생산한 한국 관련 사료군에 해당하는 I. B. 16 (Korea)과 I. B. 22 Korea 1에 포함된 문서철을 대상으로 한다. ※ Peking II 127, 128에 수록된 한국 관련 기사(시기 : 1866~1881)는 별도 권호를 지정해서 출판할 예정임을 알려둔다.

2. 당시 독일외무부는 문서의 외무부 도착일, 즉 수신일을 기준으로 문서를 편집하였다. 이에 본 문서집에서는 독일외무부가 문서철 편집과정에서 취했던 수신일 기준 방식을 따랐다.

3. 본 문서집은 한국어 번역본과 독일어 원문 탈초본으로 구성되어 있다.

   1) 한국어 번역본에는 독일어 원문의 쪽수를 기입함으로써, 교차 검토를 용의하게 했다.
   2) 독일어 이외의 언어로 작성된 문서는 한국어로 번역하지 않되, 전문을 탈초해서 문서집에 수록하였다. 해당 문서가 주 보고서인 경우는 한국어 번역본과 독일어 원문 탈초본에 함께 수록하였으며, 첨부문서에 해당할 경우에는 한국어 번역본에 수록하지 않고, 독일어 탈초본에 수록하였다. ※ 주 보고서에 첨부문서로 표기되지 않은 상태에서 추가된 문서(언론보도, 각 국 공문서 등)들은 [첨부문서]로 표기하였다.

4. 당대 독일에서는 쿠렌트체(Kurrentschrift)로 불리는 옛 독일어 필기체와 프로이센의 쥐털린체(Sütterlinschrift)가 부가된 형태의 외교문서를 작성하였다. 이에 본 연구팀은 쿠렌트체와 쥐털린체로 되어 있는 독일외교문서 전문을 현대 독일어로 탈초함으로써 문자 해독 및 번역을 용이하게 했다.

   1) 독일어 탈초본은 작성 당시의 원문을 그대로 현대 독일어로 옮기는 것을 원칙으로 했다. 그 때문에 독일어 탈초본에는 문서 작성 당시의 철자법과 개인의 문서 작성 상의 특성이 드러나 있다. 최종적으로 해독하지 못한 단어나 철자는 [*sic*.]로 표기했다.

2) 문서 본문 내용에 대한 다양한 종류의 제3자의 메모는 각주에 [Randbemerkung]을 설정하여 최대한 수록하고 있다.

3) 원문서 일부에 있는 제3자의 취소 표시(취소선)는 취소선 맨 뒤에 별도의 각주를 만들어 제3자의 취소 영역을 표시했다. 편집자의 추가 각주 부분은 모두 대괄호를 통해 원주와 구분하고 있다.

4) 독일어 탈초본에서는 연구자들의 편의를 돕기 위해서 각 문건 상단에 원문출처, 문서수발신 정보, 문서의 수신 과정에서 추가된 문구 등을 알아볼 수 있도록 표를 작성하였다.

예)　　　　　Die Rückkehr Li hung chang's nach Tientsin. —❶

PAAA_RZ201-018901_162 —❷			
Empfänger	Bismarck —❸	Absender	Brandt —❹
A. 6624. pr. 30 Oktober 1882. —❺		Peking, den 7. September 1882. —❻	
Memo	Orig. 1. 11. nach Hamburg —❼		

① 문서 제목 : 원문서에 제목(문서 앞 또는 뒤에 Inhalt 또는 제목만 표기됨)이 있는 경우 제목을 따르되, 제목이 없는 경우는 "[　]"로 표기해 원문서에 제목이 없음을 나타냄.

② 원문출처 : 베를린 문서고에서 부여한 해당 문서 번호에 대한 출처 표기. 문서번호−권수_페이지 수로 구성

③ 문서 수신자

④ 문서 발신자

⑤ 문서 번호, 수신일

⑥ 문서 발신지, 발신일

⑦ 문서 수신·전달 과정에서 추가적으로 작성된 문구

이 같은 표가 작성되지 않은 문서는 베를린 자체 생성 문서이거나 정식 문서 형태를 갖추지 않은 문서들이다.

5. 본 연구팀은 독일외교문서의 독일어 전문을 한국어로 번역·감교하였다. 이를 통해 독일어 본래의 특성과 당대 역사적 맥락을 함께 담고자 했다. 독일외교문서 원문의 번역 과정에서 뜻이 분명하지 않은 경우에는 [번역 주석]을 부기하였으며, [감교 주석]을 통해서 당대사적 맥락을 보완하였다. 아울러 독일외교문서 원문에 수록된 주석의 경우는 [원문 주석]으로 별도로 표기하였다.

6. 한국어 번역본에서는 중국, 일본, 한국의 지명, 인명은 모두 원음으로 표기하되, 관직과 관청명의 경우는 한국 학계에서 일반적으로 통용되는 한문의 한국어 발음을 적용하였다. 각 국가의 군함 이름 등 기타 사항은 외교문서에 수록된 단어를 그대로 병기하였다. 독일외교관이 현지어 발음을 독일어로 변환되는 과정에서 실체가 불분명해진 고유명사의 경우, 독일외교문서 원문에 수록된 단어 그대로 표기하였다.

7. 한국어 번역본에서는 연구자들의 편의를 돕기 위해서 각 문건 상단에 문서제목, 문서 수발신 정보(날짜, 번호), 문서의 수신 과정에서 추가된 문구 등을 알아볼 수 있도록 표를 작성하였다.

예)

01
조선의 현황 관련 ──❶

발신(생산)일	1889. 1. 5 ──❷	수신(접수)일	1889. 3. 3 ──❸
발신(생산)자	브란트 ──❹	수신(접수)자	비스마르크 ──❺
발신지 정보	베이징 주재 독일 공사관 ──❻ No. 17 ──❽	수신지 정보	베를린 정부 ──❼ A. 3294 ──❾
메모	3월 7일 런던 221, 페테르부르크 89 전달 ──❿		

① 문서 제목, 번호 : 독일어로 서술된 제목을 따르되, 별도 제목이 없을 경우는 문서 내용을 확인 후 "[ ]"로 구별하여 문서 제목을 부여하였음. 제목 위의 번호는 본 자료집에서 부여하였음.
② 문서 발신일 : 문서 작성자가 문서를 발송한 날짜
③ 문서 수신일 : 문서 수신자가 문서를 받은 날짜
④ 문서 발신자 : 문서 작성자 이름
⑤ 문서 수신자 : 문서 수신자 이름
⑥ 문서 발신 담당 기관
⑦ 문서 수신 담당 기관
⑧ 문서 발신 번호 : 문서 작성 기관에서 부여한 고유 번호
⑨ 문서 수신 번호 : 독일외무부에서 문서 수신 순서에 따라 부여한 번호
⑩ 메모 : 독일외교문서의 수신·전달 과정에서 추가적으로 작성된 문구

8. 문서의 수발신 관련 정보를 특정하기 어려운 문서(예를 들어 신문 스크랩)의 경우는 독일외무부에서 편집한 날짜, 문서 수신 번호, 그리고 문서 내용을 토대로 문서 제목

을 표기하였다.

9. 각 권의 원문 출처는 다음과 같다.

자료집 권 (발간 연도)	독일외무부 정치문서고 문서 분류 방식			
	문서분류 기호	일련번호	자료명	대상시기
1 (2019)	I. B. 16 (Korea)	R18900	Akten betr. die Verhältnisse Koreas (1878년 이전) 조선 상황	1874.1~1878.12
	I. B. 22 Korea 1	R18901	Allgemiene Angelegenheiten 1 일반상황 보고서 1	1879.1~1882.6
	I. B. 22 Korea 1	R18902	Allgemiene Angelegenheiten 2 일반상황 보고서 2	1882.7~1882.11
2 (2019)	I. B. 22 Korea 1	R18903	Allgemiene Angelegenheiten 3 일반상황 보고서 3	1882.11~1885.1.19
	I. B. 22 Korea 1	R18904	Allgemiene Angelegenheiten 4 일반상황 보고서 4	1885.1.20~1885.4.23
	I. B. 22 Korea 1	R18905	Allgemiene Angelegenheiten 5 일반상황 보고서 5	1885.4.24~1885.7.23
3 (2019)	I. B. 22 Korea 1	R18906	Allgemiene Angelegenheiten 6 일반상황 보고서 6	1885.7.24~1885.12.15
	I. B. 22 Korea 1	R18907	Allgemiene Angelegenheiten 7 일반상황 보고서 7	1885.12.16~1886.12.31
	I. B. 22 Korea 1	R18908	Allgemiene Angelegenheiten 8 일반상황 보고서 8	1887.1.1~1887.11.14
4 (2019)	I. B. 22 Korea 1	R18909	Allgemiene Angelegenheiten 9 일반상황 보고서 9	1887.11.15~1888.10.3
	I. B. 22 Korea 1	R18910	Allgemiene Angelegenheiten 10 일반상황 보고서 10	1888.10.4~1889.2.28
	I. B. 22 Korea 1	R18911	Allgemiene Angelegenheiten 11 일반상황 보고서 11	1889.3.1~1890.12.13
	I. B. 22 Korea 1	R18912	Allgemiene Angelegenheiten 12 일반상황 보고서 12	1890.12.14~1893.1.11

	I. B. 22 Korea 1	R18913	Allgemiene Angelegenheiten 13 일반상황 보고서 13	1893.1.12~1893.12.31
5 (2020)	I. B. 22 Korea 1	R18914	Allgemiene Angelegenheiten 14 일반상황 보고서 14	1894.1.1~1894.7.14
	I. B. 22 Korea 1	R18915	Allgemiene Angelegenheiten 15 일반상황 보고서 15	1894.7.15~1894.8.12
	I. B. 22 Korea 1	R18916	Allgemiene Angelegenheiten 16 일반상황 보고서 16	1894.8.13~1894.8.25
6 (2020)	I. B. 22 Korea 1	R18917	Allgemiene Angelegenheiten 17 일반상황 보고서 17	1894.8.26~1894.12.31
	I. B. 22 Korea 1	R18918	Allgemiene Angelegenheiten 18 일반상황 보고서 18	1895.1.19~1895.10.18
	I. B. 22 Korea 1	R18919	Allgemiene Angelegenheiten 19 일반상황 보고서 19	1895.10.19~1895.12.31
	I. B. 22 Korea 1	R18920	Allgemiene Angelegenheiten 20 일반상황 보고서 20	1896.1.1~1896.2.29
7 (2020)	I. B. 22 Korea 1	R18921	Allgemiene Angelegenheiten 21 일반상황 보고서 21	1896.3.1~1896.5.6
	I. B. 22 Korea 1	R18922	Allgemiene Angelegenheiten 22 일반상황 보고서 22	1896.5.7~1896.8.10
	I. B. 22 Korea 1	R18923	Allgemiene Angelegenheiten 23 일반상황 보고서 23	1896.8.11~1896.12.31
	I. B. 22 Korea 1	R18924	Allgemiene Angelegenheiten 24 일반상황 보고서 24	1897.1.1~1897.10.31
8 (2020)	I. B. 22 Korea 1	R18925	Allgemiene Angelegenheiten 25 일반상황 보고서 25	1897.11.1~1898.3.15
	I. B. 22 Korea 1	R18926	Allgemiene Angelegenheiten 26 일반상황 보고서 26	1898.3.16~1898.9.30
	I. B. 22 Korea 1	R18927	Allgemiene Angelegenheiten 27 일반상황 보고서 27	1898.10.1~1899.12.31

9 (2020)	I. B. 22 Korea 1	R18928	Allgemiene Angelegenheiten 28	1900.1.1~1900.6.1	
			일반상황 보고서 28		
	I. B. 22 Korea 1	R18929	Allgemiene Angelegenheiten 29	1900.6.2~1900.10.31	
			일반상황 보고서 29		
	I. B. 22 Korea 1	R18930	Allgemiene Angelegenheiten 30	1900.11.1~1901.2.28	
			일반상황 보고서 30		
10 (2020)	I. B. 22 Korea 1	R18931	Allgemiene Angelegenheiten 31	1901.3.1~1901.7.15	
			일반상황 보고서 31		
	I. B. 22 Korea 1	R18932	Allgemiene Angelegenheiten 32	1901.7.16~1902.3.31	
			일반상황 보고서 32		
	I. B. 22 Korea 1	R18933	Allgemiene Angelegenheiten 33	1902.4.1~1902.10.31	
			일반상황 보고서 33		

10. 본 문서집은 조선과 대한제국을 아우르는 국가 명의 경우는 한국으로 통칭하되, 대한제국 이전 시기를 다루는 문서의 경우는 조선, 대한제국 선포 이후를 다루는 문서의 경우는 대한제국으로 표기하였다.

11. 사료군 해제

I. B. 16 (Korea)와 I. B. 22 Korea 1은 개항기 전시기라 할 수 있는 1874년부터 1910년까지 한국 관련 독일외교문서를 연, 월, 일에 중심으로 분류하여 정리한 사료군이다. 개항기 한국과 독일의 거의 전 분야에 걸친 다양한 관계를 확인할 수 있는 기초적인 사료라 할 수 있다. 한국과 독일의 관계 전반을 확인할 수 있는 편년체식 사료군은 독일이 동아시아정책에 기반을 둔 한국정책을 수립하는 데 기본이 되었다.

• I. B. 16 (Korea) : 1859년 오일렌부르크의 동아시아 원정 이후 베이징과 도쿄에 주재한 독일 공사들이 조선과 독일의 수교 이전인 1874~1878년간 조선 관련하여 보고한 문서들이 수록되어 있다. 이 시기는 조선이 최초 외세를 향해서 문호를 개방하고 후속 조치가 모색되었던 시기였다. 특히 쇄국정책을 주도하였던 흥선대원군이 하야하고 고종이 친정을 단행함으로써, 국내외에서는 조선의 대외정책 기조가 변화할 것이라는 전망이 나오던 시절이었다. 이러한 역사적 배경 속에서 I. B. 16 (Korea)에는 1876년 이전 서계문제로 촉발되었던 조선과 일본의 갈등과 강화도조약 체결,

그리고 조선의 대서구 문호개방에 관련해서 청국, 일본을 비롯해서 조선의 문호개방에 관여한 국가에 주재한 외교관의 보고서 및 언론기사를 비롯한 참고문서들이 수록되어 있다.

• I. B. 22 Korea 1 : 독일 외무부는 조선과 조약 체결을 본격화하기 시작한 1879년부터 별도로 "Korea"로 분류해서 한국 관련 문서를 보관하기 시작하였다. 영국외무부가 한국 관련 문서를 "China"와 "Japan"의 하위 목록에 분류한 것과 비교해보면, 독일외무부는 일찍부터 한국에 대한 중요성을 인식하고 대응했던 것으로 볼 수도 있다.

그 중에서 I. B. 22 Korea 1은 1879년부터 1910년까지 한국에 주재한 독일외교관을 비롯해서 한국 관련 각종 문서들이 연, 월, 일의 순서로 편집되어 있다. 개항기 전시기 독일의 대한정책 및 한국과 독일관계를 조망하는 본 연구의 취지에 부합한 사료군이라 할 수 있다. 그러기에 I. B. 22 Korea 1에는 한국의 국내외 정세 관련해서 한국에 주재한 독일외교관을 비롯해서 청국, 일본, 영국, 러시아 등 한국 문제에 관여한 국가에 관한 보고서 및 언론 기사를 비롯한 참고문서들이 수록되어 있다.

차례

외무부 정치 문서고 조선 관계 문서
1893.1.12~1893.12.31

외무부 정치 문서고 조선 관계 문서

1894.1.1~1894.7.14

외무부 정치 문서고 조선 관계 문서
1894.7.15~1894.8.12

외무부 정치 문서고 조선 관계 문서

1894.8.13~1894.8.25

외무부
A편

외무부 정치 문서고
조선 관계 문서

────────

1893년 1월 12일부터
1893년 12월 31일까지

제13권
참조: 제14권

조선 No. 1

1893년	목록	수신정보
-서울 1892년 11월 14일 보고서 No. 52 조선 외아문 독판 민종묵, 함경도 안무사 임명. 조병직, 민종묵의 후임으로 취임. 조선인들의 러시아 아무르 지방 이주.		335 1월 12일
-서울 1892년 12월 2일 보고서 No. 56 러시아인들(톈진의 상인 Startseff)이 부산에서 조선을 관통해 블라디보스토크에 이르는 철도 부설을 위해 노력한다는 소식의 부인.		667 1월 23일
-서울 1892년 12월 17일 보고서 No. 61 조선 국왕의 양어머니 사망에 즈음하여 청국 조문사절단이 조선 궁중에 제출한 소책자 견본. 속국 조선에 대한 청국의 국법 관계.		1104 2월 5일
-베이징 1월 11일 보고서 No. 11 청국에 대한 조선의 조공관계 유지를 위한 청국 정부의 관심("Asiatic Quarterly Review"에 실린 미치의 기사). 조선-청국의 차관 계약 체결.		2004 3월 8일
-베이징 3월 31일 보고서 No. A 22 조선 국내의 도적질. 은전 주조를 일본 회사에게 맡김으로써 야기된 조선 국왕과 청국 변리공사 사이의 갈등. 일본의 조선에 대한 관심. 만일의 경우 독일제국 군함 "일티스"호의 제물포항 입항(3월 28일 반송해달라는 부탁과 함께 원본 해군청에 전달. 4월 18일 3259와 함께 돌려받음)		2556 3월 26일
-도쿄 4월 13일 보고서 A 20 조선의 소요. 일본의 정치가들은 조선과 일본 사이에서 전쟁이 발발하는 경우 청국과 러시아의 개입을 우려한다. 러시아, 미국, 영국 군함들이 제물포로 향하라는 명령을 받았다. I. 5월 30일 훈령 도쿄 A 1로 발송(청국과 관계있는 보고들 베이징으로 전달)		4351 5월 25일
-서울 4월 18일 보고서 No. 23 조선에서의 소요. 소요의 원인은 종교적인 것에 있다. 일본 대표의 행동. 외국 군함들과 외국인 보호 문제.		4536 6월 1일
-베이징 4월 23일 보고서(브란트 공사) 조선 국왕은 영사 크리엔이 한 계급 승진하길 바람. 6월 17일 훈령 북경 A. 17에 전달. 크리엔 영사와 공사는 앞으로 다가오는 사건을 보고 할 것.		4543 6월 1일
-워싱턴 5월 27일 보고서 No. 338 미국의 조선과 일본 중재(조선의 미곡 수출 금지령, 일본 상인들의 손실, 일본 정부의 손해보상 요구) (6월 14일 베이징, 런던, 도쿄, 페테르부르크, 서울에 전달)		4813 6월 10일

—베이징 4월 24일 보고서 Nr. A 62 독일제국 군함 "일티스"호의 함장이 크리엔 영사와 조선 상황에 대해 회담한 내용 보고.	4898 6월 13일
—베이징 4월 23일 보고서 Nr. A 63 조선 국내의 소요. 광신도 동학교도들이 모든 외국인의 추방과 관청의 악습 철폐 요구. 조선 국왕은 현재의 조선 왕조가 500년으로 수명이 다할 것이라는 옛 예언이 실현될 것을 두려워한다. (6월 15일 런던, 페테르부르크, 워싱턴에 전달)	4899 6월 13일
—베이징 4월 24일 보고서 Nr. A 64 청국 군함 두 척과 북아메리카 군함 한 척 조선 파견.	4900 6월13일
—베이징 4월 25일 보고서 Nr. A 65 리훙장이 청국 황제에게 올린 보고 : 조선 국내의 소요에 즈음하여 청국 황제에게 보낸 조선 국왕의 서한에 대하여.	4901 6월 13일
—베이징 4월 28일 보고서 Nr. A 66 조선의 불안한 상황. 동학교도들의 책동과 관련해 조선 국왕의 칙령 발표. 서울에 거주하는 외국인들 사이에서 공포 확산. 일부는 제물포로 피신. 외국 군함들.	4902 6월 13일
—베이징 5월 18일 보고서 No. A 70 청국 장갑함 "King-yuan"호와 "Tsi-yuan"호에게 즉각 웨이하이웨이를 떠나 조선으로 향하라는 명령이 내렸다.	5427 6월 30일
—도쿄 5월 21일 보고서 No. A 24 조선 정부가 미곡 및 콩 수출금지로 인해 피해를 입은 상인들에게 손해배상금 지불을 거절함으로써 일본과 조선 사이의 관계가 긴장됨.	5576 7월 4일
—도쿄 5월 22일 보고서 Nr. A 25 일본과 조선의 분쟁 해결. 콩 수출금지령에 대한 배상금으로 조선이 일본에게 11만 엔을 지불하기로 서면 약속.	5577 7월 4일
—베이징 5월 22일 보고서 Nr. A 73 일본과 조선의 분쟁 해결에 대한 로버트 하트경의 정보. 청국 변리공사 위안스카이의 중재. 일본 참모총장 가와카미 장군이 청국 군사시설을 시찰하고 군대 상황을 살펴볼 목적으로 청국 순회여행. 서울 주재 일본 공사의 상황.	5747 7월 10일
—베이징 5월 20일 보고서 No. A 72 서울 주재 일본 공사 오이시의 행동.	5744 7월 10일

-서울 6월 10일 보고서 Nr. A 34 조선 정부에 반기를 들겠다고 위협한 종파 "동학" 교도들의 해산.	6419 8월 1일
-베이징 6월 18일 보고서 No. 83 청국이 일본과 조선의 갈등 조정(리훙장 총독과 조선 주재 변리공사 위안 스카이). 일본 변리공사 오이시 조선을 떠남. 조선의 동학당 해산.	6548 8월 6일
-서울 7월 15일 보고서 No. 38 전라도 지방의 남해안에서 조선인들이 일본 어부 세 명 살해. 일본 군함 "Takao Kan"의 현장 파견.	7342 9월 3일
-서울 5월 31일 보고서 청국이 조선과 일본의 분쟁이 해결되도록 중재. 조선 측에서 일본에게 110,000달러 지불. 일본이 청국의 중재를 요청함으로써 조선에 대한 청국의 종주권을 인정했다는 청국의 판단. 서울 주재 일본공사 오이시의 상황.	6118 7월 22일
-톈진 7월 14일 보고서 No. 76 일본 함대의 다구(톈진의 항구) 정박장 방문. 리훙장이 일본 함대 사령관에게 청국과 일본이 조선을 상대로 취해야 할 정책에 대한 의견 표명.	7166 8월 29일
-서울 8월 7일 보고서 No. 45 콩 수출금지로 인한 일본과 조선 사이의 분쟁을 해결하는 과정에서 미국 내지는 청국이 중재했다는 소문. 조선의 외무부 독판은 제3자의 도움 없이 이 분쟁을 해결했다고 단언.	7630 9월 15일
-베이징 7월 28일 보고서 No. A 101 조선 곡물의 일본 수출에서 비롯된 일본과 조선의 분쟁이 청국 정부(리훙장)의 중재에 의해 조정됨.	7528 9월 12일
-서울 7월 27일 보고서 No. 41 일본 함대가 이토 스케유키 해군중장의 지휘 아래 아리스가와노미야 왕자를 태우고 제물포에 도착. 이토 스케유키 제독 조선 국왕 방문.	7688 9월 17일

01

조선의 외아문 독판 교체

발신(생산)일	1892. 11. 14	수신(접수)일	1893. 1. 12
발신(생산)자	크리엔	수신(접수)자	카프리비
발신지 정보	서울 주재 독일 총영사관	수신지 정보	베를린 정부
	No. 52		A. 335
메모	A. 1822 de 94 참조 연도번호 No. 423		

A. 335 1893년 1월 12일 오후 수신

서울, 1892년 11월 14일

No. 52

독일제국 수상 카프리비 보병장군 각하 귀하

1889년 8월 1일 보고서 No. 53[1]과 관련해, 본인은 지금까지의 조선 통리교섭통상사무아문(이하 외아문; 감교자) 독판 민종묵[2]이 지난달 23일 자로 면직되었음을 삼가 각하께 보고 드리게 되어 영광입니다. 민종묵은 조선 동북 지방 함경도의 제 2 관찰사[3]로 임명되었습니다. 이달 11일 조선 국왕은 통리군국사무아문 협판과 전보국 총판을 역임한 조병직[4]을 민종묵의 후임자로 지명했습니다. 조병직은 과거 외아문 협판을 지냈으며, 1888년에서 1889년까지 근 일 년 동안 외아문 협판으로서 외아문 독판의 권한 대행직을 수행했습니다.

조선의 외아문 독판은 별로 인기 없는 자리입니다. 민종묵은 외아문 독판직에 3년 이상 근무한 보답으로 이제 상당한 수익을 올릴 수 있는 함경도 북부의 10개 지역을 관장하게 되었습니다. 그 관직은 1881년 처음 만들어졌습니다. 당시 그곳의 주민들이 국경에 인접한 러시아 영토로 이주하는 일이 있었습니다. 조선 주민들의 이주는 우려를

---

1 [원문 주석] A. 12699 삼가 동봉.
2 [감교 주석] 민종묵(閔種默)
3 [감교 주석] 안무사(按撫使). 『고종실록』 29권, 고종 29년 9월 4일.
4 [감교 주석] 조병직(趙秉稷)

야기했고, 이주를 통제하고 가능한 경우에는 저지할 목적으로 그 관직을 창설한 것입니다. 그 관직을 처음 맡은 사람이 바로 현재의 외아문 독판이었습니다.[5]

아무르[6]로 이주한 조선인들은 러시아 관청으로부터 많은 혜택과 조세 감면을 제공받습니다. 때로는 토지도 무상으로 분배받습니다. 조선 측에서는 이주민들의 수가 2만 명이 넘는다고 어림잡고 있습니다. 반면에 이곳 서울 주재 러시아 대리공사[7]는 1만 명이 대략 정확한 숫자라고 추정합니다.

러시아와 조선의 국경조약[8] 체결 이후, 북쪽 지역을 관할하는 관찰사의 위치가 더욱 중요해졌습니다.

본인은 이 보고서의 사본을 베이징 주재 독일제국 공사관에 보낼 것입니다.

크리엔[9]

내용: 조선의 외아문 독판 교체

---

5 [감교 주석] 함경도 북부지역에 안무사를 파견한 사례를 두고, 크리엔은 안무사를 1881년에 처음 만들어졌다고 설명하고 있음. 하지만 안무사는 고려시대와 조선시대에 지방에 파견보낸 임시직이었음. 1880년대 함경도 북부지역에 안무사를 파견한 해는 1884년이었음. 홍영식과 이조연이 안무사로 임명되었으나, 실제 안무사로 파견간 인물은 조병직이었음. 이를 두고 크리엔은 그 관직을 처음 맡은 인물을 조병직으로 보고한 것으로 보임.

6 [감교 주석] 아무르(Amur)

7 [감교 주석] 베베르(K. I. Weber)

8 [감교 주석] 조러육로통상장정(1888)

9 [감교 주석] 크리엔(F. Krien)

러시아의 조선 철도 부설 계획에 관하여

발신(생산)일	1892. 12. 2	수신(접수)일	1893. 1. 23
발신(생산)자	크리엔	수신(접수)자	카프리비
발신지 정보	서울 주재 독일 총영사관	수신지 정보	베를린 정부
	No. 56		A. 667
메모	관련서류 (A. 10419/92) 삼가 첨부 (이미 베이징에서 부인했음) 연도번호 No. 446		

A. 667 1893년 1월 23일 오후 수신

서울, 1892년 12월 2일

No. 56

독일제국 수상 카프리비 보병장군 각하 귀하

본인이 베이징 주재 독일제국 공사[1]에게 개인적으로 들은 소식에 의하면, 이곳 서울 주재 영국 총영사 힐리어[2]가 러시아인들이 부산에서 블라디보스토크에 이르는 철도 부설을 위해 백방으로 노력한다고 베이징에 보고했다는 것입니다. 톈진의 러시아 상인 Startseff가 그 철도 부설권을 따내기 위해 애쓴다고 합니다.

본인이 이곳에서 탐문한 바에 의하면, 힐리어의 그 정보는 완전히 사실 무근임을 삼가 각하께 보고 드리게 되어 영광입니다. 그 정보 내용은 그 자체만으로도 실현 가능성이 거의 없습니다. 조선, 특히 한반도의 동부 지역은 산이 몹시 많습니다. 그래서 설령 철도가 부설된다 하더라도 그 비용이 어마어마할 것이기 때문입니다. 그 반면에 수익은 극히 미미할 것입니다.

본인은 이 보고서의 사본을 베이징 주재 독일제국 공사관에 보낼 것입니다.

크리엔

내용: 러시아의 조선 철도 부설 계획에 관하여

---

1 [감교 주석] 브란트(M. Brandt)
2 [감교 주석] 힐리어(W. C. Hillier)

원문 p.354

조선 국왕의 모친 서거에 따른 청국 조문사절단

발신(생산)일	1892. 12. 17	수신(접수)일	1893. 2. 5
발신(생산)자	크리엔	수신(접수)자	카프리비
발신지 정보	서울 주재 독일 총영사관	수신지 정보	베를린 정부
	No. 61		A. 1104
메모	I B와 II A에 참조하도록 전달 연도번호 No. 470		

A. 1104 1893년 2월 5일 오전 수신. 첨부문서 1부

서울, 1892년 12월 17일

No. 61

독일제국 수상 카프리비 보병장군 각하 귀하

얼마 전 이곳 조선에서는 조선 국왕의 양어머니[1] 서거에 즈음하여 청국 조문사절단과 관련한 소책자가 발행되었습니다. 1891년 1월 15일 보고서 No. 8과 1890년 11월 24일 보고서 No. 83[2]관 관련해, 본인은 이 소책자를 첨부문서로 삼가 각하께 동봉하는 바입니다.

이 소책자는 청국 조문위원들의 개인 비서에 의해 작성된 중국어 원문을 번역한 것으로, 청국 사절단 및 조선에서의 청국 사절단 활동에 대한 사전 논의를 서류형식으로 설명하고 있습니다. 또한 조선 국왕이 청국 사절단에게 행해야 하는 모든 굴욕적인 의례에 관해 매우 장황하게 묘사합니다.

번역본의 4쪽과 5쪽에 인쇄된 청국 황제의 교서에서 알 수 있는 바와 같이, 청국 조문사절단의 목적은 "속국" 조선에 대한 청국의 국법 관계를 명확히 하는 것입니다. 이 목적은 청국 정부가 지난 몇 년 동안 조선에 취한 그 어떤 조처보다도 이번 조문위원들의 파견을 통해 더 많은 성과를 거두었습니다.

---

1 [감교 주석] 대왕대비(大王大妃) 조씨; 신정왕후(神貞王后) 조씨.
2 [원문 주석] A. 901/91과 A. 1878/91 삼가 동봉.

본인은 이 보고서의 사본을 베이징 주재 독일제국 공사관에 보낼 것입니다.

크리엔

내용: 조선 국왕의 모친 서거에 따른 청국 조문사절단

No. 61의 첨부문서

첨부문서의 내용(원문)은 독일어본 355~384쪽에 수록.

04

조선-청국 관계

발신(생산)일	1893. 1. 11	수신(접수)일	1893. 3. 8
발신(생산)자	브란트	수신(접수)자	카프리비
발신지 정보	베이징 주재 독일 공사관	수신지 정보	베를린 정부
	No. 11		A. 2004
메모	A. 1104 삼가 첨부. / IB와 II에 참조하도록 전달		

A. 2004 1893년 3월 8일 오전 수신

베이징, 1893년 1월 11일

No. 11

독일제국 수상 카프리비 보병장군 각하 귀하

서울 주재 독일제국 영사 크리엔[1]은 지난해 12월 17일 각하께 올린 보고서 No. 61에서 그 기회에 조선 국왕 측에서 행한 의례에 대해 언급했습니다. 1890년 조선에 파견된 청국 사절단의 일원이 그 의례에 대한 보고서를 작성했습니다. 그와 동시에 유명한 미치[2]가 *Asiatic Quarterly Review* 9월호에 조선에 대한 기사를 기고했습니다.[3] 미치의 기사는 조선이 청국에 대한 조공관계를 유지하고 공고히 해야 한다는 의견을 표명하고 있습니다. 이 두 편의 글이 동시에 발표된 것으로 보아, 최근 청국 측에서 이 조공관계[4]에 다시 많은 역점을 두고 있는 듯 보입니다. 얼마 전 체결된 차관 계약을 통해서도 이런 견해가 사실임을 확인할 수 있습니다. 그 계약에 청국 변리공사 위안스카이[5]가 연서[6]하였습니다.

브란트[7]

내용: 조선-청국 관계

---

1 [감교 주석] 크리엔(F. Krien)
2 [감교 주석] 미치(A. Michie)
3 [감교 주석] Alexander Michie, "Korea", *Asiatic Quarterly Review*, July 1892. 1892년 7월호를 잘못 기입한 것으로 보임.
4 [감교 주석] 속방관계
5 [감교 주석] 위안스카이(袁世凱)
6 [감교 주석] 연서(連署)
7 [감교 주석] 브란트(M. Brandt)

조선의 상황

발신(생산)일	1893. 1. 31	수신(접수)일	1893. 3. 26
발신(생산)자	브란트	수신(접수)자	카프리비
발신지 정보	베이징 주재 독일 공사관	수신지 정보	베를린 정부
	A. No. 22		A. 2556
메모	I. 3월 28일 런던 178, 페테르부르크 144에 전달 II. 3월 28일 반송해달라는 부탁과 함께 원본을 해군청에 전달. 4월 18일 A. 3259와 함께 돌려받음.		

A. 2556   1893년 3월 26일 오전 수신

베이징, 1893년 1월 31일

A. No. 22

독일제국 수상 카프리비 보병장군 각하 귀하

조선에서 도적질이 매우 증가했다는 공적인 보도나 사적인 소식들이 얼마 전부터 이곳 베이징에 도착하고 있습니다. 그 원인은 일부 정치적인 상황에서 비롯되었다고 합니다. 게다가 최근 들어 조선 국왕과 청국 변리공사 위안스카이[1] 사이에 갈등이 일고 있습니다. 그 갈등에 대한 소식은 지금까지 전신으로만 전해지고 있습니다. 각하께서도 이미 알고 계시는 바와 같이, 조선 정부는 새로이 은전과 동전을 주조할 계획을 세우고 일본 회사와 계약을 체결했습니다. 그 계약에 따라 일본 회사는 앞으로 수년간 조선 전환국[2]을 관리하게 됩니다. 새로 주조하게 될 은전에는 현 조선 왕조의 존속 연도, 즉 올해에는 "501"을 새길 것이라고 합니다. 청국 변리공사는 리훙장[3]의 이름으로 이 조치에 항의했는데, 특별히 그런 권한을 위임받은 것 같지는 않습니다. 청국 변리공사[4]는 자신의 항의를 고려하지 않는 경우에는 전환국을 폐쇄할 것이라고 위협했습니다. 그리고

---

1   [감교 주석] 위안스카이(袁世凱)
2   [감교 주석] 전환국(典圜局)
3   [감교 주석] 리훙장(李鴻章)
4   [감교 주석] 위안스카이(袁世凱). 그의 공식 직함은 주찰조선총리교섭통상사의(駐紮朝鮮總理交涉通商事宜).

이러한 위협은 극도의 분노를 야기했다고 합니다.

　일본은 조선의 상황에 더욱 많은 관심을 기울이려는 듯 보입니다. 일본 대리공사 가지야마⁵를 소환하고 신임 변리공사 오이시⁶를 임명한 사실에서 그런 관심이 드러납니다. 게다가 일본 정부는 조선에서의 조치가 미약하다는 이유로 일본 의회에서 맹렬한 공격을 받았습니다. 일본이 이처럼 조선에 큰 관심을 보이는 것으로 보아, 조선의 상황이 널리 피해를 입힐 수 있는 형세를 취할 가능성이 없지 않습니다. (이런 상황에서 본인은 해군 기지의 최고참 장교인 해군대위 바우디신⁷이 지휘하는 포함 "일티스"⁸호를 톈진에서 제물포로 이동시켜 얼마간 제물포에 머무르게 하는 것이 바람직하지 않을까 생각합니다. 물론 그것은 바우디신의 재량에 맡겨야 할 것입니다.)

브란트

내용: 조선의 상황

5 　[감교 주석] 가지야마 데이스케(梶山鼎介)
6 　[감교 주석] 오이시 마사미(大石正巳)
7 　[감교 주석] 바우디신(Baudissin)
8 　[감교 주석] 일티스(Iltis)

베를린, 1893년 3월 28일   A. 2556

주재 외교관 귀중   귀하에게 조선 정세에 관한 금년 1월 31일 베이징
1. 런던 No. 178   주재 독일제국 공사의 보고서 사본을 참조용으로
2. 페테르부르크 No. 144   삼가 전달하게 되어 영광입니다.

A. 2556의 추가 2

제국 해군청 차관 홀만 각하에게 조선 정세에 관한 금년 1월 31일 베이징 주재 독일제국
공사의 보고서 사본을 반환을 전제로 참조용으로 삼가 전달합니다.

1893년 3월 28일 베를린

06

[베이징 주재 독일공사의 보고서 반송]

발신(생산)일	1893. 4. 16	수신(접수)일	1893. 4. 18
발신(생산)자	바우디신	수신(접수)자	비버슈타인
발신지 정보	도쿄 주재 독일 공사관	수신지 정보	베를린 외무부
	A. 20		A. 4351

A. 3259 1893년 4월 18일 오후 수신

베를린, 1893년 4월 16일

제국 외무부 차관, 마샬 폰 비버슈타인 각하 귀하

각하께 이 달 29일 자 서한과 함께 접수한 조선 정세에 관한 금년 1월 31일 베이징 주재 독일제국 공사[1]의 보고서를 참조 후 정중히 반송하게 되어 영광입니다.

대리
바우디신[2]

---

1 [감교 주석] 브란트(M. Brandt)
2 [감교 주석] 바우디신(G. Baudissin)

일본과 조선

발신(생산)일	1893. 4. 19	수신(접수)일	1893. 5. 25
발신(생산)자	구트슈미트	수신(접수)자	카프리비
발신지 정보	도쿄 주재 독일 공사관	수신지 정보	베를린 정부
	A. 20		A. 4351
메모	I) 5월 30일 훈령 도쿄 A I로 발송 II) 5월 30일 런던 347, 페테르부르크 226, 워싱턴 A 23 전달		

A. 4351   1893년 5월 25일 오전 수신

도쿄, 1893년 4월 19일

A. 20

독일제국 수상 카프리비 보병장군 각하 귀하

서울에서 도착한 전신에 의하면, 조선 수도의 주민들이 동요하고 있으며 외국인들은 제물포로 도피할 준비를 한다고 합니다. 소요의 원인은 "동학"교도들이 외국인에게 적개심을 품도록 주민들을 선동하기 때문이라고 합니다. 최근 들어 동학은 특히 활발하게 활동을 전개하고 있습니다. 조선 국내에 약 20만 명의 동학교도들이 있다고 하는데, 그 중의 상당 부분이 조선의 수도에 머물고 있습니다.

이곳 일본 외무성에서는 이 소식이 사실이라고 본인에게 확인해 주었습니다. 그리고 일본 군함 "Yayeyama"호[1]가 조선에 파견된다는 사실이 알려지면 조선 수도의 주민들은 아마 더욱 동요할 것이라고 덧붙였습니다. "Yayeyama"호는 이미 이달 13일, 즉 조선으로부터 염려스러운 소식이 도착하기 전에 출범했으며 18일경에 제물포에 도착할 것이라고 합니다. 원산에서의 콩 거래 중단에 대한 손해배상 문제를 계속 다루라는 비밀 지령이 일본 변리공사 오이시[2]에게 하달되었다고 합니다. 각하께서는 서울 주재 독일제국 영사관의 보고(서울, 1893년 3월 16일 No. 15[3])를 통해 이미 그에 대해 알고 계십니다.

과격주의자로 유명한 오이시의 조선 파견은 이토[4] 수상이 과격파에게 한 발 양보한

---

1   [감교 주석] 야에야마(八重山)호. 독일어 원문에는 "Yayeyama"로 표기됨.
2   [감교 주석] 오이시 마사미(大石正巳)
3   [원문 주석] II 10525 삼가 동봉.
4   [감교 주석] 이토 히로부미(伊藤博文)

것입니다. 이토 수상이 과격파의 정책을 좇아서 조선 정부와의 갈등을 유발하기 위해 조선에 불필요한 자극을 준 것으로 보입니다. 그 갈등은 이토 수상과 뜻을 같이하는 동지들의 마음에는 들지 모르지만, 여기에서 주도권을 잡지 않은 대신들의 마음에는 들지 않을 것입니다. 이토는 이미 예전에 조선에서 완강하게 손해배상을 요구하다가 일본 측에 전혀 달갑지 않은 결과를 가져온 적이 있으며 앞으로도 또 그럴 가능성이 있음을 잘 알고 있습니다. 배상금을 지불할 능력이 없는 조선 정부는 청국에게 매달릴 것이고, 청국은 늘 그랬듯이 해당 금액을 선불해줄 것입니다. 그러나 청국은 그 대가로 조선의 세관 업무와 함께 재무행정 전반을 서서히 장악하고서, 청국 황제에 대한 조선 국왕의 주종관계[5]를 현재 명목뿐인 관계에서 실질적인 관계로 변화시킬 것입니다.

그러므로 이곳 일본 정부가 훈령을 통해 오이시의 열의를 억제하고 신중하게 처신할 것을 권유할 가능성이 높습니다.

일본 국내의 과격한 국수주의적 정파는 심지어 조선과의 전쟁을 열망하고 있습니다. 그러나 조선과의 전쟁은 매우 현명하지 못한 처사일 것입니다. 이토와 이노우에[6] 뿐만 아니라 외무대신 무쓰[7]도 분쟁의 평화적인 해결책을 단호하게 지지하고 있습니다. 그런데도 그들은 일본 국내 정치에서 자신들에게 필요한 과격파를 보호하기 위해 오이시 변리공사를 어느 정도까지 공공연히 지원할 의향이 있습니다.

몇 개월 전 총독 리훙장[8]이 영국 하원의원 커즌[9]에게 설명한 바와 같이, 일본과 조선의 전쟁은 즉각 청국의 선전포고를 유발할 것이기 때문입니다. 그리고 러시아도 한반도의 북부 지방을 점령하면서 전쟁에 개입할 것이 분명합니다. 그러니 일본은 그런 만일의 사태를 어떤 방식으로든 저지해야 합니다. 또한 현재 정권을 잡고 있는 일본 정치가들은 극단주의자들의 선심을 사려고 하면서도, 청국과의 전쟁 및 러시아의 개입 가능성을 전제할 만큼 충분히 조심스럽습니다. 그러므로 그들은 극히 용의주도하게 움직일 것입니다.

끝으로 본인은 러시아와 미국, 영국의 군함 여러 척이 제물포로 향하라는 명령을 받았음을 보고 드립니다.

구트슈미트[10]

내용: 일본과 조선

---

5 [감교 주석] 속방관계
6 [감교 주석] 이노우에 가오루(井上馨)
7 [감교 주석] 무쓰 무네미쓰(陸奥宗光)
8 [감교 주석] 리훙장(李鴻章)
9 [감교 주석] 조지 커즌(George Curzon)
10 [감교 주석] 구트슈미트(F. von Gudtschmid)

베를린, 1893년 5월 30일   A. 4351

도쿄 공사관 귀중   본인은 지난 달 19일 자 보고서 — A. 20 — 를 감사
연도번호 No. 2782   히 받아서 그 내용을 관심 있게 살펴보았습니다.
                                   이 보고서는 조선에 대한 청국의 입장과 관련해 베
                                   이징 주재 독일제국 공사에게(도) 특히 중요합니다.
                                   그러므로 본인은 1889년 12월 13일 자 우리 측 훈
                                   령[11]을 참조하여, 앞으로 이 사건 및 이와 비슷한
                                   사건들에 관련된 보고서[12]의 사본을 염두에 둔 사절
                                   단에 전달할 것을 부탁하는 바입니다. 그리고 이곳
                                   에 보내는 보고서에서 해당 사절단에 알렸음을 언
                                   급하시기 바랍니다.

베를린, 1893년 5월 30일   A. 4351

주재 외교관 귀중   귀하에게 일본과 조선 정세에 관한 지난 달 19일
1. 런던 No. 347   도쿄 주재독일제국 공사의 보고서 사본을 참조용으
2. 페테르부르크 No. 226   로 삼가 전달합니다.
3. 워싱톤 No. 23

---

11 [원문 주석] I B의 문서 Ⅳ 사무처리 28권 12.
12 [원문 주석] I 혹여 특별히 방해되는 이유가 없으면,

08

서울 시내 소요에 대한 소문

발신(생산)일	1893. 4. 18	수신(접수)일	1893. 6. 1
발신(생산)자	크리엔	수신(접수)자	카프리비
발신지 정보	서울 주재 독일 총영사관	수신지 정보	베를린 정부
	No. 23		A. 4536
메모	A. 5576, A. 6419 참조 연도번호 No. 139		

A. 4536 1893년 6월 1일 오전 수신

서울, 1893년 4월 18일

No. 23

독일제국 수상 카프리비 보병장군 각하 귀하

　본인은 20여 년 전에 창시된 종교인 "동학"이 특히 조선의 남부 지방에서 최근 몇 년 사이 크게 교세를 떨치게 되었음을 삼가 각하께 보고 드리게 되어 영광입니다. 얼마 전 이 종교의 추종자들이 일본인과 다른 모든 외국인들을 즉시 추방할 것을 조선 정부에게 요구하는 내용의 청원서를 전라도 관찰사에게 제출했습니다. 외국인들이 조선에 굴욕과 위험을 안겨주고 있다는 것이었습니다.

　이 청원서는 기각되었습니다. 그러자 지난달 말에 동학교도 대표 오십여 명이 조선 국왕에게 진정서를 올리기 위해 서울에 나타났습니다. 진정서에서 그들은 자신들의 종교 행사를 허가해줄 것을 조선 국왕에게 간청하려 했다고 합니다. 아울러 몇 년 전 전라도 관찰사의 명령으로 부당하게 처형된 동학 교주에 대해 뒤늦게나마 유감을 표시해주고[1] 일본인들과 다른 모든 외국인들을 조선에서 추방할 것을 요청하려 했다는 것이었습니다.

　그 사람들이 청원서를 가지고 궁궐의 정문 앞에서 며칠을 기다린 후, 그 청원서를 받아들일 수 없다는 전갈이 내려왔습니다. 종교적인 내용의 청원서에는 조선 유교 교당

1　[감교 주석] 교조신원운동(敎祖伸寃運動). 본문에서 지칭한 교주는 최시형(崔時亨)임. 다만 "전라도 관찰사"의 명령으로 처형당하였다는 보고는 사실이 아님. 실제 최시형은 조선 정부의 명령으로 대구의 경상도 감영에서 처형되었음.

의 인장이 찍혀야 하는데, 그 인장이 찍혀 있지 않았기 때문이었습니다. 그래서 동학 대표단은 뜻을 이루지 못하고 고향으로 돌아갔습니다.

그러는 사이 여러 유학자들이 동학교를 근절시켜야 한다는 내용의 상소를 조선 국왕에게 올렸습니다. 그러나 유학자들은 정부의 권한을 침해하지 말라는 경고를 받았습니다. 그리고 그런 일보다는 사교를 물리칠 수 있도록 유교 교리를 연구하는데 더욱 매진하라는 훈령을 받았습니다.

동학 대표단이 철수한 직후, 이곳 미국 선교사들이 거처하는 집의 대문에 이달 22일까지 조선을 떠날 것을 요구하는 내용의 벽보가 붙었습니다. 만일 미국 선교사들이 조선을 떠나지 않을 경우에는 강제로 몰아내겠다는 것이었습니다. 그와 동시에 약 4천명의 무장한 동학교도들이 남부지방에서 서울을 향해 오고 있다는 소문이 서울 시내에 나돌았습니다.

그 결과 미국 선교사들은 동요했습니다. 그러나 만일 조선 주재 일본 영사가 일본 변리공사[2]의 지시에 따라 일본인들에게 경고 조치만 내리지 않았더라도, 미국 선교사들은 곧 평정을 되찾았을 것입니다. 일본 영사는 서울에 거주하는 일본인들에게 그 염려스러운 소문을 고려해서 경계 태세를 늦추지 말 것을 요구했습니다. 그리고 노인과 부녀자, 아이들은 최단 시간 내에 마포나루로 이동할 준비를 하라고 지시했습니다. 그러면 마포나루에서 강을 오가는 기선이 그들을 태워 제물포로 데려갈 예정이라는 것이었습니다. 일본 영사는 어떤 식으로든 의심스러운 상황이 발생하면 곧바로 영사관이나 경찰서에 보고하고, 무기를 다룰 수 있는 남자들은 신호를 받는 즉시 공동 방어를 위해 전원 영사관에 집결하라고 말했습니다. 일본 영사는 물론 위급 상황이 발생하는 경우 조선 정부가 지체 없이 그 사실을 일본 대표에게 알리고 일본인 거류민들을 보호할 대책을 세울 것이라고 말했습니다. 그러나 그 대책을 너무 믿지 않는 편이 현명할 것이라고 덧붙였습니다.

미국 변리공사[3]가 이에 대해 일본 영사에게 문의했고, 일본 영사는 위급 상황이 발생했다는 확실한 소식은 받지 못했다고 답변했습니다. 그러나 조선의 남부지방 상황에 대한 믿을만한 정보를 수집하기 위해 두 사람을 남쪽으로 보냈으니, 신뢰할만한 정보를 입수하게 되면 허드에게 알려주겠다고 말했습니다.

전라도의 프랑스 선교사들이 보고한 바에 의하면, 전라도 지방의 상황은 전혀 걱정할 만한 이유가 없습니다. 또한 예전에 최소한 어느 정도 심각한 사태를 우려했던 조선

---

2 [감교 주석] 오이시 마사미(大石正巳)
3 [감교 주석] 허드(A. Heard)

관리들도 얼마 전부터 다시 평온을 되찾아가고 있습니다.

그 때문에 이곳에서는 일본 변리공사의 조처에 일반적으로 비난의 화살이 쏠리고 있습니다. 모두들 일본 변리공사가 상황을 잘 알면서도 실제보다 더 위험한 양 부풀렸다고 질책하고 있습니다.

제물포 항구에는 포함 두 척이 상시 정박하고 있습니다. 한 척은 일본 포함이고 다른 한 척은 청국 포함입니다. 그런데 며칠 전 청국 포함 두 척과 일본 군함 한 척이 추가로 입항했습니다. 게다가 현재 영국 순양함이 그곳 정박지에 닻을 내리고 있습니다. 하지만 힐리어[4] 총영사의 말에 의하면, 영국 순양함은 우연히 제물포에 오게 되었으며 내일 상하이를 향해 떠날 것이라고 합니다. 그리고 미국 군함 한 척도 도착했는데, 조선 주재 미국 변리공사의 요청에 의해 제물포에 오지 않았을까 추측됩니다. 게다가 프랑스 대표도 프랑스 프리깃함이 머지않아 도착할 것이라고 기대하고 있습니다. 이 정도면 외국인들을 보호하기에 충분할 것입니다.

본인은 이 보고서의 사본을 베이징과 도쿄 주재 독일제국 공사관에 보낼 것입니다.

크리엔

내용: 서울 시내 소요에 대한 소문

---

4 [감교 주석] 힐리어(W. C. Hillier)

미국의 일본과 조선 중재

발신(생산)일	1893. 5. 27	수신(접수)일	1893. 6. 10
발신(생산)자	홀레벤	수신(접수)자	카프리비
발신지 정보	워싱턴 주재 독일 대사관	수신지 정보	베를린 정부
	No. 338		A. 4813
메모	6월 14일 베이징 A 16, 런던 380, 도쿄 A 2, 페테르부르크 242, 서울 A 1에 전달 연도번호 No. 1140		

A. 4813   1893년 6월 10일 오전 수신

워싱턴, 1893년 5월 27일

No. 338

독일제국 수상 카프리비 보병장군 각하 귀하

미국 정부가 평화적인 중재를 통해 일본과 조선의 분쟁을 사전에 예방할 수 있었습니다. 물론 당장 임박한 분쟁은 아니었습니다. 이로써 미국 정부는 외교정책 분야에서 비록 미미하긴 하지만 첫 번째 승리를 거둔 듯 보입니다. 미국 국무장관 그레샴[1]이 그 일에 대해 다음과 같이 본인에게 들려주었습니다.

당시 조선 정부는 위협적인 기근을 우려해 쌀을 비롯한 곡물 수출 금지령[2]을 내렸다고 합니다. 동아시아에서는 그런 곡물 수출 금지령이 빈번히 발생합니다. 조선의 곡물 수출 금지령으로 인해 미곡 수출을 독점한 제물포의 일본 상인들이 공급계약을 이행하지 못했다고 합니다. 그래서 오랜 협상 끝에 결국 일본 정부 측에서 16만 엔의 손해배상금을 요구했다는 것입니다. 그 후로도 협상은 오랫동안 계속 진행되었고, 조선 정부는 10만 엔을 지불할 용의가 있다고 선언했다는 것입니다. 그러자 일본은 나머지 6만 엔을 군함을 통해 강제로 받아내겠다고 위협했다고 합니다. 이에 일본과 조선의 대표들이 미국 정부에 "조언"을 요청했고, 조선이 11만 엔을 지불하고 일본이 5만 엔을 포기하는

---

1   [감교 주석] 그레샴(W. Q. Gresham)
2   [감교 주석] 방곡령(防穀令)

선에서 타협이 이루어졌다고 합니다.

홀레벤[3]

내용: 미국의 일본과 조선 중재

---

3   [감교 주석] 홀레벤(T. Holleben)

조선 상황에 대한 바우디신의 보고

발신(생산)일	1893. 4. 24	수신(접수)일	1893. 6. 13
발신(생산)자	슈테른부르크	수신(접수)자	카프리비
발신지 정보	베이징 주재 독일 공사관 A. 62	수신지 정보	베를린 정부 A. 4898
메모	6월 14일 베이징 A 16, 런던 380, 도쿄 A 2, 페테르부르크 242, 서울 A 1에 전달 연도번호 No. 1140		

A. 4898　1893년 6월 13일 오전 수신. 첨부문서 1부

베이징, 1893년 4월 24일

A. 62

독일제국 수상 카프리비 보병장군 각하 귀하

본인은 독일제국 포함 "일티스"[1]호의 함장 바우디신[2]이 작성한 조선의 현재 상황에 대한 보고서 사본을 삼가 각하께 전하게 되어 영광입니다.

슈테른부르크[3]

내용: 조선 상황에 대한 바우디신의 보고

1　[감교 주석] 일티스(Iltis)
2　[감교 주석] 바우디신(G. Baudissin)
3　[감교 주석] 슈테른부르크(Sternburg)

A. 62의 첨부문서

사본   상하이, 1893년 3월 31일

기밀!

베이징 주재 독일제국 공사관 귀중

본인은 금년 2월 3일 직접 독일제국 공사관에 서한을 — 기밀문서 연도번호 No. 8 — 보내드린 바 있습니다. 이제 그 일의 경과에 대해 브란트[4] 공사께 삼가 다음과 같이 알리게 되어 영광입니다.

본인은 이달 11일 제물포에 도착했습니다. 그리고 이튿날 조선 주재 독일 영사 크리엔[5]과 위에서 언급한 상황에 대해 비밀리에 논의할 기회를 가졌습니다. 크리엔은 조선의 현재 상황에 대해 특별히 불안해야 할 이유가 없다고 본인에게 알렸습니다. 2월 초 베이징에 유포된 소문은 사실무근이며, 특히 도적질도 전보다 더 악화되지 않았다는 것이었습니다. 또한 크리엔의 견해에 따르면, 주화 문제도 잡음이 없다는 것이었습니다. 조선인들은 천성적으로 온건하여 이른바 우호적으로 압박하면 강한 압박에도 선선히 순응하는 경향이 있다고 합니다. 주화 문제에서도 마찬가지라는 것입니다. 따라서 이러한 상황을 고려하면 독일제국 포함 "일티스"호가 조선에 오래 머무를 필요가 없다고 크리엔 영사는 대체로 판단했습니다. 다른 한편으로 크리엔 영사는 독일제국 포함이 이왕 제물포에 왔으니 9일에서 10일 정도 머무는 것을 환영한다고 덧붙였습니다. 그래서 본인은 이달 20일에야 제물포항을 떠나 상하이로 향했습니다.

바우디신

---

4 [감교 주석] 브란트(M. Brandt)
5 [감교 주석] 크리엔(F. Krien)

동학 교도의 봉기에 관한 건

발신(생산)일	1893. 4. 23	수신(접수)일	1893. 6. 13
발신(생산)자	슈테른부르크	수신(접수)자	카프리비
발신지 정보	베이징 주재 독일 공사관	수신지 정보	베를린 정부
	A. 63		A. 4899
메모	A 4900과 A 4901 참조 6월 15일 런던 381, 페테르부르크 244, 워싱턴 A 30에 전달		

A. 4899 1893년 6월 13일 오전 수신

베이징, 1893년 4월 23일

A. 63

독일제국 수상 카프리비 보병장군 각하 귀하

본인은 조선에서의 최근 소요와 관련해 다음과 같이 삼가 각하께 보고 드리게 되어 영광입니다.

25년 전쯤 한 광신도에 의해 동학이라는 이름의 단체가 형성되었습니다. 동학의 교주 및 일부 교도들이 반국가적인 교리를 전파했기 때문에, 조선 정부는 그들을 참수했습니다. 그런데도 동학은 급속도로 전파되었으며, 현재는 조선의 모든 지방과 심지어는 수도 서울에도 수천 명의 교도들이 있습니다.

이제 그 단체는 정치적인 성격을 띠게 되었으며, 몇몇 지방 관청들을 습격해서 그동안 자행된 불의를 보상할 것을 요구하고 있습니다.

3월 말경에 조선 국왕은 동학교도들이 조선에 거주하는 외국인들에게 폭력을 행사하겠다고 위협했다는 내용의 전갈을 영국 총영사 힐리어[1]에게 보냈습니다. 이와 관련된 소문 탓에 조선 국왕 스스로 매우 염려하고 있다는 것이었습니다.

이 전갈은 과거시험을 며칠 앞두고 도착했습니다. 수천 명의 젊은이들이 과거 시험을 치러 몰려들었는데, 그 중에는 동학교도들도 상당수 있었습니다. 그 동학교도들이 시위

---

1   [감교 주석] 힐리어(W. C. Hillier)

를 벌일 것이라고 예상되었습니다. 게다가 동학의 지도자들이 일종의 성명서를 발표했다는 사실이 알려졌습니다. 그들은 성명서에서 외국인들을 추방하고 탐관오리들의 관직을 삭탈할 것을 요구했습니다.

시위는 발생하지 않았지만, 동학교도 오십 명이 청원서를 가지고 궁궐 밖에 진을 쳤습니다. 그러고는 왕이 직접 청원서를 받아주기를 기다렸습니다. 청원서의 내용은 다음과 같습니다.

1) 모든 외국인, 특히 일본인의 추방.

2) 관청의 많은 악습 폐지.

조선 정부는 반란을 두려워한 나머지 모든 강압적인 조치를 피했습니다. 그리고 지방 관리들에게 당한 모든 억울한 사정들을 제시하라고 동학 대표단에게 알렸습니다. 만약 그것들이 근거가 있을 경우에는 시정하도록 조치를 취할 것이라고 설명했습니다.

그러나 외국인의 추방 문제와 관련해서는, 조선 정부는 외국인에 대한 모든 폭력행위를 엄벌에 처할 것이며 조선은 계약을 통해 약속한 의무를 철저하게 이행할 것이라고 답변했습니다.

조선 정부는 외국인을 보호하기 위해 최선을 다할 것이라고 영국 총영사에게 선언했습니다.

본인이 최근 이곳 영국 공사[2]에게서 받은 소식은 이상입니다. (영국 총영사의 보고서에는 3월 31일 날짜가 적혀 있었습니다.)

조선 국민들에 대해 말하자면, 이곳에서는 그들이 조직적인 대규모 반란을 일으키는 데 필요한 수단을 거의 소유하지 못하고 있다는 견해가 지배적입니다. 지난 10년 동안 두 차례 일본인들이 분노한 폭도들에 의해 내쫓겼고 많은 일본인들이 죽임을 당했습니다. 그런데도 그 후로 일본인들뿐만 아니라 청국인들도 열 배 증가했습니다. 나머지 외국인들은 그들의 도움을 받아 웬만한 폭동에는 끄덕도 없을 것입니다.

그런데도 조선의 오지에서, 특히 경찰과 군대가 거의 힘을 쓰지 못하는 곳에서, 과격한 남자들 무리가 많은 화를 불러올 수 있습니다. 이곳에서 받은 소식에 의하면, 국민들을 수탈한 조선 관리들이 습격 받는 일이 지난 몇 개월 동안 수차례 있었다고 합니다.

조선 국왕이 국가적인 반란을 두려워해 겁에 질렸을 가능성도 다분합니다. 현재의 조선 왕조는 오백 년으로 수명이 다할 것이고 그 후에는 Kung-chong[3](동학의 본거지)

2　[감교 주석] 오코너(N. R. O'Conor)
3　[감교 주석] 충청도의 이전 지명인 공풍(公忠)으로 추정.

에서 새로운 왕조가 탄생할 것이라는 예언이 예로부터 조선에 전해져 내려왔기 때문입니다.

2년 전에 조선 국왕은 현 왕조의 창건 500주년을 기념했습니다. 그 후로 조선 국왕은 위에서 말한 예언이 실현되지 않을까 전전긍긍한다고 합니다.

동학교도들이 그 예언을 실현해야 한다는 사명감을 느낄 가능성도 없지 않습니다. 그리고 만일 동학교도들이 충분한 조직만 갖춘다면, 의심의 여지없이 그 예언을 실현시킬 수 있을 것입니다. 그런 파국을 막는 것은 일차적으로 청국의 의무일 것입니다.

현재 조선에서 기독교로 개종한 사람들의 상황은 안전하지 않습니다. 조선의 가톨릭 선교사들과 신도들이 위기에 대비하고 있을 가능성도 없지 않습니다.

슈테른부르크

내용: 조선 국내의 소요

12

원문 p.402

[동학 교도의 봉기 관련 군함 파견 건]

발신(생산)일	1893. 4. 24	수신(접수)일	1893. 6. 13
발신(생산)자	슈테른부르크	수신(접수)자	카프리비
발신지 정보	베이징 주재 독일 공사관	수신지 정보	베를린 정부
	A. 64		A. 4900
메모	A. 4901 참조		

A. 4900 1893년 6월 13일 오전 수신

베이징, 1893년 4월[1] 24일

A. 64

독일제국 수상 카프리비 보병장군 각하 귀하

어제 작성한 보고서 A 63[2]과 관련해, 본인은 영국 공사 오코너[3]가 총리아문과 담화를 나누었다는 소식을 방금 오코너에게 직접 들었음을 삼가 각하께 알려 드립니다. 조선의 상황이 당분간은 위험하지 않은 것으로 판단되고 있습니다. 그런데도 청국 군함 두 척이 조선으로 파견되었습니다. 미국도 군함 한 척을 조선으로 보냈다고 합니다. 그러나 본인은 이곳 미국 공사[4]로부터 그에 대한 정확한 소식을 들을 수 없었습니다. 그가 조선에서 그에 대한 권한을 위임받지 않았기 때문입니다.

슈테른부르크

---

1 [감교 주석] 원문서에 8월(August)로 잘못 표기됨.
2 [원문 주석] A 4899 오늘 우편으로.
3 [감교 주석] 오코너(N. R. O'Conor)
4 [감교 주석] 덴비(C. H. Denby)

13

[리훙장보다 격하된 조선 국왕 지위에 관한 건]

발신(생산)일	1893. 4. 25	수신(접수)일	1893. 6. 13
발신(생산)자	슈테른부르크	수신(접수)자	카프리비
발신지 정보	베이징 주재 독일 공사관	수신지 정보	베를린 정부
	A. 65		A. 4901
메모	A. 4902 참조		

A. 4901 1893년 6월 13일 오전 수신. 첨부문서 2부

베이징, 1893년 4월 25일

A. 65

본인은 조선 국내의 소요와 관련해 이달 23일 보고서 A. No. 63과 이달 24일 보고서 A. No. 64[1]를 삼가 각하께 올린 바 있습니다. 이와 관련해 리훙장[2]이 청국 황제에게 올린 보고서의 번역본을 첨부문서로 삼가 각하께 전하게 되어 영광입니다. 리훙장의 보고서는 이달 14일 자 북경신문에 보도되었습니다. 조선 국왕과 청국 황제의 공식적인 교류가 직례총독[3]에 의해 무산되었습니다. 이 무산된 교류 방식 및 리훙장이 올린 보고서의 내용은 조선 군주의 열등한 지위를 분명하게 알려줍니다. 또한 조선 왕실의 존속을 위해 청국의 지원이 얼마나 중요한지도 명확하게 알 수 있다는 본인의 소견을 삼가 덧붙입니다.

청국의 조선 왕실 지원과 관련해, 본인은 조선 주재 청국 변리공사[4]의 영향력에 대한 이달 17일 자 "North China Daily News"의 기사를 삼가 각하께 전달하는 바입니다.

슈테른부르크

---

1 [원문 주석] A. 4899와 4900 오늘 우편으로.
2 [감교 주석] 리훙장(李鴻章)
3 [감교 주석] 직례총독(直隷總督)
4 [감교 주석] 위안스카이(袁世凱)

A. 65의 첨부문서 1

번역문, 사본

1893년 4월 12일 베이징신문[5]

폐하의 신하인 조선 국왕 이희[6]의 간청을 좇아, 소신 리훙장은 조선 국왕의 다음과 같은 서한을 삼가 폐하께 올리게 되어 영광입니다.

1882년과 1884년에 조선에서는 반란이 잦았습니다. 그로 인해 본인은 외국인들에게로 피신할 수밖에 없었고 조선은 큰 위기에 봉착했습니다. 당시 본인은 황제 폐하께 여러 차례 도움을 요청해야 했고 그 은혜는 죽어서도 잊지 못할 것입니다. 당시 저희들을 도왔던 청국 장교들의 고난과 용기도 조선 국민들은 감사히 기억하고 있습니다.

제독(군단장)[7] 우자오여우[8] 총병[9](준장) 줘스보[10]와 줘커청[11], 1급 중대장[12] 리더성[13], 2급 중대장[14] 동화이장[15]과 우량푸[16], 소위[17] 취지저[18]와 왕다오번[19], 사관[20] 조우창희[21]가 사망했다는 소식을 들었습니다. 제독을 비롯한 위의 사망자들은 조선에서 3년간 임무를 수행했으며 모반을 두 번 진압했습니다. 그들은 자신들의 목숨을 돌보지 않고 총탄을 향해 용감하게 돌진했습니다. 그들은 심한 부상을 입었지만, 상처가 아물기도 전에 다시 전투에 나섰습니다.

저희들은 그들의 용맹한 행위를 직접 눈으로 보았으며 그 우정 어린 헌신을 결코

---

5 [감교 주석] 징바오(京報). 북경에서 발행되는 관보를 가리킴.
6 [감교 주석] 이희(李熙), 고종(高宗)
7 [감교 주석] 제독(提督)
8 [감교 주석] 우자오여우(吳兆有)
9 [감교 주석] 총병(總兵)
10 [감교 주석] 줘스보(左世柏)
11 [감교 주석] 줘커청(左克成)
12 [감교 주석] 도사(都司)
13 [감교 주석] 리더성(李得勝)
14 [감교 주석] 수비(守備)
15 [감교 주석] 동화이장(董怀章)
16 [감교 주석] 우량푸(吳良輔)
17 [감교 주석] 천총(千總)
18 [감교 주석] 취지저(崔繼澤)
19 [감교 주석] 왕다오번(王道本)
20 [감교 주석] 파총(把總)
21 [감교 주석] 조우창희(周長喜)

잊지 않을 것입니다. 그들이 살아생전 그토록 훌륭한 업적을 남겼음으로, 사후에 그들에게 제물을 바쳐 경의를 표하는 것이 마땅할 것입니다. 따라서 본인은 1884년 전사한 황제 폐하의 병사들과 함께 그들에게도 제물을 바칠 것을 삼가 제안하는 바입니다. 광동 제독 고[22] 우창칭[23]의 사원에서 우자오여우와 아홉 명의 동지들에게 제물을 바치도록 자비로이 허락하여 주시길 삼가 황제 폐하께 간청 드립니다."

소신 리훙장은 위에서 언급된 고 우창칭이 군대를 이끌고 바다 건너 서울에 이르러서는 조선 반란의 수괴를 체포하고 모반을 진압했음을 이 서한에 삼가 덧붙입니다. 1884년 겨울 조선의 대신 홍영식[24]이 반란[25]을 일으켜 많은 모반자들을 규합했습니다. 그 무리들은 불시에 궁궐에 침입해 대신들을 살해했습니다. 당시 제독으로 진급이 예정되어 있었던 총병 우자오여우는 조선에 주둔하는 청국 군대를 지휘했습니다. 그는 궁궐로 밀고 들어가 조선 국왕을 구한 첫 번째 사람이었습니다. 우자오여우는 반란자들을 뿌리째 말살했고 그로써 두 번째 반란의 기세를 꺾었습니다.

청국 황실이 이처럼 두 번 은혜를 베풀어준 것에 대해 조선은 무척 감사한 마음을 품고 있습니다. 그래서 조선 국왕 이희는 당시 1884년에 이미 우창칭을 위해 서울에 사원을 짓게 해줄 것을 간청했습니다. 그러다 1885년에 조선 국왕은 1884년 겨울의 전투[26]에서 전사한 장교와 병사들, 즉 왕즈춘[27]과 동료들을 우창칭 사원에 모시게 해달라고 또 다시 황제 폐하께 청원했습니다. 이에 황제 폐하께서는 두 번 다 윤허하셨습니다. 우자오여우와 아홉 명의 동지들은 두 번의 반란을 진압하고 조선 국왕의 신변을 성공적으로 보호했습니다. 조선인들은 그들의 큰 공적을 무척 고마워하고 있습니다. 이제 조선 국왕이 그들에게 제물을 바치게 해줄 것을 청원한다면, 틀림없이 그것은 고난과 위기로부터 구해준 이들에게 헌주를 바쳐야 한다는 원칙과 부합할 것입니다. 그러므로 소신은 조선 국왕의 소청을 받아들여 위의 장교들에게 제물을 바치게 해주실 것을 황제 폐하께 간곡히 청원 드립니다. 이것은 머나먼 타국에서 임무를 수행하는 장교들과 병사들에게도 공을 세우게 하는 자극이 될 것입니다. 소신은 이에 대해 예부[28]에 알렸으며, 황제 폐하께서 이 일에 주목하시도록 삼가 보고 드리는 것을 소신의 책무로 여기고 있습니다.

---

22 [감교 주석] 고(故)
23 [감교 주석] 우창칭(吳長慶)
24 [감교 주석] 홍영식(洪英植)
25 [감교 주석] 갑신정변(甲申政變)
26 [감교 주석] 갑신정변(甲申政變)
27 [감교 주석] 왕즈춘(王志春)
28 [감교 주석] 예부(禮部)

황제 폐하께서는 이를 허락하니 이희에게 알리라는 교지를 내리셨다.

번역
코르데스[29]

A. 65의 첨부문서 2

첨부문서의 내용(원문)은 독일어본 405~406쪽에 수록.

---

29 [감교 주석] 코르데스(Cordes)

조선에서의 불안

발신(생산)일	1893. 4. 28	수신(접수)일	1893. 6. 13
발신(생산)자	슈테른부르크	수신(접수)자	카프리비
발신지 정보	베이징 주재 독일 공사관	수신지 정보	베를린 정부
	A. 66		A. 4902

A. 4902 1893년 6월 13일 오전 수신. 첨부문서 2부

베이징, 1893년 4월 28일

A. 66

독일제국 수상 카프리비 보병장군 각하 귀하

동학교단의 책동에 대한 조선 국왕의 칙령 관련 기사가 서울에서 발행되는 이달 12일
과 13일, 16일 자 "관보"에 보도되었습니다. 금년 4월 25일 보고서 A. 65[1]에 이어, 본인은
이에 대해 삼가 각하께 보고 드리게 되어 영광입니다.

동학교도들은 조선 국왕의 모든 충성스런 국민들에게 외국인들, 특히 일본인들을 추
방할 것을 요구하는 내용의 성명서를 조선 방방곡곡에 배포했습니다. 외국인들이 조선의
안녕을 해치기 때문이라는 것입니다. 본인은 조선 국왕의 칙령 및 동학교도들의 성명서
발췌문을 삼가 동봉하는 바입니다.

본인이 최근 영국 공사[2]와 총세무사[3]에게 들은 소식에 의하면, 조선에 거주하는 일본
인들 사이에서 불안이 점점 고조되고 있습니다. 또한 다른 외국 국민들도 상당수 덩달아
불안에 휩쓸리고 있습니다. 특히 일본 공사[4]가 외국인들을 불안하게 하는데 크게 일조한
듯 보입니다. 일본 공사가 일본 자국민들에게 부녀자와 아이들을 제물포로 보내고 무장
할 것을 요구했기 때문입니다. 이달 17일 밤에 동학교도들이 일본 대사관 건물에 선동적
인 벽보를 붙였습니다.

---

1 [원문 주석] A. 4901 오늘 우편으로.
2 [감교 주석] 오코너(N. R. O'Conor)
3 [감교 주석] 하트(R. Hart)
4 [감교 주석] 오이시 마사미(大石正巳)

현재 제물포에는 청국 군함 세 척, 일본 군함 두 척, 그리고 미국 군함 한 척이 있습니다. 그리고 상하이의 군함들이 약 32시간 이내에 제물포에 도착할 수 있습니다.

베이징에서는 당분간 심각한 사태가 발생하지 않을 것이라는 의견이 지배적입니다. 현재의 불안한 정세는 정치적 위기를 이용해서 사사로이 이익을 취하려는 비교적 적은 수의 개개인이 벌인 듯 보입니다. 어쨌든 그들은 조선 국왕의 심리를 불안하게 만들어서 악명 높은 관찰사 두 명[5]을 해임시키는 데 성공했습니다.

슈테른부르크

내용: 조선에서의 불안

A. 66의 첨부문서 1

1893년 4월 13일 조선 관보에 발표된 칙령의 발췌문

최근 유학자들이 올린 청원서의 내용은 우리에게 많은 놀람과 근심을 안겨주었다.

허황된 소문을 통해 순박한 국민들을 선동하고 무질서를 조장함으로써 법을 경시하는 사태가 발생하고 있다. 법을 무시하도록 무지한 국민들을 유혹하고도 벌 받지 않는다면, 대체 그 결과가 어찌될 것인가?

그러므로 앞으로는 이런 운동을 주동하는 자들을 체포하도록 관청들에게 요구하는 바이다. 나아가 관청들은 포고문을 통해 사교의 확산을 저지하고 모두들 조용히 생업에 열중하도록 지도해야 할 것이다.

관리들은 국민의 지도자가 되고 파수꾼이 되어야 할 것이다. 따라서 국민들이 옳지 못한 길로 유혹되는 것을 보게 되면 수수방관해서는 안 될 것이다.

그러므로 관청들은 법을 어길 시 징벌이 따를 것이라고 위협하며, 모든 수단을 동원해 이 운동에 대응하는 것을 의무로 삼도록 하라.

국민들이 국법을 준수해야 함을 명심할 수 있도록, 관청들을 통해 국왕의 이 명령을 엄중하게 널리 알리도록 하라.

---

5 [감교 주석] 전라감사(全羅監司) 이경직(李耕稙), 경상감사(慶尙監司) 이헌영(李𨯶永).

A. 66의 첨부문서 2

동학교단 성명서의 발췌문

인간에게는 본분을 다하기 위한 세 가지 과제가 있다.

1. 국법의 제정. 국법에 따라 충성을 다하고, 필요한 경우에는 국가를 위해 목숨을 바칠 수 있어야 한다.

2. 충성심과 순수한 사랑의 실행. 필요한 경우에는, 우리에게 개인적으로 속하는 것을 지키기 위해 우리 자신의 목숨도 내놓을 수 있어야 한다.

3. 목숨이 다하는 날까지 부부 사이의 신의와 정절.

삶과 죽음은 모든 인간에게 공통된다. 평화롭고 행복한 시대를 사는 자는 국가와 부모에 대한 의무를 조용히 점진적으로 완수할 수 있다. 시국이 불안하고 위험해지면 공공의 안녕을 위해 목숨을 희생할 수밖에 없는 일이 개개인에게 닥친다. 삶에 집착하는 자는 충신도 효자도 될 수 없다. 왕과 부모를 위해 기꺼이 목숨을 내놓을 각오가 되어 있는 자는 충성심과 순수한 사랑의 원칙을 항구히 지지할 자격이 있다.

지금 일본인들과 외국인 폭도들이 우리나라에서 행패를 부리고 있다. 우리의 수도는 일본인들과 외국인들로 우글거린다. 무질서가 곳곳에서 판을 치고 있다. 순결과 조국애, 예의범절과 지혜, 신의와 믿음, 부모와 자식 간의 사랑, 군주와 국민들 간의 사랑 —모든 것이 사라졌다!

일본인들은 우리를 저주하며, 우리와 우리나라를 산산조각 낼 기회만 호시탐탐 노리고 있다. 지금은 전례 없이 위험한 상황이다.

이 성명서를 발표하는 우리는 소박하고 무지한 사람들이다. 그러나 우리는 우리의 조상으로부터 물려받은 법을 지키고, 우리의 왕께 속하는 땅을 경작하고, 우리의 부모를 봉양한다. 이 점에서 우리와 국가 관리들 사이에는 차이가 없다. 우리의 목표는 국가와 국가에 충실한 국민들의 안녕이다. 그러나 현 시국에서는 올바른 길을 찾기가 쉽지 않다. 이런 속담이 있다. "무너지는 집은 대들보를 제지하지 못하고, 넘실거리는 파도는 갈대를 제지하지 못한다." 우리는 수백만 명에 달하며, 우리 조국의 안녕을 위해 이 땅에서 일본인과 외국인을 몰아낼 것을 생사를 걸고 맹세했다. 우리는 뜻을 같이 하는 모든 우국지사들이 우리와 함께 분연히 일어서기를 바라마지 않는다.

베를린, 1893년 6월 14일   A. 4813

주재 외교관 귀중   귀하에게 일본과 조선 정세에 관한 지난 달
1. 베이징 No. A. 16   19일 도쿄 주재독일제국 공사의 보고서 사본
2. 런던 No. 380   을 참조용으로 삼가 전달합니다.
3. 페테르부르크 No. 242
4. 서울 No. A. 1

베를린, 1893년 6월 15일   A. 4899

주재 외교관 귀중   귀하에게 조선에서 일어난 폭동에 관한 금년
1. 런던 No. 381   4월 23일 베이징 주재 독일제국 공사의 보고
2. 페테르부르크 No. 244   서 사본을 참조용으로 삼가 전달합니다.
3. 워싱톤 No. A. 30

15

군함 두 척의 조선 파견

발신(생산)일	1893. 5. 18	수신(접수)일	1893. 6. 30
발신(생산)자	슈테른부르크	수신(접수)자	카프리비
발신지 정보	베이징 주재 독일 공사관	수신지 정보	베를린 정부
	A. 70		A. 5427

A. 5427 1893년 6월 30일 오전 수신

베이징, 1893년 5월 18일

A. 70

독일제국 수상 카프리비 보병장군 각하 귀하

어제 청국의 장갑함 두 척, "King-yuan"호와 "Tsi-yuan"호에게 긴급히 웨이하이웨이[1]를 떠나 조선으로 출항하라는 명령이 내렸습니다. 본인은 즈푸[2]로부터 방금 비밀리에 이 소식을 받았음을 삼가 각하께 보고 드리게 되어 영광입니다. 각기 장갑함에는 웨이하이웨이 수비대의 상륙용 화포와 60명의 상륙군으로 이루어진 특별 별동대가 탑승하고 있습니다.

슈테른부르크

내용: 군함 두 척의 조선 파견

---

1 [감교 주석] 웨이하이웨이(威海衛)
2 [감교 주석] 즈푸(芝罘)

16

[조선의 방곡령과 조일 갈등 고조]

발신(생산)일	1893. 5. 21	수신(접수)일	1893. 7. 4
발신(생산)자	구트슈미트	수신(접수)자	카프리비
발신지 정보	도쿄 주재 독일 공사관	수신지 정보	베를린 정부
	A. 24		A. 5576
메모	7월 7일 런던 443, 페테르부르크 262, 워싱턴 A 32, 베이징 A 23에 전달.		

A. 5576 1893년 7월 4일 오전 수신

도쿄, 1893년 5월 21일

A. 24

독일제국 수상 카프리비 보병장군 각하 귀하

일본 측에서 콩 무역 중단[1]으로 인한 손해 배상금을 조선에게 요구했습니다. 이에 대한 협상이 ― 금년 4월 19일 자 보고서 A. 20 참조[2] ― 최근 며칠 사이 위험한 고비를 맞이했고, 하마터면 양국 외교관계가 단절될 뻔 했습니다.

각하께서는 얼마 전 일본의 고위 장교들이 조선 국왕을 알현하는 자리에서 있었던 사건들에 대한 서울 주재 독일제국 영사[3]의 보고서[4]를 받아보셨을 것입니다. 그렇지 않아도 조선 궁중에서는 일본에 대한 반감이 지배적인데, 일본 변리공사[5]의 무례한 행동은 그런 반감을 더욱 부채질한 듯 보입니다. 각하께서 서울 주재 독일 영사의 보고서를 받아 보셨으니, 본인은 이곳 일본 외무대신[6]으로부터 그 사건에 대해 구두로 전해들은 내용을 보고 드리는 것으로 그치겠습니다.

무쓰는 일본이 조선 정부의 손해 보상금 부담을 어떤 방식으로든 덜어줄 용의가 있다는 말로 운을 떼었습니다. 특히 조선에 설립된 일본 은행이 일본 정부의 지시를 좇아

---

1 [감교 주석] 방곡령(防穀令)
2 [원문 주석] A. 4351 삼가 동봉.
3 [감교 주석] 크리엔(F. Krien)
4 [원문 주석] A. 4356 삼가 동봉.
5 [감교 주석] 오이시 마사미(大石正巳)
6 [감교 주석] 무쓰 무네미쓰(陸奧宗光)

조선 행정부에 필요한 금액을 매우 저렴한 이율과 유리한 상환조건으로 빌려주겠다고 나섰다는 것이었습니다.

그런데 무쓰의 말에 따르면, 조선 정부가 만일 미곡 및 콩 수출금지로 인해 피해를 입은 일본 상인들에게 배상금을 지불한다면 그것은 오로지 자비를 베푸려는 의도일 뿐이라고 최근 선언했다고 합니다. 그것은 이미 합의한 원칙에 위배되는 처사라고 합니다. 또한 조선 정부는 계약법에 따른 보상 의무를 인정할 수 없다고 말했다는 것입니다. 그러니 이제 강력한 조치를 취할 때라고 무쓰는 말했습니다. 그래서 만일 조선 정부가 계속 뜻을 굽히지 않고 손해배상 의무를 인정하지 않는 경우에는, 이달 17일 서울을 떠나 제물포에서 다음 명령을 기다리라는 지시가 이달 3일 일본 측 대표에게 전신으로 하달되었다는 것입니다.

무쓰 대신은 서울 주재 청국 대표[7]가 아주 올바르게 처신해서 조선 정부로 하여금 뜻을 굽히도록 설득했다는 말로 끝을 맺었습니다. 본인은 이 말의 사실여부를 지금으로서는 판단할 수 없습니다. 그러는 사이 서울에서 어제 오이시로부터 조선 정부가 마지막 단계에서 수락할만한 새로운 제안을 했다는 소식이 전신으로 도착했습니다. 오이시는 그러니 협상에 임할 수 있는 권한을 자신에게 부여해줄 것을 요청했습니다. 그러자 그에 필요한 전권이 즉각 오이시에게 부여되었습니다.

어젯저녁 만찬 후 본인은 일본 수상 이토[8]와 긴 담화를 나누었습니다. 이토는 이틀 전 이곳 신문의 호외 내용이 사실이라고 본인에게 확인해주었습니다. 이틀 전 신문의 호외에는, 리훙장[9]이 조선과의 분쟁을 평화로운 방식으로 해결하기 바란다는 의견을 전신으로 이토에게 표명했다는 기사가 보도되었습니다. 리훙장 총독의 이런 조치에는 은밀한 협박이 숨어 있음을 알 수 있습니다. 리훙장은 일본과 조선의 전쟁이 곧바로 일본에 대한 청국의 선전포고를 초래할 것이라고 말한 적이 있습니다(금년 4월 19일 보고서 A. 20 참조). 그 은밀한 협박은 바로 이 말과 맞아떨어집니다.

끝으로, 이토가 일본 정부는 조선과의 모든 심각한 분쟁을 피하고자 노력할 것임을 본인에게 확언했다고 덧붙이는 바입니다.

구트슈미트

---

7 [감교 주석] 위안스카이(袁世凱)
8 [감교 주석] 이토 히로부미(伊藤博文)
9 [감교 주석] 리훙장(李鴻章)

17

일본과 조선의 분쟁 해결

발신(생산)일	1893. 5. 22	수신(접수)일	1893. 7. 4
발신(생산)자	구트슈미트	수신(접수)자	카프리비
발신지 정보	도쿄 주재 독일 공사관	수신지 정보	베를린 정부
	A. 25		A. 5577
메모	I. 7월 7일 런던 443, 페테르부르크 262, 워싱턴 A 32, 베이징 A 23에 전달 Ⅱ. 7월 12일 페라 187을 경유 아테네 14로 전달 A. 5801 참조		

A. 5577 1893년 7월 4일 오전 수신

도쿄, 1893년 5월 22일

A. 25

독일제국 수상 카프리비 보병장군 각하 귀하

본인이 이곳 일본 외무대신[1]에게 들은 바에 의하면, 일본과 조선 사이의 분쟁은 이달 21일 일본 변리공사 오이시[2]와 조선 정부의 협정서 교환에 의해 우호적인 방식으로 해결되었습니다. 어제 보고서 A. 24[3]에 이어, 본인은 이 소식을 삼가 각하께 보고 드립니다. 조선은 총 11만 엔의 보상금을 일본에게 지불하기로 했다고 합니다. 그 중 9만 엔은 조선 함경도 지방에 내린 콩 수출 금지령에 대한 배상금으로, 2만 엔은 황해도 지방에 내린 콩 수출 금지령에 대한 배상금으로 지불된다고 합니다. 위에서 말한 9만 엔 중 6만 엔은 3개월 이내에, 그리고 나머지 3만 엔은 5년 이내에 변제될 것입니다. 그 반면에 다른 2만 엔은 6년 이내에 상환될 것입니다.

조선은 일본 측이 요구한 20만 엔에 대해 처음에 6만 엔의 배상금만을 승인하겠다고 밝혔습니다. 그러므로 지불조건에서 드러난 바와 같이, 사실상 이곳 일본 정부가 양보한 것입니다. 이 점에서 일본 정부는 틀림없이 청국의 태도를 적절히 고려했을 것입니다.

구트슈미트

내용: 일본과 조선의 분쟁 해결

---

1 [감교 주석] 무쓰 무네미쓰(陸奥宗光)
2 [감교 주석] 오이시 마사미(大石正巳)
3 [원문 주석] A. 5576 오늘 우편으로.

베를린, 1893년 7월 7일   A 5576, 5577

주재 외교관 귀중   귀하에게 일본과 조선 간 분쟁[4] 및 해소에 관
1. 런던 No. 443   한 금년 5월 21일, 22일 도쿄 주재독일제국
2. 페테르부르크 No. 262   공사[5]의 보고서 사본을 참조용으로 삼가 전달
3. 워싱톤 No. A. 32   합니다.
4. 베이징 No. A. 23

---

4 [감교 주석] 방곡령(防穀令) 사건
5 [감교 주석] 구트슈미트(F. Gudtschmid)

18

조선

발신(생산)일	1893. 5. 20	수신(접수)일	1893. 7. 10
발신(생산)자	슈테른부르크	수신(접수)자	카프리비
발신지 정보	베이징 주재 독일 공사관	수신지 정보	베를린 정부
	A. 72		A. 5744

A. 5744 1893년 7월 10일 오전 수신, 첨부문서 1부

베이징, 1893년 5월 20일

A. 72

독일제국 수상 카프리비 보병장군 각하 귀하

본인은 어제 이곳 일본 공사 오토리[1]로부터 일본 정부에 신청한 장기간의 귀국 휴가가 거부되었다는 소식을 들었습니다. 본인은 이에 대해 삼가 각하께 보고 드리게 되어 영광입니다. 오토리의 휴가 신청 거부는 아마 서울 주재 일본 공사 오이시[2]의 소환과 관련된 듯 보입니다. 하트[3]의 말에 의하면, 오이시는 일본 정부의 위임을 받아 이달 17일 일본의 요구와 관련된 최후통첩을 조선 국왕에게 전했습니다. 그 최후통첩이 성공을 거둘 가능성은 별로 없어 보입니다. 만일 실제로 성공을 거두지 못할 경우에 오이시는 관직에서 물러나게 될 것입니다. 그렇게 되면 조선에 살고 있는 외국인들의 입장에서는 반가운 결과일 것입니다.

본인은 이달 5일 "Japan Daily Herald"에 실린 오이시에 대한 기사를 첨부문서로 삼가 동봉하는 바입니다.

그밖에 청국 변리공사로 장기간 근무한 위안스카이[4]를 저장[5]의 도대[6]로 전보 발령한

---

1 [감교 주석] 오토리 게이스케(大鳥圭介)
2 [감교 주석] 오이시 마사미(大石正巳)
3 [감교 주석] 하트(R. Hart)
4 [감교 주석] 위안스카이(袁世凱)
5 [감교 주석] 저장(浙江)
6 [감교 주석] 도대(道臺)

다는 황제의 칙령이 이달 9일 공표되었습니다. 그러나 본인이 들은 소식에 의하면, 위안
스카이는 조선에서의 활동을 전반적으로 인정받은 터라서 당분간은 현 지위에 머무를
것이라고 합니다.

슈테른부르크[7]

내용: 조선

A. 72의 첨부문서

첨부문서의 내용(원문)은 독일어본 417쪽에 수록.

---

7 [감교 주석] 슈테른부르크(Sternburg)

조선, 그리고 일본 장교의 베이징 방문

발신(생산)일	1893. 5. 22	수신(접수)일	1893. 7. 10
발신(생산)자	슈테른부르크	수신(접수)자	카프리비
발신지 정보	베이징 주재 독일 공사관	수신지 정보	베를린 정부
	A. 73		A. 5747

A. 5747 1893년 7월 10일 오전 수신, 첨부문서 1부

베이징, 1893년 5월 22일

A. 73

독일제국 수상 카프리비 보병장군 각하 귀하

본인은 일본의 요구가 조선에서 약 120,000Tales 선에서 조정되었다는 소식을 오늘 하트[1]로부터 들었음을 삼가 각하께 보고 드리게 되어 영광입니다. 더욱이 그것은 청국 변리공사 위안스카이[2]의 중재 덕분이라고 합니다. 또한 조선 주재 일본 공사 오이시도 관직에서 물러나지 않을 것이라고 합니다. 본인은 이에 관한 신문기사를 첨부문서로 삼가 동봉하는 바입니다.

이곳 베이징에서는 정말 뜻밖에도 일본의 요구가 조정된 것은 베이징에서 압력을 행사한 덕분이라는 말이 돌고 있습니다. 청국이 이 일의 평화로운 해결을 무척 바랐기 때문이라는 것입니다.

어제 일본 참모차장 가와카미[3] 장군이 휘하의 장교 세 명을 대동하고 이곳 베이징에 도착했습니다. 가와카미 장군은 이곳으로 오는 길에 조선과 톈진에 잠시 머물렀습니다. 그는 청국을 순회하며 ― 가와카미 장군은 이곳에서 상하이를 거쳐 양쯔로 여행할 예정입니다 ― 청국의 군사시설과 군대 상황에 대해 알아보려 하고 있습니다. 그 때문에 청국인들은 이 일본 사절단을 약간 불신의 눈길로 바라보고 있습니다. 일본 사절단은

---

1 [감교 주석] 하트(R. Hart)
2 [감교 주석] 위안스카이(袁世凱)
3 [감교 주석] 가와카미 소로쿠(川上操六)

결정적으로 시기를 잘못 선택했습니다. 본인이 톈진으로부터 들은 바에 따르면, 리훙장[4]은 가와카미 장군의 방문에 응답하지 않았습니다.

슈테른부르크

내용: 조선, 그리고 일본 장교의 베이징 방문

A. 73의 첨부문서

첨부문서의 내용(원문)은 독일어본 419쪽에 수록.

---

4 [감교 주석] 리훙장(李鴻章)

20

방곡령 사건의 청국 중재와 오이시 공사 사임 건

발신(생산)일	1893. 5. 31	수신(접수)일	1893. 7. 22
발신(생산)자	크리엔	수신(접수)자	카프리비
발신지 정보	서울 주재 독일 총영사관	수신지 정보	베를린 정부
	No. 32		A. 6118
메모	Ⅱ. 사본 17219 1893년 7월 22일 수신 7월 25일 런던, 상트페테르부르크에 전달 연도번호 No. 212		

A. 6118 1893년 7월 22일 오후 수신

서울, 1893년 5월 31일

No. 32

기밀!

독일제국 수상 카프리비 보병장군 각하 귀하

이달 21일 보고서 No. 28의 진행과 관련해, 본인은 청국 영사이자 공사관 서기관인 탕[1]이 비밀리에 확인해준 내용을 삼가 각하께 알려드리게 되어 영광입니다. 일본 수상 이토 [2]가 일본의 손해배상금 요구를 해결하기 위해 텐진의 리훙장[3] 총독에게 도와줄 수 있는지 전신으로 문의했다고 합니다. 그러자 리훙장은 일본 측의 요구가 적절한 선을 넘지 않는다는 조건하에 도와줄 것을 확약했다고 합니다. 그리고 이곳 서울 주재 청국 대표 위안스카이[4]에게 그에 상응하는 지시를 내렸다는 것입니다.

일본의 최후통첩 만료일을 이틀 앞두고 오이시[5]가 위안스카이를 찾아와서는, 일본 정부로부터 위안스카이에게 중재를 요청하라는 지시를 받았다고 설명했다고 합니다. 위안스카이는 위에서 언급한 조건 하에 중재할 것을 약속했으며, 11만 달러를 손해배상금

---

1 [감교 주석] 탕샤오이(唐紹儀)
2 [감교 주석] 이토 히로부미(伊藤博文)
3 [감교 주석] 리훙장(李鴻章)
4 [감교 주석] 위안스카이(袁世凱)
5 [감교 주석] 오이시 마사미(大石正巳)

으로 지불할 것을 조선 정부에 권유했다고 합니다. 이것은 일본 측에서 요구한 금액의 3분의 1을 거의 넘지 않는데도 여전히 과도한 액수라고 합니다. 그런데도 이 일은 일본인들에게 이익이 되지 않을 것이라고 탕은 말했습니다. 오이시의 냉혹하고 분별없는 행동으로 인해 조선에서 일본의 위치가 완전히 추락했기 때문이라는 것입니다. 결국 일본 정부는 일본 측 요구의 최소한 일부만이라도 관철시키기 위해 마지못해 청국의 도움을 요청했다고 합니다. 이로써 조선에 대한 청국의 종주권을 도쿄에서 사실상 인정한 셈이 되었다는 것입니다. 그런데도 도쿄에서는 다만 청일조약에 기인하여 청국의 도움을 요청했을 뿐이라고 주장할 가능성이 다분하다고 합니다.

오이시는 다음달 3일에 서울을 떠나 5일에 일본에 귀국합니다. 오이시가 오늘 작별인사차 본인에게 들러서 말한 바에 따르면, 그는 두 달 휴가를 받았습니다. 오이시가 자리를 비운 사이, 공사관 직원 마쓰이[6]가 업무를 맡아 처리할 것입니다.

그러나 이곳 서울에서는 일본 변리공사 오이시가 임지로 되돌아오지 못할 것이라고 추정하고 있습니다.

본인은 최근 제물포에 머물렀는데, 이달 20일 제물포 주재 일본 영사는 오이시가 직위를 더 이상 오래 보존하지 못할 것이라고 자진해서 본인에게 말했습니다. 오이시가 조선 정부의 미움을 샀기 때문이라고 합니다.

본인은 이 보고서의 사본을 베이징과 도쿄 주재 독일제국 공사관에 보낼 것입니다.

크리엔

---

6 [감교 주석] 마쓰이 게이시로(松井慶四郎)

21

조선 국내의 소요에 관한 소문

발신(생산)일	1893. 6. 10	수신(접수)일	1893. 8. 1
발신(생산)자	크리엔	수신(접수)자	카프리비
발신지 정보	서울 주재 독일 총영사관 No. 54	수신지 정보	베를린 정부 A. 6419
메모	연도번호 No. 235		

A. 6419 1893년 8월 1일 오후 수신

서울, 1893년 6월 10일

No. 54

독일제국 수상 카프리비 보병장군 각하 귀하

이곳 관보의 단신에 의하면, 조선 동남쪽 지방 충청도의 한 마을에 모였던[1] "동학" 교도들이 다시 해산했다고 합니다. 금년 4월 18일 보고서 No. 23과 관련해, 본인은 이 소식을 삼가 각하께 보고 드리게 되어 영광입니다.

조선 국왕과 많은 고위관리들이 한동안 이 매우 빈한하고 무기도 없는 사람들에 의해 심각한 위험에 처했다고 여긴 사실을 보면 조선 정부가 얼마나 나약한지 알 수 있습니다. 믿을만한 소식통에 의하면, 그 마을에 모인 사람들의 수는 결코 6천명이 넘지 않았다고 합니다.

본인은 이 보고서의 사본을 베이징과 도쿄 주재 독일제국 공사관에 보낼 것입니다.

크리엔

내용: 조선 국내의 소요에 관한 소문

---

1 [감교 주석] 보은 집회

22

조선의 상황

발신(생산)일	1893. 6. 18	수신(접수)일	1893. 8. 6
발신(생산)자	슈테른부르크	수신(접수)자	카프리비
발신지 정보	베이징 주재 독일 공사관	수신지 정보	베를린 정부
	A. 83		A. 6548
메모	8월 7일 런던 544, 상트페테르부르크 304, 도쿄 A. 3에 전달		

A. 6548   1893년 8월 6일 오전 수신

베이징, 1893년 6월 18일

No. 83

독일제국 수상 카프리비 보병장군 각하 귀하

본인은 일본의 요구사항이 조선에서 전적으로 리훙장[1] 총독의 도움에 힘입어 해결될 수 있었다는 것을 신뢰할만한 소식통으로부터 비밀리에 전달받았습니다. 조선의 상황에 대한 앞선 보고들에 이어, 이 소식을 삼가 각하께 보고 드리게 되어 영광입니다. 정확히 말하면, 일본 정부가 리훙장 총독에게 이 일을 해결할 수 있도록 도와줄 것을 요청했다고 합니다.

청국 변리공사 위안스카이[2]의 중재를 통해 조선은 11만 달러를 지불하기로 했습니다. 이것은 일본이 원래 요구한 액수의 3분의 1에 지나지 않습니다. 리훙장이 금액을 대폭 삭감할 것을 주장했다고 전해집니다.

본인이 이곳 베이징 주재 일본 대리공사[3]에게 들은 바에 의하면, 조선 주재 일본 변리공사 오이시[4]는 곧 장기간의 휴가를 떠날 것입니다. 이곳에서는 오이시가 임지로 돌아오지 못할 것이라는 견해가 지배적입니다. 그가 무례한 행동으로 조선에서 일본의 위치를 적잖이 손상시켰기 때문입니다.

1　[감교 주석] 리훙장(李鴻章)
2　[감교 주석] 위안스카이(袁世凱)
3　[감교 주석] 오토리 게이스케(大鳥圭介)
4　[감교 주석] 오이시 마사미(大石正已)

이곳 일본 공사 오토리는 장기간 휴가를 떠나 있었습니다. 그는 톈진을 지나는 길에 리훙장 총독으로부터 성대한 만찬을 대접받았습니다. 리훙장 총독은 일본의 가와카미[5] 장군이 톈진을 방문했을 때 많은 친절을 베풀었습니다.

본인은 동학에 대해 이미 여러 차례 삼가 보고 드린 바 있습니다. 조선에서 입수한 최근 소식에 의하면, 동학은 해산했습니다.

동학교도들의 움직임을 감시하는 임무를 맡은 병력을 지원하기 위해, 5월 초 서울에서 일개 연대가 파견되었습니다. 동학교도들은 보은에 진을 치고 있었습니다. 5월 19일 모든 병력이 보은으로 진격했습니다. 모반자들은 아무런 저항 없이 물러났고 그들의 진지는 파괴되었습니다. 그들은 모두 고향으로 돌아갔으며, 당분간은 각자 고향에서 평화롭게 살 것이라고 예상됩니다. 이 소식은 그 동안 서울을 휩쓴 불안을 완전히 잠재웠습니다.

슈테른부르크

내용: 조선의 상황

---

5 [감교 주석] 가와카미 소로쿠(川上操六)

베를린, 1893년 8월 7일   A. 6548

주재 외교관 귀중   귀하에게 조선에 관한 금년 6월 18일 베이징
1. 런던 No. 544   주재 독일제국 공사의 보고서 사본을 참조용
2. 페테르부르크 No. 304   으로 삼가 전달하게 되어 영광입니다.
3. 도쿄 No. A. 23

[동학의 반외세 지향과 일본인의 불만 고조]

발신(생산)일	1893. 7. 14	수신(접수)일	1893. 8. 29
발신(생산)자	제켄도르프	수신(접수)자	카프리비
발신지 정보	톈진 주재 독일 영사관	수신지 정보	베를린 정부
	A. 76		A. 7166
메모	9월 11일 런던 589a, 페테르부르크 318, 워싱턴 A. 38에 전달		

사본

A. 7166   1893년 8월 29일 오전 수신

톈진, 1893년 7월 14일

No. 76

독일제국 수상 카프리비 보병장군 각하 귀하

본인은 청국과 일본의 고관대작들이 서로 예방하고 양국의 의견이 해를 거듭할수록 확연히 일치하고 있다고 삼가 각하께 여러 차례 보고 드렸습니다. 그에 이어 본인은 이달 11일 "Matushima"호와 "Takachita"호, "Chizoda"호로 구성된 일본 함대가 해군중장 이토[1]의 지휘 하에 다구[2]의 정박장에 정박했음을 삼가 각하께 보고 드리게 되어 영광입니다. 일본 함대는 다구에 단지 3일 머물렀으며, 어제 다시 제물포를 향해 출항했습니다. ─ 총사령관뿐만 아니라 일본 제국의 아리스가와 타케히도[3] 왕자도 상당히 많은 수행원들을 데리고 톈진에 왔습니다. 아리스가와 왕자는 순양함 "Chizoda"호의 지휘 임무를 맡고 있으며, 극비리에 이곳 일본 영사관에 숙소를 정했습니다. 따라서 청국 관청이나 영사관 직원들의 영접은 없었습니다.

그에 반해 이토 제독은 이달 12일 여섯 명의 장교들을 거느리고 이곳 일본 영사의 중재로 리훙장 총독과 대면했습니다. 그 자리에서 조선의 상황에 관한 담화가 이어졌고, 이를 계기로 그 청국의 정치가는 "은자의 왕국(Hermit Kingdom)"에 대해 청국과 일본

---

1   [감교 주석] 이토 스케유키(伊東祐亨)
2   [감교 주석] 다구(大沽)
3   [감교 주석] 아리스가와노미야 다케히토(有栖川宮威仁親王)

양국이 공동으로 유화정책을 펼칠 필요성이 있음을 특히 강조했다고 합니다. 아울러 리홍장[4]은 얼마 전 톈진에 머물렀던 오토리[5] 공사와 가와카미[6] 장군에게 조선의 상황에 관대하게 대처하라고 간곡히 권유한 바 있었는데, 이번에도 그런 태도가 바람직하다고 재차 권유했다는 것입니다. 이것은 특히 최근 포트 해밀턴[7]에서 일본 어부들이 조선인들에 의해 살해된 사건을 염두에 두고 한 말입니다.

리홍장 총독 측에서는 일본인들을 환영하기 위한 만찬을 계획했을 뿐만 아니라 일본인들을 답방하겠다고 알렸습니다. 그러나 이토 제독 측에서는 서둘러 출발해야 한다는 이유로 감사히 사양했습니다. ― 일본인들의 거절이 리홍장으로서는 아마 싫지 않았을 것입니다. 몇 주 전부터 리홍장은 견디기 어려운 더위에 무척 시달렸다고 전해지기 때문입니다.

제켄도르프[8]

원본 문서 : 일본 9

---

4   [감교 주석] 리홍장(李鴻章)
5   [감교 주석] 오토리 게이스케(大鳥圭介)
6   [감교 주석] 가와카미 소로쿠(川上操六)
7   [감교 주석] 거문도(Port Hamilton)
8   [감교 주석] 제켄도르프(Seckendorff)

24

조선인들의 일본 어부 습격

발신(생산)일	1893. 7. 15	수신(접수)일	1893. 9. 3
발신(생산)자	크리엔	수신(접수)자	카프리비
발신지 정보	서울 주재 독일 총영사관	수신지 정보	베를린 정부
	No. 38		A. 7347

A. 7347 1893년 9월 3일 오전 수신

서울, 1893년 7월 15일

No. 38

독일제국 수상 카프리비 보병장군 각하 귀하

본인은 일본 어부 세 명이 지난 달 조선의 남서지방 전라도 남해안에서 조선 주민들에 의해 살해되었음을 삼가 각하께 보고 드리게 되어 영광입니다.

일본 측 진술에 따르면, 조선 해안 가까이 닻을 내린 일본 어선이 밤에 조선인들에게 몽둥이와 돌로 습격 받았습니다. 일본 어부들 중 한 명은 숨졌으며, 나머지 두 명은 부상 입은 몸으로 헤엄쳐서 맞은편 섬으로 도피했습니다. 맞은편 섬의 주민들은 그 일본 어부들을 친절히 받아주었습니다.

다른 어선의 일본 어부 두 명도 물을 길러 상륙했다가 섬 주민들에게 살해되었습니다. 나머지 한 명은 어선을 타고 도망치는데 성공했습니다.

이 사건의 진상 조사를 위해 일본 포함 "Takao Kan"이 일본 영사관 직원들과 경찰들을 태우고 현장으로 파견되었습니다.

조선 외아문 독판[1]의 말에 의하면, 조선 관리들은 위에서 언급한 사건에 대해 지금까지 아무런 보고도 올리지 않았습니다.

본인은 이 보고서의 사본을 베이징과 도쿄 주재 독일제국 공사관에 보낼 것입니다.

크리엔

내용: 조선인들의 일본 어부 습격

---

1 [감교 주석] 남정철(南廷哲)

25

미국이 일본과 조선 사이를 중재했다는 소문

발신(생산)일	1893. 7. 28	수신(접수)일	1893. 9. 12
발신(생산)자	쉔크	수신(접수)자	카프리비
발신지 정보	베이징 주재 독일 공사관	수신지 정보	베를린 정부
	No. 101		A. 7528
메모	9월 13일 도쿄 A 4, 워싱턴 A-40, 런던 595, 상트페테르부르크 324에 전달		

A. 7528 1893년 9월 12일 오전 수신

베이징, 1893년 7월 28일

No. 101

독일제국 수상 카프리비 보병장군 각하 귀하

지난 달 14일 훈령 A.16[1]과 관련해, 본인은 미국이 일본과 조선 사이를 중재했다는 소문에 대해 다음과 같이 삼가 각하께 보고 드리게 되어 영광입니다. 이곳 주재 일본 대리공사[2]는 1889년 조선 곡물의 일본 수출과 관련한 일본과 조선의 분쟁[3]이 톈진의 리홍장[4] 총독[5]이 개입함으로써 해결되었음을 본인에게 확인해 주었습니다. 크리엔도 5월 31일 서울에서 같은 내용을 보고했습니다.

일본 수상 이토[6]는 리홍장의 친구입니다. 이토가 리홍장에게 이 일을 중재해줄 것을 전신으로 부탁했다고 합니다. 그러자 리홍장은 그의 추천으로 당시 조선에 파견된 청국 변리공사 위안스카이[7]에게 그에 필요한 지시를 내렸다는 것입니다. 그에 이어 청국 변리공사의 중재를 통해 조선이 지불해야 하는 손해배상금 액수에 대한 합의가 이루어졌습니다.

쉔크[8]

내용: 미국이 일본과 조선 사이를 중재했다는 소문

---

1 [원문 주석] A. 4813 삼가 동봉.
2 [감교 주석] 오토리 게이스케(大鳥圭介)
3 [감교 주석] 방곡령(防穀令) 사건
4 [감교 주석] 리홍장(李鴻章)
5 [감교 주석] 직례총독(直隸總督)
6 [감교 주석] 이토 히로부미(伊藤博文)
7 [감교 주석] 위안스카이(袁世凱)
8 [감교 주석] 쉔크(Schenck)

베를린, 1893년 9월 13일   A. 7528

주재 외교관 귀중
1. 런던 No. 595
2. 페테르부르크 No. 324
3. 도쿄 A. 4
4. 워싱톤 A. 40

1-3에게 : 금년 6월 14일 훈령에 따라
4에게 : 금년 5월 27일 문서번호 제 338호 보고서와 관련해
1-4에게 : 일본과 조선 간 분쟁[9] 해소에 관해

귀하에게 6월 18 베이징 주재 독일제국 공사의 보고서 사본을 삼가 전달합니다. 보고서에 따르면 분쟁 해소는 [*sic.*]이 아니라 청나라 대표에 의해 이루어졌다고 합니다.

---

9 [감교 주석] 방곡령(防穀令) 사건

미국이 일본과 조선 사이를 미국이 중재했다는 소문

발신(생산)일	1893. 8. 7	수신(접수)일	1893. 9. 15
발신(생산)자	크리엔	수신(접수)자	카프리비
발신지 정보	서울 주재 독일 총영사관	수신지 정보	베를린 정부
	No. 45		A. 7630
메모	9월 17일 런던 597, 페테르부르크 326, 워싱턴 A. 41에 전달 연도번호 No. 297		

A. 7630　1893년 9월 15일 오후 수신

서울, 1893년 8월 7일

No. 45

독일제국 수상 카프리비 보병장군 각하 귀하

금년 6월 14일 훈령 Nr. A.1[1]과 관련해, 본인은 미국이 일본과 조선 사이를 중재했다는 소식을 이곳에서는 전혀 듣지 못했음을 삼가 각하께 보고 드리게 되어 영광입니다.

조선으로서는 청국을 고려해야 하기 때문에, 이곳 조선 정부가 미국의 중재를 요청했을 가능성은 전혀 없습니다. 만일 워싱턴 주재 조선 대리공사[2]가 미국 정부의 "조언"을 부탁했다면, 그것은 아마 서울로부터 지시를 받지 않고 일어난 일일 것입니다.

조선의 외아문 독판[3]이 며칠 전 본인과의 대화 도중 설명한 바에 따르면, 콩 수출금지령으로 인한 일본 상인들의 피해 보상 문제는 제3자의 도움 없이 일본 정부와 조선 정부 사이에서 해결되었습니다. 조선 외아문 독판은 일본 총리[4]가 이 일과 관련해 청국의 리훙장[5] 총독[6]에게 부탁했다는 말은 물론 자신도 들었다고 덧붙였습니다. 그러나 청국 측에서는 조선 정부에 어떤 압력도 가하지 않았다는 것이었습니다.

1　[원문 주석] A. 4813 삼가 동봉.
2　[감교 주석] 이채연(李采淵)
3　[감교 주석] 남정철(南廷哲)
4　[감교 주석] 이토 히로부미(伊藤博文)
5　[감교 주석] 리훙장(李鴻章)
6　[감교 주석] 직례총독(直隷總督)

이 손해배상 문제가 해결되고 며칠 후, 미국 변리공사 허드[7]가 조선 외아문에 나타났습니다. 그는 자신이 미국 정부로부터 중재에 나서라는 임무를 부여받았다고 단언했습니다. 그런데 그 지시를 너무 늦게 받아서 유감이라는 것이었습니다. 만일 그렇지 않았더라면 자신이 조선을 위해 더 유리한 조건을 관철시킬 수 있었을 것이라고 허드는 덧붙였습니다.

본인은 이 보고서의 사본을 베이징과 도쿄 주재 독일제국 공사관에 보낼 것입니다.

크리엔

내용: 미국이 일본과 조선 사이를 미국이 중재했다는 소문

---

7 [감교 주석] 허드(A. Heard)

베를린, 1893년 9월 17일   A. 7630

주재 외교관 귀중   귀하에게 일본과 조선 사이를 미국이 중재했
1. 런던 No. 597   다는 소문과 관련한 전 달 7일 서울 주재 독
2. 페테르부르크 No. 326   일제국 영사의 보고서 사본을 참고용으로 삼
3. 워싱톤 A. 41   가 전달합니다.

제물포의 일본 함대

발신(생산)일	1893. 7. 27	수신(접수)일	1893. 9. 17
발신(생산)자	크리엔	수신(접수)자	카프리비
발신지 정보	서울 주재 독일 총영사관	수신지 정보	베를린 정부
	No. 41		A. 7688
메모	연도번호 No. 292		

A. 7688 1893년 9월 17일 오전 수신

서울, 1893년 7월 27일

No. 41

독일제국 수상 카프리비 보병장군 각하 귀하

본인은 중무장한 순양함 "Takachiho"호와 "Chioda"호, 그리고 장갑함 "Matsushima" 호로 이루어진 일본 함대가 해군중장 이토[1]의 총지휘 하에 청국 북부지방을 떠나 이달 20일 제물포에 도착했음을 삼가 각하께 보고 드리게 되어 영광입니다. 장갑함 "Matsushima"호가 기함으로서 함대를 이끌고 있습니다. 순양함 "Chioda"호는 일본제국 의 왕자 아리스가와[2] 해군 함장이 지휘했습니다.

이달 25일 해군중장 이토는 수행원들과 함께 조선 국왕의 접견을 받았습니다. 아리스 가와 왕자는 건강상의 이유로 서울에 오지 않았습니다.

일본 함대는 오늘 제물포를 떠나 나가사키로 출발했습니다.

본인은 이 보고서의 사본을 베이징과 도쿄 주재 독일제국 공사관에 보낼 것입니다.

크리엔

내용: 제물포의 일본 함대

---

1 [감교 주석] 이토 스케유키(伊東祐亨)
2 [감교 주석] 아리스가와노미야 다케히토(有栖川宮威仁親王)

외무부
A편

외무부 정치 문서고 조선 관계 문서

1894년 1월 1일부터
1894년 7월 14일까지

14권
15권 계속

조선 No. 1

1894년	목록	수신정보
서울 1월 6일 보고서 No. 4 사의를 표한 남정철의 후임으로 조병직이 외아문 독판에 임명됨.		1822 2월 23일
서울 3월 15일 보고서 No. 20 이른바 조선 국왕과 왕세자, 조선 대신들의 암살을 획책했다고 하는 조선인 28명의 체포.		3812 4월 25일
도쿄 4월 7일 보고서 A. 26 조선의 망명객 김옥균이 상하이에서 조선인 홍종우에게 살해됨. 도쿄에 살고 있는 박영효를 살해하려던 이일직의 시도는 미수에 그침. 두 조선인 망명객을 살해할 것을 요구하는 조선 국왕의 문서 두 통이 이일직의 몸에서 발견됨. 히트로보와 김옥균의 친분.		4315 5월 12일
도쿄 4월 20일 보고서 A. 32 일본 외무대신 무쓰의 말에 의하면, 도쿄 주재 청국 공사 웡이 상하이로 여행을 떠나도록 조선인 망명객 김옥균을 유인했음. 일본과 조선의 관계.		4643 5월 23일
베이징 6월 4일 전보문 No. 3 청국 병사 천오백 명 조선에 파견.		5017 6월 4일
베이징 4월 9일 보고서 A. 38 상하이에서 조선인 반란자 김옥균의 피살.		4844 5월 30일
서울 6월 2일 전보문 No. 1 조선 남서쪽 지방에서의 반란. 폭도들이 중심 도시 점령.		4966 6월 3일
라쉬단의 6월 3일 기록 청국 주둔지의 독일 군함 관련 사항.		4966에 첨부 6월 3일
6월 4일 독일제국 해군청에 발송한 서한 서울 주재 독일제국 영사의 요청에 대비해 언제든 조선으로 떠날 수 있도록 청국 주둔지의 독일 군함 한 척을 준비해야 함.		4966에 첨부 6월 4일
도쿄 6월 8일 전보문 No. 4 일본과 청국 조선에 군대 파병.		5137 6월 8일
베이징 4월 26일 보고서 A. 46 청국 측에서 김옥균의 살인범을 부당하게도 석방하고 조선에 인계함. 이 사건 때문에 총리아문에 이의를 제기할 의사가 있는 외국 대표는 아무도 없음.		5208 6월 10일

서울 6월 10일 전보문 No. 2 청국 군대 조선 서해안 상륙. 일본 군대 서울 도착. 서울 주변 지역은 조용함.	5230 6월 11일
독일제국 해군청 6월 12일 서한 고베의 포함 "일티스"호에게 서울 주재 영사의 혹시 모를 요청에 대비하라는 지시가 전문으로 내림. 암호 전보 6월 13일 서울 No. 1 발송.	5268 6월 12일
베이징 6월 12일 전보문 No. 4 청국 군대와 일본 군대 서울 도착.	5273 6월 12일
베이징 4월 18일 보고서 A. 40 조선에서 김옥균의 시신이 능지처참됨. 일본 대리공사 고무라가 도쿄에서 김옥균의 동지 박영효에 대한 암살 시도가 있었다고 말함. 일본에 있는 조선인들은 일본 법정에서 판결을 받음. 1876년의 조일수호조규 제10조.	5001 6월 4일
베이징 4월 25일 보고서 A. 45 조선인 홍종우는 조선 국왕으로부터 두 모반자 김옥균과 박영효를 살해하라는 명령을 서면으로 받았다고 함. 도쿄 주재 러시아 공사관과 김옥균의 관계. 청국 측에서 부당하게도 살해범 홍종우를 석방. 이와 관련해 상하이 주재 외국 영사단의 논의.	5207 6월 10일
베이징 4월 28일 보고서 A. 47 보고서 A. 5001과 A. 5207의 사본을 도쿄 주재 독일제국 공사에게 전달.	5471 6월 18일
서울 5월 10일 보고서 No. 34 조선의 남서쪽 지방 전라도에서 폭동 발발. 반란을 진압하기 위해 군대 파견.	5585 6월 22일
서울 4월 5일 보고서 No. 25 상하이에서 김옥균 피살(조선 정부가 암살을 사주했을 가능성이 농후함). 김옥균의 시신과 살해범 제물포로 이송됨. 도쿄에서 김옥균의 동지 박영효를 살해하려던 조선인 두 명이 체포됨. 김옥균의 피살에 대해 청국 대표는 만족함. 일본 공사는 유감 표명.	4560 5월 20일
서울 4월 18일 보고서 No. 27 살인범 홍종우와 김옥균의 시신 제물포에 도착. 김옥균 시신 능지처참됨. 조선 국왕에게서 김옥균의 살해를 지시받았다는 홍종우의 해명. 조선 주재 외국 대표들이 시신 훼손을 저지하기 위해 조선 정부에 취한 공동 조치. 조선 대리공사 유기환 도쿄를 떠남.	5007 6월 4일

서울 5월 5일 보고서 No. 33 조선 변리공사 김사철 동경으로 출발. 일본 공사 오토리 휴가 떠남. 조선에서는 김옥균이 살해된 것에 감사하며 제물을 바치는 축제 개최. 김옥균의 살해로 인해 일본과 조선의 관계가 다시 불투명해진 것에 대해 청국 영사 탕 만족감 표명.	5584 6월 22일
6월 30일 자 "Novoye Vremya" 기사 일본 군대가 조선 수도 점령 및 조선 국왕 감금. 대륙에 진지를 구축하려는 일본의 의도. 이에 대한 청국과 러시아의 반발.	5902 6월 30일
서울 6월 19일 전보문 No. 3 일본 군대가 외국인 거주 지역 점령. 이에 대해 외국 대표들 항의. 반란이 진압되었다는 공식 발표.	5579 6월 22일
서울 6월 23일 전보문 No. 4 군대 외국인 거주지에서 철수, 청국 군함 세 척 도착.	5648 6월 24일
6월 24일 훈령 런던 482, 페테르부르크 250 발송. 조선의 상황. 현지 의견에 대한 보고 요청.	
서울 6월 25일 전보 No. 5 조선 정부 외국 대표들에게 중재 요청. 일본 정부 군대 철수 거부. 외국 대표들의 조치. 훈령 요청함.	5738 6월 26일
서울 No. 2 전보 발송 영사는 그곳 동료들의 평화적인 노력에 협조하라.	5738에 첨부
런던 6월 29일 보고서 No. 416 차관보 센더스의의 조선에 대한 의견 표명. 일본은 조선에서 군대 철수 거부. 도쿄 정부는 청국과 공동으로 조선을 통제하기를 바람. 영국은 일본과 청국의 조선 공동관리 반대.	5978 7월 2일
Hon. 차관보의 7월 2일 메모 독일제국 수상께서는 조선을 차지하려는 일본과 청국의 전쟁에 의해 독일 이해관계가 저촉되는지, 또 어느 정도나 저촉되는지 보고서를 받아보기 원하심. 7월 4일 오후(A. 6053)	5995 7월 2일
런던 7월 3일 보고서 No. 422 조선에 대한 "Times" 기사. 일본의 조선 상황 개입. 청국은 러시아 중재 요망. 조선의 항구를 점유하려는 러시아의 노력.	6088 7월 5일

페테르부르크 7월 6일 전보문 No. 81 청국의 요청에 따라 러시아는 일본과의 분쟁에서 중재역을 맡기로 했으며, 청국과 일본에게 조선에서 군대를 철수할 것을 권유했다.	6140 7월 6일
영국 대사관 7월 8일 청국과 일본의 분규를 함께 공동으로 중재하는 데 독일이 참여할 것인지 문의.	6221 7월 8일
런던 7월 6일 보고서 No. 434 영국 하원에서 영국 정부 대표가 청국과 일본의 분쟁을 우호적으로 해결하기 위한 영국의 노력 및 청국 주둔 영국 함대의 상황에 대해 설명.	6202 7월 8일
도쿄 7월 8일 전보문 No. 7 일본이 러시아의 중재 거절. 그러나 청국과 직접 타협 방안을 모색하라는 영국의 호의적인 조언은 받아들임.	6252 7월 9일
I. 7월 11일 암호 전보문 베이징 No. 4, 도쿄 No. 3 발송 훈령: 공사는 평화적인 해결책을 모색하는 열강들의 노력에 동참하라. 러시아와 영국의 이해관계가 충돌하는 경우에는 신중하게 관망하라. II. 7월 16일 키더렌공사에게 훈령 No. 11(15권) 전달.	
7월 9일 자 "Novoye Vremya" 기사 조선 문제에 대한 러시아의 관심.	6257 7월 9일
런던 7월 9일 전보문 No. 121 킴벌리가 열강들의 공동 조치 요망. 청국과 일본의 합의를 위한 토대는 양국 군대의 동시 철수 및 조선의 행정 개혁에 대한 협상이라고 함.	6264 7월 10일
라쉬단의 7월 10일 기록 독일이 평화적인 개입에 동참해야 하는 이유들.	6264에 첨부
런던 7월 9일 보고서 No. 438 서울 발 "Times" 기사. 일본 군대의 도착. 일본 공사가 조선 국내 행정 개편의 시행과 관련해 조선 정부에게 요구한 내용.	6300 7월 11일
톈진 7월 10일 전보문 No. 1 조선에서의 군대 철수와 관련해, 리훙장이 도쿄에 압력을 가할 것을 독일에 요청.	6309 7월 11일
7월 13일 암호 전보문 베이징 5 발송 도쿄 주재 독일 공사에게 외국 동료들의 평화적인 공동 노력에 동참하라는 지시가 내렸음을 리훙장에게 알릴 것.	

페테르부르크 7월 9일 보고서 No. 128 조선 문제에 대한 러시아의 입장을 다룬 "Novoye Vremya"의 기사. (A. 6257 참조)	6329 7월 12일
런던 7월 5일 보고서 No. 432 조선으로 인한 일본과 청국의 불화에 대한 킴벌리, 일본 공사 아오키, 차관보, 센더슨의 의견.	6163 7월 7일
페테르부르크 7월 9일 보고서 No. 130 조선 문제에서 청국에 대한 일본의 입장 및 청국이 러시아에게 중재를 요청했다는 소문에 관한 일본 공사관 직원의 의견.	6331 7월 12일
런던과 청국 7월 13일 속달우편 조선의 정치적 상황, 해상교통, 무역에 대한 서울 주재 영국 총영사 윌킨슨의 보고.	6388 7월 13일
페테르부르크 7월 13일 전보문 No. 84 영국 정부가 러시아에게 함께 조선 문제에 개입할 의사가 있느냐고 문의. 러시아가 조선에서의 전쟁을 저지하고자 노력한다는 독일제국 대리공사의 추측. (명예 차관보의 주석: 영국 대사가 영국과 러시아 양국이 서로 조선의 항구를 점령하지 않기로 약속한 협정이 존재한다고 말했음.) 7월 14일 런던 544, 페테르부르크 278, 베이징 A. 22, 도쿄 A. 42 암호 훈령 전달.	6396 7월 13일
라쉬단 7월 4일 건의서 조선을 차지하려는 일본과 청국의 전쟁에 의해 위협받는 독일의 이익.	6053 7월 4일
서울 5월 22일 보고서 No. 37 조선 정부군과 반란군의 전투. 정당한 불만을 시정하고 죄를 진 관리들을 응징할 것을 약속하는 조선 국왕의 칙령 공포.	6342 7월 12일

01

조선 외아문 독판 교체

발신(생산)일	1894. 1. 6	수신(접수)일	1894. 2. 23
발신(생산)자	크리엔	수신(접수)자	카프리비
발신지 정보	서울 주재 독일 총영사관	수신지 정보	베를린 정부
	No. 4		A. 1882
메모	연도번호 No. 18		

A. 1882 1894년 2월 23일 오전 수신

서울, 1894년 1월 6일

No. 4

독일제국 수상 카프리비 보병장군 각하 귀하

본인은 1892년 11월 14일 보고서 No. 52[1] 및 1893년 3월 16일 보고서 No. 15[2]와 관련해, 스스로 사의를 표한 남정철[3]의 후임으로 조병직[4]이 조선 외아문 독판에 임명되었음을 삼가 각하께 보고 드리게 되어 영광입니다. 남정철은 작년 12월 1일 자로 해임되었습니다. 조병직은 어제 외아문의 업무를 인계 받았습니다. 작년 12월 1일부터 금년 1월 5일까지 외아문 협판 김학진[5]이 외아문 독판 업무를 대행했습니다.

조병직은 1892년 11월 11일부터 작년 5월 13일까지 조선 외아문 독판을 역임한 바 있습니다. 일본 측의 손해배상 요구[6]와 관련해 전임 일본 변리공사 오이시[7]와의 불화 때문에 당시 조병직은 외아문 독판직에서 물러났습니다.

본인은 이 보고서의 사본을 베이징 주재 독일제국 공사관에 보낼 것입니다.

크리엔[8]

내용: 조선 외아문 독판 교체

---

1 [원문 주석] A. 335 de 93 삼가 동봉.
2 [원문 주석] II 10525 de 93 삼가 동봉.
3 [감교 주석] 남정철(南廷哲)
4 [감교 주석] 조병직(趙秉稷)
5 [감교 주석] 김학진(金鶴鎭)
6 [감교 주석] 방곡령(防穀令) 사건
7 [감교 주석] 오이시 마사미(大石正巳)
8 [감교 주석] 크리엔(F. Krien)

이른바 조선 모반자들의 체포

발신(생산)일	1894. 3. 15	수신(접수)일	1894. 4. 25
발신(생산)자	크리엔	수신(접수)자	카프리비
발신지 정보	서울 주재 독일 총영사관	수신지 정보	베를린 정부
	No. 20		A. 3812
메모	연도번호 No. 122		

A. 3812 1894년 4월 25일 오후 수신

서울, 1894년 3월 15일

No. 20

독일제국 수상 카프리비 보병장군 각하 귀하

오사카에서 발행된 이번 달 21일 자 일본 신문에, 금년 2월 2일 조선인 28명이 체포되었다는 충격적인 소식이 보도되었습니다. 그 조선인들이 조선 국왕과 왕세자, 대신들을 살해하려는 음모를 꾸몄기 때문이라고 합니다. 이른바 조선 국왕의 아버지 대원군[1]이 획책했는데, 공모자들 중 한 사람이 그 비밀을 폭로했다는 것입니다. 저희들이 조선에서 믿을만한 소식통을 통해 탐문한 의하면, 이 기사는 완전히 조작된 것입니다. 본인이 입수한 정보에 의하면 이 기사는 완전히 조작된 것임을 삼가 각하께 보고 드리게 되어 영광입니다.

본인은 이 보고서의 사본을 베이징과 도쿄 주재 독일제국 공사관에 보낼 것입니다.

크리엔

내용: 이른바 조선 모반자들의 체포

---

1 [감교 주석] 흥선대원군(興宣大院君)

조선인 망명객 김옥균의 피살

발신(생산)일	1894. 4. 7	수신(접수)일	1894. 5. 12
발신(생산)자	구트슈미트	수신(접수)자	카프리비
발신지 정보	도쿄 주재 독일 공사관	수신지 정보	베를린 정부
	A. 26		A. 5577
메모	5월 19일 런던 384, 페테르부르크 193 전달		

A. 4315   1894년 5월 12일 오전 수신, 첨부문서 1부

도쿄, 1894년 4월 7일

A. 26

독일제국 수상 카프리비 보병장군 각하 귀하

조선인 망명자 김옥균[1]이 1894년 3월 28일 청국 상하이의 일본 여관[2]에서 조선인 동행인 홍종우에게 총탄 세 발을 맞고 피살되었습니다. 범인 홍중우는 도주했지만 이틀 날 체포되었습니다. 홍종우[3]는 상하이의 연합 법정에서 최종 판결을 받게 될 것입니다.

김옥균은 일본에 우호적인 조선 개화파의 중심인물이었습니다. 1884년 조선 개화파는 당시 권력을 장악하고 있던 민씨 일족의 막강한 권세가들을 한 축하연[4]에서 살해하고 조선 정부를 전복하려는 계획을 세웠습니다.[5] 개혁가들은 축하연에 초대 받은 사람들 중 여덟 명을 살해하는 데 성공했습니다. 그러나 결국 반란은 실패했고 김옥균은 일본으로 피신했습니다. 그 후로 김옥균은 일본 정부로부터 비밀리에 자금을 지원받고 보호받으며 일본에서 살았습니다. 처음 몇 해 동안 그는 보닌섬[6]에 이어 에조섬[7]에 억류되었습니다. 그가 계속 비밀리에 일을 벌이고 음모를 꾸밈으로써 일본을 혼란에 빠뜨리려 했기

---

1   [감교 주석] 김옥균(金玉均)
2   [감교 주석] 동화양행(東和洋行)
3   [감교 주석] 홍종우(洪鍾宇)
4   [감교 주석] 우정국 낙성식
5   [감교 주석] 갑신정변(甲申政變)
6   [감교 주석] 오가사와라섬(小笠原島). 서구에서는 오가사와라 제도를 보닌 제도(Bonin Islands)로 일컬음.
7   [감교 주석] 에조(蝦夷). 홋카이도(北海道)를 의미함.

때문입니다. 김옥균은 지속적으로 여러 계획을 세우고 뜻을 같이 하는 조선 국내의 동지들, 특히 조선 국왕의 아버지인 대원군[8]과 서신을 교환한 듯 보입니다. 또한 부유한 일본인들의 환심을 사서 자신의 계획을 실행할 수 있는 자금을 조달하길 기대한 것 같습니다. 그런데도 일본 정부는 나중에 김옥균이 하는 일에 더 이상 의미를 부여할 필요가 없다고 판단했고 그가 자유로이 활동하게 내버려두었습니다.

살인범 홍종우는 41세 가량의 조선인입니다. 홍종우는 성정이 불안하고 모험심이 강하고 과격한 이념에 사로잡힌 남자로 묘사되고 있습니다. 그는 1880년대 일본에 살면서 학업을 위해 프랑스로 건너갈 비용을 마련했습니다. 프랑스에서 여러 해 머무른 후 홍종우는 작년 봄에 이곳 일본으로 돌아왔습니다. 그리고 김옥균과 친분을 맺었으며, 김옥균의 깊은 신임을 얻는 데 성공한 한 듯 보입니다. 그래서 금년 3월 23일 김옥균은 홍종우와 함께 상하이로 떠나면서 아무런 의심도 품지 않았습니다. 김옥균이 어떤 이유에서 이 여행을 감행했는지는 아직 밝혀지지 않았습니다. 그러나 최근 상하이에서 도착한 소식에 의하면, 김옥균이 도쿄에서 알게 된 일본 주재 전임 청국 공사 리수창[9], 즉 리홍장[10] 아들[11]의 초청에 응했을 것이라는 주장이 있습니다. 리수창이 김옥균에게 청국 여행을 권유했다는 것입니다. 어쨌든 청국 공사관 소속의 통역관 우푸런[12]이 상하이에서 김옥균과 동행했습니다. 살인범 홍종우는 이 상하이 여행을 자신의 계획을 실행에 옮길 수 있는 절호의 기회로 여긴 듯합니다.

그 무렵 도쿄에서 일어난 일련의 사건들로 미루어 보아, 김옥균의 암살이 철저한 사전 계획에 의해 실행되었을 가능성이 매우 높습니다.

김옥균이 피살된 날, 즉 3월 28일에 이곳 도쿄에서 다른 조선인 망명객 박영효를 살해하려는 시도가 있었습니다. 하지만 그 암살 시도는 실패했습니다. 박영효는 예전에 김옥균과 같은 이유에서 김옥균과 함께 일본으로 피신했습니다. 그러나 박영효는 이곳에

---

8   [감교 주석] 흥선대원군(興宣大院君)

9   [감교 주석] 리수창(黎庶昌); 독일어 원문에는 "Li Shu-chang"으로 적혀 있으나, 리징팡(李經方)의 오기로 보임.

10 [감교 주석] 리홍장(李鴻章)

11 [감교 주석] 독일어 원문에는 리홍장의 아들 "Li Shu-chang", 즉 리수창(黎庶昌)으로 서술되어 있음. 리수창은 1881~1884년과 1887~1890년에 주일청국공사를 역임한 바가 있으며, 김옥균과는 그의 1882년 일본 방문 당시 교류를 맺은 것으로 알려져 있음. 하지만 리수창은 리홍장의 아들이 아님. 리수창의 후임 공사가 바로 리홍장의 아들 리징팡(李經方)이었음. 게다가 일본 외무차관 하야시는 유배에서 풀려난 김옥균이 1890년부터 리징팡과 접촉을 가졌다고 회고하고 있음. 위의 사실을 유추해 보자면, 주일독일공사 구트슈미트는 리징팡과 리수창을 혼동해서 서술한 것으로 보임.

12 [감교 주석] 우푸런(吳昇)

서 사람들의 입에 오르내리는 일 없이 조용히 살았습니다. 그는 조선인들을 위한 작은 학교[13]를 운영했는데, 최근 그 학교 학생은 다섯 명이었습니다. 박영효는 김옥균과 새로이 별다른 긴밀한 관계를 맺지 않았다고 전해집니다. 지난달 28일 박영효의 집에 이일직[14]이라는 이름의 조선인이 침입했습니다. 이일직은 얼마 전부터 도쿄에 머무르며 홍종우와 친분을 맺고 있었습니다. 이일직이 위협적인 행동을 보이자 박영효와 다섯 학생이 그를 제압해 결박했습니다. 이일직의 동지였던 권동수[15]와 권재수[16] 형제는 집밖에서 대기하고 있다가 이일직을 도와주는 임무를 맡고 있었습니다. 그런데 두 형제는 상황이 너무 위험하다고 판단하고는 이일직을 내버려둔 채 도주하는 쪽을 택했습니다. 이일직뿐만 아니라 박영효와 다섯 학생들까지 즉각 일본 경찰에게 체포되어 지금 심문을 받고 있습니다. 이일직은 박영효에 대한 암살 시도 및 김옥균 살해에 가담한 혐의로, 박영효와 학생들은 이일직을 폭행한 혐의로 조사를 받고 있습니다. 권동수와 권재수 형제는 이곳 도쿄 주재 조선 공사관으로 도피했습니다. 일본 외무성이 판결을 내리기 위해 권동수 형제의 신병을 요구하자 (조선은 조약상 일본에 재판관이 없는 것으로 알려져 있습니다.), 처음에 조선 대리공사[17]는 온갖 구실을 둘러대며 신병 인도를 거절했습니다. 그러자 일본 정부는 만일의 경우 조선 공사관에 강제로 밀고 들어가 권동수와 권재수 형제를 체포할 것이라고 위협하며 다수의 경찰을 파견했습니다. 그래서 조선 대리공사는 뜻을 굽히고 두 범법자를 조선 공사관 정문 앞으로 내보냈습니다. 그곳에서 권동수와 권재수 형제는 이일직과 같은 죄목으로 체포되었습니다. 법적인 조사는 아직 끝나지 않았지만, 이일직은 박영효를 살해하려는 의도가 있었음을 숨기지 않았다고 합니다.

이일직은 금빛 글씨가 쓰여 있고 조선 국왕의 옥새가 찍힌 문서 두 통을 소지하고 있었습니다. 그 문서들은 조선 국왕이 보낸 것이라고 하는데, 이러한 상황은 모종의 정치적인 이해관계를 드러냅니다. 그 문서들의 대략적인 내용은 첨부문서에 쓰여 있습니다. 이일직과 홍종우는 심문받을 때 조선 국왕의 명령에 의한 행동이었음을 주장했다고 합니다. 그러므로 홍종우는 이일직의 사주를 받고 행동한 듯 보입니다.

그 문서들의 진위 여부는 아직 밝혀지지 않았습니다. 조선 공사관 측에서는 이와 관련해 조선에 문의했지만, 조선 국왕으로부터 그런 문서들에 대해 전혀 아는 바가 없다는

---

13 [감교 주석] 친린의숙(親隣義塾)

14 [감교 주석] 이일직(李逸稙)

15 [감교 주석] 권동수(權東壽)

16 [감교 주석] 권재수(權在壽)

17 [감교 주석] 김사철(金思轍)

답신을 받았다고 단언하고 있습니다. 이 일에 큰 의미를 부여할 필요는 없을 것 같습니다. 그러나 그 문서들에서 민씨 일파 두 사람이 직접 등장하는데, 그들이 자신들의 지위를 악용해 왕의 칙령을 위조했을 가능성이 다분합니다. 김옥균과 박영효 두 망명객의 영향력이나 방책이 – 적어도 이곳 일본 외무성의 견해에 의하면 – 결코 조선 정부의 안전에 우려를 야기할 정도는 아니었기 때문입니다. 그러므로 현재 조선의 정권을 장악한 민씨 일파가 1884년에 살해된 친족을 위해 두 망명객에게 복수하려는 생각을 한시도 잊은 적이 없었던 것이 분명합니다. 민씨 일파는 당시 국내에 남아있던 모든 모반자들에게는 이미 오래 전에 복수했습니다. 민씨 일파는 이미 몇 년 전에도 한 번 김옥균을 암살하라는 지령과 함께 자객을 일본에 파견한 적이 있다고 합니다. 하지만 그 계획은 실패했습니다.

그러므로 지금까지 수집한 자료들에 의하면, 모든 정황상 암살 계획이 이미 1892년부터 계획된 민씨 일파의 피의 복수에서 비롯되었음을 알 수 있습니다. 전적으로는 아닐지라도 일차적으로 그럴 가능성이 많습니다. 조선 주재 청국 변리공사 위안스카이[18]나 또는 위에서 언급한 리홍장의 아들[19], 심지어는 유럽 강대국이 여기에 관여했다는 소문은 지금으로서는 근거가 없습니다. 여기에서 말하는 유럽 강대국은 러시아를 뜻합니다. 그러나 히트로보[20]가 본인과 대화를 나누던 중, 살해된 김옥균을 잘 알았다고 말한 사실은 언급할 가치가 있습니다. 그것은 그 러시아 동료가 도쿄에 살고 있는 조선인들과 어떤 식으로든 관계를 맺고 있다는 증거일 것입니다. 그 조선인들은 그 밖의 다른 나라의 외교관들과는 전혀 교류가 없습니다.

이 사건은 자칫 일본과 조선의 정치적 관계에 역으로 영향을 미쳐서 새로운 불화를 야기할 수 있다는 점에서 많은 사람들의 주목을 끌고 있습니다. 이달 5일 조선 대리공사가 전신으로 본국 정부의 명령을 받고 대리인도 남기지 않은 채 서울을 향해 떠났습니다.

이 보고서의 사본을 베이징과 서울에 보낼 것입니다.

구트슈미트[21]

내용: 조선인 망명객 김옥균의 피살

---

18 [감교 주석] 위안스카이(袁世凱)
19 [감교 주석] 리징팡(李經方)
20 [감교 주석] 히트로보(M. A. Hitrovo)
21 [감교 주석] 구트슈미트(F. Gudtschmid)

A. 26의 첨부문서

I.

우리는 이일직과 민영익[22]에게 다음과 같은 명령을 내린다.

우리는 그대들의 충성심과 지혜로움을 잘 알고 있다. 다른 한편으로 그대들은 어떤 근심이 우리를 짓누르는지 분명 알고 있을 것이다. 군주의 원하는 바를 이루어주는 것이 신하로 된 자에게 최고의 의무이다. 그러니 그대들 두 사람은 치밀한 계획을 세워 대역 죄인들을 처단하고 왕실을 보호하라.

1892년 4월 6일 밤에 초안도[23] 궁에서 친히 옥새를 찍어 이 글을 내리노라.

추신: 일이 순조롭지 않은 경우에는 죽여도 좋을 것이다. 나중에 그에 대해 보고하도록 하라. 부디 빈틈없이 일을 수행하도록 하라.

II.
왕의 칙령

우리는 1884년 도주한 대역 죄인들을 처단함으로써 우리의 근심에 끝을 낼 것을 이일직에게 명한다.

보조 인력과 자금은 부산항의 관아에서 마련해줄 것이다. 사로잡아 오든지 아니면 죽이든지, 그대의 판단과 상황에 맡기노라.

1892년 4월 6일 밤에 "겐세이궁"[24]라고 불리는 게이푸쿠[25]의 초안도궁에서 우리는 여기에 옥새를 찍을 것을 직접 민영소[26]에게 명했노라.

---

22 [감교 주석] 민영익(閔泳翊). 다만 김옥균 암살 시도 및 첨부문서의 왕의 칙령을 보건데 이일직을 일본으로 보내도록 주선한 이는 당시 병조판서 민영소(閔泳韶)였음. 민영소의 오기로 보임.
23 [감교 주석] 경복궁에 있는 전각 중 고종의 침실로 쓰인 장안당(長安堂)으로 추정. 장안당(長安堂)을 일본어로 ちょうあんどう로 읽음.
24 [감교 주석] 건청궁(乾淸宮)으로 보임. 건청궁은 경복궁 내부에 있는데 건청궁 내부에 장안당이 있음. 건청(乾淸)을 일본어로 けんせい로 읽음.
25 [감교 주석] 경복궁(景福宮)으로 보임. 경복(景福)을 일본어로 けいふく로 읽음.
26 [감교 주석] 민영소(閔泳韶)

상하이에서 모반자 김옥균의 피살 및
그의 동지 박영효의 암살 시도

발신(생산)일	1894. 4. 5	수신(접수)일	1894. 5. 20
발신(생산)자	크리엔	수신(접수)자	카프리비
발신지 정보	서울 주재 독일 총영사관 No. 25	수신지 정보	베를린 정부 A. 4560
메모	연도번호 No. 147 A. 5007 참조, A. 9619 참조		

A. 4560 1894년 5월 20일 오전 수신

서울, 1894년 4월 5일

No. 25

독일제국 수상 카프리비 보병장군 각하 귀하

본인은 조선인 김옥균[1]이 지난달 25일 상하이의 미국인 거류지에서 조선인 홍종우[2]에게 피살되었음을 삼가 각하께 전하게 되어 영광입니다. 김옥균은 1884년 12월 4일 이곳 서울에서 반란[3]이 일어났을 때 다수의 조선 고관들을 살해하도록 사주했습니다. (젬부쉬[4] 총영사와 부들러[5] 부영사가 그해 12월에 그에 대해 보고 드린 바 있습니다).[6]

청국 군대의 도움으로 반란이 진압된 후, 김옥균은 일본으로 피신했습니다. 그에 이어 조선 정부는 일본 정부에게 김옥균의 신병 인도를 요청했지만, 일본 정부는 거절했습니다. 지난 몇 년 동안 김옥균은 주로 도쿄에서 살았습니다. 조선인들이 여러 차례 김옥균의 목숨을 노렸지만, 김옥균은 그때마다 무사히 위기를 모면했습니다.

얼마 전 본인은 청국 대리공사 위안스카이[7]를 방문했습니다. 그 자리에서 위안스카이

---

1 [감교 주석] 김옥균(金玉均)
2 [감교 주석] 홍종우(洪鍾宇)
3 [감교 주석] 갑신정변(甲申政變)
4 [감교 주석] 젬부쉬(O. Zembsch)
5 [감교 주석] 부들러(H. Budler)
6 [원문 주석] A. 511, A. 635, A. 779 de 85 삼가 동봉.

는 김옥균이 살해되었다고 매우 기뻐했습니다. 그리고 김옥균이 조선 국왕의 궁궐과 서울 주재청국 공사관을 다이너마이트로 폭파할 계획을 세우고 수차례 거듭 협박했다고 덧붙였습니다. 어떻게 그렇듯 교활한 자를 상하이로 유혹해서 함정에 빠뜨릴 수 있었는지 본인은 놀랍기 그지없다고 말했습니다. 그러자 위안스카이는 이렇게 답변했습니다. "청국인들은 항상 해결책을 찾아냅니다."

그와 반대로 일본 공사[8]는 그 정치적 암살에 대해 유감을 표명했습니다. 일본 공사의 견해에 따르면, 살해당한 자는 가장 개화한 조선인이었습니다.

살인범은 어제 상하이에서 청국 관청에 넘겨졌다고 합니다. 조선의 소식통에 의하면, 살인범은 김옥균의 시신과 함께 청국 군함으로 제물포에 이송되어 조선 관청에 인계될 것입니다.

게다가 도쿄에서 전신으로 도착한 소식에 따르면, 이일직[9]이라는 이름의 조선인이 김옥균의 동지인 박영효의 암살을 시도했다가 일본 경찰에게 체포되었습니다. 박영효는 1890년에 별세한 왕비 모친의 사위[10]입니다. 박영효 암살 시도에 가담한 혐의를 받고 있는 권동수[11]라는 이름의 또 다른 조선인은 동생 권재수[12]와 함께 일본 주재 조선 공사관으로 도피했다고 합니다. 권동수는 조선 병조의 관리[13]입니다. 일본 경찰은 권동수의 신병 인도를 요청했고, 조선 대리공사[14]는 용의자가 조선 관리이니 먼저 전신으로 조선 정부의 지시를 받아야 한다며 그 요청을 거절했다고 합니다. 곧 이어 일본 경찰은 거듭 신병 인도를 요청했고, 조선 대리공사가 도 다시 거부하자 권동수를 강제로 공사관에서 끌어냈다는 것입니다.

조선 국왕은 일본 경찰의 이런 조치에 격분했으며, 일본 주재 조선 공사관을 폐지할 계획이라고 합니다.

그러나 일본 공사관 서기관 스기무라[15]는 일본 경찰이 사흘이나 기다려준 걸로 알고

---

7   [감교 주석] 위안스카이(袁世凱)의 공식 직함은 주찰조선총리교섭통상사의(駐紮朝鮮總理交涉通商事宜).

8   [감교 주석] 오이시 마사미(大石正巳)

9   [감교 주석] 이일직(李逸稙)

10 [감교 주석] 박영효는 철종의 부마였음. 철종이 즉위 시에 순조의 양자로 입승대통한 이력으로 인해서 "별세한 왕비[신정왕후(神貞王后) 조씨, 일명 조대비]의 모친[시어머니 순원왕후(純元王后) 김씨의 사위(정확히 말하자면 손녀사위에 해당)]"로 서술한 것으로 보임.

11 [감교 주석] 권동수(權東壽)

12 [감교 주석] 권재수(權在壽)

13 [감교 주석] 김옥균, 박영효 암살에 가담하였을 당시, 그는 친군장위영영관(親軍將衛營領官)으로 가장하였음.

14 [감교 주석] 김사철(金思轍)

15 [감교 주석] 스기무라 후카시(杉村濬)

있다고 본인에게 설명했습니다. 그런데도 조선 공사관에서 용의자들을 인도하지 않은 탓에 무력을 사용하겠다고 위협했다는 것입니다. 그러자 조선 공사는 권동수를 공사관 정문 앞으로 내보냈고, 그곳에서 권동수는 체포되었다고 합니다.

　김옥균의 피살과 박영효의 암살 시도가 이곳 조선 정부의 사주를 받은 것에는 거의 의심의 여지가 없습니다.

　본인은 이 보고서의 사본을 베이징과 도쿄 주재 독일제국 공사관에 보낼 것입니다.

크리엔

내용: 상하이에서 모반자 김옥균의 피살 및 그의 동지 박영효의 암살 시도.

05

조선인 망명자 김옥균의 피살과 청국의 관계.
일본과 조선의 관계

발신(생산)일	1894. 4. 20	수신(접수)일	1894. 5. 23
발신(생산)자	구트슈미트	수신(접수)자	카프리비
발신지 정보	도쿄 주재 독일 공사관	수신지 정보	베를린 정부
	A. 26		A. 4643
메모	5월 24일 런던 393, 페테르부르크 201 전달		

A. 4643 1894년 5월 23일 오전 수신

도쿄, 1894년 4월 20일

A. 32

독일제국 수상 카프리비 보병장군 각하 귀하

어제 일본 외무대신이 도쿄 주재 전임 청국 공사 리[1]뿐만 아니라 현직 청국 공사 왕[2]도 금년 3월 28일 상하이에서 피살된 조선인 망명자 김옥균[3]과 개인적으로 교류가 있었음이 확실하다고 본인에게 알렸습니다. 더욱이 무쓰[4]는 김옥균이 청국 공사 왕의 유혹에 넘어가 치명적인 상하이 여행길에 나섰음을 확신한다는 것이었습니다.

청국은 김옥균의 암살 계획이 성공하도록 결정적인 도움을 줌으로써 조선에 대한 영향력을 강화하는 동시에 일본과 조선의 관계를 방해하려 한듯 보입니다.

다른 한편으로는 김옥균이 이곳 도쿄의 니콜라이[5] 러시아 주교로부터 비밀리에 자금 지원을 받았다는 말도 있습니다.

그밖에 현재 일본과 조선의 관계는 특별히 긴장된 것 같지 않습니다. 오히려 조선 정부는 일본 주재 임시 대리공사가 갑작스럽게 일본을 떠난 것에 대해 일본 측이 항의하

---

1 [감교 주석] 리징팡(李經方)
2 [감교 주석] 윙펑짜오(王鳳藻)
3 [감교 주석] 김옥균(金玉均)
4 [감교 주석] 무쓰 무네미쓰(陸奧宗光)
5 [감교 주석] 니콜라이 야폰스키(Николай Японски). 일본에서는 성 니콜라이 사도 대등자(亞使徒聖ニコライ)로 알려져 있음.

자, 그 임시 대리공사를 다시 일본에 파견하지 않을 것이라고 설명했습니다. 그에 대해 일본은 원래 일본 주재 조선 변리공사인 김사철[6]이 도착할 때까지 지금까지의 사무관을 대리공사로 인정했습니다. 김사철은 다음 달 이곳에 도착할 것으로 예상됩니다.

이 보고서의 사본을 베이징과 도쿄에 보낼 것입니다.

구트슈미트

내용: 조선인 망명자 김옥균의 피살과 청국의 관계. 일본과 조선의 관계.

---

6 [감교 주석] 김사철(金思轍)

06

상하이에서 조선 반란자의 피살

발신(생산)일	1894. 4. 9	수신(접수)일	1894. 5. 30
발신(생산)자	쉔크	수신(접수)자	카프리비
발신지 정보	베이징 주재 독일 공사관	수신지 정보	베를린 정부
	No. 38		A. 4844
메모	6월 5일 드레스덴 406, 카를스루에 304, 뮌헨 424, 슈투트가르트 406, 바이마르 248 전달.		

A. 4844 1894년 5월 30일 오전 수신, 첨부문서 1부

베이징, 1894년 4월 9일

No. 38

독일제국 수상 카프리비 보병장군 각하 귀하

지난달 28일 상하이에서 발생한 정치적 암살[1]이 세간의 주목을 끌고 있습니다. 이 사건은 1884년 12월 4일 조선에서 일어난 궁중 혁명[2]을 상기시킵니다. 당시 조선의 친일파가 일시적으로 권력과 왕의 신병을 장악했으며, 무엇보다도 예닐곱 명의 조선 대신들을 살해했습니다. 반란의 주동자는 김옥균이라는 사람이었습니다. 며칠 후 일본 군대가 청국 군세에 밀려 조선 궁궐에서 물러나야 했을 때, 김옥균은 일본 군대와 함께 제물포로 탈출했습니다. 그리고 일본으로 도피했으며, 그 후로 일본에서 살았습니다. 이미 1886년에 김옥균은 도쿄의 집에서 다른 조선인의 습격을 받은 적이 있습니다.[3] 그 조선인은 조선 국왕의 명령을 받았다고 전해지는데 치명적인 무기를 소지하고 있었습니다. 그러나 당시 김옥균은 그 자객을 제압하는데 성공했습니다. 얼마 전부터 김옥균은 홍종우[4]라는 이름의 다른 조선인과 가까이 지냈습니다. 홍종우는 작년 7월 파리에서 돌아왔으며 마찬가지로 일본에 체류하고 있었습니다. 김옥균은 홍종우를 비롯해 다른 두 명의 동행인과

---

1 [감교 주석] 김옥균(金玉均) 암살사건
2 [감교 주석] 갑신정변(甲申政變)
3 [감교 주석] 지운영(池雲英)의 김옥균 암살 시도
4 [감교 주석] 홍종우(洪鍾宇)

함께 27일 상하이에 도착해서 일본 호텔[5]에 투숙했습니다. 그리고 다음날 그 호텔에서 조선인 동행자 홍종우에 의해 권총으로 살해되었습니다. 홍종우는 김옥균이 자신의 친족과 친구들을 죽였고 조선 국왕을 배반했기 때문이라고 범행 동기를 밝혔습니다. 또한 홍종우는 이른바 조선 국왕의 엄명에 의한 행동이었다고 시사했습니다.

홍종우는 파리에서 여러 사람들과 친교를 맺은 듯 보입니다. 루아종 신부[6]의 서한들과 조선 주재 프랑스 영사 프랑뎅[7]에게 보내는 소개장이 그의 소지품 속에서 발견되었습니다.

살인범은 상하이 주재 외국 경찰의 도움으로 체포되었지만 나중에 청국 관청에 인계되었습니다.

조선에서는 홍종우에게 처벌이 아니라 포상을 내릴 것입니다.

본인은 이 사건을 상세히 보도한 상하이 신문기사 하나를 삼가 동봉하는 바입니다.

1884년의 조선 궁중 혁명에 관한 젬부쉬[8] 씨의 보고서가 있습니다. 그 보고서는 1885년 3월 12일 훈령(II 8048/M 057)에 의거해 이곳 베이징에 전달되었습니다.

켐퍼만[9]이 1886년 9월 14일 서울에서 각하께 올린 보고서[10]에 과거 김옥균의 암살 시도와 관련한 내용이 있습니다.

쉔크[11]

내용: 상하이에서 조선 반란자의 피살

No. 38의 첨부문서
첨부문서의 내용(원문)은 독일어본 454~459쪽에 수록.

---

5 [감교 주석] 동화양행(東和洋行)
6 [감교 주석] 루아종(Hyacinthe Loyson)
7 [감교 주석] 프랑뎅(Hippolyte Frandin)
8 [감교 주석] 젬부쉬(O. Zembsch)
9 [감교 주석] 켐퍼만(T. Kempermann)
10 [원문 주석] A. 13216 de 86, II 8048 de 85 삼가 동봉.
11 [감교 주석] 쉔크(Schenck)

07

[동학농민군의 전주성 함락]

발신(생산)일	1894. 6. 2	수신(접수)일	1894. 6. 3
발신(생산)자	크리엔	수신(접수)자	
발신지 정보	서울 주재 독일 총영사관	수신지 정보	베를린 외무부
	No. 1		A. 4966

A. 4966 1894년 6월 3일 오전 수신

전보

서울, 1894년 ...... 오후 4시 10분
6월 2일 오후 10시 43분 도착

독일제국 영사가 외무부에 발송

전문 해독

No. 1

반란자[1]들이 조선 남서쪽 지방의 중심도시[2]를 점령하다.

크리엔

여기에서 알고 있는 운항 계획에 의하면, 독일제국 군함 "일티스"[3]호는 3월부터 5월까

---

1   [감교 주석] 동학농민군
2   [감교 주석] 전주(全州)
3   [감교 주석] 일티스(Iltis)

지 상하이와 홍콩 사이를 항해하며 6월에 상하이에 정박합니다. 제2의 군함 "볼프"4호는 5월에 상하이에 정박했으며, 저우산5 군도와 상하이에서 남쪽으로 약 20마일 떨어진 닝보6에 주둔하는 것으로 보고되어 있습니다. 그러므로 두 선박 모두 출동할 수 있을 것입니다.

어제 워싱턴으로부터 볼프호에게 받은 전보와 위의 전보 내용을 연결(?) 지으면, 반란군의 본거지는 조선의 최남단에 위치한 전라도 지방입니다. 서울과 외국인들이 주로 거주하는 중부 지역은 우선은 위험하지 않은 듯 보입니다. 청국 군함들은 평소 서울의 항구(제물포)에 정박해 있습니다. 이번 일만 아니라면 그 청국 군함들에 크게 의미를 부여하지 않을 테지만, 특별히 조선과의 관계를 관장하는 톈진의 리훙장7 총독이 외국인 보호를 위한 조치를 취할 것이라고 추정됩니다.

서울과 베이징은 전신으로 연결되어 있습니다. 만일의 경우 독일 제국 공사가 선박 한 척을 조달할 수 있을 것입니다.

볼프호의 전보에 의하면, 조선의 반란은 특히 미국인들을 겨냥하고 있습니다. 미국인들은 조선 사람들이 제일 두려워하는 존재입니다. 특히 선교사들 가운데 미국인들이 많습니다. 지방에서의 소요가 미국인들을 겨냥하고 있다고 쉽게 추측할 수 있습니다.

11월 3일, 라쉬단8

서울 주재 영사9의 요청에 대비해 언제든 서울로 떠날 수 있도록 선박 한 척을 준비하라고 해군에 요청하십시오. 서울 주재 영사에게 유사시에 어디에서 도움을 받을 수 있는지 통지하십시오.

---

4 [감교 주석] 볼프(Wolf)
5 [감교 주석] 저우산(舟山)
6 [감교 주석] 닝보(宁波)
7 [감교 주석] 리훙장(李鴻章)
8 [감교 주석] 라쉬단(G. Raschdan)
9 [감교 주석] 크리엔(F. Krien)

베를린, 1894년 6월 4일   A. 4966

독일제국 해군청 귀중
A. 5268 참조
A. 7185 참조

연도번호 No. 3176

서울 주재 독일제국 영사의 전보문에 의하면, 조선의 남서쪽 지방에서 반란이 일어났습니다. 조선 남서쪽 지방의 중심 도시가 모반자들의 수중에 들어갔습니다. 이 소식은 [*sic.*] 워싱턴의 볼프 사무실에서 보낸 전보의 내용과 일치합니다. 볼프의 전보에 따르면 해당 지방(전라도)에서 일어난 반란은 특히 미국인들을 겨냥하고 있다고 합니다. 볼프의 전보는 외국인들이 위험하다고 보고 있습니다.

이 소요가 확산되어서 북쪽으로 밀고 올라오는 경우에는, 북쪽에 거주하는 독일인들의 보호조치를 강구해야 할 것입니다. 독일제국 수상께서는 서울 주재 독일 영사의 요청이 있으면 언제든지 조선의 서울로 떠날 수 있도록 청국 해안에 주둔하는 군함 한 척을 준비시킬 필요가 있다고 판단하십니다.

어떤 독일제국 군함이 이 임무를 맡을 것이며, 또 조선 주재 영사는 어디에 도움을 요청해야 할 것인지 곧 본인에게 알려주시면 감사하겠습니다.

조선의 암살

발신(생산)일	1894. 4. 18	수신(접수)일	1894. 6. 4
발신(생산)자	쉔크	수신(접수)자	카프리비
발신지 정보	베이징 주재 독일 공사관	수신지 정보	베를린 정부
	No. 40		A. 5001
메모	A. 5471 참조 6월 6일 런던 431, 페테르부르크 219 전달		

A. 5001 1894년 6월 4일 오전 수신

베이징, 1894년 4월 18일

No. 40

독일제국 수상 카프리비 보병장군 각하 귀하

상하이에서 살해된 조선인 모반자 김옥균[1]의 시신과 김옥균의 살해범 홍종우[2]가 이달 7일 청국 군함 편으로 상하이에서 제물포로 이송되었습니다. 이들을 인수할 목적으로 상하이로 떠난 톈진 주재 조선 영사[3]가 청국 군함에 동승했습니다.

조선에 도착한 김옥균의 시신은 능지처참된 듯 보입니다. 청국에서도 이따금 대역죄인에게 그런 조처를 가한다고 합니다. 본인은 평소 소식에 정통한 이곳 베이징 주재 일본 대리공사 고무라에게 그 일에 대해 들었습니다. 고무라[4]는 그런 비인간적인 조치가 일본에서 공식적인 이의 제기를 초래하지는 않겠지만 여론을 매우 흥분시킬 것이라고 말했습니다.

그런데 김옥균이 살해된 바로 그 시점에 도쿄에서 김옥균의 동지인 박영효[5]를 암살하

---

1 [감교 주석] 김옥균(金玉均)
2 [감교 주석] 홍종우(洪鍾宇)
3 [감교 주석] 서상교(徐相喬). 당시 톈진에는 조선의 실질적인 공사관과 영사관 구실을 하였던 주진공서를 두었으며, 그 곳에서 업무를 수행할 주진대원(駐津大員)을 파견하였음. 당시 서상교는 주진대원의 종사관이었으며, 김옥균 시신을 인수받을 당시에는 독리통상사무(督理通商事務)로 임명되었음.
4 [감교 주석] 고무라 주타로(小村壽太郎)
5 [감교 주석] 박영효(朴泳孝)

려는 시도가 있었습니다. 만일 그 암살 시도가 조선 정부의 음모로 판명된다면, 일본은 틀림없이 조선 측에 배상을 요구할 것입니다. 외국 정부에서 파견한 자객이 자국 내에서 정치적인 암살을 행하는 것을 용인하는 정부는 없을 것입니다.

도쿄에서 박영효를 암살하려다 체포된 조선인 세 명, 즉 이일직[6]과 권동수[7] 형제[8]는 일본에서 재판을 받고 형을 선고받게 될 것입니다. 과거 1886년에도 한 조선인이 김옥균의 생명을 위협한 적이 있었는데,[9] 그때는 암살범을 조선에 인계했습니다. 그러나 당시에는 살해 계획이 준비 과정에 그쳤을 뿐, 유죄 처벌할 수 있는 단계까지는 이르지 않았습니다.

위에서 언급한 조선인 세 명은 일본에서 일본인들의 판결을 받게 될 것입니다. 그 반면에 조선의 개방 항구에 거주하는 일본인들은 일본 관청에 의해 법의 판결을 받습니다.

여기에서 문제되는 1876년의 조일수호조규 제10조[10]는 아주 명확하게 규정되어 있지 않습니다. 제10조의 공식적인 영문 번역은 다음과 같습니다.

"조선의 개항 항구에 거주하는 일본인이 조선인에게 범죄를 저지르면 일본 관청에 의해 재판을 받을 것이다. 조선인이 일본인에게 위법행위를 범하면 조선 관청에 의해 재판을 받을 것이다."

고무라[11]는 일본에서 범죄를 저지른 조선인들에 대한 재판권을 규정하는 조항이 의도적으로 누락되었을 것이라고 생각합니다.

쉔크

내용: 조선의 암살. 일본

---

6 [감교 주석] 이일직(李逸稙)
7 [감교 주석] 권동수(權東壽)
8 [감교 주석] 권동수의 동생인 권재수(權在壽)
9 [감교 주석] 지운영(池雲英)의 김옥균 암살 시도
10 [감교 주석] 영사재판권(치외법권) 규정
11 [감교 주석] 고무라 주타로(小村壽太郎)

09

김옥균의 피살과 박영효 박영효에 대한 암살 시도

발신(생산)일	1894. 4. 18	수신(접수)일	1894. 6. 4
발신(생산)자	크리엔	수신(접수)자	카프리비
발신지 정보	서울 주재 독일 총영사관	수신지 정보	베를린 외무부
	No. 27		A. 5007
메모	6월 13일 런던 444, 페테르부르크 225, 워싱턴 A. 24, 드레스덴 421, 카를스루에 318, 뮌헨 440, 슈투트가르트 421, 바이마르 256, 장관에게 전달. 연도번호 No. 166		

A. 5007 1894년 6월 4일 오전 수신

서울, 1894년 4월 18일

No. 27

독일제국 수상 카프리비 보병장군 각하 귀하

이달 5일 보고서 No. 25[1]에 이어, 본인은 청국 군함이 이달 12일 김옥균[2]의 시신과 함께 살해범 홍종우[3]를 태우고 제물포 항에 도착했음을 삼가 각하께 보고 드리게 되어 영광입니다. 제물포에서 김옥균의 시신은 강을 오가는 기선에 실려 양화진 나루로 이송되었습니다. 그 반면에 살인범은 조선 병사 서른 명의 호위를 받으며 육로로 서울을 향해 떠났습니다.

홍종우는 1884년 12월의 반란[4]에 가담했다가 나중에 일본으로 도피했습니다.[5] 그는 일본에 여러 해 머물렀습니다. 그러다 홍종우는 프랑스로 갔으며, 프랑스에서 약 3년을 보냈습니다. 얼마 전 홍종우는 다시 일본으로 돌아왔습니다.

상하이의 신문 보도에 의하면, 홍종우는 상하이에서 심문받을 때 조선 국왕으로부터

---

1 [원문 주석] A. 4560 삼가 동봉.
2 [감교 주석] 김옥균(金玉均)
3 [감교 주석] 홍종우(洪鍾宇)
4 [감교 주석] 갑신정변(甲申政變)
5 [감교 주석] 홍종우가 갑신정변에 가담하였다는 크리엔의 보고는 사실이 아님. 홍종우가 일본 도쿄로 건너 간 해는 1888년으로 알려져 있음.

김옥균을 살해하라는 임무를 부여받았다고 주장했습니다. 그 때문에 조선 국왕은 일주일 전에 서울 주재 청국 공관의 조선 통역관을 불러, 홍종우에게 김옥균을 죽이라는 명령을 내린 적이 없다고 단언했습니다. 홍종우 스스로 나서서 그런 행동을 저질렀다는 것이었습니다.

이곳 조선에서 살인범은 지금 친구 집에서 지내고 있습니다. 본인이 통역관에게 들은 바에 의하면, 조선 국왕은 홍종우에게 육군 소령에 해당하는 직급을 하사했습니다. 그러나 홍종우는 더 높은 지위를 기대했기 때문에 그 제안을 거절했다고 합니다.

이곳 서울 주재 일본 공사 오토리[6]의 제안으로, 이달 14일 오후 오토리의 집에서 외국 대표들의 모임이 있었습니다. 이 모임에서 오토리는 전신으로 일본 외무대신[7]의 지시를 받았다고 설명했습니다. 즉, 일본 외무대신은 김옥균의 시신을 능지처참하는 식의 비인간적인 방법으로 다루지 말 것을 조선 정부에 권유하라 지시했다고 합니다. 그리고 이를 위해 외국 대표 동료들의 지원을 요청하라고 했다는 것입니다. 또한 일본 외무대신은 상하이 주재 영사단이 베이징 주재 공사들에게 홍종우가 처벌받도록 도와달라고 요청했음을 전신으로 오토리에게 알렸다고 합니다. 상하이의 외국인 거류지 협의회가 그 살인범을 아무런 조건 없이 청국 관청에게 인도했기 때문이라는 것입니다. 오토리는 일전에 이미 조선 외아문 독판 조병직[8]에게 김옥균의 시신을 훼손하지 말 것을 권유한 적이 있다고 덧붙였습니다. 그러나 조병직이 자신은 그 일에 전혀 손을 쓸 수 없다고 답변했다고 합니다. 사법 관청의 일에 개입하는 것은 조병직 자신의 권한을 벗어나기 때문이라는 것이었습니다.

그 모임에 참석한 외국 대표들은 잠시 논의를 거쳐, 김옥균의 시신 훼손을 포기하는 경우 조선과 조약을 맺고 있는 열강들의 정부에 좋은 인상을 줄 것이라고 조선 외아문 독판에게 비공식적으로 암시하기로 결정했습니다. 그리고 적당한 기회에 조선 정부에게 호의를 표명할 용의가 있다고 선언했습니다.

그러나 바로 그날 김옥균의 사체는 여섯 조각으로 토막 나 양화진 거리에 내던져졌습니다. 그리고 조선 정부는 토막 난 신체 조각들을 – 머리, 몸통, 팔, 다리 – 사흘 동안 감시하게 했습니다.

도쿄 주재 임시 조선 대리공사 유기환[9]이 그제 이곳 서울에 도착했습니다. 유기환은

---

6 [감교 주석] 오토리 게이스케(大鳥圭介)
7 [감교 주석] 무쓰 무네미쓰(陸奧宗光)
8 [감교 주석] 조병직(趙秉稷)
9 [감교 주석] 유기환(俞箕煥)

일본 경찰의 조선 공사관 침입에 격분했음을 표명하기 위해 일본 외무성에 자신의 후임 자를 알리지 않고 근무지를 떠났습니다. 유기환의 이러한 이례적인 조치 때문에 오토리 는 일본 정부의 지시를 받아 조선 외아문 독판에게 해명을 요청했다고 합니다. 그에 대해 조병직은 조선 정부 측에서 조선 대리공사에게 근무지를 떠나라는 훈령을 내린 적이 없다고 답변했다는 것입니다.

또한 유기환이 무엇보다도 조선 공사관의 인장과 전신 약호를 가져온 바람에, 이곳 서울의 외아문은 한동안 도쿄로부터 전혀 소식을 받지 못했습니다. 미국 대리공사 알렌[10] 이 최근 본인에게 은밀히 알려준 바에 의하면, 그 때문에 조병직은 도쿄 주재 미국 공사 를 통해 도쿄의 중요한 소식들을 전신으로 받아볼 수 있게 해달라고 알렌에게 요청했습 니다. 그러나 알렌은 그 청원을 거절했다고 합니다.

그러는 동안 도쿄 주재 조선 공사관의 종사관[11]이 임시 대리공사로 임명되었습니다. 머지않아 변리공사 김사철[12]이 다시 도쿄의 임지에 복귀할 것이라고 합니다.

이 보고서의 사본을 베이징과 도쿄 주재 독일제국 공사관에 보낼 것입니다.

크리엔

내용: 김옥균의 피살과 박영효에 대한 암살 시도

---

10 [감교 주석] 알렌(H. N. Allen)
11 [감교 주석] 서상교(徐相喬)
12 [감교 주석] 김사철(金思轍)

10

[청군의 조선 파병]

발신(생산)일	1894. 6. 4	수신(접수)일	1894. 6. 4
발신(생산)자	쉔크	수신(접수)자	
발신지 정보	베이징 주재 독일 공사관	수신지 정보	베를린 외무부
	No. 3		A. 5017

A. 5017   1894년 6월 4일 오후 수신

전보

베이징 1894년 6월 4일 11시 50분
오후 7시 20분 도착

독일제국 공사가 외무부에 발송

전문 해독

No. 3

리훙장[1]이 오늘 청국 병사 천오백 명 조선에 파견.

쉔크

---

1   [감교 주석] 리훙장(李鴻章)

베를린, 1894년 6월 5일 A. 4844

주재 외교관 귀중

1. 런던 No. 406

2. 카를스루에 No. 304

3. 뮌헨 No. 424

4. 슈투트가르트 No. 406

5. 바이마르 No. 248

6. 외무부 장관 각하 귀하

연도번호 No. 3197

귀하에게 유효한 1885년 3월 4일 훈령과 관련해 상하이에서 발생한 조선 반란자의 피살에 관한 금년 4월 9일 베이징 주재 독일제국 공사의 보고서 사본을 삼가 전달합니다.

각하에게 [위 내용에] 관한 이번 달 9일 베이징 주재 독일제국 공사의 보고서 사본을 참조용으로 삼가 전달하게 되어 영광입니다.

베를린, 1894년 6월 6일 A. 5001

주재 외교관 귀중

1. 런던 No. 431

2. 상트페테르부르크 No. 219

연도번호 No. 3220

조선인 암살[2]에 관한 금년 4월 18일 베이징 주재 독일제국 공사의 보고서 사본을 참조용으로 삼가 전달합니다.

---

2 [감교 주석] 김옥균 암살사건

11

[청일 양국 조선에 파병]

발신(생산)일	1894. 6. 8	수신(접수)일	1894. 6. 8
발신(생산)자	구트슈미트	수신(접수)자	
발신지 정보	도쿄 주재 독일 공사관	수신지 정보	베를린 외무부
	No. 4		A. 5137

A. 5137 1894년 6월 8일 오후 수신

전보

도쿄, 1894년 6월 8일 오전 11시 32분

오후 5시 11분 도착

독일제국 공사가 외무부에 발송

전문 해독

No. 4

일본과 청국 조선에 군대 파병

구트슈미트

12

조선 반란자의 피살

발신(생산)일	1894. 4. 25	수신(접수)일	1894. 6. 10
발신(생산)자	쉔크	수신(접수)자	카프리비
발신지 정보	베이징 주재 독일 공사관	수신지 정보	베를린 정부
	No. 45		A. 5207
메모	A. 5471 참조 6월 13일 런던 445, 페테르부르크 226, 빈 291, 워싱턴 A. 25 전달		

A. 5207 1894년 6월 10일 오전 수신, 첨부문서 2부

베이징, 1894년 4월 25일

No. 45

기밀

독일제국 수상 카프리비 보병장군 각하 귀하

조선의 반란자 김옥균[1]이 상하이에서 피살된 사건과 관련해, 본인은 이곳의 영국 동료에게서 전달받은 상하이 주재 영국 총영사의 보고서 및 같은 날 작성된 부영사 스코트[2]의 기록을 비밀리에 삼가 각하께 제출하게 되어 영광입니다.

그에 따르면, 김옥균은 일본에서 조선 정부를 상대로 계속 음모를 꾸몄고 조선 국왕은 끊임없이 김옥균의 거사에 대한 두려움 속에서 살아온 듯싶습니다.

스코트 부영사는 연합 재판정의 배심원으로서 살인범 홍종우[3]의 재판에 참석했습니다. 홍종우의 설명에 따르면, 홍종우와 다른 조선인 한 명은 조선 국왕으로부터 두 반란자 김옥균과 박영효[4]를 암살하라는 명령을 명백히 서면으로 받았다고 합니다. 그런데 홍종우는 작년 파리에서 돌아왔을 때에야 비로소 김옥균의 신임을 얻을 수 있었으며, 그 후로 김옥균의 모든 비밀과 음모를 속속들이 알게 되었다는 것입니다.

---

1 [감교 주석] 김옥균(金玉均)

2 [감교 주석] 스코트(J. Scott)

3 [감교 주석] 홍종우(洪鍾宇)

4 [감교 주석] 박영효(朴泳孝)

김옥균은 도쿄 주재 러시아 공사관을 자주 방문했으며, 그곳에서 자신의 속마음을 털어놓았다고 합니다. 그는 상하이에서 블라디보스토크로 이동해, 블라디보스토크에서 조선에 대항하는 작전을 계속 펼칠 계획이었다고 합니다.

김옥균의 살인범에 대한 재판권은 국가조약에 의거해 청국에게 있습니다. 그런데 청국은 살인범을 처벌하는 대신 그의 무죄를 인정하고 그를 조선에 인계했습니다. 그러나 총영사 한넨[5]이 강조하는 바와 같이, 그것은 심히 우려되는 조치입니다. 상하이 주재 영사단은 그 문제에 대해 논의했습니다.

이와 관련해 본인은 독일제국 총영사 권한대행의 이달 6일 자 보고서 사본을 첨부하는 바입니다.

그러나 이 일과 관련해 청국 정부에 이의를 제기하는 것을 중립적인 열강 대표들의 임무로 보기는 어려울 것입니다. 김옥균의 모반이 청국의 속국인 조선에 대한 청국의 영향력 및 말하자면 청국 정부 자체를 겨누었다는 점에서 청국 정부는 선입견에 사로잡혀 있습니다.

쉔크

내용: 조선 반란자의 피살

No. 45의 첨부문서 1
첨부문서의 내용(원문)은 독일어본 472~477쪽에 수록.

No. 45의 첨부문서 2
사본

상하이, 1894년 4월 6일

이곳 일간신문이 최근 상세히 보도한 바와 같이, - 특히 N. Ch. D. N[6]의 No. 9152와

---

5 [감교 주석] 한넨(N. J. Hannen)

No. 9153 참조 - 조선 반란의 주동자 김옥균이 지난달 28일 일본인이 운영하는 홍커우[7]의 여관[8]에서 조선인 동족 홍종우에게 암살되었습니다. 범행 후 도주한 살인범은 우숭[9] 근처에서 상하이 경찰에게 체포되었습니다. 살인범은 조선 국왕의 명령에 의해 범행을 저질렀다고 주장하고 있습니다. 그는 처음에 "연합 법정"[10]의 재판관에게로 이송되었습니다. 그러나 재판관은 마침 그날 근무한 영국인 배심원(부영사 스코트)의 동의하에 살인범을 도대[11]에게 인계했습니다. 도대는 체포된 자를 조선 관청에 넘겨주라는 명령을 받았다고 합니다.

그 조선인을 아무 조건 없이 도대에게 인도한 사실과 그 조선인이 조선 정부로부터 처벌이 아니라 오히려 명예로운 포상을 받을 수 있다는 우려는 영사단의 연장자인 포르투갈 총영사 발데즈[12]로 하여금 이곳 영사단 회의를 소집하게 했습니다. 발데즈는 가령 이곳 외국인 거류지의 형법 질서를 유지하기 위해 어떤 조치를 취할 수 있는지 논의하고자 했습니다. 영국 총영사가 모든 사건을 베이징 주재 해당 외교 대표에게 알리자고 제안했습니다. 저도 그 제안을 지지했습니다. 영국 총영사는 그러면 문화 국가의 법규범에 상응하지 않게 범죄를 다루는 일이 발생하면, 필요한 경우 적절한 방식으로 반대 입장을 표명할 수 있을 것이라고 말했습니다. 이 제안은 과반수의 찬성으로 채택되었습니다.

본인은 이 사건에 대해 삼가 각하께 보고 드리는 자리를 빌려, 본인이 어제의 모임에서 표명한 견해에 대해 말씀드리고자 합니다. 즉, 1868년 11월의 규정 제2조 7항에 의거해 구성된 연합 법정은 피고인의 국법에 따른 결정을 토대로 범행을 판결해야 합니다. 의심의 여지없이 이것은 그 살해범이 무죄 석방될 수 있는 조건입니다.

발데즈와 벨기에 총영사를 비롯해 여러 사람들이 사건에 많은 관심을 기울이길 바라는 듯 보였지만, 본인은 그럴 필요성을 느끼지 못했습니다.

아이스발트[13]

---

6 [감교 주석] 노스차이나 데일리 뉴스(North China Daily News)

7 [감교 주석] 홍커우(虹口)

8 [감교 주석] 동화양행(東和洋行)

9 [감교 주석] 우숭(吳淞)

10 [감교 주석] 원문에는 "Mixed Court"로 표기됨.

11 [감교 주석] 도대(道臺)

12 [감교 주석] 발데즈(Valdez)

13 [감교 주석] 아이스발트(Eiswaldt)

조선 반란자의 피살

발신(생산)일	1894. 4. 26	수신(접수)일	1894. 6. 10
발신(생산)자	쉔크	수신(접수)자	카프리비
발신지 정보	베이징 주재 독일 공사관	수신지 정보	베를린 정부
	No. 46		A. 5208

A. 5208   1894년 6월 10일 오전 수신

베이징, 1894년 4월 26일

No. 46

독일제국 수상 카프리비 보병장군 각하 귀하

본인은 조선인 김옥균[1]이 상하이에서 피살된 사건과 관련해 어제 보낸 보고서 A. 45[2]에 이어, 영국 동료가 살인범의 석방에 대해 청국 정부에게 아무런 언급도 하지 않은 채 즈푸[3]로 떠났음을 삼가 각하께 보고 드리게 되어 영광입니다. 그리고 본인이 알고 있는 한, 이곳 베이징의 다른 모든 동료들도 살인범의 무죄 석방과 관련해 총리아문에 이의를 제기할 생각이 없습니다.

쉔크

내용: 조선 반란자의 피살

---

1   [감교 주석] 김옥균(金玉均)
2   [원문 주석] A. 5207 오늘 우편으로 발송.
3   [감교 주석] 즈푸(芝罘)

14

원문 p.480

[청일 군대의 조선 파병]

발신(생산)일	1894. 6. 10	수신(접수)일	1894. 6. 11
발신(생산)자	크리엔	수신(접수)자	
발신지 정보	서울 주재 독일 총영사관 No. 13	수신지 정보	베를린 외무부 A. 5230

A. 5230 6월 11일 오전 수신 (6월 10일 오후 11시 32분 수신)

	외국 베를린	
No. 13 회선 No. 29 전보 Nr, ... Wa. 수신 6월 11일 11시 5분 Pr. Ls 보고	독일제국 통신 베를린 중앙 전신국	11시 10분 레슬링 작성
전보 베를린, 서울 3 13 10/6 9 16 m viA. hlp		
청국의 두 개 전투 병력 서해안 상륙 일본 군대 서울 도착 – 이곳 지역은 조용함 = 크리엔		

15

[크리엔의 "일티스"호 고베 대기 요청]

발신(생산)일	1894. 6. 12	수신(접수)일	1894. 6. 12
발신(생산)자	바우디신	수신(접수)자	비버슈타인
발신지 정보	베를린 해군청	수신지 정보	베를린 외무부
	A. 3398		A. 5268
메모	암호 전보 6월 13일 서울 No. 1 발송		

A. 5268 1894년 6월 12일 오후 수신

베를린, 1894년 6월 12일

A. 3398

독일제국 외무부 차관 비버슈타인[1] 각하 귀하

본인은 이달 9일 자 해군 총사령관의 통지문에 의거해 — 이 통지문은 오늘 이곳에 도착했습니다 — 다음과 같이 삼가 각하께 보고 드리게 되어 영광입니다.

현재 고베[2]에 머물고 있는 독일제국 포함 "일티스"[3]호는 서울 주재 영사의 혹시 모를 요청에 대비해 고베를 떠나지 말라는 지시를 6월 9일 전보로 받았습니다.

— 금년 6월 4일 서신 A. 4966[4] 참조 —

독일제국 해군청 차관
바우디신[5]

---

1 [감교 주석] 비버슈타인(M. von Bieberstein)
2 [감교 주석] 고베(神戸)
3 [감교 주석] 일티스(Iltis)
4 [원문 주석] 삼가 동봉.
5 [감교 주석] 바우디신(Baudissin)

16

[청일 군대의 조선 상륙]

발신(생산)일	1894. 6. 12	수신(접수)일	1894. 6. 12
발신(생산)자	쉔크	수신(접수)자	
발신지 정보	베이징 주재 독일 공사관	수신지 정보	베를린 외무부
	No. 4		A. 5273

A. 5273   1894년 6월 12일 오후 수신

전보

베이징, 1894년 6월 12일 오후 10시 55분

오후 6시 10분 도착

독일제국 공사가 외무부에 발송

전문 해독

No. 4

청국 병사 3500 남쪽 항구 인천 일본 해군 400 서울 상륙.

쉔크

베를린, 1894년 6월 13일   A. 5007

주재 외교관 귀중   귀하에게 김옥균의 피살과 박영효의 암살 시
1. 런던 No. 444   도에 관한 금년 4월 18일 서울 주재 독일제국
2. 상트페테르부르크 No. 225   영사의 보고서 사본을
3, 워싱턴 No. A. 24
4. 드레스덴 No. 421   1-3에게: 참조용으로
5. 카를스루에 No. 318   4-8에게: 유효한 1885년 3월 4일 훈령에 따라
3. 뮌헨 No. 440
4. 슈투트가르트 No. 421   삼가 전달합니다.
5. 바이마르 No. 256
                                       각하에게 [위 내용에] 관한 이번 달 9일 베이징
                                       주재 독일제국 공사의 보고서 사본을 참조용
                                       으로 삼가 전달하게 되어 영광입니다.

베를린, 1894년 6월 13일   A. 5207

주재 외교관 귀중   귀하에게 조선 반란자 김옥균의 피살에 관한
1. 런던 No. 445   금년 4월 25일 베이징 주재 독일제국 공사의
2. 상트페테르부르크 No. 226   보고서 사본을 삼가 전달합니다.
3. 빈 No. 291
4. 워싱턴 No. A. 25

베를린, 1894년 6월 13일   A. 5268

서울 주재 독일 영사   암호 전문
No. 1

독일인들을 보호할 필요가 있는 경우, 현재
고베에 머물고 있는 포함 "일티스"호를 요청
할 수 있는 권리를 귀하에게 부여합니다. 이
연도번호 No. 3375   에 대해 베이징 주재 공사에게 알리십시오.

조선의 모반자 피살

발신(생산)일	1894. 4. 28	수신(접수)일	1894. 6. 18
발신(생산)자	쉔크	수신(접수)자	카프리비
발신지 정보	베이징 주재 독일 공사관	수신지 정보	베를린 정부
	No. 47		A. 5471

A. 5471 1894년 6월 18일 오후 수신

베이징, 1894년 4월 28일

No. 47

독일제국 수상 카프리비 보병장군 각하 귀하

본인은 조선의 모반자[1] 피살에 대한 금년 4월 25일 보고서 No. 45[2]와 관련해, 본보고서(첨부문서 없음) 및 같은 내용을 다루는 이달 18일 자 보고서 A. 40[3]의 사본을 도쿄 주재 독일제국 공사[4]에게 기밀사항으로 전달했음을 삼가 각하께 알려 드리게 되어 영광입니다.

쉔크

내용: 조선의 모반자 피살

---

1 [감교 주석] 김옥균(金玉均)
2 [원문 주석] A. 5207 삼가 동봉.
3 [원문 주석] A. 5001 삼가 동봉.
4 [감교 주석] 구트슈미트(F. Gudtschmid)

[일본군의 제물포 각국조계지 점령]

발신(생산)일	1894. 6. 19	수신(접수)일	1894. 6. 22
발신(생산)자	크리엔	수신(접수)자	
발신지 정보	서울 주재 독일 총영사관 No. 3	수신지 정보	베를린 외무부 A. 5579
메모	6월 24일 런던 428, 페테르부르크 250 발송		

A. 5579 1894년 6월 22일 오전 수신

전보

서울, 6월 19일 오후 2시 40분

(청국에서 지연됨)

6월 21일 오후 10시 15분 도착

독일제국 영사가 외무부에 발송

전문 해독

No. 3

일본 군대가 외국인 거주 지역 점령, 외국 대표들 항의, 공식 보도에 의하면 폭동[1] 종료.

크리엔

---

1 [감교 주석] 동학농민군과 조선 정부의 전주화약 체결

19

김옥균의 피살

발신(생산)일	1894. 5. 8	수신(접수)일	1894. 6. 22
발신(생산)자	크리엔	수신(접수)자	카프리비
발신지 정보	서울 주재 독일 총영사관	수신지 정보	베를린 정부
	No. 33		A. 5584
메모	6월 24일 런던 480, 페테르부르크 249, 워싱턴 A. 28, 드레스덴 447, 뮌헨 465, 슈투트가르트 445, 바이마르 272, 카를스루에 337 전달. A. 6476 참조 연도번호 No. 202		

A. 5584 1894년 6월 22일 오전 수신

서울, 1894년 5월 8일

No. 33

독일제국 수상 카프리비 보병장군 각하 귀하

본인은 지난달 18일 김옥균[1] 살해에 대한 보고서[2] No. 27을 각하께 올린 바 있습니다. 그와 관련해, 조선의 변리공사 김사철[3]이 도쿄의 임지를 향해 어제 제물포를 떠났음을 삼가 각하께 보고 드리게 되어 영광입니다. 김사철과 함께 일본 공사 오토리[4]도 휴가를 얻어 일본으로 출발했습니다. 오토리가 자리를 비운 동안, 공사관 서기관 스기무라[5]가 임시 대리공사로서 이곳 서울 주재 일본 공사관의 업무를 이끌고 있습니다.

김옥균의 토막 난 시신은 조선의 수도가 위치한 경기도 지방의 황량한 산에 내던져졌습니다. 그곳은 대개 처형당한 조선 모반자들의 시신이 버려지는 곳입니다.

조선의 관보에 의하면, 김옥균을 처치한 기념으로 이달 31일에 제물을 바치는 성대한 감사축제가 열릴 예정입니다. 이 축제에서 왕실의 행운을 빌라는 지시가 조선 관리들에

---

1 [감교 주석] 김옥균(金玉均)
2 [원문 주석] A. 5007 삼가 동봉.
3 [감교 주석] 김사철(金思轍)
4 [감교 주석] 오토리 게이스케(大鳥圭介)
5 [감교 주석] 스기무라 후카시(杉村濬)

게 내렸다고 합니다.

이곳 서울 주재 청국 대표 위안스카이[6]의 말로 미루어, 살해된 자는 살해범 홍종우[7]와 도쿄 주재 청국 공사관 직원들에게 세계일주 여행을 권유받은 것으로 추측됩니다. 상하이의 청국 은행에 오천 달러 이상의 금액이 송금되었고, 상하이에서 김옥균은 홍종우를 통해 그 돈을 찾으려 했습니다. 그 돈의 송금은 청국 측에서 여행비용을 부담하는 척하는 데 일조했을 것이라고 추측됩니다.

얼마 전 본인은 청국 영사[8] 탕[9]을 방문했습니다. 그 자리에서 탕은 김옥균이 피살됨으로써 일본과 조선의 관계가 다시 불투명해진 것에 대해 상당히 노골적으로 만족감을 표했습니다.

본인은 이 보고서의 사본을 베이징과 도쿄 주재 독일제국 공사관에 보낼 것입니다.

크리엔

내용: 김옥균의 피살

---

6 [감교 주석] 위안스카이(袁世凱)
7 [감교 주석] 홍종우(洪鍾宇)
8 [감교 주석] 탕샤오이의 직책은 용산상무위원(龍山商務委員)이었음.
9 [감교 주석] 탕샤오이(唐紹儀)

20

조선 남부지방에서의 폭동

발신(생산)일	1894. 5. 8	수신(접수)일	1894. 6. 22
발신(생산)자	크리엔	수신(접수)자	카프리비
발신지 정보	서울 주재 독일 총영사관	수신지 정보	베를린 정부
	No. 34		A. 5585
메모	A. 6342 참조 연도번호 No. 205		

A. 5585 1894년 6월 22일 오전 수신

서울, 1894년 5월 10일

No. 34

독일제국 수상 카프리비 보병장군 각하 귀하

본인은 조선의 남서쪽 지방 전라도에서 폭동[1]이 발생했다는 소식을 삼가 각하께 전하게 되어 영광입니다. 그 때문에 조선 외아문 독판[2]이 어제 날짜 서신을 통해, 외국 대표들에게 남쪽 지방을 여행 중인 자국 국민들을 서울로 불러들일 것을 당부했습니다.

보병과 구식 화포로 이루어진 팔백여 명의 병력이 며칠 전 이곳 서울에서 제물포로 출발했습니다. 그 구식 화포는 리훙장[3] 총독이 일 년 전 동학란을 진압할 목적으로 조선 정부에게 선물한 것입니다. 제물포에서 병사들은 조선 기선 두 척 및 청국 정부가 내준 청국 군함 한 척을 타고 남쪽으로 향할 것이라고 합니다.

폭동은 관리들의 수탈에 대항해 일어났으며 아직까지 넓게 확산되지는 않았습니다.

본인은 이 보고서의 사본을 베이징 주재 독일제국 공사관에 보낼 것입니다.

크리엔

내용: 조선 남부지방에서의 폭동

---

1   [감교 주석] 동학농민군 1차 봉기
2   [감교 주석] 조병직(趙秉稷)
3   [감교 주석] 리훙장(李鴻章)

베를린, 1894년 6월 24일   A. 5584

1. 런던 No. 480   귀하에게 김옥균의 피살에 관한 지난 달 8일
2. 상트페테르부르크 No. 249   서울 주재 독일제국 영사의 보고서 사본을
3, 워싱턴 No. A. 28
4. 드레스덴 No. 447   1-3에게: 참조용으로
5. 뮌헨 No. 465   4-8에게: 유효한 1885년 3월 4일 훈령에 따라
6. 슈투트가르트 No. 445
7. 바이마르 No. 272   삼가 전달합니다.
8. 카를스루에 No. 337

_____

9. 외무부 장관 각하 귀하   각하에게 [위 내용에] 관한 지난 달 8일 서울
                                        주재 독일제국 영사의 보고서 사본을 참조용
연도번호 No. 3667   으로 삼가 전달하게 되어 영광입니다.

21

[일본군 제물포 각국조계지에서 철수]

발신(생산)일	1894. 6. 23	수신(접수)일	1894. 6. 24
발신(생산)자	크리엔	수신(접수)자	
발신지 정보	서울 주재 독일 총영사관	수신지 정보	베를린 외무부
	No. 4		A. 5648
메모	6월 24일 런던 482, 페테르부르크 250 발송.		

A. 5648   1894년 6월 24일 오전 수신

전보

서울, 1894년 6월 23일 오후 4시 30분

6월 24일 오전 1시 10분 도착

독일제국 영사가 외무부에 발송

전문 해독

No. 4

군대 외국인 거주지에서 철수, 청국 군함 세 척 추가로 도착.

크리엔

베를린, 1894년 6월 24일 A. 5579, A. 5648

주재 외교관 귀중
런던 No. 482
페테르부르크 No. 250

연도번호 No. 3681

귀하께서도 신문에서 읽으셨겠지만, 몇 주일 전 조선에서 반란[1]이 일어났습니다. 그 반란은 여러 모로 외국인들의 안전에 대한 우려를 낳았습니다. 서울과 베이징 주재 우리 대표들의 전보문에 의하면, 폭동의 발생지는 조선의 남쪽이었습니다. 그 사이 전라도 지방의 중심도시가 반란군에게 함락되었고, 반란군이 조선의 수도에 점차 가까이 다가올 위험에 직면해 있습니다. 리훙장 총독은 조선과의 관계에 특별히 많은 신경을 쓰고 있습니다. 리훙장은 지난번 상당히 커다란 폭동이 발생했을 때처럼 이번에도 많은 청국 병력을 조선의 남쪽으로 파견했습니다. 그 반면에 일본 정부는 조선 수도의 항구인 제물포로 군대를 파병했습니다.

그런데 서울 주재 독일제국 영사가 전보로 알려온 바와 같이, 반란이 진압되었다는 공식보도가 있었는데도 일본 군대는 서울의 외국인 거주지를 점령했습니다. 외국 대표들은 이에 대해 항의했고, 그러자 일본 군대는 외국인 거주지에서 철수했습니다.

우선은 청국과 일본의 정부가 군대를 파견하면서 조선의 질서를 회복하고 현재 상태를 유지하는 것 외에 다른 특별한 의도를 품고 있는 징후는 보이지 않습니다. 이미 언급한 바와 같이, 청국과 일본 두 나라는 여러 차례 상당한 병력을 조선에 파견했다가 얼마 후에는 다시 철수시켰습니다. 청국은 조선 왕조가 조선 국내의 소요로 인해 곤경에 처하는 경우 자신들이 우선적으로 개입할 자격이 있다고 여기고 있습니다. 그러나 그밖에는 조선 정부를 공식적인 독립 정부로 간주합니다. 그래서 가령 외국 열강이 조선과 조약을 체결하고 외교 대표를 서울에 파견하는 것에 이의를 제기하지 않습니다. 다른 한편으로 일본 정부는 조약[2]을 통해 조선의 독립을 인정했습니다. 그러나 일본 정부는 청국이 조선에 대한 실제적인 우위 관계를 종속 관계로 변화시키지 않을까 우려하고 있습니다. 그런 실제적인 우위 관계는 오래 전부터 청국에게 유리했습니다. 그러나 일본은 이미 여러 차례 공식적으로 언명한 바와 같이 청국의 그런 시도를 좌시하지 않을 것입니다. 그러므

---

1   [감교 주석] 동학농민군 1차 봉기
2   [감교 주석] 조일수호조규(朝日修好條規)

로 일본 점령군이 행한 조치는 청국 단독으로 차후의 대책을 결정하게 내버려두지 않겠다는 의도의 표명일 확률이 높습니다. 그와 동시에 일본이 조선에게 제기하는 몇 가지 불만사항을 해결하기를 바랄 가능성도 배제할 수 없습니다.

이 두 이웃국가는 조선의 일에 거듭 개입했습니다. 이런 개입에 가장 많이 관계되는 외국 열강들은 지금까지 항상 관망하는 태도를 견지했습니다. 특히 그 대표적인 나라가 러시아입니다. 그런데 페테르부르크의 내각이 조선의 독립을 위협하는 사태에 미리 대처하려는 징조가 보입니다. 최근 조선에서 반란이 일어났을 때 조선과 러시아 사이에 그와 관련된 조약이 있다는 소문이 여러 차례 유포되었습니다. 러시아 측에서 이 소문을 부인했는데도, 베이징 주재 러시아 공사[3]와 직례 총독[4]이 이에 대해 나눈 담화로 미루어 보아 그 소문이 사실임에는 의심의 여지가 없었습니다. 그 후로 러시아 정부는 조선 문제에서 확실히 신중한 태도를 취했습니다. 그러나 러시아 정부는 만일의 돌발사태에 대비해 시베리아 철도 부설을 서둘렀다고 전해집니다. 어쨌든 러시아가 입장을 표명한 덕분에, 조선 사태와 관련된 다른 일들을 해결하는 데에도 도움이 되었습니다. 예를 들어 당시 영국 정부로 하여금 해밀턴[5] 항의 점령을 포기하게 만든 것과 같은 일이 있었습니다.

따라서 우선은 조선 왕국의 질서 회복을 위한 청국과 일본의 개입이 이전과 다른 것을 예고하는 징조는 보이지 않습니다. 어쨌든 이 문제는 유럽의 관계들에 영향을 미칠 수 있는 확실한 가능성들을 품고 있습니다. 그러므로 귀하께서 그곳에서 그런 사태들에 관련된 보다 상세한 소식을 이따금 입수해서 본인에게 알려준다면 흥미로울 것입니다.

---

3   [감교 주석] 카시니(A. P. Cassini)
4   [감교 주석] 리훙장(李鴻章)
5   [감교 주석] 거문도(Port Hamilton)

[조선 정부의 거중조정 요청]

발신(생산)일	1894. 6. 25	수신(접수)일	1894. 6. 26
발신(생산)자	크리엔	수신(접수)자	
발신지 정보	서울 주재 독일 총영사관	수신지 정보	베를린 외무부
	No. 5		A. 5738
메모	서울 주재 독일 영사 암호 전보 No. 2 전보 No. 5에 답신. 귀하께서는 그곳 동료들의 평화적인 노력에 협력하십시오. 연도번호 No. 3716		

A. 5738   1894년 6월 26일 오전 수신

전보

서울, 1894년 6월 25일 오후 3시 20분

6월 26일, 오전 6시 --- 도착

독일제국 영사가 외무부에 발송

전문 해독

No. 5

조선 정부 외국 대표들에게 중재 간청[1], 청국 군대의 도움을 요청했다고 설명. 그에 대해 일본 군대 항의. 지금은 두 나라 군대 필요 없음.[2] 청국은 일본과 동시에 군대를 철수할 용의가 있음. 일본은 청국 군대가 떠나기 전에는 군대 철수 거부. 영국, 러시아, 미국, 프랑스 대표들이 일본과 청국의 공사에게 동시 철수 권유. 전보로 훈령 요청함. 일본인 사천 명이 서울 시내와 근교에 주둔하고 있음.

크리엔

---

1   [감교 주석] 거중조정 요청.

2   [감교 주석] 전주화약으로 동학농민군이 해산한 상황을 의미하는 것으로 보임.

[러시아 언론의 조선 관련 기사 보고]

발신(생산)일		수신(접수)일	1894. 6. 30
발신(생산)자		수신(접수)자	
발신지 정보		수신지 정보	베를린 외무부
			A. 5902

A. 5902   1894년 6월 30일 오후 수신

"Novoye Vremya"[1]

1894년 6월 18일(30일)

　오늘 논설은 이른바 조선 문제의 중요성을 상기시킨다. 일본이 그렇듯 군비를 대폭 강화한 데는 이유가 있다고 한다. 일본이 야심에 사로잡혀 있으며 오래 전부터 국제 관계에 적극적으로 관여하려고 애쓴다는 것은 공공연한 사실이다. 일본은 이웃 대륙에 눈독을 들이고 있다.

　이미 몇 년 전부터 일본 정부는 조선의 일에 개입할 구실들을 찾아서 이런저런 돌발 사건들을 일으켰다. 그러나 일본 정부는 지금까지 번번이 조선 주재 유럽 열강 대표들의 단호한 저항에 부딪쳤다.

　전보문에 의하면, 지금 일본 정부는 조선에 거주하는 일본인들을 보호한다는 명목 하에 몇몇 유리한 상황들을 이용해 조선의 수도를 많은 군대로 점거했다. 심지어는 조선 국왕을 볼모로 붙잡고 있다. 이런 행태는 국제법상으로도 불법이며 이미 청국의 강력한 항의를 야기했다.

　전권을 쥐고 있는 리훙장[2]은 결단코 청국의 명예('이익'이라고 들린다)를 지킬 것이라고 단언했다. 그러나 리훙장은 그와 동시에 평화를 유지하기 위해 최대한 노력할 것이라고 덧붙였다. 청국이 여기에서 자신의 이익을 희생할 의도가 없음은 분명하다. 그러나 우리도 마찬가지로 이와 관련된 이익을 포기해서는 안 된다. 우리의 극동지방에는 일

1　[감교 주석] 노보예 브레먀(Novoye Vremya)
2　[감교 주석] 리훙장(李鴻章)

년 내내 얼음이 얼지 않는 편리한 항구가 없다. 우리 극동 지방의 번영을 위해서 일본의 조선 점령을 결코 허용해서는 안 될 것이다. 또한 조선처럼 힘없고 유순한 이웃 나라가 잘 정비되고 강력한 일본으로 대체된다면 우리에게 그다지 편안한 상황이 아닐 것이다. 게다가 일본은 정치적으로 공격적인 의도를 품고 있다.

일본이 이처럼 적극적인 정책의 첫 걸음을 내딛었다는 것 자체가 이미 중대한 국제적 사건이다. 이것은 콩고 조약 Ⅲ장[3]이 독일에게 지니는 의미에 비할 수 없을 정도로 우리에게 큰 의미가 있다.

---

3 [감교 주석] 1885년 2월 베를린 회담(1884. 11~1885. 2, 콩고 회담으로도 불림)에서 유럽과 아메리카 대륙의 14개 국가가 체결한 의정서[General-Akte der Berliner Konferenz (Kongokonferenz)]. 의정서 Ⅲ장(Erklärung, betreffend die Neutralität der in dem konventionellen Kongobecken einbegriffenen Gebiete : 콩고 분지에 포함된 지역의 중립 선언)은 콩고 분지 일대의 중립을 보장한 내용을 담고 있음. 그 과정에서 독일은 프랑스와 함께 아프리카에서 영국을 고립시키는 데에 성공함.

조선

발신(생산)일	1894. 6. 29	수신(접수)일	1894. 7. 2
발신(생산)자	하츠펠트	수신(접수)자	카프리비
발신지 정보	런던 주재 독일 대사관	수신지 정보	베를린 정부
	No. 416		A. 5978
메모	7월 5일 페테르부르크 264 전달		

A. 5978 1894년 7월 2일 오전 수신

런던, 1894년 6월 29일

No. 416

독일제국 수상 카프리비 보병장군 각하 귀하

본인은 조선과 관련해 이달 24일 각하의 훈령 No. 482[1]를 받는 영광을 누렸습니다.

오늘 차관보 샌더슨[2]을 방문한 자리에서, 본인은 최근 조선에서 일어난 일련의 사건에 대해 대화를 나눌 기회를 가졌습니다. 샌더슨은 청국 정부와 서울 주재 외국 대표들이 조선에 상륙한 일본 군대의 철수를 원한다고 본인에게 알려주었습니다. 그런데도 일본 정부는 지금까지 철수를 거부하고 있다는 것입니다. 일본 측에서는 청국과 공동으로 조선의 안정을 유지한다는 조약상의 권리를 청국인들에게 내세우고 있습니다. 청국은 폭동이 진압[3]되었으니 양쪽 군대가 물러나야 한다는 주장을 관철시키려 한다고 합니다. 그러나 일본은 반란의 재발을 방지하기 위한 확실한 대책이 마련되지 않았다고 답변한다는 것입니다. 그러니 일본은 조선의 질서와 평화를 지속적으로 유지하기 위해 청국과 대책을 논의하고 협상하기를 원한다는 것입니다. 차관보 샌더슨의 말에 따르면, 일본 정부는 청국과 공동으로 조선을 통제하려는 의도를 품고 있다고 합니다.

1　[원문 주석] 5579/5648 삼가 동봉.
2　[감교 주석] 샌더슨(T. Sanderson)
3　[감교 주석] 전주화약 체결에 따른 동학농민군 해산

샌더슨은 청국과 일본이 조선을 공동 관리하려는 시도를 위험하다고 여기고 있습니다. 그러다가는 자칫 일본이 청국과의 전쟁에 휘말릴 가능성이 많다는 것입니다. 그러므로 이곳 영국 정부는 일본 정부에게 정책을 바꾸어 일본 군대를 철수시키라고 권유한다 합니다.

하츠펠트[4]

내용: 조선

---

4 [감교 주석] 하츠펠트(Hatzfeldt)

25

[청일 전쟁에 따른 독일의 이해관계 저촉 여부 보고 지시]

발신(생산)일	1894. 7. 2	수신(접수)일	1894. 7. 2
발신(생산)자		수신(접수)자	
발신지 정보	베를린 정부	수신지 정보	베를린 외무부
			A. 5995
메모	A. 6053 참조		

발췌문

A. 5995 1894년 7월 2일 오후 수신

긴급!

독일제국 수상께서는 조선을 차지하려는 일본과 청국의 전쟁에 의해 독일의 이해관계가 저촉되는지, 또 어느 정도나 저촉되는지 즉각 보고서를 받아보기 원하심.

26

청일전쟁이 조선에서의 독일의 국익 위협

발신(생산)일	1894. 7.	수신(접수)일	1894. 7. 4
발신(생산)자		수신(접수)자	카프리비
발신지 정보	베를린 외무부	수신지 정보	베를린 정부
			A. 6053
메모	독일 측에서는 당분간 어떤 식으로든 개입하지 않는 편이 올바른 듯 보임. A. 5995에 첨부		

A. 6053   1894년 7월 4일 오전 수신

베를린, 1894년 7월

A. 5995에 첨부

예전에 일본과 청국은 조선의 반란[1]을 진압하기 위해 조선에 군대를 파견했다가 얼마간 서로 위협적으로 대치했습니다. 그리고 결국 두 나라는 군대를 철수하기로 합의했습니다. 현재 조선의 상황들은 그때의 사건들과 유사하게 반복되고 있습니다. 우리 독일제국의 서울 주재 영사[2]에게 이 분쟁을 평화적으로 조정하려는 외국 동료들의 노력에 동참하라는 지시가 내렸습니다. 조선의 사태가 상하이에서 발송한 영국 전보문들이 묘사하는 만큼 심각하다는 공식 보도는 아직까지 없었습니다. 지금까지의 경험으로 보아 그런 전보문들은 극히 신중하게 받아들여야 합니다. 어쨌든 그 전보들은 베이징[3]과 도쿄[4] 주재 우리 대표들에게도 평화적인 중재 노력에 합류하라는 지시를 내려야 하지 않을까 하는 문제를 제기합니다.

우리는 두 가지 점에서 조선에 관심이 있습니다. 하나는 경제적인 관심이고, 다른하나는 정치적인 관심입니다. 경제적인 관심과 관련해, 우리를 비롯한 유럽 국가들이 조선의 문호개방과 무역조약, 많은 논란을 빚은 서울 주재 대표에 걸었던 기대의 충족은

---

1   [감교 주석] 동학농민군 1차 봉기
2   [감교 주석] 크리엔(F. Krien)
3   [감교 주석] 쉔크(Schenck)
4   [감교 주석] 구트슈미트(F. Gudtschmid)

매우 미미한 수준에 그쳤습니다. 무역은 대부분 일본인들이 장악했고, 유럽은 초반의 미약한 단계에서 별로 벗어나지 못했습니다(영국도 마찬가지입니다). 특히 독일은 조선의 개항 항구 세 곳에서 수입하는 대략 천오백만 마르크 중 약 70만 마르크를 차지한다고 계산됩니다. 그런데 이 가운데 상당 부분이 일본과 청국을 경유합니다. 독일의 선박 운항은 영국에 비해 현저하게 활발합니다. 독일 선박 운항은 매년 만 오천 톤에서 삼만 이천 톤 사이를 오가고 있으며, 주로 해안의 미곡 무역을 위해 임대한 소형기선 두 척의 왕복운행으로 이루어져 있습니다. 게다가 선박 운항 역시 일본이 장악하고 있습니다. 무역상사들 중에서는 (독일 제국의회에서 유명해진) 마이어 회사[5]가 여전히 조선 국내의 유일한 독일 상사인 듯 보입니다. 마이어 회사는 주로 조선 정부와 관련된 사업을 하고 있으며, 그 수익금을 독일 영사관의 힘을 빌려 가까스로 징수하고 있습니다. 그밖에 약 26명의 독일인이 조선에 살고 있다고 추정됩니다. (미국인 80명, 영국인 50명, 프랑스인 28명, 청국인 3천 명, 일본인 만 명). 조선을 지켜본 사람들은 대체로 조선의 발전 속도가 극히 느리다고 판단합니다. 토양은 비옥하지만, 국민들이 매우 빈한하고 검소해서 곧 교역관계가 개선될 가망성이 보이지 않는다는 것입니다. 따라서 조선의 독립이 침해되는 경우, 현실적인 이해관계가 존재한다고 하더라도 우리에게 미치는 영향은 미약할 것입니다. 그러나 청국인이든 일본인이나 러시아인이든 더 높은 문화 수준에 있는 외국인들이 밀고 들어가 조선 국민들의 수요를 증대시킨다면, 장차 조선과의 무역은 이익을 남길 것으로 예상됩니다.

정치적인 면에서, 조선을 둘러싼 전쟁이 장차 유럽 열강들의 노력과 충돌하는 쪽으로 전개될 수 있습니다. 그런 경우 우리는 이 전쟁에 간접적으로 관련됩니다. 현재 조선의 이웃국가들 및 조선에 많은 관심을 가진 국가들과 조선의 관계는 대략 다음과 같습니다. 청국은 예로부터 조선에 일종의 종주권을 행사하고 있습니다. 청국은 조선으로부터 조공으로 간주되는 선물을 받습니다. 그리고 조선 국왕은 왕의 즉위 승인서를 가져오는 청국의 특사 앞에 엎드려 절하거나 그와 비슷한 행동을 취합니다. 그런데 외국에서는 이러한 관계의 법적인 효력을 인정하지 않습니다. 이것은 충분히 기이한 일입니다. 외국 열강들은 직접 조선과 조약을 체결하고 조선에 사절단을 파견합니다. 청국도 조선의 "행정적인" 독립을 공공연히 인정합니다. 일본은 1876년 조약[6]을 통해 조선의 독립을 인정했습니다. 일본과 조선의 조약 제1조는 조선이 일본과 마찬가지로 자주권을 행사하는 독립

---

5 [감교 주석] 마이어 회사(E. Meyer & Co.; 세창양행(世昌洋行))
6 [감교 주석] 조일수호조규(朝日修好條規)

국가임을 명시하고 있습니다. 나아가 일본은 조선 정부와 "동등하게" 교류하고 "오만한 태도나 불신 표명에 의해 모욕하지 않을 것을" 확약합니다. (그런데 지금 일본은 조선의 국고 재정에 간섭함으로써 공공연히 잘못을 저지르는 듯 보입니다.) 다른 한편으로 일본은 청국이 조선을 점유하는 것을 좌시하지 않겠다고 누차 선언했습니다. 이러한 연유에서 일본은 청국이 조선에 군대를 파견하려는 기색만 보였다 하면 즉각 군대를 조선에 보냈습니다. 청국이 조선을 획득하게 되면 불과 몇 시간 만에 일본의 남쪽 섬들에 접근할 것입니다.

러시아는 현재 관망하는 태도를 견지하고 있습니다. 러시아는 조선에서 동쪽의 부동항을 확보하려 하지만, 시베리아 철도가 완공될 때까지 모든 활동을 미루고 있는 듯 보입니다. 그러나 예전에 일본과 청국 사이에 불화가 있었을 때마다, 러시아는 베이징 주재 대표를 통해 청국 정부에게 조선의 독립이 유지되어야 한다는 식의 입장을 표명했습니다. 그리고 최근 조선 국왕의 명령으로 피살된 조선인이 러시아 공사와 연락을 주고받았다는 사실을 언급해야 합니다.

영국은 무엇보다도 조선이 러시아의 수중에 들어가지 않도록 주력하고 있습니다. 그 때문에 영국은 대체로 조선에 대한 청국의 종주권을 인정하고 또 지지할 준비가 되어 있습니다. 1880년대 중반 러시아가 조선을 노린다는 소문이 유포되었을 때, 영국은 포트 해밀턴섬[7]을 점거했습니다.[8] 그러나 바로 그 일로 인해 조선 문제가 심각해지기 시작하자, 영국은 포트 해밀턴섬을 다시 포기했습니다. 현재 영국은 일본 정부로 하여금 조선에서 군대를 철수하게 하려고 애쓰고 있습니다.

열강들의 이러한 상호 경쟁은 조선의 유지를 보장하는 유일하면서도 상당히 확실한 방안입니다. 이미 앞에서 말한 바와 같이, 독일이 조선에서 취하는 물질적인 이익은 경미합니다. 그러므로 조선의 일에 우선은 더 이상 개입하지 않고 사태의 추이를 지켜볼 수 있을 것입니다. 그러나 동아시아의 두 강대국 사이에서 전쟁이 발발하게 되면 틀림없이 우리의 무역에도 영향을 미칠 것입니다. 이러한 관점에서 — 즉, 조선을 고려하지 않고서 — 청국과 일본을 중재하려는 시도에 참여하는 것이 아마 적절할 것입니다. 조선에서 우리는 정치적으로는 직접적인 이해관계가 없지만 경제적으로는 많은 이해관계가 있습니다. 그러므로 아마 우리 독일의 의견이 다른 나라들의 의견보다 더 많은 영향력을 발휘할 수 있습니다. 그리고 베이징과 도쿄 주재 공사들이 이쪽에서 지시를 받는

---

7 [감교 주석] 거문도(Port Hamilton)
8 [감교 주석] 영국의 거문도(Port Hamilton) 사건

형식을 취하면 좋을 것입니다. 베이징과 도쿄 주재 공사들은 자신들의 노력이 결실을 맺길 기대한다면, 분쟁을 평화적으로 해결하기 위해 조선 내각에 최대한 영향을 미쳐야 할 것입니다.

이런 의도에서 전문을 발송해도 되겠습니까?

베를린, 1894년 6월 24일   A. 5978

기밀

주재 외교관 귀중   귀하에게 조선에 관한 지난 달 29일 런던 주
1. 상트페테르부르크 No. 264   재 독일제국 대사[9]의 보고서 사본을 삼가 전
                                    달합니다.

보안!

---

9   [감교 주석] 하츠펠트(Hatzfeldt)

조선

발신(생산)일	1894. 7. 3	수신(접수)일	1894. 7. 5
발신(생산)자	하츠펠트	수신(접수)자	카프리비
발신지 정보	런던 주재 독일 대사관	수신지 정보	베를린 정부
	No. 422		A. 6088
메모	7월 5일 페테르부르크 264 전달		

A. 6088 1894년 7월 5일 오전 수신, 첨부문서 1부

런던, 1894년 7월 3일

No. 422

독일제국 수상 카프리비 보병장군 각하 귀하

본인은 오늘자 "Times"의 사설을 삼가 각하께 동봉하게 되어 영광입니다. 이 사설은 최근 조선에서 일어난 사건들에 대해 숙고하고 이 사건들에서 비롯될지 모를 심각한 결과를 예측하고 있습니다.

"Times"는 청국이 예로부터 조선에 대해 통치권을 행사했다고 말합니다. 그런데 일본 역시 부당하게도 조선 왕국을 보호통치하겠다고 나선 이래 조선의 형국은 지속적으로 심각한 갈등을 의미하게 되었다는 것입니다. "Times"에 의하면, 이러한 사태는 속국 조선이 외국들과 갈등에 휘말린 상황에서 청국이 속국을 방치하는 잘못을 범함으로써 시작되었다고 합니다. 그리고 일본은 이러한 상황을 이용해 조선을 청국에 예속되지 않은 국가로 인정했다는 것입니다.

청국이 현재의 갈등 상황에서 러시아의 중재를 요청했다는 소문이 돌고 있다고 합니다. 청국의 외교관들이 자신들의 이익에 도움이 되는 한 러시아를 이용하고 나중에 마음 대로 다시 러시아를 떨쳐 버릴 수 있을 것이라고 믿었을 가능성이 많습니다. 다른 한편으로는 청국이 어떻게 그렇듯 위험한 우방을 불러들일 수 있는지 이해할 수 없다고 "Times"는 말합니다. 당시 러시아는 조선 땅을 결코 점령하지 않겠다는 확약을 했다고 합니다. 그러나 우리는 그런 약속이 슬라브인의 야심을 가로막는 걸림돌이 되지 않는다는 것을 이미 경험으로 알고 있습니다. "Times"는 조선이 얼음으로 둘러싸인 시베리아의

주인들에게 여러 가지 점에서 비길 데 없이 좋은 보물일 것이라고 말합니다. 그러나 러시아가 그런 항구를 소유하게 되면, 청국과 일본에게는 지속적인 위험이 될 것이라고 합니다. 그 뿐만 아니라 청국 해역에서 무역을 하는 다른 모든 국가들의 이해관계 역시 위협할 것이라고 합니다. 이런 중대한 위험을 고려해서, 지금 조선을 서로 차지하려고 다투는 강대국들이 서로에 대한 요구를 철회하고 평화로운 합의를 도출하기를 바라마지 않는다는 것입니다.

하츠펠트

내용: 조선

No. 422의 첨부문서
첨부문서의 내용(원문)은 독일어본 505~507쪽에 수록.

[러시아의 청일 군대 조선 철수 요청]

발신(생산)일	1894. 7. 6	수신(접수)일	1894. 7. 6
발신(생산)자	렉스	수신(접수)자	
발신지 정보	페테르부르크 주재 독일 대사관	수신지 정보	베를린 외무부
			A. 6140
메모	암호 전문 런던 52 전달		

A. 6140　1894년 7월 6일 오후 수신

전보

상트페테르부르크, 1894년 7월 6일 오후 4시 12분

오후 4시 20분 도착

독일제국 대리공사가 외무부에 발송

전문 해독

No. 81

　　본인의 동료 몇 명이 확고하게 주장하는 바에 따르면, 청국이 조선 문제와 관련해 청국과 일본 사이를 중재해 줄 것을 러시아에게 부탁했다고 합니다. 러시아 정부는 청국의 요청에 대한 답변을 미루었다고 합니다. 그러나 지난 화요일에 러시아 정부는 조선에서 군대를 철수할 것을 일본 정부에게 간곡히 권유하겠다고 답변했다는 것입니다. 그리고 청국도 일본과 마찬가지로 군대를 철수하기를 기대한다고 말했다고 합니다.

렉스[1]

1　[감교 주석] 렉스(G. Rex)

베를린, 1894년 7월 7일   A. 6140

하츠펠트 귀하   우편암호로
런던 No. 524

연도번호 No. 3982   귀하의 정보와 관련해, 상트페테르부르크 주재
                                    독일제국 대리공사가 이달 6일 보고했습니다.

발신(생산)일	1894. 7. 5	수신(접수)일	1894. 7. 7
발신(생산)자	하츠펠트	수신(접수)자	카프리비
발신지 정보	런던 주재 독일 대사관	수신지 정보	베를린 정부
	No. 432		A. 6163
메모	7월 11일 파리 313, 로마 399, 빈 350, 드레스덴 498, 카를스루에 385, 뮌헨 519, 슈투트가르트 496, 바이마르 312, 베이징 A. 21, 도쿄 A. 1, 워싱턴 A. 31 전달		

A. 6163   1894년 7월 7일 오전 수신

런던, 1894년 7월 5일

No. 432

독일제국 수상 카프리비 보병장군 각하 귀하

본인은 어제 킴벌리[1]와 대화를 나누었습니다. 킴벌리는 조선에서 벌어지는 사건들에 대해 자진해서 언급했습니다. 특히 킴벌리는 청국과 일본의 분규가 영국의 무역에 미칠 영향을 우려해 이곳 런던에서 무척 염려스러운 시선으로 지켜보고 있다고 강조했습니다. 그러므로 영국 정부는 일본 정부와 청국 정부가 조선에서 심각한 불화를 빚지 않도록 온갖 수단을 동원할 것이라고 합니다. 이런 이유에서 킴벌리는 우선 양국 군대가 조선에서 동시에 철수할 것을 일본 정부에게도 간곡히 조언했다고 합니다. 그런 후에 일본은 가령 새로운 개혁안에 대해 청국과 원만하게 합의할 수 있다고 덧붙였다는 것입니다.

아울러 킴벌리는 청국과 일본의 갈등으로 인해 독일의 무역도 마찬가지로 크게 손해를 입을 것이라고 강조했습니다. 그러니 평화를 유지하려는 노력을 지원하는 것은 우리 독일의 이익에도 부합한다는 것이었습니다.

오늘 일본 공사가[2] 조선 사태의 경과에 대해 알려주려고 본인을 찾아왔습니다. 일본 공사가 덧붙인 바에 따르면, 각하께서 이 문제에 대한 일본 공사 자신의 견해와 일본 정부의 견해에 대해 충분히 알고 계셔야 한다고 믿는다는 것이었습니다. 일본 공사의

---

1   [감교 주석] 킴벌리(J. W. Kimberley)
2   [감교 주석] 아오키 슈조(靑木周藏)

설명은 명확하지 않았습니다. 그러나 무엇보다도 일본이 조선에 개입하려는 모든 진지한 시도를 사활을 걸고 막으려 한다는 것을 알 수 있었습니다. 또한 일본은 조선의 개혁을 주장합니다. 조선을 개혁함으로써 새로운 폭동을 예방할 수 있기를 기대하기 때문입니다. 어쨌든 새로운 반란은 페테르부르크에서 러시아의 개입을 위한 구실로 이용될 수 있습니다. 아오키의 말에 따르면, 이런 이유에서 일본에서는 청국 정부가 일본 정부에게 사전에 아무런 귀띔도 하지 않은 채 러시아 정부에게 도움을 요청한 사실을 매우 불쾌하게 여기고 있습니다. 그로 인해서 러시아 정부는 조선 문제에 개입할 수 있는 명분을 확보했습니다.

일본 공사의 말로 미루어 보아, 일본 정부가 청국이 지금까지 조선에게 행사한 종주권을 이번 기회에 청국 정부와 일본 정부의 공동통치로 대체하고 싶어 하는 것에는 의심의 여지가 없습니다. 그런데도 일본 공사는 일본 정부가 지금 조선에 대한 권리를 요구할 생각이 없다고 거듭 단언했습니다. 일본 정부는 외국의 개입을 배제하는 "현재 상태"만 유지된다면 완전히 만족한다는 것이었습니다.

본인이 차관보 샌더슨[3]에게 방금 들은 바에 따르면, 영국 외무부는 오늘 조선 문제에 대한 만족할만한 소식을 받았습니다. 그 소식에 따르면 청국과 일본이 동시에 군대의 일부를 철수시키는 근본 원칙에 합의할 가망성이 보인다고 합니다. 그런 다음 청국과 일본이 조선의 행정을 개혁하는 문제에 대해 협상할 것이라고 합니다.

하츠펠트

내용: 조선

---

3 [감교 주석] 샌더슨(T. Sanderson)

영국과 조선

발신(생산)일	1894. 7. 6	수신(접수)일	1894. 7. 8
발신(생산)자	하츠펠트	수신(접수)자	카프리비
발신지 정보	런던 주재 독일 대사관	수신지 정보	베를린 정부
	No. 434		A. 6202

A. 6202 1894년 7월 8일 오전 수신

런던, 1894년 7월 6일

No. 434

독일제국 수상 카프리비 보병장군 각하 귀하

어제 영국 하원 의회의 질의 시간에 외무부 차관보[1]는 영국 정부가 조선 문제에서 이미 청국 정부와 일본 정부에게 평화적인 관점에서 이의를 제기했다고 설명했습니다. 또한 이 분규를 우호적으로 해결하기 위해 장차 모든 수단을 강구할 것이라고 말했습니다.

그리고 영국 군함을 조선에 파견했느냐는 질의에 대해서 그레이는 최근 군함의 이동과 관련한 소식은 받지 못했다고 답변했습니다. 그러나 충분한 전투력을 갖춘 청국 주둔 영국 함대의 사령관이 한 달 전에 주둔지의 북쪽에 있었다고 덧붙였습니다.

하츠펠트

내용: 영국과 조선

---

1 [감교 주석] 그레이(E. Grey)

[독일 정부의 조선에서 청일 갈등 조정 결정]

발신(생산)일	1894. 7. 8	수신(접수)일	1894. 7. 8
발신(생산)자	말레	수신(접수)자	Rolenhan
발신지 정보		수신지 정보	베를린 외무부
			A. 6221

A. 6221   1894년 7월 8일 오후 수신

베를린, 1894년 7월 8일

The Baron von Rolenhan
Acting Imperial Secretary of State for Foreign Affairs.

Monsieur le Baron,

I have the honour to inform you that I am desired by Her Majesty's Principal Secretary of State for Foreign affairs to enquire whether the Imperial Government would be willing to enter into a common intervention with a view to bringing about a settlement of the difference which has arisen between China and Japan in regard to the Korea.

I avail myself of this opportunity, monsieur le Baron, to renew to you the assurance of my highest consideration.

Malet

[일본의 러시아 중재 거절과 조선 내정개혁 요구]

발신(생산)일	1894. 7. 8	수신(접수)일	1894. 7. 9
발신(생산)자	구트슈미트	수신(접수)자	
발신지 정보	도쿄 주재 독일 공사관	수신지 정보	베를린 외무부
	No. 7		A. 6252
메모	I. 7월 11일 베이징 4, 도쿄 3 암호 전문 발송. II. 7월 16일 키더렌[1] II에게 훈령과 함께 통지문 전달.		

A. 6252　1894년 7월 9일 오후 수신

전보

도쿄, 1894년 오후 7월 8일 11시 40분

7월 9일 오후 5시 13분 도착

독일제국 공사가 외무부에 발송

전문 해독

No. 7

일본이 러시아의 중재를 거절했습니다. 러시아가 무조건 조선으로부터 군대를 철수할 것을 요구했기 때문입니다. 군대 철수는 조선의 확실한 개혁 여부에 달려 있습니다.

그 대신 일본 정부는 직접 청국과 타협 방안을 모색하라는 영국의 호의적인 조언을 받아들였습니다. 청국은 이에 응할 것인지 아직 결정하지 않았습니다.

구트슈미트

1　[감교 주석] 키더렌(Kiderlen)

33

[러시아 언론의 조선 관련 기사 보고]

발신(생산)일		수신(접수)일	1894. 7. 9
발신(생산)자		수신(접수)자	
발신지 정보		수신지 정보	베를린 외무부
			A. 6257

A. 6257   1894년 7월 9일 오후 수신

"Novoye Vremya"[1]

1894년 6월 27일(7월 9일)

로이터[2] 통신사의 페테르부르크 특파원이 믿을 만한 소식통을 인용해 전하는 바에 의하면, 러시아 정부는 일본과 청국에게 즉시 조선에서 군대를 철수할 것을 요구했다. 조선은 시베리아의 우리 영토와 국경을 맞대고 있으며, 절대로 우리의 동쪽 이웃 국가들의 전쟁터가 되어서는 안 된다. 일본인들과 청국인들이 서로 전쟁을 원한다면, 일본인들은 직접 청국의 영토에 군대를 파견하고 청국인들은 일본의 섬에 상륙을 시도해야 할 것이다. 두 나라가 화해하는 것이 최선의 방책일 것이다. 그러나 우리로서는 어쨌든 일본과 청국의 병력이 조선에 득실거리는 것을 이대로 좌시할 수 없다. 이번 일에서 우리의 이해관계는 조선의 이해관계와 맞아떨어진다. 우리는 조선인들이 청국의 종주권 아래서 누렸던 독립을 상실하는 것을 원하지 않는다. 조선에 제 3세력이 – 청국이나 일본이 – 존재하지 않으면 우리로서는 극동지방에서 소수의 병력만을 유지해도 되기 때문이다. 만일 우리의 이웃국가들이 우리로 하여금 극동지방에서 우리의 군대를 증강하도록 강요한다면, 우리는 결단코 일본과 청국의 군대가 조선에 진주하는 것을 차단하기 위해 조선에 대한 청국과 러시아의 연합 보호통치를 택할 것이다. 청국은 손해 보지 않을 것이다. 청국이 지금까지 조선으로부터 받은 조공은 앞으로도 계속 보장될 것이다. 단 청국이 받는 조공에서 우리가 조선의 해안을 수호하는 데 드는 비용은 제해야 할 것이다.

---

1   [감교 주석] 노보예 브레먀(Novoye Vremya)

2   [감교 주석] 로이터(Reuter)

영국의 신문 보도에 의하면, 일본인들은 이미 일만 명의 군인을 조선에 배치했다고 한다. 청국인들은 일본이 그렇게 많은 병력을 조선에 파견할 줄 미처 예상하지 못했다. 이제 청국인들은 청국 방방곡곡에서 모은 군대를 조선에 파병해 일본에 맞서고 있다. 또한 청국은 일본의 선례를 좇아 해군 함대를 조선 해안에 파견했다. 러시아의 막강한 함대도 조선 해안에 출동할 것이라고 추정된다.

일본은 서울의 축하연[3]의 민족주의[4] 집권파와 일본 추종파[5]와의 싸움[6]을 구실로 내세워 조선에 군함을 파견했다.[7] 1870년대 초반에 청국인들은 일본인들에게 조선을 포기할 것을 강요했다. 그 후 십 년의 세월이 흐르는 동안 조선의 정권은 (왕비를 포함한) 민씨 일가의 수중에 들어갔다. 조선 친일파의 우두머리 한 명[8]은 일련의 무도한 살인을 범한 후[9] 일본으로 도주했다. 그러나 조선인들은 그 친일파 우두머리를 상하이로 유인하는데 성공했으며 그를 상하이에서 살해했다. 그리고 그의 시신을 서울[10]로 데려가 만백성이 보는 곳에 내걸었다. 일본 정보원들은 조선 전역에서 조선인들을 격렬히 선동했다. 일본 정보원들은 일본 정부로부터 받은 돈을 이용해 몇몇 지역에서 관리들에게 반항하도록 조선 국민들을 사주했다. 그 관리들은 갖은 방식으로 국민들을 괴롭히고 뇌물을 받음으로써 모두의 원성을 산 관리들이었다. 조선에 많은 거류지를 형성한 일본인들도 반란[11]이 발생한 동안 피해를 입었다. 그 일본인들의 불만이 조선의 내정에 간섭하고 싶어 하는 일본 정부에게 바라던 구실을 제공했다. 이미 오래 전부터 일본은 조선을 정복하려고 노력해왔다. 일본 정부가 최근 새로이 조선에 군대를 파견한 것은 일본 국내의 어려움을 탈피하려는 데도 일부 이유가 있었다. 5월에 일본 정부는 갓 소집된 국회를 해산하라는 강요를 받았다. 야당은 이토[12] 내각을 극히 신랄하게 비판했으며, 특히 외국과 관련된 사안들을 문제 삼았다. 야당은 정부가 소극적으로 관망하는 정책을 펼침으로써 외국인들에게 지나치게 많은 호의를 베푼다고 공세를 폈다. 일본에서 자유민권

---

3   [감교 주석] 우정국 개국 축하연. 원문에 "Ceylon"로 표기되어 있는데, 문맥상 서울로 보임.

4   [감교 주석] '민씨 척족' 중심의 친청파

5   [감교 주석] 급진개화파, 김옥균 중심의 갑신정변 주도세력

6   [감교 주석] 갑신정변(甲申政變)

7   [감교 주석] 운요호 사건으로 추정.

8   [감교 주석] 김옥균(金玉均)

9   [감교 주석] 갑신정변(甲申政變)

10 [감교 주석] 원문에 "Ceylon"로 표기되어 있는데, 문맥상 서울로 보임. 김옥균 시신은 양화진에서 능지처참됨.

11 [감교 주석] 동학농민군 봉기를 의미하는 것으로 추정.

12 [감교 주석] 이토 히로부미(伊藤博文)

적인 정당[13]은 세력이 강화되었으며, 이것은 극동 지역에서 우리에게 적지 않은 곤경을 야기할 수 있다. 태평양의 러시아 함대를 증강하는 동시에 또 다른 예방책들도 강구할 필요가 있다.

---

13 [감교 주석] 민당(民黨)

[청일 양국의 협상 가능성 제기]

발신(생산)일	1894. 7. 9	수신(접수)일	1894. 7. 10
발신(생산)자	하츠펠트	수신(접수)자	
발신지 정보	런던 주재 독일 대사관	수신지 정보	베를린 외무부
	No. 121		A. 6264
메모	7월 14일 런던 543 암호 훈령 발송		

A. 6264   1894년 7월 10일 오후 수신

전보

런던, 1894년 7월 9일 오후 7시 5분

오후 9시 20분 도착

독일제국 대사가 외무부에 발송

전문 해독

No. 121

　베이징과 도쿄에서 협상의 움직임이 보인다고 합니다. 킴벌리[1]는 청국과 일본이 조선에서 충돌하지 않을까 또 다시 매우 우려하는 것 같습니다. 그 때문에 킴벌리는 영국과 독일, 프랑스, 러시아, 미국이 공동으로 외교적인 조치를 취하길 절실히 바라고 있습니다. 그래서 그제 저녁 해당 국가의 대표들에게 이러한 제안을 해줄 것을 전보로 부탁했습니다.

　킴벌리는 청국과 일본이 가령 어떤 식으로 합의할 수 있을지 아직 기본적인 틀은 아직 구상하지 않았습니다. 그러나 본인이 킴벌리에게 들은 말에 의하면, 다음과 같이

1　[감교 주석] 킴벌리(J. W. Kimberley)

생각하고 있습니다. 청국과 일본 양국이 동시에 서서히 군대를 철수하고 조선의 행정 개혁에 대해 협의하는 것입니다. 영국의 최근 언론보도에 따르면, 청국은 조선에 대한 종주권이 문제되지 않는 한 여기에 동의할 의향이 있다고 합니다. 그리고 일본은 청국이 이 제안에 대해 먼저 조치를 취하길 바라고 있습니다.

하츠펠트

베를린, 1894년 7월 10일 A. 6264

조선 관련 문서

우리는 영국으로부터 베이징과 도쿄의 평화 회복을 위한 공동 조치에 협조해달라는 요청을 받았다. 지금 우리로서는 그 공동 조치에 동참해야 할 적지 않은 이유들이 있을 것이다. 외교 정책의 문제에서 앞날을 예측하기는 쉽지 않다. 그러나 설령 청국과 일본 사이에서 전쟁이 빌빌한다 할지라도 현재 상태, 즉 조신의 존립은 결과직으로 크게 손상을 입지 않을 가능성이 많다. 경우에 따라서는 러시아와 영국이 조치를 취할 것이다. 특히 러시아는 현재 조선의 점유 문제로 다투어야 할 이유가 없다고 여긴다. 그러므로 청국과 일본의 전쟁은 무역관계를 심하게 손상시키는 결과만을 낳을 것이다. 우리는 오로지 평화적인 목적만을 추구한다. 우리 측에서 개입하는 경우, 설사 실패한다 해도 우리에게는 손해될 일이 없을 것이다. 그러나 완전히 수수방관하는 경우에는 오로지 불이익만을 입게 될 것이다. 이 상황은 가령 남아메리카나 시암[2] 전쟁이 벌어졌을 때의 상황과는 근본적으로 다르다. 남아메리카에서는 미국의 위협적인 태도 때문에, 독일의 이해관계가 직접 침해받지 않는 한 처음부터 자제가 요구되었다. 시암에서는 자국의 이익을 침해받았다고 여긴 한 유럽 국가[3]의 대응이 문제되었다. 그러나 조선 문제는 전적으로 두 아시아 국가 사이의 불화에서 처음 시작되었다. 이 두 국가는 외국의 개입을 초래하고 자극하는 데 익숙해 있다. 동아시아에서 우리 독일은 영국 다음으로 많은 경제적인 교류를 하고 있다. 우리가 동아시아 사태를 완전히 수수방관하는 경우에는 주목을 끌고 비난을 받게 될 것이다. 게다가 우리 독일은 베이징에서 문제가 발생할 때마다 원칙적으로 영국과 보조를 맞추었으며, 이런 식으로 주도적인 위치를 확보했다. 지금 당장 우리가 영국의 목적을 지원할 필요는 없다. 현재 조선의 평화 유지는 우리의 목적이기도 하다. 그러나 우리가 신중한 태도를 보이면, 영국도 우리와 관련된 다른 문제들에서 비슷한 태도를 보일 가능성이 아주 많다. 지금까지 모든 열강들이 조선에서 중재에 나서려고 하는 것이 중요한 듯 보인다. 유럽이 청국에서 보여줄 수 있는 유일한 힘은 상당 부분 바로 이 공동 조치에 있다. 베이징과 도쿄에서는 항상 유럽의 열강들의 사이를 갈라놓으려고 시도했다. 그래서 예를 들어 외국인 박해의 문제에 있어서, 유럽 열강들이 연합하지

---

2 [감교 주석] 시암(Siam). 지금의 태국. 시암 전쟁은 1893년 프랑스-시암 전쟁을 의미함.
3 [감교 주석] 프랑스

않았더라면 필시 아주 위험한 방향으로 나갔을 것이다. 영국은 동아시아에 대략 열다섯 척 이상의 군함을 주둔시키고 있고 우리 독일의 선박은 두 척에 지나지 않는다. 그러므로 우리가 영국과 긴밀한 협동 작전을 펼치지 않으면 널리 퍼져 있는 독일의 이해관계를 충족시키기 어려울 것이다.

베를린, 1894년 7월 11일   A. 6163

기밀   귀하에게 조선에 관한 이번 달 5일 서울 주재
주재 외교관 귀중   독일제국 영사의 보고서 사본을
1. 파리 No. 313
2. 로마 (대사관) No. 399   1-3, 9-11에게: 참조용으로
3. 빈 No. 350   4-8에게: 유효한 1885년 3월 4일 훈령에 따라
4. 드레스덴 No. 498
5. 카를스루에 No. 385   삼가 전달합니다.
6. 뮌헨 No. 496
8. 바이마르 No. 312
9. 베이징 A. No. 21   각하에게 조선에 관한 이번 달 5일 런던 주재
10. 도쿄 A. No. 1   독일제국 대사의 보고서 사본을 삼가 전달합
11. 워싱턴 A. No. 31   니다.
12. 외무부 장관 각하 귀하

연도번호 No. 4071

베를린, 1894년 7월 11일   A. 6252

7월 16일 키더렌[4] Ⅱ에게
훈령과 함께 전달.

주재 외교관 귀중
베이징 No. 4
도쿄 No. 3

연도번호 No. 4063

열강의 대표들이 일본과의 불화를 평화적으로 해결하려는 공동의 노력에 동참할 수 있는 권한을 귀하에게 부여합니다.

전보문 No. 7을 받았습니다. 열강의 대표들이 평화를 유지하려는 공동의 노력에 동참할 수 있는 권한을 귀하에게 부여합니다. 영국과 러시아의 이해관계가 충돌하는 경우에는 신중하게 지켜보십시오.

---

4 [감교 주석] 키더렌(Kiderlen)

35

조선의 상황

발신(생산)일	1894. 7. 9	수신(접수)일	1894. 7. 11
발신(생산)자	하츠펠트	수신(접수)자	카프리비
발신지 정보	런던 주재 독일 대사관	수신지 정보	베를린 정부
	No. 438		A. 6300

A. 6300 1894년 7월 11일 오전 수신, 첨부문서 1부

런던, 1894년 7월 9일

No. 438

독일제국 수상 카프리비 보병장군 각하 귀하

오늘 "Times"는 서울 주재 특파원이 조선의 상황에 대해 이달 7일 송고한 기사를 보도했습니다. 본인은 그 기사를 삼가 동봉하는 바입니다.

그 기사에 의하면, 일본 병력 천 명이 추가로 제물포에 상륙했다고 합니다. 조선 외아문은 청국과의 관계와 관련해 일본 측의 6월 28일 요구에 대해, 조선은 조약의 의무를 성실하게 준수했다고 간단히 답변했습니다.

7월 3일 일본 공사 오코리[1]는 다음의 5가지 항목을 포함한 요구사항을 추가로 제시했습니다. 1) 조선의 수도와 지방의 민간행정 개혁. 2) 국가 자원의 개발. 특히 철도 부설을 허가하고 산업 부분에 일본 자본을 투자할 것. 3) 법령 개혁. 4) 대내외적인 안전을 위해 군사체제 개편. 5) 조선 국왕의 요청에 따라 모든 조약 국가들이 6월 25일 공표한 공동 각서에 대한 [sic.] 상세 논의. 이 공동 각서는 청국과 일본에게 군대 철수를 요구하는 내용이라고 합니다.

베이징 정부는 이 각서에 찬동한다는 입장을 발표했다고 합니다. 도쿄에서는 아직 아무런 입장 표명이 없다고 전해집니다. 조선 무역항의 관세 징수에 대해 논의하기 위해 청국과 일본의 대표를 포함하는 외국 대표들의 모임이 소집되었다고 합니다.

하츠펠트

---

1 [감교 주석] 오토리 게이스케(大鳥圭介)

내용: 조선의 상황

A. 6300의 첨부문서

첨부문서의 내용(원문)은 독일어본 522쪽에 수록.

36

[이홍장의 일본군 철수 중재 요청]

발신(생산)일	1894. 7. 10	수신(접수)일	1894. 7. 11
발신(생산)자	제켄도르프	수신(접수)자	
발신지 정보	톈진 주재 독일 영사관 No. 1	수신지 정보	베를린 외무부 A. 6309
메모	7월 13일 베이징 5 암호 전문 발송		

A. 6309 1894년 7월 11일 오후 수신

전보

톈진, 1894년 7월 10일 오후 4시 40분

7월 11일 오후 2시 40분 도착

독일제국 영사가 외무부에 발송

전문 해독

No. 1

리훙장[1]이 청국에서 우리 독일의 무역관계를 내세워, 도쿄 주재 독일 공사관을 통해 일본 정부에게 조선에서의 군대 철수와 관련해 압력을 가할 것을 긴급히 요청합니다. 리훙장은 신속한 답변을 원하고 있습니다. 베이징 주재 공사가 보고했습니다.

제켄도르프

---

1 [감교 주석] 리훙장(李鴻章)

37

조선에 대한 "Novoye Vremya" 기사

발신(생산)일	1894. 7. 9	수신(접수)일	1894. 7. 12
발신(생산)자	렉스	수신(접수)자	카프리비
발신지 정보	페테르부르크 주재 독일 대사관	수신지 정보	베를린 외무부
	No. 128		A. 6329

A. 6329 1894년 7월 12일 오전 수신, 첨부문서 1부

상트페테르부르크, 1894년 7월 9일

No. 128

독일제국 수상 카프리비 보병장군 각하 귀하

　본인은 조선 문제와 관련해 오늘자 "Novoye Vremya"[1] 기사의 독일어 번역문을 삼가 각하께 전달하게 되어 영광입니다.

　무엇보다도 이 기사는 조선의 독립이 러시아의 이해관계와 얽혀 있다고 말합니다. 조선의 독립이 유지되어야만 러시아가 극동 지역에서 적은 병력을 유지해도 되기 때문 이라는 것입니다. 그러나 만일 러시아가 이웃 국가들 때문에 동아시아에 적지 않은 전투 력을 파견해야 하는 경우에는, 러시아와 청국이 조선을 보호통치하는 편이 낫다고 말합 니다.

렉스

　내용: 조선에 대한 "Novoye Vremya" 기사

---

1 [감교 주석] 노보예 브레먀(Novoye Vremya)

A. 6329. No. 128의 첨부문서

1894년 7월 9일/7월 27일 "Novoye Vremya" 번역문 - No. 6582

상트페테르부르크, 1894년 6월 26일

로이터[2] 통신사의 상트페테르부르크 특파원이 신뢰할 만한 소식통을 인용해 전하는 바에 의하면, 러시아 정부는 일본과 청국에게 즉각 조선에서 군대를 철수할 것을 제안했다. 조선은 우리의 시베리아 영토와 국경을 접하고 있으며 결단코 우리 동쪽 이웃국가들의 전쟁터가 되기에 적합하지 않다. 일본인들과 청국인들이 서로 전쟁을 하려 한다면, 일본인들은 직접 청국의 영토에 군대를 파견하거나 또는 청국인들이 일본의 섬에 상륙해야 할 것이다. 두 나라가 화해한다면 가장 좋을 것이다. 하지만 우리로서는 어쨌든 일본과 청국의 병력이 조선에 득실거리는 것을 이대로 용납할 수는 없다. 이번 일에서 우리의 이해관계는 조선의 이해관계와 일치한다. 우리는 조선인들이 지금까지 청국의 종주권 아래서 누렸던 독립을 상실하는 것을 원하지 않는다. 청국의 군대든 일본의 군대든 제3의 군사력이 조선에 존재하지 않아야만, 우리로서는 외진 동쪽 지방에서 소수의 병력만을 유지해도 되기 때문이다. 그러나 우리의 이웃국가들 때문에 우리가 어쩔 수 없이 동쪽 지방에 많은 병력을 배치해야 하는 경우, 우리는 일본과 청국의 군대가 조선에 진주하는 것을 결단코 차단하기 위해 조선에 대한 청국과 러시아의 연합 보호통치를 택할 것이다. 그래도 청국은 손해 보지 않을 것이다. 청국이 지금 조선에게 받는 조공은 정식으로 보장될 것이다. 다만 청국이 받는 조공에서 우리가 조선의 해안을 수호하는 데 드는 비용은 제해야 할 것이다.

영국의 신문 보도에 의하면, 일본인들은 이미 약 만 명의 병력을 조선에 상륙시켰다고 한다. 청국인들은 일본이 그렇게 많은 군사력을 조선에 파견할 줄은 미처 예상하지 못했다. 이제 청국은 전국 방방곡곡에서 모집한 군대를 조선에 보내 일본에 맞서고 있다. 청국도 일본의 선례를 좇아 전투 함대를 조선 해안에 파견했다. 러시아의 강력한 함대도 조선 해안에 모습을 드러낼 것이라고 추정된다.

일본은 서울에서 민족적인 집권파[3]와 일본 추종파[4] 사이에 불붙은 싸움[5]을 구실로

---

2 [감교 주석] 로이터(Reuter)
3 [감교 주석] 민씨 척족 중심의 친청파
4 [감교 주석] 급진개화파 중심의 갑신정변 주도세력

내세워 조선에 군대를 파견했다. 1880년대 초반에 청국인들은 일본인들에게 조선에서 퇴각할 것을 종용했다. 그 후 십 년이 흐르는 동안 조선의 정권은 왕비의 일족인 민씨 일가의 수중에 들어갔다. 조선 친일파의 우두머리 한 명[6]은 일련의 파렴치하고 교활한 살인[7]을 저지른 후 일본으로 도주했다. 그러나 조선인들은[8] 그 친일파 우두머리를 상하이로 유인해하는 데 성공했으며, 상하이에서 그를 살해했다. 그의 시신은 서울로 이송되었고, 서울에서 능지처참되어 만백성이 보도록 효시되었다. 일본 정보원들은 조선 전역에서 조선인들을 격렬히 선동했다. 일본 정보원들은 일본 정부로부터 받은 돈을 이용해 몇몇 고장에서 조선 관리들에게 반항하도록 조선 국민들을 사주했다. 그 관리들은 뇌물을 받거나 국민들을 핍박한 탓에 많은 원성을 산 관리들이었다. 조선에 상당히 많은 거류지를 형성한 일본인들도 반란이 발생한 동안 피해를 입었다. 그 곤경에 처한 일본인들의 불만이 조선의 내정에 간섭하고 싶어 하는 일본 정부에게 바라던 구실을 제공했다. 이미 오래 전부터 일본은 조선을 정복하려고 노력해왔다. 일본 정부가 최근 조선에 군대를 파견한 것은 일본 국내에서 겪은 갈등의 여파에도 일부 이유가 있었다. 5월에 일본 정부는 갓 소집한 국회를 해산해야 했다. 야당[9]은 이토 내각의 행정을 특히 대외 활동과 관련해 극히 신랄하게 비판했다. 야당은 일본 정부가 소극적으로 관망하는 정책을 펼치며 외국인들에게 지나치게 많은 호의를 베푼다고 힐난했다. 일본의 자유민권적인 정당은 나날이 세력이 증대되고 있으며, 극동 지역에서 우리에게 적지 않은 곤란을 야기할 수 있다. 태평양의 러시아 함대를 무조건 증강해야 하며 그 밖의 다른 예방책들도 강구할 필요가 있다.

---

5 [감교 주석] 갑신정변(甲申政變)
6 [감교 주석] 김옥균(金玉均)
7 [감교 주석] 갑신정변(甲申政變)
8 [감교 주석] 홍종우(洪鍾宇)
9 [감교 주석] 민당(民黨)

상트페테르부르크 주재 일본 공사관 직원의
조선 문제에 대한 의견

발신(생산)일	1894. 7. 9	수신(접수)일	1894. 7. 12
발신(생산)자	렉스	수신(접수)자	카프리비
발신지 정보	페테르부르크 주재 독일 대사관	수신지 정보	베를린 외무부
	No. 130		A. 6331
메모	7월 15일 런던 545, 도쿄 A. 3, 베이징 A. 23 진달		

A. 6331   1894년 7월 12일 오전 수신

상트페테르부르크, 1894년 7월 9일

No. 130

독일제국 수상 카프리비 보병장군 각하 귀하

조선 문제와 관련해, 이곳 일본 공사관 직원이 일본은 조선 때문에 청국과 전쟁을 일으킬 의도가 없다고 발트하우젠[1]에게 말했습니다. 일본은 조선에서 오로지 청국의 간계에 맞서 일본의 이익을 지키고 자국민을 보호하고 행정 개편의 도입을 유도하려고 애쓸 뿐이라는 것이었습니다. 그리고 전직 변리공사[2] 위안스카이[3] 때보다 지금의 변리공사[4] 아래서 청국인들의 간계가 더욱 심화되었다는 것이었습니다.[5] 일본 공사관 직원은 이 싸움이 어쨌든 평화적인 결말을 맞이할 것이라고 믿었습니다.

그 일본인은 청국이 러시아의 중재를 요청한 사실에 대해 아는 바 없다고 주장했습니다. 그러나 그럴 가능성이 매우 농후하다고 설명했습니다. 러시아가 조선과 관련해 어떤 식으로든 적대적인 의도를 품지 않겠다고 청국에게 확실한 약속을 했기 때문이라는 것

---

1   [감교 주석] 발트하우젠(Waldthausen)
2   [감교 주석] 위안스카이의 공식 직함은 주찰조선총리교섭통상사의(駐紮朝鮮總理交涉通商事宜)
3   [감교 주석] 위안스카이(袁世凱)
4   [감교 주석] 탕샤오이(唐紹儀)
5   [감교 주석] 문서 작성 시기는 위안스카이(袁世凱)가 서울에 주재해 있을 때임. 그는 7월 19일 사임하고 탕샤오이(唐紹儀)를 대리로 임명하였음. 잘못된 정보에 따른 오기로 보이며, 전직은 천수탕(陳壽棠), 현직은 위안스카이(袁世凱)로 보는 것이 적절해 보임.

입니다. 그 대신 파미르[6] 문제에서 청국이 러시아에게 양보했을 것이라고 추측된다고
합니다.

렉스

　　내용: 상트페테르부르크 주재 일본 공사관 직원의 조선 문제에 대한 의견.

6　[감교 주석] 파미르(Pamir)

조선 남부의 반란

발신(생산)일	1894. 5. 22	수신(접수)일	1894. 7. 12
발신(생산)자	크리엔	수신(접수)자	카프리비
발신지 정보	서울 주재 독일 총영사관	수신지 정보	베를린 외무부
	No. 37		A. 6342
메모	A. 6477 참조 7월 20일 런던 561, 페테르부르크 290, 워싱턴 A. 35 전달 연도번호 No. 215		

A. 6342 1894년 7월 12일 오전 수신

서울, 1894년 5월 22일

No. 37

독일제국 수상 카프리비 보병장군 각하 귀하

이달 10일 보고서 No. 34[1]에 이어, 본인은 전라도에서 반란[2]을 일으킨 자들이 조선 정부군 이백오십 명을 물리치고 그 지휘관을 죽였음을 삼가 각하께 보고 드리게 되어 영광입니다. 정부군은 그 지방에 주둔하는 부대에서 차출된 병사들이었습니다. 현재 반란자들은 성벽으로 에워싸인 도시 12개와 더불어 그 지방의 약 1/4을 점령했습니다.

서울에서 출동한 군대는 전라도의 중심도시 전주 바깥을 나서지 못하고 있습니다. 그곳의 관리들 상당수가 가족들을 남겨둔 채 서울로 도피했습니다.

전라도 북쪽에 이웃한 충청도 지방에서도 폭동이 일어났습니다.

그 때문에 어제 추가로 740명의 병사들이 개틀링 기관포 세 대를 가지고 제물포를 출발했습니다. 400명은 평양에서, 300명은 강화도에서, 40명은 서울에서 차출되었으며, 그들은 해로를 이용해 남쪽으로 향했습니다.

이 반란은 외국인이 아니라 전적으로 조선 관리들의 횡포에 저항하여 일어났습니다. 많은 농민들이 반란군에 가담했으며 농사를 짓지 않겠다고 선언했습니다. 현 정부 아래

---

1 [원문 주석] A. 5585 삼가 동봉.
2 [감교 주석] 동학농민군의 1차 봉기

서는 수확의 기쁨을 누릴 수 없기 때문이라고 합니다. 그 때문에 서울에서는 모두들 크게 우려하고 있습니다. 특히 반란이 일어난 지역은 지금 모를 심을 때인데 모내기가 지장을 받기 때문입니다. 이런 연유에서 이달 16일 조선 국왕은 반란군이 자진 해산해서 일터로 돌아가는 경우에는 정당한 불만은 시정하고 "탐관오리"는 응징하고 국민들에게 관용을 베풀겠다고 약속하는 칙령을 발표했습니다.

북서쪽의 황해도와 평안도 지방에서도 산발적으로 소요가 일어났지만, 심각하게 우려할 만한 정도는 아닙니다. 그에 비해 수도 서울이 위치한 경기도는 아주 평온한 분위기입니다.

본인은 이 보고서의 사본을 베이징 주재 독일제국 대사관에 보낼 것입니다.

크리엔

내용: 조선 남부의 반란

베를린, 1894년 7월 13일   A. 6309

베이징 주재   암호 전문
독일 외교관 귀중
No. 5   톈진 주재 영사의 전보와 관련해, 동료들의
                                        평화적인 공동 노력에 동참하라는 지시가 도
                                        쿄 주재 공사에게 내렸음을 리훙장 총독에게
연도번호 No. 4113   알리십시오.

[영국 언론에 보도된 조선 현황 보도]

발신(생산)일		수신(접수)일	1894. 7. 13
발신(생산)자		수신(접수)자	
발신지 정보		수신지 정보	베를린 외무부 A. 6388

A. 6388 1894년 7월 13일 오후 수신

JULY 13, 1894. SUPPLEMENT TO THE LONDON AND CHINA EXPRESS.
BRITISH CONSULAR REPORTS.
KOREA-SÖUL.

Acting Consul-General W. H. Wilkinson writes on March 1 the following report on the trade of Korea for the year 1893: — *Total Trade.* —The *trade of Korea* employs as its medium of exchange the yen or silver dollar of Japan, and the copper cash of the country. In comparing one year with another, therefore, it would appear more natural to follow the method adopted by the Royal Korean Customs, and express the process in dollars rather than in sterling. Put thus, it will be found that at each of the three open ports, and, with a single exception, in every one of the main departments of trade, the returns of 1893 fall below those of 1892. The figures are as follows: —

		1893	1892
CHEMULPO	Foreign imports	$2,045,607	$2,628,430
	Native imports	1,167,529	1,190,631
	Exports	763,749	1,144,683
	Total	$3,976,885	$4,963,744
FUSAN	Foreign imports	$804,884	$1,037,035
	Native imports	310,963	351,095
	Exports	1,207,894	1,738,323
	Total	$2,323,741	$3,126,453
WÖNSAN	Foreign imports	$650,269	$56,4667
	Native imports	301,787	438,974
	Exports	525,373	575,562
	Total	$1,477,429	$1,579,203

The total net trade of the three ports for the past three years has been: — 1893, $7,778,055; 1892, $9,669,400; 1891, $10,249,209.

When converting the amounts for 1891-2 into sterling the dollar was taken at 3a. 4d. and 3s. respectively. During 1893 it fell steadily from 3s. to 2s., and the mean between these sums, 2s. 6d., may be assumed as a fair average rate for the year. Estimated in this way it appears that the total foreign trade of Korea for 1893 amounted only to £972,507 as against £1,450,410 in 1892, and £1,708,202 in 1891. Whether it is altogether fair to so estimate it, is open to question. It is no longer possible to sum up the trade of the Peninsula, with epigrammatic conciseness, as "Japanese barter of British cottons for Korean grain"; but as, despite a deplorable falling-off, the bulk of the import trade is still in British goods, gold values cannot be entirely ignored. In any case the diminution is apparent enough even when the details are left in unconverted yen.

POLITICAL.

The Tong-hak. —When we come to consider the causes of the diminution, we find them ascribed partly to the unsettled political condition of the country in April, but chiefly to the great damage done to the crops by the heavy storms of September. Before, however, either of the causes could operate, when the trade for the year opened, it was evident that the reaction from the "boom" of 1890-1 was still in swing; the markets were congested and dull. As for the political condition of Korea it has not during many years been favourable to trade, if indeed it ever was. The phase by which the commerce of 1893 w.as chiefly affected is still somewhat of a mystery. In March last the foreign residents of Söul began to hear rumours of a rising in the southern provinces which was in some way supposed to be directed against them, and more particularly against the Japanese. The insurgents styled their movement the Tong-hak, "eastern culture", and were represented as reactionary in their professions and bloodthirsty in their intentions. On April 13 the Japanese Consul at Söul issued a notification calling on his countrymen to keep their women and children in readiness for removal to Chemulpo at a moment's notice. By April 25, however, the excitement had subsided and confidence was restored. In May the reports revived, simultaneously with a rise in the price of rice. That, indeed, the disturbance was connected rather with fear of scarcity than with any sentimental objection to Japanese traders or American missionaries, seems probable. Originally the Tong-hak was a quasi-religious society, its founder a reformer such as the Bab of Persia, and like him a martyr. Now it would appear to be a convenient organization for resenting too rapacious extortion. However that may be, its operations adversely affected trade, which still remains very largely in the hand of the Japanese.

Rice Prohibitions. —Moreover at the time when the Tong-hak were most in evidence, from March to May, 1893, relations between Japan and Korea were somewhat strained. Under a clause which appears as Art. 5, Sec. 6, of the British Treaty, and has its counterpart in the treaties with other States, the Korean Government is empowered to prohibit the export of grain on giving a month's notice. In 1888 the Government informed the Japanese Minister at Sŏul that the export of grain would be prohibited from Wŏnsan. Notice was at the same time given to the Japanese Consul at that port by the local authorities, but instead of allowing a full month to elapse the prohibition was enforced at the end of 28 days. In the meanwhile, at the instance of the Japanese Minister, it had been rescinded, and the embargo was shortly afterwards removed by the local authorities at Wŏnsan. The Governor of the province, however, in which Wŏnsan is situated, ignored the orders of the Foreign Office, and continued to forbid the removal of grain for export during a space of some two months. After a lapse of more than two years a claim for damages on an extensive scale was advanced by the Japanese merchants, and was asserted with some emphasis by the Japanese Minister in the spring of 1893. Finally, but not until the uncertainty of the issue had seriously embarrassed trade, the original claim for some $170,000 was settled for a present payment of $60,000 and a promise of $37,000.

In explanation of the Japanese demand it should be observed that it has become a common practice for Japanese merchants to advance to the Korean farmers money on the growing crops. The merchants themselves are not, for the most part, men of capital, and have in their turn to borrow at heavy rates from the Japanese banks. If the crop is a good one, and at the same time the selling price of rice in Japan is high, the speculator makes a handsome profit; but if he is for any reason hindered or delayed in realising his outlay his losses may be serious. A very lively interest, therefore, is taken in the harvest prospects of each year. In 1893 these at first appeared to be excellent, but early in September furious gales damaged the rice crops in all parts of the Peninsula, and more particularly in the neighbourhood of Fusan. The harvest of 1892, moreover, had been below the average, and supplies from that year fell off earlier than would otherwise have been the case. Moved, as was stated by these considerations, the Korean Government resolved to again avail itself of the right to forbid the export of grain. On Oct. 18 notice was given to the foreign representatives at Sŏul that the embargo would be enforced at all three open ports at the end of one month. Care was taken in this instance to avoid the inconveniences of reclamation. The points considered were, first, whether notice to a representative at Söul was sufficient notice to all his nationals, and, secondly, whether "a month" was a month of the European and Japanese calendar, or a moon of the Chinese-Korean. The words of the British Treaty run "shall become binding, ... on the expiration of one month from the date on which it shall have been officially communicated by the Korean authorities to the British Consul at the port concerned." Her Majesty's Consul-General holds a commission for the whole of Korea, and for ordinary purposes may be considered as being, in Korea, omnipresent. The Vice-Consul, who is also Vice-Consul for Korea at large, resides however at Chemulpo; but at Fusan and Wönsan British consular officers have not yet been stationed. At all three open ports, on the other hand, are placed Japanese Consuls. If, then, Japanese subjects could continue to export grain until formal notice was given to each local Consul it might happen that a British subject or vessel would be placed at a disadvantage. The difficulty, which in the absence of British shipping and British merchants is as yet academic, was met in this instance by arranging through the Commissioners of Customs at Fusan and Wönsan for the due dating of the notifications. With regard to the period of notice, it was admitted, that as the English text was by Art. 12 to determine interpretation, a month meant a calendar month and not a moon. A third question, as to whether "grain" includes pulse, was left unsettled, as the Korean Government decided to restrict the embargo to rice. After some discussion, the Government made a further concession and permitted the open time to be extended, at Fusan and Wönsan, to December 1, and at Chemulpo to December 6.

The embargo, once enforced, operated, particularly at Chemulpo and Fusan, to very seriously check trade. This was the case not at the ports alone, but also in the interior, where some of the more rapacious officials took upon themselves to hamper the export of articles which only to a very vivid imagination could appear as foodstuffs, such as nutgalls and cowhides.

Local Causes of Bad Trade. —In addition to the more serious reasons for depression, there existed at the various ports hindrances to trade, some of which were successfully overcome. At Chemulpo, for example, the local authorities endeavoured to compel all Korean coasting vessels to discharge at Man-sek-tong, a village upwards of a mile from the custom-house, instead of at Chemulpo itself. As the beans and other produce with which these craft are laden are nearly all borne on Japanese account, and are ultimately exported to Japan, the innovation, which added considerably to the cost of carriage, was resisted by the Japanese and was finally withdrawn. Another proceeding which for a time caused trade to be suspended was the renewed attempt of the Korean officials to restrict the number of brokers through whom the Japanese and other foreign traders transact their business. This, though successful for a time, was ultimately put down.

Korean Brokers at Fusan. —Fusan suffered from a similar project. The course of trade there—where the foreign traders are practically all Japanese—has been for the charterer of a craft bringing produce from an unopened port for sale, to either go direct to the wharf of the purchaser or to negotiate the sale through a native broker. The charges of the latter varied with the nature of the goods sold, from 100 cash per picul of seaweed to 300 cash for a like weight of bêche-de-mer. On an average, the brokerage for each boat would come to some $40. These charges have increased, it is stated, by over 30 per cent, since the appointment by the Government at Söul three years ago of two official head-brokers, one to reside at Quelpart and one at Fusan. To these head-brokers, whether they take part in the sale or not, three-fifths of the brokerage has to be made over. Not content with imposing these burdens on trade, the authorities of the capital in July last either started or sanctioned an agency variously known as the Association for Protection and Examination," or the "Insurance Association." The avowed objects of the corporation, as made known at Fusan itself, were three: to provide a boat harbour, by building a breakwater or otherwise; to erect go-downs for the safe storage of cargo; and to appoint a committee for the appraising of goods brought into the port for sale. The ostensible reason for the last item was to prevent the higgling so constantly indulged in between the Korean vendor and the Japanese purchaser. It would appear, however, more than a little sanguine to expect that a purchaser of any nationality, and still less a Japanese, would be content to take the certificate of such an association as proof of weight and quality. Apart from this drawback, there is nothing on the face of the programme that is objectionable. Unfortunately, the plausible exterior conceals, there is reason to fear, a further menace to trade. To pass over the exaction of fees that seem at present not very high, the regulations of the association require all native boats to enter and clear through its agency, and to transact business through its officers; they even contemplate the daily fixing of prices. Further, all boats leaving Fusan for coast ports are called on (and will be compelled, if the association takes firm hold) to provide themselves with a certificate from the agency setting forth the amount and nature of the cargo. Thus the association would seem to combine the functions of a harbour trust and semi-official brokers' guild with those of a native customhouse.

Inland Exactions. —The exaction in violation of treaty of inland dues over and above the tariff is a practice as well known (both to foreigners and to the native Government) as it is difficult to suppress, and this too, it is needless to say, serves to check the development of trade. From a list of these charges which has been shown to me, I find that the average impost on cotton cloth at each of eight stations in three provinces served from Chemulpo is 300 cash per piece. These charges, and the absence of roads and navigable rivers, prevent foreign goods from penetrating far inland.

Copper Cash. —The effects on the import trade of the depreciation of silver in relation to gold need not be here discussed, but some mention should be made of the cognate question of the appreciation of silver when compared with the native cash. Not so long ago a dollar exchanged for 700 to 800 cash; now it is worth 3,000 to 3,300 cash. This greatly handicaps trade in foreign goods, for the consumer estimates his income and expenditure in cash, and where the cash price of a foreign article is, in his opinion, unduly increased, he foregoes it and returns to its native equivalent.

SHIPPING.

The total tonnage for 1893 was less than that for 1892 by some 3,960 tons, or about 1 per cent. No British vessel made her appearance off this coast during the year. When Korea was first opened to our trade, in 1883, a British steamer ran at regular intervals between Chemulpo and Shanghai, under an agreement with the Korean Government. Just when the Koreans were beginning to appreciate the advantages of safe, rapid, and regular transit the steamer was withdrawn.

This left the way clear for the Japanese, who after some experiments established a regular mail service under that title, the "Nippon Yusen Kaisha." This proving a success, a rival company, the "Osaka Shosen Kaisha" was started, at first between Kobe and Fusan, but last year also to Chemulpo. The resulting competition lowered freights, and dealt a heavy blow to the Japanese junk trade, which fell at Chemulpo from 232 entries in 1892 to 138 entries in 1893, and at Fusan from 472 entries to 394 entries. Wönsan being outside the competition was not affected. Despite the accession of the new company it will be observed that the number of Japanese steamers entered at Chemulpo was 33 below that of 1892, a fall of 25 per cent. This must be attributed to the rice embargo.

The decrease in Russian steamers (there have not been as yet any Russian sailing vessels) was due to the discontinuance of the small Fusan-Wönsan grain vessel. The thirty entries represent the "round trips'' of the Shanghai-Vladivostock boat.

The Chinese loss is practically only in sailing vessels. The German eight entries are those of the *Chaochow foo*, a steamer sold to the 'I-wun Sa, a Korean company under official direction. The single American steamer was a little vessel fitted out at Nagasaki for whaling purposes. She met with no success.

The chief feature of the year is the great increase in vessels, both under steam and sail, carrying the Korean flag. In 1886, the first year in which that flag appears in the returns, the numbers were: steamers, seven; sailing vessels, three. In 1891 the respective figures were twenty-three and twenty-eight; in 1892 they were thirty-three and sixty-five, representing a total tonnage of 8,780. Last year they advanced to 141 steamers and 149 sailing vessels, with a total tonnage of 41,466, a gain of nearly 500 per cent. The increase of sailing vessels was at Chemulpo only, but that in steamers at all three ports. Korea possesses no appliances for building vessels of foreign type, so that the increase is all due to purchases from abroad. At Chemulpo most of these have been made on account of the 'I-wun Sa already alluded to, a company formed at the close of 1892 to take over the Korean Government vessels controlled by the "Transport Office." Until the past year these were engaged mainly in the conveyance of troops or of Government rice; they now carry passengers and cargo. At Fusan, in June last, the Korean Steamship Company, which employs tugs and lighters for the traffic between that port and the Naktong River, obtained from Japan a small wooden steamer to run to points further along the coast. The deplorable system of local taxation caused the venture to prove a failure, and the vessel returned in December to Japan. At Wönsan a similar attempt was made to develop the coasting trade. In March a steamer of 122 tons was specially licensed to ply to ports north of Wönsan, and in June she was joined by a steam launch of twenty-four tons. Both did well, but for some reason the licenses were suddenly withdrawn in September. The larger vessel has returned to Japan, but the smaller, having procured a now license, resumed running in October.

No movement deserves greater encouragement on the part of the Korean Government than the coasting trade. Korea possesses for her area a very extensive coast line, but she has few navigable rivers, no canals, and scarcely a track that deserves to be called a high road.

Of her rivers the most important one by far is the Han ("the river," par excellence), the waterway to Söul. Previous reports have dwelt on the importance of placing suitable steam vessels on this line. During 1893 a Chinese company, the T'ung-hui Kung-ssu or "Mutual Transport Company," was formed, and caused to be built at Shanghai a launch of 107 tons, by far the largest and most commodious vessel in the trade. Her first trip to Yongsan was a success, but her subsequent journeys were disastrous, and at the close of the year she was sold to the 'I-wun Sa for the coasting trade. She was, it appears, at once too long and too deep for the river. In her place the company are contemplating the purchase in Japan of two smaller steamers.

Meanwhile, during the open season, an almost daily service is kept up between

Chemulpo and Yongsan (or the neighbouring village of Mapu) by means of launches of Japanese or American ownership. These last fly the Korean flag, on the ground, it is understood, that Mapu-Yongsan is not an open port. This, however, would appear to be entirely erroneous, as by the British Treaty the place may certainly be claimed as open, being "in the neighbourhood of Yanghwachin."

EXPORTS.

The principal exports of Korea are rice, pulse, fish, hides, skins, native cottons, seaweed, shark's fins, bêche-de-mer, bones, paper, wheat, barley, and nutgalls.

Rice. —There was a very great falling-off in the export of rice from all three ports, the total being 203,369 piculs, against 630,580 piculs in 1892, a decrease of 26,000 tons. The cause of this has been already explained. Korean rice, it may be observed, will probably always be in demand in Japan, not only to meet the actual requirements of that country, but also to supply the place of the rice exported thence to Europe and America.

Beans and Peas showed a serious decrease at the two principal ports, Chemulpo and Fusan, but a large increase at Wönsan. The total diminution for the whole country was 10,408 tons. The destination of almost all the pulse that leaves Korea is Japan, where the beans are used in the preparation of soy and of a local condiment known as miso. As is also the case with rice, a certain proportion of the Korean beans finds its way from Japan to other countries. The decrease in the export for 1893 was due to a diminished harvest owing to the storms in autumn.

Fish, which appears in the returns both as fresh fish and as fish manure, shows a satisfactory increase at every port, being some 20,000 tons in excess of 1892. The fishing ports are those of the east coast, Fusan and Wönsan, the export at Chemulpo being insignificant. One great fishery is that of sardines, which, however, instead of being prepared as a breakfast esculent, are disposed of to the Japanese in the less dainty form of manure. The catch of this fish appears to be greater each alternate year. At Wönsan in 1893 it was treble the take of 1892. There can be no doubt that in her fisheries should lie a great source of wealth for Korea, but so far the profits have gone to the Japanese. The Koreans are averse to the hardships of a fisherman's life, and when they do exert themselves sufficiently to make a haul cannot take the trouble to properly prepare the fish for the market. At the same time it would seem as though the Fisheries Convention between the two countries is in some respects unduly favourable to the Japanese. The tariff of charges, says Mr. Hunt, Commissioner of Customs at Fusan, is too light, and the penalties are inadequate. "For the benefit of Korea the Regulations should contain a clause stipulating that all fish caught on the coast must either be sold in Korea, or, if intended for abroad, brought to an open port, and there pay the prescribed duty." Lest too much pity should be expended on the exiles of Wönsan it may be added, from Mr. Oiesen's report, that "a large salmon is sold for about 10 c. (3d.)," and that "oysters of excellent quality form a staple article of food in winter."

Hides. —The export of cowhides diminished at Chemulpo and Wönsan, but increased at Fusan. On the whole there was a falling-off of about 5 per cent. The gruesome feature in this commodity is that its export always varies directly with the prevalence of cattle plague. The greater the amount of rinderpest the more hides for sale. Most of the skins go to Japan, there to be made into foot-gear, but some find their way to Newchwang as coverings to the stove beds, the Chinaman, with national nonchalance, taking his risk of anthrax. Under ordinary circumstances the killing of oxen for food in this country is limited, not because the Korean has a distaste for beef (the contrary is the case), but because the Confucian precept that forbids the slaughter of the ploughing beast gives here an excellent excuse for an official squeeze. The number of cattle that may be killed each day varies with the locality: at Wönsan, for example, it is one; at Pingyang, 30. A village community, except during times of murrain, can only taste beef by special permit from the authorities. Hence the supply of raw hides is, from the nature of things, restricted. Even when the cow is dead there are difficulties in the way of free trade in her hide. At Chemulpo, for example, the business is "in the hands of guilds or companies who for certain sums to Government are granted a monopoly, and any hides sold otherwise than through those guilds are liable to confiscation, and the vendor to punishment." This, as Mr. Osborne, from whom I quote, observes, "tends to raise the price above the poor quality." The quality is poor because, in the first instance, the boasts are mostly beasts of burden, and the friction of the pack saddle has raised in what should be the best part of the skin "detrimental callosities." In the second place, "Koreans are clumsy and careless in skinning the dead animals, frequently cutting and disfiguring the hides in the process, and the drying is done in a very perfunctory manner." "Perfunctory" is, perhaps, too euphemistic. The popular method at Chemulpo is to spread the skin, still unpleasantly gory, on the high-road, and trust to the dogs and the feet of the passersby to do the drying.

Skins. —More presentable forms of peltry are those entered in the returns under the heading of skins. These include, among others, those of bear, dog, leopard, tiger, fox, and badger. The chief ports for skins are Chemulpo and Wönsan, the former for badgers, the latter for dogs. The total number of pelts exported in 1893 was about the same as in 1892, a large decrease in dog-skins being balanced by an increase in badgers. The number of tiger-skins that leave the country each year never appears to exceed two or three dozen. To judge by the Wönsan returns, their average price has nearly doubled during the past year, having risen from $22 or $23 to $44 (4 guineas). Leopards' skins, with form part of the official insignia in Korea, remain at about the former price, $10. Only some 40 of them were exported in 1893. In this connection I may quote a passage from Mr. Commissioner Oiesen's picturesque decennial report on Wönsan. After speaking with enthusiasm of the wild animals and scenery of his district, he adds, "Surely it is a reproach alike to the ambitious globe-trotter yearning for unbeaten tracks, to the ardent sportsman in search of big game, and to the sedate aspirant to the honours of the Geographical Society, that within such easy reach there should still be a terra incognita possessing so high a reputation."

Native Cotton. —One of the noticeable circumstances in the trade of 1893 was the large increase in the export of native cotton from Fusan. Under this head is included both raw cotton and cotton goods of native manufacture. The greater part of the former goes to Japan, whence it often returns to Korea in the form of wadding for clothes. The latter in 1893 went almost entirely to Wönsan, where they competed successfully with their Manchester rivals. Several circumstances seem to have aided in promoting this trade. In the cotton districts of South Korea the checks, natural and artificial, on the rice traffic at once obliged the farmer to take to other employment, and afforded him the leisure to do so. Meanwhile, in the consuming area. North and North-east Korea, the fall in silver forced up the apparent price of foreign cottons, while it left unaffected that of the native. Korean cotton cloth is much coarser in texture than its foreign rival, but is considered more durable; it is hardly necessary to add that it is all woven by hand.

In *Seaweed* there has been a falling-off at every port. Fusan is the chief port of shipment for this article, as Osaka of consumption. The decrease was due to the liberal admixture of sand by the Korean vendors, a practice the Osaka and Fusan Chambers of Commerce are now endeavouring to check by requiring all parcels to be publicly examined before shipment. The export of bêche-de-mer has been stimulated through the employment by the enterprising Japanese of diving gear in foreign fashion.

Paper. —The plant "takpool," mentioned in Mr. Fox's note to Mr. Hillier's report for 1892, has been identified at the Kew Gardens as Hibiscus Manihet, and is, it would appear, the same as that used in Japan for sizing the paper made from the bark of the Broussonetia papyrifera, or paper mulberry. The export of paper for 1893 shows a slight increase over that for 1892.

Sundries. —Attention has been drawn in more than one previous report to the possibility of an export trade in human hair. All female attendants in the palace wear on their heads a heavy mass of false hair. This, I am informed, is of at least two qualities, according as it is derived from the clippings or from the combings of the head. The Korean youth, whose hair hangs down below his waist, finds it necessary from time to time to have his locks thinned out. The resulting hairs are preserved and twisted into tresses. A tress thus formed, of the thickness of a finger and the length of a yard, sells at from 4,000 cash to 5,000 cash (about 3s.); a similar tress made up from combings is worth about half that amount. The greatest quantity of hair comes from the southern provinces, but the best from Hwanghai Do. There, it is explained, the extent of the rice fields keeps the atmosphere most and clear of dust, so that the hair of its inhabitants is at once luxuriant and comparatively free from foreign matter. The only feature to which the fastidious gesang takes exception is its colour, which is too fair for her taste. That, however, is overcome by the accommodating perruquier, who dyes it to the fashionable shade of black.

IMPORTS.

Cotton Goods. —Speaking generally, there was a heavy fall in foreign cotton goods at Chemulpo and Fusan, while at Wŏnsan they remained stationary. The only item which at Chemulpo showed improvement was Chinese nankeens, which rose from 25,648 pieces in 1892 to 31,240 pieces in 1893. If the sole cause of the decline in cottons had been the fall in silver, the Chinese gain should have been accompanied by a corresponding increase in Japanese cloth. The contrary is, however, the case. Except Wŏnsan, where the improvement is but slight, Japanese cottons were very considerably below the figures of 1892. In his special report on Fusan, Mr. Hillier stated that the Japanese "have carefully studied the wants of the people, and are introducing a fabric of coarse and strong texture, which is specially popular amongst the women. Last year these goods represented one-fourth of the total import of foreign shirtings." This year, however Japanese cottons at Fusan stand at less than one-seventh of the whole, and the coarse cloth to which Mr. Hillier refers has passed completely out of vogue. The reason for its doing so is significant, and shows why Japanese trade in the peninsular may continue to decline, in spite Japanese energy. As soon as other Japanese manufactures found that the cloth in question was making way, they produced and placed on the market an inferior imitation of it, and thereby brought it into discredit. This is not, I am given to understand, an isolated instance of a very suicidal practice.

Notwithstanding the serious falling-off in the lost two years, foreign cottons (of which nine-tenths are British), still represent upwards of 45 per cent, of the total imports. With better harvests, the import should easily recover—indeed, over-pass the figures of 1890-91, did not question of exchange stand in the way.

Woolens. —The improvement of some $3,500(£438) at Chemulpo was exactly balanced by the drop at Fusan. Wönsan, as in the case of cottons, remained stationary. The whole import of woolens into Korea is, however, trifling, being, for 1893, only £3,853. Although the winters in Korea are long and severe, Koreans have accustomed themselves through centuries to meet them by means of wadded garments and flues. Three-quarters of such woolens as are taken appear under the heading of lastings.

Metals. —The total import of metals $217,183=£27,145) was only one-third of that for 1892. This last, however, had been unduly swollen by the importation of metals for the mint at Chemulpo, a mint that was scarcely worked at all in 1893.

Sundries. —The total value of goods classed as sundries was some $7,000 in advance of 1892, being $1,672,902, as against $1,665,979; though, when these figures are expressed in sterling, the advantage appears to be with the earlier year. The articles that gained were raw cotton, fruit, medicines, needles, kerosene oil, Japanese paper, salt, and skins. There was a loss in arms, clothing, coal, dyes, fish, grass cloth, matches, porcelain, provisions, building materials, and umbrellas; other articles such as saké, sugar, and tobacco remaining stationary.

Kerosene Oil. —In Korea, as in China, kerosene oil is becoming a staple. In 1893, 936,000 gallons were imported, of which 63,350 gallons were Russian, the rest being American. The corresponding figures for 1892 were 730,543 gallons of American, and 4,000 gallons of Russian. The extraordinary advance in Batoum oils took place at Chemulpo and Fusan only; at Wönsan (where, however, the quantity is small), but half the import of 1892 was recorded. The improvement is due, it would appear, to the introduction of oil tanks into Japan—whereby the oil can be laid down more cheaply— and to more careful packing. For a mountainous country like Korea, too much attention cannot be paid to the doing-up of all goods, and not kerosene alone, in secure, and, at the same time, portable packages.

Salt advanced enormously at Fusan, where its superior quality and cheapness have practically driven the coarse and evil-looking native article out of the field. This would, doubtless, be the case in China were the embargo removed.

Matches improved at Chemulpo and Wönsan, but fell off, though the import still remained large, at Fusan. Nearly all the matches now brought into Korea are of Japanese manufacture, their cheapness rather than their quality preferring them to their Scandinavian rivals.

The decline in *Timber* and building materials, to a certain extent, implies, as was, in fact, the case, a check in Japanese immigration; but a great part of the high Chemulpo import of 1892 was for the mint building completed in that year.

Chinese *Silk Piece Goods* remained stationary at Chemulpo and Wŏnsan, but retrograded at Fusan. They are, perhaps, the oldest article of foreign luxury introduced into Korea, and, apart from the quantity consumed in the Palace, which is practically fixed, the import of them varies with the wealth of the higher classes, who, in their turn, depend on fair harvests and a trade that will repay them the cost of the tax stations they farm from the Court. The native silks are of very narrow breadth, some twelve or thirteen inches.

It would be wrong, however, to conclude from this that the Korean, like the Chinaman, prefers his piece goods, whether of silk or cotton, narrow rather than broad. The Korean style of dress differs largely from the modern Chinese, and there is not in its case the same interrelation of cut and cloth.

Korean System of Washing. ─I may observe, as a curious fact, that the outer garments of Korean men (for which our Manchester goods are chiefly in request) are always taken to pieces before being submitted to the scrubbing and pounding that occupies half the daytime (and sometimes one-third of the nights) of their wives and daughters. The consequence of this practice is that these robes are either only loosely stitched up with coarse thread, or, more curious still, are actually pasted together with starch. Were there more wealth in Korea, or more enterprise, it would seem that in this fondness of the male Korean for glossy white clothes should lie an opening for the introduction of the mangle.

Korean Headgear. ─Other articles of common Korean wear might, were these difficulties and the nightmare of exchange once laid, be subjects of profitable import. The most characteristic portion of a Korean's dress is his headgear, This consists of (1), a band or fillet of woven horsehair pressing tight round the temples; (2), a cap, shaped like the old Phrygian, of the same material, horsehair; (3), the hat, of horsehair and finely-split bamboo, in appearance like a tenuous parody of a Welshwoman's; (4), the strings of Chinese gauze. The first three are all of native make, woven by hand, and are, by Korean standards, very costly. The band varies from c. 50 to $4; the cap from $2 to $30; the hat from $I to $12. It might be possible to turn out all, or some, of these articles by machinery at considerably lower rates.

His shoes, again, are a source of vexation to a Korean of frugal tendencies. They are of native leather, cost, I am told, about $1 a pair, and wear out in a month.

GENERAL REMARKS.

A treaty between Austro-Hungary and Korea was signed at Tokyo on Juno 23,

1892, and the ratifications exchanged at Söul on Oct. 5, 1893. It was drawn up in English and Chinese, and practically conforms to the English treaty, except that the tariff rates embodied in the French treaty of 1886 have been adopted, as more favourable. Additional advantages—which, under the favoured-nation clause all other treaty Powers will share—are the reduction of duty on meerschaum from 10 per cent, to 7 1/2 per cent, ad valorem, and on arms and ammunition from 20 per cent, to 10 per cent. They are, however, of little practical value, as arras for Government use will naturally be free of duty. A special clause deals with opium, which, while remaining contraband, is restricted as regards importation for medical purposes to 3 catties for each Austrian ship.

Opium. —In spite of the agreements and treaties excluding opium from this country, considerable quantities are smuggled in each year, and at Chemulpo, at any rate, many Koreans are learning to smoke it. At the same time it is worthy of note (as bearing upon certain often exploded allegations connected with the Indian drug) that the smugglers have hitherto been, almost without exception, Chinese, and the opium smuggled is all grown in China.

Korean Post Office. —Since the tragic failure of the Korean State Post Office in December, 1884, no attempt has been made on the part of this Government to convey private correspondence. The Foreign Customs establishment has, however, for some time past run a courier service between Chemulpo and Söul, and between Söul and Wönsan. On Sept. 26 last a decree appeared in the Korean Gazette, which, with regal brevity, announced that "telegraphs had been long established; a postal department should be also inaugurated. Let the two be amalgamated, and the General Telegraph Bureau become the general office for posts and telegraphs." Cho Pyong-chik a former President of the Foreign Office (to which post he has now, January, 1894, been restored), was appointed Controller-General; 'I Yung-chik, a Vice-President of the Foreign Office, was given charge of the inland delivery: and Mr. Greathouse, an American gentleman holding similar rank was made associate in charge of foreign mails. No further steps have been so far taken, but it is understood that a series of postage stamps will be shortly issued.

Korean Consulate, Shanghai. —In consequence of the increasing number of Koreans at Shanghai, a Korean officer with the title of "ts'al-li," and duties approximately consular, was appointed in September to reside at that port, but has not yet taken up his appointment.

Foreign Population. —The number of British subjects at the three ports (exclusive of Söul) remains the same; that of the Chinese has increased from 856 to 920, while the Japanese have decreased from 8,398 to 8,048. A better class both of Chinese and Japanese is coming to the country, but of the two peoples the Chinese, at any rate at Söul and Wönsan, appear to be making the greater progress. The Japanese, however, continue in point of numbers and in ship's tonnage to be far ahead, and to display the same activity and intelligence. As dealers in a thousand and one articles—chiefly cheap imitations of European goods—that make up the "sundries" list they are highly successful.' Heavier transactions—all or nearly all with the Court- fall, as heretofore, mainly to the German and American firms established at Chemulpo, though the Japanese have sold during the past year a number of vessels, steam and sail, to the Koreans.

Electronic Light in Palace. —Among the larger contracts of 1893 was one for the lighting of the palace by electricity. This was secured by an able young American engineer, and the various machines, boilers, dynamos, engines, and the rest were constructed in the United States at a cost of some $60,000. This sum was paid, it may be mentioned, by the Korean Government in gold dust and nuggets, and it is said that two of the larger of the nuggets showed so little sign of attrition as to make it evident that the place of their discovery could not have been far from the matrix. They had formed, doubtless, part of the considerable sum remitted every year from the mines in the districts above Wönsan to the capital as royalties or taxes.

Other Occurrences. —The only other occurrences in 1893 that call for particular mention are the loss of the Russian corvette Vitiaz on an unknown submerged rock in an unfrequented channel leading to Port Lazareff, May 10; and the establishment of a naval school on the island-fortress of Kanghoa, at the mouth of the Söul River.

In conclusion, I must express my indebtedness to Mr. McLeavy Brown, Chief Commissioner of Customs in Korea, and to the Commissioners at the three ports, Messrs. Osborne, Hunt, and Oiesen for valuable information and kindly assistance.

베를린, 1894년 7월 14일   A. 6264

런던 대사관 귀중   우편암호
No. 543

84084 참조   귀하께서도 이미 킴벌리에게 들어 알고 있는 바와
                                         같이, 영국 정부는 우리 독일이 도쿄와 베이징에
                                         서 조선 문제의 평화로운 해결을 위해 개입할 의
연도번호 No. 4148   사가 있는지 문의해 왔습니다. 본인은 이곳 주재
                                         영국 대사에게 우리는 정치적으로 다른 국가들만
                                         큼 많은 관심이 있지는 않다고 답변했습니다. 그
                                         러나 우리는 평화를 위해 우리 대표들에게 외국
                                         동료들의 노력에 동참할 것을 요청했습니다. 귀하
                                         께서 친히 알려주신 정보에 대해 본인이 말씀드린
                                         바와 같이, 그에 따라 도쿄와 베이징 주재 독일제
                                         국 공사들은 일본과 청국의 불화를 조정하려는 다
                                         른 열강 대표들의 공동 조치에 동참하는 권한을
                                         위임받았습니다. 서울 주재 독일제국 영사가 다른
                                         외국 대표들이 이런 뜻에서 나서려 한다고 보고했
                                         으며 이에 참여하자는 제안을 했습니다. 이에 참
                                         여하라는 지시가 이미 서울 주재 독일제국 영사에
                                         게 내렸습니다.

41

[러시아의 청일 전쟁 발발 억제 시도]

발신(생산)일	1894. 7. 13	수신(접수)일	1894. 7. 14
발신(생산)자	렉스	수신(접수)자	
발신지 정보	페테르부르크 주재 독일 대사관	수신지 정보	베를린 외무부
	No. 130		A. 6369
메모	7월 14일 런던 544, 페테르부르크 278, 베이징 A. 22, 도쿄 A. 2 전달		

A. 6369 1894년 7월 14일 오전 수신

전보

페테르부르크 1894년 7월 13일 오후 8시 2분

오후 9시 10분 도착

독일제국 대리공사가 외무부에 발송

전문해독

No. 84

예전에 영국과 러시아가 서로 조선의 항구를 점령하지 않는다는 내용의 협정을 맺었다고 영국 대사가 본인에게 말했습니다.[1]

영국이 조선 문제에 함께 개입할 의향이 있는지 러시아 정부에게 문의했습니다. 러시아 황제의 답변이 내일 핀란드에서 도착할 것이라고 예상됩니다.

본인은 러시아가 조선에서의 전쟁을 저지하고자 진지하게 노력하는 듯한 인상을 받았습니다.

렉스

---

1 [감교 주석] 영국의 거문도 철수 조건인 리훙장-라디젠스키 협약을 의미하는 것으로 보임. 영국과 러시아는 직접적으로 조선의 항구를 점령한다는 협약을 체결한 적이 없음.

베를린, 1894년 7월 14일   A. 6396

런던 대사관 귀중   우편암호
No. 544   귀하가 친히 알려준 정보에 대해 다음과 같이 답변
                                  합니다.
84084 참조   상트페테르부르크 주재 독일제국 대사관이 보고한
연도번호 No. 4151   바에 따르면, 영국 정부는 페테르부르크의 내각에게
                                  도 조선 문제에 함께 개입할 의향이 있는지 문의했
                                  습니다. 러시아 황제는 아직 결정을 내리지 않았다고
                                  합니다. 독일 대사관은 러시아가 전쟁을 저지하기 위
                                  해 노력하는 듯한 인상을 받았습니다.
                                  이곳 영국 대사가 본인에게 구두로 전한 바에 의하
                                  면, 예전에 영국과 러시아는 서로 조선의 항구를 점
                                  령하지 않는다는 내용의 협정을 맺었다고 합니다.

2) 페테르부르크 주재   우편암호
대사관 귀중   귀하가 친히 알려준 정보에 대해 다음과 같이 답변
No. 278   합니다.
                                  이곳 영국 대사가 본인에게 전한 바에 따르면, 예전
A. 6559참조   에 영국과 러시아는 서로 조선의 항구를 점령하지
                                  않는다는 내용의 협정을 맺었습니다.
                                  전보 No. 84에서 시사한 러시아 황제의 결정에 대해
                                  알려주시길 바랍니다.

3) 베이징 공사관 No. 22   우편암호
4) 도쿄 공사관 No. 2   이곳 영국 대사가 때마침 본인에게 구두로 전한 바
                                  에 따르면, 예전에 영국과 러시아는 서로 조선의 항
                                  구를 점령하지 않는다는 내용의 협정을 맺었습니다.
                                  귀하가 친히 알려준 정보에 대해 이상과 같이 답변
                                  합니다.

외무부
A편

외무부 정치 문서고
조선 관계 문서

1894년 7월 15일부터
1894년 8월 12일까지

제15권
제16권에 계속

조선 No. 1

1894년	목록	수신정보
6월 4일 베이징 보고서 No. A 65 —조선의 반란군이 남서지방 도청소재지를 점령. —리훙장이 훈련된 군인 천오백 명을 조선에 파견하기로 결정.		6491 7월 16일
7월 16일 서울 전보 No. 6 —일본 병사들이 영국 대표를 모욕. —일본 공사가 조선의 위원에게 개혁안을 제시함. —7월 18일 암호문으로 런던 549 및 페테르부르크 282에 전달.		6511 7월 11일
7월 18일 페테르부르크 전보 No. 86 —일본은 개혁안의 확실한 실행 전에는 조선에서 군대를 철수할 수 없다고 주장. —암호문으로 런던 500에 전달.		6559 7월 18일
7월 20일 외무부 차관 서신(메모) —청일 양국 간 평화 유지를 위한 강대국 개입에 대해 영국 대사와 협의.		6656 7월 20일
7월 21일 페테르부르크 전보 No. 89 —베이징 주재 공사 카시니가 휴가를 떠나지 못함.		6670 7월 21일
7월 23일 베이징 전보 No. 5 —청국 군대의 조선 파견.		6759 7월 24일
7월 25일 페테르부르크 전보 No. 92 —청일 간 분쟁 발생에 대해서는 알려진 바가 전혀 없음. —러시아 황제가 영국과 공동 조치에 나서기로 결정.		6822 7월 25일
7월 24일 도쿄 전보 No. 8 —청국에 우호적인 오코너 공사의 전보로 인해 영국의 중재가 실패로 돌아감. —만약 청국이 제안을 수용하지 않으면 전쟁이 불가피함.		6834 7월 26일
7월 29일 즈푸 발 서울 주재 영사의 전보 —조선은 청에 군대 철수를 요구하라는 일본의 요청을 거절. —일본 군대의 조선 국왕 구금. —왕이 외국 대표들에게 중재를 요청함.		6963 7월 29일

7월 14일 런던 보고 No. 448 ―조선을 둘러싼 청일 갈등 및 프랑스와 러시아의 태도에 대한 킴벌리의 발언.	6458 7월 15일
6월 2일 서울 보고 No. 40 ―피살된 김옥균 부친의 처형. ―살인자 홍종우에게 조선의 전시 시험 자격 부여.	6476 7월 16일
7월 19일 런던 보고 No. 464 ―청일 갈등에 대한 샌더슨의 발언. ―영국 정부는 왕을 조선에 한정시키기 바라며, 강대국들이 이 방향으로 행동에 나서주기를 원함.	6649 7월 21일
7월 23일 H. A. 외무부차관의 서신 ―러시아 정부는 베이징과 도쿄에서 우리가, 조선에 파견된 청국과 일본의 군대가 충돌을 피하기 위해 특정한 지역으로 퇴각하는 방향으로 영향력을 행사해주기를 원함.	6749 7월 23일
7월 20일 로마 보고 No. 138 ―영국 정부가 이탈리아에 베이징과 도쿄에서 중재자의 역할에 나서달라고 요청함. ―이탈리아 정부가 이를 수락함.	6743 7월 23일
6월 6일 도쿄 보고 No. A 42 ―외국의 도움 없이는 반란을 진압하지 못하는 조선 국왕의 무능. ―청국이 조선에 군대를 파견함. ―청과 마찬가지로 조선에 군대를 파견하는 일본의 의도. ―군사적인 엄호를 받으며 조선으로 출발한 오토리 공사.	6813 7월 25일
6월 8일 도쿄 보고 No. A 44 ―청국과 일본이 조선에 군대를 파견함.	6815 7월 25일
6월 22일 도쿄 보고 No. A 47 ―조선에 파견된 일본과 청국의 군사력. ―조선에 개혁을 실행하라고 압박하는 일본(행정과 법률의 분리 요구).	6718 7월 25일
6월 12일 베이징 보고 No. A 72 ―조선으로 군대를 파견한 청국과 일본에 대한 통리아문 대신들과 일본 대리공사의 발언. ―1885년 4월 18일 체결된 청일조약.	6843 7월 26일

7월 26일 외무부 차관의 서신 −러시아와 영국이 공동으로, 청국은 조선의 북쪽으로, 일본은 조선의 남쪽 　으로 자국 군대를 퇴각하는 방향으로 중재에 나서기로 했다는 러시아의 　통지.	6851 7월 26일
7월 25일 런던 보고 No. 480 −청일 간 갈등과 관련된 영국과 러시아의 공동 행보에 대한 킴벌리 경의 　발언. −리홍장이 러시아에 중재역할을 제안함. −일본은 상하이와 상하이항을 침범하지 않을 것이라고 선언함.	6887 7월 27일
7월 25일 런던 보고 No. 477 −청일전쟁의 발발 위험에 대한 스탠다드 지의 사설. −그 문제에 관심 있는 강대국들의 평화 유지를 위한 공동 행보.	6885 7월 27일
7월 26일 런던 보고 No. 482 −조선 내 상황 전개에 관한 영국 정부의 불안감. −러시아와 프랑스의 태도. −독일을 앞세우려는 외무부 차관 버티의 시도.	6930 7월 27일
7월 27일 런던 보고 No. 484 −청일 간 분쟁에 관해 정부대표가 하원에서 설명함. −1885년의 조약. −군대 파견. −평화유지를 위한 강대국들의 공동 행보.	6954 7월 29일
7월 27일 런던 보고 No. 486 −일본은 조선에서 청과 정치적으로 동등한 지위를 요구한다는 일본 공사 　아오키의 발언. −청일 양국 군대의 조선 주둔.	6957 7월 29일
7월 30일 파리 전보 No. 179 −북아메리카의 미국 정부가 청일 간 분쟁에 기여하고자 노력함.	7003 7월 30일
7월 30일 런던 보고 No. 489 −청일분쟁에 대한 영국언론(Time, Standard, Daily News)의 보도. −메모: 조선을 둘러싼 청국과 일본의 전쟁에 대한 언론보도. 　　　　　　　　　　　　　　　　　　　　　　(출처: China 20)	7059 8월 1일

6월 12일 도쿄 보고 No. A 46 －조선에 군대를 파견한 목적은 단지 조선에 거주하는 일본인들을 보호하 　기 위해서라는 무쓰 대신의 발언. －조선 파견 원정군의 규모와 원정군 내의 호전적 분위기에 대한 　Gutschreiber 소령의 보고.	6817 7월 25일
7월 24일 런던 보고 No. 471 －청과의 분쟁에 대한 일본 공사 아오키의 발언. －전쟁 발발 시 상하이를 침범하지 않겠다고 영국에 약속한 일본. －1885년 청일조약의 조선 관련 규정. －청과 러시아의 은밀한 약속 및 조선 영토를 차지하려는 러시아의 야심에 　대한 일본 공사의 우려.	6882 7월 27일
7월 30일 독일제국 해군청 －외무부의 요청에 따라 전함 "일티스"호 사령관이 고베로 보낸 전보의 비 　용 청구. －공사관 회계과 및 독일제국 해군청에 보낸 8월 12일 서신.	7185 8월 4일
6월 14일 서울 보고 No. 45 －청국과 일본 군대 조선에 도착. －군대 파견과 반란에 대한 청 대표 위안스카이의 발언. －외국 전함들의 제물포 항 정박. －반란자들에 대한 처벌.	7249 8월 7일
6월 16일 서울 보고 No. 46 －일본 병사 4,000명 제물포 상륙.	7250 8월 7일
6월 20일 베이징 보고 No. 76 －청국과 일본 군대의 조선 도착 및 조선의 반란군 진압. －웨이하이웨이와 뤼순항으로 청국의 병력 집결. －리훙장은 군대의 조선 파병에 대해 일본에 제때 통보하지 않음. －군대 파견에 대한 일본 대표의 발언(조선 영토의 온전한 보전을 위해서).	7253 8월 7일
6월 23일 베이징 보고 No. A 77 －조선에 관한 청일 양국의 협상. －청국은 조선에 병력의 추가 파견 중단.	7433 8월 13일

5월 22일 서울 보고 No. 37 ㅡ정부군과 반란군의 싸움. ㅡ정당한 탄원의 수용 및 책임 있는 관리들의 처벌을 약속한 왕의 교서 　발표.	5342 7월 12일
6월 2일 서울 보고 No. 41 ㅡ정부군을 물리친 반란군의 승리. ㅡ기존 전라도관찰사를 해임하고 외아문 협판 김학진을 신임 전라도관찰사 　로 임명. ㅡ왕이 청국 정부에 반란군을 진압할 수 있도록 원군 파견을 요청. ㅡ반란군의 성명서. ㅡ불만사항들을 시정하고 책임 있는 관리들을 처벌하겠다는 약속을 담은 　왕의 교서.	6477 7월 16일
6월 10일 도쿄 보고 No. 45 ㅡ일본 정부가 몹시 바라던 대로 조선 문제가 일본 국내의 정쟁에 대한 여론 　의 관심을 밖으로 돌리는 데 성공.	6816 7월 25일
7월 27일 런던 보고서 No. 487 ㅡ시베리아 상황이 마무리된 이후 진행될 러시아의 조선 원조에 대한 일본 　공사 아오키의 우려. ㅡ조선을 군사적으로 분할하는(북쪽은 청, 남쪽은 일본으로) 문제 및 청국 　군대에 의한 라자레프 항 점령에 대한 일본 공사의 소망.	6965 7월 29일
6월 27일 도쿄 보고 No. A 48 ㅡ조선에서의 행동통일과 관련된 청과의 협상이 결렬된 데 대한 무쓰 외무 　대신의 발언. ㅡ평화가 유지되기를 희망하는 외무대신. ㅡ조선이 자주국가로 유지되기를 바라는 일본. ㅡ청에 우호적인 조선 총리대신의 실각이 예상됨.	7254 8월 7일
7월 23일 상하이 전보 No. 1 ㅡ무역보호를 위해 상하이가 중립화되기 바라는 영국 영사의 소망. ㅡ전쟁이 발발하면 우쑹을 폐쇄하겠다는 리훙장의 선언.	6734 7월 23일

베를린, 1894년 7월 15일   A. 6331

주재 외교관 귀중   귀하에게 조선 문제에 관한 어느 일본 공사관 직
1. 런던 No. 545   원의 발언과 관련된 이달 9일 상트페테르부르크
2. 도쿄 No. A 3   주재 독일제국 대리공사의 보고서 사본을 삼가 정
3. 베이징 No. A 23   보로 제공합니다.

연도번호 No. 4162

01

조선

발신(생산)일	1894. 7. 14	수신(접수)일	1894. 7. 15
발신(생산)자	메테르니히	수신(접수)자	카프리비
발신지 정보	런던 주재 독일 대사관	수신지 정보	베를린 정부
	No. 448		A. 6458
메모	7월 19일, 워싱턴 A 32, 파리 324, 페테르부르크 283, 로마 413, 빈 363, 베이징 A 25, 도쿄 A 4, 뮌헨 539, 슈투트가르트 513, 바이마르 325 전달		

A. 6458 1894년 7월 15일 오후 수신

런던, 1894년 7월 14일

No. 448

독일제국 수상 카프리비 보병장군 각하 귀하

오늘 본인이 킴벌리[1]를 방문했을 때 그가 조선 문제에 관해 이야기를 꺼냈습니다. 그는 자신이 조선 문제와 관련해 청국과 일본에 중재자 역할을 제안했다는 신문보도는 사실이 아니라고 하였습니다. 자신의 역할은 분쟁을 평화적으로 중재하기 위해 가끔 두 열강에 선의의 충고를 하는 것에 국한되었으며, 양국 역시 그의 충고를 감사히 받아들였다고 하였습니다.

이어서 킴벌리 외무장관은 조선에서 오늘은 아무 소식도 들어오지 않았으나 듀프린[2]의 보고가 하나 올라왔다고 하였습니다. 그 보고에 의하면 프랑스 정부는 조선에 특별한 이해관계가 없음에도 불구하고 평화를 유지하기 위한 외교적 공동 조치에 동참할 의사가 있음을 천명하였다고 합니다.

더 나아가 킴벌리는, 만약 러시아가 소원대로 개항 항구를 하나 확보하고, 몇 년 안에 준공될 것으로 예상되는 동–시베리아 철도를 통해 러시아 동부지역을 개발할 경우 일본이 조선에 확고하게 뿌리내리는 것을 가만히 지켜보고만 있지는 않을 가능성이 매우 높다고 언급하였습니다.

---

1 [감교 주석] 킴벌리(J. W. Kimberley)
2 [감교 주석] 듀프린(F. H. Dufferin). 프랑스 주재 영국 대사

한편 킴벌리 장관은, 지금 당장 전쟁이 발발하면 일본이 청국을 조선에서 몰아내게 될 것으로 예상했습니다. 영국 해군장교의 견해에 따르면, 청국의 함대가 비록 상태도 준수하고 실력도 우수하지만 일본 함대에 비할 바는 아니라는 것입니다. 따라서 유럽의 이해관계를 볼 때 특히 우려스러운 점은 일본 함대가 청국을 몰아낸 이후 다음 단계로 청국의 항구들에 대한 봉쇄조치를 취할 경우라고 하였습니다.

메테르니히[3]

내용: 조선

---

3   [감교 주석] 메테르니히(P. Metternich)

베를린, 1894년 7월 16일

키덜렌[4] 귀하

No. 11

연도번호 No. 4176

조선 남부지방에서 발생한 폭동[5] 때문에 질서회복을 명분으로 청국과 일본의 군대가 조선에 파견되었다고 합니다. 그런데 폭동이 진압[6]된 이후에도 일본 정부는 조선 정부가 유사한 폭동의 재발을 막을 수 있는 개혁조치들을 도입하기 전에는 군대를 철수시키지 않겠다고 하였습니다. 청국은 일본과 동시에 군대를 철수시킬 생각이지만, 현재까지는 (조선에; 감교자) 개혁조치를 시행하라는 일본 정부의 요구에 동참하지 않고 있습니다. 그로 인해 현재 동아시아 두 열강 사이에 팽팽한 긴장이 감돌고 있습니다. 현재는 일본이 수도 서울을 점령하고 있는 반면 청국은 수도 남쪽[7]에 주둔하고 있습니다. 그런데 만약 청국이, 일본이 (조선; 감교자) 궁궐에서 과도한 영향력을 행사하는 것을 막기 위해, 즉 실제보다는 명목에 가까운 조선에 대한 청국의 종주권을 명확히 해두기 위해 군대를 서울 가까운 곳으로 이동시킬 경우 위험한 상황이 발생할 수도 있습니다.

이런 상황에서 청국은 우리한테도 중재를 요청하였습니다. 일본이 조선에서 군대를 철수시키도록 영향력을 행사해 달라는 것입니다. 이전에 이미 영국 정부가 우리에게 같은 요청을 해온 적이 있습니다. 청일 양국의 분쟁을 평화적으로 해결하기 위해 열강들이 함께 중재에 나서자는 요청이었습니다.

당시 조선의 존립 문제에 가장 관심을 두고 있는 국가는 영국과 러시아로서, 이 문제가 두 열강의 이해충돌로 이어질 수 있다는 점을 고려하여 우리는 이 문제에 개입하지 않겠다고 답변하였습니다. 하지만 양국 간 충돌이 일어나지 않는 한도 내에서, 또한 동아시아에서 우리의 무역이익을 고려하여, 다른 유럽 열강들이 평화적인 차원에서 진행하는 공동 노력에 동참하는 것은 바람직해 보입니다.

이에 발맞추어 베이징과 도쿄의 독일제국 공사에게 본 보고서에 사본으로 첨부한 전보를 통해 훈령을 하달하였습니다. 첨부된 전보문을 황제폐하께 제출할 때 앞에서 암시된 방향으로 귀하의 의견을 개진해 주시기를 삼가 요청드립니다.

---

4 [감교 주석] 키덜렌(Kiderlen)
5 [감교 주석] 동학농민군 제1차 봉기
6 [감교 주석] 전주화약
7 [감교 주석] 아산만

김옥균 부친 처형

발신(생산)일	1894. 6. 2	수신(접수)일	1894. 7. 16
발신(생산)자	크리엔	수신(접수)자	카프리비
발신지 정보	서울 주재 독일 총영사관 No. 40	수신지 정보	베를린 정부 A. 6476
메모	7월 19일 런던 550, 페테르부르크 283, 워싱턴 A 33, 드레스덴 518, 뮌헨 542, 슈투트가르트 515, 바이마르 326 및 외무부 장관 각하 전달 연도번호 No. 234		

A. 6476   1894년 7월 16일 오전 수신

서울, 1894년 6월 2일

No. 40

독일제국 수상 카프리비 보병장군 각하 귀하

　지난달 8일 본인의 보고 No. 33[1]에 이어 각하께 삼가 다음과 같이 보고 드리게 되어 영광입니다. 지금까지 충청도에 수감되어 있던 김옥균의 부친[2]이 지난달 24일 그곳에서 처형되었습니다.

　김옥균의 모친과 딸은 이미 교수형에 처해졌기 때문에, 이로써 반란을 일으킨 김옥균의 가족은 모두 사망하였습니다.[3] 김옥균의 서울 집은 완전히 파괴되었습니다.

　반면 살인자 홍종우[4]는 지난달 25일 조선 정부로부터 시험 자격을 수여받았습니다.[5]

　이러한 조치, 특히 일흔이 넘은 노인을 처형한 것은 이곳의 외국인들에게 몹시 나쁜 인상을 남겼습니다.

1　[원문 주석] A 5584에 삼가 첨부.
2　[감교 주석] 생부(生父) 김병태(金炳台).
3　[감교 주석] 보고서의 내용은 사실에 부합하지 않음. 김옥균의 부인 유씨와 딸 한 명은 관비가 되었음.
4　[감교 주석] 홍종우(洪鍾宇)
5　[감교 의견] 홍종우는 조선정부로부터 직부전시(直赴殿試-과거의 최종 시험인 전시에 바로 응시할 수 있는 자격을 얻는 것)하도록 명을 받았음.

본인은 본 보고서의 사본을 베이징과 도쿄 주재 독일제국 공사에게 보낼 것입니다.

크리엔[6]

내용: 김옥균 부친 처형

---

6 [감교 주석] 크리엔(F. Krien)

조선 남부지방의 폭동에 관하여

발신(생산)일	1894. 6. 2	수신(접수)일	1894. 7. 16
발신(생산)자	크리엔	수신(접수)자	카프리비
발신지 정보	서울 주재 독일 총영사관	수신지 정보	베를린 정부
	No. 41		A. 6477
메모	7월 20일, 런던 561, 페테르부르크 290, 워싱턴 A 35 전달 연도번호 No. 236		

A. 6477 1894년 7월 16일 오전 수신, 첨부문서 1부

서울, 1894년 6월 2일

No. 41

독일제국 수상 카프리비 보병장군 각하 귀하

지난달 22일 본인의 보고 No. 37에 이어 각하께 삼가 다음과 같이 보고를 드리게 되어 영광입니다. 반란군[1]이 그저께 전라도 감영이 있는 전주를 점령하였습니다. 점령은 큰 저항 없이 이루어진 듯합니다. 무능하다는 이유로 쫓겨난 전임 관찰사[2]는 이웃한 충청도 감영이 있는 공주로 피신하였습니다. 얼마 전 외아문 협판 김학진[3]이 후임 전라도관찰사로 임명되었습니다.

군인들은 전주 남서쪽 영광[4] 해안지역으로 퇴각하였습니다. 서울과 부산의 전신망이 끊겼고, 현재 전라도 대부분 지역이 반란군에 장악되었습니다.

그로 인해 조선 정부는 커다란 혼란과 당혹감에 빠졌습니다. 가장 믿음직한 군대라는 평을 받는 평양 주둔 병사 500명이 오늘 레밍턴총으로 무장하고 제물포를 향해 떠났습니다. 그들은 제물포에서 바닷길을 이용해 남쪽으로 내려갈 예정입니다.

전보로 추가 병력 500명을 평양에서 서울로 보내라는 훈령이 떨어졌습니다.

---

1 [감교 주석] 동학농민군
2 [감교 주석] 김문현(金文鉉)
3 [감교 주석] 김학진(金鶴鎭)
4 [감교 주석] 독일어 원문에는 "Hong-Kwang"으로 표기됨. 홍기훈 부대의 퇴각 경로와 문맥을 고려했을 때, "Hong-Kwang"은 영광으로 보임.

예상대로 정부군은 무능하고 비겁하다는 것이 입증되었습니다. 그래서 이곳에서는 왕이 청국 황제에게 반란군을 진압할 수 있도록 지원을 요청했다는 소문이 돌고 있습니다. 그런데 청국 영사[5]가 오늘 본인에게 밝힌 바로는, 아직까지 그런 요청이 들어오지 않았으나 만약 조선 국왕이 요청해 온다면 청국 정부는 반란군 진압을 위해 무장한 군대를 지원할 용의가 있다고 합니다.

첨부문서로 반란군의 성명서[6] 사본을 번역하여 제출합니다. 성명서에서 반란군들은 단지 탐욕스럽고 오만한 관리들의 폭정으로 인해 궁지에 몰린 나머지 무기를 들었을 뿐, 그들은 왕의 충실한 신하임을 유독 강조하고 있습니다.

왕은 지난달 23일 두 번째 교지를 발표하였습니다. 교시에서 왕은 폭도들의 정당한 불만사항들을 시정할 것이며, 폭동에 연루된 자들의 고통을 경감시킬 것이며, 죄가 있는 관리들을 엄중히 처벌할 것임을 다시 한 번 약속하였습니다. 반란이 시작된 고부 군수[7]는 중범죄자로 이곳의 감옥[8]에 갇혔으며, 고부의 폐해를 조사하기 위해 파견되었던 안핵사[9]는 부실 보고의 죄명으로 유배형을 받았습니다. 전임 전라도관찰사에게 오늘 체포령이 떨어졌습니다.

경기도 주민들은 계속 안정된 상태를 유지하고 있습니다.

본인은 본 보고서의 사본을 베이징 주재 공사에게 보낼 것입니다. 도쿄 주재 독일제국 공사에게는 폭동에 관한 본인의 보고서 내용을 전달하였습니다.

크리엔

내용: 조선 남부지방의 폭동에 관하여. 첨부문서 1부

5　[감교 주석] 탕샤오이(唐紹儀)
6　[감교 주석] 무장창의문
7　[감교 주석] 조병갑(趙秉甲)
8　[감교 주석] 조선 정부는 조병갑을 서울로 압송해서 의금부에 가둠.
9　[감교 주석] 이용태(李容泰)

No. 41의 첨부문서

사본[10]

번역

　사람이 세상을 살아나가는 데 가장 귀중한 자산은 사회적 질서이다. 사회적 질서 가운데에서도 군신관계와 부자관계가 가장 중요하다. 임금이 덕이 있고 신하가 그에 복종하면, 또한 부친이 자애롭고 자식이 효심이 지극하면 그 가장과 나라는 흔들림 없이 튼튼하게 계속 복을 누리게 된다.

　지금 우리의 임금께서는 덕이 있으시고 효심이 지극하시며 가족과 백성을 사랑하신다. 또한 고귀하고 자상하며 현명하시다. 만약 현명하고 정직한 신하들이 진심을 다해 임금을 보필한다면 요순[11] 시대의 개혁과 문경[12] 시대의 정치를 기대해 볼 수 있을 것이다.

　하지만 지금의 신하들은 나라의 안녕은 생각하지 않고 오로지 자신의 직위와 녹봉에만 관심을 기울인다. 게다가 임금에게 정확한 실상을 알리지도 않고 단지 듣기 좋은 말로 아첨하며, 충심으로 간하는 대신들을 모함하여 정직한 사람을 악인으로 몰아 부친다. 수도에는 나라를 지킬 인재가 없고, 지방에는 백성을 탄압하는 관리들만 득실거린다. 그로 인해 백성들의 원성은 나날이 드높아진다.

　백성들은 삶을 즐길 만한 직업이 없고, (관리들의 탄압으로부터) 자신의 몸을 지킬 방책을 모른다. 정부의 상태는 나날이 악화되고 백성의 원성은 나날이 커져가고 있다. 군주와 신하, 아버지와 아들, 지위가 높은 사람과 낮은 사람이 서로 지켜야 할 규칙들이 더 이상 지켜지지 않는다.

　관중[13] 이르기를, "네 기둥이 나라를 똑바로 떠받치지 못하면 나라는 멸망하고 만다."고 하였는데, 작금의 형세는 옛날보다 상황이 더 심각하다. 최고위 관리로부터 말단에 이르기까지 아무도 나라에 위태로운 것을 생각하지 않고, 단지 제 배를 불리고 제 집을 윤택하게 하는 데에만 급급하다. 관직이 재물을 모으는 통로로 이용되고 과거시험은 돈벌이의 시장이 되었다.

　그러나 온갖 뇌물은 나라의 창고로 가지 않고 개인의 주머니로 들어간다. 나라가 빚

10　[감교 주석] 무장창의문

11　[감교 주석] 요순(堯舜)

12　[감교 주석] 한나라 문제 (文帝)와 경제(景帝)의 치세를 의미.

13　[감교 주석] 관중(管仲)

더미에 파묻혀 있는데도 깊은 생각조차 하지 않는다. 관리들은 거만하고 사치스러우며 절제 없이 방탕하게 놀면서도 두려워하지 않는다. 온 나라가 헐벗고 만백성이 도탄에 빠졌으나 관리들의 탐욕과 폭정은 끝이 없다. 백성은 나라의 뿌리이다. 뿌리가 뽑히면 나라는 망하는 법이다. 그런데도 관리들은 나라를 보존하고 백성을 편안하게 만들 방책은 생각하지 않고 지방에 제가 살 집을 짓고 직위와 녹봉만 생각하니 어찌 나라가 지속될 수 있겠는가?

우리는 비록 촌부에 지나지 않지만 임금의 토지에서 나는 곡식을 먹고 임금이 내려주신 옷을 입고 살고 있으니 나라가 망해가는 것을 가만히 지켜볼 수가 없다. 온 나라의 백성이 같은 마음이다. 우리는 수십만 번, 수백만 번을 거듭 심사숙고한 끝에 이제 나라를 지키고 백성을 편안히 해주기 위해 정의의 깃발을 높이 들어 올리는 바이다. 그리고 그것을 지키기 위해 목숨을 바치기로 맹세하였다.

현재 벌어지고 있는 광경은 매우 놀랍지만 절대로 겁먹거나 도망치지 말고 각자 자신의 생업에 종사하며 자리를 지키도록 하라. 우리 모두 행복하고 평화로운 시간이 다가오기를 기원하자. 그리고 언젠가는 우리 모두 시대가 변한 것을 보고 기뻐할 날이 올 거라는 희망을 잃지 말자.

번역: 라인스도르프[14]

---

14 [감교 주석] 라인스도르프(Reinsdorf)

04

[리훙장의 청군 조선 파병 결정]

발신(생산)일	1894. 6. 4	수신(접수)일	1894. 7. 16
발신(생산)자		수신(접수)자	카프리비
발신지 정보	베이징 주재 독일 공사관 No. 65	수신지 정보	베를린 정부 A. 6491

A. 6491 1894년 7월 16일 오전 수신

베이징, 1894년 6월 4일

No. 65

독일제국 수상 카프리비 보병장군 각하 귀하

암호해독

크리엔이 그저께 보내온 전보에 따르면, 조선에서 반란군[1]이 남서지방의 도청소재지[2]를 점령한 이후 리훙장[3]이 산하이관[4]에서 오늘 정예군 1,500명을 조선에 파견하기로 결정하였다고 합니다. 이 소식은 본인이 톈진의 믿을 만한 소식통에게서 듣고 각하에게 이미 전보로 보고 드린 바 있습니다.

---

1 [감교 주석] 동학농민군
2 [감교 주석] 전주
3 [감교 주석] 리훙장(李鴻章)
4 [감교 주석] 산하이관(山海關)

[일본병사의 영국 대리공사 모욕건과 일본공사의 조선 내정개혁안 제출]

발신(생산)일	1894. 7. 16	수신(접수)일	1894. 7. 17
발신(생산)자	크리엔	수신(접수)자	
발신지 정보	서울 주재 독일 총영사관	수신지 정보	베를린 외무부
	No. 6		A. 6511

A. 6511 1894년 7월 17일 오전 수신

전보

서울, 1894년 7월 16일 4시 40분

도착: 7월17일 2시 55분

독일제국 영사가 외무부에 발송

암호해독

No. 6

일본 병사들이 영국 대리총영사[1]를 모욕하였음.

일본 공사[2]가 조선의 위원에게 개혁안을 제출함.

크리엔

---

1 [감교 주석] 가드너(C. T. Gardner)
2 [감교 주석] 오토리 게이스케(大鳥圭介)

베를린, 1894년 7월 18일   A. 6511

주재 외교관 귀중   암호우편
1. 런던 No. 549
2. 상트페테르부르크 No. 282   정보 제공 목적: 금월 16일 서울 주재 영사의
                                  전보 보고문에 따르면 영국 대리총영사가 일
                                  본 병사들로부터 모욕을 당했다고 합니다. 그
                                  리고 일본 공사가 조선 (내정; 감교자) 개혁안
연도번호 No. 4228   을 제시하였습니다.

06

[조선의 내정개혁을 빌미로 일본의 조선 주둔 군대 철수 거부]

발신(생산)일	1894. 7. 18	수신(접수)일	1894. 7. 18
발신(생산)자		수신(접수)자	
발신지 정보	페테르부르크 주재 독일 대사관	수신지 정보	베를린 외무부
	No. 86		A. 6559
메모	7월 20일 암호문으로 런던 560 전달		

A. 6559   1894년 7월 18일 오후 수신

전보

페테르부르크, 1894년 7월 18일 오후 5시 40분

도착: 오후 6시 23분

독일제국 대사가 외무부에 발송

암호해독

No. 86

칙령 No. 278[1]와 관련된 내용입니다.

러시아 황제의 답변이 아직 도착하지 않았습니다.

Schisikkie가 본인에게 전해준 바에 따르면, 러시아의 온갖 제안에도 불구하고 일본 정부는 그들이 제시한 개혁안이 확실하게 실행되기 전에는 조선에서 자국 군대를 철수하지 않을 것이라고 합니다.

---

1 [원문 주석] A 16396

베를린, 1894년 7월 19일   A. 6458

주재 외교관 귀중

1. 워싱턴 No. A 32

2. 파리 No. 324

3. 상트페테르부르크 No. 283

4. 로마(대사관) No. 413

5. 빈 No. 363

6. 베이징 No. A 25

7. 도쿄 No. A 4

8. 드레스덴 No. 516

9. 카를스루에 No. 403

10. 뮌헨 No. 539

11. 슈투트가르트 No. 513

12. 바이마르 No. 325

13. 외무부 장관 각하 귀하

연도번호 No. 4242

귀하에게 조선에 대한 이달 14일 런던 주재 독일제국 대리공사의 보고서 사본을 삼가 전달합니다.

1-7에게: 개인적인 정보로 제공합니다.

8-12에게: 1885년 3월 4일 포고령과 관련해 귀하에게 본 정보를 활용할 수 있는 전권을 함께 부여합니다.

본인은 외무부 장관 각하에게 (위에서 언급한 바와 같은) 이달 14일 런던 주재 독일제국 대리대사의 보고서 사본을 삼가 참조용으로 제공하게 되어 영광입니다.

베를린, 1894년 7월 19일   A. 6476

주재 외교관 귀중   귀하에게 김옥균 부친의 처형에 관한 이달 2
1. 런던 No. 550   일 서울 주재 독일제국 영사의 보고서 사본을
2. 상트페테르부르크 No. 284   전달합니다.
3. 워싱턴 No. A 33
4. 드레스덴 No. 518   1-3에게: 귀하의 재량에 따라 본 보고서를
5. 카를스루에 No. 405   활용할 수 있는 권한과 함께 개인적인 정보로
6. 뮌헨 No. 542   제공합니다.
7. 슈투트가르트 No. 515   4-8에게: 1885년 3월 4일 포고령과 관련해
8. 바이마르 No. 326   귀하에게 본 정보를 활용할 수 있는 전권을
9. 외무부 장관 각하 귀하   함께 부여합니다.

연도번호 No. 4259   본인은 외무부 장관 각하에게 (위에서 언급한
                                              바와 같은) 이달 2일 서울 주재 독일제국 영
                                              사의 보고서 사본을 삼가 참조용으로 제공하
                                              게 되어 영광입니다.

베를린, 1894년 7월 20일   A. 6342, 6477

주재 외교관 귀중
1. 런던 No. 561
2. 상트페테르부르크 No. 290
3. 워싱턴 No. A35

연도번호 No. 4294

귀하에게 조선 남부지방에서 발생한 반란[2]에 대한 금년 5월 22일과 6월 2일 서울 주재 독일제국 영사의 보고서 사본을 삼가 전달합니다.

―――――――

귀하의 재량에 따라 본 보고서를 활용할 수 있는 권한과 함께 개인적인 정보로 제공합니다.

―――――――

또한 본 보고서의 내용을 그곳 정부에 참조용으로 제공하기를 요청하는 바입니다.

베를린, 1894년 7월 20일   A. 6559

주재 외교관 귀중
런던 No. 560

연도번호 No. 4293

암호우편

귀하에게 개인적인 정보로 제공함.

포고령 544호와 관련된, 이달 18일 상트페테르부르크 주재 독일제국 대리대사의 보고

---

2 [감교 주석] 동학농민군 1차 봉기

07

조선

발신(생산)일	1894. 7. 19	수신(접수)일	1894. 7. 21
발신(생산)자	메테르니히	수신(접수)자	카프리비
발신지 정보	런던 주재 독일 대사관	수신지 정보	베를린 정부
	No. 464		A. 6649
메모	7월 24일, 파리 335, 슈투트가르트 534, 페테르부르크 296, 바이마르 342, 로마 428, 워싱턴 A 36, 빈 375, 도쿄 A 5, 드레스덴 538, 베이징 A 26, 카를스루에 424, 뮌헨 562 및 외무부 장관 전달.		

A. 6649　1894년 7월 21일 오전 수신

런던, 1894년 7월 19일

No. 464

독일제국 수상 카프리비 보병장군 각하 귀하

샌더슨[1]이 오늘 본인에게 전한 바에 의하면, 영국 정부는 조선의 정세를 여전히 매우 심각하게 보고 있습니다. 왜냐하면 분쟁의 양 당사국 어느 쪽도 화해를 시도하려는 조짐조차 없기 때문입니다. 일본은 25개 항목의 개혁안의 즉시 도입과 조선이 자주국가라는 사실에 대한 청일 양국의 공동각서를 요구한다고 합니다. 청국은 일단 군대 선철수를 고집하면서, 그 이후에야 비로소 일본이 요구하는 개혁안을 논의해 보겠다는 입장입니다. 이곳에서는 양국이 조선에 병력을 추가 투입할 계획이라는 소문이 파다합니다.

상황이 매우 다급하게 돌아가자 드디어 오늘 킴벌리[2]는, 이 문제에 관심 있는 강대국에 나가 있는 영국 대표들과 에드워드 말레[3]에게 전보로 강대국들이 베이징과 도쿄에서 외교적으로 연합전선을 펼칠 수 있도록 움직여 보라는 지시를 내렸습니다. 즉 청일 양국의 충돌을 막기 위해 한쪽은 조선의 남쪽으로, 다른 한쪽은 조선의 북쪽으로 각각 군대를 후퇴시키도록 중재에 나서보라는 뜻입니다.[4]

1　[감교 주석] 샌더슨(T. Sanderson)
2　[감교 주석] 킴벌리(J. W. Kimberley)
3　[감교 주석] 말레(E. Malet)

최근 아오키[5]가 본인에게 한 발언에 비춰 보면, 그는 일본과 중국이 조선 영토에서 국지전을 벌이는 것이 나쁠 게 없다고 생각하는 듯합니다. 일본의 군사력이 더 우세할 것으로 확신하기 때문입니다. 물론 그 경우에도 일본 정부가 함대로 유럽 열강들이 무역 거래를 하는 청국의 무역항들을 침범하는 것 같은 실수는 범하지 않을 것을 전제로 하고 있습니다.

샌더슨은 신문에 기사로 실린, 서울 주재 영국 영사[6]와 그 가족에 대한 암살 시도 보도[7]에 대해서는 아직 자세한 내용을 모른다고 하였습니다.

메테르니히

내용: 조선

---

4 [감교 주석] 킴벌리가 제안한 한반도 분할론.
5 [감교 주석] 아오키 슈조(靑木周藏)
6 [감교 주석] 가드너(C. T. Gardner)
7 [감교 주석] 본문에는 '암살 시도'로 나와 있음. 당시 사건은 '암살 시도'라기 보다는 폭행 사건이 정확한 표현임.

08

원문 p.573

[영국의 청일전쟁 중재 시도]

발신(생산)일		수신(접수)일	1894. 7. 21
발신(생산)자		수신(접수)자	
발신지 정보		수신지 정보	베를린 외무부
			A. 6656

A. 6656 1894년 7월 21일 오전 수신

영국 대사[1]가 오늘 본인에게 영국 정부에서 보내온 급전의 내용을 전해주었는데, 영국 정부가 강대국들이 일본에서 단호하게 중재에 나서 이 문제를 평화적인 방향으로 해결하지 못할 경우 조선에서 전쟁이 발발할지도 모른다고 크게 우려하는 내용입니다. 영국 정부는 우리나라도 일본에 대한 적절한 조치에 나서줄 것을 바라고 있습니다. 그러한 요구에 대해 본인은 영국 대사도 이미 알고 있는, 우리 정부가 베이징과 일본 주재 독일 대표들에게 내린 훈령 상기시켰습니다. 즉 평화를 유지하기 위한 행보에 동료들과 협력할 것이며, 이 훈령에 아무 것도 덧붙여서는 안 된다는 내용 말입니다.

---

1 [감교 주석] 말레(E. Malet)

09

[조선 문제 관련 러시아 황제의 결정 사항 없음]

발신(생산)일	1894. 7. 21	수신(접수)일	1894. 7. 21
발신(생산)자		수신(접수)자	
발신지 정보	페테르부르크 주재 독일 대사관	수신지 정보	베를린 외무부
	No. 464		A. 6670
메모	7월 22일 런던 563 전달		

A. 6670 1894년 7월21일 오후 수신

전보

상트페테르부르크, 1894년 7월 21일 오후 4시 20분

도착: 오후 5시 20분

독일제국 대사가 외무부에 발송

암호해독

No. 89

카시니[1]가 예정된 휴가에 들어가지 못했습니다.

조선 문제에 대한 러시아 황제의 답변이 아직 도착하지 않았습니다. 적어도 며칠이 지나야 답변이 올 것으로 예상됩니다.

---

1 [감교 주석] 카시니(A. P.Cassini)

베를린, 1894년 7월 22일   A. 6670

주재 외교관 귀중   암호우편
런던 No. 563

귀하에게 이달 21일 상트페테르부르크 주재 독일
제국 대리공사가 제공한 정보를 삼가 제공합니다.
연도번호 No. 4331   카시니가 예정된 휴가에 들어가지 못했습니다. 조
선 문제에 대한 러시아 황제의 답변이 아직 도착
하지 않았습니다. 적어도 며칠이 지나야 답변이
올 것으로 예상됩니다.

[영국의 상하이 중립화 시도]

발신(생산)일	1894. 7. 23	수신(접수)일	1894. 7. 23
발신(생산)자	아이스발트	수신(접수)자	
발신지 정보	상해 주재 독일 영사관	수신지 정보	베를린 외무부
			A. 6734
메모	7월 23일 런던 566 전달		

A. 6734 1894년 7월 23일 오전 수신

전보

상하이, 1894년 7월 23일 오전 11시 15분
도착: 오전 8시 40분

발신: 독일제국 부영사
수신: 외무부 귀중

암호해독

No. 1

영국 동료가 영국 외무부에 무역 보호를 위해 상하이의 중립화를 추진해줄 것을 요청했습니다. 리훙장[1]이 일본과 전쟁을 하게 될 경우 우쑹[2]이 봉쇄될 것이라고 말했기 때문입니다. 베이징 전신이 두절되었습니다.

아이스발트[3]

---

1 [감교 주석] 리훙장(李鴻章)
2 [감교 주석] 우쑹(吳淞)
3 [감교 주석] 아이스발트(Eiswaldt)

베를린, 1894년 7월 23일   A. 6734

주재 외교관 귀중   암호우편
런던 No. 566

                                    귀하에게 다음과 같은 정보를 제공합니다.:
연도번호 No. 4357   이달 23일 상하이 주재 독일제국 부영사의 보고에
                                    의하면, 영국 동료가 영국 외무부에 무역 보호를
                                    위해 상하이의 중립화를 추진해줄 것을 요청했다
                                    고 합니다. 리훙장이 일본과 전쟁을 하게 될 경우
                                    우쑹이 봉쇄될 것이라고 말했기 때문입니다.

11

영국, 이탈리아에게 청일 중재 요청

발신(생산)일	1894. 7. 20	수신(접수)일	1894. 7. 23
발신(생산)자		수신(접수)자	카프리비
발신지 정보	로마 주재 독일 대사관	수신지 정보	베를린 정부
			A. 6743
메모	7월 25일 런던 573, 페테르부르크 297, 빈 377, 워싱턴 A. 37 전달		

A. 6743　1894년 7월 23일 오전 수신

로마, 1894년 7월 20일

독일제국 수상 카프리비 보병장군 각하 귀하

본인의 영국 동료가 자국 정부의 훈령에 따라 이탈리아 외무장관에게 서신을 한 통 제출하였습니다. 킴벌리가[1] 처음 제기한, 청일 양국의 충돌 가능성을 매우 생동감 있게 예상한 서신입니다. 그런 예상을 바탕으로 (로마 주재 영국대사; 감교자) 클레어 포드[2]를 통해서 이탈리아가 청국과 일본의 중재자 역할에 나서주기를 요청한 것입니다. 클레어는 베이징과 도쿄 주재 이탈리아 공사에게 전신으로 영국의 이러한 요청에 따른 조치를 취하라는 훈령을 내렸습니다.

---

1 [감교 주석] 킴벌리(J. W. Kimberley)
2 [감교 주석] 포드(C. Ford)

12

[영국, 러시아의 청일 중재 실패]

발신(생산)일		수신(접수)일	1894. 7. 23
발신(생산)자		수신(접수)자	
발신지 정보		수신지 정보	베를린 외무부
			A. 6749
메모	Ⅰ. 7월 26일, 런던 580, 도쿄 A. 6, 빈 381, 워싱턴 A. 38, 로마 435, 파리 341에 전달 Ⅱ. 8월 17일, 부쿠레슈티 61(A. 7547)에 전달		

A. 6749 1894년 7월 23일 오후 수신

러시아 대리공사가 본인에게 Hiers에게 온 급전 내용을 전해주었는데, 내용은 아래와 같습니다.

조선에서 청일 양국 군대를 철수시키려던 영국과 러시아의 노력은 수포로 돌아갔다고 합니다. 영국 정부는 상트페테르부르크에서 청일 양국 간 충돌을 막기 위해 영국과 러시아가 힘을 모아 조선에 주둔하고 있는 청국과 일본의 병력을 지정된 지역으로 철수시키도록 설득해보자고 제안했습니다. 러시아 정부가 이에 동의했으며, 독일 또한 자국 대표에게 러시아와 영국의 행보에 동참하라는 지시를 내려주기를 바라고 있습니다.

본인은 Tscharytlow에게 독일 정부는 이미 도쿄와 베이징으로 평화를 실현하기 위한 공동 노력에 동참하라는 훈령을 내려보냈다는 사실을 전해주었으며, 따라서 현재로서는 추가적인 지시는 필요 없다고 말했습니다.

베를린, 1894년 7월 24일   A. 6649

주재 외교관 귀중

1. 파리 No. 335

2. 상트페테르부르크 No. 296

3. 로마(대사관) No. 428

4. 빈 No. 375

5. 런던 No. 538

6. 카를스루에 No. 424

7. 뮌헨 No. 562

8. 슈투트가르트 No. 534

9. 바이마르 No. 342

10. 워싱턴 No. A 36

11. 도쿄 No. A 5

12, 베이징 No. A 26

13. 외무부 장관 각하 귀하

연도번호 No. 4379

귀하에게 조선에 대한 이달 19일 런던 주재 독일제국 대리공사의 보고서 사본을 삼가 전달합니다.

1-10-12에게: 개인적인 정보로, 귀하의 판단에 따라 재량껏 본 보고서를 활용할 수 있는 전권과 함께 전달합니다.

5-11에게: 1885년 3월 4일 포고령과 관련해 귀하에게 본 정보를 활용할 수 있는 전권을 함께 부여합니다.

본인은 외무부 장관 각하에게 조선에 대한 이달 19일 런던 주재 독일제국 대리공사의 보고서 사본을 삼가 참조용으로 제공하게 되어 영광입니다.

[청국 조선 추가 파병 단행]

발신(생산)일	1894. 7. 23	수신(접수)일	1894. 7. 24
발신(생산)자		수신(접수)자	
발신지 정보	베이징 주재 독일 공사관	수신지 정보	베를린 외무부
	No. 5		A. 6759
메모	7월 24일 페테르부르크 294, 런던 571 전달		

A. 6759 1894년 7월 24일 오전 수신

전보

베이징, 1894년 7월 23일 오후 8시40분

도착: 오전 5시 6분

독일제국 대사가 외무부에 발송

암호해독

No. 5

어제 청국의 병사 6,500명이 텐진에서 배를 타고 조선으로 떠났습니다. 오늘 3,500명이 추가로 떠납니다.

쉔크[1]

---

1 [감교 주석] 쉔크(Schenck)

베를린, 1894년 7월 24일   A. 6759

주재 외교관 귀중   암호우편
1. 상트페테르부르크 No. 294
2. 런던 No. 571   귀하에게 다음과 같은 정보를 제공합니다.
                                      이달 23일 베이징 주재 독일제국 공사의 보고에
연도번호 No. 4375   의하면, 이달 22일 청국의 병사 6,500명이 톈진
                                      에서 배를 타고 조선으로 떠났습니다. 그리고
                                      다음날 3,500명이 추가로 떠났습니다.

베를린, 1894년 7월 25일   A. 6743

주재 외교관 귀중   암호우편
1. 런던 No. 573
2. 상트페테르부르크 No. 297
3. 빈 No. 377   1-4에게 : 이달 20일 로마 주재 독일제국 대사
4. 워싱턴 No. A 37   의 보고에 의하면, 로마 주재 영국 대사가 자국
                                    정부의 지시에 따라 이탈리아 외무장관에게 영
연도번호 No. 4396   국에서 제기된 청국과 일본의 충돌 가능성에 대
                                    한 우려를 전달하였습니다. 그에 덧붙여 이탈리
                                    아에 중재자의 입장에서 청국과 일본에 영향력
                                    을 행사해달라고 요청하였습니다. 이러한 요청
                                    에 따라 (이탈리아 외무장관; 감교자) 클레어는
                                    베이징과 도쿄 주재 이탈리아 공사에게 그 문제
                                    에 협조하라는 지시를 내렸습니다.

                                    본인은 귀하에게 이러한 정보를 제공하게 되어
                                    영광입니다.

                                    2-4에게 : 영국 정부의 조언과 청국 정부의 희
                                    망에 따라 베이징과 도쿄 주재 우리 대표들에게
                                    청일 양국의 분쟁을 평화적으로 해결하기 위한
                                    강대국 대표들의 노력에 동참하라는 지시를 내
                                    렸음을 알려 드립니다.

조선에서 벌어지는 사건들, 일본 정부의 태도

발신(생산)일	1894. 6. 6	수신(접수)일	1894. 7. 25
발신(생산)자	구트슈미트	수신(접수)자	카프리비
발신지 정보	도쿄 주재 독일 공사관	수신지 정보	베를린 정부
	A. 42		A. 6813

A. 6813　1894년 7월 25일 오후 수신

도쿄, 1894년 6월 6일

A. 42

독일제국 수상 카프리비 보병장군 각하 귀하

　　조선에서 벌어지는 여러 사건들이 일본 정부의 진지한 주목을 받고 있습니다. 외무대신[1]이 본인에게 밝힌 바에 의하면, 조선 국왕이 외국의 도움 없이 반란[2]을 진압하는 것은 거의 불가능해 보인다는 보고가 올라왔다고 합니다. 청 역시 이미 군대를 한반도에 투입시킬 준비단계에 돌입했다고 합니다. 텐진조약의 규정[3]에 따라 청국은 일본 정부에 공식적으로 이와 관련된 조치를 통보해야 하는데, 이곳에서는 현재 그것을 기대하고 있습니다. 일본 정부 역시 즉시 군대를 조선으로 투입할 경우를 대비한 준비에 이미 돌입하였습니다. 일본은 조선에 중요한 정치적 이해관계가 있을 뿐만 아니라 조선에 거주하는 1만 명의 일본인들을 보호해야 할 의무가 있습니다.

　　이곳의 언론보도는 무쓰 대신이 앞에서 전해준 내용과 일치합니다. 그에 따르면 일본 해군청은 병력 수송 명령이 떨어질 것에 대비해 이미 선박회사인 일본우선회사[4]가 보유한 증기선 몇 척을 임차해 놓았다고 합니다. 휴가 차 도쿄에 잠시 머무르던, 청과 조선 주재 일본 공사 오토리[5]는 어제 20명의 군경을 대동하고 조선으로 다시 돌아갔습

1　[감교 주석] 무쓰 무네미쓰(陸奧宗光)
2　[감교 주석] 동학농민군의 제1차 봉기
3　[감교 주석] 1885년 4월 18일 청국과 일본이 체결한 텐진조약의 제3조.
4　[감교 주석] 일본우선회사(日本郵船會社)
5　[감교 주석] 오토리 게이스케(大鳥圭介)

니다.

본 보고서의 사본은 베이징과 서울로 발송될 것입니다.

구트슈미트[6]

내용: 조선에서 벌어지는 사건들, 일본 정부의 태도

---

6 [감교 주석] 구트슈미트(F. Gudtschmid)

조선의 격동

발신(생산)일	1894. 6. 8	수신(접수)일	1894. 7. 25
발신(생산)자	구트슈미트	수신(접수)자	카프리비
발신지 정보	도쿄 주재 독일 공사관	수신지 정보	베를린 정부
	A. 44		A. 6815

A. 6815 1894년 7월 25일 오후 수신

도쿄, 1894년 6월 8일

A. 44

독일제국 수상 카프리비 보병장군 각하 귀하

어제 오후 일본 외무대신[1]이 본인에게 은밀히 다음과 같이 전해주었습니다. 청국이 자국 병력의 조선 파병에 대한 통보를 지체하고 있어 일본 정부가 텐진조약 제3조[2]에 따라서 이달 6일 베이징에 전보로, 위협 받는 일본의 이익을 위해 자국 군대를 제물포와 서울에 파병할 계획임을 통보했다는 것입니다. 그러자 도쿄 주재 청국 공사[3]가 어제 오전 무쓰 대신에게 공식적으로, 청 역시 일단 3개 대대(=1,500명) 규모의 병력을 조선이 파견하겠다고 통보하였다고 합니다. 무쓰 대신은 청국은 직접 반란[4]의 현장으로 병력을 파견할 것으로 예상하는 반면 일본군은 반란군[5]과의 전쟁에 직접 개입하지 않고 단지 조선에 거주 중인 일본인의 보호에만 역할이 국한될 것이라고 했습니다. 따라서 일본군은 일단 제물포와 서울 주변에 주둔하게 될 것이라고 합니다. 무쓰 대신은 모든 행보를 청과 완전히 합의한 상태에서 진행할 생각이라 청과의 합의가 방해받지 않기를 바라고 있습니다. 따라서 그는 일본과 청국의 군대가 그 어떤 마찰도 있어서는 안 된다는 입장입니다. 비록 무쓰 대신이 본인에게 일본은 일단 청과 동일한 규모의 병력만 파견할 것이라고

---

1 [감교 주석] 무쓰 무네미쓰(陸奧宗光)
2 [감교 주석] 1885년 4월 18일 청국과 일본이 체결한 텐진조약
3 [감교 주석] 왕펑짜오(王鳳藻)
4 [감교 주석] 동학농민의 제1차 봉기
5 [감교 주석] 동학농민군

하였으나 다른 믿을 만한 소식통에 의하면 평상시 병력 8,882명 규모의 히로시마 주둔 5사단 전체에 시모노세키에서 선박에 승선하라는 명령이 하달되었다고 합니다. 하지만 본인은 일단 파병 규모가 3,000명을 넘지는 않을 것으로 믿습니다.

본 보고서의 사본은 베이징과 서울로 전달될 것입니다.

구트슈미트

내용: 조선의 격동

원문 p.587

[국내 문제를 조선 문제로 잠재우려는 일본 정계의 시도]

발신(생산)일	1894. 6. 10	수신(접수)일	1894. 7. 25
발신(생산)자	구트슈미트	수신(접수)자	카프리비
발신지 정보	도쿄 주재 독일 공사관	수신지 정보	베를린 정부
	A. 45		A. 6816

A 6816 1894년 7월 25일 오후 수신

도쿄, 1894년 6월10일

A. 45

독일제국 수상 카프리비 보병장군 각하 귀하

(생략)

일본에서 조선 문제[1]가 국내의 여러 논쟁거리로부터 완전히 여론의 관심을 앗아버렸습니다.[2] 일본은 틀림없이 이것을 조선에 대한 군사 개입의 기회로 활용할 것으로 예상되며, 모든 정당이 이에 열광하고 있습니다. 이것은 일본 정부가 현재 시점에서 몹시 바라던 일이었습니다.

구트슈미트

---

1 [감교 주석] 동학농민군의 제2차 봉기
2 [감교 주석] "조선 문제는 일본에서 국내의 여러 논쟁들을 여론의 관심에서 완전히 멀어지게 만들었습니다."로 의역 가능.

일본의 조선 원정군

발신(생산)일	1894. 6. 12	수신(접수)일	1894. 7. 25
발신(생산)자	구트슈미트	수신(접수)자	카프리비
발신지 정보	도쿄 주재 독일 공사관	수신지 정보	베를린 정부
	A. 46		A. 6817
메모	기밀! 7월 27일 런던 582, 카를스루에 431, 페테르부르크 300, 뮌헨 576, 워싱턴 A 39, 슈투트가르트 542, 드레스덴 546, 바이마르 346 및 외무부 장관 각하 전달.		

A. 6817 1894년 7월 25일 오후 수신

도쿄, 1894년 6월 12일

A. 46

독일제국 수상 카프리비 보병장군 각하 귀하

본인과 친밀한 관계인 무쓰[1] 대신이 다음과 같은 내용을 전해주었습니다. 며칠 전 러시아 공사[2]가 무쓰 대신에게, 일본과 청국이 조선에 군대를 파병한다는 이야기를 들었다면서 그것과 관련해 "대체 적이 누구입니까?(Mais qui est donc l'enemi?)"라고 물었다고 합니다. 무쓰 대신은 히트로보에게, 청국이 조선에 맞서 싸워야 할 적을 갖고 있는지는 알지 못하나 일본이 조선에 병력을 파견하는 목적은 단지 조선에 거주하는 일본인을 보호하기 위해서이며, 조선의 내란[3]과는 아무 상관이 없다고 답변하였다고 합니다. 무쓰 대신은 조선 문제와 관련해 러시아가 어떤 특별한 조치를 취할지 아닐지에 대해서는 아직 아무런 정보도 받지 못했다고 하였습니다. 외국에 파견된 일본 대표들에게는, 일본이 조선에 원정군을 파견하는 목적에 대해 질문을 받을 경우 일본의 이해관계에 대한 경고 및 자국민 보호가 그 목적이라고 해명하라는 훈령이 떨어졌다고 합니다.

그루트슈라이버[4] 소령이 본인에게 털어놓은 바에 의하면, 선박 편으로 일본을 떠나

---

1 [감교 주석] 무쓰 무네미쓰(陸奧宗光)
2 [감교 주석] 히트로보(M. A. Hitrovo)
3 [감교 주석] 동학농민군의 제1차 봉기

오늘 조선에 도착할 예정인 원정군은 보병연대 2, 기병중대 1, 산악포병대 2, 무수한 다리를 파괴 능력을 가진 공병대 1이 합쳐진 혼성여단으로, 규모는 약 3,000명이라고 합니다. 공식적으로는 이 원정군이 전쟁을 수행하기 위한 목적이 아니라고 밝히고 있으나 그루트슈라이버가 관찰한 바에 따르면 참모본부는 물론이고 육군성에서도 우발적으로 전쟁에 연루될 가능성을 주시하고 있습니다. 그럴 경우를 대비해 히로시마에서 이미 병력을 추가로 파견할 준비가 진행되고 있습니다. 믿을 만한 지인의 말에 따르면, 참모본부의 장교들뿐만 아니라 원정군 내에서도 전쟁을 반기는 분위기가 지배적이라고 합니다. 그렇기 때문에 총사령관 오시마[5] 육군소장은 원정군 내에서 전쟁에 대한 의욕이 지나치게 과열되지 않도록 자제시킬 필요가 있을 듯합니다.

구트슈미트

내용: 일본의 조선 원정군

---

4 [감교 주석] 그루트슈라이버(Grutschreiber)
5 [감교 주석] 오시마 요시마사(大島義昌)

조선의 혼란

발신(생산)일	1894. 6. 22	수신(접수)일	1894. 7. 25
발신(생산)자	구트슈미트	수신(접수)자	카프리비
발신지 정보	도쿄 주재 독일 공사관	수신지 정보	베를린 정부
	A. 47		A. 6818
메모	7월 27일 런던 582, 카를스루에 431, 페테르부르크 300, 뮌헨 576, 워싱턴 A. 39, 슈투트가르트 542, 드레스덴 546, 바이마르 346 및 외무부 장관 전달		

A. 6818 1894년 7월 25일 오후 수신

도쿄, 1894년 6월 22일

A. 47

독일제국 수상 카프리비 보병장군 각하 귀하

오늘 일본 외무차관[1]과 현안에 대해 대화를 나누면서 조선의 현재 상황에 대해 문의하였습니다. 그러자 차관은 5 내지 6천 명의 일본군이 조선에 상륙하였다는 것을 인정하였습니다. 차관 하야시는 또한 일본은 조선의 행정이 개선될 거라는 확신이 서기 전에는 조선에서 일본군을 철수시키지 않을 것이라고 하였습니다. 일본 측에서 절대 양보할 수 없는 가장 시급한 개혁조치로 차관은, 조선에서 그런 용어를 쓸 수 있을지 모르겠으나 일단 행정의 쇄신을 지적하였습니다. 이어서 그는 사법권의 분리를 지적하였습니다. 현재 범죄에 대한 판결을 내려야할 자들이야말로 바로 도둑과 약탈자이기 때문에, 일본은 이것을 더 이상 묵과할 수 없다는 것입니다.

더 나아가 하야시는 일본은 지금도 여전히 군사적인 조치를 취할 계획이 없다고 해명하였습니다. 오히려 일본이 엄청난 규모의 조선 원정군을 파견하는 것은 단지 앞에서 언급된 개혁을 압박하기 위한 목적이기 때문에 일본은 아무런 성과 없이 군대를 철수시킬 수는 없다고 하였습니다.

마지막으로 차관은 그에게 올라온 보고에 의하면 조선에 파견된 청국 군대의 규모는

---

1 [감교 주석] 하야시 다다스(林董)

약 2,000명이며, 그들은 아직 상륙지 아산으로부터 전혀 움직이지 않고 있다고 언급하였습니다.

본인은 본 보고서의 사본을 베이징과 서울로 발송할 것입니다.

구트슈미트

내용: 조선의 혼란

19

러시아 황제, 영국과 공동으로 청일 중재 결정

발신(생산)일	1894. 7. 25	수신(접수)일	1894. 7. 25
발신(생산)자	렉스	수신(접수)자	
발신지 정보	페테르부르크 주재 독일 대사관	수신지 정보	베를린 외무부
	No. 92		A. 6822
메모	7월 27일 런던 584에 전달		

A. 6822 1894년 7월 25일 오후 수신

전보

페테르부르크, 1894년 7월 25일 오후 5시 20분

도착: 오후 6시 15분

독일제국 대리공사가 외무부에 발송

암호해독

No. 92

조선에서 청국과 일본이 적대적으로 충돌하는 것에 대해 영국 대사관에도, 또 러시아 내각에도 알려진 것이 전혀 없습니다. 러시아 황제는 영국과의 공동 조치를 허락하였습니다.

렉스

베를린, 1894년 7월 26일   A. 6749

주재 외교관 귀중   귀하에게 베를린 주재 러시아 대리공사의 보고
1. 런던 No. 580   에 대한 메모를 삼가 개인적인 정보로 제공하게
2. 빈 No. 381   되어 영광입니다.
3. 워싱턴 No. A 38
4. 로마 No. 435
5. 파리 No. 341
6. 도쿄 No. A 6
7. 베이징 No. A 27

연도번호 No. 4416

[청일전쟁 임박 보고]

발신(생산)일	1894. 7. 24	수신(접수)일	1894. 7. 26
발신(생산)자	구트슈미트	수신(접수)자	
발신지 정보	도쿄 주재 독일 공사관	수신지 정보	베를린 외무부
	No. 8		A. 6834
메모	7월 26일 런던 581, 페테르부르크 299 전달		

A. 6834 1894년 7월 26일 오전 수신

전보

도쿄, 1894년 7월 24일 오후 3시 50분

도착: 7월 26일 오후 1시 14분

독일제국 공사가 외무부에 발송

암호해독

No. 8

영국의 중재는 수포로 돌아갔습니다. 영국 외무부가 청에 우호적인 (베이징 주재 영국공사; 감교자) 오코너[1] 공사의 전보에 영향 받아 일본에 불공정한 압력을 가하고 있기 때문입니다.

만약 청국이 일본의 제안을 수용하지 않으면 전쟁은 불가피해 보입니다.

구트슈미트

---

1 [감교 주석] 오코너(N. R. O'Conor)

베를린, 1894년 7월 26일   A. 6874

주재 외교관 귀중   암호우편
1. 런던 No. 581
2. 상트페테르부르크 No. 299   귀하에게 이달 24일 도쿄 주재 독일제국 공사의
                                        보고 내용을 개인적인 정보로 제공합니다.
연도번호 No. 4419

베를린, 1894년 7월 26일   A. 6834

주재 외교관 귀중   암호우편
1. 런던 No. 581
2. 상트페테르부르크 No. 299   귀하에게 이달 24일 도쿄 주재 독일제국 공사의
                                        보고를 개인적인 정보로 제공합니다.
연도번호 No. 4419
                                        "영국 정부가 청에 우호적인 오코너 공사의 전
                                        보를 받고 일본에 불공정한 압력을 가하고 있어
                                        영국의 중재 노력은 수포로 돌아갈 것입니다.

                                        만약 청국이 일본의 제안을 수용하지 않으면 전
                                        쟁은 불가피해 보입니다."

청국과 일본 군대의 조선 파견

발신(생산)일	1894. 6. 12	수신(접수)일	1894. 7. 26
발신(생산)자	쉔크	수신(접수)자	카프리비
발신지 정보	베이징 주재 독일 공사관	수신지 정보	베를린 정부
	No. 72		A. 6843
메모	7월 29일 런던 589, 페테르부르크 304, 로마 B. 441, 빈 389, 워싱턴 A 41 전달		

A. 6843 1894년 7월 26일 오후 수신

베이징, 1894년 6월 12일

No. 72

독일제국 수상 카프리비 보병장군 각하 귀하

총리아문 대신들이 어제 본인에게 전해준 바에 의하면, 조선 국왕이 청에 반란군[1] 진압을 도와 달라고 요청하였다고 합니다. 리훙장[2]의 명령에 따라 일단 1,500명에 이어 이달 7일 내지 8일 추가로 2,500명을 더해 총 3,500명의 군인들과 산하이관[3]과 루타이[4] 대대에서 차출한 6대의 야포를 선박을 이용해 조선으로 보냈으며, 그들은 아산에 상륙하였다고 합니다. 아산은 제물포 항에서 남쪽으로 50해리 떨어진 해안지역으로, 서울을 둘러싸고 있는 경기도의 남쪽 경계선과 맞닿은 도가 만나는 지점에 있습니다.

청국의 병사들은 모두 소총으로 무장하고 있습니다. 즈리[5] 지방의 군대를 지휘하던 예[6] 장군이 총사령관의 직책을 맡았습니다. 청 대신들의 진술에 의하면, 그사이에 조선 정부가 반란군과 대결해 산발적으로 소규모 승전보를 올렸으나 큰 의미는 없어 보인다고 하였습니다.

그런데 조선의 상황은 더 복잡해질 듯합니다. 일본 군대 역시 조선의 수도 서울로

---

1 [감교 주석] 동학농민군
2 [감교 주석] 리훙장(李鴻章)
3 [감교 주석] 산하이관(山海關)
4 [감교 주석] 루타이(蘆臺)
5 [감교 주석] 즈리(直隸)
6 [감교 주석] 예즈차오(葉志超)

가라는 명령을 받고 이미 서울에 도착하였기 때문입니다. 물론 베이징 주재 일본 대리공사가 본인에게 전해준 바에 의하면, 일본 병력은 제물포항에 정박하고 있는 일본 전함의 병력에서 약 400 내지 420명의 해군을 차출해 상륙시킨 것입니다. 일단 그들의 최우선 관심사는 규모가 꽤 큰 조선 거주 일본인들을 보호하는 것입니다. 1885년 4월 18일 체결된 청일 조약[7] 제3조(1885년 4월 30일 우리 쪽 보고서[8] A. 98의 첨부문서)에는 다음과 같이 규정되어 있습니다. "조선에서 심각한 소요사태 발생 시 청국과 일본은 동시에 혹은 한 나라가 독자적으로 신속하게 조선으로 군대를 파견할 수 있다. 하지만 양국은 서로 상대방에게 서면으로 공식적으로 그 사실을 통보해야 한다. 질서가 회복되면 원정부대는 신속히 철수해야 한다. 수비대가 계속 주둔하는 것은 허용되지 않는다."

일본 대리공사가 본인에게 전해준 바에 따르면, 청국은 군대 파병에 대해 일본에 통지하였습니다. 하지만 고무라[9]는, 만약 청국 정부가 일본 정부에 단순히 통보만 할 것이 아니라 군대 파견에 대해 사전에 일본과 협의했더라면 청을 더 신뢰할 수 있었을 것이라고 말했습니다. 만약 그랬더라면 일본이 군대를 파견하지 않았을 가능성도 있었다는 것입니다. 청국은 10년 전부터 끊임없이 조선의 일에 개입하고 있는데, 공사관-수비대의 형태를 유지하면서 조선 내정에 계속 관여한다는 것입니다. 일본은 이를 정당한 일로 인정할 수 없다면서, 더 나아가 조선의 대외관계는 10년 전의 상태로 돌아가야 할 것이라고 주장하였습니다.

조선에 대한 일본과 청국의 군대 파견은 위험성을 내포하고 있다는 사실을 부인할 수 없습니다. 김옥균[10] 처형으로 인해 양국 정부의 관계가 팽팽한 긴장상태를 유지하고, 일본 내 여론이 격앙되고 있는 현 시점에서는 더더욱 그렇습니다.

청과 조선 담당 일본 공사 오토리[11]는 휴가 중에 황급히 조선으로 귀환하라는 훈령을 받고 다시 서울로 돌아갔습니다.

쉔크

내용: 청국과 일본 군대의 조선 파견

---

7   [감교 주석] 1885년 4월 18일 청국과 일본이 체결한 텐진조약
8   [원문 주석] 문서 A. 5057 de 85에 삼가 동봉.
9   [감교 주석] 고무라 주타로(小村壽太郞)
10   [감교 주석] 김옥균(金玉均)
11   [감교 주석] 오토리 게이스케(大鳥圭介)

22

[영국의 한반도 분할론]

발신(생산)일		수신(접수)일	1894. 7. 26
발신(생산)자		수신(접수)자	
발신지 정보		수신지 정보	베를린 외무부
			A. 6851
메모	7월 28일 런던 587, 도쿄 A 7, 빈 388, 베이징 A 28, 워싱턴 A 40, 로마 440, 파리 345 전달		

A. 6851 1894년 7월 26일 오후 수신

러시아 대리공사가 본인에게 Hiers 씨한테서 온 급전의 내용을 전해주었습니다. 영국이 상트페테르부르크에서 했던 제안, 즉 일본은 자국 군대를 수도 서울의 남쪽에 있는 제물포항으로 이동시키고, 청국은 자국 군대를 서울 북쪽으로 이동시키도록 청일 양국을 설득하자는 이전의 제안을 보완하는 내용입니다. 러시아 정부는 그것에 동의했으며 그에 상응한 조치들을 취할 예정입니다.

베를린, 1894년 7월27일   A. 6817, 6818

주재 외교관 귀중   귀하에게 조선의 혼란에 대한 지난달 12일과 22
1. 런던 No. 582   일 도쿄 주재 독일제국 공사의 두 편의 보고서
                                    사본을 삼가 전달합니다.
2. 상트페테르부르크 No. 300

3. 워싱턴 No. A 39   1-3에게: 이 기밀 정보를 귀하의 판단에 따라

4. 드레스덴 No. 546   재량껏 사용할 수 있는 권한을 부여합니다.

5. 카를스루에 No. 431   4-8에게: 1885년 3월 4일 훈령과 관련해 본 정

6. 뮌헨 No. 570   보를 활용할 수 있는 전권을 함께 부여합니다.

7. 슈투트가르트 No. 542

8. 바이마르 No. 346   본인은 외무부 장관 각하에게 (위에서 언급한

9. 외무부 장관 귀하   바와 같은) 조선의 혼란에 관한 지난달 12일과
                                    22일 도쿄 주재 독일제국 공사의 두 편의 보고
                                    서 사본을 삼가 참조용으로 제공하게 되어 영광
연도번호 No. 4433   입니다.

베를린, 1894년 7월 27일   A. 6822

런던 No. 584 대사관 귀중   암호우편

연도번호 No. 4435   귀하에게 상트페테르부르크 주재 독일제국 대
                                    리공사의 이달 25일 보고를 삼가 개인적인 정보
                                    로 전달합니다.

23

[런던 주재 일본 공사 아오키의 청국-러시아 밀착 우려와 청일전쟁 가능성 시사]

발신(생산)일	1894. 7. 24	수신(접수)일	1894. 7. 27
발신(생산)자	메테르니히	수신(접수)자	카프리비
발신지 정보	런던 주재 독일 대사관	수신지 정보	베를린 정부
	No. 471		A. 6882
메모	7월 30일 페테르부르크 309 전달		

A. 6882 1894년 7월 27일 오후 수신

런던, 1894년 7월 24일

No. 471

기밀

독일제국 수상 카프리비 보병장군 각하 귀하

오늘 본인이 일본 공사 아오키[1]를 방문하였을 때 그는 조선의 상황에 대해 우려를 표했습니다. 일본과 청국의 군대가 충돌할 경우 언제라도 전쟁으로 이어질 수 있다면서, 이미 일본군 일부가, 청국 관리의 사주에 의한 것으로 짐작됩니다만 조선 병사에 의해 공격을 받았다는 것입니다. 일본군 수송선 한 척이 청 전함에 격침당했다는 소문도 돌고 있다고 했습니다. 이에 대해 이곳 영국 외무부는 아직 아무런 정보도 갖고 있지 못합니다. 만약 이 소문이 사실로 밝혀질 경우 사실상 이미 전쟁은 시작된 셈이라고 했습니다. 아오키는 일본과 청국의 분쟁은 아무런 도움도 안 되기 때문에 자신은 평화를 지키기 위해 최선을 노력을 기울이고 있다고 하였습니다. 일본 정부는 만약 전쟁이 일어날 경우 상하이항을 침범하지 않겠다고 영국 정부에 약속하였다고 했습니다.

얼마 전까지만 해도 아오키는 오늘 보여준 모습보다 덜 평화적인 입장이었습니다. 이러한 변화는 영국 정부의 영향에서 비롯된 것으로 보입니다.

대화 도중 아오키 공사는 현재 이러한 분쟁이 벌어지게 된 과거의 배경에 대해 설명

---

1 [감교 주석] 아오키 슈조(靑木周藏)

해 주었습니다. 또한 1885년 텐진에서 체결된 청일조약[2]에 관해서도 이야기가 나왔습니다. 그는 그 조약의 비밀조항을 은밀히 본인에게 알려주었습니다.[3] 그 조항에 따르면, 양국 정부는 조선 국왕에게 자체적으로 군대를 조직하고 점차 그 규모를 늘릴 것을 제안하고, 이 목적을 위해 외국 장교의 채용을 조언하도록 되어 있습니다. 단 일본과 청국의 장교는 배제된다고 합니다. 그런데 청국이 조선 군대의 강화를 추진하지 않고 오히려 자국 군대를 조선에 파견했기 때문에 사실상 그 조항은 그동안 거의 사문화된 거나 마찬가지였습니다. 일본은 조선의 독립을 확고히 유지해 조선을 러시아에 대항하는 완충국으로 활용할 수 있을 만큼 힘을 키우는 정책을 추진 중이라고 합니다. 조선에 거주 중인 수많은 일본인들과 중요한 노선들의 선박운항 역시 이 정책을 추구하는 데 기여하였습니다. 조선을 온전한 상태로 유지하는 것은 당연히 청국의 관심사라고도 하였습니다. 그런데 텐진조약에도 불구하고 현재 청국은 모든 기대에 어긋나게도 북쪽의 이웃국가[4]를 당면한 분쟁의 심판으로 끌어들였습니다. 이로 인해 청에 대한 일본의 오랜 불신이 새로이 강화되었습니다. 청에 대한 의심과 러시아가 조선에 대해 품고 있는 야심이 일본 정부에 새로운 자양분이 되었습니다. 청국은 이미 1년여 전부터 조선 문제와 관련해 러시아와 비밀협약을 체결했다고 일본 정부를 협박해왔다고 합니다. 공사의 말로는, 리훙장[5]이 이 문제에 관여하고 있으며 러시아에 유리한 방향으로 모종의 역할을 수행하고 있다고 하였습니다. 러시아는 과거 가난한 나라였으나 지금은 엄청나게 부유해졌습니다. 러시아는 모든 면에서 자신들이 베푸는 호의에 대해 청으로부터 값비싼 대가를 받을 것이라고 했습니다. 외국을 위해 공짜로 일해 줄 필요가 있겠습니까?

아오키는 시베리아 횡단철도 건설이 초래할 위험을 생생하게 느끼고 있습니다. 아오키가 평화유지를 확고히 보장한다고 말하고는 있지만 그의 발언을 통해 본인은 다음과 같은 결론을 내렸습니다. 즉 그는 조선 국경선에서 러시아의 힘이 아주 강력하지는 않은 현재 시점을 조선 문제를 일본에 유리한 방향으로 해결할 수 있는 적기로 보고 있다는 것입니다. 철도가 건설되고 조선과 국경을 이루고 있는 지방까지 개발되어 러시아 군대가 그곳까지 들어올 때까지 기다리기보다는 그 전에 조선에서 확고한 위치를 점하는 것이 유리하다고 생각하는 것입니다.

메테르니히

---

2 [감교 주석] 텐진조약
3 [감교 주석] 텐진조약 2조
4 [감교 주석] 러시아
5 [감교 주석] 리훙장(李鴻章)

24

조선

발신(생산)일	1894. 7. 25	수신(접수)일	1894. 7. 27
발신(생산)자	메테르니히	수신(접수)자	카프리비
발신지 정보	런던 주재 독일 대사관	수신지 정보	베를린 정부
	No. 477		A. 6885

A. 6885   1894년 7월 27일 오전 수신, 첨부문서 1부

런던, 1894년 7월 25일

No. 477

독일제국 수상 카프리비 보병장군 각하 귀하

오늘 "Standard"[1]지에 조선의 정세에 관한 사설이 실렸습니다. 사설은 따로 오려서 보고서에 삼가 첨부하였습니다. 관심 있는 강대국들이 위기에 빠진 평화를 지키기 위해 신속한 대처에 나서야 한다고 촉구하는 내용입니다. 필요하다면 청국과 일본이 이성을 되찾도록 최후통첩이라도 해야 한다면서, 물론 이 사안의 주도권은 영국이 가져야 한다고 주장하고 있습니다. 청국과 일본의 군대가 근거리에서 서로 대치하게 되는데, 강대국들이 조속히 개입하지 않을 경우 첫 번째 충돌이 전투로 이어지는 것을 피할 수 없다는 것입니다. 그리고 어쩌면 그 영향은 절대 아시아에만 국한되지 않을 것이라고 하였습니다.

메테르니히

내용: 조선

No. 477의 첨부문서

첨부문서의 내용(원문)은 독일어본 602~604쪽에 수록.

---

1   [감교 주석] 스탠다드(Standard)

25

조선

발신(생산)일	1894. 7. 25	수신(접수)일	1894. 7. 27
발신(생산)자	메테르니히	수신(접수)자	카프리비
발신지 정보	런던 주재 독일 대사관	수신지 정보	베를린 정부
	No. 480		A. 6887
메모	7월 30일 파리 347, 슈투트가르트 551, 페테르부르크 307, 바이마르 351, 로마 443, 베이징 A 39, 빈 391, 도쿄 A 8, 워싱턴 A 42, 드레스덴 555, 카를스루에 439, 뮌헨 579 및 외무부 장관 각하에게 건달.		

A. 6887 1894년 7월 27일 오전 수신

런던, 1894년 7월 25일

No. 480

독일제국 수상 카프리비 보병장군 각하 귀하

킴벌리[1]가 오늘 본인에게, 최근에 들어온 보고에 따르면 조선의 상황이 약간 호전되었다고 하였습니다. 청에 자신들의 제안에 대한 답변기한을 5일을 제시했던 일본 정부가 그 주장을 철회하였을 뿐만 아니라, 조선에 군대를 추가 파견하지 않을 계획임을 통지하였다는 것입니다. 그럼에도 불구하고 킴벌리는 양국 군대가 여전히 근거리에서 주둔하고 있는 상황을 매우 우려하여 어떻게든 도쿄와 베이징에서 그의 제안을 받아들여 청국은 조선의 북쪽으로, 일본은 조선의 남쪽으로 군대를 이동시키도록 중재하는 중이라고 합니다. 스탈[2]이 킴벌리에게 전해준 바에 의하면, 러시아 정부는 이미 도쿄와 베이징에서 영국 정부와 보조를 맞추고 있으며 청일 양국에 영국과 같은 제안을 하였다고 합니다. 그런데 스탈에 의하면, 러시아는 청국 정부로부터 중재에 나서달라는 제안을 받은 것이 아니라 단지 리훙장[3] 총독 개인의 부탁을 받은 것이라고 합니다.

---

1 [감교 주석] 킴벌리(J. W. Kimberley)
2 [감교 주석] 스탈(E. E. Staal). 런던 주재 러시아 대사.
3 [감교 주석] 리훙장(李鴻章)

킴벌리는 상하이와 상하이항을 침범할 의사가 없다는 일본 측 해명에 매우 흡족해하고 있습니다.

메테르니히

내용: 조선

베를린, 1894년 7월 28일   A. 6851

주재 외교관 귀중

1. 런던 No. 587

2. 빈 No. 388

3. 워싱턴 No. A. 40

4. 로마 B. No. 440

5. 파리 No. 345

6. 도쿄 No. A. 7

7. 베이징 No. A. 28

연도번호 No. 4480

귀하에게 베를린 주재 러시아 대리공사의 추가 보고에 대한 서신의 사본을 개인적인 정보로 삼가 제공하게 되어 영광입니다.

26

[영국의 청일 중재와 러시아와의 공조에 관한 건]

발신(생산)일	1894. 7. 26	수신(접수)일	1894. 7. 28
발신(생산)자	메테르니히	수신(접수)자	카프리비
발신지 정보	런던 주재 독일 대사관	수신지 정보	베를린 정부
	No. 482		A. 6930
메모	7월 30일 파리 348, 페테르부르크 308에 전달		

A. 6930 1894년 7월 28일 오후 수신

런던, 1894년 7월 26일

No. 482

독일제국 수상 카프리비 보병장군 각하 귀하

암호해독

어제 킴벌리를 방문했을 때 조선에 관해 최근 올라온 보고 내용을 본인에게 알려주었습니다. 그것은 어제 본인이 올린 보고서 No. 480을 통해 이미 보고가 올라갔습니다. 킴벌리는 청국과 일본으로 하여금 군대를 조선의 북쪽과 남쪽으로 이동 배치하도록 설득하는 작전에 러시아와 연합전선을 펼치게 된 것에 몹시 흡족해하고 있습니다. 킴벌리 장관은 프랑스 정부가 참여여부를 결정하지 못한 채 계속 사태를 관망하고 있는 이유는 일단 러시아가 어떻게 나올지 지켜보려는 심산으로 판단하고 있다고 본인에게 은밀히 말했습니다. 그런데 지금은 생각이 바뀌었다고 말했습니다. 런던 주재 프랑스 대사[1]가 그를 찾아와 은밀히, 서울에서 마지막 보고가 들어온 날짜가 언제냐고 물었다는 것입니다. 이달 23일이라고 답변하자, 드크레가 프랑스 정부는 2주 전부터 서울 주재 프랑스 대표들로부터 아무런 보고도 들어오지 않아 매우 불안해하고 있다고 말했다고 합니다. 킴벌리는 조선 문제에 대해 프랑스 정부가 결정을 망설이는 것은 서울에서 직접적인 정보가 들어오지 않은 것과 연관이 있다고 생각하고 있습니다.

---

1 [감교 주석] 드크레(A. Decrais)

외무부 차관 버티[2]가 얼마 전 본인을 방문해 대화를 나누었습니다. 그때 그는 조선에서 분규가 발생하는 것을 미연에 방지하여 러시아가 조선에서 부동항 확보에 나설 수 있는 구실을 만들어주지 않는 것 역시 독일의 이해에 부합한다며 본인을 설득하였습니다. 부동항은 영국은 물론이고 독일의 무역에도 위협이 될 수 있다는 것이었습니다. 본인은 그의 은밀한 설득에 아무런 대답도 하지 않은 채 우리의 당면한 관심사로 화제를 돌렸습니다.

하지만 한 가지는 확실해 보입니다. 킴벌리가 러시아와 공동 전선을 펼치게 된 것을 그토록 반기는 것을 볼 때 영국 외무부는 조선에서의 주도권 쟁탈전으로 인한 위기상황을 공식적으로 밝힌 것보다 훨씬 더 조마조마한 마음으로 지켜보는 듯합니다. 단지 "Standard"만이 이따금씩 불길한 예언을 하고 있습니다.

메테르니히

---

2 [감교 주석] 버티(F. Bertie)

베를린, 1894년 7월 29일   A. 6843

주재 외교관 귀중

1. 런던 No. 589

2. 상트페테르부르크 No. 304

3. 로마 No. 441

4. 빈 No. 389

5. 워싱턴 No. A 41

연도번호 No. 4505

귀하에게 청일 양국 군대의 조선 파견에 관한 지난달 12일 베이징 주재 독일제국 공사의 보고서 사본을 삼가 전달합니다.

―――――――――

귀하의 판단에 따라 본 정보를 재량껏 활용할 수 있는 권한을 함께 부여합니다.

―――――――――

또한 본 보고서의 내용을 그곳 정부에 참조용으로 제공하기를 요청하는 바입니다.

청국과 일본

발신(생산)일	1894. 7. 27	수신(접수)일	1894. 7. 29
발신(생산)자	메테르니히	수신(접수)자	카프리비
발신지 정보	런던 주재 독일 대사관	수신지 정보	베를린 정부
	No. 484		A. 6956

A 6956 1894년 7월 29일 오전 수신

런던, 1894년 7월 27일

No. 484

독일제국 수상 카프리비 보병장군 각하 귀하

어제 외무부차관이 영국 하원에서 청일관계와 관련한 질문에 답변하였습니다. 1885년 청국과 일본이 조선에 심각한 소요사태가 발생할 시 질서 회복을 위해 군대 파견을 허용한다는 내용의 조약을 체결[1]한 바 있다는 내용이었습니다. 그런데 최근 조선에서 반란[2]이 일어나자 청국과 일본은 반란군[3]을 진압하기 위해 군대를 파견하였으며, 그로 인해 양국 관계는 현재 팽팽한 긴장상태에 돌입하였다고 합니다. 영국 정부는 이달 19일 전보로, 베를린, 상트페테르부르크, 파리, 로마 주재 영국 대표들에게 주재국 정부에 평화를 지키려는 영국 정부의 노력을 지원해 줄 것을 요청하라는 훈령을 내렸습니다. 그에 따라 앞에 언급된 국가에서는 베이징과 도쿄 주재 자국 대표들에게 영국 정부의 요청에 부응하라는 훈령을 내렸다고 합니다.

얼마 전 일본군과 조선군 사이에 총격전[4]이 오갔음에도 불구하고 아직 이곳에서는 일본과 청 사이에 적대행위가 발생했다는 소식은 전혀 없습니다.

메테르니히

내용: 청국과 일본

---

1 [감교 주석] 톈진조약
2 [감교 주석] 동학농민군 제1차 봉기
3 [감교 주석] 동학농민군
4 [감교 주석] 1894년 7월 23일 일본군의 경복궁 점령을 의미하는 것으로 추정됨.

조선

발신(생산)일	1894. 7. 27	수신(접수)일	1894. 7. 29
발신(생산)자	메테르니히	수신(접수)자	카프리비
발신지 정보	런던 주재 독일 대사관	수신지 정보	베를린 정부
	No. 486		A. 6957
메모	8월 1일 파리 356, 페테르부르크 314, 로마 448, 빈 401, 워싱턴 A 43 전달		

A 6957 1894년 7월 29일 오전 수신

런던, 1894년 7월 27일

No. 486

오늘 본인은 일본 공사 아오키[1]가 제기한 우리나라와의 조약협상과 관련해 이달 23일 훈령 16860 / 36745의 내용을 전해줄 목적으로 그를 방문하였습니다. 그 자리에서 아오키 공사는 본인에게 조선 이야기를 꺼냈습니다.

그는 오늘 아무런 소식도 전달받지 못했다면서 아무래도 조선과의 전신망이 두절된 듯하다고 하였습니다. 그는 상하이에서 들어온 전보, 특히 전쟁 발발에 관한 전보는 믿을 수 없다고 하였습니다. 일본 정부는 현재 청국 정부에 여러 제안들을 해놓은 상태라고 합니다. 청국의 자주독립권 요구는 언급하지 않은 채 일본이 조선에서 청과 동등한 정치적 권리를 가져야 한다는 요구를 담고 있다고 합니다.

조선 내 병력배치와 관련해서 아오키는 일본군이 서울과 제물포에 주둔하고 있고 또한 북쪽에도 통로 하나를 점령하고 있다고 하였습니다. 그런데 제물포 남쪽 해안에 청국의 병력이 상륙하였으며, 그들은 조선 북쪽에 집결할 것으로 예상하였습니다.

메테르니히

내용: 조선

---

1 [감교 주석] 아오키 슈조(靑木周藏)

29

[오토리 공사의 철수 거부와 고종의 거중조정요청]

발신(생산)일		수신(접수)일	1894. 7. 29
발신(생산)자	크리엔	수신(접수)자	
발신지 정보	서울 주재 독일 총영사관 No. 56.	수신지 정보	베를린 외무부 A. 6963

A. 6963   1894년 7월 29일 오전 수신

No. 56

독일제국 전보

베를린 중앙전화국

7월 29일 정각 1시

"Seven otori asked corean goverment to demand from china wihdrawal of troops corea refused short fighting monday japanese took palace with king audience representatives western powers whose mediation king asked. - Krien"

1894년 7월 29일   A. 6960

폐하 귀하   서울 주재 독일제국 영사가 보낸 전보에 따르
                              면, 일본 공사가 조선 정부에 청에 군대 철수를
연도번호 No. 4489   요청해주도록 제안하였다고 합니다. 조선이 이
                              를 거부하자 일본인은 월요일에 짧은 전투 후
                              왕이 거주하고 있는 궁을 점령[1]하였습니다. 조
                              선 국왕은 유럽 대표들에게 중재[2]에 나서줄 것
                              을 요청하였습니다.

---

1 [감교 주석] 1894년 7월 23일 일본군의 경복궁 점령
2 [감교 주석] 고종은 서울 주재 서구 외교관들에게 거중조정 요청함.

30

[아오키의 청일 한반도 분할론 및 청국군의 영흥만 점령안 발언]

발신(생산)일	1894. 7. 27	수신(접수)일	1894. 7. 29
발신(생산)자	메테르니히	수신(접수)자	카프리비
발신지 정보	런던 주재 독일 대사관	수신지 정보	베를린 정부
	No. 487		A. 6965
메모	8월 1일 파리 356, 페테르부르크 314, 로마 448, 빈 401, 워싱턴 A 43 전달		

A. 6965 1894년 7월 29일 오후 수신

런던, 1894년 7월 27일

No. 487

독일제국 수상 카프리비 보병장군 각하 귀하

암호해독

No. 486의 계속.

대화가 진행되는 도중 일본 공사[1]는 꽤 흥미진진한 몇 가지 이야기를 본인에게 은밀히 털어놓았습니다.

그는 시베리아 횡단철도가 준공되면 러시아가 조선에 위험을 초래할 것이라고 우려하였습니다. 그것 때문인지 그는 속내를 감춘 채 킴벌리[2]에게 청국과 일본 군대를 북쪽과 남쪽으로 분리하여 배치하자는 그 유명한 제안을 하였습니다. 그리고 그렇게 될 경우 청국의 군대가 라자레프[3]항을 점령해야 한다는 것을 강조하였습니다. 킴벌리는 이 두 번째 제안은 수용하지 않고 단지 양측 군대를 북쪽과 남쪽으로 이동하자는 제안만 수용하였습니다. 1885년 텐진조약을 체결한 이후 일본 정부의 관심사는 청국이 제삼국의 침략으로부터 조선을 온전히 지키기 위해 진정으로 일본과 협력할 생각이 있는지 확인하는 것입니다. 일본은 청국이 병력을 동원해 라자레프항을 점령하는 것을 그에 대한

---

1 [감교 주석] 아오키 슈조(青木周藏)
2 [감교 주석] 킴벌리(J. W. Kimberley)
3 [감교 주석] 영흥만(Port Lazareff)

입증으로 간주하고 있습니다. 조선을 군사적으로 양분하자는 제안을 할 때 아오키가 염두에 둔 것은 시간이 흐른 뒤 일본과 청에 의한 조선의 분할로 이어질 수 있는 관계의 지속입니다. 아오키 공사는 킴벌리가 자신의 뜻을 미처 헤아려주지 못한 것에 기분이 언짢은 듯했습니다.

아울러 아오키는 자신과 일본은 독일과 정치적으로 더 밀접한 관계를 맺기 바란다고 하였습니다. 그는 우리나라가 멀리 떨어져 있는 나라 일본에 대해 보여주는 온갖 호의에도 불구하고 우리가 일본에 아무런 정치적 이해관계도 갖고 있지 않다는 사실이 유감이라고 언급하였습니다.

메테르니히

1894년 7월 30일   A. 6882

상트페테르부르크 No. 309   귀하에게 조선에 관한 이달 24일 런던 주재 독
주재 대사관 귀중   일제국 공사의 보고서 사본을 삼가 기밀 정보로
                                        제공합니다.

기밀!   ─────────────

연도번호 No. 4525   본 내용을 귀하의 판단에 따라 재량껏 활용할
                                        수 있는 권한을 부여합니다.

                                        ─────────────

                                        본 내용을 그곳 정부에 알리도록 노력하시기 바
                                        랍니다.

베를린, 1894년 7월 30일   A. 6887

주재 외교관 귀중   귀하에게 조선에 관한 이달 25일 런던 주재 독
1. 파리 No. 347   일제국 대리공사의 보고서 사본을 삼가 전달합
                                        니다.
2. 상트페테르부르크 No. 307

3. 로마(대사관) No. 443

4. 빈 No. 391   1-5에게: 정보 제공과 함께 이 정보를 귀하의
5. 워싱턴 No. A 42   판단에 따라 재량껏 사용할 수 있는 권한을 부
                                        여합니다.
6. 드레스덴 No. 555

7. 카를스루에 No. 439

8. 뮌헨 No. 579   6-10에게: 1885년 3월 4일 훈령과 관련해 본
9. 슈투트가르트 No. 551   내용을 전달할 수 있는 권한을 부여합니다.

10. 바이마르 No. 351

11. 베이징 No. A 29   외무부 장관 각하께 조선에 관한 이달 25일 런
12. 도쿄 No. A 8   던 주재 독일제국 대리공사의 보고서 사본을 삼
13. 외무부 장관 각하 귀하   가 전달하게 되어 영광입니다.

연도번호 No. 4521

베를린, 1894년 7월 30일   A. 6930

주재 외교관 귀중   귀하에게 조선에 관한 이달 26일 런던 주재 독
1. 파리 No. 348   일제국 대리공사의 보고서 사본을 기밀 정보로
2. 상트페테르부르크 No. 308   삼가 전달합니다.

기밀
연도번호 No. 4522

31

[미국 정부의 청일 중재 결정]

발신(생산)일	1894. 7. 30	수신(접수)일	1894. 7. 30
발신(생산)자		수신(접수)자	
발신지 정보	파리 주재 독일 대사관	수신지 정보	베를린 외무부
			A. 7003
메모	8월 1일 런던 601, 페테르부르크 315, 로마 449, 빈 402 전달		

A. 7003 1894년 7월 30일 오후 수신

전보

파리, 1894년 7월 30일 오후 3시 15분

도착: 오후 5시 3분

독일제국 대사가 외무부에 발송

암호해독

No. 179

니상[1]이 본인에게 아래와 같이 전해주었습니다. 즉 워싱턴 주재 프랑스 대사[2]가 오늘, 미국 정부가 매우 진지하게 청일 양국 간 분쟁 해결 노력에 나설 것이며, 분쟁이 해결되기를 희망한다는 내용의 전보를 보냈다고 합니다.

---

1 [감교 주석] 니상(Nisand)
2 [감교 주석] 노예르(J. P. Noyers)

베를린, 1894년 8월 1일 A. 6957, 6965

주재 외교관 귀중

1. 파리 No. 356

2. 상트페테르부르크 No. 314

3. 로마 No. 448

4. 빈 No. 401

5. 워싱턴 No. A 43

기밀

연도번호 No. 4576

귀하에게 조선에 관한 지난달 27일 런던 주재 독일제국 대리대사의 보고서 사본을 삼가 기밀 정보로 제공합니다.

베를린, 1894년 8월 1일 A. 7003

주재 외교관 귀중

1. 런던 No. 601

2. 상트페테르부르크 No. 315

3. 로마 No. 449

4. 빈 No. 402

연도번호 No. 4587

암호우편

귀하에게 7월 30일 파리 주재 독일제국 대리공사의 보고 내용을 삼가 정보로 제공합니다.

청국과 일본

발신(생산)일	1894. 7. 30	수신(접수)일	1894. 8. 1
발신(생산)자	하츠펠트	수신(접수)자	카프리비
발신지 정보	런던 주재 독일 대사관	수신지 정보	베를린 정부
	No. 489		A. 7059

A. 7059　1894년 8월 1일 오전 수신, 첨부문서 1부

런던, 1894년 7월 30일

No. 489

독일제국 수상 카프리비 보병장군 각하 귀하

영국 신문들이 조선에서 일어난 폭동[1] 및 그 사건과 관련된 청일 양국의 태도를 연일 기사로 쏟아내고 있습니다.

"Standard"나 "Times" 같은 보수 언론들은 어쨌든 사태의 평화적인 해결 가능성에 대해 매우 비관적인 입장을 보이고 있으며, 청국에 약간 더 우호적인 논조를 보입니다. 이들 언론은 만약 실제로 전쟁이 발발한다면 전쟁을 먼저 시작하는 쪽은 일본일 것으로 예상합니다. 왜냐하면 청국은 지금까지 단 한 번도 조선과의 관계에서 개혁이라는 위험한 문제를 제기한 적이 없기 때문입니다.

반면 "Daily News"지는 오늘 사설에서 – 사설은 보고서에 별도로 첨부하였습니다 – 이해관계가 없는 제삼자들은 모두 일본이 요구하는 (조선의 ; 감교자) 개혁의 필요성에 공감할 것이라고 주장하였습니다. 하지만 청국이 많은 다른 나라처럼 명예를 소중히 여기는 국가가 아니기 때문에 현재의 상황은 위험해 보인다고 하였습니다. 과거에 청국은 프랑스와 우호적인 관계에 있던 시절에도 선전포고도 없이 함대를 공격하고 무기고를 파괴한 사례가 있다는 것입니다. 그러나 만약 청국이 일본이 제안한 합리적인 개혁안을 지지하고 평화적인 병력철수를 요구한다면 현재 이 문제에 관심을 갖고 있는 수많은 강대국들이 평화를 유지하는 것은 그리 어렵지 않을 것이라고 주장하였습니다.

1　[감교 주석] 동학농민군 제1차 봉기

내용: 청국과 일본

A. 7059의 첨부문서 1

첨부문서의 내용(원문)은 독일어본 622~623쪽에 수록.

메모

조선을 둘러싼 청국과 일본의 전쟁에 대한 자료들

원본: 중국 20

A. 7185

　A국에 정중한 메모와 함께 다음과 같은 자료가 제출되었습니다. 해군청에서 우리 측 요청에 따라 해군총사령관이 전함 "일티스"호 함장을 통해 고베로 보낸 전보 요금을 지급해달라고 요청했으며, 우리 쪽 기금을 고려해 거절하지 않았다는 내용입니다.

　외무부 차관 홀만[3] 앞으로 발행된 요금청구서 및 관련 비용 지급명령서 초안을 첨부하였습니다.

3　[감교 주석] 홀만(Hollman)

33

[일본 주둔 "알티스"호 관련 우편 요금 지불 건]

발신(생산)일	1894. 7. 30	수신(접수)일	1894. 8. 4
발신(생산)자		수신(접수)자	비버슈타인
발신지 정보		수신지 정보	베를린 외무부
			A. 7185
메모	1. 공사관 회계에 대한 8월 12일 훈령 1. 8월 12일 답변		

A. 7185 1894년 8월 4일 오후 수신, 첨부문서 1부

베를린, 1894년 7월 30일

독일제국 외무부 차관 비버슈타인[1] 각하 귀하

금년 6월 4일 각하의 서신(A. 4966[2]에 따라 해군총사령부 측에서 전함 "일티스"호 함대사령관을 통해 금년 6월 11일 고베로 전보를 보낸 바 있습니다. 그런데 공증된 사본의 발췌문에 따르면 독일제국 우체국에서는 No. 9가 해군 총사령관에게 금년 6월 사후 청구한 우편요금이 130마르크 90페니히로 늘어났다고 합니다.

이에 본인은 각하께 공사관 회계에서 상기 금액을 이곳 해군총사령부 회계과로 직접 지불하도록 지시해 주실 것을 삼가 요청드립니다.

대금지급 지시를 위해 우선 이러한 요구를 하게 된 사유를 전달해 주시기를 삼가 요청드립니다.

페렐[3]을 대리하여

---

1 [감교 주석] 비버슈타인(M. Bieberstein)
2 [원문 주석] 삼가 첨부함
3 [감교 주석] 페렐(Perel)

조선 남부의 반란, 청국의 지원 병력 도착, 일본 군대 서울 진입

발신(생산)일	1894. 6. 14	수신(접수)일	1894. 8. 7
발신(생산)자	크리엔	수신(접수)자	카프리비
발신지 정보	서울 주재 독일 총영사관	수신지 정보	베를린 정부
	No. 45		A. 7249
메모	런던 618, 페테르부르크 326, 빈 412, 드레스덴 581, 뮌헨 605, 슈투트가르트 545, 바이마르 365 및 외무부장관 각하에게 전달 연도번호 No. 256		

A 7249　1894년 8월 7일 오전 수신

서울, 1894년 6월 14일

No. 45

독일제국 수상 카프리비 보병장군 각하 귀하

이달 2일 본인의 보고서 No. 41와 관련해 아래와 같이 추가로 보고하게 되어 영광입니다. 즉 이달 10일 예즈차오[1] 장군이 이끄는 청국 병사 1,600명이 전라도에서 반란군과 싸우는 조선 군대를 지원할 목적으로 제물포에서 남쪽으로 50킬로미터 떨어진 아산에 상륙하였습니다. - 같은 날 420명의 일본 해군이 4대의 화포를 가지고 서울에 진입하였습니다. 오토리[2] 일본 공사가 그들과 동행하였습니다.

오토리의 구상에 따른 일본 해군의 서울 진입을 막기 위해 조선 국왕은 제물포는 물론이고 한강에도 관리를 보냈습니다. 일본군이 서울로 들어오는 이유가 무엇이냐는 관리들의 질문에 일본 공사는 서울에 거주하는 일본인들을 지키기 위해 파견되었다고 답변하였다고 합니다. 관리가 서울 주민들은 완전히 평온함을 유지하고 있고, 설령 폭동이 일어난다 하여도 각 공사관과 서울 거주 외국인들을 보호하기 위해 병력을 배치할 의무를 가진 것은 바로 조선 정부라고 반박하면서 일본 공사의 걱정은 기우라고 하였습니다. 오토리는 조선 측의 이러한 반박에 대해 조선 병사의 보호를 신뢰할 수 없다고

1　[감교 주석] 예즈차오(葉志超)
2　[감교 주석] 오토리 게이스케(大鳥圭介)

답변하였습니다. 조선 정부가 그들 자신의 신하들조차 지킬 능력이 없다는 것은 주지의 사실로서, 그것 때문에 외국 군대에 도움을 요청하지 않았느냐는 논리였습니다.

어제 아침 일본 해군들이 다시 제물포로 물러났습니다. 대신 어제 저녁 800명의 강력한 일본 보병이 공병대 몇 명과 함께 서울에 도착하였습니다.

서울에 나와 있는 청국의 관리들은 일본 정부가 이러한 군사 조치를 취할 줄 미처 예상하지 못했던 것 같습니다. – 이달 8일 본인이 위안스카이[3]를 방문해 대화를 나누던 중, 조만간 일본 군대가 제물포에 들어오는 것이 거의 확실하다는 소문이 돌고 있다고 전했습니다. 그러자 위안스카이는 본인에게 거듭 그건 근거 없는 헛소문이라고 주장하였습니다. 청국의 병력이 조선에 상륙하는 것은 일본 정부와 합의 하에 진행되는 일로서, 1885년 톈진조약에 따라 사전에 일본 정부에 통보하였다는 것입니다. 오토리는 단지 20명의 경찰관으로 구성된 수행원의 호위를 받으며 서울로 귀환할 예정입니다. 일본 정부는 청국의 도움으로 반란군을 지체 없이 진압하는 것에는 완전히 동의하였다고 합니다. 반란으로 인해 일본 무역이 심각한 피해를 입었기 때문입니다. 더 나아가 위안스카이는 본인에게 이렇게 말했습니다. 예즈차오 장군은 아주 유능하고 엄격한 인물로서, 청국 정부가 그를 총사령관으로 선정한 가장 큰 이유는 파견된 군인들이 조선인들에게 불법적인 만행을 저지르는 것을 사전에 방지하기 위해서라고 합니다. 위안스카이 자신도 육군 중장으로 임명되어, 경우에 따라 예즈차오 장군의 지휘권을 넘겨받을 수 있는 권한을 부여받았다고 합니다. 그는 반란이 진압된 후 조선 정부에 반란자들에게 관대한 처벌을 내리도록 권유할 예정이라고 하였습니다. 처형은 단지 반란군 주모자에 한정되어야 한다는 것입니다. 뿐만 아니라 가장 유능하고 공정한 관리들을 지방에 파견해야 한다는 말도 하였습니다.

구두로 위안스카이에게 여러 가지 요청을 하였으나 거절되자 조선 정부는 다시 서면으로 청에 도움을 요청하였다고 합니다.

그저께 본인은 탕[4] 영사와 대화를 나눴습니다. 그는 청국 정부가 조선에 파견된 일본의 군사력에 매우 놀랐다고 하면서 그는 이런 상황이 도저히 이해되지 않는다고 말했습니다. 그리고 잠시 후 "만약 일본이 청과 전쟁을 벌일 생각이라면 우리는 일본에 맞서 싸울 것입니다."라고 덧붙였습니다. 나중에 그는 본인에게 일본 공사가 위안스카이에게 일본의 병력 추가 파견은 없을 거라고 약속했다고 말했습니다.

---

3 [감교 주석] 위안스카이(袁世凱)
4 [감교 주석] 탕샤오이(唐紹儀)

어제 제물포항에는 여섯 척의 전함이, 즉 "Matsushima", "Chiyoda", "Yayeyama", "Musashi", "Yamato", "Akagi"호가 정박하고 있었습니다. 다른 세 척의 선박, 즉 "Takao", "Tsukushi", "Oshima"호는 지난 며칠 사이 그곳을 떠나 현재 해안선을 따라 항해 중인 것으로 추정됩니다. 같은 시각, 제물포에는 네 척의 청국 전함, "Ting-Yuan", "Chih-Yuan", "Yang-wei", "Tsao-kiang"호가 머물고 있었습니다. 또한 청국의 세관선 "Fei Hoo"호, 미국 기함 "Baltimore"호, 프랑스의 "Ariso-Inconstant"호가 있었습니다. 그 외에도 어제 도착한 영국과 러시아 순양함 "Mercury"호와 "Ryndo"호가 있었습니다. 부산에서는 일본 포함 한 척이 닻을 내렸습니다.

일본이 이렇게 대규모 군사조치를 취하게 된 배경은 첫째로, 청국의 영향력이 약 4년 전부터 계속 커져오다가 지금은 거의 무제한에 이른 것에 대한 경쟁 심리의 발로로 보입니다.

조선 외아문 독판[5]이 이달 8일, 조약을 맺은 강대국 대표들에게 서신을 보냈습니다. 수도 서울은 모든 것이 평온하고, 반란군[6]이 북쪽을 향해 밀고 올라오고 있다는 소문은 근거 없는 헛소문에 불과하므로 두려워할 이유가 전혀 없다는 내용입니다. 그런 서신을 보낸 것은 짐작컨대 일본인들에게 서울로 군대를 파견할 구실을 주지 않으려는 목적인 듯합니다.

더 나아가 그저께 조선 외아문 독판이 외국 대표들에게 전날 정부군이 전주에서 폭도들을 몰아냈다고 전했습니다.[7]

확인된 것은 아니지만, 다른 보도에 따르면 반란군들은 이미 진압되었다고 합니다.

고부 군수[8]는 넓적다리에 30대의 곤장을 맞고, 멀리 떨어진 어느 황량한 섬[9]으로 유배되었다고 합니다.

전 전라도관찰사 김문현[10]의 경우, 감찰관은 먼저 그에 대한 조사의 결과가 나올 때까지 기다리지도 않고 의정부를 통해 왕에게 "공공 여론을 만족시키고 군기를 강화시키기 위해" 그의 죄를 물어 처형하라는 상신을 올렸습니다. 하지만 왕은 이를 거절하고 김문현을 전라도[11]에 있는 거제도로 귀양보냈습니다.

---

5 [감교 주석] 조병직(趙秉稷)
6 [감교 주석] 동학농민군
7 [감교 주석] 전주화약 직후 농민군 해산을 의미하는 것으로 보임.
8 [감교 주석] 조병갑(趙秉甲)
9 [감교 주석] 고금도
10 [감교 주석] 김문현(金文鉉)
11 [감교 주석] 경상도의 오기로 보임.

오늘 일본 공사관 서기 마쓰이[12]가 부영사 라인스도르프[13]에게, 일본이 군대를 파견한 목적은 일본 정부에 전주가 반란군에 의해 점령되었고 그들이 북쪽으로 밀고 올라온다는 전보가 도착하였기에 단지 서울과 제물포에 거주하는 일본인들을 보호하기 위해서라고 설명하였습니다. 현재 약 4,000명의 병력이 제물포로 오는 중이라고 합니다. 하지만 그들은 최대한 빨리 현재 서울에 주둔하고 있으나 곧 이곳을 떠나게 될 군대와 함께 일본으로 귀환하게 될 것이라고 하였습니다. 위안스카이가 오토리에게 공식적으로 청국은 조선에 병력을 추가로 투입하지 않을 것이라고 확인해 주었습니다.

베를린 주재 전 일본무관 후쿠시마 육군중령이 방금 본인을 방문하였습니다. 그는 일본군의 조선 파견은 일종의 기동훈련 같다고 표현하였습니다.

서울은 조선의 중부지방과 북부지방처럼 계속 평온을 유지하고 있습니다.

이달 10일 본인은 영광스럽게도 외무부에 아래와 같은 전보 No. 2를 보낸 바 있습니다.

"청국 군대 서해안에 상륙, 일본 군대는 서울에 도착, 이곳은 평온함. 크리엔"

또한 본인은 베이징 주재 독일제국 공사관에 다음과 같은 전보를 보냈습니다.:

"청국 군대 제물포 남쪽 아산에 상륙, 일본 군대는 서울에 도착, 이곳은 평온함."

본 보고서의 사본을 베이징과 도쿄 주재 독일제국 공사관에도 발송할 것입니다.

크리엔

내용: 조선 남부의 반란, 청국의 지원 병력 도착, 일본 군대 서울 진입

---

12 [감교 주석] 마쓰이(松井)
13 [감교 주석] 라인스도르프(Reinsdorf)

4,000명의 일본군 제물포에 도착

발신(생산)일	1894. 6. 16	수신(접수)일	1894. 8. 7
발신(생산)자	크리엔	수신(접수)자	카프리비
발신지 정보	서울 주재 독일 총영사관	수신지 정보	베를린 정부
	No. 46		A. 7250
메모	연도번호 No. 262		

A 7250 1894년 8월 7일 오전 수신

서울, 1894년 6월 16일

No. 46

독일제국 수상 카프리비 보병장군 각하 귀하

이달 14일 본인의 보고 No. 45[1]와 관련해 각하께 삼가 다음과 같이 보고 드리게 되어 영광입니다. 즉 제물포에서 전신으로 들어온 보고에 의하면, 일본군 4,000명이 8척의 배를 타고 어제 제물포에 도착하였다고 합니다.

본인은 본 보고서의 사본을 베이징과 도쿄의 독일제국 공사관에 보낼 것입니다.

크리엔

내용: 4,000명의 일본군 제물포에 도착

---

1 [원문 주석] 오늘 도착한 A. 7249

36
실제로

조선에 대한 일본과 청국의 군대 파견

발신(생산)일	1894. 6. 20	수신(접수)일	1894. 8. 7
발신(생산)자	쉔크	수신(접수)자	카프리비
발신지 정보	베이징 주재 독일공사관	수신지 정보	베를린 정부
	No. 76		A. 7253
메모	베를린 8월 14일 8월 8일 런던 619, 페테르부르크 327, 빈 413, 드레스덴 582, 카를스루에 459, 뮌헨 606, 슈투트가르트 576, 바이마르 366 및 외무부장관 각하에게 전달		

A 7253   1894년 8월 7일 오전 수신

베이징, 1894년 6월 20일

No. 76

독일제국 수상 카프리비 보병장군 각하 귀하

오늘 서울에서 들어온 소식에 의하면, 그곳의 반란[1]은 진압되었습니다. 전라도 감영[2]의 반란군[3]은 숫자가 줄어들었으며, 그나마도 사방으로 흩어졌습니다.[4] 최근까지 조선 주재 러시아 대리공사로 있다가 현재 베이징 주재 러시아 공사로 자리를 옮긴 베베르[5]의 견해에 따르면, 반란이 일어난 것은 처음부터 커다란 의미가 있었다고 합니다. 도탄에 빠진 농민들이 자신들의 호소가 받아들여지지 않자 그들을 억누르는 자들, 즉 지방의 고위관리들을 몰아내기 위해 봉기한 것으로, 이는 결코 중앙정부를 향한 것이 아니라고 합니다. 이런 일은 조선에서 자주 일어나는 일로서, 결말은 자연스럽게 예정돼 있다고 합니다.

청국의 군대가 실제로 폭동진압에 참여하였는지 여부는 이곳에서는 아직 정확히 알려진 바가 없습니다. 이미 보고 드린 바와 같이 청국의 군대가 미처 현장에 도착하기

---

1 [감교 주석] 동학농민군 제1차 봉기
2 [감교 주석] 전주
3 [감교 주석] 동학농민군
4 [감교 주석] 동학농민군과 정부군 사이에 전주화약을 맺음. 이후 농민군 해산함.
5 [감교 주석] 베베르(K. I. Weber)

전 조선 정부군이 반란군을 진압했습니다.

그사이에 일본 공사 오토리[6]를 호위했던 300내지 400명의 일본 해군을 대신해 보병 대대 하나와 기술병 부대 하나, 합해서 약 600명의 병사가 서울을 점령하였습니다. 추가로 파견된 4,000명의 병사들은 제물포에 도착하여, 그곳 "외국인 거주지"[7]와 강화도까지 점령하였습니다. 일본군이 외국인 거주지를 점령한 데 대하여 서울 주재 영국 영사가 항의하였습니다. 일본 정부는 이 대규모 병력을 수송하기 위해 일본의 대형 우선회사[8]가 소유한 증기선 10척 내지 15척을 압류하였다고 합니다. 그러자 이 회사는 본연의 업무를 수행하기 위해 필요한 숫자만큼 외국 증기선을 임차하였는데, 바로 "Blue Funnel Line" 소속의 영국 증기선입니다.

본인이 텐진에서 들은 바에 의하면, 오토리의 요구에 따라 조선 국왕이 전보로 리홍장[9]에게 조선에서 청국 군대를 철수해줄 것을 요청하였다고 합니다. 아마 즈푸에서도 본 건과 관련된 보고가 올라갔을 것으로 보이는데, 리홍장은 그사이 웨이하이웨이[10]와 뤼순[11]항에 주둔 중인 청국의 북양함대에 총동원령을 내렸다고 합니다. 그런데 그동안 많은 부분에서 실수가 있었고 나태와 낭비가 만연하였기 때문에 동원이 기대한 만큼 빨리 진행되지는 않는다고 합니다.

일본 정부가 조선의 혼란을 틈타 의회에서 야당의 태도로 인해 야기된 국내적 정쟁으로부터 국민들의 시선을 돌리는 동안, 리홍장은 일본의 호전적 태도에 완전히 놀란 듯합니다. 조선에 황급히 청국의 군대를 파견하도록 조언한 사람은 바로 1884년에[12] 그곳에서 아주 쉽게 성공을 거두었던 서울 주재 청나라 변리공사 위안스카이[13]인 듯합니다. 그렇게 함으로써 조선에서 청국의 영향력을 더 강화하려는 목적이었던 것입니다. 청국은 대체로 다른 나라의 정치적 상황이나 군사력을 제대로 파악하지 못하는 경향이 있습니다.

이미 암시하였다시피, 일본은 리홍장이 문제가 되는 병력동원령을 이미 하달한 뒤 일본 영사의 문의를 받고 마지막 순간에야 비로소 조약에 따라 청국 군대의 조선 파견을

---

6 [감교 주석] 오토리 게이스케(大鳥圭介)

7 [감교 주석] 제물포 전관조계지

8 [감교 주석] 일본우선회사(日本郵船會社)

9 [감교 주석] 리홍장(李鴻章)

10 [감교 주석] 웨이하이웨이(威海衛)

11 [감교 주석] 뤼순(旅順)

12 [감교 주석] 갑신정변

13 [감교 주석] 위안스카이(袁世凱). 그의 공식 직함은 주찰조선총리교섭통상사의(駐紮朝鮮總理交涉通商事宜).

일본 정부에 통지하였다는 사실에 몹시 불쾌해하고 있습니다.

베이징 주재 일본 대리공사 고무라[14]는 조선에 대해 일본이 품고 있는 이기적인 계획들을 부인하고 있습니다. 그러면서도 지금이 조선을 온전히 지키기 위한 목적으로 청국과 일본이 서로 소통하고 협력할 수 있는 좋은 기회라고 언급하였습니다. 또한 조선이 지금까지 청국이나 일본의 군대에 의해 점령된 적이 없었던 것은 대단한 일이라고 치켜세웠습니다. 보아하니 고무라에게 이런 방향으로 총리아문과 협상을 진행하라는 지시가 떨어진 것 같습니다.

쉔크

내용: 조선에 대한 일본과 청국의 군대 파견

---

14 [감교 주석] 고무라 주타로(小村壽太郎)

37

조선의 혼란

발신(생산)일	1894. 6. 27	수신(접수)일	1894. 8. 7
발신(생산)자	구트슈미트	수신(접수)자	카프리비
발신지 정보	도쿄 주재 독일공사관	수신지 정보	베를린 정부
	A. 48		A. 7254
메모	8월 14일 베를린 8월 8일 런던 620, 페테르부르크 328, 빈 414, 카를스루에 460, 뮌헨 607, 슈투트가르트 571, 페테르부르크 328, 바이마르 367 및 외무부장관 각하에게 전달.		

A. 7254 1894년 8월 7일 오전 수신

도쿄, 1894년 6월 27일

베를린에 8월 14일

A. 48

기밀

독일제국 수상 카프리비 보병장군 각하 귀하

어제 일본 외무대신[1]이 본인에게 조선의 반란[2]과 관련하여 은밀히 아래와 같이 전해 준 바에 의하면, 일본은 청에 조선에서 공동 조치를 취하자고 제안하였다고 합니다.

더불어 이때 유의해야 할 점, 세 가지를 강조하였다고 합니다. 1. 반란군을 진압하기 위해 공동으로 군사 조치를 취할 것, 2. 조선 정부에 필요한 개혁, 특히 법과 재정 분야에서의 개혁을 도입하라는 제안을 공동으로 할 것, 3. 조선의 국내 질서 회복을 위해 왕에게 소규모 자체 군대를 조직하라는 제안을 공동으로 할 것.

이 개혁들이 실행에 옮겨지는 즉시, 그리고 일본의 추가 제안들이 나온 다음 양측 군대는 동시에 조선 반도에서 철수해야 한다는 것입니다.

유감스럽게도 청국은 일본의 제안을 거절하였을 뿐만 아니라 일본의 전투병 철수까지 요구하고 있습니다. 반면 청국은 군대 철수를 확언하였음에도 불구하고 주지하다시피

---

1 [감교 주석] 무쓰 무네미쓰(陸奧宗光)

2 [감교 주석] 동학농민전쟁

오히려 조선에 병력을 증파하였습니다.

이에 일본 정부는 다시 한 번 리훙장[3]에게 공동 조치를 취할 것을 제안하였습니다. 동시에 만약 청국이 이 제안을 거부할 경우 일본은 독자적으로 앞에서 제시한 세 가지 내용을 실행에 옮길 것이라고 밝혔습니다.

이곳에서는 여러 면에서 청일 간 전쟁 발발 가능성을 인정하고 있지만 무쓰는 그 점을 크게 우려하지 않는다고 합니다. 청국 정부에 결정적인 발언권이 있는 리훙장은 물론이고 일본 황제도 평화가 지속되기를 진심으로 바라고 있다는 것입니다. 그러나 만약 조선이 공식적으로 청국의 속국임을 선언한다면 그때는 평화가 지속되기 어려울 것이라고 했습니다. 일본은 조선이 자주국임을 주장하기 때문입니다. 더 나아가 무쓰 대신은, 현재 서울의 궁내 분위기가 일본에 우호적으로 기류가 바뀌고 있음을 간접적으로 느끼고 있다고 했습니다. 청에서 군대를 불러들였고, 그로 인해 일본이 원정군까지 파견하도록 만들었던 영의정[4]의 인기가 뚝 떨어지는 바람에 어쩌면 관직에서 쫓겨날지도 모른다는 것입니다. 새로운 영의정이 해야 할 첫 번째 과제는 아마도 일본으로부터 벗어나기 위해 청국 군대에 정중히 이 나라에서 철수해줄 것을 요청하는 일이 될 것이라고 했습니다.

마지막으로 무쓰 대신은 본인에게, 이 문제와 관련된 정보를 제공해달라며 자꾸 재촉하는 러시아 공사[5]에게도 전날 본인에게 해준 것과 똑같이 설명했다고[6] 하였습니다.

구트슈미트

내용: 조선의 혼란

---

3 [감교 주석] 리훙장(李鴻章)
4 [감교 주석] 심순택(沈舜澤)
5 [감교 주석] 히트로보(M. A. Hitrovo)
6 [원문 주석] 메모: 본 보고서 A 48의 사본을 7월 18일 베이징과 서울에 전달하였습니다. A 7754 참조.

베를린, 1894년 8월 8일   A. 7249

주재 외교관 귀중

1. 런던 No. 618
2. 상트페테르부르크 No. 326
3. 빈 No. 412
4. 드레스덴 No. 581
5. 카를스루에 No. 458
6. 뮌헨 No. 605
7. 슈투트가르트 No. 575
8. 바이마르 No. 365
9. 외무부장관 각하 귀하

연도번호 No. 4770

귀하에게 조선의 사건[7]들에 관한 금년 6월 14일 서울 주재 독일제국 영사의 보고서 사본을 삼가 전달하게 되어 영광입니다.

1-2에게: 개인적인 정보로 제공합니다.

3에게: 귀하의 판단에 따라 이 내용을 그곳 정부에 알릴 수 있는 권한을 드립니다.

4-8에게: 1885년 3월 4일 훈령과 관련해 활용할 수 있는 권한을 드립니다.

외무부 장관 각하에게 (앞에서 언급한) 6월 14일 서울 주재 독일제국 영사의 보고서 사본을 참조용으로 전달합니다.

---

7   [감교 주석] 동학농민전쟁

베를린, 1894년 8월 8일   A. 7253

주재 외교관 귀중   귀하에게 조선에 관한 금년 6월 20일 베이징
1. 런던 No. 619   주재 독일제국 공사의 보고서 사본을 삼가 전
2. 상트페테르부르크 No. 327   달하게 되어 영광입니다.
3. 빈 No. 413
4. 드레스덴 No. 582   1-3에게: 개인적인 정보로 제공합니다.
5. 카를스루에 No. 459   4-8에게: 1885년 3월 4일 훈령과 관련해 활용
6. 뮌헨 No. 609   할 수 있는 권한을 드립니다.
7. 슈투트가르트 No. 579
8. 바이마르 No. 366

9. 외무부 장관 각하 귀하   외무부 장관 각하에게 조선에 관한 금년 6월
                                     20일 베이징 주재 독일제국 공사의 보고서 사
연도번호 No. 4771   본을 참조용으로 전달합니다.

베를린, 1894년 8월 8일   A. 7254

주재 외교관 귀중   귀하에게 조선에 관한 금년 6월 27일 도쿄 주
1. 런던 No. 620   재 독일제국 공사의 보고서 사본을 삼가 전달
2. 상트페테르부르크 No. 328   하게 되어 영광입니다.
3. 빈 No. 414
4. 드레스덴 No. 583   1-3에게: 개인적인 정보로 제공합니다.
5. 카를스루에 No. 460   4-8에게: 1885년 3월 4일 훈령과 관련해 활용
6. 뮌헨 No. 607   할 수 있는 권한을 드립니다.
7. 슈투트가르트 No. 577
8. 바이마르 No. 367

9. 외무부 장관 각하 귀하   외무부 장관 각하에게 조선에 관한 금년 6월
                                         27일 서울 주재 독일제국 영사의 보고서 사본
연도번호 No. 4772   을 참조용으로 전달합니다.

베를린, 1894년 8월 12일   A. 7185

공사관 회계과 귀중   (동봉한 서신의 사본 밑에 넣을 것)

연도번호 No. 4854   공사관 회계과는 첨부문서와 함께 앞에서 언급한
                                     서신의 사본을 받았습니다. 청구서대로 총 130마
                                     르크 90페니히의 금액을 군 회계과에 지불하라
                                     는 내용으로, 이는 예산안 4조 10항에 따라 전신
                                     으로 급전을 보낸 비용에 대한 청구입니다.

                                              독일제국 수상
                                                 세관

                                     본인은 M. C. 4056의 30일 서신에 대한 답신으로
                                     삼가 다음과 같이 알려드리게 되어 영광입니다.
                                     즉 공사관 회계과는 "일티스"호 사령관을 통해
                                     고베로 전보를 보냄으로써 발생한 비용 총 130마
                                     르크 90페니히를 청구서에 따라 군 회계과로 지
                                     불하라는 지시를 받았습니다.

                                              외무부 차관 대리

외무부
A편

외무부 정치 문서고
조선 관계 문서

1894년 8월 13일부터
1894년 8월 25일까지

16권
17권에 계속

조선 No. 1

1894년	목록	수신정보
6월 23일 베이징 No. A. 77 −조선에 관한 청국과 일본의 협상. −청국은 조선에 병력 추가 파견을 중단함.		7433 8월 13일
6월 25일 베이징 No. 78 −질서가 회복되거나 양국 간 합의가 이루어질 때까지 청국과 일본의 군대를 조선에 잔류시키자는 일본의 제안. −조선에 개혁안 도입에 관해 조언해주기 위해 청일위원회 설치. −조선을 청국의 조공국으로 표현하는 것에 대한 일본의 항의. −조선에 대한 러시아의 계획을 우려하는 일본. −외국 군대가 조선에 체류하는 동안 개혁에 대해 논의하겠다는 조선 국왕의 정부.		7434 8월 13일
7월 2일 베이징 No. 87 −톈진 주재 영사가 그곳 세관장이자 리훙장 측근인 성과 조선 문제에 대해 협의함. −리훙장이 조선에 진출해 있는 모든 강대국들이 중재에 나서주기를 바란다면서, 서울 주재 독일 영사가 다른 대표들의 행보에 동참하지 않은 것에 대해 유감을 표명함. −리훙장이 러시아 황제에게 중재에 나서줄 것을 요청함.		7609 8월 29일
7월 4일 베이징 No. A. 82 −도쿄 주재 러시아 공사가 일본 정부에 조선에서 군대를 철수시킬 것을 요청함. −영국 공사 오코너가 모든 강대국들이 중재에 나서주기를 요청함.		7610 8월 20일
7월 7일 베이징 No. 84 −청국 군대 조선 철수 임박. −포모사 총독을 통해 조선에 적합한 새로운 군대 조직. −영국과 러시아 공사가 청일 양국이 다시 직접협상에 나서도록 중재에 나섬. −일본 군대의 조선 파견. −조선 주재 청국 변리공사 위안스카이의 퇴임.		7612 8월 20일

6월 29일 베이징 No. A. 79 −휴가를 받은 러시아 공사 카시니가 당분간 톈진에 체류하면서 리훙장과 　조선의 혼란스러운 정세에 대해 논의함.	7435 8월 13일
7월 9일 도쿄 보고 No. A. 53 −러시아와 영국의 중재 시도. −러시아 측의 거친 태도와 영국 대리공사의 부드러운 태도. −일본이 제안한 개혁안.	7503 8월 16일 원전: 중국 20
6월 19일 서울 보고 No. 17 −일본 군대가 제물포 외국인거주지에서 숙영함. −외국 영사늘이 이에 항의하는 공동각서를 발송. −조선 반란군의 진압.	7505 8월 16일
6월 29일 서울 No. 48 −일본 군대 제물포 외국인 거주지에서 철수. −일본이 서울 및 인근 지역 점령. −모토노(일본 외무성 고문관)가 청국 군대의 조선 파견, 청국의 종주국지 　위 요구, 개혁안 도입의 필요성에 대해 발언. −조선 거주 청국인들 사이에 공포 확산. −독일제국 전함 "일티스"호의 징발. −제물포항에 정박 중인 외국 전함들. −조선 정부가 외국 대표들에게 중재를 요청하는 각서 발송. −일본과 청국의 공사에게 군대 동시철수를 요청하는 외국 대표들의 서신. −청일 양국 공사의 답변. −조선 국왕을 알현한 일본 공사 오토리가 조선의 국제법상 지위와 개혁 　안 도입의 필요성에 대해 조선 정부와 협의함.	7506 8월 16일
7월 13일 도쿄 No. 55 −일본에 직접 협상하자고 제한한 청국의 의도. −일본이 조선에서 군대를 철수하라고 요구한 러시아와 미국의 요청을 　거부함. −영국 대리공사와 독일 공사의 조처.	7507 8월 16일
8월 20일 노르트도이체 알게마이네 차이퉁 신문 −조선의 정세 (A. 7500 참조)	7632 8월 25일

7월 6일 서울 보고 No. 57 -일본 공사 오토리가 조선 국왕에게 개혁안 도입의 필요성과 조선에 일본 군대가 잠정적으로 체류하고 있는 문제에 관련해 제출한 각서. -김홍집의 외아문 독판 임명. -외아문 독판이 청국에 대한 조선의 국제법상 지위에 관해 일본 공사에게 보낸 서신. -일본 군대 도착. -일본 병사들의 난폭한 행동. -영국 순양함 "Archer"호의 제물포 입항.	7753 8월 25일
7월 18일 도쿄 No. A. 56 -도쿄 주재 독일 공사가 베이징 주재 공사에게 보낸 정치 보고서.	7754 8월 25일
7월 18일 도쿄 No. A. 54 -일본 공사 오토리가 조선 정부와의 협상을 유리하게 이끌어감. -전 일본 주재 조선 변리공사 김가진 외아문 독판에 임명. -조선에 체류 중인 일본 군인들 사이에 질병 발생. -조약에 따라 조선이 일본 군대의 체류 비용을 부담해야 할 의무가 있음.	7755 8월 25일
7월 19일 도쿄 No. A. 58 -일본이 개혁안 도입뿐 아니라 조선과의 합병도 꾀하고 있는 것으로 추측됨. -일본과 러시아가 이미 조선과 관련해 비밀 협약을 진행하였을 가능성이 있음. -일본 군대 조선에서 겨울을 보낼 예정. -추가로 임시막사 발송.	7756 8월 25일
7월 19일 도쿄 No. A. 59 -일본 정부는 평화를 사랑하며, 조선과 동아시아에서의 일본의 의무가 포화상태라고 발언한 무쓰 대신.	7757 8월 25일
7월 20일 도쿄 보고 No. A. 61 -영국, 독일, 러시아, 프랑스, 미국이 평화적 균형을 지키기 위한 공동 조치를 계획함.	7759 8월 25일

7월 21일 도쿄 No. A. 62 -조선은 개혁안 도입을 일본 군대의 철수와 연계시킴 -청국은 일본과 공동으로 조선에 개혁안을 요구할 용의가 있음 -부대신 하야시는 평화적 사태해결 전망을 매우 어둡게 봄 -일본 참모본부에서 조선 내 병참도로 및 베이징으로 이어지는 병참도로 현황을 파악 중임.	7760 8월 25일

7월 22일 도쿄 No. A. 63
-영국 정부가 청국에 대한 태도 때문에 일본 정부의 비난을 받고 있는
  문제와 관련해 도쿄 주재 영국 대표에게 보낸 전보.
-베이징 주재 오코너 공사의, 청국에 우호적인 전보에 영향을 받은 영국
  외무부.
	7761
	8월 25일

7월 22일 도쿄 No. A. 64 -러시아가 일본에 속임수를 쓰면서 사실은 청국에 우호적인 활동을 하고 있다는 무쓰 대신의 우려. -청국과 일본의 전쟁 준비. -미국이 일본에서 청국의 이익을 보호하는 역할을 떠맡음.	7762 8월 25일
7월 23일 도쿄 No. A. 65 -영국의 제안에 대한 일본 정부의 답변 (A. 7761 참조) -청국에 대한 자국의 요구가 부당하지 않다는 일본의 주장. -전쟁 발발 시 일본은 그 책임을 청국에 돌릴 예정. -조선에 청국의 군대 철수를 요구하라는 일본의 요청.	7763 8월 25일
7월 5일 베이징 No. 83 -조선에 9천 명의 일본군이 체류하고 있으나 청국은 당분간 조선에 병력 을 파견하지 않을 예정.	7611 8월 20일

01

조선에서의 청국과 일본

발신(생산)일	1894. 6. 23	수신(접수)일	1894. 8. 13
발신(생산)자	쉔크	수신(접수)자	카프리비
발신지 정보	베이징 주재 독일공사관	수신지 정보	베를린 정부
	No. 77		A. 7433

A. 7433 1894년 8월 13일 오전 수신

베이징, 1894년 6월 23일

No. 77

독일제국 수상 카프리비 보병장군 각하 귀하

청국과 일본의 조선으로 군대 파견에 관한 이달 20일 본인의 보고(A. 76)에 이어 현재 일본 외무대신[1]과 도쿄 주재 청국 공사[2]가 이 문제와 관련해 중요한 협상을 진행하고 있음을 각하께 삼가 보고 드립니다. 베이징 주재 일본 대리공사 고무라[3]가 본인에게 직접 전해준 바에 따르면, 그는 단지 총리아문으로부터 다시 한 번 자세한 설명을 해달라는 요청을 받았을 뿐이라고 합니다. 총리아문은 보통 리훙장[4]에게 먼저 문의를 하며, 동시에 서울에서도 협상이 진행되어야 합니다. 일본은 청국 정부의 양국 군대의 즉각적인 동시철수 제안을 거절하였다고 합니다. 더 나아가 이미 암시한 바와 같이, 일본은 먼저 향후 조선의 반란사태와 온전한 보전에 관해 청국과 협상하기를 원한다고 합니다.

일본 정부는 상하이와 홍콩에서 무연탄 재고와 청국의 해안 지리부도를 매입하려 하였다고 합니다.

청국이 조선에 군대를 추가 파견할 거라는 소문이 돌고 있습니다. 그사이에 즈푸[5] 주재 독일제국 부영사가 이달 19일, 이미 승선 준비를 마친 청국 군대가 파견취소 훈령

---

1 [감교 주석] 무쓰 무네미쓰(陸奧宗光)
2 [감교 주석] 리징팡(李經方)
3 [감교 주석] 고무라 주타로(小村壽太郎)
4 [감교 주석] 리훙장(李鴻章)
5 [감교 주석] 즈푸(芝罘)

을 받고 조선으로 떠나지 않았다고 보고해 왔습니다.

쉔크[6]

내용: 조선에서의 청국과 일본

---

6 [감교 주석] 쉔크(Schenck)

조선에서의 청국과 일본

발신(생산)일	1894. 6. 28	수신(접수)일	1894. 8. 13
발신(생산)자	쉔크	수신(접수)자	카프리비
발신지 정보	베이징 주재 독일공사관	수신지 정보	베를린 정부
	No. 78		A. 7434
메모	8월 15일 런던 630, 페테르부르크 331, 빈 422, 워싱턴 A. 46에 전달 A. 7612 참조 A. 7011 참조		

A. 7434 1894년 8월 13일 오전 수신

베이징, 1894년 6월 28일

No. 78

독일제국 수상 카프리비 보병장군 각하 귀하

조선 관련 청일 양국 간 협상에서 일본은 아래와 같은 제안을 하였다고 합니다.

1) 완전히 안정을 되찾을 때까지, 또는 조선에 관해 청국과 일본이 합의에 이를 때까지 양국 군대는 조선에 머무른다.

2) 일-청 양국의 공동위원회를 설치한다. 위원회의 임무는 지금과 같은 폭동이 일어날 가능성을 미연에 방지할 수 있는 방안 제시와 도입 및 조선의 불가침성 확보이다. 따라서 공동위원회는 조선의 행정관청과 재무행정에 개혁안을 도입할 것이다. 그리고 다른 한편으로 군대를 재조직하여 조선이 자력으로 나라를 지킬 수 있도록 만들 것이다. 예를 들어 일본 내지 청국의 장교가 조선 군대를 훈련시키는 것 역시 하나의 방안이 될 수 있다.

베이징 주재 일본 대리공사 고무라[1]가 본인에게 상기 내용이 사실임을 확인해 주었습니다. 그리고 일본은 공식적으로 청국에 조선에 대한 종주권을 포기하라는 요청을 하지 않았다고 덧붙였습니다.

---

1 [감교 주석] 고무라 주타로(小村壽太郎)

얼마 전 고무라가 일본군의 조선 파견 사실을 공식적으로 통고하였을 때 대신들이 일본이 군대를 파견하고자 하는 이유를 물었습니다. 청국의 대신들은 청국은 조선 국왕의 요청에 따라 질서 회복을 위해 군대를 파견하였으며, 조공국의 이러한 요청을 거절할 수 없는 입장이라고 하였습니다. 그러자 고무라는 이미 과거 일본 측에서 항의했던 것처럼, 조선을 청국의 조공국으로 여기는 조청관계를 인정할 수 없다는 것이 일본 정부의 입장이라고 이의를 제기하였습니다. 하지만 청일 간 협상에서 조선이 청국에 조공을 바칠 의무가 있는 조공국이라는 지위는 더 이상 중요한 쟁점이 아니었다고 합니다. 현재 협상은 일종의 휴전 상태에 돌입한 것으로 보입니다. 현재 청국에 일본 측 제안이 제시된 상태입니다. 일본 정책의 주요목적은 조선을 유럽의 침략으로부터 안전하게 지키는 것인데, 청국 단독으로는 그 목적을 이룰 수가 없다는 것입니다. 당분간은 러시아에 대해서는 크게 두려워할 것이 없는데, 시베리아 철도가 완공되면 상황이 바뀔 수 있다고 합니다.

고무라는, 오토리[2]의 전보에 따르면 이달 21일 까지는 조선에 주둔하는 일본군 규모가 4,200명을 넘지 않았다고 주장하였습니다. 그중 200명은 부산에 있고, 나머지는 서울과 제물포에 체류하고 있습니다. 그런데 리홍장[3]이 25일이나 26일, 당분간 청국은 조선에 군대를 추가 파견할 계획이 없다는 성명서를 발표하였습니다. 그 이후 일본 역시 조선 주둔 병력의 규모를 늘리지 않았다고 합니다. 그 기간에 일백 내지 이백 명 이상의 일본 병력이 추가된 적이 없다는 것입니다.

본인의 영국 동료가 전해준 소식에 따르면, 조선 국왕은 오토리에게 군대가 철수하기 전까지 공동위원회나 개혁안 문제에 대해 논의할 수 없다고 답변하였다고 합니다.

마지막으로 오코너[4]가 전보로 보고한 내용, 즉 10척의 일본 어뢰정이 양쯔강 입구에 정박하고 있다는 소문은 짐작컨대 근거가 없는 것으로 보입니다.

쉔크

내용: 조선에서의 청국과 일본

---

2 [감교 주석] 오토리 게이스케(大鳥圭介)
3 [감교 주석] 리홍장(李鴻章)
4 [감교 주석] 오코너(N. R. O'Conor)

청국과 일본의 분쟁, 카시니

발신(생산)일	1894. 6. 29	수신(접수)일	1894. 8. 13
발신(생산)자	쉔크	수신(접수)자	카프리비
발신지 정보	베이징 주재 독일공사관	수신지 정보	베를린 정부
	No. 79		A. 7435
메모	8월 15일 런던 638, 페테르부르크 335에 전달		

A. 7435 1894년 8월 13일 오전 수신

베이징, 1894년 6월 29일

No. 79

독일제국 수상 카프리비 보병장군 각하 귀하

휴가를 받은 베이징 주재 러시아 공사 카시니가 베이징을 떠나 톈진에서 며칠 체류할 예정입니다. 톈진에서 리훙장[1] 총독과 청-러 전신-조약에 관해 협상을 하려는 목적입니다. 2글자 당 전신요금을 현재 은화로 받는 낮은 요금에서 경쟁자인 덴마크와 영국의 전신망('Great Northern'과 'Eastern Extension') 요금 수준으로 인상하기를 원하는 것입니다.

카시니[2]가 톈진에 도착하자 현재 곤경에 처한 리훙장 총독이 조선 문제에서 카시니가 발휘한 훌륭한 협상력을 보고 그에게 도움을 요청하였습니다. 그러자 백작은 요코하마행 코마드 증기선 예약을 취소하고 아직까지 톈진에 머물며 협상을 진행하고 있습니다. 협상은 한편에서는 리훙장, 다른 한편에서는 도쿄, 짐작컨대 도쿄 주재 러시아 공사 히트로보[3]에 의해 진행되고 있습니다.

카시니는 상황의 심각성 때문에 당분간 톈진에 머물 것이라고 합니다. 또한 그는 지금과 같은 상황이라면 현재 베이징에서 러시아 공사관을 이끌고 있는 베베르[4]가 계속

---

1 [감교 주석] 리훙장(李鴻章)
2 [감교 주석] 카시니(A. P.Cassini)
3 [감교 주석] 히트로보(M. A. Hitrovo)
4 [감교 주석] 베베르(K. I. Weber)

조선에 머물렀더라면 더 좋았을 것이라고 하였습니다.

쉔크

내용: 청국과 일본의 분쟁, 카시니

04

[일본의 조선 파견 관련 건]

발신(생산)일	1894. 8. 14	수신(접수)일	1894. 8. 14
발신(생산)자	한테	수신(접수)자	카프리비
발신지 정보	베를린 외무부	수신지 정보	베를린 정부
			A. 7467

A. 7467 1894년 8월 14일 오후 수신

베를린, 1894년 8월 14일

독일제국 수상 카프리비 보병장군 각하 귀하

외무부

도쿄 주재 독일제국 공사[1]가 육군 총사령관에게 제출한, 일본의 조선 원정군에 대한 금년 6월 12일 보고서 A. 46[2]을 첨부문서로 각하께 삼가 전달하게 되어 영광입니다.

한테[3]

---

1 [감교 주석] 구트슈미트(F. Gudtschmid)

2 [원문 주석] A. 6817.

3 [감교 주석] 한테(Hahnte)

베를린, 1894년 8월 15일   A. 7434

주재 외교관 귀중   귀하에게 조선에서의 청국과 일본에 관한 금년
1. 런던 No. 630   6월 28일 베이징 주재 독일제국 공사의 보고서
2. 상트페테르부르크 No. 331   를 삼가 정보로 제공합니다.
3. 빈 No. 422
4. 워싱턴 No. A. 46

연도번호 No. 4888

베를린, 1894년 8월 15일   A. 7435

주재 외교관 귀중   귀하에게, 청국과 일본의 갈등 중재를 위해 카
1. 런던 No. 638   시니가 청국에 체류 중인 사안에 대한 금년 6월
2. 페테르부르크 No. 335   29일 베이징 주재 독일제국 공사의 보고서를 삼
                                       가 정보로 제공합니다.

주재 대사관 귀중

연도번호 No. 4913

일본 군대의 제물포 일반 외국인거주지 점령, 외국 대표들의 항의, 조선 남부의 폭동 종료

발신(생산)일	1894. 6. 19	수신(접수)일	1894. 8. 16
발신(생산)자	크리엔	수신(접수)자	카프리비
발신지 정보	서울 주재 독일 총영사관	수신지 정보	베를린 정부
	No. 47		A. 7505
메모	연도번호 No. 268		

A. 7505 1894년 8월 16일 오전 수신, 첨부문서 2부

서울, 1894년 6월 19일

No. 47

독일제국 수상 카프리비 보병장군 각하 귀하

이달 16일 본인의 No. 46[1]에 이어 아래 내용을 각하께 삼가 보고 드립니다. 즉 일본군 일부가 같은 날 제물포에 상륙하였으며, 그들은 일본군 병영과 일본인 거주지 및 일반 외국인거주지에 배치되었습니다.

이달 14일 본인은 일본 공사관으로 후쿠시마[2] 육군 중좌를 답례 방문하였습니다. 그 자리에서 제물포에 도착한 일본군이 외국인거주지에서도 숙영하고 있다는 소식을 들었다고 말하였습니다. 그러자 일본 공사는 제물포 주재 영사에게 일반 외국인거주지에서 병사들을 숙영시키지 말라는 지시를 분명히 내렸다면서, 아무래도 제물포 주재 영사가 실수한 것 같다고 답변하였습니다. 공사는 즉시 전보로 외국인거주지에서 병사들을 철수시키라는 지시를 내리겠다고 하였습니다.

그런데 철수는 커녕 그제와 어제 더 많은 병사들이 상륙하였습니다. 영국인 거주지에는 포대가 설치되었고, 독일인 거주지에는 막사와 마구간이 설치되었습니다. 게다가 일본군 보초들이 주민들이 거주지에서 일정한 경계선을 넘어오는 것을 허용하지 않고 있

---

1 [원문 주석] A. 7250.
2 [감교 주석] 후쿠시마 야스마사(福島安正)

습니다.

그 문제로 서방국 대표들이 오늘 영국 총영사대리 가드너[3]의 제안에 따라, 외국인거주지를 군인들이 점령한 데 대한 항의각서에 서명한 뒤 오토리[4]에게 발송하였습니다. 각서 사본은 보고서에 첨부하였습니다. 본인 역시 독일제국 영사로서 일본군의 점유로 인해 제물포에서 일본인이 독일의 이익을 침해하고 있음을 밝히기 위해 그 각서에 서명하는 것이 옳다고 판단하였습니다. 제 판단에 따르면 현상황에서 목적을 달성하기 위해서는 유럽과 미국 대표의 공동 항의가 가장 효과적일 것입니다.

제물포에서의 교역은 완전히 멈춘 상태입니다. 많은 한국 상인들이 내륙 지역으로 피신했으며 중국인들은 적의에 대한 불안감에 자신들의 부인과 아이를 중국으로 돌려보내고 있습니다.

Tsan 지역의 중국 부대는 아직 아무런 움직임을 보이고 있지 않습니다. 그러나 오토리가 말하기를 2천 명의 병사가 만주 지역의 산하이관[5]에서 한국으로 보내질 것이라고 합니다. 탕[6]은 이를 부정했습니다.

외아문 독판[7]은 위안과 오토리에게 부대를 철수시킬 것을 요청했습니다. 분개심은 거의 진압될 것이라는 이유에서입니다.

더불어 그가 저에게 서면으로 전달하기를, 반란자들을 이끌었던 주모자가 살해되었으며 따라서 폭동은 끝을 맺었다고 합니다.

본 보고서의 사본을 베이징과 도쿄 주재 독일제곡 공사에게 삼가 발송할 것입니다.

크리엔[8]

내용: 일본 군대의 제물포 일반 외국인거주지 점령, 외국 대표들의 항의, 조선 남부의 폭동 종료, 첨부문서 2부

---

3 [감교 주석] 가드너(C. T. Gardner)
4 [감교 주석] 오토리 게이스케(大鳥圭介)
5 [감교 주석] 산하이관(山海關)
6 [감교 주석] 탕샤오이(唐紹儀)
7 [감교 주석] 조병직(趙秉稷)
8 [감교 주석] 크리엔(F. Krien)

No. 47의 첨부문서 1

첨부문서의 내용(원문)은 독일어본 650쪽에 수록.

No. 47의 첨부문서 2

첨부문서의 내용(원문)은 독일어본 651쪽에 수록.

06

이곳의 정세에 관하여

발신(생산)일	1894. 6. 29	수신(접수)일	1894. 8. 16
발신(생산)자	크리엔	수신(접수)자	카프리비
발신지 정보	서울 주재 독일 총영사관 No. 47	수신지 정보	베를린 정부 A. 7506
메모	연도번호 No. 310		

A. 7506 1894년 8월 16일 오전 수신, 첨부문서 6부

서울, 1894년 6월 29일

No. 48

독일제국 수상 카프리비 보병 장군 백작 귀하

이달 19일 본인의 No. 47과 관련해, 이달 19일 외국 대표들이 보낸 각서에 대해 다음날 일본 공사[1]가 답변서를 보내왔다는 사실을 각하께 삼가 보고하게 되어 영광입니다. 답변서는 사본으로 보고서에 첨부되었습니다. 답변서에서 일본 공사는, 제물포 주재 일본 영사에게 군과 협의하여 병력을 외국인거주지로부터 멀리 퇴각시키라는 지시를 내렸다고 하였습니다.

이어서 이달 22일까지 제물포 거주지에서 일본 병력이 완전히 철수하였습니다.

22일에는 청국의 전함 "Chen Yuen"호, "Chao Yung"호, "Kwang King"호가 제물포항 선착장에 도착하였습니다. 그 중 두 척은 며칠 뒤 제물포 항을 떠났습니다. 짐작컨대 아산으로 간 것으로 보입니다.

이달 24일 일본의 3개 보병대대가 약 200명의 기병 및 2개 포병대와 함께 제물포를 떠나 서울 주변의 전략적 요충지들을 점령하였습니다. 마포와 용산 사이 한강 북쪽에 막사가 한 동 설치되었으며, 동[2] 후장포[3] 포대가 설치되었습니다. 서울에는 보병 1개 대대가 진주하고 있습니다.

---

1 [감교 주석] 오토리 게이스케(大鳥圭介)
2 [감교 주석] 동(銅)
3 [감교 주석] 후장포(後裝砲)

서울에 머물고 있는 일본 외무성 고문 모토노[4]가 얼마 전 본인을 방문하여 주장한 바에 의하면, 수질이 나빠 병사들 사이에 티푸스 열병이 퍼지는 바람에 군대가 제물포를 이미 떠났다고 합니다. 하지만 이것은 불법적인 조선의 수도 점령을 정당화하기 위해 일본인이 내세우는 여러 구실들 중 하나에 불과합니다.

더 나아가 모노토의 설명에 따르면, 청국 정부는 1885년 톈진조약에 따라 도쿄 주재 일본 공사를 통해 일본 외무대신에게 사전에 군대 파견을 통지하였다고 합니다. 물론 "조공국"인 조선이 도움을 요청했기 때문이라는 주석을 달았다고 합니다. 그러나 모토노 는 일본과 조선의 조약에서 조선은 분명히 독립국가로 인정되었기 때문에 "조공국"이라 는 표현은 사용할 수 없다고 하였습니다. 일본 정부는 청국의 행보에 맞추어 일단 조선 내 일본인 보호라는 명목으로 똑같이 군대를 조선에 파견하였습니다. 모토노는 청국의 영향력 하에 있는 한 조선은 절대 발전할 수 없다고 하였습니다. 청국 자체가 발전하고 있는 나라라고 말할 수 없기 때문이라고 하였습니다. 조선의 일반 행정과 군사행정에서 개혁은 불가피한 일로서, 일본은 조선이 개혁할 수 있도록 지원할 준비가 되어 있다고 했습니다. 향후 조선은 중립화하는 것이 바람직하다는 말도 하였습니다. 그는 일본 군사 력이 청을 능가한다고 확신하고 있었습니다. 일본은 25만 명의 훈련된 병사를 쉽게 전선 으로 보낼 수 있는 반면, 청국은 장비는 물론이고 전쟁무기를 구입할 자금도 없다는 것입니다.

이달 27일 다시 증기선 회사 일본우선회사"[5]의 선박 10척이 군량과 약 2,500명의 일 본군을 싣고 제물포에 도착하였습니다. 일본군은 제물포 외국인거주지 근처에 숙영지를 마련하였습니다. 일본군이 원산에 100명, 부산에 120명, 다른 소식통에 의하면 1,000명 이라고도 합니다, 상륙했다는 소문이 돌고 있습니다. 오시마[6] 장군 휘하에 있는 히로시마 주둔군 전체가 현재 조선에 머무르고 있습니다. 청국 군대는 아직 아산에 진을 치고 있습니다.

상황이 심각합니다. 이곳의 청국인들은 일본과의 전쟁을 피할 수 없는 일로 받아들이 고 있습니다.

서울과 제물포에 거주하는 청국인들 사이에 본격적인 공포가 확산되었습니다. 그들 은 무리를 지어 조선을 떠나고 있는데, 특히 위안[7]이 가족을 청으로 돌려보낸 이후 더욱

---

4 [감교 주석] 모토노 이치로(本野 一郎)
5 [감교 주석] 일본우선회사(日本郵船株式會社)
6 [감교 주석] 오시마 요시마사(大島義昌)
7 [감교 주석] 위안스카이(袁世凱)

심해졌습니다. 이런 상황 속에서 본인은 독일의 이익을 지키기 위해서는 전함 "일티스"[8] 호를 징발할 필요가 있다고 판단했습니다. "일티스"호는 이달 26일 제물포에 도착하였습니다. 함대사령관 바우디신[9]이 본인과 이곳 상황에 대해 상의하기 위해 어제 서울에 왔습니다. 제물포항에는 현재 일본과 청국의 전함 여러 척이 정박하고 있으며, 그 외에도 독일 포함 "일티스"호, 미국 기함 "Baltimore"호, 프랑스 소형쾌속선 "Inconstant"호, 러시아 포함 "Koreyetz"호가 정박하고 있습니다. 영국 순양함 "Mercury"호는 잠시 체류한 뒤 다시 떠났으며, 가드너[10]의 요청에도 불구하고 다른 영국 전함은 아직 제물포항에 도착하지 않았습니다.

오늘 900명의 조선 군인이 전라도에서 서울로 귀환하였습니다. 폭동[11]이 완전히 진압된 것은 아니라서 약 1,000명의 병사는 아직 그곳에 남아 있습니다.

조선 관리들은 크게 동요하고 있습니다. 관리들 상당수가 수도를 떠났으며, 다른 사람들은 서울에 있는 유럽 및 미국 공사관과 영사관 근처로 이주하였습니다.

이달 24일 외아문 독판은 이곳 주재 서양 각국 대표들에게 현재 상황을 설명하는 짧은 서신을 전달하였습니다. 서신의 영어 번역본 사본을 첨부문서 B에 첨부하였습니다. 조[12] 대신은 청국과 일본의 군대가 조선 땅을 점령하고 있다는 사실을 확인해 주었습니다. 청국 군대는 반란군 진압을 도와달라고 조선이 불러들인 반면, 일본 군대는 도움을 요청하지 않았을 뿐만 아니라 조선 정부의 항의에도 불구하고 자국민 보호라는 명분을 내세우며 들어왔다고 하였습니다. 그런데 양국 군대는 조선에 체류할 필요성이 더 이상 없다고 하였습니다. 따라서 청국 관리들은 만약 일본이 동시에 철수한다면 자국 군대를 철수시킬 준비가 되어 있다고 하였습니다. 그런데 일본은 청국이 군대를 철수시키기 전에는 일본 군대를 철수시킬 수 없다고 거절하였으며 동시 철수 제안도 거부하고 있다고 합니다. 대신은 이어 국제법에 위배되는 일본 정부의 절차와 태평기에 수많은 외국 군대의 주둔이 초래할 위험성을 강조하고, 조약 제1조 제2항을 근거로 현 상황을 평화적으로 해결하기 위해 외국 대표들의 우호적인 도움을 요청했습니다.

1885년 4월 18일 톈진 조약의 관련 부분에 대한 공식 영어 번역은 다음과 같습니다.

---

8 [감교 주석] 일티스(Iltis)
9 [감교 주석] 바우디신(Baudissin)
10 [감교 주석] 가드너(C. T. Gardner)
11 [감교 주석] 동학농민군 제1차 봉기
12 [감교 주석] 조병직(趙秉稷)

"In case any disturbance of a grave nature occurring in Corea which necessitates the respective Countries, or either of them, to send troops to Corea, it is hereby understood that they shall give, each to the other, previous notice in writing of their intention so to do, and that after the matter is settled they shall withdraw their troops and not further station them there."

미국, 러시아, 프랑스, 영국 대표는 조선의 요청에 부응해 이달 25일 공동으로 청국과 일본 대표에게 동일한 서한(첨부 문서 C)을 보내 양국의 동시 철군은 두 대국의 명예와 품위에 걸맞은 일이라고 권고하였습니다. 저는 각하의 지시에 따라 이달 27일 청국과 일본 공사 및 기타 국가 대표들과의 접촉을 문서로 보고하였습니다.

오토리는 이 문제에 대해 이달 25일 짧은 서신을 통해 군대 철수 결정은 일본 정부 소관이며, 자신은 공동 각서를 책임지고 도쿄로 전달하겠노라고 답변하였습니다. 서신 사본은 첨부문서 D로 동봉하였습니다. 위안[13]은 이달 26일 각서의 내용을 본국 정부에 전달하여 정부의 입장을 담은 전보를 받았다고 답변하였습니다. 그 전보에 따르면, 청국 정부는 반란군 진압을 도와달라는 조선 왕실의 서면 요청에 의해 군대를 조선에 파견하였기 때문에 반란군이 해산되었다는 소식이 들어와야만 군대를 다시 철수시킬 수 있다고 합니다. 게다가 상당수의 일본 병력이 조선에 들어왔습니다. 톈진 조약에 따라 청국 정부는 이미 일본과 병력 동시철수 기한에 합의를 보라는 지시를 내렸는데, 일본은 논의의 시작조차 거부하고 있다고 합니다. 일본 군대가 조선에 머무르는 한 청국 정부 역시 당연히 그들의 군대를 철수시키지 않을 것입니다.(첨부문서 E) 동일한 내용의 급전을 청국 대표가 이달 28일 본인에게 보냈습니다. 반면 일본 공사는 본인의 서신을 수신했다는 사실을 확인하는 것에 그쳤습니다.

26일 일본 공사 오토리가 조선 국왕을 알현하였는데, 그 자리에서 왕에게 일본의 소망을 담았다는 각서를 건넸습니다. 조선인 통역사를 통해 들어온 소식에 의하면, 오토리는 그때 국가 경제가 부흥하고 농경과 무역이 번창하기 위해서는 조선의 정책이 바뀌어야 하며 행정 분야에서 개혁이 이루어져야 한다는 발언을 했다고 합니다. 또한 조선은 독립 국가이며, 일본은 조선의 자주적 지위를 지지할 준비가 되어 있다는 발언도 했다고 합니다. 오토리의 발언에 대해 왕은, 개혁의 필요성은 본인도 인식하고 있으나 일본 군대가 조선 영토를 점령하고 있는 동안에는 그런 문제에 대해 논의할 수 없다고 답변하였다

---

13 [감교 주석] 위안스카이(袁世凱)

고 합니다.

조선 측 보고서에 따르면 오토리는 이달 28일 외아문 독판에게, 국제법상 청국과 조선이 어떤 관계인지 명확히 해달라는 내용의 공문서를 제출하였습니다. 특히 조선 정부는 스스로를 속국 내지 조공국으로 생각하는지 아니면 독립국으로 생각하는지 물었습니다. 그 질문에 조선 관리들은 몹시 흥분하였습니다. 일본이 청국이나 조선에 전쟁을 선포하는 것이 외아문 독판의 답변에 달려 있다고 받아들였기 때문입니다. 그들은 오토리한테 왕이 조약 체결 직후 청국에 대한 조선의 국제법상 지위와 관련해 조약을 맺은 강대국들의 통치자들에게 보낸 서신을 참조하라는 지시를 내릴 것을 결의하였습니다.

마지막으로 제물포 일반 외국인거주지 자치위원회가 이달 26일 회의에서 만장일치로 의결하여 이곳 대표들에게 보낸 결의문 사본을 첨부문서 E로 삼가 동봉하여 보냅니다. 자치위원회는 질서회복을 위해 절대적으로 필요한 경우 이외에는 제물포항을 비롯해 인근의 그 어떤 거주지에도 더 이상 군대가 진주해서는 안 된다는 입장입니다. 일반 외국인거주지 인근에 수많은 군인들이 머무는 것 자체가 주민들에게 위험하기 때문입니다.

청국인과 일본인 거주지는 일반 외국인거주지와 경계가 맞닿아 있습니다. 일본 영사는 자국 군대가 현재 일본인 거주지에 숙영하고 있음에도 불구하고 이 결의문에 동의하였습니다.

영국 총영사가 이 문제와 관련해 제물포 주재 영국 부영사 가드너가 보낸 보고서 발췌본을 일본 공사에게 전달하였습니다. 그러자 오토리 공사는 이 문제를 동료들과 협의할 용의가 있으며, 사태 해결을 위해 소집된 회의에 조선 내무대신과 청국 대표가 참석하기를 소망한다고 답변하였습니다.

동시에 그는, 만약 일본 군대가 적대적으로 나오는 어떤 나라에 대항할 필요가 있으면 제물포 및 제물포 거주 자국민을 보호하기 위해 본국 정부에 대항을 권하겠다고 단언하였습니다.

잘 훈련된 정예부대로 알려진 일본군은 아직까지 서울과 제물포 거주 외국인이나 조선인들이 불평불만을 토로할 만한 행동을 하지는 않았습니다.

본인은 본 보고서의 사본을 베이징과 도쿄 주재 독일제국 공사관에 발송할 것입니다.

크리엔

내용: 이곳의 정세에 관하여, 첨부문서 6부

No. 48(A. 7056)의 첨부문서 A

첨부문서의 내용(원문)은 독일어본 657쪽에 수록.

No. 48(A. 7056)의 첨부문서 B

첨부문서의 내용(원문)은 독일어본 658쪽에 수록.

No. 48(A. 7056)의 첨부문서 C

첨부문서의 내용(원문)은 독일어본 659쪽에 수록.

No. 48(A. 7056)의 첨부문서 D

첨부문서의 내용(원문)은 독일어본 660쪽에 수록.

No. 48(A. 7056)의 첨부문서 E

1894년 6월 25일 외국 대표들의 공동각서에 대한 청국 대표 위안스카이의 답변

이달 25일 본인에게 보낸 공동각서에 대해 삼가 다음과 같이 답변 드리게 되어 영광입니다. 본인은 각서 내용을 즉시 본국 정부에 알렸으며, 오늘 그에 대해 다음과 같은 정부의 답변을 받았습니다.

"청국 군대는 반란군 섬멸을 도와달라는 조선 왕실의 서면 요청에 따라 조선에 들어갔다. 전주를 되찾고 반란군이 해산되었다는 소식이 들어왔을 때 우리 군대는 다시 철수하여야 했다. 그러나 그때 일본 군대가 대규모로 상륙한 뒤, 상당히 오랜 기간 그곳에

머물 의도로 인천항을 비롯한 수도를 점령하였다. 1885년 청국과 일본이 톈진에서 체결한 조약[14]에 따르면 군대는 동시에 철수해야 한다. 따라서 우리는 이미 일본에 공동철수에 동의한다는 의사를 전했지만 일본은 거기에 전혀 동의할 의사가 없었다. 또한 중국황제의 정부는 선린관계를 맺고 있는 국가의 상황과 국민을 특별히 고려한다. 그런데 일본 군대가 조선에 머무르고 있기 때문에 당연히 우리 군대도 철수할 수가 없다. 우리는 조선과 조약을 체결한 강대국들이 파견한 서울 대표들이 이 사안을 우호적으로 해결하기 위해 노력하는 것을 알고 있으며 그에 대해 사의를 표하는 바이다."

상기 내용을 삼가 알려 드리며 본인 역시 이번 기회를 붙잡겠습니다.

위안

서울, 1894년 6월 26일

No. 48(A. 7056)의 첨부문서 F
첨부문서의 내용(원문)은 독일어본 662쪽에 수록.

---

14 [감교 주석] 톈진조약

07

조선의 혼란

발신(생산)일	1894. 7. 13	수신(접수)일	1894. 8. 16
발신(생산)자	구트슈미트	수신(접수)자	카프리비
발신지 정보	도쿄 주재 독일 공사관	수신지 정보	베를린 정부
	A. 55		A. 7507
메모	8월 18일 런던 644, 드레스덴 608, 브뤼셀 155, 페테르부르크 336, 카를스루에 479, 헤이그 22, 로마 B 467, 뮌헨 633, 베른 16, 빈 425, 슈투트가르트 602, 워싱턴 A. 48, 바이마르 382 및 외무부 장관 각하에게 전달. 베이징으로 전달하지 않음. 7월 18일 베이징 발 보고서 A. 7754 참조.		

A. 7507 1894년 8월 16일 오전 수신

도쿄, 1894년 7월 13일

A. 55

독일제국 수상 카프리비 보병장군 각하 귀하

일본 외무차관[1]이 오늘 본인에게 전해준 바에 따르면, 청국 정부가 조선 문제에 대해 직접 협상을 벌이자는 일본 측 제안을 수용하였다고 합니다. 그래서 이달 9일부터 이와 관련해 베이징에서 입장을 밝힐 것으로 기대했으나 어제 저녁까지도 일본 정부에 아무런 의사도 전달되지 않았습니다. 총리아문이 여전히 일본과의 직접 협상을 일본군이 조선에서 먼저 철수하는 것과 연계시키려는 것 같습니다. 하지만 이것은 일본 내각이 절대 동의할 수 없는 조건이라고 천명한 바 있습니다.

하야시가 본인에게 은밀히 전해준 바에 의하면, 일본 대리공사[2]가 드디어 전보로 아래와 같이 알려왔다고 합니다. 그가 총리아문의 여러 관리들과 대화를 나누면서 받은 인상으로는, 청국은 일본이 위압적으로 군대 철수를 강요하고 있는 러시아의 요구에 굴복할 것으로 기대했던 것이 확실하다고 합니다. 그런데 이런 기대가 무산되자 총리아문

---

1 [감교 주석] 하야시 다다스(林董)
2 [감교 주석] 고무라 주타로(小村壽太郎)

은 현재 어떻게 해야 할지 결정하지 못하고 있다는 것입니다.

도쿄 주재 외국 대표들은 아직까지는 평화 유지를 위한 공동행동에 나설 조짐은 없습니다. 중요한 것은 하야시 외무차관 본인에게 전해준 바와 같이, 일본이 조선에서의 군대 철수를 거부하면서 내놓은 성명에 러시아 정부가 전보로 확실한 만족을 표했다는 사실입니다. 그 이후로 히트로보[3]는 이 문제와 관련해 전혀 새로운 조처를 취하지 않았습니다. 조선에 머무르고 있는 르젠드르[4] 장군으로부터 영향을 받은 것이 확실해 보이는 미국은 비록 훨씬 부드러운 형식을 취하기는 했지만 얼마 전 러시아가 했던 것과 똑같은 제안을 하였다고 합니다. 일본은 그 제안에도 역시 같은 답변을 하였습니다. 프랑스 대표는 지금까지 아무런 조처도 취하지 않았습니다.

어제 파제트[5]가 본인에게 확인해준 바에 따르면, 아직 청국 측에서 포기하지 않은 조건이 있어 전망이 그다지 밝지는 않지만 영국은 도쿄와 베이징에 있는 자국 대표를 통해 계속해서 일본과 청국이 직접 교섭에 나서도록 노력을 기울이고 있다고 합니다.

따라서 비록 아직까지 외국 대표들이 공동 조처에 나설 기미는 없지만 본인은 오늘 이곳 외무대신[6]에게 반 공식적으로, 우리의 고귀한 정부는 일본이 진정으로 평화를 사랑한다고 믿기에 일본이 청국과의 협상에서 어떤 식으로든 양보하여 명예를 지킬 것으로 판단하고 있다고 전하였습니다. 무쓰 대신은 본인의 발언에 대해 대체로 긍정적인 반응을 보였습니다.

구트슈미트[7]

내용: 조선의 혼란

---

3 [감교 주석] 히트로보(M. A. Hitrovo)

4 [감교 주석] 르젠드르(C. W. Legendre)

5 [감교 주석] 파제트(R. Paget)

6 [감교 주석] 무쓰 무네미쓰(陸奥宗光)

7 [감교 주석] 구트슈미트(F. Gudtschmid)

베를린, 1894년 8월 18일   A. 7507

주재 외교관 귀중

1. 런던 No. A. 644

2. 상트페테르부르크 No. 336

3. 로마(대사관) No. 467

4. 빈 No. 425

5. 워싱턴 No. A. 48

6. 드레스덴 No. 608

7. 카를스루에 No. 479

8. 뮌헨 No. 633

9. 슈투트가르트 No. 602

10. 바이마르 No. 382

11. 브뤼셀 No. 155

12. 헤이그 No. 22

———————————————

13. 베른 No. 16

14. 외무부 장관 각하 귀하

연도번호 No. 4965

귀하에게 (조선의 혼란)에 관한 지난달 13일 도쿄 주재 독일제국 공사의 보고서 사본을 삼가 전달합니다.

1-5, 11-13에게: 개인적인 정보로 제공합니다.

6-10에게: 1885년 3월 4일 포고령과 관련해 귀하에게 본 정보를 활용할 수 있는 권한을 함께 부여합니다.

본인은 외무부 장관 각하에게 (위에서 언급한 바와 같은) 지난달 13일 도쿄 주재 독일제국 공사의 보고서 사본을 삼가 참조용으로 제공하게 되어 영광입니다.

조선으로 인한 청국과 일본의 갈등, 혼란

발신(생산)일	1894. 7. 2	수신(접수)일	1894. 8. 20
발신(생산)자	쉔크	수신(접수)자	카프리비
발신지 정보	베이징 주재 독일공사관	수신지 정보	베를린 정부
	No. 81		A. 7609

A. 7609 1894년 8월 20일 오전 수신, 첨부문서 2부

베이징, 1894년 7월 2일

No. 81

독일제국 수상 카프리비 보병장군 각하 귀하

각하께 톈진 주재 독일제국 영사의 보고서 사본을 삼가 첨부하여 보고 드리게 되어 영광입니다. 지난달 28일 독일제국 영사[1]가 리훙장[2] 총독이 가장 믿는 최측근 인사인 해관감독 성[3]과 조선의 정세에 대해 나눈 담화 내용입니다.

그 보고에 따르면, 리훙장 총독은 러시아뿐만 아니라 조선에 대표를 파견한 모든 강대국들이 조선 문제에 참여하는 것을 흡족하게 여긴다고 합니다. 그런데 주지하다시피 조선 정부의 요청에 따라 서울 주재 미국, 영국, 프랑스, 러시아 대표가 공동으로 일청 양국 공사에게 군대의 동시 철수를 촉구한 일에 서울 주재 독일 영사가 동참하지 않은 것에 대해서 불쾌감을 토로했다고 합니다.

이에 본인은 톈진 주재 독일제국 영사에게, 어제 사본으로 첨부되어 도착한 훈령에 따라 답변하였습니다.

사실 총리아문이 협상하는 태도를 바꾸지 않는다면 일이 그리 쉽게 진행되지 않을 것입니다. 왜냐하면 총리아문 대신들은 지금까지 항상 자신들은 그 일과 거의 상관없다는 식의 태도를 보여주었기 때문입니다. 본인이 보기에, 조선 주재 독일제국 영사의 태도

---

1 [감교 주석] 제켄도르프(Seckendorff)
2 [감교 주석] 리훙장(李鴻章)
3 [감교 주석] 성쉬안화이(盛宣懷)

는 동료들의 조처가 아무런 성과도 거두지 못하였다는 점에서 그리 비난할 필요는 없을 듯합니다.

본인의 영국인 동료가 톈진에서 보내온 보고에 따르면, 리훙장은 카시니[4]에게 러시아 황제에게 중재자 역할을 맡아줄 것을 요청해달라는 부탁을 하였다고 합니다. 하지만 청국인들은 그러한 노력에 대해 러시아가 요구할 가능성이 있는 금액을 듣고 몹시 놀랐다고 합니다. 해관감독 성이 제켄도르프에게 한 발언은 이런 분위기에서 비롯된 것으로 보입니다.

독일 입장에서는 현재와 같은 상황에서 중재에 나서는 것이 그리 바람직해 보이지 않습니다. 본인이 판단하기로, 당분간은 소극적인 태도로 사태의 추이를 지켜보는 것이 각하의 고귀한 의향에 가장 부합할 듯합니다.

만약 청국 정부가 현재의 혼란스러운 상황을 보고 보다 중요한 자기평가를 내린다 해도 이것이 청국에 거주하는 외국인들의 지위에 해가 될 것 같지는 않습니다.

쉔크

내용: 조선으로 인한 청국과 일본의 갈등, 혼란

---

4 [감교 주석] 카시니(A. P.Cassini)

No. 81의 첨부문서 1

사본

텐진, 1894년 6월 28일

조선의 정세에 관하여 오늘 이곳 세관장과 가진 면담 내용을 각하께 참조용으로 삼가 동봉하여 전달하게 되어 영광입니다.

제켄도르프

베이징 주재 독일제국 공사

쉔크 귀하

1894년 6월28일 해관감독 성과 가진 면담 내용 보고.

오늘 텐진 해관감독 성과 면담을 갖는 자리에서 그가 조선의 현 정세에 대하여 언급하였습니다. 성 해관감독은 현재 조선의 정세가 매우 심각한 상황이기는 하지만 일본이 특정한 조건을 고집하지만 않는다면 평화적 합의에 도달할 수 있는 수단방법을 찾을 수 있을 거라는 희망을 갖고 있다고 하였습니다. 최근 조선의 전라도 지방에서 벌어진 것[5]과 비슷한 사건들의 재발을 막기 위해서는 뭔가 조처가 필요하다는 사실에 대해서는 총독[6]도 완전히 수긍하고 있다고 합니다. 다만 총독은 청국과 일본에 의해 시행된 쇄신책들이, 독일을 비롯해 조선에 대표를 파견한 모든 국가가 이 문제에 관해 노력을 기울였을 때보다 이웃나라들에 좋지 않은 결과를 가져올 가능성을 우려하고 있다고 합니다. 또한 그는 러시아가 기꺼이 청국과 일본 사이에서 중재자 역할을 떠맡을 용의가 있다는 사실을 알고 있지만 러시아에 아무런 부담도 지우고 싶지 않기 때문에 불가피한 경우에만 그런 제안을 받아들일 수 있다고 합니다.

총독은 현재 벌어지고 있는 청일 간 갈등에 우호적인 중재가 이루어지기를 몹시 바라고 있습니다. 그래서 조선에서 영국과 프랑스, 미국, 러시아 대표들이 일본 공사 오토리[7]에게 외국 무역에 초래할 위험과 조선의 국내 안정을 위해 서울에서 군대를 철수시키라

---

5 [감교 주석] 동학농민전쟁
6 [감교 주석] 리훙장(李鴻章)
7 [감교 주석] 오토리 게이스케(大鳥圭介)

고 요청하는 각서를 보냈다는 소식을 듣고 크게 기뻐하였습니다. 반면 독일 영사 크리엔[8]이 이러한 행보에 참여하지 않은 것에 대해서는 언짢다는 반응을 보였습니다. 이는 조선에서 보여준 일본의 행동에 독일이 동의한 것처럼 보였기 때문이라고 합니다.

이에 대해 어떻게 생각하느냐는 해관감독 성의 질문에 본인은, 그 문제에 대해 아무런 보고를 받지 못했으나 이 문제를 그냥 넘기지 않고 베이징 주재 독일제국 공사에게 알리겠다고 답변하였습니다.

카시니[9]가 이곳 톈진에 머무는 것에 대해 해관감독 성은 본인에게 다음과 같이 전해주었습니다. 러시아 영사가 어제 그에게 말한 바에 따르면 카시니는 상트페테르부르크에서 내려온 지시에 따라 이곳에 머무르고 있으며 아마도 베이징으로 돌아갈 것 같다고 합니다.

톈진, 1894년 6월 28일

독일제국 영사
제켄도르프[10]

---

8   [감교 주석] 크리엔(F. Krien)
9   [감교 주석] 카시니(A. P.Cassini)
10 [감교 주석] 제켄도르프(Seckendorff)

No. 81의 첨부문서 2

사본

베이징, 1894년 7월 1일

텐진 주재 독일제국 영사 제켄도르프 귀하

본인은 조선 정세와 관련된 지난달 28일 귀하의 보고서를 보고 조선 정부의 요청에 따라 미국, 러시아, 영국, 프랑스 대표가 청일 양국 공사에게 조선에서 동시에 군대를 철수할 것을 권했다는 기밀 정보를 인지하였습니다. 만약 크리엔[11]이 이러한 공동 행보에 동참하지 않았다면 그가 유보적인 태도를 보인 이유는 짐작컨대 독일의 외교관이 아니라 영사 대표인 자신은 독일 정부의 명확한 훈령이 없이는 외교적인 중재에 참여할 권한이 없다고 판단하였기 때문일 것입니다. 결코 그가 일본의 편을 들거나 편파적인 입장에 서 있기 때문은 아닙니다. 각하께서도 아시다시피 조선 주재 독일 영사는 베를린 외무부 직속입니다. 따라서 도쿄 주재 공사[12]는 물론이고 본인도 크리엔에게 정치적 태도에 대한 지시를 내릴 권한이 없습니다. 따라서 만일 총독께서 독일을 비롯해 조선에 외교사절을 파견한 다른 강대국들의 협조를 요청하려면 총리아문이 직접 해당국에 파견된 청국 공사로 하여금 그곳 정부에 필요한 조처를 취해 달라고 요청하는 것이 옳습니다. 본인을 비롯해 이곳에 파견된 다른 나라 공사들은 지난주 수차에 걸쳐 총리아문과 조선 정세에 대한 논의의 장을 마련하고자 노력하였습니다. 하지만 총리아문 대신들은 늘 이 문제에 대해 아는 바가 전혀 없다는 태도를 보였습니다. 또한 조선 문제에 대한 결정권은 그들이 아니라 리훙장 총장에게 전권이 주어진 것처럼 행동하였습니다. 대신들의 그런 부정적 태도 때문에 이곳에서 중재에 나서는 것은 꽤 힘든 일이 아닐 수 없습니다. 따라서 본인은 기회가 닿는 대로 해관감독 성에게 앞에서 언급한 내용을 은밀히 전할 예정임을 각하께 삼가 보고 드립니다.

독일제국 공사

쉔크

---

11 [감교 주석] 크리엔(F. Krien)

12 [감교 주석] 구트슈미트(F. von Gudtschmid)

조선으로 인한 청국과 일본의 갈등

발신(생산)일	1894. 7. 4	수신(접수)일	1894. 8. 20
발신(생산)자	쉔크	수신(접수)자	카프리비
발신지 정보	베이징 주재 독일공사관	수신지 정보	베를린 정부
	No. 82		A. 7610

A. 7610 1894년 8월 20일 오전

베이징, 1894년 7월 4일

No. 82

독일제국 수상 카프리비 보병장군 각하 귀하

들려오는 소문에 따르면, 조선 정부의 요청을 받은 러시아 정부의 지시에 따라 도쿄 주재 러시아 공사 히트로보[1]가 일본 정부에 조선에서의 군대 철수를 촉구 내지 권유하였는데, 일본은 이 무리한 요구를 거절하였다고 합니다. 일본병력 4,000명이 추가로 제물포에 상륙하였습니다. 이 소식은 제물포 주재 영국 부영사가 전해주었습니다.

주지하다시피 일본은 이미 양국 군대가 동시에 즉각 철수하자는 청국의 제안을 거절하였습니다. 일본은 그보다 먼저 조선의 쇄신과 온전한 보전에 대해 청국과 협의하기를 바라고 있습니다.

이곳에 있는 영국 동료 오코너[2]는 조선에 대표를 파견한 5대 강대국이 평화유지를 위해 공동으로 중재에 나서야 한다는 입장입니다. 그래야 일본이 불신감을 갖고 대립하는 개별국가의 제안은 거부했지만 추가 압박이나 위신 하락 없이 5대 강대국의 제안은 수용할 것이라고 보는 것입니다.

쉔크

내용: 조선으로 인한 청국과 일본의 갈등

---

1 [감교 주석] 히트로보(M. A. Hitrovo)
2 [감교 주석] 오코너(N. R. O'Conor)

청국과 일본의 갈등, 카시니의 귀환

발신(생산)일	1894. 7. 5	수신(접수)일	1894. 8. 20
발신(생산)자	쉔크	수신(접수)자	카프리비
발신지 정보	베이징 주재 독일공사관 No. 83	수신지 정보	베를린 정부 A. 7611
메모	8월 23일 런던 657, 페테르부르크 344 전달		

A. 7611　1894년 8월 20일 오전 수신

베이징, 1894년 7월 5일

No. 83

독일제국 수상 카프리비 보병장군 각하 귀하

텐진에서 들어온 소식에 의하면, 휴가를 받고 텐진에 머무르던 러시아 공사 카시니[1]가 이곳 베이징으로 돌아올 것이라고 합니다. 반면 임시 러시아 대리공사를 맡고 있던 베베르[2]는 자신이 직접 밝힌 것처럼 며칠 내로 서울로 되돌아갈 예정입니다.

조선에는 현재 약 9,000명의 일본 군인이 진주하고 있습니다. 카시니는 청국 또한 조선에 병력을 추가로 파견해야 할지를 묻는 리훙장 총독에게 그러지 말라고 충고하였습니다.

오코너[3] 역시 이미 그와 비슷한 충고를 한 바 있습니다. 하지만 비록 아직까지는 청국이 조선에 추가로 병력을 파견하지 않았지만 그것 역시 일본의 전쟁 준비에 대한 청국의 대비라고 할 수 있습니다.

쉔크

내용: 청국과 일본의 갈등, 카시니의 귀환

1　[감교 주석] 카시니(A. P.Cassini)
2　[감교 주석] 베베르(K. I. Weber)
3　[감교 주석] 오코너(N. R. O'Conor)

조선으로 인한 청국과 일본의 어려움

발신(생산)일	1894. 7. 5	수신(접수)일	1894. 8. 20
발신(생산)자	쉔크	수신(접수)자	카프리비
발신지 정보	베이징 주재 독일공사관	수신지 정보	베를린 정부
	No. 84		A. 7612

A. 7612 1894년 8월 20일 오전 수신, 첨부문서 1부

베이징, 1894년 7월 7일

No. 84

독일제국 수상 카프리비 보병장군 각하 귀하

텐진에서 들어온 소식에 의하면, 리훙장[1]이 폭동 진압을 위해 조선에 파견했던 군대를 철수시키라는 지시를 내렸다고 합니다. 그와 관련된 이달 4일 텐진 주재 독일제국 영사[2]의 보고서(No. 81) 사본을 본 보고서에 첨부문서로 동봉하였습니다. 5일 텐진의 개인적인 소식통으로부터 들어온 보고에 따르면, 조선에서 청국 총사령관 예[3]가 이끌던 해군과 어뢰부대, 그리고 다구[4]에 있던 부상자들은 이미 다시 돌아왔다고 합니다.

베이징 주재 영국 동료는 지난 며칠 동안 청국과 일본이 직접협상을 재개하도록 많은 노력을 기울였습니다. 또한 영국 정부는 도쿄에서도 직접 협상을 재개하자는 청국의 제안을 받아들이도록 일본 정부를 설득하는 데 온갖 노력을 기울인 것 같습니다. 물론 일본 측에서는 추가 협상을 진행할 용의가 있다고 선언하였지만 청국이 일본의 제안(6월 28일 78)을 거절한 이후[5] 이제는 청국에 모종의 제안들을 제시하게 될 것이라고 답변하였습니다.

베이징의 일본 대리공사[6] 역시 지난달 28일 본인이 당시 보고 드린 것과 비슷한 발언

---

1 [감교 주석] 동학농민전쟁
2 [감교 주석] 제켄도르프(Seckendorff)
3 [감교 주석] 예즈차오(葉志超)
4 [감교 주석] 다구(大沽)
5 [원문 주석] A. 7434에 삼가 첨부.

을 한 적이 있습니다.

카시니[7]가 톈진에서 조선 문제에 대해 3국이 협상하자는 제안을 하였다고 합니다. 하지만 그쪽으로는 진척이 없는 듯합니다.

조선에서 들어온 소식에 따르면, 확실하지는 않지만 추가로 10척의 증기선이 일본 군인들을 싣고 조선으로 떠났다고 합니다.

1884년 일본인들을 서울에서 몰아낸 일로 일본인들을 격분하게 만들었던 청국 변리 공사 위안[8]에 대한 해임 요청이 들어왔다고 합니다.

쉔크

내용: 조선으로 인한 청국과 일본의 어려움

No. 84의 첨부문서
사본

톈진, 1894년 7월 4일

No. 81

베이징 주재 독일제국 공사
쉔크 귀하

상당히 믿을 만한 소식통으로부터 확인한 조선의 정세에 대해 각하께 삼가 보고 드립니다. 총독 리훙장[9]이 폭동 진압을 위해 조선으로 파견했던 군대를 철수시키라는 지시를 내렸다고 합니다.

철수 지시를 내리는 동시에 리훙장은 황제에게 그 사실을 보고하였습니다.

리훙장은 철수 지시를 내리는 동시에 황제에게 그 사실을 보고하면서 전 포모사[10]

6　[감교 주석] 고무라 주타로(小村壽太郎)
7　[감교 주석] 카시니(A. P.Cassini)
8　[감교 주석] 위안스카이(袁世凱)
9　[감교 주석] 리훙장(李鴻章)
10　[감교 주석] 대만(Formosa)

총독 리우밍촨[11]에게 조선과 대항할 20개 대대 규모의(10,000명) 보병 양성을 위탁하자고 제안하였습니다. 어제 이곳에 들어온 급전에 따르면, 제물포 남쪽 약 30마일 지점에 위치한 아산에서 청국 군대를 통솔하고 있는 예 장군은 아직 철수를 위해 병력을 선박에 승선시킬 수 없다고 합니다. 왜냐하면 일본 최고사령관이 혹시 일본 군대의 추가 하역작업이 필요할 경우 이용할 목적으로 제물포 북쪽과 남쪽 70마일 이내에 있는 조선의 모든 소형선박을 차압하였기 때문입니다.

본인에게 들어온 상기 소식의 정확성에 대해서는 의문의 여지가 없습니다.

총독에게 당장 중요한 일은 현재 추진하고 있는 주요 목표들을 달성하는 것입니다.

이곳에서 판단하기로는, 총독은 그동안 자신이 취한 정치적 조처들로 인해 위신이 약간 떨어졌든 아니든 별로 개의치 않는 듯합니다.

제켄도르프

---

11 [감교 주석] 리우밍촨(劉銘傳)

[독일 언론의 조선 관련 기사 보고]

발신(생산)일		수신(접수)일	1894. 8. 20
발신(생산)자		수신(접수)자	
발신지 정보		수신지 정보	베를린 외무부
			A. 7632

A. 7632 1894년 8월 20일 오후 수신

노르트도이체 알게마이네 차이퉁[1]

1894년 8월 20일

1894년 6월 29일 서울 발 리포트

"제물포 외국인거주지 점령에 대해 외국 대표들이 항의한 이후 일본 군대가 이달 22일까지 거주지에서 완전히 철수하였다. 같은 날 청국의 전함 "Chen Yuen"호, "Chao Yung"호, "Kwang King"호가 제물포에 입항하였다. 그 중 두 척은 며칠 뒤에 제물포항을 떠났다. 짐작컨대 아산으로 간 듯하다. 이달 24일 일본의 3개 보병 대대가 약 200명의 기병과 2개 포병부대와 함께 제물포를 떠나 서울 주변의 전략적 요충지들을 점령하였다. 마포와 용산 사이 한강 북쪽에 막사가 한 동 설치되었으며, 동[2] 후장포[3] 포대가 설치되었다. 서울에는 1개 보병대대가 진주하고 있다. 청국 정부는 1885년의 톈진조약에 따라 사전에 도쿄 주재 공사를 통해 자국 군대의 파견에 관해 일본에게 통고하였다. 물론 '조공국'인 조선이 도움을 요청했기 때문이라는 단서를 달아 놓았다. 그러나 일본과 조선이 체결한 조약에서 조선은 분명히 독립국가로 인정되었기 때문에 일본은 '조공국'이라는 표현을 인정할 수 없다고 한다. 일본 정부 역시 청국의 행보에 맞추어 일단 조선

---

1 [감교 주석] 노르트도이체 알게마이네 차이퉁(Norddeutsche Allgemeine Zeitung)

2 [감교 주석] 동(銅)

3 [감교 주석] 후장포(後裝砲)

내 일본인을 보호하기 위해서라는 명분을 내세워 조선에 군대를 파견하였다. 그런 다음 조선에서 꼭 개혁안을 시행할 것을 요구하고 있다. 이달 27일 다시 증기선 회사인 일본 우선회사[4]의 선박 10척이 군량과 약 2,500명의 일본군을 싣고 제물포에 도착하였다. 일본군은 제물포 외국인거주지 인근에 숙영지를 마련하였다. 일본군이 원산에 100명, 부산에 120명, 다른 소식통에 의하면 1,000명이라고 한다, 상륙했다는 소문이 돌고 있다. 오시마[5] 장군 휘하의 히로시마 주둔군 전체가 현재 조선에 머무르고 있다. 청국 군대는 아직 아산에 진을 치고 있다. 상황이 심각하다. 이곳에 있는 청국인들은 일본과의 전쟁을 피할 수 없는 것으로 받아들이고 있다. 서울과 제물포 거주 청국인들 사이에 본격적인 공포가 확산되고 있다. 그들은 무리를 지어 조선을 떠나고 있는데, 특히 위안[6]이 가족을 청으로 돌려보낸 이후 사태가 더욱 심각해졌다. 이렇게 다급한 상황이라 우리 독일인들은 독일의 이익을 지키기 위해 독일 전함 일티스 호가 제물포항에 입항해 있는 것을 다행으로 생각한다. 제물포항에는 현재 여러 척의 일본과 청국 전함 이외에도 포함 "일티스"호, 미국 기함 "Baltimore"호, 프랑스 소형쾌속선 "Inconstant"호, 러시아 포함 "Koreyetz"호가 정박하고 있다. 영국 순양함 "Mercury"호는 잠시 체류한 뒤 다시 떠났으며, 다른 영국 전함은 아직 제물포항에 도착하지 않았다. 오늘 900명의 조선 군사가 전라도에서 서울로 귀환하였다. 폭동이 완전히 진압된 것은 아니기 때문에 약 1,000명의 병사는 아직 그곳에 남아 있다. 조선 관리들은 크게 동요하고 있다. 관리들 상당수가 수도를 떠났으며, 다른 사람들은 서울 주재 유럽 및 미국 공사관과 영사관 근처로 이주하였다. 잘 훈련된 정예부대로 알려진 일본군은 아직까지 서울과 제물포 거주 외국인이나 조선인에게 비난받을 만한 불미스러운 행동을 하지는 않았다."

---

4 [감교 주석] 일본우선회사(日本郵船株式會社)

5 [감교 주석] 오시마 요시마사(大島義昌)

6 [감교 주석] 위안스카이(袁世凱)

베를린, 1894년 8월 23일   A. 7611

주재 외교관 귀중   귀하에게 조선 정세와 카시니[7]의 귀환에 관한
1. 런던 No. 657   지난달 5일 베이징 주재 독일제국 공사의 보고
2. 상트페테르부르크 No. 344   서 사본을 삼가 동봉하여 개인적인 정보로 전
                                  달합니다.

연도번호 No. 5057

---

7 [감교 주석] 카시니(A. P.Cassini)

조선 정세에 관하여

발신(생산)일	1894. 7. 6	수신(접수)일	1894. 8. 25
발신(생산)자	크리엔	수신(접수)자	카프리비
발신지 정보	서울 주재 독일 총영사관	수신지 정보	베를린 정부
	No. 51		A. 7753
메모	(A. 8510 참조) 8월 28일 런던 688, 파리 396, 페테르부르크 358, 빈 448에 전달 연도번호 No. 323		

A. 7753 1894년 8월 25일 오전 수신

서울, 1894년 7월 6일

No. 51

독일제국 수상 카프리비 보병장군 각하 귀하

　지난달 29일 본인의 No. 48[1]와 관련해 오토리가 지난 달 26일 왕에게 전달한 각서의 번역본을 각하께 삼가 첨부문서로 동봉하여 전달하게 되어 영광입니다. 각서에서 일본 공사는 왕의 덕을 찬양하고 정부에 반기를 든 남부지방 주민들의 어리석음을 비난하였습니다. 그리고 정부가 반란군 진압의 어려움을 과대평가한 나머지 이웃나라의 도움을 받아들였을 것이라고 하였습니다. 그로 인해 일본 정부가 공사관과 일본 상인들을 보호하기 위해 선린관계를 맺고 있는 이웃나라의 요청이 있으면 도움을 주라는 하명을 내려 군대와 함께 그를 서울로 파견한 것이라고 하였습니다. 하지만 다행스럽게도 반란군이 해산되었다는 소식을 들었다면서, 오토리[2]는 훌륭한 법을 만들어 국민들의 복지에 관심을 기울이고 경작지를 보살피고 무역을 장려하는 다른 나라들의 힘과 번영에 관한 이야기를 꺼내 왕의 관심을 돌렸습니다. 이어서 왕에게 조선이 주변국들과 동등한 지위를 주장하려면 정책을 바꾸고 개혁안을 도입할 것을 권하였습니다. 마지막으로 왕에게 자신의 제안을 숙고해볼 것을 요청하고, 이 문제에 관해 심도 있는 대화를 나눌 수 있도록

1　[원문 주석] A. 7506에 삼가 첨부.

2　[감교 주석] 오토리 게이스케(大鳥圭介)

외아문 독판이나 다른 고위 관리를 파견해 달라고 요청하였습니다.

일본 공사의 거듭되는 압박에 이달 4일 판중추부사[3] 김홍집[4]이 외아문 독판에 임명되었습니다. 들리는 소문으로는 제기된 문제들에 대해 오토리와 의논하고, 외교관계에 대해 왕에게 정기적으로 보고하기 위한 목적이라고 합니다.

이달 3일 일본 대표가 외아문 독판에게 조선 정부가 군대체제, 행정, 재정, 교육, 무역, 농업 분야의 개혁안 도입을 보장하기 전에는 일본 군대는 철수하지 않을 것이라고 하였습니다.

청국과 조선이 국제법상 어떤 관계에 있느냐는 일본 공사의 질문에 조선 외아문 독판이 답변한 내용을 번역하여 첨부문서 B로 삼가 동봉하여 각하께 보고 드립니다. (일본의 각서 자체는 아직 입수하지 못했습니다.) 조[5] 대신은, 1876년 일본과 맺은 조약[6] 제1조에서 조선이 분명히 독립국으로 인정되었다는 점을 강조하였습니다. 조선은 고유한 절대권력으로 공식적으로 청국의 지원을 요구한 것이며, 이것은 조약 위반으로 간주될 수 없다고 하였습니다. 조선은 항상 일본과 맺은 조약의 조항들을 확실히 지켰다는 것입니다. 또한 청국 역시 조선이 내치는 물론이고 외치에서도 독립적이라는 사실을 알고 있다고 하였습니다. 도쿄 주재 청국 공사가 설혹 이와 상반되는 내용을 주장했더라도 그것은 조선과 하등 관계없는 일이라고 하면서 일본과 조선의 관계는 우선적으로 양국이 체결한 조약에 기반하고 있다고 하였습니다.

어제 다시 일본병사 약 500명, 악대원[7] 50명, 오사카 출신 노동자 350명이 제물포에 도착하였습니다. 추가로 병사들을 비롯해 석탄과 식량 등을 실은 다른 수송선들이 도착하기를 기다리고 있습니다. 얼마 전 일본인들이 제물포와 서울 사이 한강변에 있는 강화도를 점령하였으며, 정찰대가 조선의 남쪽과 북쪽으로 떠났습니다.

최근 러시아 대리공사 케아르버그[8]가 본인에게, 일본 정부의 조치는 국제법에도 어긋날 뿐만 아니라 야만인들에게조차 결코 행할 수 없는 폭력적인 짓이라며 매우 날카롭게 비난하며 일본 군대가 짧은 시일 내에 조선을 떠나기를 희망한다고 말했습니다. 프랑스 대표[9] 역시 일본인들에게 분노하였습니다. 일본 병사 서너 명이 가톨릭 성당 위에 야전용

---

3   [감교 주석] 판중추부사(判中樞府事)
4   [감교 주석] 김홍집(金弘集)
5   [감교 주석] 조병직(趙秉稷)
6   [감교 주석] 조일수호조규(朝日修好條規)
7   [감교 주석] 악대원(樂隊員)
8   [감교 주석] 케아르버그(P. Kehrberg)
9   [감교 주석] 르페브르(G. Lefèvre)

전신기를 설치하는 것에 반대하고 작업 중이던 어느 병사의 모자를 빼앗은 프랑스 사제를 번쩍거리는 무기로 위협하였기 때문입니다. 영국 총영사는 시골길에서 일본 초병의 검문을 받고 제시된 명부에 이름을 적어야만 했습니다.

대부분의 일본인들은 마치 정복한 나라에 있는 것처럼 행동하고 있습니다. 정부의 항의에도 불구하고 공공건물들을 무조건 압류해 일본 병사들의 숙소와 마구간으로 이용하고 있습니다. 조선인이 탄 가마는 초병들의 수색을 당하고 있습니다.

상당수의 청국인들과 조선인들이 계속 수도 서울과 항구 도시 제물포를 떠나고 있습니다. 중류층 이상의 조선인 약 절반이 내륙지방으로 피난을 떠났습니다.

청국 군인 약 600명이 지난달 말경 남부지방으로 내려갔습니다. 충청도 지방에 반란군이 나타났기 때문이라고 합니다. 그러나 그들은 곧 다시 진지가 있는 아산으로 돌아왔습니다.

일주일 전 영국 순양함 'Archer'호가 제물포에 입항하였습니다.

본인은 이 보고서의 사본을 베이징과 도쿄 주재 독일제국 공사관에 발송하겠습니다.

크리엔

내용: 조선 정세에 관하여, 첨부문서 2부

No. 51의 첨부문서 A

사본

1894년 6월 26일 일본 공사 오토리[10]가 왕에게 보낸 각서.[11]

폐하의 성스러운 덕이 날마다 높아지고 폐하의 개혁이 온 백성에게 미치어, 정부의 우수함이 나라 전체에 가득합니다. 그런데 어리석게도 남부지방 주민들이 개혁을 거부하고 당국에 반기를 들었습니다. 이들을 막기 위해 파견된 왕의 병사들은 반란군을 진압할 수 있었습니다. 하지만 정부는 반란군 해산이 어려울 거라고 과대평가하여 이웃나라에

---

10 [감교 주석] 오토리 게이스케(大鳥圭介)
11 [감교 주석] 『고종실록』 고종 31년(1894) 5월 23일 자 기사에 수록

도움을 요청하였습니다.

그 소식을 접한 우리 정부는 사안의 의미를 고려하여 본인에게 이곳 공사관 및 일본 상인들을 보호하기 위해 군대와 함께 돌아가라는 지시를 내렸습니다. 그리고 행이든 불행이든 절친한 이웃나라 조선에 닥친 일에 공감하면서 이를 입증하기 위해 조선의 요청이 있을 시 도움과 지원을 행하라고 명령하였습니다. 본인은 이러한 명령에 따라 서울로 왔으나, 이곳에서 전주를 탈환하고 반란군이 해산되었다는 소식을 들었습니다. 이제 (조선) 군대가 되돌아왔으니 장차 모든 질서가 회복될 것입니다. 이 모든 것은 폐하의 훌륭한 공덕 덕분이며, 온 나라가 축하의 인사를 받아야 합니다.

일본과 조선은 함께 태평양 연안에 자리하고 있으며, 서로의 국경이 그다지 멀지 않습니다. 하지만 우리 두 나라는 단순히 서로에게 마차와 바퀴 내지 입술과 이의 관계에 머물지 않고 각서를 교환하고 선린관계를 맺었습니다. 그리 하여 서로 공사를 파견하고 선물이 오가고 있습니다. 예전부터도 그래왔고, 현재도 그런 관계가 이어지고 있습니다. 역사적 기록들이 그 사실을 확인해줍니다. 다른 강대국들의 상황을 한 번 살펴보십시오. 그들이 어떻게 국민들을 다스리고 지도하는지, 어떻게 법을 만들고 국민 복지에 관심을 기울이는지, 어떻게 농업을 보호하고 무역을 장려하는지 말입니다. 그것이 그 나라 국민을 부유하고 강하게 만들며, 그들을 성장하고 번영하게 하여 세상에서 특출한 존재로 만들어 줍니다. 그러니 부디 좋은 정부를 통해 이 나라를 보존하고 좋은 법률을 도입하시기 바랍니다!

(조선이) 현재의 상황을 완전히 바꾸지 않는다면, 그리고 안목을 넓히지 않는다면 조선의 독립을 위해 활기차게 싸우지 못할 것입니다. 그리 되면 어떻게 다른 나라들 사이에서 제 위치를 주장할 수 있겠습니까?

이런 연유로 일본 천황 폐하께서 본인에게 지시하시기를, 조선 왕실 대신들에게 이런 관점을 피력하고 (조선을) 부유하고 강하게 만들 수 있는 정책에 대해 조언하라고 하셨습니다. 그리하면 행과 불행이 공동의 문제가 되고 우리가 서로를 믿어 마치 마차의 바퀴들처럼 서로에게 버팀목이 되어 줄 것입니다.

폐하께서는 (제가 드린 의견을) 심사숙고하셔서 외아문 독판[12]이나 다른 고위 관리들이 본인과 자세한 이야기를 나눌 수 있도록 조처하여 주시기 바랍니다. 폐하께서 우리 정부의 선한 의도와 이웃나라에 대한 친선활동을 거부하지 않으신다면 크나큰 영광으로 알겠습니다.

---

12 [감교 주석] 조병직(趙秉稷)

폐하께서 이 각서를 인정해주시기 바라오며, 끝없는 행운이 함께 하기를 기원하겠습니다.

1894년 6월 26일

No. 51의 첨부문서 B
사본

1894년 6월 28일 오토리[13] 일본 공사가 보낸 외교각서에 대한 조선 외아문의 답변.

귀하가 지난달 28일 보낸 외교 각서를 수신하였음을 정중히 알려드리면서 삼가 아래와 같이 답변 드립니다.

1876년 체결된 조약[14] 제 1조에 따르면, 조선은 일본과 똑같은 주권을 가진 독립 국가입니다. 그리고 조약 체결 이후 우리 양국은 계속 서로를 독립적이고 동등한 권리를 가진 국가로 대우해 왔습니다. 지금 청국에 지원을 요청한 것 역시 우리의 고유한 절대 권한에 의해 이루어진 조치로서, 절대 조일조약을 위반하는 것이 아닙니다. 조선은 양국이 체결한 조약을 준수하고 있으며 엄격하게 조약의 규정에 따라 행동하고 있습니다. 청국 역시 조선이 내치는 물론이고 대외관계에 있어서도 독립국임을 인정하였습니다. Wang이 보낸 외교 각서에서 상반되는 주장을 했든 아니든 조선은 그에 개의치 않습니다. 조선과 일본의 관계는 그 어떤 경우에도 양국이 체결한 조약만이 기준이 될 수 있습니다.

그러하오니 이 점을 유념하시기를 삼가 요청 드리며 이만 줄입니다.

조선 외아문 독판
조[15]
1894년 7월 1일

---

13 [감교 주석] 오토리 게이스케(大鳥圭介)
14 [감교 주석] 강화도조약
15 [감교 주석] 조병직(趙秉稷)

베이징과 서울로 보고서 전달

발신(생산)일	1894. 7. 18	수신(접수)일	1894. 8. 25
발신(생산)자	구트슈미트	수신(접수)자	카프리비
발신지 정보	도쿄 주재 독일 공사관	수신지 정보	베를린 정부
	A. 56		A. 7754

A. 7754   1894년 8월 25일 오전 수신

도쿄, 1894년 7월 18일

A. 56

독일제국 수상 카프리비 보병장군 각하 귀하

각하께 지난 달 20일 일어난 꽤 큰 규모의 지진으로 인해 많은 업무를 처리해야 했던 사무처가 이제 어느 정도 업무 부담에서 벗어났기에 오늘에서야 조선에 관한 지난달 27일 본인의 48[1]의 사본을 베이징과 서울로 발송하였다는 사실을 삼가 보고 드립니다. 하지만 이달 9일 본인의 53[2]과 이달 13일 55[3]는 그곳으로 보내는 것이 적절하지 않다는 것이 본인의 판단입니다. 왜냐하면 내용 일부가 이곳 외무대신[4]을 비롯해 본인의 여러 동료들에 관한 극비사항을 담고 있기 때문입니다.

구트슈미트

내용: 베이징과 서울로 보고서 전달

---

1 [원문 주석] A. 7254에 삼가 첨부.
2 [원문 주석] A. 7503에 삼가 첨부.
3 [원문 주석] 위와 동일.
4 [감교 주석] 무쓰 무네미쓰(陸奧宗光)

일본과 조선이 진행하고 있는 협상, 일본 점령군

발신(생산)일	1894. 7. 18	수신(접수)일	1894. 8. 25
발신(생산)자	구트슈미트	수신(접수)자	카프리비
발신지 정보	도쿄 주재 독일 공사관	수신지 정보	베를린 정부
	A. 57		A. 7755

A. 7755 1894년 8월 25일 오전 수신

도쿄, 1894년 7월 18일

A. 57

독일제국 수상 카프리비 보병장군 각하 귀하

며칠 전 열린 조선 정부와의 직접협상이 그리 나쁘지 않게 진행된 것으로 보입니다. 이달 10일 서울 주재 일본 공사가 외무대신에게 보고한 내용에 따르면, 조선 국왕이 임명한 3명의 고위관리로 구성된 위원단과의 회의에서 일본이 제시한 개혁안이 원칙적으로 수용되었다고 합니다. 오토리[1]의 보다 상세한 보고는 조금 더 기다려야 할 것 같습니다.

일본은 조선 정부에서 우호적인 영향력을 확보하였다고 합니다. 외무차관이 통역비서 바이페르트[2] 여사에게 전한 바에 따르면 조선이 계속 우호적으로 나오는 이유는 지금까지 대외 업무는 왕 직속의 부대신이 전적으로 관할하였던 반면, 대신을 역임한 개화파 김홍집[3]이 완벽한 장관 신분의 외아문 독판에 임명되었기 때문이라고 합니다.

하야시[4]는 기후가 맞지 않아 군인들 사이에 질병이 퍼져 1/10 정도 병력 손실이 발생하는 바람에 어쩌면 주둔을 포기할 필요가 생기지 않을까 우려하고 있습니다. 다른 한편으로 주둔군은 개혁안이 본격적으로 실행되기 전까지는 계속 조선에 머물러 있을 거라고 합니다. 비용은 전혀 문제가 아니라고 합니다. 조약상 주둔 비용뿐만 아니라 일본

1　[감교 주석] 오토리 게이스케(大鳥圭介)
2　[감교 주석] 바이페르트(Weipert)
3　[감교 주석] 김홍집(金弘集)
4　[감교 주석] 하야시 다다스(林董)

군대의 숙박까지 조선이 부담해야 할 의무가 있다고 합니다. 실제로 이런 조항이 조약에 포함되어 있는지 본인은 알지 못합니다. 일본과 조선이 협상에서 실제로 어떤 결과를 도출할지는 항상 청국의 태도에 달려 있는 것이 분명합니다.

본 보고서의 사본은 베이징과 서울로 발송될 것입니다.

구트슈미트

내용: 일본과 조선이 진행하고 있는 협상, 일본 점령군

조선에 대한 일본의 계획

발신(생산)일	1894. 7. 19	수신(접수)일	1894. 8. 25
발신(생산)자	구트슈미트	수신(접수)자	카프리비
발신지 정보	도쿄 주재 독일 공사관	수신지 정보	베를린 정부
	A. 58		A. 7756
메모	기밀! 8월 28일, 런던 680, 파리 390, 페테르부르크 352, 로마 B 490, 빈 442, 워싱턴 A. 53, 뮌헨 656, 카를스루에 497, 바이마르 396, 슈투트가르트 624 및 외무부 장관 각하에게 전달		

A. 7756   1894년 8월 25일 오전 수신

도쿄, 1894년 7월 19일

A. 58

독일제국 수상 카프리비 보병장군 각하 귀하

이곳 군 관계 인사들과 긴밀히 접촉 중인 육군 소령 구트슈라이버[1]는 자신이 접한 정보들에 입각해, 일본이 조선에 대해 단순히 개혁안을 관철시키는 것보다 훨씬 광범위한 계획을 갖고 있다고 확신하고 있습니다. 일본은 원정에 소요된 비용을 지급해 달라고 요구할 것으로 생각됩니다. (그런 다음 과거 미납된 금액을 추가로 지불 요청할 수도 있습니다.) - 하야시[2] 외무차관은 이미 본인에게 그것이 사실임을 인정하였습니다. - 그리고 알려진 바로는 만약 이 돈을 징수할 수 없을 경우, 일본은 담보로 영토 일부를 점령하여 그곳에 정착할 것이라고 합니다.

일본 군부 및 국민 대다수는 사태가 그런 식으로 발전하는 것을 소망하고 있습니다. 심지어 일본 정부까지 조용한 가운데 그렇게 되기를 기대하고 있습니다. 이것을 충분히 가능한 일로 간주하고 있다는 것에 의문의 여지가 없습니다. 하지만 청국이 일본의 합병 정책을 무력화시킬 방해공작에 나서지 않고, 사태가 일본의 계획대로 흘러가는 것을 손

---

1   [감교 주석] 구트슈라이버(Gutschreiber)
2   [감교 주석] 하야시 다다스(林董)

놓고 지켜보기만 할지는 두고 봐야 할 것 같습니다. 일본 정부는 당연히 정책을 선택할 때 이 점을 매우 진지하게 고려할 것이 확실합니다.

하지만 일본이 더 중요하게 고려해야 할 요소는 청보다 러시아입니다. 구트슈라이버가 교류하는 인물들 중 이런 관점에서 의견을 피력하는 사람이 있다고 합니다. 일본은 전체 행동을 시작하기에 앞서 분명히 러시아와 비밀협상을 진행할 거라는 이야기입니다. 일본은 러시아의 분노를 야기하게 될까 두려워하고 있으며 러시아의 중재는 단지 속임수였다고 합니다.

일본군 최고사령부가 병력 주둔을 연장할 것에 대비해 만반의 준비를 하고 있다는 것은 사실입니다. 본인과 매우 친밀한데다가 독일어를 유창하게 구사하는 참모본부의 이지치[3] 육군소령이 며칠 전, 당분간 조선에 병력을 추가파견하지는 않지만 막사를 짓기 위해 제대로 된 건축자재를 보낸다고 하였습니다.

내용: 조선에 대한 일본의 계획

---

3 [감교 주석] 이지치 코스케(伊地知幸介)

조선 문제에 관한 일본 외무대신의 평화적인 해명

발신(생산)일	1894. 7. 19	수신(접수)일	1894. 8. 25
발신(생산)자	구트슈미트	수신(접수)자	카프리비
발신지 정보	도쿄 주재 독일 공사관	수신지 정보	베를린 정부
	A. 59		A. 7756
메모	8월 28일 런던 682, 페테르부르크 354, 로마 B 492, 빈 444, 워싱턴 A. 54 드레스덴 632, 카를스루에 499, 뮌헨 658, 슈투트가르트 626, 헤이그 25, 베른 18 및 외무부 장관 각하에게 전달		

A. 7757   1894년 8월 25일 오전 수신

도쿄, 1894년 7월 19일

A. 59

기밀!

독일제국 수상 카프리비 보병장군 각하 귀하

그저께 일본 외무대신[1]이 이달 13일 본인이 그에게 피력했던 의견을 다시 화제로 꺼냈습니다. 본인이 피력했던 의견은 이달 13일 본인의 No. 55[2] 마지막 부분에 언급되어 있습니다, 외무대신은 일본 정부의 평화애호 정신을 신뢰한다고 했던 본인의 발언을 높이 평가한다고 하였습니다. 그리고 자신은 조선에서 일본이 해야 할 일은 단순히 평화와 질서를 회복하는 것에 그치지 않고 극동아시아 전체에 안정을 유지시키는 것에 주안점을 두어야 한다고 말했습니다. 일본은 그렇게 할 수 있는 능력이 있으며, 또한 국민들의 명예를 걸고 무력 분쟁은 삼갈 것이라고 하였습니다. 현재 청국과 긴장관계에 있는 것은 청국의 태도가 유화적이지 않아서 빚어진 일이라고 하였습니다.

구트슈미트

내용: 조선 문제에 관한 일본 외무대신의 평화적인 해명

---

1   [감교 주석] 무쓰 무네미쓰(陸奧宗光)
2   [원문 주석] A. 7754에 첨부된 A. 7507.

조선 문제와 관련해 강대국들이 중재에 나설 수도 있다는 소식

발신(생산)일	1894. 7. 20	수신(접수)일	1894. 8. 25
발신(생산)자	구트슈미트	수신(접수)자	카프리비
발신지 정보	도쿄 주재 독일 공사관	수신지 정보	베를린 정부
	A. 61		A. 7759
메모	8월 28일 런던 683 전달		

A. 7759   1894년 8월 25일

도쿄, 1894년 7월 20일

A. 61

독일제국 수상 카프리비 보병장군 각하 귀하

이곳 외무대신[1]이 며칠 전 런던 주재 일본 공사[2]로부터 전보를 한 통 받았습니다. 영국이 독일, 러시아, 프랑스, 미국 정부에 도쿄에 파견된 자국 대표들을 통해 일본과 청국이 평화적인 균형을 이룰 수 있도록 공동 행보에 나서줄 것을 요구하였다는 내용입니다. 앞에서 언급한 전보의 발송과 관련해 이미 영국 외무부에 일본 정부로부터 승낙한다는 답변이 도착하였다고 합니다.

영국 대리공사[3]는 아직 본국 정부로부터 이와 관련된 훈령을 받지 못했습니다. 앞에 언급된 국가에서 파견된 본인의 동료들 역시 그저께까지 아무런 훈령도 받지 못했습니다. 본인은 이미 각하께서 내린 고귀한 명령에 근거하여 만일의 경우 본인도 공동행동에 동참해도 될 것으로 판단하고 있습니다.

구트슈미트

내용: 조선 문제와 관련해 강대국들이 중재에 나설 수도 있다는 소식

---

1 [감교 주석] 무쓰 무네미쓰(陸奧宗光)
2 [감교 주석] 아오키 슈조(青木周藏)
3 [감교 주석] 파제트(R. Paget)

일본, 조선, 청국 사이에 진행 중인 협상에서 새로운 난관 돌출

발신(생산)일	1894. 7. 21	수신(접수)일	1894. 8. 25
발신(생산)자	구트슈미트	수신(접수)자	카프리비
발신지 정보	도쿄 주재 독일 공사관	수신지 정보	베를린 정부
	A. 62		A. 7760
메모	8월 28일 런던 681, 파리 391, 페테르부르크 353, 로마 B 191, 빈 443, 드레스덴 631, 카를스루에 498 뮌헨 657, 슈투트가르트 625, 바이마르 397 및 외무부 장관 각하에게 전달. 사본을 베이징과 서울로 전달. A. 7761 참조		

A. 7760 1894년 8월 25일 오전 수신

도쿄, 1894년 7월 21일

A. 62

독일제국 수상 카프리비 보병장군 각하 귀하

이달 18일 본인의 No. 57[1]처럼 순조롭게 진행되던 일본과 조선의 직접협상이 결렬의 위기에 처했습니다. 개혁안을 도입하기 전 일본군을 철수시켜 달라는 조선 국왕의 요구 때문입니다.

외무차관[2]이 전해준 믿을 만한 소식에 의하면, 조선 측 위원들이 이달 18일 일본이 요구한 개혁안을 도입하기 전에 먼저 일본 점령군이 철수할 것을 조건으로 내걸었다고 합니다. 일본 군대의 주둔으로 인해 국민들이 흥분과 불안에 휩싸였기 때문이라는 이유를 내세웠다고 합니다. 하야시는, 조선의 이런 행동은 이미 한 약속을 깨는 행위이므로 이것은 일본이 조선뿐만 아니라 조선이 그렇게 행동하도록 부추긴 청국에 대해서도 전쟁을 선포할 수 있는 계기로 삼을 수 있다고 말했습니다.

물론 어제 이곳 외무부에 들어온 급전에 의하면, 현재 청국은 함께 조선에 개혁을

---

1 [원문 주석] A. 7757을 오늘 우편으로 발송
2 [감교 주석] 하야시 다다스(林董)

요구하자는 일본의 입장에 동의한다고 발표하였습니다. 그러나 이에 대해 일본은 이미 조선으로부터 개혁안 도입을 약속 받았으며, 현재 조선 측 위원들과 개혁안을 세밀히 검토하고 있다고 답변하였습니다. 또한 만약 청국이 이제부터라도 이 협상에 참여할 의사가 있다면 일본은 반대하지 않겠다고 하였습니다.

하야시는 청국이 이 제안을 받아들일 것으로 보지 않는다면서, 어쨌거나 일본은 현재의 입장을 포기할 수 없다고 말했습니다. 그렇기 때문에 하야시는 분쟁의 평화적 해결 전망을 매우 낮게 보고 있습니다. 오히려 조선이 일본과의 협상에서 태도를 바꾼 것은 베이징 왕실의 위협과 책모 때문이 확실하다고 믿고 있습니다. 구트슈라이버[3] 육군중위는 어제 통역비서 바이스페르트[4] 박사에게, 며칠 전부터 참모본부가 아주 열정적으로 일하고 있는데 그것은 조선 내 병참도로뿐만 아니라 북경으로 가는 병참도로까지 연구하기 때문인 것 같다고 하였습니다. 지금까지 중재 시도는 영국 단독으로 진행하고 있습니다. 영국 내각이 추진하고 있는 강대국들의 공동 외교조처에 대해서는 아직 아무 것도 알려진 것이 없습니다.

구트슈미트

내용: 일본, 조선, 청국 사이에 진행 중인 협상에서 새로운 난관 돌출

---

3 [감교 주석] 구트슈라이버(Gutschreiber)
4 [감교 주석] 바이스페르트(Weispert)

20

일청 양국 분쟁에 대한 영국의 입장

발신(생산)일	1894. 7. 21	수신(접수)일	1894. 8. 25
발신(생산)자	구트슈미트	수신(접수)자	카프리비
발신지 정보	도쿄 주재 독일 공사관	수신지 정보	베를린 정부
	A. 63		A. 7761
메모	8월 28일 런던 684, 파리 392, 페테르부르크 355, 로마 B. 493, 빈 44 전달		

A. 7761 1894년 8월 25일 오전 수신

도쿄, 1894년 7월 22일

A. 63

기밀!

독일제국 수상 카프리비 보병장군 각하 귀하

어젯저녁 영국 대리공사가 본인에게 이달 20일 킴벌리[1]가 보낸 전보의 내용을 전해주었습니다. 전보에서 킴벌리는 대리공사에게, 영국은 일본 정부의 약속을 믿고 선의로 청일 양국의 갈등 중재에 나섰는데 현재 청국에 대한 일본의 태도는 그 약속에 어긋난다는 점을 우려하고 있다고 무쓰[2] 대신에게 전해달라는 지시를 내렸다고 합니다. 그것은 또한 1885년 조약(톈진조약)의 규정에도 어긋난다고 하였습니다. 만약 일본이 계속 이런 태도를 고집한다면 전쟁은 불가피할 것이라고 합니다. 진짜 전쟁이 발발할 경우 영국은 모든 것은 일본의 책임으로 본다고 하였습니다.

외무차관[3]의 이러한 급전은 확실히 최근의 정세와 연관이 있습니다. 일본과 청국의 분쟁에 관한 어제 날짜 본인의 No. 62[4]에 그 내용이 담겨 있습니다.

파제트[5]는 영국 외무부가 청국에 우호적인 오코너[6] 공사의 전보에 크게 영향을 받았

---

1 [감교 주석] 킴벌리(J. W. Kimberley)
2 [감교 주석] 무쓰 무네미쓰(陸奧宗光)
3 [감교 주석] 하야시 다다스(林董)
4 [원문 주석] A. 7760을 오늘 우편으로 발송
5 [감교 주석] 파제트(R. Paget)

을 것이라는 본인의 생각과 같은 의견입니다. 사실 일본이 청국에 평화를 위협하는 새로운 요구를 제시했다는 비난을 받을 이유가 없기 때문입니다. 오히려 일본 정부는 영국 측이 제안한 선의의 노고를 승낙한 이후 몇 주 동안 청국의 제안을 기다렸습니다. 그런데 그것이 이루어지지 않자 비로소 조선과 직접협상에 나섰던 것입니다. 청국 정부는 이런 상황을 파악하자마자 일본에 조선에서의 공동 행동을 제안하기로 결정했던 것입니다. 이는 신뢰를 바탕으로 일본 정부와 제휴하기 위한 목적보다는 오히려 이미 체결을 앞둔 서울의 협상을 방해하기 위한 목적으로 보입니다. 조선 정부의 태도 돌변이, 특히 조선반도에서 일본군을 철수시키라는 요구가 이를 충분히 입증하고 있습니다.

오늘 저녁 파제트는 외무대신으로부터 얼마 전 전력을 기울여 작성하여 제출한 각서의 답변을 받았습니다. 본인과 마찬가지로 파제트 역시 영국이 일본 정부에 가하는 강력한 압박에도 불구하고 일본이 추가로 양보할 것으로는 보지 않습니다.

여전히 가능성은 별로 없어 보이지만, 그나마 강대국들의 외교적 공동 조치가 현 상황에서는 후퇴를 쉽게 해줄 수 있습니다.

마지막으로 본인의 No. 62의 사본을 베이징과 서울로 보낼 것임을 삼가 알려드립니다.

구트슈미트

내용: 일청 양국 분쟁에 대한 영국의 입장

---

6 [감교 주석] 오코너(N. R. O'Conor)

21

조선의 분쟁에 대한 러시아의 태도, 전쟁의 징후

발신(생산)일	1894. 7. 22	수신(접수)일	1894. 8. 25
발신(생산)자	구트슈미트	수신(접수)자	카프리비
발신지 정보	도쿄 주재 독일 공사관	수신지 정보	베를린 정부
	A. 64		A. 7762
메모	8월 28일, 런던 685, 파리 393, 페테르부르크 356, 로마 B. 494, 빈 446 전달		

A. 7762 1894년 8월 25일 오전 수신

도쿄, 1894년 7월 22일

A. 64

기밀!

독일제국 수상 카프리비 보병장군 각하 귀하

영국 대리공사[1]의 우려에 대해 일본 외무대신[2]은 러시아가 일본과의 관계에서 역할을 제대로 수행하지 못하고 있다고 발언하였습니다. 무쓰 대신은 일본 측에서 러시아의 중재를 거절한 이후 일본 정부가 내세운 합당한 이유들을 담은 각서는 지극히 온건한 문구로 작성되었다면서, 그는 일본이 태도를 강경하게 밀고나간 것이 적절했다고 본다고 하였습니다. 또한 히트로보[3] 역시 일본이 내세운 이유들을 인정하였다고 말했습니다. 대신은 러시아가 일본과 청국의 무력충돌을 반기고, 실제로 청국의 편에 서는 것은 옳지 않다고 생각하고 있습니다.

청국이 진지하게 전쟁을 대비하고 있고, 조선 파견 병력을 증강시킬 계획인 것은 확실해 보입니다. 도쿄 주재 청국 공사는 벌써 북미 공사로부터, 전쟁발발 시 미국이 청국 국민들을 보호해 주겠다는 약속을 받았습니다.

일본이 진지하게 무장을 갖추는 것은 사실입니다. 근간에 언론은 강력한 통제를 받고

---

1 [감교 주석] 파제트(R. Paget)
2 [감교 주석] 무쓰 무네미쓰(陸奧宗光)
3 [감교 주석] 히트로보(M. A. Hitrovo)

있으며 하에 있으며, 군사적 움직임에 대해서는 정부가 접근을 허용한 뉴스들만 공개되고 있습니다.

구트슈미트

　　내용: 조선의 분쟁에 대한 러시아의 태도. 전쟁의 징후

영국 중재의 실패, 더욱 긴박해진 상황

발신(생산)일	1894. 7. 23	수신(접수)일	1894. 8. 25
발신(생산)자	구트슈미트	수신(접수)자	카프리비
발신지 정보	도쿄 주재 독일 공사관	수신지 정보	베를린 정부
	A. 65		A. 7763
메모	기밀! 8월 28일, 런던 686, 파리 394, 페테르부르크 357, 로마 B. 495, 빈 447 전달		

A. 7763 1894년 8월 25일 오전 수신

도쿄, 1894년 7월 23일

A. 65

독일제국 수상 카프리비 보병장군 각하 귀하

어제 날짜 본인의 63[1]에서 언급된 킴벌리[2]의 급전에 대해 일본 외무대신[3]이 영국 대리 공사에게 다음과 같이 답변하였습니다. 일본의 요구는 부당하지 않으며, 따라서 혹시 전쟁이 발발하더라도 그것은 일본이 아니라 전적으로 청국 정부에 책임이 귀속된다는 것입니다. 외무대신은 영국 정부에, 일본이 자신들의 행동 근거로 제시한 이유를 다시 한 번 숙고해 달라고 요청하였습니다.

파제트[4]는 자신에게 그에 대한 답을 줄 수 없는 권한이 없다고 판단해 일본 외무대신의 답변서를 오늘 오전 영국 외무부에 전보로 전달하였습니다.

마지막 순간 청국이 마음을 바꿔 몇 가지 호의적인 반응을 보여주지 않는다면 전쟁은 불가피해 보입니다.

그리하여 사태가 조금 더 긴박해졌습니다. 무엇보다 조선 영토에서 군대를 철수시켜 달라는 조선 정부의 강력한 요구에 대해 오히려 일본이 일본 공사를 통해 이달 20일

---

1 [원문 주석] A. 7761 오늘 우편으로 발송.
2 [감교 주석] 킴벌리(J. W. Kimberley)
3 [감교 주석] 무쓰 무네미쓰(陸奧宗光)
4 [감교 주석] 파제트(R. Paget)

서울에서 조선 정부에, 청국 군대를 조선에서 철수하게 만듦으로써 조선이 독립국가임을
입증해보라고 요구하였기 때문입니다. 오토리는 그에 대해 3일의 기한을 주었습니다.

구트슈미트

내용: 영국 중재의 실패, 더욱 긴박해진 상황

Auswärtiges Amt
Abth. A.

Politisches Archiv d. Auswärt. Amts

Acta

Betreffend

Korea

Vom 12. Januar 1893
Bis 31. Dezember 1893

Vol.: 13
conf. Vol.: 14

Politisches Archiv des Auswärtigen Amts
R 18913

KOREA. № 1.

Ber. Seoul 18. 4. № 23. Die Unruhen in Korea; Ursache derselben liegt auf religiösem Gebiet; Verhalten des japanischen Vertreters; fremde Kriegsschiffe und Frage des Schutzes der Ausländer.	4536 1. 6.
Bericht aus Peking v. 23. 4. (Gesandter a. D. Brandt) Wunsch des Königs von Korea, daß dem Konsul Krien ein höherer Rang verliehen werde. Erl. v. 17. 6. Peking A. 17. Konsul Krien und der Hs. Gesandte sollen über die vorstehende Angelegenheit berichten.	4543 1. 6.
Bericht aus Washington v. 27. 5. № 338. Amerikanische Vermittlung zwischen Japan und Korea (Koreanisches Reisausfuhrverbot;Schädigung japanischer Kaufleute; Entschädigungsforderung der japanischen Regierung) (mitg. 14. 6. Peking, London, Tokyo, Petersburg, Seoul.)	4813 10. 6.
Bericht aus Peking v. 24. 4. № A. 62. Bericht des Kommandanten S. M. Kbt. „Iltis" über eine Unterredung mit Hs. Konsul Krien, die Lage in Korea betr.	4898 13. 6.
desgl. v. 23.4. № A. 63. Die Unruhen in Korea. Religiöse Fanatiker, die Tong hak, fordern Vertreibung aller Fremden u. Beseitigung von Mißbräuchen in der Verwaltung. Furcht des Königs, daß eine alte Weissagung, wonach die jetzt herrschende Dynastie nur 500 Jahre alt werden sollte, in Erfüllung gehen möchte. (mitg. 15. 6. London, Petersburg, Washington)	4899 13. 6.
und desgl. v. 24. 4. № A. 64. Wie vor. Entsendung zweier chinesischer Kriegsschiffe und eines nordamerikanischen nach Korea.	4900 13. 6.
desgl. v. 25. 4. № A. 65. Bericht Li-hung-changs an den Thron: betr. Schreiben des Königs von Korea an den chinesischen Kaiser anläßl. früherer Unruhen in Korea.	4901 13. 6.
Bericht aus Peking v. 28. 4. № A. 66. Die Unruhen in Korea. Erlaß eines, die Umtriebe der Tong-hak betr. königl. Dekrets. Wachsende Furcht unter den Fremden in Seoul. Teilweise Flucht nach Chemulpo. Fremde Kriegsschiffe.	4902 13. 6.
desgl v. 18. 5. № A. 70. Ordre für die chinesischen Panzerschiffe „King-yuan" und „Tsi-yuan" schleunigst von Wei-hai-wei nach Korea zu fahren.	5427 30. 6.

Ber. a. Tokyo v. 21. 5. № A. 24. Gespannte Beziehung zwischen Japan und Korea wegen der Weigerung der koreanischen Regierung, die durch das Getreide- und Bohnen-Ausfuhrverbot benachteiligten Kaufleute zu entschädigen.	5576 4. 7.
Desgl. v. 22. 5. № A. 25. Erledigung der japanisch-koreanischen Differenzen; Korea hat sich schriftlich verpflichtet, 110.000 Yen als Entschädigung für den Erlaß des Bohnenausfuhrverbots an Japan zu zahlen.	5577 4. 7.
Ber. a. Peking v. 22. 5. № A. 73. Mitteilung Sir Robert Harts über die Beilegung des japanisch-koreanisches Streites; Vermittlung des chinesischen Residenten Yüan; Reise des japanischen Generalstabs-Chefs Kawakami durch China zum Zweck der Besichtigung der Befestigungen und Prüfung der Armeeverhältnisse; Stellung des japanischen Gesandten in Seoul.	5747 10. 7.
desgl. V. 20. 5. № A. 72. Das Verhalten des japanischen Gesandten in Seoul, Oishi.	5744 10. 7.
Ber. aus Seoul v. 10. 6. № 34. Die Anhänger der religiösen Sekte „Tong-hak", die sich gegen die koreanische Regierung aufzulehnen drohten, haben sich zerstreut.	6419 1. 8.
Ber. a. Peking v. 18. 6. № 83. Beilegung des japanisch-koreanischen Konflikts durch China (Gouverneur Li-hung-chang und Resident in Korea Yuan); Entfernung des japanischen Minister-Residenten Hon. Oishi aus Korea; Zerstreuung der Tonghak-Gesellschaft in Korea.	6548 6. 8.
Ber. a. Seoul v. 15. 7. № 38. Tötung drei japanischer Fischer durch Koreaner an der Südküste der Provinz Chöllado; Entsendung des japanischen Kanonenboots „Takao Kan" nach dem Tatort.	7342 3. 9.
desgl. v. 31. 5. Vermittlung Chinas bei der Erledigung der koreanisch-japanischen Differenz; Zahlung von 110.000 $ seitens Koreas an Japan; chinesische Ansicht, wonach Japan dadurch, daß es die Vermittlung Chinas nachgesucht, die Oberhoheit Chinas über Korea anerkannt habe; die Stellung des japanischen Vertreters in Seoul, Oishi.	6118 22. 7.

Bericht aus Tientsin v. 14. 7. № 76. Besuch eines japanischen Geschwaders auf der Reede von Taku (Hafen von Tientsin); Äußerungen Li-hung-changs zu dem japanischen Flotten-Kommandanten über die von China und Japan zu befolgende Politik gegenüber Korea.	7166 29. 8.
Ber. a. Seoul v. 7. 8. № 45. Die angebliche Vermittlung der Ver. Staaten von Nord-Amerika bzw. von China bei der Erledigung der japanisch-koreanischen Differenz anläßlich des Bohnenausfuhrverbots; der Präsident des koreanischen Auswärtigen Amts versichert, daß die Beilegung der Differenz ohne fremde Hilfe erfolgt sei.	7630 15. 9.
Ber. a. Pcking v. 28. 7. № A. 101. Die Vermittlung der chinesischen Regierung (Li-hung-chang) in Korea in Betreff der Beilegung der japanisch-koreanischen Differenz wegen des japanischen Getreide-Exports aus Korea.	7528 12. 9.
Ber. a. Seoul v. 27. 7. № 41. Ankunft eines japanischen Geschwaders unter Vize-Admiral Ito und mit dem Prinzen Arisugawa an Bord in Chemulpo; Besuch des Admirals Ito beim König von Korea.	7688 17. 9.

Wechsel in der Person des Präsidenten des Auswärtigen Amts.

PAAA_RZ201-018913_011 ff.

Empfänger	Caprivi	Absender	Krien
A. 335 pr. 12. Januar 1893. p. m.		Seoul, den 14. November 1892.	
Memo	cfr. A. 1822 de 94 J. № 423.		

A. 335 pr. 12. Januar 1893. p. m.

Seoul, den 14. November 1892.

Kontrolle № 52.

An Seine Excellenz

den Reichskanzler, General der Infanterie

Herrn Grafen von Caprivi.

Eurer Excellenz beehre ich mich im Anschluß an den ganz gehorsamsten Bericht № 53 vom 1. August 1889[1] zu melden, daß der bisherige Präsident des Auswärtigen Amtes, Min-chong-muk, am 23. v. Mts. seiner Stellung enthoben und zum zweiten, selbständigen Gouverneur der nordöstlichen Provinz Ham-Gyong-Do ernannt worden ist. Zu seinem Nachfolger hat der König am 11. d. Mts. den früheren Vize-Präsidenten im Staatsrat und Chef des Telegraphenwesens, Tcho-Pyong-chik, bestellt. Herr Tcho war früher Vize-Präsident im Auswärtigen Amt und als solcher in den Jahren 1888 und 1889 beinahe ein Jahr lang stellvertretender Präsident dieser Behörde.

Als Belohnung für seine mehr als dreijährige Dienstzeit auf dem wenig begehrten Posten eines Präsidenten des Auswärtigen Amtes ist nun Herrn Min die ziemlich einträgliche Verwaltung der zehn nördlichen Bezirke von Ham-Gyong-Do übertragen worden. Dieser Posten wurde im Jahre 1881 mit der Absicht geschaffen, die damals Besorgnis erregende Auswanderung der dortigen Bevölkerung in das angrenzende russische Gebiet zu kontrollieren und, wenn möglich, ganz zu verhindern. Der erste Inhaber des Postens war der gegenwärtige Präsident des Auswärtigen Amts.

Die Anzahl der nach den Amur-Provinzen übergesiedelten Koreaner, denen von den russischen Behörden große Erleichterungen, Steuerbefreiungen und zum Teil unentgeltlich

---

1   A. 12699 ehrerb. beigefügt.

Grundbesitz gewährt werden, beträgt nach koreanischer Schätzung über zwanzigtausend, während der hiesige russische Geschäftsträger zehntausend als die annähernd richtige Zahl annimmt.

Seit dem Abschluß des russisch-koreanischen Grenzvertrags hat die Stellung des Gouverneurs der nördlichen Bezirke eine höhere Wichtigkeit erlangt.

Eine Abschrift dieses ehrerbietigen Berichts sende ich an die kaiserliche Gesandtschaft zu Peking.

Krien.

Inhalt: Wechsel in der Person des Präsidenten des Auswärtigen Amts.

Angebliche russische Eisenbahnpläne in Korea.

PAAA_RZ201-018913_016 ff.			
Empfänger	Caprivi	Absender	Krien
A. 667 pr. 23. Januar 1893. p. m.		Seoul, den 2. Dezember 1892.	
Memo	Vorgang (A. 10419/92) gehorsamst beigefügt. (bereits aus Peking dementiert) J. № 446.		

A. 667 pr. 23. Januar 1893. p. m.

Seoul, den 2. Dezember 1892.

Kontrolle № 56.

An Seine Excellenz

Den Reichskanzler, General der Infanterie

Herrn Grafen von Caprivi.

Nach einer privaten Mitteilung des kaiserlichen Gesandten in Peking hat der hiesige britische General-Konsul, Herr Hillier, dorthin berichtet, daß die Russen sich um den Bau einer Eisenbahn von Fusan nach Wladiwostok eifrig bemühen und daß der russische Kaufmann Startseff in Tientsin daran arbeiten solle, die Konzession für eine solche Bahn zu erhalten.

Eurer Excellenz beehre ich mich mit Bezug darauf ganz gehorsamst zu berichten, daß nach den von mir hier eingezogenen Erkundigungen diese Nachricht des Herrn Hillier gänzlich unbegründet ist. Dieselbe ist auch an und für sich wenig wahrscheinlich, denn bei der äußerst gebirgigen Beschaffenheit Koreas, und besonders des östlichen Teils der Halbinsel, würde der Bau einer solchen Bahn, wenn überhaupt ausführbar, mit ganz ungeheuren Kosten verbunden sein, während der Ertrag derselben verschwindend gering sein würde.

Eine Abschrift dieses ganz gehorsamsten Berichts sende ich an die kaiserliche Gesandtschaft zu Peking.

Krien.

Inhalt: Angebliche russische Eisenbahnpläne in Korea.

Die chinesische Kondolenz-Mission anläßlich des Todes der Mutter des Königs von Korea.

PAAA_RZ201-018913_020 ff.			
Empfänger	Caprivi	Absender	Krien
A. 1104 pr. 5. Februar 1893. a. m.		Seoul, den 17. Dezember 1892.	
Memo	Bei I B Und II A z. g. k. J. № 470.		

A. 1104 pr. 5. Februar 1893. a. m. 1 Anl.

Seoul, den 17. Dezember 1892.

Kontrolle № 61.

An Seine Excellenz

den Reichskanzler, General der Infanterie

Herrn Grafen von Caprivi.

Eurer Excellenz habe ich die Ehre im Anschluß an meine ganz gehorsamsten Bericht № 8 vom 15. Januar 1891 und № 83 vom 24. November 1890[2] in der Anlage eine vor kurzem hier erschienene Broschüre betreffend die chinesische Kondolenz-Mission anläßlich des Todes der Adoptiv-Mutter des Königs von Korea ebenmäßig zu überreichen.

Diese Broschüre, eine Übersetzung des von einem Privatsekretär der Kommissare verfaßten chinesischen Textes gibt eine aktenmäßige Darstellung der Vorverhandlungen über die Mission und deren Tätigkeit in Korea und verweilt mit großer Umständlichkeit bei allen demütigenden Zeremonien, denen sich der König von Korea den chinesischen Abgesandten gegenüber zu unterziehen hatte.

Wie aus dem auf Seiten 4 und 5 in Übersetzung abgedruckten Dekret des chinesischen Thrones hervorgeht, war der Zweck der Mission, die staatsrechtlichen Beziehungen Chinas zu dem „Vasallen"-Staat Korea klarzustellen. Dieser Zweck ist durch die Absendung der Kommissare in einem höheren Grad erreicht worden als durch irgend eine andere Maßregel, welche die chinesische Regierung in den letzten Jahren mit Bezug auf Korea getroffen hat.

Eine Abschrift dieses ehrerbietigen Berichts sende ich an die kaiserliche Gesandtschaft

---

2 A. 901/91 und A. 1878/91 ehrerbietigst beigefügt.

zu Peking.

Krien.

Inhalt: Die chinesische Kondolenz-Mission anläßlich des Todes der Mutter des Königs von
Korea. 1 Anlage.

Anlage zum Bericht № 61.

TRANSLATION:

NOTES ON THE

IMPERIAL CHINESE MISSION
TO
COREA.

1890.

COMPILED BY

A Private Secretary of the Imperial Commissioners.

——— ◆ ———

SHANGHAI:
1892.

TRANSLATION.

On the 17th day of the 4th moon of the 16th year of Kwang Hsü (4th June, 1890) between the hours of one and three p. m. "Grand" Queen Dowager Chao, of Corea, died at the age of eighty-three. She was the consort of the Crown Prince "Hsiao Ming"[3] Li Ying. Li Ying died early and never reigned. His son Li Hwan succeeded to the Throne, but he also died prematurely, leaving no issue to succeed him. The Royal Household elected as his successor his uncle Li Ping, who also died prematurely, leaving no heir. Hence the Royal Family chose as his successor his nephew Li Hsi, who is the reigning King of Corea.

In the year when Li Hwan assumed government he, in a memorial to the Imperial Throne, besought and obtained from the Chinese Emperor the favour of conferring on his deceased father Li Ying the honorific posthumous title of "King" and of registering, in the Book of Records, the name of his mother as "Queen."

Subsequently King Hwan himself conferred on Queen Chao the title of "Queen Dowager," and this title was raised to "Grand" Queen Dowager when King Li Ping came to the Throne. In pursuance of the laws of the country Queen Dowager Chao then became Queen Regent of Corea.

The present King Li Hsi is a great-grandson of Queen Dowager Chao, but according to family genealogy, he is her adopted son. In the latter capacity the King mourned her death.

On the 29th day of the 8th moon (Oct. 12th, 1890), - five months from the date of death, - the remains of Queen Dowager Chao were entombed in the mausoleum containing those of her Consort-king Li Ying, distant ten miles from the East Gate of the Capital - Söul.

Heretofore, whenever a death occurred calling for national mourning, it had been the usage to despatch messengers to Peking to report the event. The Queen Dowager died this year. The King, in conformity with established usage, issued orders, the second day after the event, that interpreters be despatched by the Prefect of I-chow to Fung Hwang city to report the event to the Garrison Major of the Manchu Bannermen there; and twenty days after her death, the King himself deputed as messenger to Peking Hung Chung-yung[4], a Royal Chamberlain having the rank of Vice-President of a Board; and appointed as his

---

3 "Hsiao Ming," Filial and Illustrious.

4 Hung Chung-yung's position corresponding to Secretary of the Inner Council of China; Chao Ping-sheng's corresponding to the Chinese Hanlin Reviser.

Secretary Chao Ping-sheng, a Royal Revisor of Records of the 5th rank and also three official interpreters of the first and second rank to accompany him.

This mission, after being provided with two copies of the King's memorial to the Chinese Emperor and his communication to the Board of Rites, proceeded on its journey to Peking on the 24th of the 5th moon (July 10th, 1890) to announce the Queen Dowager's death, arriving there on the 8th day of the 8th moon (September 21st, 1890).

The following day the Vice-President and a Secretary of the Board of Rites, in full dress, repaired to the Reception Hall of their Board. There they stood facing south when receiving the Corean Mission. The Corean Messenger after being ushered in by the Board's Interpreters, delivered, in a kneeling position, the three documents he had in his possession. The Secretary of the Board received these documents and placed them on a table. At the close of the proceeding the Board's Interpreters conducted the Corean Messenger out of the Hall.

The Vice-President opened and read the King's communication. He also corrected and put into a proper form the King's memorial and presented it to the Throne, accompanied by a memorial of his own.

The King's memorial read as follows: -

"Your servant, Li Hsi, King of Corea, respectfully reports the demise of his Mother Queen Chao on the 17th day of the 4th moon of the 16th year of Kwang Hsü (June 4th, 1890). He now kneels before Your Majesty in great perturbation and awe.

"Your servant considers his small kingdom indeed most unfortunate by reason of this calamity, at which he feels very sad at heart.

"As mourning has now befallen your servant, he respectfully reports the fact to Your Majesty. He, moreover, has no alternative but to ask that Your Majesty be considerate to him.

"Your servant is now extremely restless. He respectfully submits this report for Your Majesty's information.

"This report is submitted by the King of Corea, Li Hsi, on the 24th day of the 5th moon of the 16th year of Kwang Hsü (July 10th, 1890)."

The Corean Messenger, after being conducted out of the Board of Rites, returned to his residence. He subsequently tendered to that Board the following petition: -

Hung Chung-yung, the leader of the Mission deputed by the King of Corea to China to report the death of the Queen Dowager, submits the following petition for the favourable consideration of the Throne: -

"Our country is a small kingdom and a vassal state of China, to which the Emperor has shown his graciousness from time immemorial. Political troubles prevailed in 1882 and 1884. Our government was able to survive them through the assistance received from the Throne, which secured for our country peace and tranquillity. Truly the Imperial favours bestowed on us have been many and they have given us new life.

"After a period of mourning and anarchy our country was plunged into famine and dearth, causing a dispersal of our people.

"During the past six or seven years the condition of our country has been made worse. Added to this, another misfortune has befallen us in the death of Our "Queen Dowager," "Kang Muh,"[5] which has now plunged us into mourning and sorrow - a misfortune not within our power to avert.

"Out of respect to the wishes of the late Queen Dowager that the people of the eight provinces should be shown every consideration for their embarrassed condition, the King has freed his people from the taxation which heretofore was levied from the villages and hamlets for the discharge of the Royal funeral expenses. This step was taken to enable the people to recover from their present state of embarrassment. While having waived the taxation of the people, he has decided to curtail the funeral expenses in every particular.

"In view of the despatch by the Emperor of Commissioners to Corea to convey his Message of Condolence - an extraordinarily kind act - could we feel otherwise than grateful? We are, however, afraid that when the Commissioners come to our country we might on account of our straitened circumstances be unable to carry out all the ceremonies required of us and thereby offend China. It is better, therefore, that we explain our situation at this juncture rather than incur any censure afterwards.

"Since His Majesty has been good enough to confer favours upon us and to extend his sympathy to every part of our country, we should make known to him whatever we desire, and whatever we wish we trust he will allow, as to an infant trusting to the tender mercies of his parents.

"I beg the Honourable Board of Rites to take note of the facts I have set forth in the foregoing petition and submit them to the Throne. In case His Majesty issues a message for Corea, I, your humble servant, will convey it to my country with care and respect, and thereby save the trouble of dispatching Commissioners for the purpose. If this be granted, it would indeed be an extraordinary favour, which would evoke my sincerest gratitude. This communication is respectfully handed to the Board of Rites."

On the 24th day of the 8th moon (Oct. 7th, 1890) the Board of Rites sent a memorial to the Throne embodying the text of the petition of the Corean Messenger. The following day the Privy Council announced that they were in receipt of a Decree from the Throne:-

---

5   Kang Muh", Sound and Profound.

"That the Emperor acknowledges the receipt of the Memorial of the Board of Rites with reference to the pleadings of the Corean Messenger - sent to announce the death of the Queen Dowager. It is asked that the Throne would refrain, in this instance, from sending Commissioners to Corea to offer condolence on the death of the Queen Dowager of Corea. The petition goes on to say that owing to successive years of mourning, anarchy and famine, Corea is reduced to financial embarrassment, and that in consequence the funeral expenses in connection with the death of the Queen Dowager are to be curtailed in every detail. That if we send Commissioners to Corea to offer condolence, there was a fear on the part of Corea that she might fail to carry out all the ceremonies required of her and thereby commit an offence. The Corean Messenger has accordingly requested that the Imperial Message of Condolence be entrusted to him for transmission to Corea, &c.

"The report of the Corean Messenger, that Corea is in a distressed condition, is accepted as true. The kingdom of Corea has, for ages past, considered itself a vassal state of China, and has received favours and courtesies at our hands.

"The despatch of Commissioners to Corea to offer condolence, when such an occasion as this demands, is prescribed for in our Records of Usage, and should always be carried out. It is to show that we cherish sympathy for our vassal state on such occasions, and has a special significance as exhibiting the nature of our relations. For this reason how can a modification of our usage in the despatch of Commissioners be made with consistency? Bearing, however, the fact in mind, that Corea during recent years has had to meet heavy financial engagements which have reduced her to financial embarrassment, we are obliged to depart from some of the old established practice in the sending of a Mission of Condolence. This we do to show that we cherish extraordinary compassion for our vassal state. Hitherto our Missions to Corea have travelled overland by way of the Eastern frontier. After entering Corea, the Mission had to pass more than ten stations before reaching Söul, which involved trouble and expense. Our Mission to Corea this time should adopt a different route. It should proceed from Tientsin to Jenchuan by war vessels of the Northern squadron. When it has discharged its duties in Corea, it shall return to Peking by the same way. By this route, which is temporarily sanctioned in this instance, the distance between Peking and Söul is shortened, and therefore the share of the expenses of the Mission falling on Corea is not much. She is thus saved much of the trouble and expense which she was put to in former years by the Missions travelling overland. When our Mission shall have reached Corea, such ceremonies as should be observed on the part of Corea, shall be carried out - if, in doing so, it does not incur great expense - in accordance with established usage, and these should not in the least be curtailed. For our ever increasing graciousness and regard for the welfare of our vassal state, the King of

Corea should feel doubly grateful. Let this Decree be sent to the Board of Rites and the Superintendent of the Northern Ports, and let it be communicated by the Board of Rites to the King of Corea.

"Let this Decree be respected."

This Decree the Board of Rites communicated to the King of Corea, in order that he might abide by the instructions contained therein.

On the second day of the 9th moon (Oct. 15, 1890) the Board of Rites memorialized that two Commissioners should be appointed to offer condolence in connection with the demise of the Queen Dowager. The memorial ran thus: -

"The Board of Rites tenders this memorial, having reference to the despatch of Commissioners on a mission of condolence to Corea.

"We find that Imperial instructions are recorded in the Regulation Code to the effect that whenever His Imperial Majesty desires to offer condolence on the death of a Corean Queen Dowager, we are to memorialize the Throne for the despatch of two Commissioners, one senior and one junior for the purpose.

"Futhermore that the High Ministers of the Imperial Household, the High Ministers of the Imperial Household Guards and those of the Guards of the first order, are eligible for the post of Senior Commissioner and that the Manchu Secretaries of the Inner Council, the Manchu Directors of the National Academy and the Manchu Vice-Presidents of the Board of Rites, are eligible for the post of Junior Commissioner.

"We also find that in the 23rd year of Tao Kwang, at the demise of the Queen of Corea, we memorialized for the despatch of two Commissioners to offer condolence on behalf of China. In reply we received an Edict directing the Privy Council to furnish a list of the Manchu Vice-Presidents of the Six Boards and the Brigadier Generals of the Eight Banners, so that the Throne might decide who should be appointed Commissioners for the occasion. This was carried out and is on record.

"Now the Queen Dowager of Corea having died we should likewise memorialize for the despatch of two Commissioners to offer condolence. While refraining from bringing to Your Majesty's notice such members of the Yamêns and Imperial Guards who, according to regulation, could not be made Commissioners, we submit to Your Majesty a list of officials made out from the lists obtained from the various Yamêns with their titles attached, who are members of the various Yamêns, and beg that Your Majesty will appoint two of them as Commissioners for the occasion. In this matter we solicit Your Majesty's Edict."

The same day, after a list of officials were submitted, the Emperor appointed Hsü Chang as Senior Commissioner and Ch'ung Li as Junior Commissioner. The Board of

Rites then at once informed the King of Corea of these appointments and also requested the Viceroy of Chihli, Superintendent of the Northern Ports, to provide steam vessels for the conveyance of the Commissioners to Corea and to instruct the local officials of the ports *en route* to extend to them courtesy and assistance.

The communication from the Board of Rites to the Superintendent of the Northern Ports in this connection read as follows: -

"The Supervisor of Sacrifices having announced to us the demise of Queen Dowager Chao of Corea, we reported the matter to the Throne. In reply the Throne decreed that the Commissioners in this instance shall proceed to Corea by water. They are to embark at Tientsin on board war vessels and proceed to Jenchuan, and when the object of their Mission shall have been accomplished, they are to return to Peking by the same route.

"We have received a memorandum from the Board of Revenue stating that their Senior Vice-President Hsü Ch'ang and their Junior Vice-President Ch'ung Li have been appointed Commissioners to Corea on a Mission of Condolence and that they have decided to start from Peking on the 17th day of the 10th moon (Nov. 28, 1890) between the hours of nine and eleven a. m. They will embark at Tung-chow for Tientsin, thence take passage by war vessels to Corea.

"We have deputed Yü Ho and Hêng Pei, Interpreters of the 6th and 7th rank respectively, to accompany the Commissioners to Corea.

"Carts, mules, horses, quivers and sabres required by the Commissioners, Interpreters and their attendants, we have requested the Board of War to provide in such numbers as are called for by the regulations. The Board of War has also been requested to issue certificates to the Mission to enable it to obtain wherever required whilst *en route* means of transport - horses, boats, &c. The Imperial Message of Condolence should be carried by a mounted attendant, and the Imperial presents of incense, silks and sycee by pack ponies. Titular boards, symbols of authority, flags and umbrellas, &c., should be carried by mounted attendants. The needful men and horses for their transport have been provided in accordance with the regulations. Escorts have also been provided in accordance with the regulations to accompany the Mission from Peking to Corea. Besides having communicated with the competent officials in this connection we consider it expedient to also communicate speedily with the Superintendent of the Northern Ports, the Viceroy of Chihli, requesting him to provide war vessels for the conveyance of the Mission to Corea and to instruct the officials at the coast ports *en route* to attend to the needs and safety of the Mission. This is a necessary communication".

Viceroy Li, the Superintendent of the Northern Ports, having received the communication from the Board of War, immediately instructed the local officials *en route* to see to the needs and safety of the Mission and ordered the war vessels "Tsi-yuen," "Lai-yuen" and "Ching-yuen" of the Northern Fleet to be ready to convey the mission to Corea.

On the 17th day of the 9th moon (Oct. 30, 1890) the two Commissioners Hsü and Ch'ung started from Peking and reached Tientsin on the 19th.

On the 21st day of the 9th moon Captain Fang Po-ch'ien of the war vessel "Tsi-yuen," was sent ahead to Corea with the official notice that as the Mission was coming the relays of porters and horses, which in accordance with regulations are to be provided by Corea, should be got ready to serve the Mission at the several halting places *en route* from Jenchuan to Söul.

Appended to the official notice was a memorandum stating that the coming Mission had in charge an Imperial Message of Condolence and Imperial presents of incense, silks, sycee, &c., and giving also a description of the number of titular boards, symbols of authority, flags and umbrellas, together with the number of interpreters and attendants.

This official notice with its appended memorandum, together with the Commissioners' communication to the King, were handed to the Prefect of Jenchuan for transmission to the King.

The Commissioners' communication reads as follows: -

"We the Imperial Commissioners deputed to convey His Imperial Majesty's condolence on the demise of the Queen Dowager, were instructed to come to Corea by water; embarking on board war vessels at Tientsin and landing at Jenchuan. Whilst the local officials of the Prefectures, Sub-prefectures and districts and the ports *en route* have been requested to provide, in accordance with usage, relays of men and horses for our use, we have likewise been instructed by His Majesty before our departure from Peking to the effect:

"That after our arrival in Corea, such ceremonies as should be observed are to be strictly carried out according to old regulations and must not, in the least, be curtailed, and that presents from the King to us or to our Interpreters in money or articles, are not to be accepted, so that it may be understood that His Majesty is considerate to his vassal state, &c. These instructions must be respected."

"Having received these instructions by Decree we deem it our duty to convey them to you, which instructions you will obey and carry out. This is a necessary communication."

After the issue of the Imperial Decree directing the Commissioners to proceed to Corea by water, the Corean Messenger Hung Chung-yung, then at Peking, telegraphed to the Corean Government the purport of that Decree.

On receipt of this telegram the Corean Government on the 16th day of the 9th moon (Oct. 29, 1890) appointed as Receiver of the Chinese Mission Shen Li-tsê[6], President of the Home Office and Judge of Söul; as Personal Attendant to the Mission Li Ch'êug-wu, a General of the Corean Army and President of the Board of Rites ; as Director-General of Reception Min Yung-shang[7], a Vice- President of the Home Office and President of the Board of Revenue; as "Inquirer after Health". Ch'êng Ki-yun[8], a Grand Chamberlain and Prefect and Superintendent of Trade of the Jenchuan District; as Leader of Ceremonies Li Shih-chung[9], Subprefect of the Shoh-ming District.

In addition to the above, there were appointed eleven Petty Receivers, thirteen Petty Attendants, nineteen Supervisors of Wardrobes at the Commissioners' Residence at Söul, eight first- class Interpreters and twenty-three various official attendants, one Usher and one General Supervisor; the total number of high and petty officials amounting came to hundred odd.

Li Hsien-chih[10], the Metropolitan Governor, directed his subordinate officers at the Prefectures, Sub-prefectures and Districts along the road from Jenchuan to Söul to be ready to receive and wait on the Mission as it arrived within their respective jurisdictions and to see that resting places for the Mission were duly provided with tea, refreshments and relays of attendants, horses and escorts.

The Prefeet of Jenchuan, Ch'êng Ki-yün, and the eleven Sub-prefects of the districts of Tung-tsin, &c., under Ki Yün's charge, assembled at Chemulpo and waited for the arrival of the Mission at the Yamên of the Superintendent of Trade, which was repaired for the reception of the Imperial Commissioners and in which they were to stay for the first night after their arrival.

At Wu Li-tung[11], where the Commissioners were to make a short halt, the Prefect of the Fu-ping Prefecture, Tsiu Hsi-tou, and the eleven Sub-prefects of the districts of Kao-yang, &c., under Hsi Tou's charge, were in waiting. The houses of the people were put in order for the accommodation of the Mission.

---

6 Shen Li-tsê's position equivalent in China to first rank, President of the Privy Council and Metropolitan Prefect. Li Ch'êng-wu's equivalent in China to second rank, High Minister of the Imperial Household and ex-President of the Board of Rites.

7 Min Yung-shang's equivalent in China to second rank, Vice-President of the Privy Council and President of the Board of Revenue.

8 Ch'êng Ki-yun's equivalent in China to third rank, a member of the Inner Council, a Prefect and Superintendent of Trade

9 Li Shih-chung's to fourth rank and Sub-prefect.

10 Li Hsien-chih's to first rank, Metropolitan Governor.

11 Wu Li-tung or Oricol.

At Ma-pu the Prefect of Li-chuen[12] and the Sub-prefects of the eleven districts, Nan-yang, &c., under the Head Prefect's charge, were in attendance and there waited for the arrival of the Mission at the "Hsi Hsin" Pavilion, which was repaired for its accommodation.

Near the entrance of the places where the Mission stayed or rested on its journey from Chemulpo to Söul, two yellow flags with the words "Official Department" written on each of them, were displayed in red poles. Salutes were fired both at daybreak and at dusk at the places at which the Commissioners passed the night.

At all these places fancy matting was laid down between the entrance at which the Commissioners alighted and the Reception of Hall. In the compound was a yellow pavilion for the reception of the Imperial shrine, the incense stands and the Imperial presents. In the centre of this pavilion was an inner enclosure formed by yellow screens, in which was placed the Emperor's tablets, the incense stands and the Imperial Message of Condolence.

Sleeping accommodation was provided in the apartments assigned to the Commissioners. The chairs were draped with leopard skins and the floor covered with fancy matting.

The quarters for the Interpreters and body servants were made very clean. Servants were provided for all, and all needs attended to.

The roads and bridges from Chemulpo to the "Nam Pei" Palace, Söul - 80 *li* distant from Chemulpo - were repaired, levelled and sufficiently widened to admit of five horses walking abreast. Over the roads was sprinkled yellow gravel, and the local authorities along the line of route furnished guards, attendants, symbols of authority and banners.

The Prefect of Jenchuan furnished an escort of some hundred or more soldiers armed with foreign rifles to accompany the Mission to Söul.

The display was in general respects similar to that seen at one of the King's parades.

Ten days after they had received their commissions, Shen Li-tsê with his subordinates and underlings, the Metropolitan Governor with his subordinates, the Health Inquirer and the Leader of Ceremonies, first one and then another, went down to Chemulpo to await the Imperial Mission.

Li Ch'èng-wu resigned his commission as Personal Attendant on account of indisposition. This function was then assigned to Nan Ting-cheh[13], the President of the Board of War.

On the 8th day of the 9th moon (Oct. 21, 1890) the Board of Rites reported to the

---

12 The Prefect of Li Chuen's position equivalent in China to third rank, Head Prefect.

13 NanTing-cheh's position equivalent in China to second rank, President of the Board of War.

King that on former occasions of welcoming the Imperial Mission to Söul, either His Majesty or the Metropolitan officials went outside the city for that purpose, and instructions were requested as to what course His Majesty desired to pursue on the present occasion and where the Mission should be received. The King decreed:

"We shall adhere to former practice, and the Mission will be received outside the South Gate."

At this time some uncertainty prevailed as to whether or no the King would go as far as the suburbs of the city to meet the Commissioners. He had been ailing for some time, so much so that he did not even accompany the funeral cortege of the Queen Dowager.

However on the 22nd day (Nov. 4, 1890) the King's health having slightly improved, he decided to go outside the South Gate to receive the Mission. The street outside this gate being narrow and therefore inconvenient for the reception of the Chinese Mission, it was decided to make use of the street outside the West Gate and in front of the Yamên of the Metropolitan Governor for that purpose.

On the 23rd day (Nov. 5, 1890) the Chinese Mission sailed from Tientsin for Corea, the Senior Commissioner Hsü on board the cruiser "Ching-yuen" and the Junior Commissioner Ch'ung on board the "Lai-yuen," and the following day the Mission Receiver, the Metropolitan Governor and the Prefect of Jenchuan, who were at Chemulpo, received official notice of their approach, and, as usage demanded, at once communicated the fact to the King. These officials then ordered the erection of pavilions for the reception of the Mission, while the attendants, horses, sedan chairs, symbols of authority, drums, gongs, musical instruments, banners and official umbrellas, &c., were all got in readiness.

On the 24th day (Nov. 6, 1890) an ornamental pavilion was erected on the Customs jetty at Chemulpo. The Symbols of authority, the Imperial shrine and incense stands placed therein being guarded by soldiers.

Between the hours of one and three in the afternoon of the 24th (Nov. 6, 1890) the two war ships were seen coming into the outer harbour side by side. The Mission Receiver and his subordinate officers, some score or so in all, proceeded to the jetty to await the landing of the Mission. The Mission Receiver first sent two high deputies - one of the 1st rank and the second of the 2nd rank - and four low grade deputies - two of the 4th rank and the other two of the 5th rank - in a boat to welcome the Mission while on board the war vessels. After the war vessels had anchored, these deputies went on board and inquired after the health of the Mission; they also inquired from the Interpreters what time the Mission intended to land.

In the afternoon between the hours of three and five the "Silence Boards" and

"Keep-out-of-the-way Boards," the Titular Boards of the Commissioners, the Imperial Flag and the Symbols of Authority were landed from the ships. The two Commissioners conveyed the Imperial Message of Condolence ashore in a steam launch. After they had landed the Mission Receiver and his subordinates - in full dress - received them with lowest of bows.

The Commissioners having placed the Imperial Message in the shrine provided for it, the procession started: first came the Mission Receiver and the Corean officials in columns, one on each side of the road, the Söul Magnate and the Metropolitan Governor being on the east and the Prefects and the Magistrates on the west side. Next came the Corean escorts, the flags, symbols of authority, &c., yellow umbrellas, drums, gongs and bands of music. Then came the incense palanquins and the shrine, followed by the Chinese attendants, all of whom were mounted. The Commissioners followed in their sedan chairs side by side, and behind them marched the high and low deputies with the supervisors and their attendants.

The procession went through the general foreign Settlement and came to the Reception Hall (the Superintendent's Yamên).

The Corean officials were the first to enter the Reception Hall, where they stood in the order of their rank. Upon the arrival of the shrine the band began to play, the officials ranged themselves into divisions and saluted it in a bending posture. They repeated this procedure on the arrival of the Commissioners, and when the Commissioners had passed, they stood erect, after which the music ceased.

The Commissioners then placed the Imperial Message on the stand in front of the Emperor's tablet. After which they retreated to the lower eastern side of the Hall, where they remained standing.

At this juncture the music once more commenced, whereupon the Corean officials prostrated themselves four times before the Emperor's tablet. Then they offered incense three times, again kowtowed four times and retired, after which music ceased. The first Interpreter of the Mission carried the Message of Condolence to the "Tablet Hall" and after having locked up the Hall, retired.

The Commissioners now repaired to their respective rooms, the Senior Commissioner to the Western, the Junior Commissioner to the eastern chamber. After the Commissioners had partaken of tea the Mission Receiver and the other Corean officials came to the Grand Reception Room and made known to the Commissioners through the medium of their deputies their desire to do homage to them. The Commissioners thereupon repaired to the Reception Hall in their official robes and sat down side by side facing the south. In the Hall were displayed the banners, umbrellas, Boards of Command and Symbols of

Authority.

When the music commenced, the deputies appeared before the Commissioners from the Western corridor of the Hall. They kowtowed twice to the Commissioners, the prostration being followed by a low bow. The deputies of and above the third rank offered homage inside the corridor, while those of and below the fourth rank made their salute outside the corridor. After the ceremony they retired.

The Deputies of the first rank now came forward, and kneeling before the Commissioners, informed them that the Mission Receiver desired to pay his respects to them. They subsequently ushered the Mission Receiver into the presence of the Commissioners by way of the Western corridor, and the latter stood up to receive him. The Mission Receiver, with his official cards in his hand, advanced to the centre of the Hall and handed these cards to the Petty Deputies, who presented them to the Commissioners. The Mission Receiver then came before the Commissioners and kowtowed twice, after which he made a low bow. The Commissioners returned the courtesy by a low bow, after which the Mission Receiver retired.

The Deputy again knelt before the Commissioners and reported that the Health Inquirer desired to pay his respects to them. This officer was then ushered into their presence and likewise did obeisance. Then the Health Inquirer brought in the King's cards and stood up in the centre of the Hall. These cards were given to two high Deputies, who presented them to the Commissioners. The Commissioners stood up and received them with both hands. The Health Inquirer then, in the name of the King, inquired after their health. The Commissioners acknowledged the courtesy by a low bow. The Health Inquirer made a low bow and retired.

The Deputy once more kneeling before the Commissioners, reported that the Metropolitan Governor desired to do homage, and the Governor went through the same procedure as did the Health Inquirer. The Leader of Ceremonies was introduced in the same manner and paid his respects in similar form.

The Health Inquirer afterwards submitted, in a kneeling posture, to the Commissioners four copies of the programme of the ceremonies proposed to be observed at the reception of the Imperial Mission at Söul, after which he retired. Finally all the Prefects and Supervisors made obeisance to the Commissioners in the order of their rank.

In receiving homage from the officials of and above the second rank, the Commissioners stood up and returned the compliment by a bow, but in the case of officials of and below the third rank, they resumed their seats and acknowledged the obeisance by simply bringing their hands together.

The King and the Crown Prince deputed two special Deputies - one of the first and one of the second rank - to take their cards to the Commissioners. The cards were made of thick white paper and were more than a foot long, one having written on the right hand side corner of it in small characters "King of Corea, Li Hsi" - and the other "Crown Prince of Corea, Li Sié" - each card was enclosed in an envelope with a strip of red paper over the face. The Deputies knelt and tendered these cards to the Commissioners, and in the name of their King and Crown Prince, inquired after the Commissioners' health. They then retired. They again appeared with the cards of the King and Crown Prince, and in a kneeling posture presented their masters' compliments to the Commissioners; next, two lists of presents from the King. The Commissioners thanked them for the presents, but refused to accept them. The Commissioners, however, presented the two special Deputies with robe materials - Peking knives and pouches - these were refused three times, but finally accepted.

After receiving the Corean officials, the Commissioners proceeded with the examination of the Programme of Ceremonies proposed to be observed at their reception in Söul.

The Programme was as follows: -

The Programme of Ceremonies

proposed to be observed at the reception of the Imperial Mission charged with the Emperor's Message of Condolence in connection with the demise of the Queen Dowager of Corea.

The day previous to the arrival of the Mission, the Officials of Arrangements shall erect a Royal linen pavilion on the east side of the road outside the Tun- I Gate[14]; the pavilion facing south.

On the day before the arrival of the Mission, the Royal Deputies of Arrangements shall place at the centre of the "Chin Cheng" Hall of the Palace a miniature Imperial shrine with its front facing south. Directly in front of the shrine shall be arranged the tables for the Message of Condolence and the funeral presents - the table for the Message of Condolence on the east; the table for the presents on the west.

Further south the incense burners will be placed, and east of the burners will be placed seats for the Imperial Commissioners; the seats will face the west.

Below the Western terrace of the Hall and near the Western part of the compound, the Deputies shall also provide a place for the King, where he will await the arrival of the Commissioners. The King's seat will face the east.

---

14 Tun- I Gate, the West Gate of the city. "Chin-cheng" Hall, Hall of Diligence in the discharge of government duties.

After the Imperial Message of Condolence and presents shall have been taken into the Hall, a position in the centre passage of the Hall is to be assigned to the King, at which he will perform the *kowtow* with his face towards the north.

West of the place where the King awaits the arrival of the Imperial Mission, the Official of Arrangements shall erect a small Iinen tent or waiting room for the King and a large linen tent for the officials west of the courtyard. Both waiting rooms will face east, and east of the courtyard shall be arranged a resting place for the Commissioners; the resting place to face west.

The Director of Court Music shall arrange musical instruments in the courtyard; the instruments will not be used.

The position taken up by the bandmaster shall be on the upper Western terrace of the Hall rather near its western edge; the bandmaster facing east.

The Officers of Arrangements shall provide for the members of the Royal Household, the civil and military officials and the officiating officials places in the courtyard in the order taken up by them on ordinary occasions.

The Official of Arrangements shall erect for the King a large linen tent or waiting room outside the Tan-I Gate; the waiting room shall face south.

In the centre of the Royal pavilion the Senior Vice-President of the Board of War shall place the "Imperial Scroll Palanquin;" the palanquin facing south, with the palanquin for the Message of Condolence on the east and the palanquin for the Imperial presents on the west. The incense palanquin shall be placed south of the Imperial scroll palanquin.

West of the pavilion, and a little to the north, the Royal Deputies of Arrangements shall provide a place for the King, where he will receive the Imperial Mission with his face towards the east.

The Officers of Arrangements shall provide for the members of the Royal Household and the civil and military officials places south of the pavilion, at which they are to receive the Imperial Mission. The members of the Royal Household and civil officials shall stand on the east side, and the military officials on the west side; when receiving the Imperial Mission they shall all turn their faces northwards.

On the day on which the Imperial Mission is expected to arrive, the Senior Vice-President of the Board of War shall provide gongs and drums and "Symbols of Sovereign Authority." The Supervisor of music shall provide drums and other musical instruments. All these Instruments shall be displayed in front of the pavilion and held in readiness for use.

The Royal Attendants shall conduct the King to his waiting room outside the Tun-I

Gate. After the King enters his waiting room, the members of the Royal Household and the civil and military officials shall enter theirs, which shall be erected as may be found most convenient.

On the approach of the Imperial Commissioners the members of the Royal Household and the civil and military officials shall put on plain black collars, black gauze hats and black horn belts, and station themselves in the positions assigned to them. The King shall put on his "winged" hat, a plain robe with a black collar, jet black belt tassels and a mourning jade belt. The Senior and Junior Ushers shall then lead the King from his waiting room to the prescribed place, where he shall await the arrival of the Commissioners.

When the Message of Condolence arrives, the Senior Usher shall request the King to assume a bent attitude. The King will bend his body. The members of the Royal Household and the civil and military officials will do likewise at a signal from their prompters.

The Imperial Commissioners shall respectfully place the Message of Condolence in the palanquin provided for it. The Imperial presents, in a palanquin, shall be placed in front of the pavilion. Thereafter the Senior Usher shall request the King to stand erect. The King shall then stand erect. The members of the Royal Household and the civil and military officials shall do the same at a signal from their prompters.

When the palanquin containing the Message of Condolence starts for the Palace, the incense stand shall be attended to by two officials - one on each side of the stand - who will keep the incense burning. At the halt of the palanquin containing the Message of Condolence, the gongs and drums shall move ahead, to be followed in their respective order by a regiment of cavalry, the civil and military officials, the members of the loyal Household on horseback, then the King in his litter, the symbols of sovereign authority, musical instruments - which shall be displayed but not used - the incense stand, the palanquin containing the Message of Condolence, the palanquin with the Imperial presents and, lastly, the Imperial Commissioners. On arriving at the Kwang Hwa Gate of the Palace, the members of the Royal Household and the civil and military officials shall dismount.

The Ushers shall conduct the members of the Royal Household and the civil and military officials to the positions assigned to them. The Senior and Junior Ushers shall lead the King to his position below the western terrace of the "Chin Cheng" Hall.

The symbols of sovereign authority shall be arranged in front of the Imperial shrine in the Hall, while the musical Instruments will remain outside the Palace portal.

The palanquin containing the Message of Condolence and the palanquin with the presents, shall enter the Palace through the main portal, to be followed by the Imperial

Commissioners.

The Senior Usher shall request the King to assume a bent attitude while the Imperial Mission is passing by. The King, while facing eastwards, will bend his body. After the Mission shall have passed, the Senior Usher shall request the King to stand erect. The King will then stand erect with his face towards the north. The members of the Royal Household and the civil and military officials shall do the same at a signal from their prompters.

After the palanquin containing the Message of Condolence has been carried into the Hall, the Senior and Junior Ushers shall lead the King to his waiting room.

The Imperial Commissioners shall now place the Message of Condolence and the Imperial presents on their respective tables, after which the Ushers of Ceremonies shall conduct the Commissioners to the places provided for them in the Hall, and the Senior and Junior Ushers shall lead the King to his place in the Hall, where he is to perform his prostrations.

The Senior Usher shall request the King to bend his body, make four prostrations, to rise and thereafter to stand erect. The King will bend his body, make four prostrations, then rise and stand erect. The members of the Royal Household and the civil and military officials shall follow the same procedure at a signal from their prompters. The Senior Usher shall request the King to kneel: the King will kneel and the same altitude will be adopted by the members of the Royal Household and all the civil and military officials.

The Incense Supervisors shall kneel before the incense stands and present incense three times, after which they will prostrate themselves, rise and retire. The Senior usher shall request the King to prostrate himself and make four kowtows, after which he will rise and stand erect. The King will prostrate himself, make four kowtows, rise and stand erect. The same procedure will be followed by the members of the Royal Household and the civil and military officials at a given signal from their prompters.

At this juncture the Senior Usher and the Prompters shall report the completion of the ceremonies. Then the Senior and Junior Ushers shall lead the King back to his waiting room, while the Ushers of Ceremonies conduct the Commissioners to theirs, and at the same time the Prompters will conduct the members of the Royal Household and the civil and military officials out of the Hall.

The Imperial presents - on a tray - together with the Message of Condolence, shall then be respectfully carried to the Yün Hall[15] and there kept until they are required on the occasion of the sacrificial offerings as described in the following Programme of Rites: -

---

15 "Yün" Hall, Hall of the Departed Spirit.

Rites proposed to be observed at the Presentation of
Sacrificial Offerings.

On the day previous to that set apart for the performance of the sacrificial rites, the Officials of Arrangements shall erect for the Imperial Commissioners a resting place outside the Yün Hall and east of its central entrance; the resting place to face south.

The Royal Deputies of Arrangements shall prepare for the Imperial Commissioners seats east of the memorial tablet of the late Queen Dowager of Corea - the seats to face west - and also provide, outside and east of the doors of the Hall, temporary tables for the reception of the Message of Condolence and the presents; the tables facing west. They shall also provide for the Imperial Message of Condolence and presents tables east of the Queen Dowager's memorial tablet. These tables will face south.

A standing place for the King shall be reserved a little to the south and west of the memorial tablet. When the King takes up this position he is to face east. There shall be also another standing place for him below the western terrace of the Hall. When he occupies this position, he is to face north.

The ordinary Officials of Arrangements shall prepare for the officiating officers places below the eastern terrace of the Hall set towards the west. When these officials take up these positions they are to face westwards, and when making obeisance they are to turn their faces to the north. There shall also be prepared for the members of the Royal Household and the civil and military officials and for the Governor of the Metropolitan Province places in the courtyard of the Hall in the positions usually occupied by them.

On the day upon which the performance of rites takes place, the King - dressed in deep mourning - shall first enter the "Chai" Hall[16]. After the officiating officers have all their napkins cleansed in water in token of ablution, the Superintendent of the "Chai" Hall and the Superintendent of Sacrificial Rites, together with subordinates, shall respectfully place the Imperial Message of Condolence and the Imperial presents on the tables that are set apart for their temporary use before the door of the Hall.

In front of the memorial tablet shall be placed first incense urns, incense burners and candles and next sacrificial animals and offerings.

In front of the door of the tablet shrine and on the left hand side of it shall be arranged the wine flagon and also three wine cups near by.

The ordinary ushers shall conduct the members of the Royal Household and the civil and military officials - all to be dressed in deep mourning - to their prescribed places in

---

16 "Chai" Hall, Hall of Fasting.

the courtyard.

When the sacrificial rites are about to be performed the Ushers of Ceremonies shall conduct the Imperial Commissioners to their resting place outside the Hall. The Senior and Junior Ushers shall lead the King forward by his mourning staff to his position below the Western terrace of the Hall.

The Master of Ceremonies will cry out "Wail." Then the Senior Usher will request the King to wail and the King will wail. The members of the Royal Household and the civil and military officials at a signal from their prompters, will also wail.

The Senior Usher will then request the King to discard his mourning staff and his mourning appendages of hempen cloth around his head and waist.

The King will accordingly discard his mourning staff and appendages and hand them to the eunuchs.

With the view of receiving the Imperial Commissioners, the Senior and Junior Ushers shall lead the King out of the Hall by the central entrance. The Senior Usher will then request the King to stop wailing, and the King will cease wailing. The members of the Royal Household and the civil and military officials shall do the same at the signal from their prompters.

The Senior and Junior ushers shall lead the King to a place outside and west of the central entrance of the Hall, where he is to stand with his face towards the east to await the arrival of the Commissioners.

The Ushers of Ceremonies shall conduct the Commissioner out of their resting place to a place near by, where they are to stand facing westwards.

The Senior and Junior ushers shall lead the King back to the Hall precincts through the west portal to his prescribed place below the western terrace of the Hall.

The Ushers of Ceremonies shall conduct the Commissioners through the principal entrance to the table on which is placed the Message of Condolence. The Officiating Officers, in a kneeling posture, shall hand the Message of Condolence and silk presents to the Commissioners, who in turn will receive and place them on the tables in the Hall.

The Ushers of Ceremonies shall then conduct the Commissioners to a place east of the memorial tablet, where they will stand facing west. The Senior and Junior Ushers shall lead the King up from the Western terrace to his place in the Hall, where he is to stand facing east. The ushers of Ceremonies shall conduct the Commissioners to a place in front of the incense table, where they are to stand facing north.

The Ushers shall request them to offer incense three times, and the Commissioners, while standing, will offer incense three times. The Ushers shall then request them to tender the offering of silk presents and pour out a libation. Whereupon the Commissioners will tender the offering of silk presents and pour out the libation.

In the pouring of the three cups of wine into the libation urn, the offering of silk presents and wine and the final disposal of the silk and wine, the Commissioners are to be assisted by the officiating officers, who shall serve the Commissioners in a kneeling posture.

The Usher of Ceremonies shall conduct the Commissioners back to their seats in the Hall.

The Senior Usher shall request the King to kneel. The King will then kneel.

The official charged with the reading of the Message of Condolence, is to walk up to the table containing the Message, and in a standing position, with his face towards the west, take up the Message and read it aloud. After reading it, he is to replace it on the table.

The Senior Usher shall request the King to prostrate himself, and then to rise and stand erect. The King will prostrate himself, then rise and stand erect.

The Senior Usher shall request the King to wail. The King will then wail.

The Ushers of Ceremonies shall request the Commissioners to wail. The Commissioners will wail. The members of the Royal Household and the civil and military officials at the request of their prompters, will also wail.

The Ushers of Ceremonies shall request the Commissioners to stop wailing. The Commissioners will stop wailing.

The Senior Usher shall request the King to stop wailing, and the King will stop wailing. The members of the Royal Household and the civil and military officials will also stop wailing at the request of their prompters.

The official charged with the holding of the Message of Condolence, shall carry the Message, together with the silk presents, to the sacrificial fire-place.

A table shall be prepared a little to the west and south of the Yün Hall terrace; the table to be furnished with a brass urn there-on.

After the Message of Condolence and silk presents shall have been burnt, the Senior and Junior Ushers shall lead the King out to the west side of the upper terrace, where he is to stand with his face towards the east.

The Ushers of Ceremonies shall conduct the Commissioners out to the east side of the upper terrace, where they are to stand facing west.

The Commissioners, with clasped hands, shall make a bow. The King shall do the same in acknowledgment.

The Ushers of Ceremonies shall conduct the Commissioners down from the eastern terrace. The Senior and Junior Ushers shall lead the King down from the western terrace.

The King shall then accompany the Commissioners out as far as the central entrance. Thence the Royal Ushers shall conduct the Commissioners back to their original resting place east of the "Chin Cheng" Hall.

The Senior Usher shall request the King to put on his mourning appendages and to take up his mourning staff and wail. The King shall then put on his mourning appendages, take up his mourning staff and wail, while the members of the Royal Household and the civil and military officials, prompted by their own prompters, shall also wail.

The Senior and Junior Ushers shall lead the King into the central entrance of the Hall and there the Senior Usher shall request the King to stop wailing. The King shall then stop wailing and at the same time the members of the Royal Household and the civil and military officials, shall also stop wailing.

The Master of Ceremonies shall cry out: "Make four prostrations." The members of the Royal Household and the civil and military officials being requested to do so by their own prompters, shall bend their bodies and make four prostrations, and afterward rise and stand erect.

The Senior and Junior Ushers shall lead the King back to the "Chai" Hall. The ordinary ushers shall conduct the members of the Royal Household and the civil and military officials out in the order of their rank.

The Superintendent of Sacrificial Rites and the Superintendent of the "Chai" Hall, together with their respective subordinates, shall remove the sacrificial animals, while the Royal Deputies of Arrangements remove the miniature Imperial shrine and the tables.

Seats for the Commissioners shall be arranged at the east side in the "Chin Cheng" Hall, while the seat for the King shall be placed at the west side. In the meantime the King shall change his dress, coming out in white leather boots and white robe and with a black rhinoceros-belt covered over with white cloth and winged hat, also covered with white cloth.

The Grand Chamberlain shall lead the King to his prescribed place in the Hall, where he is to stand facing east.

The Ushers of Ceremonies shall conduct the Commissioners to their prescribed places in the Hall, where they shall also stand facing west.

The King and the Commissioners shall exchange courtesies by making the kowtow to each other. After which the Commissioners are to assume their assigned seats and the King his.

After they have finished their tea, the Royal Ushers of Ceremonies will conduct the Commissioners down from the eastern terrace, and the Grand Chamberlain will lead the King down from the Western terrace. The King then will accompany the Commissioners as far as the "Chin Cheng" Gate.

The Commissioners shall then proceed to their temporary residence, to be followed in the order of their ranks by the members of the Royal Household and the civil and military officials, who on arriving at the Commissioners' residence, will kowtow twice to the Commissioners.

Ceremonies and the Order of Standing to be observed by the Corean Officials in the presence of the Imperial Commissioners.

The Privy Council, composed of the Prime Minister and the Senior and Junior Ministers, the officials of the first rank and all the officials not below the second rank, shall take up their positions in the space between the outer and inner pillars of the Hall ; all the officials of the third rank shall take up their positions in the space outside the pillars, and all those not above the third rank, shall take up their positions in the courtyard.

All the officials shall kowtow twice before the Commissioners and shall do so in the order of their rank and position.

The Commissioners shall make a short bow in acknowledgment of their courtesy. After which all the officials shall retire.

Ceremonies proposed to be observed at the Banquet given by the King to the Imperial Commissioners on their arrival.

The same ceremonies shall be observed at all the banquets given to the Commissioners.

On the day when the banquet takes place, the Supervisors of Entertainments shall arrange for the Commissioners seats, to be placed in the principal hall of the Nam-pieh-kung — the seats to be placed near the eastern wall of the compound enclosure, facing west.

The Deputies of Arrangements shall also prepare for the King a seat on the opposite side near the Western wall, facing east. And also place an incense table near the northern wall.

The Directors of the Culinary Department shall place on the south side of the Banquet Hall a tea-booth facing north.

The King will proceed to the Nam-pieh-kung and wait in the waiting room.

When the Commissioners are ready to come to the Hall, the Senior Usher, in a kneeling position, will request the King to leave his waiting room.

The King will accordingly come out of his waiting room and be led into the Hall by the Grand Chamberlain. The Commissioners will enter the Hall at the same time. They, facing west, will stand on the east side of the Hall, while the King, with his face towards the east, will stand on the west side.

The King will then make two kowtows before the Senior Commissioner, who will return the courtesy and also two kowtows before the Junior Commissioner, who will also return the same.

The Commissioners will then take their seats in the Hall while the King takes his own.

Two official tea-servers (Assistant Directors) of the Culinary Department, one bearing the tea-pot and one the tea-cups on a tray, will enter the Hall.

The Assistant Director, with the tea-pot, will stand east of the tea-booth, the one with the cups west of the same booth.

Two other servers will come, each bearing a platter of fruits and meats — one with his face towards the south, will stand north on the right hand side of the Senior Commissioner, and one with his face towards the north, will stand south on the left hand side of the Junior Commissioner. Another Server with a platter of fruits and meats and with his face towards the north, will stand south on the right hand side of the King.

The tea-server will hold out a cup for receiving the tea, tea being poured into it by the Server, who has the tea-pot in hand.

Thereafter the tea-server, in a kneeling position, will offer the cup of tea to the Senior Commissioner, which will be accepted by him. The tea-servers will go through the same procedure in serving tea to the Junior Commissioner and to the King.

After partaking of tea, the tea-servers will march before the Commissioners and in a kneeling position remove the cups.

The King will be served in the same way. The cups will then be placed on a tray and carried away.

When the dignitaries have partaken of tea, the fruit and meat-servers, in a kneeling position, will offer fruits and meats to the Commissioners and to the King.

After these dignitaries have partaken of the fruits and meats in a process similar to that of the partaking of the tea, the fruit platters will be removed and carried out on trays.

When the banquet is over, the King and the Commissioners will bow (stretching the clasped hands towards the feet and raising them again to the foreheads) to each other and separate.

The programme of ceremonies submitted to the Commissioners having been found to be in conformity with those observed on former occasions, the Commissioners consented to their being carried out. They, however, suggested the omission from the programme of the banquets, music and jugglery. Their motive for this suggestion was to show their consideration for Corean impecuniosity.

At night, wherever the Commissioners may be, the firing of three guns, accompanied by a bugle call and the hoisting up of a lantern, constitute the Order for the closing of the city gates. According to usage, after the arrival of the Commissioners in a city, the keys and signals of the place are handed to their Charge. The fire of guns and the call of bugles from their residence are the signals for the closing of the city gates.

On the 6th of November, 1890, after the Commissioners had dined, the Prefect of Jenchuan tendered to the Commissioners a piece of blank paper and requested them to note down the hour at which they intended leaving for Söul on the morrow. The Commissioners signified that the Mission would proceed the next morning between five and six o'clock.

On the morning of the 7th November, after a salute of three guns, the gates of the Commissioners' residence were thrown open, and after the third bugle call, the Corean officials, in addition to providing symbols of sovereignty, flags, banners and body guards in the same manner as they did in receiving the Mission at the jetty, furnished the Commissioners each with four saddled horses and four grooms, three drivers, one umbrella bearer, two path-finders, four attendants, four litter ponies, four litter pony grooms, four litter attendants, one chief chair bearer, and one sedan chair with eight sedan bearers, one pony for carrying rain coverings, two servants, four conch blowers, four pipers and four horn blowers, four Supervisors of flag signals, six gong beaters, and six first class lictors and two military officers in command of two detachments of escorts, twenty-two silk embroidered flags, one petty official interpreter, one waiter, one cook and seven interpreters of the third order, and also furnished each of the Mission interpreters with three ponies, three grooms, three drivers, two road leaders, one rain covering transport pony, two attendants, two Supervisors of flags, two supervisors of signals, two gong beaters, two first-class lictors, two petty interpreters, one four-bearer sedan chair, and also furnished each of the Mission's servants with one riding pony and one groom, and also horses and grooms for the transport of the symbols of sovereignty.

The Mission Receiver and his subordinates in a body requested the Commissioners to enter their chairs. The Mission then proceeded.

First marched the petty officials, the soldiers and attendants in the same order as when receiving the Mission at the jetty, followed by the Mission Receiver and the Metropolitan Governor with their respective subordinates. The total number of the retinue amounted to about two thousand. Their departure from Jenchuan was witnessed by a number of foreigners and foreign officials.

When the Mission arrived at Siao-hsing, the Commissioners alighted from their chairs and entered the tents provided for them, where they rested and partook of tea, etc., furnished by the Corean officials. After a change of horses and chair bearers, they resumed their journey and arrived at Oricol, twenty-five U further on. Half way between Siao-hsing and Oricol, the Jenchuan Prefect and his subordinates left the Mission. It was then received by the Prefect of Fu-ping and his subordinates in the same manner as it was received at Jenchuan. The Message of Condolence was taken to the Imperial tablet room.

In front of the Message were placed incense burners. The Fu-ping Prefect and his subordinates, like the Jenchuan Prefect and his subordinates, made their obeisance to the Imperial tablet and afterwards prostrated themselves twice before the Commissioners. At this point the King and the Crown Prince deputed special officials to band in their cards to the Commissioners and inquire after their health. After luncheon the Commissioners conveyed the Message of Condolence to the palanquin and the Mission resumed its journey in the same Order as before and reached the River Han, twenty- five *li* further on.

The Corean officials bad got ready boats beforehand, providing them with side screens, etc., in which the Mission was to be ferried across.

The retinue was ferried over in the Order which they assumed in their march. The Mission stayed for the night at "Hsi Hsin Ting." The Prefect of Fu-ping and his subordinates there took their departure homewards, while the Prefect of Li-chow and his subordinates of the eleven districts welcomed the Mission in the same manner as did the other Prefects.

The Message of Condolence was taken to the Imperial tablet hall. The Corean officials, like their colleagues at Oricol, made their obeisance in the Order of their rank. The special messenger handed in the cards of the King and the Crown Prince to the Commissioners, and in their name inquired after the health of the Commissioners.

Shin Shen-tsê[17], Prime Minister of the Corean Privy Council and Tutor to the Crown Prince and Min Yung-ta, Grand Chamberlain, welcomed the Mission in the name of the King. After having prostrated themselves twice before the Commissioners, they stood erect and inquired after the health of the Commissioners in the name of the King. The Commissioners requested the Prime Minister, Shen Tsê, to sit down. He, however, declined to do so and retired.

The Commissioners presented robes, Peking knives and pouches to the King's special messenger; and to the Prime Minister and Grand Chamberlain, scrolls and fans.

---

17 Shin Shen-tsê's position equivalent in China to Prime Minister and Imperial Grand Tutor, having the first rank. Min Yung-ta's to the 2nd rank, President of the Privy Council.

On the 26th (Nov. 8, 1890) the King and the Crown Prince again sent messengers with their cards to the Commissioners and inquired after their health; and on the same day between the hours of seven and nine a. m. the King, accompanied by the members of the Royal Household and the civil and military officials went outside the West Gate and repaired to their waiting rooms, where they awaited the arrival of the Mission.

The officials in Charge attended to the carrying out of the rites and ceremonies as described in the programme handed to the Commissioners at Chemulpo. Palanquins, &c., were got ready in advance. A special official was then deputed to "Hsi Hsin Ting" to invite the Commissioners to Söul in the name of the King.

The Commissioners then mounted their eight-bearer chairs and followed the palanquin containing the Imperial Message of Condolence. The Symbols of authority, &e., proceeded as before in their described Order.

All the officials from the Mission Receiver and Metropolitan Governor downwards acted as escorts to the Mission as far as the Yamên of the Metropolitan Governor outside the West Gate, where the King and his officials welcomed the Mission with befitting ceremonies. After welcoming the Mission the King returned to the Palace by the shortest route via the West Gate to receive the Mission at the Palace.

The Mission then started for the Palace. First proceeded the gongs and drums and cavalry, next Shin Shen-tsê, the Prime Minister, and Kin Ping-shih[18], Junior Minister of the Council, with the members of the Royal Household and all the officials: next came a new set of Symbols of Sovereign authority, music, incense palanquin and the palanquin containing the Message of Condolence in their respective order. Then followed the two Commissioners in chairs, escorted on each side by detachments of soldiers with banners, &c., before them, and finally the officiating officers. The Commissioners and the palanquins were screened from the spectators by large curtains supported by numerous soldiers.

From the place where the Mission was welcomed by the King to the South Gate the straw houses were all removed beforehand, so were also those along the thoroughfares through which the Mission passed. The streets were then wide enough to admit four carts abreast. The side streets were also closed by curtains and guarded by soldiers against the approach of people, which would otherwise cause confusion and noise. Great silence then prevailed. The natives, foreigners and foreign officials who came to see the sight numbered one hundred thousand odd.

The Commissioners entered the Palace by the principal portal and dismounted only at the "Chin Cheng" Hall. The King received the Mission with prostrations in accordance

---

18 Kin Ping-shih's position equivalent in China to the Junior Minister of Council, having the first rank.

with the terms of the first and second Ritual Programmes submitted to the Commissioners at Jenchuan.

The Commissioners handed in the Emperor's Decree that the King need not make presents to the Mission. The King replied: "Dare I not obey my Emperor's will,"etc., etc.

After the ceremonies were over, the Commissioners left the Palace, escorted by the King as far as the "Chin Cheng" Hall, and when the Commissioners mounted their chairs, the King made a low bow-

The Commissioners then proceeded to the "Nam Pei" Palace, their residence, taking with them the Symbols of authority, etc. The Prime Minister and all the officials paid their respects to them at their residence in the manner laid down in the third paragraph of the Programme of Ceremonies.

The King and the Crown Prince sent a special messenger to the Commissioners to inquire after their health. The messenger made the inquiries in a kneeling posture. The Personal Attendant and the Supervisors and their subordinates also paid their respects to the Commissioners. The Commissioners then distributed folding fans, scrolls and various presents amongst them. The King sent by special messengers tea and eatables to the Commissioners, which were received. The Commissioners gave these messengers coat material and sundries.

The Commissioners intimated that the proposed grand banquet by the King and music and theatricals should be omitted from the Programme of Ceremonies.

At night the hoisting of a lantern and firing of salutes from the residence of the Commissioners were signals for closing the city gates, a usage observed at Jenchuan and "Hsi Hsin Ting" when the Commissioners were there.

The next day being the anniversary of the death of the Empress "Hsiao Tze Kao Hwaug Hou," the Commissioners dispensed with the firing of salutes at night for the closing of the gates. At noon the King and the Crown Prince sent a special messenger twice with their cards to inquire after the health of the Commissioners, followed by the Prime Minister and others.

On the morning of the 28th (10 Nov., 1890) the King and the Crown Prince through the medium of special messengers, inquired after the health of the Commissioners, as did also all the Corean officials.

At noon the King proceeded from the Palace to the "Kam Pei Kung" to pay his respects to the Commissioners and entertained them at a banquet, as laid down in Programme № 4.

At their meeting the Commissioners expressed to the King in writing that as they could not even accept a piece of paper as present from him, he need not tender any more presents. At this the King felt very grateful and at the same time regretted the fact.

In the banquet hall tables and chairs were provided for the Commissioners. The officials serving the Commissioners dressed in ordinary costume (not in mourning costume). Those waiting on the King had on mourning clothes. On this occasion the official attendants having committed an error in their Service, the King ordered the punishment of the members of the Costume Department, the Officer of Arrangement, the Mission Receiver, the Metropolitan Governor and the other officials in this connection.

After the banquet was over the King returned to the Palace. The King and Crown Prince's special messenger, the Prime Minister and all the other officials inquired after the health of the Commissioners. Subsequently the King and the Crown Prince sent a messenger with presents to the Commissioners; the messenger in a kneeling posture handed a list of them to the Commissioners. In conformity with established usage the King sent also costly medicine to the Commissioners. The Commissioners, however, declined to accept any of the presents but thanked the King for them. The special messenger was then given various presents by the Commissioners.

On that evening (10 Nov.) the Commissioners having decided to start the next day for China, the King first deputed the Personal Attendant and Supervisors to ask the Commissioners to prolong their stay, next the Grand Chamberlain and next the Prime Minister and lastly a special messenger to urge the Commissioners to stay longer. The Commissioners, however, could not entertain the King's request.

Two days before the King appointed as Personal Escort to the Mission's return to China Li Yu-chêng, President of the Board of Rites and a General of the Corean army.

On the evening previous to the start of the Mission for China, the Personal Escort ordered his subordinates to be in readiness to start the next day. The district magistrates and soldiers were also ordered by the Metropolitan Governor to be ready to serve the Mission as before.

On the morning when the Mission was to start salutes were fired from the Commissioners' residence, ordering the opening of the gates. The Prime Minister and also the officials in the Order of their rank, inquired after the health of the Commissioners, and the Personal Escort with his subordinates paid their respects to the Commissioners. The Commissioners distributed scrolls, fans, coat material and miscellaneous articles amongst them and also gave cash and various things to the soldiers and servants at their residence.

At noon on the day when the Mission was to return to China, the King with the members of the Royal Household and all the civil and military officials repaired to the "Hsüan Hwa" Hall of the Governor's Yamên outside of the West Gate, where they were to bid the Commissioners farewell.

The Mission proceeded from the "Nam Pei Kung" to the "Hsüan Hwa" Hall by way of the South Gate, being accompanied by the symbols of authority, &c. The Commissioners had lunch with the King at "Hsüan Hwa" Hall. The ceremonies on the occasion were the same as those which took place at the banquet at "Nam Pei Kung." After lunch the King requested the Commissioners to convey his respects to the Emperor. The King then escorted the Commissioners to their chairs, and there they parted with a low bow. The King returned to the Palace while the Commissioners proceeded on their journey, followed by the Personal Escort and his subordinates. The Mission again stopped at "Hsi Hsin Ting" for the night. There the special messenger inquired after the health of the Commissioners in the name of the King and Crown Prince, as did also the Prime Minister and the officials in the order of their rank. The Commissioners gave them presents of eatables.

At this juncture it began to rain and continued to rain until the next day – the first of the tenth moon (Nov. 12, 1890) – when it fell heavily. A special messenger came and inquired after the health of the Commissioners in the name of the King and Crown Prince, as did also the Grand Chamberlain, who, moreover, requested the Commissioners to prolong their stay. The Commissioners consented to stay until the rain ceased.

In the evening the special messenger banded in the King's and Crown Prince's cards, and in their name inquired after the health of the Commissioners. The officials also inquired.

On the second day of the tenth moon (Nov. 13) it ceased raining. The gates were opened at the firing of Salutes at the Commissioners' residence. The Commissioners proceeded to Chemulpo, followed by the Personal Escort and the Metropolitan Governor, and on the way were met and escorted by all the local officials, guards, attendants and others in the same manner as when they came. On reaching Wu-li-tung they rested. There the special messenger in the name of the King and Crown Prince inquired after the health of the Commissioners. The officials did likewise. The special messenger also banded in presents, which the Commissioners refused to accept. The Commissioners in return made a present to the special messenger. After lunch the Mission again started, and on reaching "Hsiao Hsing," took tea.

On arriving at Chemulpo the Commissioners as before made use of the Superintendent of Trade's Yamen as a resting place for the night. There the Corean officials received and paid their respects to the Commissioners in the manner prescribed. They also made inquiries after the Commissioners' health and offered presents in the same manner as before. The presents the Commissioners declined to accept.

The following day after the gates were declared open by the firing of salutes, the

Special Messenger and the Grand Chamberlain handed in the cards of the King and Crown Prince, and in their name inquired after the health of the Commissioners. The other officials also inquired.

On the third day of the tenth moon between the hours of seven and nine the Commissioners proceeded, as they came with the symbols of authority through the Chinese and Foreign Settlements of Chemulpo, to the jetty, and as they were stepping on board the steam launch, the Personal Escort, the Metropolitan Governor and their subordinates assembled on the jetty and bent down respectfully in bidding the Commissioners adieu. The Commissioners then went on board the war vessels, which sailed in the morning between nine and ten o'clock.

The Metropolitan officials returned to Söul to report the safe departure of the Commissioners, while the various local officials between Söul and Chemulpo returned to their duties.

The Commissioners while declining to accept the presents tendered to them by the Corean officials at Söul and at the various stopping places, did accept food and mattings from the people which had to be furnished according to old usages, for which the Commissioners rewarded their interpreters and attendants.

All the officials and attendants on serving the Commissioners leaped with joy and gladness while the people and the merchant class followed their avocations as usual — in quiet and peace. They congratulated each other in the market places, declaring that the advent of the Commissioners to Corea brought blessings to the land, for which they felt joyously thankful. This sentiment prevailed all over the country.

After the departure of the Mission the King sent a despatch to the Imperial Commissioners, giving expression to his gratitude and moreover he prepared to be sent by this year's Tribute Mission to China a memorial to the Throne expressing his thankfulness for the coming of the Mission. The Sentiments of the memorial — in their sincerity and importance — are beyond expression in words demon- starting that China's manifold graciousness towards her dependencies is increasing with the times. The Emperor's consideration for his vassal state as evinced by his thoughtfulness in matters pertaining to the Mission, is fathomless. How admirable and satisfactory! And how glorious!

Koreanisch-chinesische Beziehungen.

PAAA_RZ201-018913_058 ff.			
Empfänger	Caprivi	Absender	Brandt
A. 2004 pr. 8. März 1893. a. m.		Peking, den 11. Januar 1893.	
Memo	A 1104 ehrerb. beigefügt.		

A. 2004 pr. 8. März 1893. a. m.

Peking, den 11. Januar 1893.

A. № 11.

Seiner Excellenz

dem Reichskanzler, General der Infanterie

Herrn Grafen von Caprivi.

Das Zusammentreffen der Veröffentlichung des Berichts eines Mitglieds der im Jahre 1890 nach Korea entsandten chinesischen Gesandtschaft über das bei dieser Gelegenheit seitens des Königs von Korea befolgte Ceremonial, auf welche sich der Eurer Excellenz unter dem 17. Dezember v. J. erstattete Bericht № 61. des kaiserlichen Konsuls Krien in Seoul bezieht, mit dem Erscheinen eines Artikels aus der Feder des bekannten A. Michie in der Septembernummer der „Asiatic Quarterly Review" über Korea, der sich ebenfalls zu Gunsten der Aufrechterhaltung und Befestigung der tributären Beziehungen Koreas zu China ausspricht, scheint darauf hinzudeuten, daß man in chinesischen Kreisen auf diese Beziehungen in letzterer Zeit wieder größeren Nachdruck zu legen scheint. Diese Auffassung wird auch durch die vor kurzem abgeschlossene Anleihe bestätigt, für die der Kontrakt von dem chinesischen Residenten Yuan gegengezeichnet worden ist.

Brandt.

Inhalt: Betreffend koreanisch-chinesische Beziehungen.

Zustände in Korea.

PAAA_RZ201-018913_061 ff.

Empfänger	Caprivi	Absender	Brandt
A. 2556 pr. 26. März 1893. a. m.		Peking, den 31. Januar 1893.	
Memo	I mitg. 28. 3. London 178, Petersburg 144. II Orig. 28. 3. R. Marine-Amt zk. m. A. 3259 18. 4.		

A. 2556 pr. 26. März 1893. a. m.

Peking, den 31. Januar 1893.

A. № 22.

Seiner Excellenz

dem Reichskanzler, General der Infanterie

Herrn Grafen von Caprivi.

Seit einiger Zeit laufen hier aus Korea amtliche und andere Mitteilungen über eine sehr erhebliche, zum Teil auch auf politische Ursachen zurückzuführende Zunahme des Räuberunwesens ein. Dazu kommt ein vor kurzem ausgebrochener Konflikt zwischen dem König und dem chinesischen Residenten Yuen, über den bis jetzt nur telegraphische Nachrichten vorliegen. Wie Eurer Excellenz bekannt, beabsichtigt die koreanische Regierung neue Silber- und Kupfermünzen zu prägen und hat zu dem Zweck mit einer japanischen Gesellschaft einen Vertrag abgeschlossen, welcher die Münzanstalt für eine Reihe von Jahren in deren Hände legt. Auf den neu zu prägenden Silbermünzen sollte die Jahreszahl der Dauer des Bestehens der jetzigen Dynastie, also in diesem Jahre „501" angebracht werden; der chinesische Resident hat dagegen, anscheinend ohne besondere Ermächtigung, im Namen Li-hung-changs protestiert und gedroht, falls man seinen Protest nicht berücksichtige, die Münze schließen zu lassen, was eine hochgradige Erbitterung hervorgerufen haben soll. -

Bei dem größeren Interesse, welches man in Japan den koreanischen Verhältnissen zuwenden zu wollen scheint, ein Interesse, welches sich in der Abberufung des japanischen Geschäftsträgers Kajiyama und der Ernennung eines neuen Ministerresidenten, Oishi, und den heftigen Angriffen im japanischen Parlament gegen die Regierung wegen ihres schwachen Auftretens in Korea kundgegeben hat, wäre es nicht unmöglich, daß die Zustände in Korea eine Form annähmen, die auch weitere Kreise in Mitleidenschaft ziehen könnte. (Ich habe unter den Umständen geglaubt, dem ältesten Seeoffizier der Station, Kapitän-Leutenant Grafen Baudissin, anheimgeben zu sollen, ob es sich nicht empfehlen dürfte, mit dem von ihm befehligten Kanonenboot „Iltis" nach dem Verlassen von Tientsin Chemulpo anzulaufen und dort einige Zeit zu verweilen.

Brandt.

Inhalt: betreffend Zustände in Korea.

Berlin, den 28. März 1893.   zu A. 2556.

An   Euerer pp. übersende ich anbei ergebenst Abschrift
die Botschaften in   eines Berichts des K. Gesandten in Peking vom 31.
1. London № 178   Jan. d. Js., betreffend Zustände in Korea, zu Ihrer
2. Petersburg № 144   Information.

                                    N. S. E.

                                          Angabe 2 zu A. 2556.

Der anliegende Bericht des K. Gesandten in Peking vom 31. Januar d. Js., die Zustände
in Korea betreffend, wird Euerer Exzellenz dem Staats-Sekretär des Reichsmarine-Amts,
Herrn Vice-General Hollmann, zur gef. Kenntnißnahme unter Rückerbittung ergebenst
übersandt.

Berlin, den 28. März 1893

                                    N. S. E.

[   ]

PAAA_RZ201-018913_067

Empfänger	Marschall von Bieberstein	Absender	Grf. Baudissin
A. 2004 pr. 8. März 1893. p. m.		Peking, den 11. Januar 1893.	

A. 3259 pr. 18. April 1893. p. m.

Berlin, den 16. April 1893.

An

den Kaiserlichen Staatssekretär des Auswärtigen Amts

Kammerherrn Herrn Freiherrn Marschall von Bieberstein

Excellenz

Euer Excellenz beehre ich mich beifolgend den mit sehr gefälligen Schreiben vom 29. v. Mts. A. 2556/ 1567 zugesandten Bericht des Kaiserlichen Gesandten in Peking vom 31. Januar d. J. die Zustände in Korea betreffend, nach Kenntnißnahme mit verbindlichstem Danke ganz ergebenst zurücksenden.

In Vertretung.

Grf. Baudissin

Japan und Korea.

PAAA_RZ201-018913_069 ff.

Empfänger	Caprivi	Absender	Gutschmid
A. 4351 pr. 25. Mai 1893. a. m.		Tokyo, den 19. April 1893.	
Memo	I) Erl. v. 30. 5. n. Tokyo A. I. II) mitg. 30. 5. London 347, Petersburg 226, Washington A. 23.		

A. 4351 pr. 25. Mai 1893. a. m.

Tokyo, den 19. April 1893.

A. 20.

Seiner Excellenz

dem Reichskanzler, General der Infanterie

Herrn Grafen von Caprivi.

Telegramm aus Seoul melden, daß Erregtheit unter den Koreanern der Hauptstadt herrsche und die Fremden sich zur Flucht nach Chemulpo vorbereiten. Die Ursache der Gährung soll in der fremdenfeindlichen Agitation der Sekte der „östlichen Lehre" (Togakuto) liegen, die in letzter Zeit eine besonders rege Tätigkeit entfaltet und etwa 200.000 Anhänger im Lande zählen soll, von denen eine große Anzahl sich in der Hauptstadt aufhält.

Auf dem hiesigen Ministerium der auswärtigen Angelegenheiten wurde mir die Richtigkeit dieser Meldungen bestätigt und hinzugefügt, daß das Bekanntwerden der Entsendung des japanischen Kriegsschiffes „Yayeyama-Kan" nach Korea wahrscheinlich zur Verstärkung der Unruhe beigetragen haben werde. Dieses Kriegsschiff sei bereits am 13. d. M., d. h. vor dem Eintreffen der beunruhigenden Nachrichten aus Korea in See gegangen und werde etwa 18 in Chemulpo eingetroffen sein. Es überbringe geheime Instruktionen für den japanischen Ministerresidenten Oishi für die weitere Behandlung der Eurer Excellenz aus der Berichterstattung des kaiserlichen Konsulats zu Seoul (Seoul, den 16. März 1893, № 15[19]) bekannten Entschädigungsfrage wegen Störung des Bohnenhandels in Wonsan.

Die Entsendung des Herrn Oishi, eines bekannten Radikalen, nach Korea war eine von

---

[19] II 10525 ehrerb. beigefügt.

dem Ministerpräsidenten Ito an die radikale Partei gemachte Konzession. Derselbe scheint, der Politik der radikalen Partei entsprechend, in Korea mit unnötiger Schärfe aufgetreten zu sein, um einen Konflikt mit der dortigen Regierung zu provozieren, welcher wohl seinen Parteigenossen, nicht aber den hier am Ruder befindlichen Ministern genehm sein würde. Graf Ito weiß sehr wohl, daß das unnachsichtliche Eintreiben von Entschädigungsforderungen in Korea nur die für Japan durchaus unerwünschte Folgen bereits früher gehabt hat und auch in Zukunft haben wird, die zahlungsunfähige koreanische Regierung in die Arme Chinas zu treiben, welches die betreffenden Summen vorzuschießen pflegt, dafür aber die Verwaltung der Zölle und damit der Finanzverwaltung im Allgemeinen mehr und mehr in seine Hände bekommt und so das nominelle Vasallenverhältnis des Königs zum Kaiser von China in ein tatsächliches umwandelt.

Danach steht zu erwarten, daß die hiesige Regierung durch ihre Instruktionen den Eifer des Herrn Oishi zu zügeln suchen und ihm maßvolles Auftreten anempfehlen wird.

Einen Krieg gar gegen Korea zu beginnen, wie solchen die chauvinistische, radikale Partei in Japan erstrebt, wäre im höchsten Grade unklug und treten die Grafen Ito und Inouye sowie der Minister des Äußeren, Mutsu, entschieden zu Gunsten einer friedlichen Begleichung der Differenzen ein, wenngleich sie ostensibel und um die radikale Partei, derer sie in der inneren Politik bedürfen, zu schonen, den Ministerresidenten Oishi bis zu einem gewissen Grade zu unterstützen gewillt sein dürften.

Denn ein Krieg zwischen Japan und Korea würde, wie der Vizekönig Li-hung-chang vor einigen Monaten dem englischen Parlamentsmitglied Curzon erklärt hat, sofort eine Kriegserklärung Chinas zur Folge haben und zweifelsohne zu einer Einmischung Rußlands durch Besetzung des nördlichen Teils der Halbinsel führen. Eine solche Eventualität muß aber Japan auf jede Weise zu verhindern suchen, auch sind die jetzt leitenden japanischen Staatsmänner trotz ihres Liebäugelns mit den extremen Parteien vorsichtig genug, die Möglichkeit eines Krieges mit China und einer Einmischung Rußlands voraus zu setzen und werden daher mit äußerster Umsicht zu Werke gehen.

Zum Schluß unterlasse ich nicht zu berichten, daß mehrere russische, amerikanische und englische Kriegsschiffe nach Chemulpo beordert worden sind.

Gutschmid.

Inhalt: Japan und Korea.

Berlin, den 30. Mai 1893.   A. 4351. Angabe 1.

An
die Gesandtschaft in
Tokyo № A. 1

31. 5. 4 U. n. z.
Post eingeschrieben
(ohne Anl.)

Ew. pp. gfl. Bericht vom 19. vor. Mts. - A. 20.
habe ich erhalten und von seinem Inhalt mit
Interesse Kenntnis genommen.

Bei der Stellung Chinas zu Korea ist der Bericht
auch für den Kais. Gesandten in Peking von Wert.
Ew. pp. bitte ich daher unter Bezugnahme auf den
diesseitigen Erlaß vom 13. Dezember 1889[20], in
Zukunft die auf solche und ähnlich Vorgänge
bezüglichen Berichte[21] in Abschrift der gedachten
Mission mitteilen zu wollen und in den hierher
gelangenden Reinschriften dieser gemachten
Mitteilung Erwähnung zu tun.

N. S. E.

Berlin, den 30. Mai 1893.   A. 4351. Angabe 2.

An
die Missionen in
1. London № 347
2. St. Petersburg № 226
3. Washington № A. 23

Euerer pp. übersende ich anbei ergebenst Abschrift
eines Berichts des K. Gesandten in Tokio vom 19.
vor. Mts., betreffend Zustände Japan und Korea, zu
Ihrer gefälligen Information.

N. S. E.

---

20 Bei I B i. a. Ⅳ Geschäftsg. 28 Bd. 12.
21 soweit nicht etwa besondere Gründe entgegenstehen,

Gerüchte über Unruhen in Seoul.

PAAA_RZ201-018913_076 ff.			
Empfänger	Caprivi	Absender	Krien
A. 4536 pr. 1. Juni 1893. a. m.		Seoul, den 18. April 1893.	
Memo	cfr. A. 5576. cfr. A. 6419. J. № 139.		

A. 4536 pr. 1. Juni 1893. a. m.

Seoul, den 18. April 1893.

Kontrole № 23.

An Seine Excellenz den Reichskanzler

General der Infanterie, Herrn Grafen von Caprivi.

Eurer Excellenz habe ich die Ehre ganz gehorsamst zu berichten, daß eine vor etwa zwanzig Jahren begründete religiöse Sekte der „Tonghak" (östliche Lehre) in den letzten Jahren besonders in den südlichen Provinzen Koreas an Ansehen und Einfluß bedeutend gewonnen hat. Anhänger der Sekte reichten vor einiger Zeit bei dem Gouverneur von Chöllado eine Bittschrift ein, in der sie die Regierung aufforderten, die Japaner und die anderen Ausländer, welche eine Schmach und eine Gefahr für das Land bildeten, ohne Verzug auszutreiben.

Da dieses Gesuch zurückgewiesen wurde, so erschienen Ende vorigen Monats 50 Abgeordnete der Sektierer in Seoul, um dem König eine Petition zu unterbreiten. In derselben wollten sie angeblich den König bitten, ihnen die Ausübung ihrer Religion zu gestatten und zugleich über die vor mehreren Jahren auf Befehl des Gouverneurs von Chöllado vollzogene, ungerechte Hinrichtung ihres Religionsstifters nachträglich sein Bedauern auszudrücken, sowie die Japaner nebst den anderen Ausländern aus Korea zu vertreiben.

Nachdem die Leute einige Tage mit ihrer Bitteschrift vor dem Haupttor des Palastes gewartet hatten, wurde ihnen eröffnet, daß die Petition nicht angenommen werden könnte, weil der bei Eingabe religiösen Inhalts erforderliche Stempel des hiesigen Confucius-Tempels darin fehlte. Die Deputation kehrte deshalb unverrichteter Sache nach ihrer Heimat zurück.

Inzwischen hatten verschiedene Literati den König schriftlich gebeten, die Tonghak-

Sekte auszurotten, waren indes gewarnt worden, in die Befugnisse der Regierung einzugreifen; vielmehr sollten sie eifrig die Lehren des Confucius studieren, um die Irrlehren erfolgreich bekämpfen zu können.

Bald nach dem Abzug der Deputation wurden an den Toren der Häuser hiesiger amerikanischer Missionare Plakate vorgefunden, worin diese aufgefordert wurden, bis zum 22. dieses Monats Korea zu verlassen, widrigenfalls sie gewaltsam entfernt werden würden. Gleichzeitig liefen in der Stadt Gerüchte um. nach denen etwa 4000 bewaffnete Tonghak-Leute aus den Südprovinzen auf Seoul zu marschierten.

In Folge dessen bemächtigte sich der Missionare eine gewisse Aufregung, die sich jedoch bald wieder gelegt haben würde, wenn nicht der hiesige japanische Konsul auf Weisung seines Ministerresidenten eine alarmierende Bekanntmachung an seine Landsleute gerichtet hätte. Der Konsul forderte darin die japanischen Ansiedler in Seoul auf, in Anbetracht der beunruhigenden Gerüchte auf ihrer Hut zu sein. Die Greise, Frauen und Kinder sollten sich bereit halten, in kürzester Frist nach dem Flußhafen Mapo fortzuziehen, wo ein Flußdampfer sie aufnehmen und nach Chemulpo bringen würde. Jeder verdächtige Umstand sollte sofort auf dem Konsulat oder der Polizeistation gemeldet werden, und alle waffenfähigen Männer sollten sich auf ein gegebenes Zeichen zu gemeinsamer Verteidigung auf dem Konsulat versammeln. Selbstverständlich würde die koreanische Regierung eine etwa drohende Gefahr unverzüglich zur Kenntnis des japanischen Vertreters bringen und Maßnahmen zum Schutze der japanischen Ansiedler treffen, doch wäre es ratsam, nicht zu fest auf diesen Schutz zu vertrauen.

Auf eine Anfrage des amerikanischen Ministerresidenten erwiderte der japanische Konsul, daß ihm bestimmte Nachrichten über drohende Gefahren nicht zugegangen wären, daß er indessen zwei Leute nach dem Süden entsandt hätte, um über die dortige Lage zuverlässige Erkundigungen einzuziehen und daß er Herrn Heard das Ergebnis dieser Erkundigungen mitteilen würde.

Nach den Berichten der französischen Missionare aus Chöllado bieten die Zustände in der Provinz zu Besorgnissen keinen Anlaß. Auch die koreanischen Beamten, die früher, zum Teil wenigstens, gewisse Befürchtungen hegten, sind seit einiger Zeit wieder ruhiger geworden.

Man verurteilt deshalb hier allgemein das Verfahren des japanischen Ministerresidenten, dem man vorwirft, wider besseres Wissen die Lage als gefährlicher hinzustellen, als sie wirklich ist.

Im Hafen von Chemulpo liegen stets zwei Kanonenboote, und zwar ein japanisches und ein chinesisches. Vor einigen Tagen sind daselbst noch zwei chinesische Kanonenboote und ein japanisches Kriegsschiff eingetroffen. Ferner ankert auf der dortigen Reede gegenwärtig ein englischer Kreuzer, der jedoch nach Mitteilungen des Generalkonsuls Hillier zufällig dort angenommen ist und morgen nach Shanghai weiter gehen wird, und ein, vermutlich auf Ersuchen des hiesigen Minister-Residenten der Vereinigten Staaten eingetroffenes, amerikanisches Kriegsschiff. Außerdem erwartet der französische Vertreter binnen kurzem eine französische Korvette. Für den Schutz der Ausländer ist damit ausreichend gesorgt.

Abschriften dieses ganz gehorsamsten Berichts sende ich an die kaiserlichen Gesandtschaften zu Peking und Tokyo.

Krien.

Inhalt: Gerüchte über Unruhen in Seoul.

Amerikanische Vermittlung zwischen Japan und Korea.

PAAA_RZ201-018913_084 ff.			
Empfänger	Caprivi	Absender	Holleben
A. 4813 pr. 10. Juni 1893. a. m.		Washington, den 27. Mai 1893.	
Memo	mitg. 14. 6. Peking A 16, London 380, Tokyo A. 2, Petersburg 242, Seoul A. 1. J. № 1140.		

A. 4813 pr. 10. Juni 1893. a. m.

Washington, den 27. Mai 1893.

№ 338.

An Seine Excellenz

den Reichskanzler, General der Infanterie

Herrn Grafen von Caprivi.

Die demokratische Regierung scheint auf dem Gebiet der auswärtigen Politik ihre ersten, wenn auch sehr bescheidenen, Lorbeeren gepflückt zu haben, indem sie einem freilich wohl nur sehr von Weitem drohenden, Konflikt zwischen Japan und Korea durch ihre freundliche Vermittlung vorgebeugt hat. Der Staatssekretär, Herr Gresham, erzählte mir die Sache folgendermaßen:

Die koreanische Regierung habe s. Z. aus Furcht vor einer drohenden Hungersnot eines jener in Ostasien häufigen Ausfuhrverbote für Reis und sonstige Cerealien erlassen. Hierdurch seien gewisse Lieferungsverträge japanischer Kaufleute in Chemulpo, in deren Händen die Reisausfuhr ausschließlich liege, unausführbar geworden, und es sei schließlich nach langen Verhandlungen ein Entschädigungsanspruch von 160.000 Yen seitens der japanischen Regierung erhoben worden. Nach weiteren langen Verhandlungen habe die koreanische Regierung sich zur Zahlung von 100.000 Yen bereit erklärt, worauf Japan gedroht habe, die Zahlung von weiteren 60.000 Yen durch Kriegsschiffe beitreiben zu lassen. Die Vertreter Japans und Koreas hätten nun „den Rat" der amerikanischen Regierung nachgesucht und es sei eine Verständigung erzielt worden, wonach Korea 110.000 Yen zahlt und Japan auf 50.000 verzichtet.

Holleben.

Inhalt: Amerikanische Vermittlung zwischen Japan und Korea.

Ein Bericht des Grafen Baudissin über die Lage in Korea.

PAAA_RZ201-018913_088			
Empfänger	Caprivi	Absender	Sternberg
A. 4898 pr. 13. Juni 1893. a. m.		Peking, den 24. April 1893.	

A. 4898 pr. 13. Juni 1893. a. m. 1 Anl.

Peking, den 24. April 1893.

A. 62.

Seiner Excellenz

dem Reichskanzler, General der Infanterie

Herrn Grafen von Caprivi.

Eurer Excellenz beehre ich mich in der Anlage Abschrift eines Berichts des Commandanten S. M. S. Kbt. „Iltis", Grafen Baudissin, über die augenblickliche Lage in Korea ganz gehorsamst zu überreichen.

Sternberg.

Inhalt: betreffend einen Bericht des Grafen Baudissin über die Lage in Korea.

Anlage zu Bericht A. 62 vom 24. April 1893.
Abschrift.

Shanghai, den 31. März 1893.

Geheim

An die Kaiserlich Deutsche Gesandtschaft
Peking

Der Kaiserlich Deutschen Gesandtschaft beehre ich mich im weiteren Verfolg meines Schreibens vom 3. Februar d. Js. - Geheim J. № 8. -, welches an Seine Excellenz den Herrn Minister von Brandt persönlich gerichtet war, das folgende sehr ergebenst mitzuteilen:

Am 11. d. Mts. traf ich in Chemulpo ein und hatte am nächsten Tage Gelegenheit mit dem deutschen Konsul für Korea, Herrn Krien, über die beregten Verhältnisse in vertraulicher Weise Rücksprache zu nehmen. Derselbe teilte mir mit, daß die augenblickliche Lage Koreas zur besonderen Beunruhigung keinen Anlaß gebe und daß die Gerüchte, welche Anfang Februar in Peking umliefen, nicht begründet wären, daß im Speziellen das Räuberunwesen zur Zeit nicht schlimmer sei als sonst und daß auch aus Anlaß der Münzfrage irgendwelche Störungen seiner Ansicht nach ausgeschlossen seien, da in dieser, wie überhaupt in jeder Beziehung, die Koreaner, von Natur friedlich, gern geneigt wären, einem energischen Druck sich willig zu fügen, wenn derselbe nur sozusagen freundlich ausgeübt würde. Im Großen und Ganzen erachtete daher der Herr Konsul ein längeres Verbleiben S. M. S. Kbt. „Iltis" aus Rücksicht auf die Lage nicht für erforderlich, fügte jedoch hinzu, daß es ihm anderseits erwünscht wäre, wenn das einmal in Chemulpo befindliche Kanonenboot nun auch 9 - 10 Tage dortselbst verbliebe. Infolgedessen verließ ich den genannten Hafen erst am 20. d. Mts., um nach Shanghai zu gehen.

gez.: Graf Baudissin.

Unruhen in Korea.

PAAA_RZ201-018913_093 ff.

Empfänger	Caprivi	Absender	Sternberg
A. 4899 pr. 13. Juni 1893. a. m.		Peking, den 23. April 1893.	
Memo	cfr. A. 4900 u. A. 4901. mitg. 15. 6. nach London 381, Petersburg 244, Washington A. 30.		

A. 4899 pr. 13. Juni 1893. a. m.

Peking, den 23. April 1893.

A. 63.

Seiner Excellenz

dem Reichskanzler, General der Infanterie

Herrn Grafen von Caprivi.

Eurer Excellenz beehre ich mich bezüglich der jüngsten Unruhen in Korea folgendes gehorsamst zu berichten:

Vor etwa 25 Jahren wurde durch einen religiösen Fanatiker eine Gesellschaft gebildet, welche den Namen Tonghak führt. Trotzdem daß die Regierung ihren Anführer sowie eine Anzahl ihrer Mitglieder köpfen ließ, da durch dieselbe staatsgefährliche Lehren veröffentlicht wurden, so hat sich doch die Gesellschaft ungemein rasch entfaltet und zählt zur Zeit viele Tausend Anhänger in allen Provinzen des Landes sowie in der Hauptstadt selbst.

Da sie jetzt auch einen politischen Charakter angenommen hat, geht sie gegen gewisse lokale Behörden vor, von denen Genugtuung für erlittene Unbilden verlangt wird.

Gegen Ende März sandte der König dem englischen Konsul, Herrn Hillier, eine Mitteilung, daß die Mitglieder der Tonghak gedroht hätten, gegen die in Korea lebenden Fremden Gewalttaten zu verüben, und daß ihn darauf bezügliche Gerüchte sehr beunruhigten.

Diese Mitteilung lief einige Tage vor den literarischen Prüfungen ein, welche Tausende von jungen Leuten herbeiführten, worunter sich auch eine große Anzahl von Tonghak-Mitgliedern befand und von welchen man eine Demonstration erwartete. Ferner wurde bekannt, daß die Anführer der Tonghak eine Art Manifest veröffentlicht hatten, welches zur Vertreibung der Fremden sowie zur Entfernung der unehrlichen Beamten aufforderte.

Die Demonstration fand zwar nicht statt, es postierten sich jedoch 50 Mitglieder der Gesellschaft mit einer Petition außerhalb des Palastes und erwarteten die Annahme derselben seitens des Königs. Der Inhalt dieser Petition war folgender:

1.) Austreibung sämtlicher Fremden, namentlich der Japaner.

2.) Beseitigung mehrerer Mißbräuche in der Administration.

Aus Furcht vor einer Rebellion vermied die Regierung alle Gewaltmaßregeln und teilte den Abgesandten mit, daß sie ihre Beschwerden bezüglich der Beamten den lokalen Behörden unterbreiten sollten und daß für Abhilfe Sorge getragen werden würde, falls diese begründet seien.

Was jedoch die Vertreibung der Fremden anbetreffe, so antwortete die Regierung, daß jede Ausschreitung gegen dieselben auf das Schärfste geahndet werden würde und daß Korea allen Verpflichtungen, durch welche es in Verträgen gebunden sei, auf das Pünktlichste nachkommen würde.

Die Regierung hat dem englischen Konsul erklärt, alles für den Schutz der Fremden tun zu wollen, was in ihren Kräften stehe. -

Soweit reichen die letzten Nachrichten, welche ich von dem hiesigen englischen Gesandten erhalten habe. (Der Bericht des Konsuls war vom 31. März datiert)

Bezüglich der Einwohner Koreas herrscht hier die Ansicht, daß sie kaum das Zeug besitzen, um eine größere, organisierte Rebellion ins Werk zu setzen. Während der letzten 10 Jahre sind zwar zweimal die Japaner durch wütende Pöbelhaufen verjagt und viele getötet worden, seit dieser Zeit hat sich jedoch die japanische und auch die chinesische Bevölkerung um das Zehnfache vermehrt; von diesen unterstützt dürften die übrigen Fremden im Stande sein, selbst einem größeren Pöbelaufruhr die Spitze zu bieten.

Im Innern des Landes jedoch, woselbst nach hier eingegangenen Nachrichten während der letzten Monate mehrfach gewaltsame Ausschreitungen gegen Beamte vorgekommen sind, welche sich Erpressungen schuldig gemacht hatten, dürfte ein entschlossener Haufen Männer viel Unheil anrichten können, namentlich da dort die Polizei und das Militär fast machtlos sind.

Es ist nicht unwahrscheinlich, daß die Furcht vor einer allgemeinen Revolution den König so ängstlich macht. Es besteht nämlich in Korea eine alte Weissagung, daß die jetzt herrschende Dynastie nur 500 Jahre alt werden und daß nach dieser Zeit in Kung-chong (dem Hauptsitz der Tonghak) eine neue Dynastie entstehen wird.

Vor zwei Jahren feierte der König das 500-jährige Bestehen der jetzigen Dynastie, und seit dieser Zeit soll er in beständiger Angst leben, daß die vorerwähnte Prophezeiung in Erfüllung gehen wird.

Es ist nicht unmöglich, daß die Tonghak-Leute sich berufen fühlen, die Weissagung zu erfüllen, und es unterliegt auch kaum einem Zweifel, daß es ihnen gelingen würde, wenn sie eine genügende Organisation besäßen. In erster Linie dürfte die Verhinderung einer solchen Katastrophe der chinesischen Regierung obliegen.

Die Lage der bekehrten Christen in Korea ist zur Zeit keine sichere, und es ist nicht unmöglich, daß sich für die dortigen katholischen Missionare und deren Anhänger ernste Zeiten vorbereiten.

Sternberg.

Inhalt: betreffend Unruhen in Korea.

[　　]

PAAA_RZ201-018913_101 f.

Empfänger	Caprivi	Absender	Sternberg
A. 4900 pr. 13. Juni 1893. a. m.		Peking, den 24. August 1893.	
Memo	cfr. A. 4901		

A. 4900 pr. 13. Juni 1893. a. m.

Peking, den 24. August 1893.

A. 64.

Seiner Excellenz

dem Reichskanzler, General der Infanterie

Herrn Grafen von Caprivi.

Bezugnehmend auf meinen ganz gehorsamsten Bericht A. 63 vom gestrigen Tage[22], gestatte ich mir, Eurer Excellenz zu melden, daß mir der englische Gesandte, Herr O´Conor, soeben mitteilte, daß er eine darauf bezügliche Unterredung mit dem Tsungli-Yamen gehabt habe. Man hält die dortige Lage vorläufig nicht für gefährlich, es sind jedoch zwei chinesische Kriegsschiffe nach Korea beordert worden. Die Vereinigten Staaten sollen auch ein Kriegsschiff dahin geschickt haben, genaue Auskunft konnte ich jedoch hierüber von dem hiesigen amerikanischen Gesandten nicht erhalten, da er nicht in Korea akkreditiert ist.

Sternberg.

---

22 A. 4899 mit heutiger Post

[   ]

PAAA_RZ201-018913_103 f.

Empfänger	Caprivi	Absender	Sternberg
A. 4901 pr. 13. Juni 1893. a. m.		Peking, den 25. April 1893.	
Memo	cfr. A. 4902		

A. 4901 pr. 13. Juni 1893. a. m. 2 Anl.

Peking, den 25. April 1893.

A. 65.

Seiner Excellenz

dem Reichskanzler, General der Infanterie

Herrn Grafen von Caprivi.

Seiner Excellenz beehre ich mich im Anschluß an die diesseitigen Berichte vom 23. dieses Monats A. № 63 und vom 24. dieses Monats A. № 64[23]; betreffend Unruhen in Korea in der Anlage die Übersetzung eines Berichts Li-hung-changs an den Thron, veröffentlicht in der Peking-Zeitung vom 14. dieses Monats, mit dem unmaßgeblichen, ganz gehorsamsten Bemerken zu überreichen, daß die Art und Weise des durch den General-Gouverneur von Chihli vereitelten amtlichen Verkehrs des Königs von Korea mit dem chinesischen Thron, sowie die ganze Fassung des Schreibens geeignet sein dürfte, die inferiore Stellung des koreanischen Fürsten und die wesentliche Bedeutung chinesischer Unterstützungen für den Bestand des koreanischen Herrscherhauses deutlich zu illustrieren.

Bezüglich des letzteren Punktes verfehle ich nicht, einen Artikel der „North China Daily News" vom 17. dieses Monats, betreffend den Einfluß des chinesischen Residenten in Korea, Eurer Excellenz zu überreichen.

Sternberg.

---

23 A. 4899 u. 4900 mit heutiger Post.

Anlage 1 zu Bericht A. 65 vom 25. April 1893.

Übersetzung - Abschrift

Aus der Peking-Zeitung vom 12. April 1893.

Auf die Bitte des Vasallenkönigs von Korea, Li-hsi, beehrt sich Berichterstatter Li-hung-chang folgendes Schreiben des Königs von Korea Eurer Majestät zu überreichen.

„Korea hat in den Jahren 1882 und 1884 wiederholt Revolutionen gehabt, durch welche ich gezwungen wurde, in die Fremde zu flüchten und das Land in große Gefahr kam. Damals habe ich mehrere Male die Güte Seiner Majestät des Kaisers in Anspruch nchmen müssen, und meine Dankbarkeit gegen Seine Majestät wird den Tod weit überdauern. Auch die Strapazen und der Mut der chinesischen Offiziere, welche uns damals geholfen haben, sind ein Gegenstand dankbarer Erinnerung in meinem Volke.

Kürzlich habe ich nun gehört, daß der Ti-tu (Kommandierende General) Wu-chao-yu, die Tsung-pings (Brigade-Generäle) Tso-shih-po und Tso-k´o-ch´ing, der Hauptmann 1.Klasse Li-te-shing, die Hauptleute 2. Klasse Tung-h´uai-chien und Wu-liang-fu, die Lieutenants Ts-ui-chi-tsi und Wang-tao-pin und der Fähnrich Chou-ch´ang-hsi dem Tode erlegen sind. Der Ti-tu und die übrigen aufgezählten haben 2-mal eine Empörung unterdrückt und sind 3 Jahre in Korea auf Kommando gewesen. Mutig haben sie sich den Geschossen ausgesetzt, ohne Rücksicht auf ihr Leben. Schwere Wunden haben sie empfangen, aber schon ehe sie geheilt waren, standen sie wieder im Kampfe.

Diese Freundesdienste werden wir, die wir Augenzeugen ihrer Heldentaten gewesen sind, nie vergessen, und da ihre Leistungen im Leben so hervorragend gewesen sind, so dürfte es auch billig sein, sie durch Opfer nach dem Tode zu ehren. Ich beehre mich daher vorzuschlagen, ihnen neben den im Jahre 1884 gefallenen Soldaten des Kaiserlichen Heeres Opfer zu gewähren und richte an Seine Majestät den Kaiser die untertänigste Bitte, gnädigst zu gestatten, daß dem Wu-chao-yu und 9 Genossen im Tempel des verstorbenen kantonesischen Admirals Wu-ch´ang-ch´ing geopfert werde.”

Zu diesem Schreiben beert sich Berichterstatter Li-hung-chnag ganz gehorsamst zu bemerken, daß der erwähnte verstorbene Wu-ch´ang-ch´ing an der Spitze seiner Truppen zur See nach Seoul gelangte, die Führer der koreanischen Rebellen gefangen nahm und so die Empörung unterdrückte. Im Winter des Jahres 1884 empörte sich dann der koreanische Minister H´an-ying-chih und wußte eine große Schar Rebellen um sich zu versammeln. Die Bande drang plötzlich in den königlichen Palast ein und ermordete die Minister. Damals war der zur Beförderung zum Ti-Tu vorgemerkte Tsung-ping Wu-chao-yu, der die dort befindlichen Truppen kommandierte, der Erste, welcher in den

Palast drang und Rettung brachte. Er rottete die Rebellen mit Stumpf und Stiel aus und dämpfte so die zweite Empörung.

Korea ist für diese beiden Gnadenbeweise dem chinesischen Thron sehr dankbar; daher hat der König Li-hsi schon früher im Jahre 1884 gebeten, in Seoul für Wu-ch´ang-ch´ing einen Tempel errichten zu dürfen. Dann hat er wieder im Jahre 1885 an den Thron die Bitte gerichtet, den im Winter 1884 in der Schlacht gefallenen Offizieren und Mannschaften, Wang-chih-ch´un und Genossen, im Tempel des Wu-ch´ang-ch´ing opfern zu dürfen, worauf beide Male Eurer Majestät Genehmigung erteilt worden ist. Wu-chao-yu und 9 Genossen, die zwei Empörungen gedämpft und die Person des Königs erfolgreich zu schützen gewußt haben, besitzen wegen ihrer großen Verdienste die Dankbarkeit der Koreaner in hohem Maße, und wenn der König nun bittet, ihnen Opfer bringen zu dürfen, so dürfte das gewiß mit dem Prinzip übereinstimmen, daß man seinen Rettern aus Not und Gefahren Trankopfer spenden muß. Ich bitte daher Eurer Majestät flehentlich, der Bitte des Königs zu willfahren und den genannten Offizieren die Opfer darbringen zu lassen, was den in ferne Länder kommandierten Offizieren und Mannschaften eine Mahnung sein wird, sich auch Verdienste zu erwerben. Ich habe das Li-pu (Kultus-Ministerium) in Kenntnis gesetzt und erachte es für meine Pflicht, den Gegenstand Eurer Majestät zur Beachtung alleruntertänigst zu unterbreiten.

Hierauf ist das Kaiserliche Edikt ergangen: Genehmigt, dem Li-pu zur Kenntnisnahme.

Für die Übersetzung:

gez.: Cordes.

Anlage 2 zu Bericht A. 65 vom 25. April 1893.

Aus der North China Daily News vom 17. April 1893.

IMPARTIAL NOT NEUTRAL.

SHANGHAI, 17th APRIL, 1893.

The Reuter's telegram published on Saturday has made public the fact known to those who are in private communication with Corea, that there is a very strong anti-missionary feeling there at the present moment. In the southern provinces, which contain the chief intelligence and wealth of the country, the King and his Court, who are believed to care for nothing but how much they can squeeze from the people, are heartily disliked, and there is at the same time a great disgust at the progress the American missionaries and the Roman Catholics have made in the last few years. Deputations have been sent to the Palace, petitioning the King for reforms on the one hand, and the most insulting placards on the other hand have been posted on the missionaries' walls, while there is considerable dissatisfaction with the highhanded action of the Japanese. In fact, the cauldron is simmering in Corea, and a very little would make it boil over. Happily the Chinese Resident, Yuan, is universally beloved and respected by the Coreans outside the Court circle, and he is able to, and does, exercise a strong repressive force; and it is satisfactory to know that he has always, of his own will as well as by the Viceroy Li Hung-chang's orders, acted most loyally towards the British officials and British interests in the country. It is to be hoped that the present ferment will cool down, and that it may not be necessary to call in a foreign force. Meanwhile, the *Severn* is probably now at Chemulpo, and there is not much fear for the personal safety of the foreigners at the capital, but we may hear of missionaries in the interior being roughly handled, and it will be well for them to curb their evangelizing zeal until things do calm down. But Corea is so misgoverned under the present *régime* that it is impossible to say how long an outbreak can be postponed.

Unruhen in Korea.

PAAA_RZ201-018913_114 ff.			
Empfänger	Caprivi	Absender	Sternberg
A. 4902 pr. 13. Juni 1893. a. m.		Peking, den 28. April 1893.	

A. 4902 pr. 13. Juni 1893. a. m. 2 Anl.

Peking, den 28. April 1893.

A. 66.

Seiner Excellenz

dem Reichskanzler, General der Infanterie

Herrn Grafen von Caprivi.

Bezugnehmend auf meinen Bericht A. 65 vom 25. April d. J.[24], beehre ich mich Eurer Excellenz ganz gehorsamst zu berichten, daß in der „Gazette" von Seoul vom 12, 13. und 16. diese Monats ein die Umtriebe der Tong-hak Gesellschaft betreffendes königliches Dekret veröffentlicht worden ist.

Die Tong-hak Männer verbreiteten in verschiedenen Orten des Königreichs ein Manifest, welches alle loyalen Untertanen des Königs auffordert, die Fremden, namentlich die Japaner, aus dem Lande zu vertreiben, da diese den Wohlstand desselben schädigen. Einen Auszug des königlichen Dekrets sowie des Manifests der Tong-hak Leute beehre ich mich in der Anlage gehorsamst zu überreichen.

Den letzten hier eingegangenen Nachrichten zufolge, welche ich von dem englischen Gesandten und von dem General-Inspekteur der Seezölle erhalten habe, ist die Angst unter den in Korea ansässigen Japanern im Wachsen begriffen, auch sind eine Anzahl von Angehörigen anderer Nationen davon ergriffen worden. Der japanische Gesandte scheint namentlich viel dazu beigetragen zu haben, die Gemüter der Fremden zu beunruhigen, da er seine Landsleute aufgefordert hat, ihre Frauen und Kinder nach Chemulpo zu entfernen und sich zu bewaffnen. Während der Nacht des 17. dieses Monats wurde von den Tong-hak Leuten ein aufhetzendes Plakat an das Gebäude der japanischen Botschaft geheftet.

In Chemulpo befinden sich zur Zeit 3 chinesische, 2 japanische und 1 amerikanisches

---

[24] A. 4901 mit heutiger Post.

Kriegsschiff, und in etwa 32 Stunden können Kriegsschiffe aus Shanghai Chemulpo erreichen.

In Peking herrscht die Ansicht, daß vorläufig keine ernsten Ausbrüche zu erwarten sind, und es scheint, als ob die gegenwärtige Bewegung durch eine verhältnismäßig geringe Anzahl von Individuen ins Werk gesetzt worden ist, welche persönliche Vorteile aus einer politischen Krisis zu ziehen hoffen. Jedenfalls ist es ihnen gelungen, den König ängstlich machen und die Absetzung von zwei schlecht beleumundeten Privinzial-Gouverneuren durchzusetzen.

Sternberg.

Inhalt: betreffend Unruhen in Korea.

Anlage 1 zu Bericht A. 66 von 28. April 1893.

Auszug aus einem Edikt, veröffentlicht in der koreanischen Hofzeitung
vom 13. April 1893.

Der Inhalt einer uns neulich überreichten Petition konfuzianischer Gelehrter hat uns sehr überrascht und betrübt.

Es geht daraus hervor, daß man durch sinnloses Gerede das einfältige Volk aufgestachelt und in Unordnung gebracht hat, sodaß die Gesetze für nichts geachtet sind. Wohin soll das aber führen, wenn man das unwissende Volk ungestraft dazu verführen darf, die Gesetze zu mißachten?

Die Behörden werden deshalb hierdurch aufgefordert, die Häupter dieser Bewegung in Zukunft zu verhaften. Sie sollen ferner durch Proklamation die Verbreitung der Irrlehre hindern und jedermann anweisen, ruhig seiner Beschäftigung nachzugehen.

Die Beamten sollen die Leiter und Wächter des Volkes sein und dürfen daher nicht die Hände in den Schoß legen, wenn sie sehen, daß das Volk böswillig verführt wird.

Es wird daher den Behörden unter Androhung von Strafen zur Pflicht gemacht, mit allen ihnen zur Verfügung stehenden Mitteln gegen die Bewegung vorzugehen.

Dieser königliche Befehl soll in nachdrücklicher Weise durch die Behörden proklamiert werden, damit die Leute sich merken, daß man den Gesetzen folgen muß.

Anlage 2 zu Bericht A. 66 vom 28. April 1893.

Auszug aus einem Manifest der Tong-hak-Gesellschaft.

Drei Aufgaben sind dem Menschen in der Erfüllung seiner Pflichten gestellt:

1. Aufstellung von Gesetzen, nach denen Loyalität geübt und, wenn nötig, das Leben für den Staat geopfert wird.

2. Praktische Betätigung von Loyalität und kindlicher Liebe und, wenn nötig, Hingabe des eigenen Lebens zur Erhaltung dessen, was uns persönlich angehört.

3. Eheliche Treue und Keuschheit bis in den Tod.

Leben und Tod sind allen Menschen gemein. Wer in friedlichen und glücklichen Zeiten lebt, kann seine Pflichten gegen Staat und Eltern in ruhigem Fortschritt erfüllen. Erst unter unruhigen und gefahrvollen Zeitläufen tritt an den Einzelnen die Notwendigkeit heran, sein Leben für das gemeinsame Wohl zu opfern. Wer am Leben hängt, kann nicht treuer Untertan noch guter Sohn sein. Wer bereit ist, für König und Eltern zu sterben, ist berufen, die Prinzipien von Loyalität und kindlicher Leibe dauernd zu begründen.

Japaner und ausländische Rebellen hausen jetzt in unserem Lande; unsere Hauptstadt ist voll von ihnen. Anarchie herrscht überall; Keuschheit und Vaterlandsliebe, Anstand und Weisheit, Treue und Glaube, Liebe zwischen Eltern und Kindern, zwischen Fürst und Volk - Alles ist geschwunden!

Die Japaner hassen uns und warten nur auf einen günstigen Moment, uns und unser Land zu zerstückeln. Die gegenwärtige Situation ist kritisch wie keine zuvor.

Wir, von denen dieses Manifest ausgeht, sind schlichte und unwissende Leute; aber wir hüten die von unseren Vätern ererbten Gesetze, wir pflügen die Erde, die unserem König gehört, wir ernähren Vater und Mutter; darin ist kein Unterschied zwischen uns und den Beamten des Landes. Unser Ziel ist das Wohl des Staates und das seiner getreuen Untertanen, aber schwierig ist es, den rechten Weg zu finden in der jetzigen Zeitlage. Das Sprichwort sagt: „Das einstürzende Haus hält keine Balken, die rollende Woge kein Rohr zurück." Wir, die wir nach Millionen zählen, haben geschworen auf Leben und Tod, Japaner und Fremde auszutreiben zum Wohle unseres Vaterlandes. Daß alle gleichgesinnten Patrioten sich mit unseren Anstrengungen vereinigen mögen, ist unser aufrichtigster Wunsch.

Berlin, den 14. Juni 1893.   zu A. 4813.

An

die Missionen in

1. Peking № A. 16

2. London № 380

2. St. Petersburg № 242

3. Söul № A. 1

Euerer pp. übersende ich anbei ergebenst Abschrift
eines Berichts des K. Gesandten in Tokio vom 19.
vor. Mts., betreffend Zustände Japan und Korea, zu
Ihrer gefälligen Information.

N. S. E.

Berlin, den 15. Juni 1893.   zu A. 4899.

An

die Missionen in

1. London № 381

2. St. Petersburg № 244

3. Washington № A. 30

Euerer pp. übersende ich anbei ergebenst Abschrift
eines Berichts des K. Geschäftsträgers in Peking
vom 23. April d. J., betreffend Unruhen in Korea,
zu Ihrer Information.

N. S. E.

Absendung zweier Kriegsschiffe nach Korea.

PAAA_RZ201-018913_127 ff.			
Empfänger	Caprivi	Absender	Sternberg
A. 5427 pr. 30. Juni 1893. a. m.		Peking, den 18. Mai 1893.	

A. 5427 pr. 30. Juni 1893. a. m.

Peking, den 18. Mai 1893.

A. 70.

Seiner Excellenz

dem Reichskanzler, General der Infanterie

Herrn Grafen von Caprivi.

Eurer Excellenz beehre ich mich ganz gehorsamst zu berichten, daß ich soeben aus Tschifu die vertrauliche Mitteilung erhielt, daß die beiden chinesischen Panzerschiffe „King-yuan" und „Tsi-yuan", jedes mit einem besonderen Detachment von 60 Mann Landungstruppen und Landungsgeschützen der Garnison Wie-hai-wie, gestern eiligst von Wei-hai-wei nach Korea beordert worden sind.

Sternberg.

Inhalt: betreffend Absendung zweier Kriegsschiffe nach Korea.

[   ]

PAAA_RZ201-018913_130 ff.

Empfänger	Caprivi	Absender	Gutschmid
A. 5576 pr. 4. Juli 1893. a. m.		Tokio, den 21. Mai 1893.	
Memo	mitg. 7. 7 n. London 443, Petersburg 262, Washington A. 32, Peking A. 23		

A. 5576 pr. 4. Juli 1893. a. m.

Tokio, den 21. Mai 1893.

A. 24.

Seiner Excellenz

dem Reichskanzler, General der Infanterie

Herrn Grafen von Caprivi.

Die eine Entschädigungsforderung Japans gegen Korea wegen Störung des Bohnenhandels betreffenden Verhandlungen - cf. s. pl. Bericht A. 20 vom 19. April d. J.[25] - haben in den letzten Tagen zu einer Krisis geführt, die beinahe den Abbruch der diplomatischen Beziehungen zwischen beiden Ländern zur Folge gehabt hätte.

Eurer Excellenz wird die Berichterstattung des kaiserlichen Konsuls in Seoul[26] über die Vorgänge vorliegen, die sich gelegentlich einer Audienz höherer japanischer Offiziere bei dem König von Korea kürzlich abgespielt haben und wobei das taktlose Auftreten des japanischen Minister-Residenten der gegen Japan an dem dortigen Hofe herrschenden Verstimmung neue Nahrung gegeben zu haben scheint. Ich darf mich daher darauf beschränken, über mündliche Mitteilungen, die mir der hiesige Minister der Auswärtigen Angelegenheiten betreffend der Sachlage gemacht hat, zu berichten.

Japan, so hob Herr Mutsu an, sei bereit gewesen, der koreanischen Regierung die Zahlung der geforderten Entschädigung in jeder Weise, namentlich auch dadurch zu erleichtern, daß ein in Korea etabliertes, japanisches Bankinstitut auf diesseitige Weisung hin sich erboten habe, dem dortigen Gouvernement die erforderlichen Summen gegen einen ganz niedrigen Zinsfuß und unter billigen Rückzahlungsbedingungen vorzustrecken.

Nachdem aber die koreanische Regierung, entgegen bereits früher gemachten

---

25 A. 4351 ehrerbietigst beigefügt.

26 A. 4356   2   2

prinzipiellen Zugeständnissen neuerdings erklärt habe, sie wolle die eventuelle Entschädigung der durch das Getreide- und Bohnen-Ausfuhrverbot benachteiligten japanischen Kaufleute nur als einen Gnadenakt angesehen wissen und vermöge eine vertragsrechtliche Ersatzpflicht nicht anzuerkennen, sei es an der Zeit gewesen, eine energischere Haltung einzunehmen. Der diesseitige Vertreter sei daher am 3. d. M. telegraphisch angewiesen worden, am 17. d. M. Seoul zu verlassen und in Chemulpo weitere Befehle abzuwarten, falls die koreanische Regierung nicht eingelenkt und ihre Verpflichtung zum Schadenersatz anerkannt habe.

Ob die Schlußbemerkung des Ministers Mutsu, der chinesische Vertreter in Seoul habe sich durchaus korrekt benommen und versucht, die dortige Regierung zum Nachgeben zu bewegen, tatsächlich zutrifft, vermag ich von hier aus nicht zu beurteilen. Inzwischen hat am gestrigen Tage Herr Oishi von Seoul aus telegraphisch um Ermächtigung gebeten, über neue und scheinbar annehmbare Vorschläge, die ihm die koreanische Regierung in letzter Stunde gemacht, in Verhandlungen zu treten und ist ihm die nötige Vollmacht hierzu alsbald erteilt worden.

Der Ministerpräsident Graf Ito, mit welchem ich am gestrigen Abend nach einem Diner eine längere Unterredung hatte, bestätigte mir die Richtigkeit der vorgestern durch Extrablätter verbreiteten Nachricht, Li-hung-chang habe ihm gegenüber telegraphisch den Wunsch geäußert, die Differenz mit Korea möge in friedlicher Weise beigelegt werden. Man kann in diesem Schritt des Vizekönigs eine versteckte Drohung erblicken, die sich mit der ihm in den Mund gelegten Äußerung (cf. s. pl. Bericht A. 20 vom 19. April d. J.), ein Krieg zwischen Japan und Korea würde eine Kriegserklärung Chinas an Japan zur unmittelbaren Folge haben, im Einklang befindet.

Zum Schluß darf ich nicht unerwähnt lassen, das Graf Ito mir ausdrücklich versicherte, die japanische Regierung werde jedes ernste Zerwürfnis mit Korea zu vermeiden bestrebt sein.

Gutschmid.

Beilegung der Differenz zwischen Japan und Korea.

PAAA_RZ201-018913_134 ff.			
Empfänger	Caprivi	Absender	Gutschmid
A. 5577 pr. 4. Juli 1893. a. m.		Tokio, den 22. Mai 1893.	
Memo	I mitg. 7. 7. London 443, Petersburg 262, Washington A. 32, Peking A. 23. II met. mitg. 12. 7. n. Athen 14 via Pera 187 cfr. A. 5801.		

A. 5577 pr. 4. Juli 1893. a. m.

Tokio, den 22. Mai 1893.

A. 25.

Seiner Excellenz

dem Reichskanzler, General der Infanterie

Herrn Grafen von Caprivi.

Eurer Excellenz melde ich im Anschluß an meinen Bericht A. 24[27] vom gestrigen Tage gehorsamst, daß, wie mir der hiesige Minister der Auswärtigen Angelegenheiten mitteilt, die japanisch-koreanische Differenz am 21. d. M. durch Austausch von schriftlichen Stipulationen zwischen dem Minister-Residenten Oishi und der koreanischen Regierung in freundschaftlicher Weise dahin ausgeglichen worden ist, daß Korea an Japan eine Entschädigung von insgesamt 110.000 Yen bezahlt. Von dieser Summe sollen 90.000 Yen als Entschädigung für das in der koreanischen Provinz Ham-kyeng-to und 20.000 Yen als Entschädigung für das in der Provinz Hon-hai-to erlassene Verbot der Bohnenausfuhr bezahlt werden. Von den angeführten 90.000 Yen sind 60.000 Yen binnen drei Monaten und 30.000 Yen binnen fünf Jahren zu entrichten, während die weiteren 20.000 Yen binnen sechs Jahren gezahlt werden sollen.

Da Korea gegenüber der japanischen Forderung von 200.000 Yen vornherein nur eine Entschädigung von 60.000 Yen zu bewilligen bereit war, so hat, wie aus den Zahlungsbedingungen sich ergibt. tatsächlich die hiesige Regierung nachgegeben. Sie wird hierbei sicherlich die Haltung Chinas in gebührende Erwägung gezogen haben.

Gutschmid.

Inhalt: Beilegung der Differenz zwischen Japan und Korea.

---

27 A. 5576 mit heutiger Post.

Berlin, den 7. Juli 1893.

zu A. 5576, 5577.

An

die Missionen in

1. London № 443
2. St. Petersburg № 262
3. Washington A. № 32
4. Peking A. № 23

Euerer pp. übersende ich anbei ergebenst Abschrift von zwei Berichten des Ks. Gesandten in Tokio vom 21. u. 22. Mai d. J., betreffend die Differenz zwischen Japan und Korea und ihr Beilegung, zu Ihrer gefälligen Information.

N. S. E.

Korea.

PAAA_RZ201-018913_138 ff.

Empfänger	Caprivi	Absender	Sternberg
A. 5744 pr. 10. Juli 1893. a. m.		Peking, den 20. Mai 1893.	

A. 5744 pr. 10. Juli 1893. a. m. 1 Anl.

Peking, den 20. Mai 1893.

A. 72.

Seiner Excellenz
dem Reichskanzler, General der Infanterie, Herrn Grafen von Caprivi.

Eurer Excellenz beehre ich mich ganz gehorsamst zu berichten, daß der hiesige japanische Gesandte, Herr Otori, mir gestern mitteilte, daß seine Regierung einen von ihm erbetenen längeren Urlaub nach seiner Heimat abgeschlagen habe, was mit der wahrscheinlichen Abberufung des japanischen Gesandten in Seoul, Oishi, zusammenzuhängen scheint. Wie mir Sir Robert Hart mitteilte, hat Herr Oishi im Auftrage seiner Regierung dem König von Korea am 17. d. M. ein Ultimatum bezüglich der japanischen Forderungen überreicht. Falls dies keinen Erfolg haben sollte, was zu erwarten sei, würde Herr Oishi seinen Posten verlassen, was im Interesse der in Korea lebenden Fremden als ein günstiges Ergebnis zu betrachten sein dürfte.

Einen Artikel aus dem „Japan Daily Herald" vom 5. d. M., Herrn Oishi betreffend, gestatte ich mir in der Anlage ganz gehorsamst zu überreichen.

Ferner meldet ein kaiserliches Edikt vom 9. d. M. die Versetzung des langjährigen chinesischen Residenten Yüan als Taotai nach Cheikiang, ich habe jedoch erfahren, daß dieser Beamte, dessen Verhalten in Korea allgemeine Anerkennung gefunden hat, vorläufig auf seinem Posten verbleiben soll.

Sternberg.

Inhalt: betreffend Korea.

Anlage zu Bericht A. 72 vom 20. Mai 1893.

The *Yushin Nippo* is dissatisfied at the actions and manners of Minister Oishi at Corea, and attacks him as being too arrogant, and too radical in his negotiations. Rights and reasons, it says, are not the only considerations in diplomatic transaction, and the Minister would do well to remember that he has to deal with people notorious for their dilatoriness. To assert reasons to those who do not understand them is a regrettable mistake, and to irritate the feelings of the Coreans over trifling matters of form is not a wise way to obtain satisfactory results. As a diplomatist, he must be smoother and milder in his dealings` with due consideration for the state of the people with whom he has to deal. He is, so to speak, administering a violent medicine to a patient weak from chronic disease.

Korea und Besuch japanischer Offiziere in Peking.

PAAA_RZ201-018913_143 ff.			
Empfänger	Caprivi	Absender	Sternberg
A. 5747 pr. 10. Juli 1893. a. m.		Peking, den 22. Mai 1893.	

A. 5747 pr. 10. Juli 1893. a. m. 1 Anl.

Peking, den 22. Mai 1893.

A. 73.

Seiner Excellenz

dem Reichskanzler, General der Infanterie

Herrn Grafen von Caprivi.

Eurer Excellenz beehre ich mich ganz gehorsamst zu berichten, daß mir Sir Robert Hart heute mitteilte, daß die Forderungen der Japaner in Korea im Betrage von etwa 120.000 Tales geregelt worden wären, und zwar durch Vermittlung des chinesischen Residenten Yüan; auch würde Herr Oishi, der dortige japanische Gesandte, seinen Posten nicht verlassen. Einen hierauf bezüglichen Ausschnitt beehre ich mich in der Anlage gehorsamst zu überreichen.

Man hört hier die Ansicht aussprechen, daß die eigentlich unerwartete Regelung der japanischen Forderung auf einen von hier ausgeübten Druck zurückzuführen sei, da China eine friedliche Beilegung der Angelegenheit sehr wünsche.

Gestern traf der japanische Generalstabschef, General Kawakami, mit drei Offizieren seines Stabes hier ein. Er hatte sich vorher einige Zeit in Korea und Tientsin aufgehalten. Da der General während seiner Tour in China - er reist von hier nach Shanghai und dem Yangtze - sich über Befestigungen und Armeeverhältnisse orientieren will, so sehen die Chinesen diese Mission, für welche entschieden ein nicht ganz passender Moment gewählt worden ist, mit etwas scheelen Blicken an. Wie ich aus Tientsin hörte, hat Li-hung-chang den Besuch des Generals nicht erwidert.

Sternberg.

Inhalt: betreffend Korea und Besuch japanischer Offiziere in Peking.

Anlage zu Bericht A. 73 vom 20. Mai 1893.

Dear [*sic.*]

A Seoul telegram informs me that the Japanses [*sic.*] claim [*sic.*] practically settled, and that the Minister, Oishi, is not leaving.

PAAA_RZ201-018913_148 ff.

Empfänger	Caprivi	Absender	Krien
A. 6118 pr. 22. Juli 1893. p. m.		Seoul, den 31. Mai 1893.	
Memo	Abschrift II 17219 pr. 22. 7. 93 Mitg. 25. 7. n. London, St. Petersburg J. № 212.		

A. 6118 pr. 22. Juli 1893. p. m.

Seoul, den 31. Mai 1893.

№ 32.

Vertraulich!

Sr. Excellenz

dem Reichskanzler, General der Infanterie

Herrn Grafen von Caprivi.

Eurer Excellenz beehre ich mich im Verfolg meines Berichts № 28 vom 21. d. Mts. ganz gehorsamst zu melden, daß der chinesische Konsul und Legationssekretär Tong mir vertraulich bestätigt hat, daß der japanische Premier Minister Graf Ito, sich telegraphisch an den General-Gouverneur Li-hung-chang in Tientsin gewandt hat, um dessen Unterstützung behufs Regelung der japanischen Entschädigungsansprüche zu erlangen. Herr Li habe diese Unterstützung zugesichert unter der Bedingung, daß die japanischen Forderungen in mäßigen Grenzen gehalten würden, und den hiesigen chinesischen Vertreter Yuan dementsprechend instruiert.

Zwei Tage vor Ablauf des japanischen Ultimatums sei Herr Oishi bei Herrn Yuan erschienen und habe ihm erklärt, daß er von seiner Regierung angewiesen sei, dessen Vermittlung nachzusuchen. Herr Yuan habe diese unter der erwähnten Bedingung zugesagt und die koreanische Regierung veranlaßt, den Betrag von $ 110.000 als Entschädigung zu zahlen. Dies sei, obwohl wenig mehr als ein Drittel der japanischen Forderungen, immer noch bei Weitem zu viel; doch werde die ganze Angelegenheit den Japanern nicht zum Vorteil gereichen, denn ihre Stellung in Korea sei durch das schroffe und unvernünftige Auftreten Oishis gründlich verdorben worden; und schließlich habe sich die japanische Regierung doch bequemen müssen, chinesische Hilfe zu erbitten, um wenigstens einen Teil ihrer Forderungen durchzusetzen. Damit habe man in Tokio tatsächlich die Oberhoheit Chinas über Korea anerkannt, obwohl man dort wahrscheinlich behaupten werde, daß die guten Dienste Chinas lediglich auf Grund des chinesisch-japanischen Vertrages in Anspruch genommen worden seien.

Herr Oishi wird am 3. des nächsten Monats Seoul verlassen, um sich am 5. nach Japan zurückzubegeben. Wie er mir heute bei seinem Abschiedsbesuch mitteilte, hat er einen zweimonatlichen Urlaub erhalten. Während seiner Abwesenheit wird der Attache Matsui die laufenden Geschäfte führen.

Indessen nimmt man hier an, daß der genannte Minister-Resident nicht auf seinen Posten zurückkehren werde.

Bei meiner neulichen Anwesenheit in Chemulpo erklärte mir am 20. d. Mts. der dortige japanische Konsul aus freien Stücken, daß Herr Oishi nicht mehr lange in seiner Stellung verbleiben könnte, weil er sich bei der koreanischen Regierung zu mißliebig gemacht hätte.

Abschriften diese ehrerbietigsten Berichts sende ich an die kaiserlichen Gesandtschaften zu Peking und Tokio.

gez. Krien.

Die Gerüchte über Unruhen in Korea betreffend.

PAAA_RZ201-018913_151 ff.

Empfänger	Caprivi	Absender	Krien
A. 6419 pr. 1. August 1893. p. m.		Seoul, den 10. Juni 1893.	
Memo	J. № 235.		

A. 6419 pr. 1. August 1893. p. m.

Seoul, den 10. Juni 1893.

Kontrolle № 54.

An Seine Excellenz

den Reichskanzler, General der Infanterie

Herrn Grafen von Caprivi.

Eurer Excellenz beehre ich mich im Anschluß an meinen Bericht № 23 vom 18. April d. Js. ganz gehorsamst zu melden, daß nach einer Notiz in der hiesigen amtlichen Zeitung die in einem Dorfe der südöstlichen Provinz Chung-chöng-do versammelt gewesenen Anhänger der religiösen Sekte „Tong-hak" sich wieder zerstreut haben.

Für die Schwäche der koreanischen Regierung ist es bezeichnend, daß der König und viele der höchsten Beamten sich durch diese unbewaffneten und ganz armen Leute, deren Anzahl nach glaubwürdigen Nachrichten niemals mehr als sechstausend betragen hat, eine Zeitlang sich für ernstlich bedroht gehalten haben.

Abschriften dieses ehrerbietigen Berichtes sende ich an die kaiserlichen Gesandtschaften zu Peking und Tokio.

Krien.

Inhalt: Die Gerüchte über Unruhen in Korea betreffend.

Die Lage in Korea.

PAAA_RZ201-018913_154 ff.

Empfänger	Caprivi		Absender	Sternberg
A. 6548 pr. 6. August 1893. a. m.			Peking, den 18. Juni 1893.	
Memo	Mtg. 7. 8. n. London 544, St. Petersburg 304, Tokio A. 3.			

A. 6548 pr. 6. August 1893. a. m.

Peking, den 18. Juni 1893.

A. № 83.

Seiner Excellenz

dem Reichskanzler, General der Infanterie

Herrn Grafen von Caprivi.

Im Verfolg meiner früheren Berichte, die Lage in Korea betreffend, beehre ich mich, Eurer Excellenz ganz gehorsamst zu berichten, daß mir aus zuverlässiger Quelle vertraulich mitgeteilt wurde, daß die Regelung der japanischen Forderungen in Korea lediglich durch Unterstützung des General-Gouverneurs Li-hung-chang zustande gekommen sei, und zwar habe die japanische Regierung den General-Gouverneur ersucht, ihr seine Hilfe behufs Ordnung der Angelegenheit angedeihen zu lassen.

Die durch Vermittlung des chinesischen Residenten Yuan geleistete Zahlung betrug nur 110.000 Dollars, der dritte Teil der ursprünglichen Forderung; Li-hung-chang soll auf eine bedeutende Reduktion der Summe bestanden haben.

Wie mir der hiesige japanische Geschäftsträger mitteilte, wird Herr Oishi, japanischer Minister-Resident in Korea, demnächst einen längeren Urlaub antreten. Man ist hier der Ansicht, daß Herr Oishi nicht auf seinen Posten zurückkehren wird, da er durch sein taktloses Auftreten die Stellung der Japaner in Korea bedeutend geschädigt hat.

Der hiesige japanische Gesandte, Herr Otori, welcher einen längeren Urlaub angetreten hat, wurde auf seiner Durchreise in Tientsin seitens des General-Gouverneurs durch ein glänzendes Bankett geehrt, und der General-Gouverneur hat den japanischen General Kawakami auf seiner Durchreise in Tientsin durch viele Aufmerksamkeiten ausgezeichnet.

Was die Tong-hak-Gesellschaft anbetrifft über deren Treiben ich mir wiederholt ganz gehorsamst zu berichten gestattete, so hat sich dieselbe nach den letzten aus Korea hier eingegangenen Nachrichten zerstreut.

Anfang Mai wurde von Seoul aus ein Regiment zur Unterstützung der Truppen geschickt, welche beauftragt waren, die Bewegungen ihrer Mitglieder zu beobachten, welche bei Po-wen sich in Lagern verschanzt hatten. Am 19. Mai gingen sämtliche Truppen gegen Po-wen vor. Die Insurgenten zogen sich ohne jeden Widerstand zurück und ihre Lager wurden zerstört. Sie begaben sich alle nach ihren Heimatorten, und man erwartet, daß sie vorläufig in Frieden leben würden. Diese Nachricht hat die in Seoul herrschende Unruhe gänzlich beseitigt.

Sternberg.

Inhalt: betreffend die Lage in Korea.

Berlin, den 7. August 1893.   zu A. 6548.

An

die Missionen in

1. London № 544

2. St. Petersburg № 304

3. Tokio № A. 23

Euerer pp. übersende ich anbei ergebenst Abschrift eines Berichts des Ks. Geschäftsträgers in Peking vom 18. Juni d. J., betreffend Korea, zu Ihrer Information.

N. S. E.

PAAA_RZ201-018913_159 ff.

Empfänger	Caprivi	Absender	Seckendorff
A. 7166 pr. 29. August 1893. a. m.		Tientsin, den 14. Juli 1893.	
Memo	mitg. 11.9. London 589a, Petersburg 318, Washington A. 38.		

Abschrift.

A. 7166 pr. 29. August 1893. a. m.

Tientsin, den 14. Juli 1893.

№ 76.

Seiner Excellenz

dem Reichskanzler, General der Infanterie

Herrn Grafen von Caprivi.

Im Anschluß an frühere ganz gehorsamste Berichte, den Austausch von Höflichkeitsbesuchen zwischen chinesischen und japanischen Würdenträgern und ein von Jahr zu Jahr augenscheinlich zwischen beiden Ländern wachsendes Einvernehmen betreffend, beehre Eurer Excellenz ich mich ebenmäßig zu berichten, daß am 11. d. M. ein japanisches Geschwader, bestehend aus den Schiffen „Matsushima", „Takachita" und „Chizoda", unter dem Befehl des Vize-Admirals Ito auf der Reede von Taku vor Anker gegangen und nach nur dreitägiger Anwesenheit am gestrigen Tage wieder nach Chemulpo in See gegangen ist. ⁻Sowohl der Höchstkommandierende als auch der mit dem Kommando des Kreuzers „Chizoda" betraute Kaiserlich-Japanische Prinz Arisugawa Takehito waren mit einem größeren Gefolge nach Tientsin gekommen, woselbst letzterer unter strengstem Incognito im hiesigen japanischen Konsulat Wohnung nahm. Ein Empfang chinesischer Behörden oder des Konsularskorps hat demzufolge hier nicht stattgefunden.

Hingegen sind der Admiral Ito nebst 6 Offizieren am 12. d. M. dem General-Gouverneur durch den hiesigen japanischen Konsul vorgestellt worden, bei welcher Gelegenheit der chinesische Staatsmann aus Anlaß der sich um die koreanischen Verhältnisse drehenden Unterhaltung die Notwendigkeit einer gemeinsamen und versöhnenden Politik beider Länder mit Bezug auf das „Hermit Kingdom" besonders betont haben soll. Gleichzeitig soll Li-hung-chang das Wünschenswerte der seinerseits dem vor kurzem hier anwesend gewesenen Minister Otori und General Kawakami warm ans Herz gelegten Nachsicht koreanischen Verhältnissen gegenüber, besonders unter Hinweis auf die jüngst erfolgte Ermordung japanischer Fischer in Port Hamilton durch Koreaner, abermals empfohlen haben.

Ein seitens des General-Gouverneurs geplantes Diner zu Ehren der Japaner, sowie die kundgegebene Absicht eines Gegenbesuchs wurden seitens des Admiral Ito unter Hinweis auf die schnelle Abreise - wohl zur nicht geringen Befriedigung Li-hung-changs, den die seit Wochen herrschende, fast unerträgliche Hitze stark angegriffen haben soll - dankend abgelehnt.

gez.: von Seckendorff.

Orig. i. a. Japan 9

Angriffe von Koreanern auf japanische Fischer.

PAAA_RZ201-018913_162 ff.			
Empfänger	Caprivi	Absender	Krien
A. 7342 pr. 3. September 1893. a. m.		Seoul, den 15. Juli 1893.	

A. 7342 pr. 3. September 1893. a. m.

Seoul, den 15. Juli 1893.

Kontrole № 38.

An Seine Excellenz

den Reichskanzler, General der Infanterie

Herrn Grafen von Caprivi.

Eurer Excellenz beehre ich mich ganz gehorsamst zu berichten, daß im vorigen Monat drei japanische Fischer an der Südküste der südwestlichen Provinz Chöllado von der koreanischen Bevölkerung erschlagen worden sind.

Nach japanischer Darstellung wurde ein in der Nähe der Küste ankerndes japanisches Fischerboot nachts von Koreanern mit Stöcken und Steinen angegriffen und von der Mannschaft einer getötet, während die beiden anderen, obgleich verwundet, sich durch Schwimmen an eine gegenüberliegende Insel retteten, von deren Bewohnern sie freundlich aufgenommen wurden.

Von einem anderen Boot wurden zwei japanische Fischer, die, angeblich um Wasser zu holen, an Land gegangen waren, seitens der einheimischen Bevölkerung erschlagen. Dem dritten gelang es, sich mit seinem Boot zu flüchten.

Behufs Untersuchung der Vorfälle ist das japanische Kanonenboot „Takao Kan" mit japanischen Konsulats- und Polizeibeamten an die Tatorte entsandt worden.

Nach einer Mitteilung des Präsidenten des koreanischen Auswärtigen Amtes sind bisher keine Berichte koreanischer Beamter über die vorerwähnten Ereignisse hier eingetroffen.

Abschriften dieses ganz gehorsamen Berichtes sende ich an die kaiserlichen Gesandtschaften zu Peking und Tokio.

Krien.

Inhalt: Angriffe von Koreanern auf japanische Fischer.

Angebliche amerikanische Vermittlung zwischen Japan und Korea.

PAAA_RZ201-018913_166 ff.			
Empfänger	Caprivi	Absender	Schenck
A. 7528 pr. 12. September 1893. a. m.		Peking, den 28. Juli 1893.	
Memo	Mtg. 13. 9. n. Tokio A. 4, Washington A. 40, London 595. St. Petersburg 324.		

A. 7528 pr. 12. September 1893. a. m.

Peking, den 28. Juli 1893.

A. № 101.

Seiner Excellenz, dem Reichskanzler, General der Infanterie, Herrn Grafen von Caprivi.

Eurer Excellenz beehre ich mich unter Bezugnahme auf den hohen Erlaß A. 16 vom 14. v. Mts.[28], betreffend angebliche amerikanische Vermittlung zwischen Japan und Korea, gehorsamst zu berichten, daß der hiesige japanische Geschäftsträger mir bestätigte, was auch Herr Krien unter dem 31. Mai aus Seoul meldete, daß nämlich die japanisch-koreanische Differenz, japanischen Getreide-Export aus Korea im Jahre 1889 betreffend, durch die Intervention des General-Gouverneurs Li-hung-chang in Tientsin beigelegt worden sei.

Der japanische Premier-Minister Graf Ito, ein Freund Li-hung-changs, habe telegraphisch der letzteren Vermittlung in der Angelegenheit erbeten, worauf Li-hung-chang die erforderlichen Instruktionen an den chinesischen Residenten Yuan, der auf seinen (Lis) Vorschlag seinerzeit nach Korea entsandt worden sei, habe gelangen lassen. Unter Vermittlung des chinesischen Residenten sei alsdann ein Einverständnis über die Höhe der von Korea zu zahlenden Entschädigungssumme erzielt worden.

Schenck.

Inhalt: Angebliche amerikanische Vermittlung zwischen Japan und Korea.

---

[28] A. 4813 ehrerbietigst beigefügt.

Berlin, den 13. September 1893.   zu A. 7528.

An

die Missionen in

1. London № 595

2. St. Petersburg № 324

3. Tokio A. 4

4. Washington A. 40

ad 1-3: Im Anschluß an den Erlaß vom 14. Juni d.
J.,

ad 4: Unter Bezugnahme auf den Bericht № 338
vom 27. Mai d. J.,

ad 1-4: Betr. Beilegung einer japan. und koreanischen
Differenz,

Euerer pp. übersende ich anbei ergebenst Abschrift
eines Berichts des K. Gesandten in Peking vom 28.
Juli - wonach die Beilegung der Differenz nicht
durch [sic.], sondern durch chinesische Vertretung
erfolgt ist - zu Ihrer Information.

N. S. E.

Die angebliche amerikanische Vermittlung zwischen Japan und Korea betreffend.

PAAA_RZ201-018913_171 ff.			
Empfänger	Caprivi	Absender	Krien
A. 7630 pr. 15. September 1893. p. m.		Seoul, den 7. August 1893.	
Memo	Mitg. 17.9. nach London 597, Petersburg 326, Washington A. 41. J. № 297.		

A. 7630 pr. 15. September 1893. p. m.

Seoul, den 7. August 1893.

Kontrole № 45.

An Seine Excellenz

den Reichskanzler, General der Infanterie

Herrn Grafen von Caprivi.

Eurer Excellenz habe ich die Ehre auf den hohen Erlaß № A. 1 vom 14. Juni d. J.[29] ganz gehorsamst zu berichten, daß über eine amerikanische Vermittlung zwischen Japan und Korea hier nichts bekannt ist.

Auch ist es wegen der Rücksichten, welche Korea dem chinesischen Reich schuldet, ganz unwahrscheinlich, daß die hiesige Regierung die Vermittlung der Vereinigten Staaten erbeten haben sollte. Wenn der koreanische Geschäftsträger in Washington „den Rat" der dortigen Regierung nachgesucht hat, so ist dies wohl ohne Auftrag von Seoul geschehen.

Wie mir der Präsident des hiesigen Auswärtigen Amts noch vor einigen Tagen während eines Gesprächs erklärt hat, ist die Frage der Entschädigung japanischer Kaufleute anläßlich der Bohnenausfuhr-Verbote zwischen den Regierungen Koreas und Japans ohne fremde Hilfe erledigt worden. Der Präsident setzte hinzu, er hätte allerdings vernommen, daß der japanische Premier-Minister sich in dieser Angelegenheit an den chinesischen General-Gouverneur Li (hung-chang) gewandt habe, chinesischerseits sei jedoch keinerlei Druck auf die hiesige Regierung ausgeübt worden.

Der amerikanische Minister-Resident, Herr Heard, sei einige Tage nach Erledigung der Streitfrage im Auswärtigen Amt erschienen, um ihm zu erklären, daß er von seiner Regierung beauftragt wäre, seine Vermittlung anzubieten. Herr Heard habe zugleich sein

---

29 A. 4813 ehrerbietigst beigefügt.

Bedauern darüber ausgedrückt, daß er die bezüglichen Weisungen zu spät erhalten hätte, weil er wahrscheinlich für Korea günstigere Bedingungen hätte erwirken können.

Abschriften dieses ganz gehorsamen Berichts sende ich an die kaiserlichen Gesandtschaften zu Peking und Tokio.

Krien.

Inhalt: Die angebliche amerikanische Vermittlung zwischen Japan und Korea betreffend.

Berlin, den 17. September 1893.   zu A. 7630.

An
die Botschaften in
1. London № 597
2. St. Petersburg № 326
3. Washington A. № 41

Euerer pp. übersende ich anbei ergebenst Abschrift von zwei Berichten des K. Konsuls in Söul vom 7. v. Mts., betreffend angebliche Amerikanische Vermittlung zwischen Japan und Korea, zu Ihrer Information.

N. d. H. U. St. S.

Japanisches Geschwader in Chemulpo.

PAAA_RZ201-018913_176 ff.

Empfänger	Caprivi	Absender	Krien
A. 7688 pr. 17. September 1893. a. m.		Seoul, den 27. Juli 1893.	
Memo	J. № 292.		

A. 7688 pr. 17. September 1893. a. m.

Seoul, den 27. Juli 1893.

Kontrolle № 41.

An Seine Excellenz

den Reichskanzler, General der Infanterie

Herrn Grafen von Caprivi.

Eurer Excellenz beehre ich mich ganz gehorsamst zu berichten, daß ein japanisches Geschwader unter dem Oberbefehl des Vize-Admirals Ito, bestehend aus dem Panzerfahrzeug „Matsushima" als Flaggschiff und den gepanzerten Kreuzern „Takachiho" und „Chioda", von Nordchina kommend am 20. d. Mts. in Chemulpo eintraf. Den Kreuzer „Chioda" kommandierte der Kaiserliche Prinz, Kapitän zur See Arisugawa.

Am 25. d. M. wurde der Vize-Admiral Ito nebst Gefolge von dem König von Korea in Audienz empfangen. Der Prinz war, angeblich Unpäßlichkeit halber, nicht nach Seoul gekommen.

Das Geschwader verließ heute Chemulpo, um sich nach Nagasaki zu begeben.

Abschriften dieses ehrerbietigen Berichts sende ich an die kaiserlichen Gesandtschaften zu Peking und Tokio.

Krien.

Inhalt: Japanisches Geschwader in Chemulpo.

Auswärtiges Amt
Abth. A.

Politisches Archiv d. Auswärt. Amts

Acta

Betreffend

Korea

Vom 1. Januar 1894
Bis 14. Juli 1894

Vol.: 14
conf. Vol.: 15

Politisches Archiv des Auswärtigen Amts
R 18914

KOREA. № 1.

Bericht aus Peking v. 26. 4. A. 46. betr. die ungerechtfertigte Freilassung des Mörders Kim-Ok-Kyun seitens Chinas und seine Auslieferung an Korea. Von den fremden Vertretern hat keiner die Absicht, wegen dieser Angelegenheit beim Tsungli-Yamen vorstellig zu werden.	5208 10. 6.
Telegr. aus Seoul v. 10. 6. № 2. Landung chinesischer Truppen an der Westküste, japanischer in Seoul. Die Gegend um Seoul ist ruhig.	5230 11. 6.
Schreiben des Reichsmarineamts v. 12. 6. Das Kanonenboot „Iltis" in Kobe ist telegraphisch angewiesen, sich für eventl. Requisition des Konsuls in Seoul bereit zu halten. Tel. i. Z. v. 13. 6. nach Seoul № 1.	5268 12. 6.
Telegr. aus Peking v. 12. 6. № 4. Landung chinesischer und japanischer Truppen in Seoul.	5273 12. 6.
Bericht aus Peking v. 18. 4. A. 40. Zerstückelung der Leiche Kim-ok-kyuns in Korea. Der japanische Geschäftsträger Hs. Komura über den gegen Kims Genossen Pak in Tokio unternommenen Mordversuch. Die Koreaner in Japan unterstehen der japanischen Jurisdiction. Artikel X des japanisch-koreanischen Vertrages v. J. 1876.	5001 4. 6.
desgl. v. 25. 4. A. 45. Der Koreaner Hong soll vom König einen schriftlichen Befehl erhalten haben, die beiden Verschwörer Kim-ok-kyun und Pak zu ermorden. Beziehungen Kim-ok-kyuns zur russischen Gesandtschaft in Tokio. Ungerechtfertigte Freilassung des Mörders Hong seitens Chinas. Diesbezügliche Beratung des Konsularkorps in Shanghai.	5207 10. 6.
Bericht aus Peking v. 28. 4. A. 47. Die Berichte A. 5001 u. A. 5207 sind der K. Gesandtschaft in Tokio abschriftlich mitgeteilt worden.	5471 18. 6.
Ber. a. Seoul v. 10. 5. № 34. Ausbruch von Unruhen in der südwestlichen Provinz Chöl-la-do; Entsendung einer militärischen Expedition zur Unterdrückung des Aufstandes.	5585 22. 6.

desgl. v. 5. 4. № 25. Ermordung des Koreaners Kim-ok-kiun in Shanghai (wahrscheinlich auf Veranlassung der koreanischen Regierung); Transport der Leiche und des Mörders nach Chemulpo; Verhaftung zweier Koreaner in Tokio, die den Genossen Kims, Pak-yong-hio, zu ermorden versuchten; Genugtuung des chinesischen Vertreters über die Ermordung Kims; Bedauern des japanischen Gesandten darüber.	4560 20. 5.
Ber. a. Seoul v. 18. 4. № 27. Ankunft des Mörders Hong und der Leiche Kims in Chemulpo; Verstümmelung der Leiche; Erklärung Hongs, vom König mit der Ermordung Kims beauftragt worden zu sein; gemeinsame Schritte der fremden Vertreter bei der koreanischen Regierung, um die Verstümmelung der Leiche zu verhindern; Abreise des koreanischen Geschäftsträgers Yu-kui-huan aus Tokio.	5007 4. 6.
desgl. v. 5. 5. № 33. Abreise des koreanischen Ministerreisidenten Kim-sa-chol nach Tokio; Urlaubsantritt des japanischen Gesandten Otori; Veranstaltung eines Dank- und Opferfestes in Korea aus Anlaß der Ermordung Kims; Befriedigung des chinesischen Konsuls Tong darüber, daß durch die Ermordung Kims die Beziehungen zwischen Japan und Korea wieder getrübt seien.	5584 22. 6.
Nowoje Wremja v. 30. 6. Besetzung der Hauptstadt Koreas und Gefangennahme des Königs durch die japanischen Truppen; Absicht Japans, sich auf dem Festlande festzusetzen; Widerspruch Chinas und Rußlands dagegen.	5902 30. 6.
Telegr. a. Seoul v. 19. 6. № 3. Besetzung der Fremdenniederlassung durch japanische Truppen; Protest der fremden Vertreter dagegen; amtliche Erklärung, wonach Rebellion beendigt sein soll.	5579 22. 6.
desgl. v. 23. 6. № 4. Truppen räumen die Fremdenniederlassung; Ankunft dreier chinesischer Kriegsschiffe. Erlaß v. 24. 6. n. London 482, Petersburg 250. Über die Lage auf Korea; Ersuchen um Berichterstattung über die dortige Auffassung.	5648 24. 6.
Telegra. a. Seoul v. 25. 6. № 5. Bitte der koreanischen Regierung an die fremden Vertreter um Vermittlung; japanische Regierung weigert sich, Truppen zurückzuziehen; Schritte der fremden Vertreter; Bitte um Instruktion.	5738 26. 6.

Telegr. n. Seoul № 2. Konsul soll sich friedlichen Bemühungen seiner Kollegen anschließen.	zu 5738
Ber. a. London v. 29. 6. № 416. Äußerungen des U. St. S. Sir Th. Sanderson über Korea.: Weigerung Japans, seine Truppen aus Korea zurückzuziehen; Wunsch der Regierung in Tokio, gemeinsam mit China eine Kontrolle über Korea auszuüben; Abneigung Englands gegen ein japanische-chinesisches Kondominium über Korea.	5978 2. 7.
Notiz des Hon. Unterstaatssekr. v. 2. 7. Der Herr Reichskanzler wünscht Denkschrift darüber, ob und wie deutsche Interessen durch einen japanisch-chinesischen Krieg um Korea berührt werden. P. m. v. 4. 7. (A. 6053)	5995 2. 7.
Ber. a. London v. 3. 7. № 422. Times-Artikel über Korea: Die Einmischung Japans in koreanische Verhältnisse; Wunsch Chinas nach russischer Intervention; russisches Streben nach dem Besitz koreanischer Häfen.	6088 5. 7.
Telegr. a. Petersburg v. 6. 7. № 81. Rußland hat auf Wunsch Chinas Vermittlung im Streit mit Japan übernommen und beiden Mächten empfohlen, ihre Truppen aus Korea zurückzuziehen.	6140 6. 7.
Englische Botschaft v. 8. 7. Anfrage, ob Deutschland an einer gemeinsamen Intervention in dem Streite zwischen China und Japan teilnehmen werde.	6221 8. 7.
Ber. a. London v. 6. 7. № 434. Erklärungen des Regierungsvertreters im Unterhaus über die friedlichen Bemühungen Englands in dem chinesisch-japanischen Streit und über den Aufenthalt des englischen China-Geschwaders.	6202 8. 7.
Telegr. a. Tokio v. 8. 7. № 7. Japan hat russische Vermittlung abgelehnt, aber die guten Dienste Englands zur Anbahnung einer direkten Verständigung mit China angenommen. I Tel. i. Z. v. 11. 7. n. Peking № 4., Tokio № 3. Instruktion: Gesandte sollen sich den Bemühungen der Großmächte auf friedliche Beilegung anschließen; für den Fall eines Interessenkonflikts zwischen Rußland und England Reserve beobachten. II Erl. v. 16. 7. an den Gesandten v. Kiderlen № 11. (in Bd. 15)	6252 9. 7.
Nowoje Wremja v. 9. 7. Das Interesse Rußlands an der koreanischen Frage.	6257 9. 7.

Telegr. a. London v. 9. 7. № 121. Wunsch Earl of Kimberleys betr. gemeinsame Intervention der Großmächte; Basis der Verständigung zwischen China und Japan soll sein: gleichzeitige Zurückziehung beiderseitiger Truppen u. Verhandlung über Reorganisation der Verwaltung in Korea.	6264 10. 7.
Aufzeichnung des G. L. R. Raschdan v. 10. 7. Gründe, die für Beteiligung Deutschlands an einer friedlichen Intervention sprechen.	zu 6264
Ber. a. London v. 9. 7. № 438. Meldung der „Times" aus Seoul: Ankunft japanischer Truppen; Forderungen des japanischen Gesandten an die koreanische Regierung betr. Einführung von Reformen in die innere Verwaltung.	6300 11. 7.
Telegr. a. Tientsin v. 10. 7. № 1. Bitte Li-hung-changs, daß Deutschland in Tokio Pression ausübe, wegen Zurückziehung der Truppen aus Korea. Tel. i. Z. v. 13. 7. n. Peking 5 Li-hung-chang zu benachrichtigen, daß deutscher Gesandter in Tokio angewiesen ist, sich gemeinsamen friedlichen Bemühungen seiner Kollegen anzuschließen.	6309 11. 7.
Ber a. Petersburg v. 9. 7. № 128. Artikel der „Nowoje Wremja" über Stellung Rußlands zur koreanischen Frage. (cf. A. 6257)	6329 12. 7.
Ber a. London v. 5. 7. № 432. Äußerungen Lord Kimberleys, des japanischen Gesandten Aoki und des Unterstaatsekretär Sir Th. Sanderson über die japanisch-chinesische Differenz wegen Korea.	6163 7. 7.
Ber. a. Petersburg v. 9. 7. № 130. Äußerungen eines Mitglieds der japanischen Gesandtschaft über die Stellung Japans gegenüber China in Bezug auf Korea und die angeblich von China erbetene Vermittlung Rußlands.	6331 12. 7.
London and China Express v. 13. 7. Bericht des britischen Generalkonsuls in Seoul. Mr. Wilkinson, über die politische Lage in Korea, den Schiffsverkehr und den Handel.	6388 13. 7.

Telegr. a. Petersburg v. 13. 7. № 84. Anfrage der englischen Regierung, ob sich Rußland an gemeinsamer Intervention in Korea beteiligen wolle; Vermutung des Ks. Geschäftsträgers, daß Rußland den Krieg auf Korea zu verhindern bestrebt ist. (mit Randvermerk des Hon. stellv. Staatssekretärs, daß der englische Botschafter das Bestehen mitgeteilt habe, wonach keines der beiden Länder einen Hafen in Korea besetzen solle.) Erl. i. Z. v. 14. 7. n. London 544, Petersburg 278, Peking A. 22, Tokio A. 2.	6396 13. 7.
Promemoria des H. G. L. R. Raschdan v. 4. 7. Bedrohung deutscher Interessen durch einen japanisch-chinesischen Krieg um Korea.	6053 4. 7.
Ber a. Seoul v. 22. 5. № 37. Kämpfe der Regierungstruppen gegen die Aufständischen; Erlaß eines Dekrets des Königs, worin Abhilfe der berechtigten Beschwerden und Bestrafung der schuldigen Beamten versprochen wird.	6342 12. 7.

Wechsel des Präsidenten des koreanischen Auswärtigen Amtes.

PAAA_RZ201-018914_015 ff.			
Empfänger	Caprivi	Absender	Krien
A. 1882 pr. 23. Februar 1894. a. m.		Seoul, den 6. Januar 1894.	
Memo	J. № 18.		

A. 1882 pr. 23. Februar 1894. a. m.

Seoul, den 6. Januar 1894.

Kontrole № 4.

An Seine Excellenz
den Reichskanzler, General der Infanterie, Herrn Grafen von Caprivi.

Eurer Excellenz beehre ich mich im Verfolg meiner Berichte № 52 vom 14. November 1892[30] und № 15 vom 16. März 1893[31] ganz gehorsamst zu melden, daß an Stelle des am 1. Dezember v. J. auf seinen Antrag entlassenen Präsidenten Nam-chong-chol Herr Tscho-pyong-chik zum Präsidenten des koreanischen Auswärtigen Amts ernannt worden ist und gestern die Geschäfte dieses Amtes übernommen hat. Während der Zeit vom 1. Dezember v. J. bis zum 5. Januar d. J. hatte der Vizepräsident Kim-hak-chin den Posten verwaltet.

Herr Tscho war zuletzt in der Zeit vom 11. November 1892 bis 13. Mai v. J. Präsident des Auswärtigen Amtes. Wegen der Schwierigkeiten mit dem früheren japanischen Minister-Residenten Oishi anläßlich der japanischen Entschädigungsforderungen trat er damals von seinem Posten zurück.

Eine Abschrift dieses ganz gehorsamen Berichts sende ich an die kaiserliche Gesandtschaft zu Peking.

Krien.

Inhalt: Wechsel des Präsidenten des koreanischen Auswärtigen Amtes.

---

30 A. 335 de 93 ehrerbietigst beigefügt.
31 II 10525 de 93 ehrerbietigst beigefügt.

Die angebliche Verhaftung von koreanischen Verschworenen.

PAAA_RZ201-018914_018 ff.			
Empfänger	Caprivi	Absender	Krien
A. 3812 pr. 25. April 1894. p. m.		Seoul, den 15. März 1894.	
Memo	J. № 122.		

A. 3812 pr. 25. April 1894. p. m.

Seoul, den 15. März 1894.

Kontrole № 20.

An Seine Excellenz

den Reichskanzler, General der Infanterie

Herrn Grafen von Caprivi.

Japanische Zeitungen aus Osaka vom 21. v. Mts. bringen[32] brachten die Sensations-Nachricht, daß am 2. Februar d. J. achtundzwanzig Koreaner verhaftet worden seien, weil sie den Plan gefaßt hätten, den König, den Kronprinzen und die koreanischen Staatsminister zu ermorden. Der Anschlag, der angeblich von dem Vater des Königs, dem Tai-won-kun, ausgegangen sein soll, sei jedoch von einem der Verschworenen verraten worden. Wie wir zuverlässig aus Korea erfahren, sind diese Nachricht vollständig erfunden.

Krien.

Inhalt: Betreffend die angebliche Verhaftung von koreanischen Verschworenen.

---

32 [vom 21. v. Mts. bringen: Durchgestrichen von Dritten.]

Ermordung des koreanischen Flüchtlings Kim-Ok-kyun, p. p.

PAAA_RZ201-018914_021 ff.			
Empfänger	Caprivi	Absender	Gutschmidt
A. 4315 pr. 12. Mai 1894. a. m.		Tokio, den 7. April 1894.	
Memo	mitg. 19. 5. n. London 384, Petersburg 193.		

A. 4315 pr. 12. Mai 1894. a. m. 1 Anl.

Tokio, den 7. April 1894.

A. 26.

Seiner Excellenz

dem Reichskanzler, General der Infanterie

Herrn Grafen von Caprivi.

Der koreanische Flüchtling Kim-Ok-Kyun wurde am 28. März 1894 in einem japanischen Gasthaus in Shanghai von seinem koreanischen Begleiter Hon Chong-u durch drei Revolverschüsse ermordet. Der Täter entfloh, wurde aber am folgenden Tage ergriffen und soll von dem gemischten Gerichtshof in Shanghai abgeurteilt werden.

Kim-Ok-hyun war einer der Hauptführer der japan-freundlichen Reformpartei in Korea, die im Jahre 1884 durch Ermordung der bei einem Gastmahl versammelten mächtigsten Mitglieder der am Ruder befindlichen Min-Partei die bestehende Regierung zu stürzen versuchte. Es gelang zwar den Revolutionären, acht der Geladenen zu ermorden, doch schlug der Putsch im Übrigen fehl und Kim flüchtete sich nach Japan, wo er seitdem, von der japanischen Regierung geschützt und im Geheimen durch Geldmittel unterstützt, gelebt hat. In den ersten Jahren wurde er, da seine fortwährenden Umtriebe und Konspirationen Japan in Verwicklung zu stürzen drohten, interniert, zuerst auf den Bonin-Inseln, nachher auf der Insel Yezo. Später glaubte man seinem Treiben keine Bedeutung mehr beilegen zu sollen und ließ ihn sich frei bewegen, obgleich er, wie es scheint, fortfuhr, Pläne zu schmieden und durch Korrespondenz mit Gesinnungsgenossen in Korea, insbesondere mit dem Vater des Königs, Tai-Won-Kun, sowie durch Gewinnung der Sympathien reicher Japaner, von denen er Mittel zu beschaffen hoffte, für seine Absichten zu wirken.

Der Mörder Hong Chong-u ist ein Koreaner von etwa 41 Jahren, der als ein unruhiger und abenteuersüchtiger Mann von radikalen Ideen beschrieben wird. Er hat in den achtziger Jahren in Japan gelebt und hier die Mittel gefunden, sich studienhalber nach

Frankreich zu begeben, von wo er im Frühjahr vorigen Jahres nach mehrjährigem Aufenthalt hierher zurückkehrte. Er hat sich dann Kim Ok-kyun angeschlossen und es offenbar verstanden, dessen volles Vertrauen zu gewinnen, sodaß dieser kein Bedenken trug, sich mit ihm am 23. März d. J. nach Shanghai zu begeben. Aus welchem Grunde Kim diese Reise unternommen hat, ist noch nicht aufgeklärt. Doch wird nach den neuesten Nachrichten aus Shanghai mit Bestimmtheit behauptet, daß er einer Einladung des ihm von Tokio her bekannten früheren hiesigen chinesischen Gesandten Li Shu-chang, des Sohnes von Li Hung-chang, gefolgt sei, der ihn zu einer Reise durch China aufgefordert habe. Jedenfalls war ein chinesischer Gesandtschaftsdolmetscher, Woo Po-chin, in Shanghai in seiner Begleitung. Offenbar hat der Mörder Hon Chong-u die Reise nach Shanghai als eine günstige Gelegenheit für die Ausführung seines Planes betrachtet.

Daß dem Mord ein bestimmter Plan zu Grunde gelegen hat, wird durch gleichzeitige Vorgänge in Tokio in hohem Grade wahrscheinlich gemacht.

Hier wurde am gleichen Tage, dem 28. März, ein Anschlag auf das Leben eines anderen koreanischen Flüchtlings, Pac Yŏng-hyo, gemacht, der indessen mißglückt ist. Pac-Yŏng-hyo war seiner Zeit mit Kim Ok-kyun aus gleicher Veranlassung nach Japan geflohen, hat aber hier ein ruhiges Leben geführt und wenig von sich reden gemacht. Er hielt eine kleine Schule für Koreaner, in der sich in letzter Zeit fünf Studenten befanden, und soll neuerdings mit Kim keine besonders intimen Beziehungen gehabt haben. In das Haus dieses Pac drang am 28. v. M. ein Koreaner namens Ri Il-sik, der sich seit einiger Zeit in Tokio aufhielt und mit Hong Chong-u befreundet war. Auf sein bedrohliches Gebahren hin wurde er von Pac und seinen fünf Studenten überwältigt und gebunden. Zwei Genossen des Ri Il-sik, die Brüder Kwŏn Tong-su und Kwŏn Tschai-su, die draußen warteten und die Aufgabe hatten, ihm zu Hilfe zu kommen, fanden die Situation zu gefährlich und zogen es vor, Ri im Stich zu lassen. Ri sowohl wie Pac und seine fünf Studenten sind von den japanischen Behörden alsbald verhaftet worden und befinden sich jetzt in gerichtlicher Untersuchung, Ri wegen Mordversuchs gegen Pac und Beteiligung an der Ermordung des Kim, und Pac und Genossen wegen der Vergewaltigung des Ri. Die beiden Brüder Kwŏn hatten sich auf die hiesige koreanische Gesandtschaft geflüchtet. Als das hiesige Auswärtige Amt ihre Auslieferung zur Aburteilung verlangte (Korea hat bekanntlich in Japan vertragsmäßig keine Jurisdiktion), verweigerte der koreanische Geschäftsträger diese zunächst unter allerlei Vorwänden. Da jedoch daraufhin die japanische Regierung eine Anzahl Polizeibeamter mit der Drohung schickte, daß dieselben die Verhaftung eventuell unter gewaltsamen Eindringen in die Gesandtschaft bewirken würden, so gab der Geschäftsträger nach und lieferte die beiden Übeltäter vor das Tor der Gesandtschaft, wo sie unter der gleichen Anklage wie Ri verhaftet wurden. Die gerichtliche Untersuchung ist noch nicht abgeschlossen, doch verlautet schon jetzt, daß Ri aus seiner mörderischen Absicht kein Hehl mache.

Ein gewisses politisches Interesse bietet der Umstand, daß im Besitz des Ri zwei angeblich vom König von Korea herrührende, mit goldenen Lettern geschriebene und mit dem königlichen Siegel versehene Dokumente gefunden worden sind, deren ungefährer Wortlaut sich aus der Anlage ergibt.[33] Sowohl Ri Il-sik wie Hong Chong-u sollen sich im Verhör auf diesen königlichen Befehl berufen haben, und es hat daher den Anschein, als ob Hong Chong-u zu seiner Tat von Ri Il-sik angestiftet worden sei.

Über die Authentizität der Schriftstücke steht noch nichts fest. Von Seiten der koreanischen Gesandtschaft wird versichert, daß sie auf eine diesbezügliche Anfrage vom König die Antwort erhalten habe, daß er von solchen Dokumenten nichts wisse. Wenn nun auch hierauf nicht viel zu geben ist, so spricht doch die Wahrscheinlichkeit dafür, daß Mitglieder der Min-Partei, deren zwei in den Dokumenten selbst figurieren, ihre Stellung zu fälschlicher Ausfertigung der Erlasse mißbraucht haben. Denn während - nach der Meinung des hiesigen Auswärtigen Amts wenigstens - Einfluß und Mittel der beiden Flüchtlinge keineswegs der Art waren, um der koreanischen Regierung Grund zu Befürchtungen für ihre Sicherheit zu geben, so unterliegt es keinem Zweifel, daß die zur Zeit im Besitz der Macht befindliche Min-Familie den Gedanken, ihre Rache für die im Jahre 1884 gemordeten Angehörigen, welche alle damals im Lande gebliebenen Verschwörer längst getroffen, auch auf die beiden Flüchtlinge zu erstrecken, seither nie aus den Augen verloren hat. Sie soll sogar bereits vor mehreren Jahren einmal einen Emissär mit meuchlerischen Aufträgen gegen Kim nach Japan entsendet haben, dessen Vorhaben aber vereitelt wurde.

Nach dem bisher vorliegenden Material spricht daher alles dafür, daß der Anschlag in erster Linie, wenn nicht ausschließlich, auf eine seit dem Jahre 1892 bereits geplante Blutrache der Min-Familie zurückzuführen ist. Gerüchte, welche von einer Beteiligung des chinesischen Residenten in Korea, Yuen, oder Li Shu-changs, des oben erwähnten Sohnes von Li Hung-chang, oder sogar einer europäischen Macht, unter welcher Rußland verstanden ist, wissen wollen, entbehren vorläufig der Begründung. Jedoch verdient Erwähnung, daß mir Herr Hitrovo gesprächsweise mitteilte, er habe den ermordeten Kim Ok-kyun gekannt, was als ein Beweis dafür gelten kann, daß mein russischer Kollege gewisse Beziehungen zu den in Tokio lebenden, den übrigen fremden Diplomaten gänzlich unbekannten Koreanern unterhält.

Die ganze Angelegenheit beansprucht insofern ein allgemeineres Interesse, als sie leicht

---

33 [deren ungefährer ⋯ ergibt.: Durchgestrichen von Dritten.]

auf die politischen Beziehungen zwischen Japan und Korea ihre Rückwirkungen äußern und neue Verstimmungen hervorrufen könnte. Bezeichnend ist, daß der koreanische Geschäftsträger am 5. d. M. auf telegraphischen Befehl seiner Regierung ohne Hinterlassung eines Vertreters nach Seoul abgereist ist.

Abschriften dieses Berichts gehen nach Peking und Seoul.

Gutschmidt.

Inhalt: Ermordung des koreanischen Flüchtlings Kim-Ok-kyun, p. p. 1 Anlage.

Anlage zu Bericht A. 26 vom 7. April 1894.

I

Wir richten an Ri Il-sik und Min Yöng-ik folgenden Befehl:

Wir kennen eure Ergebenheit und Klugheit, und ihr andererseits wißt wohl, welche Sorge uns bedrückt. Des Gebieters Wünsche zu erfüllen, ist die oberste Pflicht der Untertanen. So faßt ihr Beide einen guten Plan, vernichtet die Hochverräter und schützet so das Königliche Haus.

Gegeben in der Nacht vom 6. April 1892 in dem Palast Chöando unter eigenhändiger Beidrückung unseres Insiegels.

(L. S.)

Nachschrift: Wenn sich Schwierigkeiten ergeben, so möget ihr auch zur Tötung schreiten und nachher darüber berichten. Führt diese Sache wohl aus.

II

Königlicher Erlaß.

Wir befehlen dem Ri Il-sik die im Jahre 1884 entflohenen Hochverräter zu vernichten und dadurch unserer Sorge ein Ende zu bereiten.

Für Gehilfen und Geldmittel wird das Amt in der Hafenstadt Fusan sorgen. Es mag zu Gefangennahme oder Tötung geschritten werden, je nach Umständen und Ermessen.

In der Nacht vom 6. April 1892 in dem "Kensei" genannten, im Keifuku gelegenen Teil des Palastes Chöando haben wir selbst dem Min Yöng-so den Befehl gegeben, unser Königliches Insiegel hier beizudrücken.

(L. S.)

Die Ermordung des Staatsverbrechers Kim Ok-kiun in Shanghai und der
Mordanschlag auf dessen Genossen Pak Yong-Hio.

PAAA_RZ201-018914_037 ff.			
Empfänger	Caprivi	Absender	Krien
A. 4560 pr. 20. Mai 1894. a. m.		Seoul, den 5. April 1894.	
Memo	cfr. A. 5007 cf. A. 9619 J. № 147.		

A. 4560 pr. 20. Mai 1894. a. m.

Seoul, den 5. April 1894.

Kontrole № 25.

An Seine Excellenz den Reichskanzler, General der Infanterie
Herrn Grafen von Caprivi.

Eurer Excellenz beehre ich mich ganz gehorsamst zu berichten, daß der Koreaner Kim
Ok-kiun, auf dessen Veranlassung während des am 4. Dezember 1884 hier ausgebrochenen
Aufruhrs eine Anzahl koreanischer Würdenträger ermordet wurde (Bericht des
Generalkonsuls Zembsch und des Vize-Konsuls Budler von demselben Monat)[34], am 25.
v. M. in der amerikanischen Niederlassung von Shanghai von einem Koreaner, Hong
Jong-u, erschossen worden ist.

Nachdem der Aufruhr mit Hilfe chinesischer Truppen niedergeschlagen worden war,
hatte sich Kim nach Japan geflüchtet. Der in der Folge von der koreanischen Regierung
gestellte Antrag auf Auslieferung desselben wurde von der japanischen Regierung
abgewiesen. In den letzten Jahren lebte Kim zumeist in Tokio. Verschiedene, von
Koreanern auf sein Leben gerichtete Anschläge hatte er zu vereiteln gewußt.

Der chinesische Geschäftsträger Yüan sprach sich bei einem Besuch, den ich ihm vor
kurzem abstattete, über die Ermordung des Kim sehr erfreut aus und fügte hinzu, daß
dieser zu wiederholten Malen gedroht und geplant hätte, den Palast des Königs und die
hiesige chinesische Gesandtschaft mit Dynamit zu zerstören. Als ich meine Verwunderung
darüber äußerte, daß der sonst so verschlagene Mann sich nach Shanghai in die Falle hätte
locken lassen, erwiderte er mir: „Chinesen finden immer Mittel.“

---

34 A. 511, A. 635, A. 779 de 85 in Anl. ehrerbietig beigefügt.

Der japanische Gesandte dagegen drückte sein Bedauern über den politischen Meuchelmord aus. Seiner Ansicht nach war der Ermordete der zivilisierteste Koreaner.

Der Mörder soll gestern in Shanghai den chinesischen Behörden übergeben worden sein. Nach koreanischen Mitteilungen wird derselbe mit der Leiche des Kim auf einem chinesischen Kriegsschiff nach Chemulpo gebracht und dort den koreanischen Beamten überliefert werden.

Telegraphische Nachrichten aus Tokio besagen ferner, daß dort ein Koreaner namens I Il-chik wegen eines Mordversuchs auf den Genossen des Kim, Pak Yong-hio, einen Schwiegersohn der im Jahre 1890 gestorbenen Königin-Mutter, von der japanischen Polizei verhaftet worden ist. Ein anderer der Teilnahme an dem Verbrechen verdächtiger Koreaner, Sekretär im hiesigen Kriegsministerium namens Kwon Tong-su, hätte sich mit seinem Bruder in die dortige Gesandtschaft geflüchtet. Die von der japanischen Polizei geforderte Auslieferung desselben hätte der koreanische Geschäftsträger verweigert, weil der Beschuldigte ein koreanischer Beamter wäre und er deshalb zuerst telegraphische Weisungen seiner Regierung einholen müßte. Kurze Zeit darauf hätten japanische Polizeibeamte nochmals die Auslieferung verlangt und, als der Geschäftsträger diese verweigerte, den p. Kwon gewaltsam aus der Gesandtschaft geholt.

Der König soll über diese Handlung der japanischen Polizei empört sein und die Absicht hegen, die dortige Gesandtschaft aufzuheben.

Der japanische Legationssekretär Sugimura erklärte mir indes, daß seines Wissens die japanische Polizei drei Tage gewartet und, als die Auslieferung trotzdem nicht erfolgt wäre, mit Anwendung von Gewalt gedroht hätte, worauf der koreanische Vertreter den Kwon vor das Tor des Gesandtschaftsgebäudes hätte schaffen lassen. Daselbst wäre dieser dann verhaftet worden.

Es unterliegt kaum einem Zweifel, daß die Ermordung des Kim und der Mordanschlag auf Pak von der hiesigen Regierung veranlaßt sind.

Abschriften dieses ganz gehorsamsten Berichts sende ich an die kaiserlichen Gesandtschaften zu Peking und Tokio.

Krien.

Inhalt: Die Ermordung des Staatsverbrechers Kim Ok-kiun in Shanghai und der Mordanschlag auf dessen Genossen Pak Yong-Hio.

Das Verhältnis Chinas zu der Ermordung des koreanischen Flüchtlings Kim Ok-kiun. Beziehungen zwischen Japan und Korea.

PAAA_RZ201-018914_043 ff.			
Empfänger	Caprivi	Absender	Gutschmidt
A. 4643 pr. 23. Mai 1894. a. m.		Tokio, den 20. April 1894.	
Memo	mtg. 24. 5. n. London 393, Petersburg 201.		

A. 4643 pr. 23. Mai 1894. a. m.

Tokio, den 20. April 1894.

A. 32.

Seiner Excellenz

Dem Reichskanzler, General der Infanterie

Herrn Grafen von Caprivi.

Der japanische Minister des Auswärtigen hat mir gestern mitgeteilt, er wisse bestimmt, daß sowohl der frühere hiesige chinesische Gesandte, Herr Li, als der jetzige, Herr Wong, mit dem am 28. März d. J. in Shanghai ermordeten koreanischen Flüchtling Kim Ok-kiun in persönlichem Verkehr gestanden habe. Herr Mutsu sprach ferner seine Überzeugung aus, daß Kim Ok-kiun von dem chinesischen Vertreter, Herrn Wong, zu der für ihn verhängnisvoll gewordenen Reise nach Shanghai verleitet worden sei.

Offenbar hat China dadurch, daß es Korea zur Ausführung des Anschlages gegen Kim Ok-kiun seine guten Dienste geliehen hat, gesucht, seinen Einfluß in Korea zu stärken und die Beziehungen zwischen Japan und Korea zu stören.

Von anderer Seite höre ich, daß Kim Ok-kiun auch von dem hiesigen russischen Bischof Nicolai heimlich mit Geldmitteln unterstützt worden sei.

Was übrigens das augenblickliche Verhältnis Japans zu Korea anbetrifft, so ist in demselben eine besondere Spannung nicht zu bemerken. Vielmehr hat die koreanische Regierung auf Vorstellungen Japans bezüglich der plötzlichen Abreise des bisherigen interimistischen Geschäftsträgers hin sich bereit erklärt, die genannte Persönlichkeit nicht wieder hierher zu entsenden. Dagegen hat Japan bis zu dem für nächsten Monat in Aussicht gestellten Eintreffen des eigentlichen Inhabers des hiesigen Ministerresidenten-Postens, Herrn Kim Sa-tschel, den bisherigen Sekretär als Chargé des Affaires anerkannt.

Abschriften dieses Berichtes gehen nach Peking und Seoul.

Gutschmidt.

Inhalt: Das Verhältnis Chinas zu der Ermordung des koreanischen Flüchtlings Kim Ok-kiun. Beziehungen zwischen Japan und Korea.

Ermordung eines koreanischen Verschwörers in Shanghai.

PAAA_RZ201-018914_048 ff.			
Empfänger	Caprivi	Absender	Schenck
A. 4844 pr. 30. Mai 1894. a. m.		Peking, den 9. April 1894.	
Memo	mtg. 5. 6. Dresden 406, Karlsruhe 304, München 424, Stuttgart 406, Weimar 248, Staatsmin.		

A. 4844 pr. 30. Mai 1894. a. m. 1 Anl.

Peking, den 9. April 1894.

A. № 38.

Seiner Excellenz, dem Reichskanzler

General der Infanterie

Herrn Grafen von Caprivi.

Ein am 28. v. Mts. in Shanghai begangener politischer Mord erregt allgemeines Aufsehen. Man wird sich erinnern, daß am 4. Dezember 1884 in Korea eine Palastrevolution ausbrach, wobei die japanische Partei sich vorübergehend der Gewalt und der Person des Königs bemächtigte und unter Anderen die damals regierenden 6 oder 7 koreanischen Minister ermorden ließ. Der Hauptverschwörer war ein gewisser Kim Ok-kiun, der, als wenige Tage später die japanischen Truppen vor den anrückenden chinesischen den Palast räumen mußten, mit den japanischen Truppen nach Chemulpo sich rettete und nach Japan entfloh, wo er seitdem gelebt hat. Schon im Jahre 1886 wurde Kim Ok-kiun einmal in seiner Wohnung in Tokio von einem anderen Koreaner angeblich auf Befehl des Königs von Korea mit tödlichen Waffen angefallen. Es gelang ihm aber dann, seine Angreifer zu übermannen. Seit einiger Zeit trat Kim Ok-kiun zu einem anderen Landsmann namens Hong Tjyong-ou in nähere Beziehungen, welcher im Juli v. Js. aus Paris zurückgekehrt war und seinen Aufenthalt ebenfalls in Japan genommen hatte. Mit diesem und zwei anderen Begleitern kam Kim Ok-kiun am 27. in Shanghai an und wurde am folgenden Tage in dem japanischen Hotel, wo die Reisenden abgestiegen waren, von seinem koreanischen Reisegefährten Hong Tjyong-ou mittels eines Revolvers ermordet. Als Beweggrund seiner Tat gibt Hong an, daß Kim seine (Hongs) Verwandte und Freunde getötet und seinen König verraten habe. Auch wies er auf angebliche ausdrückliche Instruktionen des Königs von Korea hin.

Hong hatte in Paris, wie es scheint, gesellige Beziehungen angeknüpft. Briefe des Père Hyacinthe Loyson, auch ein Einführungsschreiben für den französischen Konsul Fraudin in Korea wurden unter seinen Sachen gefunden.

Die Verhaftung des Mörders wurde mit Hilfe der fremden Municipal-Polizei in Shanghai bewirkt, der Mörder aber nachher den chinesischen Behörden ausgeliefert.

In Korea dürfte denselben nicht Strafe, sondern Belohnung erwarten.

Eins der Shanghai-Blätter, welches eine nähere Darstellung des Vorfalls bringt, beehre ich mich ausgeschnitten hier gehorsamst beizufügen.

Auf die Palastrevolution in Korea im Jahre 1884 bezog sich ein Bericht des Herrn Zembsch, der mittels des Erlasses vom 12. März 1885 (II 8048/M 057) hierher mitgeteilt wurde.

Von dem früheren Mordanfall auf Kim Ok-kiun ist in dem Bericht des Herrn Kempermann aus Seoul an Eure Excellenz vom 14. September 1886[35] die Rede.

Schenck.

Inhalt: Ermordung eines koreanischen Verschwörers in Shanghai.

Anlage zum Bericht A. № 38. vom 9. April 1894.

The Shanghai Mercury, 29. März 1894.

KOREAN CONSPIRACIES

ASSASSINATION OF KIM OK-KIUN BY A FELLOW COUNTRYMAN IN SHANGHAI.

ARREST OF THE MUDERER.

Yesterday afternoon a terrible murder was perpetrated in the midst of our ordinarily quiet settlement. The high rank in which both victim and assassin moved, and the plots and counter-plots of which the dreadful occurrence is the outcome, combine to render the crime the most sensational that has occurred in the East for many years. For the murdered

---

35 A. 13216 de 86, II 8048 de 85 i. a. ehrerbietigst beigefügt.

man is none other than the notorious Kim Ok-kiun who was chiefly instrumental in hatching the conspiracy in Korea in 1884 when seven of the King's principal Ministers of State were hacked to pieces in Söul, and when Kim, the man who met his death so tragically yesterday, only escaped death through his Japanese friends refusing to surrender him after he had taken refuge with them. The murderer also is a Korean of the first rank. His name is Hong Tjyong-ou and he has but lately returned from Paris where he has for several years past been on terms of intimacy with the leaders of European society. After escaping from Söul in 1884 Kim Ok-kiun resided for several years in Bonin Island under the protection of the Japanese. He appears to have lately grown tired of living in retirement and to have taken up his abode in Japan, where he immediately set to work at his old occupation, conspiracy hatching, the gunpowder plot which was described by our Korean correspondent a few days ago in these columns having been undoubtedly organized by him. On Tuesday last, however, he, in company with Hong Tjyong-ou, Woo Po-jin, linguist in the Chinese Legation, and a Japanese body-servant of the murdered man, arrived in Shanghai on board the *Saikio-maru*. Kim Ok-kiun's object in visiting China has not yet been explained. Probably he was up to his old tricks and had in view the organizing of further trouble for the Korean Government. One story, however, is to the effect that he came here by the invitation of "Lord" Li, lately Chinese Minister to Tokio, and that he intended making a tour through China. On arriving at Shanghai, the whole party, who travelled under assumed names, engaged rooms at the Japanese Hotel kept by Mr. Yoshisima on the Soochow Creek, and there they have remained ever since, the murdered man occupying room №. 1 and his assassin room № 3 both in the upper story of the building and opening off the same corridor. The real personality of the party was unknown to anyone in Shanghai, except, it is said, to the Japanese Consular authorities. The hotel is a large and well-furnished establishment, frequented only by the better class of Japanese who visit this port, and this was the character assumed by the party during their stay. They dressed in Foreign clothes, Kim Ok-kiun wore no top-knot, and no one seems to have had the least suspicion that they were anything but what they represented themselves to be, wealthy Japanese gentlemen travelling in China. The story of the murder is as follows. Woo Po- jin states that yesterday morning Kim Ok-kiun gave Hong Tjyong-ou a cheque on a Chinese bank named *Tien-fung* for 5,000 *yen* Hong immediately left the hotel to cash the cheque, the bank being situated near the Little East Gate of the Native city. Sometime afterwards he returned and said he had not been able to obtain the money, the manager of the Bank being out, and said he had not been able to obtain the money, the manager of the Bank being out, and that he would have to return later in order to get it. Hong then went into his own room, changed his Foreign clothes for Korean costume and returned to Kim Ok-kiun's room about 3 o'clock, at which time Kim was lying in bed. Woo Po-jin appears to have left the hotel about this time and for what followed we have to accept the statement of Kim Ok-kiun's Japanese servant. This man was in Kim's employment for many years. He seems to have been devotedly attached to his master, and he is dreadfully cut up about the murder. His story is that when Hong came into Kim Ok-kiun's room the second time, he sent him (the servant) outside on some trifling errand, leaving Hong alone with his victim. Finding his opportunity at length arrived Hong drew a revolver and fired two shots at Kim Ok-kiun, as he lay in bed, one striking Kim below the left shoulder blade and the other grazing his stomach as he turned over. Kim appears to have sprung out of bed and rushed along the corridor, Hong pursuing him and firing again as Kim reached the head of the stairs, the third bullet taking effect on Kim's head, entering just below the left cheek bone and glancing upwards into the brain, in which it is now lodged. The inmates of the house rushed upstairs on hearing the shots fired and Hong escaped in the confusion. Kim Ok-kiun was discovered dying where he had fallen and was taken back into his bed-room where he was placed on a bamboo couch. Information was conveyed to the Police of what had happened and medical aid was at once sent for. Inspector Read, who reached the hotel within 20 minutes after the occurrence, found that Tr. Tanabe and another Japanese doctor had arrived before him and had tried to do everything they could for the unfortunate man, who must have been already dead, however, when brought back to his bedroom. He was only partially dressed, having on a waistcoat, a white dress-shirt, a pair of drawers and a pair of stockings.

ARREST OF THE MURDERER

At first the Inspector could learn nothing practically of the details, several vague stories being told him by the people in the hotel; but soon afterwards he heard that a Korean had been seen running away, and that later on the same Korean had passed through a village in the North Louza district in a great hurry. By this time the fact that the murdered man was himself a Korean, having transpired from a hurried examination of is effects, Inspector Reed sent native detectives on the track of the Korean who had been seen in Louza. Thence he was traced to the Woosung railway road, for some distance along which he had ridden in a ricksha. At this point the chase was taken up by a Native detective named Ah-foh, who traced the fugitive to the village of Poh-san something more than half-way to Woosung, and from here he was followed by Detective Sergeant Prest and another Chinese detective to a village in the country near the Woosung Creek, where he was arrested in a lodging house by Sergeant Prest at 3 o'clock this morning and brought back to Shangai, being now confined in the Central Police Station.

The property belonging to the party, which was found in the hotel, proves their identity beyond doubt. The cards of the murdered man, who travelled over from Japan under the name S. Iwata, are all plainly inscribed "Kim Ok-kiun," and we here append a facsimile of the card of his assassin: -

朝　鮮　京　城　居
洪　　鍾　　宇

Hong-Tjyong-Ou

Seoul   Corée

Amongst Hong's effects were several letters and papers, showing that he had left France in the M.M. steamer *Melbourne* on her last outward trip, and travelled to Japan, where he made the acquaintance of Kim Ok-kiun and speedily became on terms of intimacy with him. Hong's papers showed that he stayed at the Hotel Serpentre, 11, Rue Serpentre, Paris, and that he reckoned several people of eminence amongst his friends in the French capital.

THE INQUEST

An informal enquiry was held into the circumstances connected with Kim Ok-kiun's death yesterday evening by the Japanese authorities, but they did not take charge of the body. Shortly after 11 o'clock this morning the Chehsien opened the enquiry at the Yochishima Hotel. He asked the following questions of the proprietor of the Hotel: —

Q. – When did the Koreans and party arrive here?

A. – By the *Saikio Maru*, three days ago.

Q. – Of how many people did the party consist?

A. – Of four; two were Koreans, one Chinaman and one Japanese.

Q. – On what business did they come here?

A. – To visit the country, I believe.

Q. – Was the dead man sickly when he arrived? Did he die of any sickness?

A. – Somebody killed him.

Q. – Who killed him?

A. – A Korean killed him.

Q. – With what weapon?

A. – I think by a pistol.

Q. – What did the murderer do?

A. – He fled.

Q. – Why did you not catch him?

A. – I was downstairs. I heard a shot and rushed upstairs, meeting several people coming down frantically from the third storey, therefore I could not find out who the murderer was; but immediately after the shots were fired, I saw a Korean flying away.

Then the murderer Hong-Tjyong-ou was brought in by Detective Sergeant Prest and the following questions were asked: —

Q. — What was his name?

A. — Kim Ok-Kiun. When he lived in Japan, he called himself S. Iwata.

Q. — Why did you kill this man?

The Shanghai Mercury

29. März 1894.

THE murder of Kim ok Kiun has that infusion of romance that renders Eastern tales, even when tinged by premeditated murder and the gravest of treachery, still interesting. The affair was the direct result of a tragedy begun in December 1884, and of which the effects can scarcely, even after Kims assassination, be said to be ended. The murdered man Kim was of a good stock in his native land; his father had once been Prime Minister, and in consequence the family continued to hold socially a high position. When in the tangled state of affairs that led to the opening up of the country the King thought proper to send a mission to Japan, young Kim, from the distinguished position his father had occupied, was selected as Minister. Japan was just laying itself out to enjoy the luxuries of European life, and young Kim readily joined in the stream. Probably, too, there was money to be made in the game, and so Kim, apparently without rebuke from his royal master, set himself to purchase all manner of foreign luxuries. Gilt furniture, bright carpets, carriages and horses were sent in quantities to the Korean capital, and the King thought that in imitating the vulgar display he was earning respect for his Court, and displaying a real anxiety to place himself abreast of European civilisation. Darker things, however, were hinted at, and it was more than whispered that Kim was the "recipient" of personal favour from the Japanese Court. In any case, on his return to the Korean Court Kim on every occasion set himself as the advocate of Japanese rather than Chinese influence in Seoul. Amongst the officials placed in high office in Korea was one Hong — not improbably a near relation of the assassin of yesterday — was made head of the Post Office, just established in accordance with the programme of reform put forward by the Korean Government. He was, it seems also under Japanese influence, and it may be remembered that the first Court action on the part of the conspirators took place at an official dinner at his house. The Japanese Minister, it was stated at the time, was not present, and it seems none of the Chinese officials were included in the party. A cry of fire was suddenly raised when the dinner was far advanced, and the four officials whose duty it was to attend, each in his respective quarter of the city, were preparing to leave when Prince Min went out in advance to see what was going on and was immediately cut down. The party naturally made their way home as quickly as possible, Mr. von Möllendorff alone remaining with the wounded man. Early in the morning messages were sent by the King to the principal officials in the palace, some of whom attended; as they entered, Kim, who had under Japanese threats been appointed Prime Minister, with Hong and others as his associates, asked each as he entered to join his party, and when he declined a man placed behind immediately stabbed him. The faction was assisted by a number of Japanese troops who had been sent to| the capital on pretext of keeping order, and under whose protection the murders were carried on. For some time the insurrection seemed likely to be successful, but the Chinese troops, who, like the Japanese, had been quartered in the city in case of emergency interfered. The native Korean element was also opposed to the Japanese, and these last, finding discretion the better part of valour, retired to Chemulpo, taking with them Kim ok Kiun. Hong, the Postmaster, who had been one of the instigators of the massacre for the time, escaped. His father, who was also of an old family, refused to survive the disgrace, and is said to have called his sons, then in the capital, together and forced them to poison themselves, afterwards starving himself to death.

After the massacre the Japanese refused to give Kim up to justice and he had till the other day remained under their protection as a pensioner in Japan. How he was induced to come over to China does not seem to be known, but it seems his murderer, Hong, was brought up by him in his early days and the two were intimately associated. If as is possible, Hong was a close relative of the Postmaster, it is probable that the desire to return to Korea, as well as the rewards known to have been offered for the capture or murder of Kim were the inducements which led him to the perpetration of the deed. As the case stands it scorns that he must be delivered over to the Chinese authorities, and will most likely be sent by them over to Korea to take his chance there. Whether this will result in his punishment or his advancement remains to be seen. The Japanese will most likely take some active steps in the matter. Kim having, if not actually a naturalised support, lived for the last ten years under their protection.

PAAA_RZ201-018914_055 f.

Empfänger	Auswärtiges Amt	Absender	Krien
A. 4966 pr. 3. Juni 1894. a. m.		Seoul, den 2. 6. 1894.	

A. 4966 pr. 3. Juni 1894. a. m.

Telegramm.

Seoul, den ……. 1894, 4 Uhr 10 Minuten Nm.
Ankunft: 2. 6. 10 Uhr 43 Min. Nm.

Der K. Konsul an Auswärtiges Amt.

Entzifferung.

№ 1.[36]

Empörer nehmen Südwest Provinz Hauptstadt
Krien.

Nach dem hier bekannten Reiseprogramm kreuzt S. M. Schiff "Iltis" von März bis Mai zwischen Shanghai und Hongkong und dockt im Juni in Shanghai. Das zweite Schiff „Wolf" dockte im Mai in Shanghai und hat als Station bezeichnet den Chusau-Archipel u. Ningpo (etwa 20 Meilen südlich von Shanghai). Das eine wie das andere Schiff dürfte demnach zur Verfügung stehen.

Der Sitz der Rebellion liegt nach obigem Telegramm in Verbindung mit dem gestrigen Wolf'schen Telegramm aus Washington in der Prov. Chöllado, der südlichsten Koreas, und zunächst scheint eine Gefahr für Seoul und die von den Fremden hauptsächlich bewohnte Centralprovinz nicht vorzuliegen. Gewöhnlich liegen chinesischen Kriegsschiffe im Hafen von Seoul (Tschemulpo) und wenn auch sonst auf diese nicht viel zu geben sein wird, so ist doch anzunehmen, daß der Vize-König Li in Tientsin, der speziell die

---

36 [Randbemerkung] Wo liegen unsere Schiffe der chinesischen Station?

Beziehungen zu Korea unter sich hat, für den Fremdenschutz besorgt ist.

Seoul ist telegraphisch mit Peking verbunden und eventuell würde der Ksl. Gesandte in der Lage sein, eines der Schiffe zu requirieren.

Nach dem Wolff'schen Telegramm richtet sich der Aufstand speziell gegen die Amerikaner. Dieselben sind am gefürchtetsten in Korea und speziell die Missionen gehören ihnen an. Es liegt nahe, daß die Bewegung in der Provinz sich gegen sie richtet.

[37]*Raschdan 3. 11.*

---

37 [Randbemerkung] Bitte Marine zu requirieren, für Fall ein Schiff bereit halten, auf Verlangen des Konsuls
    in Seoul dorthin zu gehen. Letzteren benachrichtigen, er kann im Notfall Hilfe bekommen und von wo.

Berlin, den 4. Juni 1894.   A. 4966.

An
Reichs-Marine - Amt

cfr. A. 5268.
cfr. A. 7185.

J. № 3176.

Nach einer telegraphischen Mitteilung des Ksl. Konsuls in Seoul ist in der Südwest-Provinz des Landes eine Empörung ausgebrochen und die Hauptstadt der Provinz in die Hände der Aufständischen geraten. Diese Mitteilung stimmt mit einem Telegramm des Wolff'schen Bureaus, d. d. Washington zu [*sic*.], überein, wonach der Aufstand in der fraglichen Provinz (Chunlato) sich speziell gegen die Amerikaner richten soll. In letzterem Telegramm werden die Ausländer als bedroht bezeichnet.

Für den Fall, daß die Bewegung weiter um sich greifen und gegen Norden vordringen sollte, wird auf den Schutz der dort ansässigen Deutschen Bedacht zu nehmen sein. Der H. Reichskanzler hält es zu diesem Zweck für erforderlich, daß eines der an der chinesischen Küste stationierten Kriegsschiffe bereit gehalten werde, um auf Requisition des Ksl. Konsuls in Seoul sich nach Korea zu begeben.

Ich würde Ew. Dank wissen, wenn Hochdies. mich baldigst benachrichtigen wollten, welches S. M. Schiffe für diese Aufgabe bereit sei u. wohin der gedachte Konsul seine Requisition danach zu richten haben würde.

N. S. E.
M

Koreanische Meuchelmorde. Japan.

Empfänger	Caprivi	Absender	Schenk
A. 5001 pr. 4. Juni 1894. a. m.		Peking, den 18. April 1894.	
Memo	cfr. A. 5471 mtg. 6. 6. nach London 431, Petersburg 219.		

PAAA_RZ201-018914_060 ff.

A. 5001 pr. 4. Juni 1894. a. m.

Peking, den 18. April 1894.

A. № 40.

Seiner Excellenz

dem Reichskanzler, General der Infanterie

Herrn Grafen von Caprivi.

Die Leiche Kim Ok-kiuns, des in Shanghai ermordeten koreanischen Verschwörers, sowie Hong, der Mörder Kims, sind am 7. dieses Monats auf einem chinesischen Kriegsschiff unter Begleitung des koreanischen Konsuls in Tientsin, der sich zum Zweck der Empfangnahme nach Shanghai begeben hatte, von letzterem Platz nach Chemulpo überführt worden.

In Korea angekommen, wurde der Körper Kims, wie es scheint, zerstückelt, ein Verfahren, welches auch in China bei Hochverrätern bisweilen üblich sein soll. Der hiesige japanische Geschäftsträger Herr Komura, ein gewöhnlich gut unterrichteter Herr, der mir dies mitteilte, bemerkte, daß diese Unmenschlichkeit zwar keine amtliche Reklamation zur Folge haben, die öffentliche Meinung in Japan aber in hohem Grade aufregen werde.

Sollte sich aber herausstellen, daß der gleichzeitig in Tokio unternommene Mordversuch gegen Kims Genossen Pak von der koreanischen Regierung angezettelt war, so werde Japan von Korea Genugtuung fordern müssen. Keine Regierung könne sich gefallen lassen, daß innerhalb ihrer Landesgrenzen von einer fremden Regierung entsandte Mordgesellen politischen Meuchelmord verübten.

Die in Tokio aus Anlaß des Mordversuchs auf Pak verhafteten 3 Korea I Il-chik, Kwon und des letzteren Bruder, würden in Japan vor Gericht gestellt und abgeurteilt werden. In dem früheren Fall, als, 1886, Kim Ok-kiuns Leben in Tokio von einem Koreaner bedroht wurde, sei der Attentäter an Korea ausgeliefert worden. Damals habe aber ein strafbarer Mordversuch noch nicht vorgelegen, sondern nur vorbereitende Handlungen zu einem solchen.

Die Koreaner unterständen in Japan der japanischen Jurisdiktion, während in den geöffneten Häfen Korea's residirende Japaner von den japanischen Behörden abgeurtheilt würden.

Der in Betracht kommende, nicht ganz unzweifelhafte Artikel X des Japanisch-koreanischen Vertrages von 1876 lautet in der amtlichen englischen Übersetzung:

„Should a Japanese subject residing at any of the open ports of Corea commit any offence against a subject of Corea, he shall be tried by the Japanese authorities. Should a subject of Corea commit any offence against a Japanese subject, he shall be tried by the authorities of Corea."

Herr Komura meint, es sei absichtlich versäumt worden, in dem Vertrage zu bestimmen, wem die Jurisdiktion zutände über Koreaner, welche in Japan ein Verbrechen begingen.

Schenk.

Inhalt: Koreanische Meuchelmorde. Japan.

Die Ermordung Kim Ok-kiuns und den Mordanschlag auf Pak Yong-hio betreffend.

PAAA_RZ201-018914_067 ff.			
Empfänger	Caprivi	Absender	Krien
A. 5007 pr. 4. Juni 1894. a. m.		Seoul, den 18. April 1894.	
Memo	mtg. 13. 6. n. London 444, Petersburg 225, Washington A. 24, Dresden 421, Karlsruhe 318, München 440, Stuttgart 421, Weimar 256, Staatsminister. J. № 166.		

A. 5007 pr. 4. Juni 1894. a. m.

Seoul, den 18. April 1894.

Kontrole № 27.

An Seine Excellenz

den Reichskanzler, General der Infanterie

Herrn Grafen von Caprivi.

Eurer Excellenz beehre ich mich im Verfolg meines Berichts № 25[38] vom 5. d. Mts. ganz gehorsamst zu melden, daß am 12. d. Mts. ein chinesisches Kriegsschiff mit der Leiche des Kim Ok-kiun und mit dessen Mörder Hong Jong-u auf der Reede von Chemulpo eintraf. Von dort wurde die Leiche auf einem Flußdampfer nach dem Flußhafenplatz Yanghwachin gebracht, während der Mörder in Begleitung von 30 koreanischen Soldaten über Land nach Seoul reiste.

Der p. Hong hatte sich an dem in Dezember 1884 ausgebrochenen Aufstand beteiligt und dann nach Japan geflüchtet, wo er verschiedene Jahre verblieb. Später hatte er sich nach Frankreich begeben und dort etwa drei Jahre verlebt. Vor kurzem war er wieder nach Japan zurückgekehrt.

Bei seiner Vernehmung in Shanghai hat er nach den Berichten dortiger Zeitungen behauptet, von dem König von Korea den Auftrag erhalten zu haben, den Kim zu ermorden. Vor acht Tagen ließ deshalb der König den koreanischen Linguisten des hiesigen Konsulats zu sich bescheiden und erklärte ihm, daß Hong keinen Befehl von ihm erhalten, den Kim zu töten, vielmehr die Tat aus freien Stücken verübt hätte.

---

[38] A. 4560 ehrerbietig beigefügt.

Der Mörder lebt jetzt hier bei einem seiner Freunde. Wie mir der Linguist berichtet, hat der König dem p. Hong den Rang eines Majors anbieten lassen, dieser indes die Beförderung abgelehnt, weil er einen höheren Rang erwartet habe.

Auf Veranlassung des hiesigen japanischen Gesandten Otori fand bei ihm am Nachmittag des 14. d. Mts. eine Versammlung der fremden Vertreter statt. Herr Otori erklärte in derselben, daß er von dem japanischen Minister der Auswärtigen Angelegenheiten die telegraphische Weisung erhalten hätte, der koreanischen Regierung zu empfehlen, die Leiche des Kim weder zu verstümmeln, noch sonst in unmenschlicher Weise zu behandeln, und zu diesem Zweck die Unterstützung seiner Kollegen nachzusuchen. Der Minister hätte ihm ferner telegraphiert, daß das Konsularcorps in Shanghai sich an die Gesandten in Peking gewandt hätte, um die Bestrafung des p. Hong zu erwirken, weil der Gemeinderat der dortigen Fremden-Niederlassung den Mörder den chinesischen Behörden bedingungslos ausgeliefert hätte. Herr Otori setzte hinzu, daß er bereits früher dem Präsidenten des Auswärtigen Amtes, Herrn Tscho, angeraten hätte, die Leiche nicht verstümmeln zu lassen, dieser hätte indes erwidert, daß er in der Sache nichts tun könnte, weil er seine Befugnisse überschreiten würde, wenn er sich in diese Angelegenheit der Justizbehörden einmischen wollte.

Nach kurzer Beratung erklärten sich die anwesenden Vertreter bereit, um der koreanischen Regierung ihr Wohlwollen zu bekunden, falls sich Gelegenheit dazu böte, dem Präsidenten des Auswärtigen Amtes in nichtamtlicher Weise anzudeuten, daß es auf die Regierungen der Vertragsmächte einen günstigeren Eindruck machen würde, wenn von der Zerstückelung der Leiche abgesehen würde.

Noch an demselben Tage war jedoch der Körper des Ermordeten in sechs Stücke zerhauen und so in Yanghwachin auf die Straße geworfen worden, wo die einzelnen Körperteile - Kopf, Rumpf, Arme und Beine - drei Tage lang unter Aufsicht liegen bliebe.

Vorgestern traf der koreanische, interimistische Geschäftsträger in Tokio, Yu Kiu-huan, hier ein. Derselbe hatte, um seinen Ärger über das Eindringen der japanischen Polizei in die koreanische Gesandtschaft auszudrücken, seinen Posten verlassen, ohne dem japanischen Auswärtigen Amt seinen Nachfolger zu bezeichnen. Wegen dieses ungewöhnlichen Schrittes des Herrn Yu soll Herr Otori auf Weisung seiner Regierung den Präsidenten des Auswärtigen Amtes um Aufklärung ersucht haben. Herr Tscho soll ihm darauf erwidert haben, daß der Geschäftsträger ohne Instruktionen der Regierung seinen Posten verlassen hätte.

Herr Yu hatte gleichzeitig unter anderem den Stempel und den Telegraphen-Code der Gesandtschaft mitgenommen, sodaß das hiesige Auswärtige Amt eine Zeit lang keine Nachrichten aus Tokio erhielt. Wie mir der amerikanische Geschäftsträger Allen neulich vertraulich mitteilte, hatte Herr Tscho ihn infolgedessen gebeten, sich für die koreanische Regierung wichtige Nachrichten aus Tokio durch den dortigen Gesandten der Vereinigten Staaten hierher telegraphieren zu lassen und dem hiesigen Auswärtigen Amt diese Nachrichten mitzuteilen. Er hätte das Gesuch jedoch abgelehnt.

Inzwischen ist ein Sekretär der koreanischen Gesandtschaft in Tokio zum interimistischen Geschäftsträger ernannt worden, und binnen kurzem soll der Minister-Resident Kim Sa-chol wieder nach Tokio auf seinen Posten gehen.

Abschriften dieses ganz gehorsamen Berichts sende ich an die kaiserlichen Gesandtschaften in Peking und Tokio.

Krien.

Inhalt: Die Ermordung Kim Ok-kiuns und den Mordanschlag auf Pak Yong-hio betreffend.

[   ]

PAAA_RZ201-018914_075

Empfänger	Auswärtiges Amt	Absender	Schenck
A. 5017 pr. 4. Juni. 1894. p. m.		Peking den 4. Juni 1894.	

A. 5017 pr. 4. Juni. 1894. p. m.

Telegramm.

Peking den 4. Juni 1894, 11 Uhr 50 Min.

Ankunft: 7 Uhr 20 Min. Nm.

Der K. Gesandte an Auswärtiges Amt.

Entzifferung.

№ 3.

Li-Hung-Chang sendet heute fünfzehnhundert chinesische Truppen Korea.

Schenck.

Berlin, den 5. Juni 1894.

A. 4844.

An

die Königlichen Missionen in

1. London № 406.

2. Karlsruhe № 304.

3. München № 424.

4. Stuttgart № 406.

5. Weimar № 248.

_____

6. An

die Herrn Staatsminister

Excellenz

J. № 3197.

Ew. p. übersende ich anbei ergebenst Abschrift eines Berichts des K. Gesandten in Peking vom 9. April d. Js., betreffend Ermordung des koreanischen Verschwörers Kim-Ok-Kyun in Shanghai unter Bezugnahme auf den Erlaß vom 4. März 1885 mit der Ermächtigung zur Mittheilung.

_____

Euerer Exellenz beehre ich mich anbei Abschrift eines Berichts des K. Gesandten in Peking vom 9ten d. Mts, betreffend [wie oben] zur gef. Kenntnißnahme zu übersenden.

N. S. E.

_____

Berlin, den 6. Juni 1894.

A. 5001.

An

die Botschaften in

1. London № 431.

2. St. Petersburg № 219.

J. № 3220.

Ew. p. übersende ich anbei ergebenst Abschrift eines Berichts des K. Gesandten in Peking vom 18. April d. Js., betreffend Koreanische Meuchelmorde, zu Ihrer Information.

N. S. E

[   ]

PAAA_RZ201-018914_081

Empfänger	Auswärtiges Amt	Absender	Gutschmid
A. 5137 pr. 8. Juni 1894. p. m.		Tokio, den 8. Juni 1894.	

A. 5137 pr. 8. Juni 1894. p. m.

Telegramm.

Tokio, den 8. Juni 1894,   11 Uhr 32 Min. a. m.
Ankunft: 5 Uhr 11 Min. p. m.

Der K. Gesandte an Auswärtiges Amt.

Entzifferung.

№ 4.

Japan und China Truppen nach Korea.

Gutschmid.

Die Ermordung eines koreanischen Verschwörers.

PAAA_RZ201-018914_083 ff.

Empfänger	Caprivi	Absender	Schenck
A. 5207 pr. 10. Juni 1894. a. m.		Peking, den 25. April 1894.	
Memo	cfr. A. 5471 mtg. 13. 6. nach London 445, Petersburg 226, Wien 291, Washington A. 25.		

A. 5207 pr. 10. Juni 1894. a. m. 2 Anl.

Peking, den 25. April 1894.

A. № 45.

Vertraulich

Seiner Excellenz

dem Reichskanzler, General der Infanterie

Herrn Grafen von Caprivi.

Mein englischer Kollege hat mir vertraulich einen Bericht des englischen Generalkonsuls in Shanghai, betreffend die Ermordung des koreanischen Verschwörers Kim Ok-kiun in Shanghai, mitgetheilt.

Danach scheint es, als ob Kim Ok-kiun fortgesetzt von Japan aus gegen die koreanische Regierung konspiriert und der König von Korea in beständiger Furcht vor den Unternehmungen Kim Ok-kiuns gelebt habe.

Den Erklärungen des Mörders Hong zufolge, welchen Vizekonsul Scott als Beisitzer des Gemischten Gerichtshofes beiwohnte, sei Hong und ein anderer Koreaner durch einen schriftlichen Befehl des Königs von Korea mit der Ermordung der beiden Verschwörer Kim Ok-kiun und Pak ausdrücklich beauftragt gewesen. Hong habe aber erst als er im vorigen Jahr von Paris zurückkehrte das Vertrauen Kims zu gewinnen vermocht und sei seitdem in alle Geheimnisse und Intrigen Kims eingeweiht gewesen.

Kim habe der russischen Gesandtschaft in Tokio Eröffnungen gemacht und sei ein häufiger Besucher dort gewesen. Er habe im Sinn gehabt, von Shanghai nach Wladivostok zu gelangen und von dort gegen Korea weiter zu operieren.

Daß China, welchem nach den Verträgen Jurisdiktion über den Mörder Kim Ok-kiuns zustand, denselben, anstatt ihn zu bestrafen, an Korea auslieferte und ihm so Straflosigkeit gewährte, ist, wie Generalkonsul Hannen hervorhebt, allerdings bedenklich und hat den

Gegenstand der Beratung des Konsularcorps in Shanghai gebildet.

Einen darauf bezüglichen Bericht des stellvertretenden kaiserlichen Generalkonsuls vom 6. dieses Monats beehre ich mich abschriftlich hier beizufügen.

Indessen dürfte es kaum als die Aufgabe der Vertreter der neutralen Mächte aufzufassen sein, der chinesischen Regierung in dieser Angelegenheit Vorstellungen zu machen, in welcher sie insofern Partei ist, als die Verschwörungen des Kim Ok-kiun gegen ihren Einfluß in Korea, ihren Vasallenstaat, und so gewissermaßen gegen die chinesische Regierung selbst gerichtet waren.

Schenck.

Inhalt: die Ermordung eines koreanischen Verschwörers.

Anlage 1 zum Bericht A. № 45 vom 25. April 1894.

Abschrift.

Assassination of the Corean Conspirator Kim ok kiun at Shanghai

H. B. M. Consulate-General, Shanghai
9. April. 1894.

Confidential.

Sir,

I have the honour to enclose a memorandum, drawn up by Mr. Vice Consul Scott, on the subject of the assassination of a Corean Conspirator, Kim ok kiun, by one of his fellow countrymen named Hong Tjÿong-ou, which took place within the foreign settlements on the 28th ultimo.

Having heard that the Chinese authorities had asserted their jurisdiction over the assassin and naturally concluding that they would take steps to have Kim punished, I did not in the first instance move in the matter. When, however, I learned that there was an intention of sending him back to Corea, where doubtless he would, instead of receiving punishment, be thanked and rewarded, I thought that it might become my duty to protest to the Taotai against such action being taken, and instructed Mr. J. W. Jamieson to enquire from him whether he was giving Hong up on his own responsibility or whether he was acting under the orders of his superiors. The Taotai replied that throughout the whole course of the proceedings he had been entirely guided by telegrams from Tientsin, and that being the case did not consider that any useful purpose would be served by protesting locally.

Monsieur Valder, Senior Consul, contemplated action on the ground that jurisdiction over the subject of non-treaty nations was vested in the Consular Body, but from this view I dissented, and at a meeting of the Consuls subsequently held, it was resolved that each Consul should report separately on the matter to his minister, as no consensus of opinion could be arrived at with regard to a proposed joint representation to the Dean of the Diplomatic Body at Peking.

The state of things revealed by this action of the Chinese Government indicates to my mind, so close an approximation to barbarism on the part of the two nations concerned that I do not think we can afford to view these proceedings with equanimity. That China should allow a subject of another state to commit with impunity an assassination of this nature on her own territory, may lead to very grave consequences in the future, and the callous indifference to the sacredness of human life she has exhibited demands, in my opinion, a reproof of a very strong kind.

It is on these grounds, therefore, that I have addressed you in this matter, in order that you may, if you should think fit, make such representations as you may deem necessary or desirable to the governments of both China and Korea. I have the honour to be, sir, your most obedient etc.

(sign.) Nicholas J. Hannen.
Consul General

N. R. O'Conor Esquire, №. 3. C. M. G.
etc. etc. etc.
Peking.

Confidential.

Assassination of the Corean conspirator Kim ok Kiun in Shanghai.

On the failure of the conspiracy by the pro-Japan party in the Corean government in 1884 to obtain possession of the king's person and repudiate Chinese suzerainty, Kim ok kiun and four other high Corean officials implicated in the rising were enabled, through the active assistance of the Japanese Minister in Söul, to effect their escape and secure a refuge in Japan. Time after time the king has appealed to the Japanese government as to surrender the conspirators, and especially Kim ok kiun, who was the prime mover in the revolution, and against whom the king was actuated by feelings of special animus - Kim ok kiun had been his confidential agent and adviser during Treaty negotiations. Unable to obtain the rendition of Kim ok kiun and the other conspirators by diplomatic means, the King of Corea sought to compass their death at the hands of hired assassins - they had already been declared outlaws and rewards offered for their capture. Measures, however, were adopted by the Japanese authorities to protect the Corean refugees: and Kim ok kiun discarded his Corean coiffure and costume for European attire, changed his name to S. Iwata so as to pass for a Japanese, and it was currently reported that he became a naturalized Japanese subject.

During his residence in Japan, Kim ok kiun continued to intrigue against the Corean Government. He commanded a considerable following among Japanese, and the king of Corea lived in constant anxiety of some marauding descent on the peninsula, or local rising among disaffected Coreans generally. The Japanese authorities, anxious to conciliate the Corean government in some measure, effectually prevented any overt act of hostilities by the refugees, and in deference to the special wishes of the king, undertook to maintain a street surveillance over their movements and guard against any attempt to escape to Russian territory in Siberia. They were free to proceed only to America or China. One conspirator early made his way to the United States, but Kim ok kiun never abandoned his hopes of effecting a revolution in Corea, where the dominant party belonging to the Queen's faction has always been unpopular.

Under what influence and for what object Kim ok kiun was eventually induced to leave Japan is at present unknown. There is no doubt that the Japanese had grown weary of their protégé, especially as his presence in their country excited Corean suspicions and militated against the successful development of their friendly and commercial relations with the peninsula. Certainly, when Kim ok kiun embarked on the Japanese Mail steamer for China, no restraint was placed on his movements. Immediately on his arrival at Shanghai on the 27 March, Kim ok kiun reported himself to the Japanese Consul. He was attended by a Japanese servant and accompanied by a fellow Corean passenger named Hong Jiyong-ou, as also by an attaché of the Chinese legation in Tokio. The same day the party took up their quarters together at the Japanese hotel in the American settlement - all apparently on very friendly and amicable terms.

The next afternoon (28 March) Kim ok kiun was deliberately assassinated by Hong Jiyong-ou, who seized the opportunity when his victim was alone in his room and asleep, and shot him three times with a revolver.

During the confusion which ensued, the assassin managed to escape, but was captured in the course of the night at Woosung by the municipal police, brought back to Shanghai, and lodged in the Municipal gaol. The Chinese and Japanese authorities were at once communicated with. The latter contented themselves with securing possession of the personal effects and of all documents and papers belonging to Kim ok kiun, for which purpose they utilized the services of his Japanese attendant. The Chinese officials asserted their jurisdiction and an inquest was held by the Shanghai City magistrate.

The case appeared before me on the 30th March, in my capacity as Assessor to the Mixed Court, when Hong Jiyong-ou was formally charged with murdering Kim ok kiun. By art. 2 of the Trade Regulations of 1882 between China and Corea, Corean subjects at any of the open ports of China are liable to Chinese jurisdiction, civil and criminal. Accordingly, Hong Jiyong-ou was remanded and ordered to be detained in the Municipal gaol pending further communications from the Chinese authorities. The same day a telegram was received by the Taotai from the Chinese Resident in Söul - conveying an expression of satisfaction from the King of Corea at the death of Kim ok kiun, requesting that the prisoner be treated with all consideration, and stating that a man-of-war would be despatched to Shanghai to fetch Hong and the dead body of Kim ok kiun to Corea. A confirming telegram was likewise received from Li hung chang at Tientsin, but omitting the expression of satisfaction at Kim ok kiun's death. A further telegram was received next day desiring that the prisoner Hong should be handed over to a Corean official, Cho han ken, who then happened to be in Shanghai. Accordingly, on the evening of the 31st March, an Assessor to the Mixed Court, I attended a meeting of the City Magistrate, the Mixed Court magistrate, the Corean official Cho han ken, and the captain superintendent of Municipal Police, when the latter duty handed over the prisoner to the Chinese authorities, and the police charge sheet endorsed accordingly. The city magistrate thereupon consigned Hong Jiyong-ou to the care of the Corean official as desired in the telegram from the Chinese resident in Söul. At the same time the magistrate informed the prisoner that he had been guilty of an offence in China for which he had rendered himself liable to punishment but that in deference to the urgent request of the king of Corea, conveyed through the Chinese Resident and Li hung-chang, the Chinese government had consented to waive jurisdiction and surrender him to his own authorities-moved thereto by the fact that the murdered man was an outlaw convicted of high treason.

In answer to the magistrate, the Corean official stated that the prisoner Hong on his return to Söul would be honoured and rewarded for removing the traitor Kim ok kiun, that in fact the king regarded the man's death as a positive relief both to himself personally and to his government.

The assassin explained that he had left Korea some seven years ago with the avowed purpose of killing Kim ok kiun, that he had all along been acting with the cognizance of the Corean government, and that the king had issued a special warrant under the Royal Seal authorizing him and a fellow patriot to proceed to Japan and assassinate the two conspirators Kim ok kiun and Pak yong ha; that this document was still valid and in the hands of his friend in Japan. The assassin further explained that on his first appearance in Japan, he was unable to obtain access to any of the Corean conspirators, who naturally regarded him with suspicion as being a new arrival and not directly implicated in their conspiracy. In order therefore to disarm their suspicions, he conceived the idea of visiting Europe. After a residence of some three years in France, where (as evidenced by letters found in his possession after arrest) he seems to have made many friends among religious societies, Hong Jiyong-ou returned to Japan last summer and succeeded in ingratiating himself with Kim ok kiun, becoming his constant associate and regular confident. This he was all the better able to do from the fact that having been so long absent from Corea, he would ordinarily have been regarded as a traitor who had fled from his country, especially as he was also a distant relation of one of the principal conspirators in 1884. Hong Jiyong-ou added that all the time he had been playing a double part, winning Kim ok kiun's confidence, gradually making himself master of all his secrets and intrigues, and at the same time communicating any information he obtained to the Söul Government. He declared that Kim ok kiun had made overtures to the Russian Legation in Tokio and had been a frequent visitor there. He ascertained, he stated, that Kim ok kiun in coming to Shanghai meditated a possible chance of finding his way to Vladivostok and from thence operating against Corea.

Here the assassin's indignation seemed to overpower him, and he appealed for approval whether his conduct was not fully justified under the circumstances in removing such a traitor.

The assassin, however, showed a special regard for his own safety. He was fully aware that to have committed the deed in Japan would have exposed him not only to the possible vengeance of Kim ok kiun's many friends, but to certain death under the

Japanese law. In China, on the other hand, he felt fully confident of Corean protection and reward.

According to the Corean official Cho han ken, Kim ok kiun's departure from Kobe was at once telegraphed to Söul, and arrangements were in progress for the conspirator's arrest by the Chinese authorities on his arrival in Shanghai: Fear, however, were entertained that Kim ok kiun, relying on Japanese assistance and protection, might succeed in defying arrest and escaping from their clutches. Hong Jiyong-ou, he added, had therefore done well in seizing his opportunity in Shanghai and killing the traitor and rebel Kim ok kiun.

On the 6th April the Corean wei-yüän or deputy accredited to Li hung chang at Tientsin as commercial agent under the trade regulations between China and Corea, arrived at Shanghai from that port. A Chinese man-of-war was placed at his disposal and the coffin containing the remains of the murdered man at once sent on board. The assassin, however, did not embark until late the same evening, the authorities fearing an attempt on his life by friends of Kim ok kiun. Early next day the vessel left for Corea with the party on board, en route for Söul.

Shanghai, 9. April 1894.

(sign) James Scott
Vice Consul.

Anlage 2 zum Bericht A. № 45 vom 25. April 1894.
Abschrift.

Shanghai, den 6. April 1894.

Wie in der hiesigen Tagespresse letzthin des näheren besprochen cf. s. pl. in Sonderheit № 9152 und 9153 der N. Ch. D. N. - ist der koreanische Rebellenführer Kim Ok-kiun am 28. v. M. in seiner in Honghew belegenen, von Japanern gehaltenen Herberge von seinem Landsmann Hong Tyong-ou meuchlings erschossen worden. Der flüchtig gewordene Mörder, der zu der Tat durch Weisungen des Königs von Korea veranlaßt sein will, ist nahe Wusung von Polizisten der hiesigen Stadtverwaltung ergriffen und zunächst dem Richter des Mixed Court zugeführt, von diesem aber im Einverständnis mit dem an dem betreffenden Tage gerade amtierenden englischen Beisitzer(Vizekonsul Scott) an den Taotai weiter gegeben worden, welcher seinerseits Befehl erhalten haben soll, den Festgenommenen zur Verfügung der koreanischen Behörden zu halten.

Die bedingungslose Abgabe des Koreaners an den Taotai, die Befürchtung, daß derselbe von der eigenen Regierung nicht bestraft, sondern ehrenvoll belohnt werden könnte, hat dem Generalkonsul für Portugal, Herrn Valdez, als Seniorkonsul zur Berufung einer Sitzung des hiesigen Konsularcorps Anlaß gegeben, um dort über die Schritte zu beraten, welche etwa zur Wahrung der geordneten Strafrechtspflege innerhalb der hiesigen fremden Niederlassung zu tun wären. -Einem von dem britischen Generalkonsul gestellten, von mir sekundierten Antrag entsprechend ist von der Majorität der Konsuln beschlossen worden, daß die Angelegenheit von jedem Einzelnen zur Kenntnis des betreffenden diplomatischen Vertreters in Peking gebracht werde, damit gebotenen Falles dieser in geeignet scheinender Weise gegen eine mit den Rechtsnormen der Kulturstaaten unvereinbare Behandlung der Straftat Stellung nehmen könne.

Indem ich mich beehre Eurer Hochwohlgeboren Vorstehendes gehorsamst zu berichten, gestatte ich mir zu bemerken, wie ich in der gestern abgehaltenen Sitzung die Ansicht zum Ausdruck gebracht habe, daß auch für den Fall der Aburteilung der Tat von einem in Sinne des Abs. 2 § 7 des Reglements vom November 1868 konstituierten gemischten Gerichtshofes der zu suchenden Entscheidung das Landesrecht des Angeklagten zu Grunde zu legen sei, eine Voraussetzung, welche zweifellos zur Freisprechung des Mörders führen dürfte.

Der Angelegenheit vitales Interesse beizumessen, wie dies Herr Valdez, der Generalkonsul für Belgien und Andere zu wünschen scheinen, war mir versagt.

Gez.: Eiswaldt.

Ermordung eines koreanischen Verschwörers.

PAAA_RZ201-018914_107 ff.			
Empfänger	Caprivi	Absender	Schenck
A. 5208 pr. 10. Juni 1894. a. m.		Peking, den 26. April 1894.	

A. 5208 pr. 10. Juni 1894. a. m.

Peking, den 26. April 1894.

A. № 46.

Seiner Excellenz

dem Reichskanzler General der Infanterie

Herrn Grafen von Caprivi.

Eurer Excellenz habe ich die Ehre, in Verfolg meines gestrigen Berichts A. 45[39] betreffend die Ermordung des Koreaners Kim Ok-kiun in Shanghai, gehorsamst anzuzeigen, daß mein hiesiger englischer Kollege, ohne die Freigabe des Mörders der chinesischen Regierung gegenüber zur Sprache gebracht zu haben, nach Chefoo abgereist ist und daß auch keiner meiner anderen hiesigen Kollegen, soweit mir bekannt, die Absicht hat, wegen der dem Mörder gewährten Straflosigkeit bei dem Tsungli Yamen vorstellig zu werden.

Schenck.

Inhalt: Ermordung eines koreanischen Verschwörers.

---

39 A. 5207 mit heutiger Post.

[   ]

PAAA_RZ201-018914_110

Empfänger	Caprivi	Absender	Krien
A. 5230 pr. 11. Juni a. m.		Seoul, den 11. Juni 1894.	

A. 5230 pr. 11. Juni 1894. a. m.

Blatt № 13. Leitung № 29. Telegramm № Aufgenommen von Wa. den 11. 6. um 11 Uhr 5 M. durch Pr. Ls.	auswaertig berlin	
	Telegraphie des Deutschen Reiches. Berlin Haupt-Telegraphenamt.	Ausgefertigt um 11 Uhr 10 M. S durch Ressling

Telegramm berlin fr seoul 3 13 10. 6. 9 16 m via hlp

zwei chinesischen truppen westkueste gelandet japanische seoul - hiesige gegend ruhig = krien

[   ]

PAAA_RZ201-018914_112

Empfänger	Marschall von Bieberstein	Absender	Baudissin
A. 5268 pr. 12. Juni 1894. p. m.		Berlin, den 12. Juni 1894.	
Memo	s. Telegr. i. Ziff. v. 13. 6. n. Seoul № 1.		

A. 5268 pr. 12. Juni 1894. p. m.

Berlin, den 12. Juni 1894.

A. 3398.

An den Kaiserlichen Staatssekretär des Auswärtigen Amts
Kammerherrn, Herrn Freiherrn
Marschall von Bieberstein
Excellenz

Eurer Excellenz beehre ich mich zufolge Benachrichtigung des Oberkommandos der Marine vom 9. ds. Mts. -hier heute eingegangen-nachstehendes ganz ergebenst mitzuteilen:
S. M. Kbt. „Iltis", z. Zt. in Kobe, ist am 9. Juni telegraphisch angewiesen, für evtl. Requisition des Konsuls in Seoul, dort zu bleiben.
- vergl. das sehr gefällige Schreiben vom 4. Juni d. Js. A. 4966[40] -

Der Staatssekretär des Reichs-Marine-Amts.

Fr. Gef Baudissin.

---

40 ehrerb. beigef.

[   ]

PAAA_RZ201-018914_113

Empfänger	Auswärtiges Amt	Absender	Schenck
A. 5273 pr. 12. Juni 1894. p. m.		Peking, den 12. Juni 1894.	

A. 5273 pr. 12. Juni 1894. p. m.

Telegramm.

Peking, den 12. Juni 1894.　10 Uhr 55 Min. Nm.
Ankunft:　　　　　　　　　6 Uhr 10 Min. Nm.

Der K. Gesandte an Auswärtiges Amt.

Entzifferung.

№ 4. v. 12. 6.

3500 chinesische Truppen sind Südhafen Jenchuan 400 japanische Marinesoldaten Seoul gelandet.

Schenck.

Berlin, den 13. Juni 1894.

A. 5007.

An

die Missionen in

1. London № 444.
2. St Petersburg № 225.
3. Washington № A. 24.
4. Dresden № 421.
5. Karlsruhe № 318.
6. München № 440.
7. Stuttgart № 421.
8. Weimar № 256.

_____

9. An

   die Herren Staatssekretär

   Excellenz

J. № 3353.

Ew. p. übersende ich anbei ergebenst Abschrift eines Berichts des K. Konsuls in Söul vom 18. April d. Js., betreffend die Ermordung Kim Ok-kiuns,

ad 1-3: zu Ihrer Information.

ad 4-8: unter Bezugnahme auf den Erlaß vom 4. März 1885 mit der Ermächtigung zur Mittheilung.

Euerer Exellenz beehre ich mich anbei Abschrift eines Berichts des K. Gesandten in Peking vom 9. d. Mts, betreffend [wie oben] zur gef. Kenntnißnahme zu übersenden.

N. S. E.

Berlin, den 13. Juni 1894.   A. 5207.

An
die Missionen in
1. London № 445.
2. St Petersburg № 226.
3. Wien № 291.
4. Washington № A. 25.

J. № 3354.

Euerer pp. übersende ich anbei ergebenst Abschrift
eines Berichts des K. Gesandten in Peking vom 25.
April d. Js., betreffend die Ermordung eines
koreanischen Verschwörers Kim Ok-kiun, zu Ihrer
Information.

N. S. E.

Berlin, den 13. Juni 1894.   A. 5268.

German Consul Seoul
№ 1.

J. № 3375.

Tel. in Ziff:
    Falls zum Schutz Deutscher erforderlich sind
Ew. ermächtigt Kanonenboot „Iltis" z. Zt. in Kobe
zu requirieren. Bitte hiervon Gesandten Peking
informieren.

N. S. E.

Ermordung eines koreanischen Verschwörers.

PAAA_RZ201-018914_121 ff.			
Empfänger	Caprivi	Absender	Schenck
A. 5471 pr. 18. Juni 1894. p. m.		Peking, den 28. April 1894.	

A. 5471 pr. 18. Juni 1894. p. m.

Peking, den 28. April 1894.

A. № 47.

Seiner Excellenz

dem Reichskanzler, General der Infanterie

Herrn Grafen von Caprivi.

Eurer Excellenz beehre ich mich im Anschluß an meinen Bericht A. № 45[41] vom 25. April dieses Jahres, betreffend die Ermordung eines koreanischen Verschwörers, gehorsamst anzuzeigen, daß dieser Bericht (ohne Anlagen) und der den gleichen Gegenstand betreffende diesseitige Bericht A. 40[42] vom 18. dieses Monats der Kaiserlichen Gesandtschaft in Tokio zur vertraulichen Kenntnisnahme abschriftlich von hier mitgeteilt worden sind.

Schenck.

Inhalt: Ermordung eines koreanischen Verschwörers.

---

41 A. 5207 ehrerbietigst beigefügt.
42 A. 5001 ehrerbietigst beigefügt.

[   ]

PAAA_RZ201-018914_124

Empfänger	Auswärtiges Amt	Absender	Krien
A. 5579 pr. 22. Juni 1894. a. m.		Seoul, den 19. Juni 1984.	
Memo	s. Erl. v. 24. 6. n. London 428, Petersburg 250.		

A. 5579 pr. 22. Juni 1894. a. m.

Telegramm.

Seoul, den 19. Juni 1984. 2 Uhr 40 Min. Nm. (retarded in China)
Ankunft: 21. 6. 10 Uhr 15 Min. Nm.

Der K. Konsul an Auswärtiges Amt.

Entzifferung.

№ 3.

Japanische Truppen besetzen Fremdenniederlassung, fremde Vertreter protestieren, nach amtlicher Nachricht Rebellion beendigt.

Krien.

Die Ermordung Kim Ok-kiuns betreffend.

PAAA_RZ201-018914_126 ff.			
Empfänger	Caprivi	Absender	Krien
A. 5584 pr. 22. Juni 1894. a. m.		Seoul, den 8. Mai 1894.	
Memo	mitg. 24. 6. nach London 480, Petersburg 249, Washington A. 28, Dresden 447, München 465, Stuttgart 445, Weimar 272, Karlsruhe 337, Staatsminister. cf. A. 6476 J. № 202.		

A. 5584 pr. 22. Juni 1894. a. m.

Seoul, den 8. Mai 1894.

Kontrole № 33.

An Seine Excellenz

Den Reichskanzler, General der Infanterie

Herrn Grafen von Caprivi.

Eurer Excellenz beehre ich mich im Anschluß an meinen Bericht № 27 vom 18. v. Mts.[43], betreffend die Ermordung Kim Ok-kiuns ganz gehorsamst zu melden, daß der koreanische Minister-Resident Kim Sa-chol gestern Chemulpo verlassen hat, um sich auf seinen Posten nach Tokio zu begeben. Mit ihm ist der japanische Gesandte Otori auf Urlaub nach Japan abgereist. Während dessen Abwesenheit führt der Legationssekretär Sugimura die Geschäfte der hiesigen japanischen Gesandtschaft als interimistischer Geschäftsträger. -

Die verstümmelte Leiche Kim Ok-kiuns ist auf einen öden Berg in der hauptstädtischen Provinz Kyöng-Kui-Do geworfen worden, auf den gewöhnlich die Körper hingerichteter koreanischer Rebellen geschafft werden.

Wegen der Vernichtung des p. Kim wird nach der amtlichen koreanischen Zeitung am 31. d. Mts. ein großes Dank- und Opferfest stattfinden, zu dem die Beamten angewiesen worden sind, der königlichen Familie ihre Glückwünsche darzubringen.

Aus Äußerungen des hiesigen chinesischen Vertreters Yuan schließe ich, daß der Ermordete von seinem Mörder Hong und Beamten der chinesischen Gesandtschaft in

---

43 A. 5007 ehrerbietigst beigefügt.

Tokyo zu einer Reise um die Welt beredet worden ist. Eine Anweisung auf eine chinesische Bank in Shanghai über fünftausend Dollar, welche der p. Kim durch Hong dort hat einkassieren lassen wollen, sollte vermutlich nach chinesischen Vorspiegelungen zur Bestreitung der Reisekosten dienen.

Bei einem Besuch, den ich dem chinesischen Konsul Tong vor einiger Zeit abstattete, sprach dieser in ziemlich unverhohlener Weise seine Befriedigung darüber aus, daß durch die Ermordung Kim Ok-kiuns die Beziehungen zwischen Japan und Korea wieder getrübt worden seien.

Abschriften dieses ganz gehorsamen Berichts sende ich an die kaiserlichen Gesandtschaften zu Peking und Tokio.

Krien.

Inhalt: Die Ermordung Kim Ok-kiuns betreffend.

Unruhen im Süden Koreas.

PAAA_RZ201-018914_130 f.			
Empfänger	Caprivi	Absender	Krien
A. 5585 pr. 22. Juni 1894. a. m.		Seoul, den 10. Mai 1894.	
Memo	J. № 205.		

A. 5585 pr. 22. Juni 1894. a. m.

Seoul, den 10. Mai 1894.

Kontrole № 34.

·An Seine Excellenz, den Reichskanzler, General der Infanterie
Herrn Grafen von Caprivi.

Eurer Excellenz beehre ich mich ganz gehorsamst zu berichten, daß in der südwestlichen Provinz Chöl-La-Do Unruhen ausgebrochen sind, in Folge derer der Präsident des hiesigen Auswärtigen Amtes mittels Schreiben vom gestrigen Tage die fremden Vertreter ersucht hat, ihre in den südlichen Provinzen reisenden Landsleute von dort zurückzurufen.

Vor einigen Tagen sind etwa 800 Soldaten, bestehend aus Infanterie und einer Batterie alter Geschütze, die der General-Gouverneur Li Hung-chang vor einem Jahr der koreanischen Regierung behufs Unterdrückung der damaligen Tonghak-Unruhen geschenkt hat, von hier nach Chemulpo ausgerückt. Dort sollen sich die Truppen auf zwei koreanischen Dampfern und einem chinesischen Kriegsschiff, das die chinesische Regierung zu diesem Zweck zur Verfügung gestellt hat, einschiffen, um nach dem Süden abzugehen.

Eine größere Ausdehnung hat der gegen die Erpressungen der Beamten gerichtete Aufruhr bisher nicht gewonnen.

Eine Abschrift dieses ganz gehorsamen Berichtes sende ich an die kaiserliche Gesandtschaft in Peking.

Krien.

Inhalt: Unruhen im Süden Koreas.

Berlin, den 24. Juni 1894. A. 5584.

An

die Missionen in

1. London № 480.

2. St. Petersburg № 249.

3. Washington № A. 28.

4. Dresden № 447.

5. München № 465.

6. Stuttgart № 445.

7. Weimar № 272.

8. Karlsruhe № 337.

---

9. An

die Herren Staatsminister,

Excellenz.

J. № 3667.

Ew. p. übersende ich anbei ergebenst Abschrift eines Berichts des K. Konsuls in Söul vom 8. v. Mts., betreffend die Ermordung Kim Ok-kiun's ad 1-3: zu Ihrer Information.

ad 4-8: unter Bezugnahme auf den Erlaß vom 4. März 1885 mit der Ermächtigung zur Mittheilung.

Euerer Exellenz beehre ich mich anbei Abschrift eines Berichts des K. Konsuls in Söul vom 8. v. Mts, betreffend [wie oben] zur gef. Kenntnißnahme zu übersenden.

N. S. E.

[   ]

PAAA_RZ201-018914_133

Empfänger	Auswärtiges Amt	Absender	Krien
A. 5648 pr. 24. Juni 1894. a. m.		Seoul, den 23. Juni 1894.	
Memo	s. Erl. v. 24. 6. nach London 482, Petersburg 250.		

A. 5648 pr. 24. Juni 1894. a. m.

Telegramm.

Seoul, den 23. Juni 1894.   4 Uhr 30 Min. Nm.

Ankunft: 24. 6. 1 Uhr 10 Min. Vm.

Der K. Konsul an Auswärtiges Amt.

Entzifferung.

№ 4.

Truppen räumen Fremdenniederlassung, drei weitere chinesische Kriegsschiffe angekommen.

Krien.

Berlin, den 24. Juni 1894.   A. 5579. u. 5648.

An
Botschafter in
1. London № 482.
2. Petersburg № 250.

Wie Sie den Zeitungen entnommen haben werden, ist vor einigen Wochen in Korea eine Rebellion zum Ausbruch gekommen, welche vielfach Befürchtungen wegen der Sicherheit der Fremden erweckte. Nach den telegraphischen Mitteilungen unserer Vertreter in Seoul und Peking war der Sitz dieses Aufstandes im Süden des Landes, indessen lag, nachdem die Hauptstadt der Provinz Chollado in die Hände der Aufständischen gefallen war, die Gefahr vor, daß diese sich der Landeshauptstadt allmählich nähern würden. Ähnlich wie es bei dem letzten größeren Aufstand geschehen war, schickte auch dieses Mal der speziell mit den koreanischen Beziehungen betraute Vizekönig Li Hung-chang eine stärkere chinesische Truppenmacht nach dem südlichen Teil Koreas, während die japanische Regierung Militär nach dem Hafen der Hauptstadt, Chemulpo, entsandte.

Wie nun ein Telegramm des K. Konsuls in Seoul meldet, haben die japanischen Truppen die dortige Fremdenniederlassung besetzt, trotzdem nach amtlicher Nachricht die Rebellion erloschen sei. Die auswärtigen Vertreter hätten gegen die Besetzung Verwahrung eingelegt und sei daraufhin die Räumung der Fremdenniederlassung erfolgt.

Zunächst liegen noch keine Andeutungen vor, daß es den Regierungen von China und Japan bei der Entsendung von Truppen um etwas Besonderes zu tun gewesen sei als um die Wiederherstellung der Ordnung und die Aufrechterhaltung des Status quo. Wiederholt haben, wie erwähnt, beide Länder Streitkräfte von Bedeutung nach dem Lande entsandt und sie nach einiger Dauer zurückberufen. China betrachtet sich in erster Linie als berufen, im Falle der Bedrängnis der Dynastie durch Bewegungen im Innern einzuschreiten; es betrachtet aber im Übrigen die koreanische Regierung als eine formell unabhängige, wie es denn gegen den Abschluß von Verträgen mit auswärtigen Mächten mit Korea und gegen die Entsendung von diplomatischen Vertretern nach Seoul keine Einwendungen erhebt. Die japanische Regierung auf der anderen Seite hat vertragsmäßig die Unabhängigkeit des Landes anerkannt; sie besorgt indessen, daß China das tatsächliche Übergewicht, welches zum Vorteil letzterer Macht seit langer Zeit besteht, in ein Abhängigkeitsverhältnis umändern wolle. Ein solchen Versuch aber würde Japan nach häufigen Erklärungen von amtlicher Seite nicht ruhig hinnehmen. Die Wahrscheinlichkeit liegt daher nahe, daß der von den japanischen Besatzungstruppen unternommene Schritt mehr eine Dokumentierung der Absicht ist, China nicht allein die

Entscheidung über die weiteren Maßnahmen zu überlassen. Nicht ausgeschlossen ist, daß Japan gleichzeitig einigen Reklamationen, welche gegen Korea schweben, Nachdruck zu geben wünschte.

Diesem wiederholten Einschreiten der beiden benachbarten Staaten gegenüber haben sich die meistbeteiligten fremden Mächte bisher stets abwartend und beobachtend verhalten. Dies gilt insbesondere für Russland. Es liegen indessen Andeutungen vor, daß das Petersburger Kabinet sich voraussichtlich einer Bedrohung der Unabhängigkeit Koreas widersetzen würde. Wenn auch das bei dem letzterzeugten Aufstand in Korea vielfach verbreitete Gerücht, daß ein bezüglicher Vertrag zwischen Korea und Rußland bestehe, von russischer Seite bestritten worden ist, so haben doch die Unterhaltungen, welche darüber zwischen dem russischen Vertreter in Peking und dem Vizekönig von Petschili gepflogen worden sind, über die Sachlage keinen Zweifel gelassen. Die russische Regierung hat sich seit jener Zeit in den koreanischen Dingen mit einer gewissen Zurückhaltung benommen; die Eventualitäten aber, welche dort eintreten können, sollen sie mitermutigt haben, den Bau der sibirischen Eisenbahn zu beschleunigen. Immerhin hat die bekannt gewordene Stellungnahme genützt, um andere Berichte von dem Aufrollen der koreanischen Frage abzuhalten. Es waren hauptsächlich Erwägungen dieser Art, welche die englische Regierung s. Z. bestimmt haben, die Besetzung von Port Hamilton wieder aufzugeben.

Es liegen danach zunächst keine Anzeichen vor, daß die Beteiligung Chinas und Japans an der Pazifizierung des Königsreichs anderes verheißt als früher. Immerhin birgt die Frage gewisse Möglichkeiten in ihrem Schoße, welche auf die europäischen Beziehungen einwirken können. Sollten Ew. daher gelegentlich Näheres über die Meldungen erfahren, welche dort über jene Vorgänge eingehen, so würde mich eine Mitteilung interessieren.

M.

[   ]

PAAA_RZ201-018914_142 f.

Empfänger	Auswärtiges Amt	Absender	Krien
A. 5738 pr. 26. Juni 1894. a. m.		Seoul, den 25. Juni 1894.	
Memo	s. Tel. v. 26. 6. n. Seoul № 2.		

A. 5738 pr. 26. Juni 1894. a. m.

Telegramm.

Seoul, den 25. Juni 1894. 3 Uhr 20 Min. Nm.
Ankunft: 26. 6.   6 Uhr — Vm.

Der K. Konsul an Auswärtiges Amt.

Entzifferung.

№ 5.

Koreanische Regierung erbittet Vermittlung fremder Vertreter, erklärt chinesische Truppen im Gebiet zur Hilfe gebeten, japanische gegen Protest, beide jetzt nicht notwendig, China bereit Truppen gleichzeitig mit Japan zurückziehen, letzterer verweigert Truppenzurücknahme bevor chinesische abgegangen, englischer russischer amerikanischer französischer Vertreter empfehlen japanischem chinesischem Gesandten gleichzeitige Zurückziehung, erbitte telegraphische Instruktion, viertausend Japaner stehen in und bei Seoul.

Krien.

PAAA_RZ201-018914_145 f.

Empfänger	[o. A.]	Absender	[o. A.]
A. 5902 pr. 30. Juni 1894. p. m.		[o. A.]	

A. 5902 pr. 30. Juni 1894. p. m.

Novoje Vremia,
18. (30.) Juni 1894.

Der Leitartikel macht auf die Wichtigkeit der sogenannten Koreafrage aufmerksam. Japan habe nicht ohne Grund seine Rüstungen so bedeutend verstärkt, es ist kein Geheimnis, daß es von Ehrgeiz verzehrt wird und längst danach strebt, am internationalen Leben aktiven Anteil zu nehmen und seine Blicke auf das benachbarte Festland richtet.

Schon in den früheren Jahren hat die japanische Regierung nach Vorwänden gesucht, sich in die Korea-Angelegenheiten einzumischen, indem sie verschiedene Zwischenfälle schuf. Aber bis jetzt ist sie immer auf den entschiedenen Widerstand der Vertreter der europäischen Mächte in Korea gestoßen.

Jetzt, einige günstige Umstände benutzend, hat die japanische Regierung, angeblich um die in Korea lebenden Japaner zu schützen, wie der Telegraph meldet, die Hauptstadt des Landes für immer mit einer starken Truppenabteilung eingenommen und den König selbst zum Gefangenen gemacht. Dieses auch vom völkerrechtlichen Standpunkt ungesetzliche Vorgehen Japans hat bereits den energischen Protest Chinas hervorgerufen.

Der allmächtige Li-Hung-chang hat versichert, daß es ihm jedenfalls gelingen werde, die Ehre (lies: Interessen) Chinas zu wahren, daß er aber nach Möglichkeit bemüht sein werde, dabei den Frieden zu erhalten. Es ist klar, daß China nicht die Absicht hegt, seine Interessen hier zum Opfer zu bringen. Ebensowenig dürfen aber auch wir unsere hier engagierten Interessen preisgeben. Die Besitznahme Koreas durch Japan erscheint für das Gedeihen unseres fernen Ostens, der über keine bequemen, das ganze Jahr hindurch eisfreien Häfen verfügt, ganz unzulässig. Schwerlich auch dürfte der Ersatz des schwachen, nachgiebigen Nachbars, wie Korea es war, durch das starke, wohlgeordnete Japan mit seinem aggressiven politischen Programm sich für uns als sehr bequem erweisen.

Dies ersten Schritte einer aktiven Politik Japans stellen an sich schon ein wichtiges internationales Ereignis dar, das für uns eine unvergleichlich viel höhere Bedeutung hat, als der Artikel III des Kongo-Vertrags für Deutschland.

Korea.

PAAA_RZ201-018914_147 ff.

Empfänger	Caprivi	Absender	Hatzfeldt
A. 5978 pr. 2. Juli 1894. a. m.		London, den 29. Juni 1894.	
Memo	mtg. 5. 7. n. Petersburg 264.		

A. 5978 pr. 2. Juli 1894. a. m.

London, den 29. Juni 1894.

№ 416.

Seiner Durchlaucht

dem Reichskanzler, General der Infanterie

Herrn Grafen von Caprivi.

Den hohen Erlaß № 482[44] vom 24. d. Mts., betreffend Korea, habe ich zu erhalten die Ehre gehabt.

Bei einem Besuch, den ich heute dem Unterstaatssekretär Sir Thomas Sanderson abstattete, hatte ich Gelegenheit, das Gespräch auch auf die Letzten Vorgänge in Korea zu lenken. Sir Thomas Sanderson teilte mir hierbei mit, daß trotz des Wunsches der chinesischen Regierung und der fremden Vertreter in Seoul die japanische Regierung sich bisher geweigert habe, ihre in Korea gelandeten Truppen von dort wieder zurückzuziehen. Japanischerseits stützt man sich den Chinesen gegenüber auf das vertragsmäßige Recht, gemeinsam mit China die Ruhe in Korea aufrecht zu erhalten. China mache zwar geltend, daß der Aufstand erloschen sei und die beiderseitigen Truppen daher zurückgezogen werden müßten. Japan erwidere indessen, daß keine Garantien gegeben seien, um den Wiederausbruch der Unruhen zu verhüten. Es wünsche daher mit China zu verhandeln und Maßnahmen zu verabreden, um Ordnung und Ruhe in Korea dauernd herzustellen. Dem Unterstaatssekretär zufolge beabsichtige die japanische Regierung hierbei mit China zu einer gemeinsamen Kontrolle über Korea zu gelangen.

Der Unterstaatssekretär hält diesen Versuch der Herstellung eines chinesisch-japanischen Kondominiums über Korea für gefährlich und dazu geeignet, Japan in einen Streit mit China zu verwickeln. Die hiesige Regierung rate daher der japanischen, den in dieser Frage

---

44 5579/5648 ehrerb. beigefügt.

eingeschlagenen Weg zu verlassen und die japanischen Truppen zurückzuziehen.

Hatzfeldt.

Inhalt: № 416. London, den 29. Juni 1894. Korea.

[   ]

PAAA_RZ201-018914_151

Empfänger	[o. A.]	Absender	[o. A.]
A. 5995 pr. 2. Juli 1894. p. m.		[o. A.]	
Memo	cfr. A. 6053		

Auszug

A. 5995 pr. 2. Juli 1894. p. m.

Eilt!

Der H. Reichskanzler wünscht bald eine Denkschrift darüber zu erhalten, ob und wie deutsche Interessen durch einen japanisch-chinesischen Krieg um Korea berührt werden.

Bedrohung deutscher Interessen durch einen japanisch-chinesischen Krieg in Korea

PAAA_RZ201-018914_152 ff.			
Empfänger	[o. A.]	Absender	[o. A.]
A. 6053 pr. 4. Juli 1894. a. m.		Berlin, den Juli 1894.	
Memo	Vor der Hand erscheint es mir richtig von jeder Einmischung deutscherseits abzusehen. v. C. 7/11 Ad. A. 5995.		

A. 6053 pr. 4. Juli 1894. a. m.

Berlin, den Juli 1894.

Bedrohung deutscher Interessen durch einen japanisch-chinesischen Krieg in Korea betr.

Die augenblicklichen Vorgänge in Korea finden wiederholt ihre Analogie in früheren Vorkommnissen, bei denen Japan und China Truppen nach Korea zur Unterdrückung von Rebellionen gesandt, sich eine Zeit lang drohend gegenüber gestanden und sich schließlich bezüglich der Räumung des Landes verständigt haben. Unser Konsul in Seoul ist angewiesen, sich den Bemühungen seiner Kollegen auf eine friedliche Begleichung der Differenzen anzuschließen. Bisher liegen keine amtlichen Nachrichten vor, daß die Lage so ernst sei, wie die englischen Telegramme aus Shanghai, die erfahrungsmäßig mit großer Vorsicht aufzunehmen sind, sie schildern. Immerhin sind sie geeignet, uns die Frage vorzulegen, ob auch unsere Vertreter in Tokio und Peking anzuweisen wären, im Sinne eines friedlichen Austrages einzuschreiten.

Das Interesse, das wir an Korea haben, könnte ein doppeltes sein, ein wirtschaftliches und ein politisches. In erster Beziehung sind die Erwartungen, die wir und die übrigen europäischen Nationen an die Erschließung des Landes, die Handelsverträge und die vielangefochtene Vertretung in Seoul geknüpft haben, nur in sehr geringem Maße in Erfüllung gegangen. Der Handel ist zu bei weitem größten Teil in japanischen Händen geblieben, und Europa (auch England) ist über die kleinen Anfänge nicht erheblich hinausgegangen. Was Deutschland speziell angeht, so berechnet man gelegentlich seinen Anteil an der Einfuhr in den drei geöffneten Häfen, im Gesamtbetrage von etwa 15 Mill Mark auf etwa 700.000 Mark, wovon aber ein erheblicher Teil erst wieder über Japan und China eingeht. Der deutsche Schiffsverkehr ist erheblicher als der britische; er schwankt zwischen 15 - 32000 Tonnen jährlich und besteht in der Hauptsache in den Hin- und Herfahrten zweier für den Küsten-Reishandel gecharterten kleinen Dampfer. Im Übrigen ist der Schiffsverkehr ebenfalls in japanischen Händen. Von Handelshäusern scheint immer noch der (im Reichstag berühmt gewordene) Herr Meyer das einzige deutsche Geschäftshaus in Korea zu sein, das hauptsächlich Regierungsgeschäfte macht, deren Erlös mit Mühe und unter Druck des konsularischen Einflusses eingetrieben wird. Im Übrigen rechnet man etwa 26 Deutsche, die im Lande leben. (80 Amerikaner, 50 Briten, 28 Franzosen, 3000 Chinesen, 10000 Japaner). Das allgemeine Urteil von Beobachtern geht dahin, daß die Entwicklung des Landes eine äußerst langsame sei, der Boden zwar versprechend, die Armut und Bedürfnislosigkeit der Einwohner aber so groß sei, daß auf eine baldige Besserung in den Beziehungen des Austauschs nicht zu rechnen ist. Danach würde eine Schmälerung der Unabhängigkeit des Landes uns nur in unerheblichem Maße berühren, soweit aktuelle Interessen vorliegen; für die Zukunft aber möchte es sogar erscheinen, daß der ausländische Handel eher gewinnen würde, wenn durch das Eindringen fremder Elemente, die alle, mögen es nun Chinesen, Japaner, Russen sein, auf einer höheren Kulturstufe stehen, die Bedürfnisse der Bevölkerung vermehren.

Politisch sind wir bei einem Krieg um Korea indirekt interessiert, insofern als der Streit in seiner weiteren Entwicklung zu einer Kollision der Bestrebungen europäischer Mächte führen kann. Das augenblickliche Verhältnis Koreas zu seinen Nachbarn und den meistinteressierten Staaten ist etwa folgendes: China übt eine gewisse Suzeränität seit alters her über Korea aus; es empfängt Geschenke, die es als Tribut betrachtet; der König von Korea vollzieht vor dem außerord. Gesandten Chinas, der ihm die Investitur bringt, den Kau-tau (Niederwerfung) u. dergl. Aber die rechtliche Wertung dieses Verhältnisses findet - seltsam genug - im Ausland keine Anerkennung. Die fremden Mächte schließen mit Korea direkt Verträge ab u. akkreditieren Gesandte daselbst. Und auch China erkennt die „administrative" Unabhängigkeit des Landes offen an. Japan hat nach 1876 die Selbstständigkeit Koreas vertragsmäßig zugestanden. Chosen (Corea) - lautet Art. I des Vertrages mit Korea - being an independent state enjoys the same souvereign rights as does Japan. Japan sichert dann weiter zu, mit der koreanischen Regierung „in terms of equality" zu verkehren, „avoiding the giving of offence by arrogance or manifestations of suspicion". (Hiergegen scheint jetzt Japan durch seine Einmischung in die Fiskale Verwaltung Koreas offen gefehlt zu haben). Aber Japan hat auch auf der anderen Seite wiederholt kundgegeben, daß es einer Besitzergreifung des Landes durch China nicht ruhig zusehen würde. Aus diesem Grund hat es jedes Mal Truppen einrücken lassen, sobald China dazu Miene machte. Mit dem Erwerb Koreas würde sich China auf wenige Stunden den südlichen Inseln Japans nähern.

Rußland enthält sich z. Z. nur beobachtend. Es sucht in Korea den eisfreien Hafen im Osten zu erhalten, scheint aber jede eigene Aktion bis zur Ausrührung der sibirischen Bahn aufzuschieben. Es hat aber gelegentlich der früheren Differenzen zwischen China und Japan der chinesischen Regierung durch den Vertreter in Peking gewisse Erklärungen abgeben lassen, die allem Anschein nach dahin gingen, daß die Unabhängigkeit Koreas gewahrt bleiben müsse. Es verdient Erwähnung, daß der kürzlich auf Befehl des Königs von Korea ermordete Koreaner Beziehungen zum russischen Gesandten gehabt hat.

Englands Bestreben geht vor Allem dahin, Korea nicht in russische Hände fallen zu lassen. Darum ist es im Allgemeinen geneigt, die chinesische Suzeränität über Korea anzuerkennen und sie selbst zu kräftigen. Als Mitte der 80er Jahre das Gerücht russischer Absichten auf Korea sich verbreitete, besetzte England die Insel Port Hamilton, gab sie aber wieder auf, als gerade damit die koreanische Frage ins Rollen zu kommen schien. Gegenwärtig bemüht sich England, die japanische Regierung zu einer Zurückziehung ihrer Truppen zu veranlassen.

Diese wechselseitigen Eifersüchteleien der Mächte sind die einzige, aber ziemlich sichere Garantie für die Erhaltung Koreas. Da nun nach Verstehendem die materiellen deutschen Interessen im Lande unerheblich sind, könnten wir der Entwicklung zunächst ohne weitere Beteiligung zusehen. Dagegen muß ein Krieg zwischen den zwei Hauptmächten im östlichen Asien unsere Handelsinteressen berühren und von diesem Gesichtspunkt aus - also ohne Rücksicht auf Korea - ist es vielleicht angezeigt, uns an Vermittlungsversuchen zu beteiligen. Als politisch nicht direkt, wirtschaftlich aber stark interessierte Macht können wir dort vielleicht wirksamer als andere Nationen unsere Stimme hören lassen. Die Form wäre etwa die, daß die Gesandten in Japan und China diesseits angewiesen würden, sie sollten, wenn sie sich von ihren Bemühungen Erfolg versprächen, auf die Kabinette im Sinne einer friedlichen Erledigung der Differenz tunlichst einwirken.

Soll in diesem Sinne telegraphiert werden?

R 3.

Berlin, den 24. Juni 1894.   A. 5978.

An
die Missionen in
St. Petersburg № 264

Vertraulich!
Sicher!

J. № 5936.

Ew. p. übersende ich anbei ergebenst Abschrift
eines Berichts des K. Botschafters in London vom
29. v. Mts., betreffend Korea zu Ihrer Information.

N. d. H. U. St. S.

Korea.

PAAA_RZ201-018914_163 ff.

Empfänger	Caprivi	Absender	Hatzfeldt
A. 6088 pr. 5. Juli 1894. a. m.		London, den 3. Juli 1894.	

A. 6088 pr. 5. Juli 1894. a. m. 1 Anl.

London, den 3. Juli 1894.

№ 422.

Seiner Excellenz

dem Reichskanzler, General der Infanterie

Herrn Grafen von Caprivi.

Eurer Excellenz beehre ich mich einen Leitartikel der heutigen „Times" im Ausschnitt beifolgend gehorsamst zu überreichen, in welchem dieselbe Betrachtungen über die jüngsten Vorgänge in Korea und die möglicherweise daraus entspringenden ernsthaften Folgen anstellt.

Die Gestaltung der Verhältnisse in Korea, sagt die „Times", bedeute eine fortlaufende Gefahr kritischer Verwicklungen, seit, neben der altangestammten Oberherrschaft Chinas, auch Japan sich eine Art von Schutzherrschaft über dieses Königreich anmaße. Die datiere von der Zeit, wo China den Fehler begangen habe, seinen Vasallenstaat bei Verwicklungen mit dem Auslande im Stich zu lassen, und Japan, diesen Umstand benutzend, Korea als unabhängig von China anerkannt habe.

Das Gerücht sei im Umlauf, daß China bei der jetzigen Verwicklung die Vermittlung Rußlands angerufen habe. Die chinesischen Diplomaten glaubten wahrscheinlich, sie könnten Rußland dabei benutzen, so lange es ihren Interessen förderlich sei, und dasselbe sodann nach Belieben wieder entlassen. Anderenfalls sei es unverständlich, wie China die Hilfe eines so gefährlichen Freundes anrufen könne. Zwar habe sich Rußland seinerzeit verpflichtet, niemals irgend einen Teil von Korea zu besetzen. Doch man weiß aus Erfahrung, daß ein gegebenes Versprechen kein unübersteigliches Hindernis für slawischen Ehrgeiz sei. Ein guter Hafen, wie ihn Korea an verschiedenen Punkten biete, würde ein unschätzbarer Besitz für die Herren des eisumschlossenen Sibirien sein. Ein solcher Besitz in der Hand Rußlands würde jedoch nicht nur eine fortlaufende Gefahr für die Reiche China und Japan sein; es würde auch die Handels-Interessen aller anderen Nationen in den chinesischen Gewässern ernstlich bedrohen. Es sei zu hoffen, daß die Größe dieser Gefahr die jetzt über Korea sich streitenden Mächte veranlassen werde, von ihren beiderseitigen Forderungen nachzulassen und eine friedliche Verständigung herbeizuführen.

Hatzfeldt.

Inhalt: Korea.

The telegram from Our Correspondent at Shanghai which we published yesterday contains information which it would be folly to regard as otherwise than grave. It is not, indeed, necessary to assume that all the alarming rumours as to Japanese intentions current in Shanghai are well-grounded. The Japanese themselves stoutly deny that they have any idea of carrying their action further than the treaty concluded with China in 1885 permits, and the necessity for restoring order and securing the integrity of the Korean Kingdom requires them to do. Such a statement looks harmless, and even benevolent, on the face of it; but as the Chinese never have admitted, and never will of their own free consent admit, that the King of Korea has ceased to be a vassal of the Son of Heaven, it can hardly serve to dispel the suspicions entertained by that potentate's advisers. Our Shanghai Correspondent alleges that Japan is evidently bent on gaining the supremacy in Korea, and as grounds for this belief he reports that she has called upon the King to relinquish the suzerainty of China, to declare his independence, to dismiss the Chinese Resident, and to accept Japanese protection. The Japanese admit that they desire to preserve the integrity of the King's possessions and to introduce reforms amongst his people. They are quite willing that the Chinese should take part in the good work, but if the Chinese decline to assist, Japan is perfectly ready to perform it alone. There seems to be a good deal of resemblance, after all, between the Chinese and the Japanese understanding of Japanese designs. The truth is that the whole position in the Hermit Kingdom is anomalous and admirably calculated, as may be inferred from well-known cases in other parts of the world, to provoke complications between the States most immediately interested. Korea is blessed with two neighbours, both of whom claim a special right to protect her. China, on the one side, has old historic claims to suzerainty over her, claims which go back to the foundation of the present dynasty at Söul at least five hundred years ago. The reigning King, like his forefathers, has received his investiture from the CHINESE EMPEROR, and he regularly sends a tribute mission to Pekin, while the Chinese Resident practically directs the policy of his Court. He and his people are allied to China by race, religion, and tradition, and there is no reason to suppose that they are in the least anxious to sever this historical connexion. China has never abandoned her claims to overlordship in any direct way, but when Korea got into hot water with foreign Powers some years ago she foolishly refused to stand by her vassal, and weakly encouraged the latter to conduct negotiations on her own account. Japan was quick to see the blunder of her rival. She hastened to make a treaty with the King of Korea as an independent Sovereign Prince, and as such she has since professed to treat him whenever it has suited her convenience to do so.

The "dual control" thus inaugurated has worked no better than similar devices elsewhere. Twice within recent years the Japanese representative has been hunted from Söul by the rabble, and on each occasion Japan has been obliged to send troops to Korea. The Chinese sent a garrison when the first outbreak took place, and kept it there until after the second, when it was withdrawn at the request not of Korea, but of Japan. An arrangement was come to between the Governments of the MIKADO and the EMPEROR of CHINA regulating respects, and for some years things went on without any violent disagreement between the two claimants. There was, of course, plenty of friction, as is perhaps inevitable where the representatives of more than one Power are good enough to concern themselves specially for the welfare of a weakly neighbour. The tension now has become suddenly acute. A Korean refugee who had found an asylum in Japan foolishly ventured to Shanghai last March and was murdered there, almost certainly at the instigation of the Korean Government, and, as the Japanese hint, not without the knowledge of the Chinese authorities. An outbreak in Korea itself, possibly provoked by misgovernment and probably fostered for their own ends by one of the Court parties at Söul, took place about the same time, and undoubtedly threatened the property and the lives of the large Japanese commercial community settled in the peninsula. China sent troops with unusual promptitude to quell the disturbance, and informed Japan that order had been restored. But Japan is sceptical. The peace, she thinks, is not likely to last, which would be bad, and when next it was broken, China seize the occasion to occupy the whole country and destroy its independence — so dear to Japan. In these circumstances Japan is loud in her assertions that she means business. She feels that it is her mission to read Korea a lesson, with China if possible, but without China, and even against China, if needs be. That, at least, is what she wishes China to believe; but, happily, there are good reasons for doubting whether she would be unmindful enough of her own broader and more permanent interests to push matters to extremities.

It is a startling instance of what passes for statecraft in the Far East, if it indeed be the fact, as there is some ground to believe, that in these circumstances China has actually invoked the mediation of Russia. Doubtless the diplomatists of Pekin do not mean this intervention to go very far. They flatter themselves, it may be, that it will give them time to draw on the vast but unwieldy sources of their wide dominions. They think that when they have availed themselves of the services of the mediator, so far as it suits them, they can courteously but effectively dismiss him. On any other view it is impossible to conceive what can have induced them to summon to their assistance so formidable a friend. Even the Chinese can hardly imagine that the pledge they extracted from Russia at the time when we evacuated Port Hamilton will necessarily and under all conditions prove an impassable barrier to Slav ambitions. That pledge is explicit and definite, it is true, but so, as all the world knows, were other pledges from the same quarter which did not remain inviolate when the opportune hour to break them had arrived. That promise bound Russia never to occupy any part of Korea. The fact that China thought it worth her while to demand it shows that she knows what Russian aspirations in those regions are. They are forced upon her by the necessities of her geographical position. A fine harbour open all the year round in the North Pacific would be an invaluable advantage to the owners of ice-bound Vladivostock, and Korea abounds in such harbours. That the occupation of any of them by Russia would constitute a perpetual menace alike to the ancient civilization of China and to the interesting experiment in social development now in process in Japan is one of the common- places of Asiatic politics. That it would seriously prejudice the welfare of all nations possessing valuable commercial relations with the China seas is a proposition equally certain, and recognized as fully by those whom it concerns. After all, it is, perhaps, the reality and the greatness of this danger which form our best security that China will not persist too obstinately in her refusal to force much-needed reforms on her vassal, and that Japan will not in the long run show herself too tenacious in vindicating the integrity of Korea to the annoyance of its docile and conservative King.

[　　]

PAAA_RZ201-018914_168

Empfänger	Auswärtiges Amt	Absender	[*sic.*]
A. 6140 pr. 6. Juli 1894. p. m.		St-Petersburg, den 6. Juli 1894.	
Memo	mtg. London 52.		

A. 6140 pr. 6. Juli 1894. p. m.

Telegramm.

St-Petersburg, den 6. Juli 1894,　4 Uhr 12 Min. Nm.
Ankunft:　　　　　　　　　　　4 Uhr 20 Min. Nm.

Der K. Geschäftsträger an Auswärtiges Amt.

Entzifferung.

№ 81.

Einige meiner Kollegen behaupten bestimmt zu wissen, China habe Rußland ersucht, in der koreanischen Angelegenheit zwischen ihm und Japan zu vermitteln. Die russische Regierung habe mit der Antwort gezögert, vorigen Dienstag jedoch geantwortet, sie werde Japan anempfehlen, die Truppen aus Korea zurückzuziehen, und erwarte, daß China das gleiche tue.

[Unterschrift]

Berlin, den 7. Juli 1894.

A 6140.

An den (tit.) Grf. v. Hatzfeldt
Exc. London № 524.

J. № 3982.

In Postziffern:

Zu Ihrer Information: Der Kaiserliche Geschäftsträger in St. Petersburg berichtet vom 6. d. M.: (inser. aus d. Eingang)

St. d. H. N. St. S.

Korea.

PAAA_RZ201-018914_172 ff.

Empfänger	Caprivi	Absender	Hatzfeldt
A. 6163 pr. 7. Juli 1894. a. m.		London, den 5. Juli 1894.	
Memo	mtg. 11. 7. Paris 313, Rom 399, Wien 350, Dresden 498, Karlsruhe 385, München 519, Stuttgart 496, Weimar 312, Peking A. 21, Tokio A. 1, Washington A. 31, Staatsmin.		

A. 6163 pr. 7. Juli 1894. a. m.

London, den 5. Juli 1894.

№ 432.

Seiner Excellenz

dem Reichskanzler, General der Infanterie

Herrn Grafen von Caprivi.

In unserer gestrigen Unterhaltung berührte Lord Kimberley aus eigenem Antrieb die Vorgänge in Korea, indem er besonders hervorhob, daß man hier einer Verwicklung zwischen Japan und China wegen der voraussichtlichen Folgen für den englischen Handel mit großer Sorge entgegensehe. Die englische Regierung lasse daher nichts unversucht, um einer ernsten Differenz zwischen den beiden Regierungen in Korea vorzubeugen, und er habe deshalb auch der japanischen Regierung dringend geraten, zunächst auf die gleichzeitige Zurückziehung der beiderseitigen Truppen einzugehen und sich nachher über die etwa einzuführenden Reformen mit China gütlich zu verständigen.

Lord Kimberley hob gesprächsmäßig dabei hervor, daß der deutsche Handel durch einen Konflikt zwischen China und Japan ebenfalls in hohem Grade leiden und daß es daher auch in unserem Interesse liegen würde, die auf die Erhaltung des Friedens gerichteten Bemühungen zu unterstützen.

Heute suchte mich nun der japanische Gesandte auf, um mir über die Lage der Dinge Auskunft zu geben, da er, wie er hinzufügte, besonderen Wert darauf legte, daß Eure Excellenz über seine Auffassung der Frage und diejenige seiner Regierung vollkommen informiert seien. Aus seinen nicht ganz klaren Erläuterungen ergab sich vor allem, daß Japan es als eine Lebensfrage betrachtet, jede ernstliche Intervention in Korea auszuschließen, und daß es auf Reformen besteht, weil es damit neuen Aufständen vorzubeugen hofft, die in Petersburg schließlich als Vorwand für eine russische Intervention benutzt werden könnten. Man nimmt es deshalb nach den Äußerungen des Vicomte Aoki in Japan besonders übel, daß die chinesische Regierung sich, ohne diese Absicht vorher zur Kenntnis der japanischen zu bringen, an die russische Regierung gewandt, und letzterer dadurch einen Titel zur Einmischung gegeben hat.

Auch darüber ließen die Äußerungen des japanischen Gesandten mir keinen Zweifel, daß seine Regierung bei dieser Gelegenheit an die Stelle der bisherigen Suzeränität Chinas ein Kondominium der chinesischen und japanischen Regierung über Korea setzen möchte. Dagegen versicherte er mir wiederholt, daß seine Regierung nicht daran denke jetzt Korea für sich zu beanspruchen, und daß sie mit der Aufrechterhaltung eines „status quo", welcher fremde Interventionen ausschließe, vollständig zufrieden sein würde.

Wie mir der Unterstaatssekretär Sir Thomas Sanderson eben mitteilt, hat das Foreign Office heute befriedigende Nachrichten über die koreanische Frage erhalten, und es ist hiernach eine Verständigung auf der Basis zu hoffen, daß China und Japan gleichzeitig einen Teil ihrer Truppen zurückziehen und daß dann zwischen ihnen über die etwa einzuführenden Reformen in der Verwaltung von Korea verhandelt wird.

Hatzfeldt.

Inhalt: №. 432. London, den 5. Juli 1894. Korea.

England und Korea.

PAAA_RZ201-018914_179 ff.

Empfänger	Caprivi	Absender	Hatzfeldt
A. 6202 pr. 8. Juli 1894. a. m.		London, den 6. Juli 1894.	

A. 6202 pr. 8. Juli 1894. a. m.

London, den 6. Juli 1894.

№ 434.

Seiner Excellenz

dem Reichskanzler, General der Infanterie

Herrn Grafen von Caprivi.

In der gestrigen Sitzung des Unterhauses erklärte der Unterstaatssekretär der Auswärtigen Angelegenheiten auf eine Anfrage, die englische Regierung sei in der koreanischen Angelegenheit schon bei den Regierungen von China und Japan im Interesse des Friedens vorstellig geworden und werde auch fernerhin alles aufbieten, um eine freundschaftliche Beilegung der Zwistigkeiten herbeizuführen.

Auf eine weitere Anfrage, ob englische Kriegsschiffe nach Korea entsandt worden seien, erwiderte Sir Edward Grey, er habe keine Nachrichten über die letzten Schiffsbewegungen. Vor einem Monat jedoch habe sich der Befehlshaber des China-Geschwaders mit einer genügenden Streitkraft im Norden seiner Station befunden.

Hatzfeldt.

Inhalt: № 434. London, den 6. Juli 1894. England und Korea.

PAAA_RZ201-018914_182 f.

Empfänger	The Baron von Rolenhan	Absender	Malet
A. 6221 pr. 8. Juli 1894. p. m.		Berlin, July 8. 1894.	

A. 6221 pr. 8. Juli 1894. p. m.

Berlin, July 8. 1894.

The Baron von Rolenhan
Acting Imperial Secretary of State for Foreign Affairs.

Monsieur le Baron,

I have the honour to inform you that I am desired by Her Majesty's Principal Secretary of State for Foreign affairs to enquire whether the Imperial Government would be willing to enter into a common intervention with a view to bringing about a settlement of the difference which has arisen between China and Japan in regard to the Korea.

I avail myself of this opportunity, monsieur le Baron, to renew to you the assurance of my highest consideration.

Malet

[   ]

PAAA_RZ201-018914_184 ff.			
Empfänger	Auswärtiges Amt in Berlin	Absender	Gutschmid
A. 6252 pr. 9. Juli 1894. p. m.		Tokio, den 8. Juli 1894.	
Memo	I s. Tel. i. Z. v. 11. 7. Peking 4, Tokio 3. II Ang. I mtg. m. Erl. 16. 7. an Hl. v. Kiderlen II.		

A. 6252 pr. 9. Juli 1894. p. m.

Telegramm.

Tokio, den 8. Juli 1894. 11 Uhr 40 Min. p. m.
Ankunft: 9. 7.   5 Uhr 13 Min. p. m.

Der K. Gesandte an Auswärtiges Amt.

Entzifferung.

№. 7 vom 8. Juli.

Japan hat Rußlands Vermittlung abgelehnt, weil letzteres bedingungslose Räumung Koreas verlangt, welche es von Durchführung gewisser Reformen abhängig macht.

Dagegen hat japanische Regierung die guten Dienste Englands zur Anbahnung einer direkten Verständigung mit China angenommen, ob letzteres darauf eingeht noch unentschieden.

Gutschmid.

PAAA_RZ201-018914_189 ff.

Empfänger	[o. A.]	Absender	[o. A.]
A. 6257 pr. 9. Juli 1894. p. m.		[o. A.]	

A. 6257 pr. 9. Juli 1894. p. m.

Novoje Vremia

27. Juni (9. Juli) 1894.

Der Petersburger Korrespondent der Agentur Reuter teilt aus glaubwürdiger Quelle mit, daß die russische Regierung sowohl Japan als China aufgefordert hat, sofort ihre Truppen von Corea abzuberufen. Korea grenzt an unsere Besitzungen in Sibirien und ist durchaus nicht dazu geschaffen, um als Schauplatz des Krieges zwischen unseren östlichen Nachbarn zu dienen. Wenn die Japaner und Chinesen einander bekriegen wollen, so mögen die Japaner eine Expedition in die unmittelbaren Besitzungen Chinas ausrüsten, und die Chinesen mögen eine Landung an den Inseln Japans versuchen. Am besten täten sie sich zu vertragen, aber jedenfalls können wir nicht zugeben, daß Japan und China Corea mit ihren Truppen überschwemmen. In diesem Falle treffen unsere Interessen mit denen Coreas zusammen. Wir wünschen nicht, daß die Coreaner die Unabhängigkeit verlieren, welche sie unter der Oberherrschaft Chinas genossen haben, denn die Abwesenheit von Streitkräften einer dritten Macht in Corea - China oder Japan - gibt uns die Möglichkeit im äußersten Osten nur eine geringe Truppenzahl zu halten. Wenn unsere Nachbarn uns zwingen, unsere Truppen daselbst zu verstärken, so werden wir vorziehen, ein gemischtes chinesisch-russisches Protektorat über Corea herzustellen, um ein für alle Mal den japanischen und chinesischen Truppen den Zutritt zu Corea abzuschneiden. China verliert nichts, man kann ihm richtigen Empfang des Tributs garantieren, den es jetzt von Corea erhält, nach Abzug unserer Ausgaben für den Schutz der coreanischen Küste.

Nach Berichten englischer Zeitungen haben die Japaner Corea schon mit 10.000 Mann ihrer Truppen besetzt. Die Chinesen haben nicht darauf gerechnet, daß Japan eine so starke Truppenzahl nach Corea senden könne, und jetzt schicken sie ihre Truppen aus verschiedenen Enden des Reichs den Japanern entgegen. Nach dem Beispiel Japans hat China ein Geschwader an die coreanische Küste gesandt. Es läßt sich annehmen, daß ein starkes russisches Geschwader auch in diesen Gewässern erscheinen wird.

Als Vorwand zur Absendung japanischer Schiffe nach Corea gilt der Kampf der nationalen Regierungspartei in Ceylon mit der Partei, die nach Japan gravitiert. Im Laufe von zehn Jahren, nachdem die Chinesen die Japaner im Anfang der siebziger Jahre gezwungen hatten, von Corea abzustehen, hat sich die Regierungsgewalt in den Händen des Geschlechts Min befunden, dem auch die Königin angehört. Einer der Führer der japanophilen Partei, der eine ganze Reihe empörender und frecher Morde begangen hat, ist nach Japan geflohen, aber den Coreanern gelang es ihn nach Shanghai zu locken, wo man ihn erschlug und seine Leiche nach Ceylon schleppte und vor allem Volk ausstellte. Die japanischen Agenten führten eine lebhafte Agitation in ganz Corea. Mit Hilfe von Geld, womit sie die japanische Regierung versehen hatte, gelang es ihnen, das Volk in einigen Orten gegen die Beamten aufzuwiegeln, welche durch Bestechlichkeit und allerlei Bedrückungen allgemeinen Haß gegen sich erregt hatten. Während der Unruhen litten auch die Japaner, welche eine recht zahlreiche Colonie in Corea bilden. Die Klagen dieser Japaner gaben der japanischen Regierung den gewünschten Vorwand zur Einmischung. Japan strebt indessen schon lange danach, Corea zu erobern. Die japanische Regierung hat die neueste Expedition nach Corea teilweise unter dem Einfluß ihrer inländischen Schwierigkeiten unternommen. Im Mai war sie gezwungen, das eben einberufene Parlament aufzulösen. Die Oppositionsparteien unterzogen die Regierung des Ministeriums des Grafen Yito der schärfsten Kritik, u. a. auch in den auswärtigen Angelegenheiten. Die Opposition beschuldigte die Regierung einer trägen, abwartenden Politik und allzu großer Gefälligkeit gegen die Fremden. Die nationale Partei hat sich in Japan verstärkt und kann uns nicht wenig Verdruß im fernen Osten machen. Es ist notwendig, die russische Flotte im Stillen Ozean zu verstärken und auch andere Vorsichtsmaßregeln zu ergreifen.

[   ]

PAAA_RZ201-018914_193 f.

Empfänger	Auswärtiges Amt	Absender	Hatzfeldt
A. 6264 pr. 10. Juli 1894. p. m.		London, den 9. Juli 1894.	
Memo	s, Erl. i. Z. v. 14. 7. London 543.		

A. 6264 pr. 10. Juli 1894. p. m.

Telegramm.

London, den 9. Juli 1894, 7 Uhr 5 Min. p. m.
Ankunft: 9 Uhr 20 Min. p. m.

Der K. Botschafter an Auswärtiges Amt.
Entzifferung.

№ 121.

Earl of Kimberley angeblich wieder sehr besorgt vor Zusammenstoß zwischen Chinesen und Japanesen in Korea, obwohl in Peking und Tokio Neigung zur Unterhandlung vorhanden sein soll. Er wünscht deshalb dringend gemeinsame diplomatische Intervention von England, Deutschland, Frankreich, Rußland und den Vereinigten Staaten von Amerika und der Auftrag, diesen Vorschlag zu machen, ist vorgestern Abend telegraphisch an die bezüglichen Vertreter abgegangen.

Eine Basis für eventuelle Verständigung zwischen Japan und China hat Earl of Kimberley dabei noch nicht formuliert, betrachtet aber nach seinen Äußerungen gegen mich als eine solche: gleichzeitige allmähliche Zurückziehung der beiderseitigen Truppen und Verhandlung über Reorganisation der Verwaltung in Korea. China wäre nach letzten englischen Berichten hierzu geneigt, wenn seine Suzeränität nicht in Frage gestellt wird. Japan verlangt, daß China jetzt Initiative zu Vorschlägen ergreift.

Hatzfeldt.

Berlin, den 10. Juli 1894.   A. 6264.

Korea betreffend

Es dürften jetzt, nachdem England uns zur Mitwirkung aufgefordert, erhebliche Gründe dafür sprechen, im Sinne einer Pazifizierung in Peking und Tokio mitzuintervenieren. Es ist eine mißliche Sache, in Fragen der auswärtigen Politik voraussehen zu wollen. Aber alle Wahrscheinlichkeit spricht dafür, daß, auch wenn es zu einem Kampfe zwischen China und Japan kommen sollte, das Resultat den bestehenden Zustand, d. h. die Erhaltung Koreas, nicht erheblich tangieren wird. Dafür würden eventuell Rußland und England sorgen, von denen ersteres z. Z. keinen Anlaß sieht, die Besitzfrage aufzurollen. Der Kampf würde also schließlich nur zu einer schweren Schädigung der Handelsinteressen geführt haben. Durch eine Intervention unsererseits, die lediglich friedliche Zwecke verfolgen würde, würden wir auch bei einem Mißerfolg uns keinen Eintrag tun, wohl aber könnte ein völliges Beiseitestehen nur Nachteile bringen. Die Situation unterscheidet sich wesentlich von der, wie sie sich z. B. bei den Kämpfen in Südamerika oder in Siam geboten hat. Dort gebietet die drohende Haltung der Vereinigten Staaten von vornehrein so lange Enthaltsamkeit, als nicht direkt deutsche Interessen angegriffen werden. In Siam handelte es sich um das Einschreiten einer europäischen Macht, die sich verletzt glaubte. In der koreanischen Frage aber liegen zunächst Differenzen lediglich zwischen zwei asiatischen Mächten vor, die gewohnt sind, die fremde Intervention auf sich zu ziehen und sie selbst zu provozieren. Wir sind nächst England die wirtschaftlich am stärksten beteiligte Nation in Ostasien, und eine vollständige Effacierung würde nicht bloß dort bemerkt und kritisiert werden. Dazu kommt, daß wir in den zahlreichen Fragen, die in Peking schweben, prinzipiell mit England gegangen und auf diese Weise eine leitende Stellung eingenommen haben. Wir brauchen in diesem Augenblick keine englischen Zwecke fördern, denn der Friede ist dort z. Z. auch unser Ziel, wohl aber würden wir durch unsere Zurückhaltung sehr leicht ein ähnliches Verhalten Englands in anderen uns betreffenden Fragen veranlassen.

Es scheint wichtig zu sein, daß jetzt noch alle größeren Mächte in Korea zu vermitteln suchen. In dieser Gemeinsamkeit liegt so ziemlich die einzige Stärke, die Europa in China aufweist. Das ganze Bestreben in Peking und auch in Tokio ist immer gewesen, die europäischen Mächte zu trennen, so z. B. in der Frage der Fremdenverfolgungen, die ohne jenen Zusammenschluß Europas wahrscheinlich eine ganz andere gefährliche Wendung genommen hätte. Wir hätten ohne ein Zusammengehen mit England, das dort über etwa 15 Kriegsschiffe verfügt, mit unseren zwei Fahrzeugen kaum den Schutz der weitverteilten deutschen Interessen durchführen können.

                                                                    Bw.

Berlin, den 11. Juli 1894.   A. 6163.

Vertraulich!

An

die Missionen in

1. Paris № 313.

2. Rom (Botschaft) № 399.

3. Wien № 350.

4. Dresden № 498.

5. Karlsruhe № 385.

6. München № 496.

8. Weimar № 312.

9. Peking A. № 21.

10 Tokio A. № 1.

11. Washington A. № 31.

---

12. An

    die Herren Staatsministers

    Exellenz

J. № 4071.

Ew. p. übersende ich anbei ergebenst Abschrift eines Berichts des K. Konsuls in Söul vom 5. d. Mts., betreffend Korea

ad 1-3, 9-11: zu Ihrer Information.

ad 4-8: unter Bezugnahme auf den Erlaß vom 4. März 1885 mit der Ermächtigung zur Mittheilung.

Euerer Exellenz beehre ich mich anbei Abschrift eines Berichts des K. Botschafters in London vom 5. d. Mts, betreffend Korea, zur gef. Kenntnißnahme zu übersenden.

N. d. H. U. St. S.

Berlin, den 11. Juli 1894.   A. 6252.

mitg. m. Erl. 16. 7.

an Hl. v. Kiderlen II.

An Gesandten Peking № 4.

_____

An Gesandten Tokio № 3.

J. № 4063.

Sie sind ermächtigt, sich gemeinsamen
Bemühungen Ihrer Kollegen der Großmächte
auf friedliche Beilegung der Differenz mit
Japan anzuschließen.

_____

Telegramm № 7 erhalten. Sie sind ermächtigt
sich gemeinsamen Bemühungen Ihrer Kollegen
der Großmächte zur Erhaltung des Friedens
anzuschließen. Im Fall Interessenkonflikts
zwischen England und Rußland bitte Reserve
zu beobachten.

[Unterschrift]

Die Lage in Korea.

PAAA_RZ201-018914_203 ff.			
Empfänger	Caprivi	Absender	Hatzfeldt
A. 6300 pr. 11. Juli 1894. a. m.		London, den 9. Juli 1894.	

A. 6300 pr. 11. Juli 1894. a. m. 1 Anl.

London, den 9. Juli 1894.

№ 438.

Seiner Excellenz, dem Reichskanzler, General der Infanterie, Herrn Grafen von Caprivi.

Die heutige Times bringt einen im Ausschnitt gehorsamst beigefügten Bericht ihres Korrespondenten in Seoul vom 7. d. M. über die Lage in Korea.

Eintausend weitere japanische Truppen, sagt der Bericht, seien in Chemulpo gelandet worden. Das Koreaner Auswärtige Amt habe auf die japanischen Forderungen vom 28. Juni, betreffend die Beziehungen zu China, einfach geantwortet, daß Korea seine Vertragspflichten gewissenhaft beobachtet habe.

Am 3. Juli habe der japanische Gesandte Olori weitere Forderungen gestellt, enthaltend fünf Punkte: 1) Reform der Zivil-Verwaltung in Hauptstadt und Provinzen; 2) Entwicklung der Hilfsquellen des Landes, besonders durch Eisenbahn-Konzessionen und Verwendung japanischen Kapitals in der Industrie; 3) Reform der Gesetze; 4) Reform des Heereswesens zum Zweck der inneren und äußeren Sicherheit; 5) Erörterung der Einzelheiten der am 25. Juni auf Ersuchen des Königs ergangenen Kollektiv-Note aller Vertragsmächte, welche China und Japan zum Zurückziehen ihrer Truppen auffordert, durch die „Education (?) Comissioners".

Die Regierung von Peking habe ihre Zustimmung zu der Note ausgesprochen. Von Tokio sei noch keine Antwort erfolgt. Eine Versammlung der fremden Vertreter, mit Einschluß derjenigen von China und Japan, sei zusammenberufen worden, um über die Erhebung von Zöllen in den Handelshäfen zu verhandeln.

Hatzfeldt.

Inhalt: № 438. London, den 9. Juli 1894. Die Lage in Korea.

A. 6300.

THE TIMES, MONDAY, JULY 9, 1894.

THE SITUATION IN KOREA

SÖUL, JULY 7.

One thousand additional Japanese troops, including followers, have landed at Chemulpo.

Answering the Japanese demand of June 28 respecting the relations with China, the Korean Foreign Office on June 30 simply declared that Korea had scrupulously observed her treaty obligations. The Japanese Minister, M. Olori, presented further demands on July 3, embracing five points ; − (1) The reform of civil government in the capital and in the provinces ; (2) the development of the resources of the country, including railway concessions and the employment of Japanese capital in industry ; (3) reform of the laws; (4) reform of the military system providing internal and external security ; (5) the Education Commissioners to discuss the details of the joint Note from all the treaty Powers, presented on June 25 by the King's request, calling upon China and Japan to withdraw their troops. The Pekin Government signified its assent to the joint note. No reply has been received from Tokio.

A meeting of foreign representatives, including those of China and Japan, has been called to discuss the imposition of duties at the trading ports. − *Our special Correspondent.*

[   ]

PAAA_RZ201-018914_208

Empfänger	Auswärtiges Amt	Absender	Seckendorff
A. 6309 pr. 11. Juli 1894. p. m.		Tientsin, den 10. Juli 1894.	
Memo	s. Tel. i. Z. v. 13. 7. Peking 5.		

A. 6309 pr. 11. Juli 1894. p. m.

Telegramm.

Tientsin, den 10. Juli 1894, 4 Uhr 40 Min. p. m.
Ankunft: 11. 7.   2 Uhr 40 Min. p. m.

Der K. Konsul an Auswärtiges Amt.

Entzifferung.

№ 1.

Unter Berufung auf unsere Handelsinteressen in China erbittet Li Hung-chang dringend durch Gesandtschaft Tokio Pression auf japanische Regierung wegen Zurückziehung Truppen aus Korea.

Li Hung-chang wünscht dringend Antwort. Habe Gesandtschaft Peking berichtet.

Seckendorff.

Ein Artikel der Nowoje Wremja über Korea.

PAAA_RZ201-018914_210 ff.			
Empfänger	Caprivi	Absender	Rex
A. 6329 pr. 12. Juli 1894. a. m.		St. Petersburg, den 9. Juli 1894.	
Memo	d. K. Feldjäger.		

A. 6329 pr. 12. Juli 1894. a. m. 1 Anl.

St. Petersburg, den 9. Juli 1894.

№ 128.

Seiner Excellenz

dem Reichskanzler, General der Infanterie

Herrn Grafen von Caprivi.

Eurer Excellenz beehre ich mich beifolgend einen in der Nowoje Wremja vom heutigen Tage erschienenen Artikel, betreffend die koreanische Frage, in deutscher Übersetzung gehorsamst zu überreichen.

In diesem Artikel wird unter anderem ausgeführt, daß die Unabhängigkeit Koreas in russischem Interesse liege, da Rußland dann im fernen Osten nur eine geringe Heeresmacht zu unterhalten brauche, daß aber Rußland, wenn es von seinen Nachbarn gezwungen werden sollte, bedeutende Streitkräfte nach Ostasien zu senden, es vorziehen würde, über Korea ein russisch-chinesisches Protektorat zu errichten.

Graf Rex.

Inhalt: Betrifft einen Artikel der Nowoje Wremja über Korea.

A. 6329.   ad. 128

Übersetzung aus der Nowoje Wremja vom 9. Juli / 27. Juli 1894. - № 6582. -

St. Petersburg, den 26. Juni 1894.

Der St. Petersburger Korrespondent der Reuter-Agentur teilt aus zuverlässiger Quelle mit, die russische Regierung habe sowohl Japan wie China den Vorschlag gemacht, ihre Truppen unverzüglich aus Korea zurückzuziehen. Korea grenzt an unsere sibirischen Besitzungen und ist keineswegs dazu geschaffen, unseren östlichen Nachbarn als Kriegsschauplatz zu dienen. Wenn die Japaner und Chinesen einander bekriegen wollen, so mögen erstere eine Expedition in die unmittelbaren Besitzungen Chinas unternehmen oder aber die Chinesen Landungstruppen auf den japanischen Inseln aussetzen. Am besten wäre es, wenn sie sich versöhnen würden, in keinem Falle jedoch können wir es zulassen, daß Japan und China Korea mit ihren Truppen überschwemmen. In diesem Falle sind eben unsere Interessen mit denen Koreas identisch. Wir wünschen es nicht, daß die Koreaner ihre Unabhängigkeit verlieren, die sie bisher unter der Oberherrschaft Chinas genossen haben, da uns gerade die Abwesenheit militärischer Kräfte einer dritten Macht in Korea, seien es nun Truppen Chinas oder Japans, die Möglichkeit gibt, in unserem weitentlegenen Ostgebiet nur eine geringe Heersmacht zu unterhalten; falls uns aber unsere Nachbarn dazu veranlassen sollten, daselbst bedeutende Streitkräfte zu unterhalten, so würden wir es doch vorziehen ein gemischtes chinesisch-russisches Protektorat über Korea einzusetzen, um japanischen und chinesischen Truppen ein für alle Mal den Zutritt nach Korea abzuschneiden. China verliert hierbei nichts; es kann ihm das regelrechte Einlaufen der Lehensgelder, welche es jetzt von Korea erhält, garantiert werden, nur müßten unsere Ausgaben für den Schutz der koreanischen Küste von diesem Betrage in Abzug kommen.

Nach den Mitteilungen englischer Zeitungen haben die Japaner in Korea bereits gegen 10.000 Mann Truppen ausgesetzt. Die Chinesen hatten es nicht vermutet, daß Japan eine so bedeutende Truppenabteilung nach Korea würde senden können und schicken jetzt ihre Truppen aus allen Gegenden des Reiches den japanischen entgegen. Nach dem Beispiel Japans hat auch China eine Kriegskadre an die koreanischen Küsten entsandt. Es ist anzunehmen, daß sich auch ein starkes russisches Eskadre in diesen Gewässern zeigen werde.

Als Veranlassung zur Entsendung japanischer Truppen nach Korea diente der zwischen der nationalen Regierungspartei in Seoul und der nach Japan hinneigenden Partei entbrannte Kampf. Nachdem die Chinesen die Japanesen im Anfang der achtziger Jahre zum Rückzug aus Korea genötigt hatten, befand sich die Regierungsgewalt 10 Jahre hindurch in den Händen des Geschlechts Min, dem auch die Königin angehört. Einer der Führer der japanophilen Partei war, nachdem er eine ganze Reihe empörender und hinterlistiger Mordtaten vollbracht hatte, nach Japan geflohen; den Koreanern gelang es indessen, ihn nach Shanghai zu locken, woselbst sie ihn töteten. Der Leichnam wurde nach Seoul gebracht und dort in verstümmelten Zustand dem Volke gezeigt. Die japanischen Agenten agitierten lebhaft in ganz Korea; durch Geld, mit dem sie von der japanischen Regierung versehen wurden, gelang es ihnen, das Volk an einigen Orten gegen die Beamten aufzuhetzen, welche sich durch Bestechlichkeit und sonstige Bedrängungen den allgemeinen Haß zugezogen hatten. Während der Wirren hatten auch Japaner, welche in Korea eine ziemlich zahlreiche Kolonie bilden, zu leiden. Die Beschwerden dieser bedrängten Japaner gaben der japanischen Regierung den gewünschten Vorwand zur Einmischung. Japan strebt jedoch schon lange danach, Korea zu erobern. Die japanische Regierung unternahm die letzte Korea-Expedition zum Teil unter dem Einfluß der von ihr durchgemachten inneren Mißhelligkeit. Im Mai hatte sie das eben zusammenberufene Parlament auflösen müssen. Die Oppositionsparteien unterwarfen die Verwaltung des Ministeriums des Grafen Ito, unter anderem auch bezüglich seiner auswärtigen Tätigkeit, einer ungemein schroffen Kritik. Die Opposition beschuldigte die Regierung, sie verfolge eine träge, abwartende Politik und sei den Ausländern gegenüber allzu gefällig. Die Nationalpartei wächst in Japan und kann uns im fernen Osten nicht wenig Schwierigkeiten bereiten. Es ist unbedingt notwendig, die russische Flotte im Stillen Ozean zu verstärken und außerdem noch andere Vorsichtmaßnahmen zu treffen.

Äußerungen eines Mitglieds der japanischen Gesandtschaft in St. Petersburg über die koreanische Frage.

PAAA_RZ201-018914_219 ff.			
Empfänger	Caprivi	Absender	Rex
A. 6331 pr. 12. Juli 1894. a. m.		St. Petersburg, 9. Juli 1894.	
Memo	mitg. 15. 7. n. London 545, Tokio A. 3, Peking A. 23		

A. 6331 pr. 12. Juli 1894. a. m.

St. Petersburg, 9. Juli 1894.

№ 130.

Seiner Excellenz, dem Reichskanzler, General der Infanterie
Herrn Grafen von Caprivi.

Ein hiesiges Mitglied der japanischen Gesandtschaft hat sich Herrn von Waldthausen gegenüber über die koreanische Frage dahin geäußert, Japan läge es fern einen Krieg mit China wegen Korea zu führen; es sei lediglich bestrebt, dort seine Interessen gegenüber den chinesischen Intrigen zu wehren, seine Staatsangehörigen zu schützen und auf Einführung administrativer Reformen hinzuwirken. Die Intrigen der Chinesen seien unter dem gegenwärtigen Residenten weit größer als unter dem früheren Residenten Yuan. Er glaubte, daß der Streit jedenfalls einen friedlichen Ausgang nehmen werde.

Der Japaner behauptete nichts davon zu wissen, daß China Rußlands Vermittlung nachgesucht habe, erklärte dies jedoch für sehr wohl möglich, da Rußland China die bindende Versicherung gegeben habe, keinerlei feindselige Absichten bezüglich Koreas zu hegen, wofür China vermutlich Rußland Konzessionen in der Pamir-Frage gemacht habe.

Graf Rex.

Inhalt: Äußerungen eines Mitglieds der japanischen Gesandtschaft in St. Petersburg über die koreanische Frage.

Die Unruhen im Süden Koreas betreffend.

PAAA_RZ201-018914_222 ff.

Empfänger	Caprivi	Absender	Krien
A. 6342 pr. 12. Juli 1894. a. m.		Seoul, den 22. Mai 1894.	
Memo	cfr. A. 6477 mtg. 20. 7. nach London 561, Petersburg 290, Washington A. 35. J. № 215.		

A. 6342 pr. 12. Juli 1894. a. m.

Scoul, den 22. Mai 1894.

Kontrole № 37.

An Seine Excellenz

den Reichskanzler, General der Infanterie

Herrn Grafen von Caprivi.

Eurer Excellenz beehre ich mich im Anschluß an meinen Bericht № 34 vom 10. d. Mts.[45] ganz gehorsamst zu melden, daß) die Aufständischen in Chöl-La-Do zweihundertundfünfzig gegen sie ausgesandte Soldaten der dort stationierten Truppen in die Flucht geschlagen und deren Anführer getötet haben. Sie halten jetzt etwa den vierten Teil der Provinz nebst zwölf von Mauern umgebenen Städten besetzt.

Die von hier ausgerückten Truppen wagen sich aus der Provinzial-Hauptstadt Chön-ju nicht heraus. Eine große Anzahl der Bezirks-Beamten hat sich unter Zurücklassung ihrer Familien nach Seoul geflüchtet.

Auch in der nördlich angrenzenden Provinz Chung-Chöng-Do sind Unruhen ausgebrochen.

Infolgedessen sind gestern weitere 740 Soldaten, und zwar 400 aus Pyöng-yang, 300 von der Insel Kang-wha und 40 aus Seoul, mit drei Gatling-Kanonen von Chemulpo über See nach dem Süden abgegangen.

Die Bewegung ist nicht gegen die Ausländer, sondern lediglich gegen die Bedrückungen der Beamten gerichtet. Viele Bauern haben sich den Rebellen angeschlossen und erklärt, ihre Felder nicht bestellen zu wollen, weil sie unter der gegenwärtigen

---

[45] A. 5585 ehrerb. beigefügt.

Verwaltung die Früchte doch nicht genießen könnten. In Seoul herrscht deshalb große Besorgnis, zumal da die jetzt notwendige Reis-Umpflanzung in den insurgierten Bezirken gestört wird. Der König hat daher am 16. d. Mts. ein Dekret erlassen, worin er Abhilfe der berechtigten Beschwerden und Bestrafung der „habgierigen und verrotteten" Beamten zusichert und Milde walten zu lassen verspricht, falls die Aufständischen sich zerstreuen und an ihre Arbeit gehen.

Auch in den nordwestlichen Provinzen Hwang-Hai-Do und Pyöng-An-Do sind vereinzelte Ruhestörungen vorgekommen, die jedoch zu ernsteren Befürchtungen keinen Anlaß bieten. In der hauptstädtischen Provinz Kyöng-Kui-Do herrscht dagegen vollständige Ruhe.

Eine Abschrift dieses ganz gehorsamen Berichts sende ich an die kaiserliche Botschaft zu Peking.

Krien.

Inhalt: Die Unruhen im Süden Koreas betreffend.

Berlin, den 13. Juli 1894.   A. 6309.

An German Legation   Tel. in Ziff.
Peking № 5.   Mit Bezug auf Telegramm Konsuls Tientsin bitte
                           Vizekönig Li benachrichtigen, daß Gesandter Tokio
J. № 4113.   angewiesen ist, sich gemeinsamen friedlichen
                           Bemühungen seiner Kollegen anzuschließen.

                                   [Unterschrift]

[   ]

PAAA_RZ201-018914_228 ff.

Empfänger	Auswärtiges Amt	Absender	[o. A.]
A. 6388 pr. 13. Juli 1894. p. m.		[o. A.]	

A. 6388 pr. 13. Juli 1894. p. m.

JULY 13, 1894. SUPPLEMENT TO THE LONDON AND CHINA EXPRESS.

BRITISH CONSULAR REPORTS.
KOREA-SÖUL.

Acting Consul-General W. H. Wilkinson writes on March 1 the following report on the trade of Korea for the year 1893: — *Total Trade.* —The *trade of Korea* employs as its medium of exchange the yen or silver dollar of Japan, and the copper cash of the country. In comparing one year with another, therefore, it would appear more natural to follow the method adopted by the Royal Korean Customs, and express the process in dollars rather than in sterling. Put thus, it will be found that at each of the three open ports, and, with a single exception, in every one of the main departments of trade, the returns of 1893 fall below those of 1892. The figures are as follows: —

		1893	1892
CHEMULPO	Foreign imports	$2,045,607	$2,628,430
	Native imports	1,167,529	1,190,631
	Exports	763,749	1,144,683
	Total	$3,976,885	$4,963,744
FUSAN	Foreign imports	$804,884	$1,037,035
	Native imports	310,963	351,095
	Exports	1,207,894	1,738,323
	Total	$2,323,741	$3,126,453
WÖNSAN	Foreign imports	$650,269	$56,4667
	Native imports	301,787	438,974
	Exports	525,373	575,562
	Total	$1,477,429	$1,579,203

The total net trade of the three ports for the past three years has been: — 1893, $7,778,055; 1892, $9,669,400; 1891, $10,249,209.

When converting the amounts for 1891-2 into sterling the dollar was taken at 3a. 4d. and 3s. respectively. During 1893 it fell steadily from 3s. to 2s., and the mean between these sums, 2s. 6d., may be assumed as a fair average rate for the year. Estimated in this way it appears that the total foreign trade of Korea for 1893 amounted only to £972,507 as against £1,450,410 in 1892, and £1,708,202 in 1891. Whether it is altogether fair to so estimate it, is open to question. It is no longer possible to sum up the trade of the Peninsula, with epigrammatic conciseness, as "Japanese barter of British cottons for Korean grain"; but as, despite a deplorable falling-off, the bulk of the import trade is still in British goods, gold values cannot be entirely ignored. In any case the diminution is apparent enough even when the details are left in unconverted yen.

POLITICAL.

The Tong-hak. — When we come to consider the causes of the diminution, we find them ascribed partly to the unsettled political condition of the country in April, but chiefly to the great damage done to the crops by the heavy storms of September. Before, however, either of the causes could operate, when the trade for the year opened, it was evident that the reaction from the "boom" of 1890-1 was still in swing; the markets were congested and dull. As for the political condition of Korea it has not during many years been favourable to trade, if indeed it ever was. The phase by which the commerce of 1893 w.as chiefly affected is still somewhat of a mystery. In March last the foreign residents of Söul began to hear rumours of a rising in the southern provinces which was in some way supposed to be directed against them, and more particularly against the Japanese. The insurgents styled their movement the Tong-hak, "eastern culture", and were represented as reactionary in their professions and bloodthirsty in their intentions. On April 13 the Japanese Consul at Söul issued a notification calling on his countrymen to keep their women and children in readiness for removal to Chemulpo at a moment's notice. By April 25, however, the excitement had subsided and confidence was restored. In May the reports revived, simultaneously with a rise in the price of rice. That, indeed, the disturbance was connected rather with fear of scarcity than with any sentimental objection to Japanese traders or American missionaries, seems probable. Originally the Tong-hak was a quasi-religious society, its founder a reformer such as the Bab of Persia, and like him a martyr. Now it would appear to be a convenient organization for resenting too rapacious extortion. However that may be, its operations adversely affected trade, which still remains very largely in the hand of the Japanese.

Rice Prohibitions. —Moreover at the time when the Tong-hak were most in evidence, from March to May, 1893, relations between Japan and Korea were somewhat strained. Under a clause which appears as Art. 5, Sec. 6, of the British Treaty, and has its counterpart in the treaties with other States, the Korean Government is empowered to prohibit the export of grain on giving a month's notice. In 1888 the Government informed the Japanese Minister at Söul that the export of grain would be prohibited from Wönsan. Notice was at the same time given to the Japanese Consul at that port by the local authorities, but instead of allowing a full month to elapse the prohibition was enforced at the end of 28 days. In the meanwhile, at the instance of the Japanese Minister, it had been rescinded, and the embargo was shortly afterwards removed by the local authorities at Wönsan. The Governor of the province, however, in which Wönsan is situated, ignored the orders of the Foreign Office, and continued to forbid the removal of grain for export during a space of some two months. After a lapse of more than two years a claim for damages on an extensive scale was advanced by the Japanese merchants, and was asserted with some emphasis by the Japanese Minister in the spring of 1893. Finally, but not until the uncertainty of the issue had seriously embarrassed trade, the original claim for some $170,000 was settled for a present payment of $60,000 and a promise of $37,000.

In explanation of the Japanese demand it should be observed that it has become a common practice for Japanese merchants to advance to the Korean farmers money on the growing crops. The merchants themselves are not, for the most part, men of capital, and have in their turn to borrow at heavy rates from the Japanese banks. If the crop is a good one, and at the same time the selling price of rice in Japan is high, the speculator makes a handsome profit; but if he is for any reason hindered or delayed in realising his outlay his losses may be serious. A very lively interest, therefore, is taken in the harvest prospects of each year. In 1893 these at first appeared to be excellent, but early in September furious gales damaged the rice crops in all parts of the Peninsula, and more particularly in the neighbourhood of Fusan. The harvest of 1892, moreover, had been below the average, and supplies from that year fell off earlier than would otherwise have been the case. Moved, as was stated by these considerations, the Korean Government resolved to again avail itself of the right to forbid the export of grain. On Oct. 18 notice was given to the foreign representatives at Söul that the embargo would be enforced at all three open ports at the end of one month. Care was taken in this instance to avoid the inconveniences of reclamation. The points considered were, first, whether notice to a representative at Söul was sufficient notice to all his nationals, and, secondly, whether "a month" was a month of the European and Japanese calendar, or a moon of the Chinese-Korean. The words of the British Treaty run "shall become binding, ... on the expiration of one month from the date on which it shall have been officially communicated by the Korean authorities to the British Consul at the port concerned." Her Majesty's Consul-General holds a commission for the whole of Korea, and for ordinary purposes may be considered as being, in Korea, omnipresent. The Vice-Consul, who is also Vice-Consul for Korea at large, resides however at Chemulpo; but at Fusan and Wönsan British consular officers have not yet been stationed. At all three open ports, on the other hand, are placed Japanese Consuls. If, then, Japanese subjects could continue to export grain until formal notice was given to each local Consul it might happen that a British subject or vessel would be placed at a disadvantage. The difficulty, which in the absence of British shipping and British merchants is as yet academic, was met in this instance by arranging through the Commissioners of Customs at Fusan and Wönsan for the due dating of the notifications. With regard to the period of notice, it was admitted, that as the English text was by Art. 12 to determine interpretation, a month meant a calendar month and not a moon. A third question, as to whether "grain" includes pulse, was left unsettled, as the Korean Government decided to restrict the embargo to rice. After some discussion, the Government made a further concession and permitted the open time to be extended, at Fusan and Wönsan, to December 1, and at Chemulpo to December 6.

The embargo, once enforced, operated, particularly at Chemulpo and Fusan, to very seriously check trade. This was the case not at the ports alone, but also in the interior, where some of the more rapacious officials took upon themselves to hamper the export of articles which only to a very vivid imagination could appear as foodstuffs, such as nutgalls and cowhides.

Local Causes of Bad Trade. −In addition to the more serious reasons for depression, there existed at the various ports hindrances to trade, some of which were successfully overcome. At Chemulpo, for example, the local authorities endeavoured to compel all Korean coasting vessels to discharge at Man-sek-tong, a village upwards of a mile from the custom-house, instead of at Chemulpo itself. As the beans and other produce with which these craft are laden are nearly all borne on Japanese account, and are ultimately exported to Japan, the innovation, which added considerably to the cost of carriage, was resisted by the Japanese and was finally withdrawn. Another proceeding which for a time caused trade to be suspended was the renewed attempt of the Korean officials to restrict the number of brokers through whom the Japanese and other foreign traders transact their business. This, though successful for a time, was ultimately put down.

Korean Brokers at Fusan. −Fusan suffered from a similar project. The course of trade there−where the foreign traders are practically all Japanese−has been for the charterer of a craft bringing produce from an unopened port for sale, to either go direct to the wharf of the purchaser or to negotiate the sale through a native broker. The charges of the latter varied with the nature of the goods sold, from 100 cash per picul of seaweed to 300 cash for a like weight of bêche-de-mer. On an average, the brokerage for each boat would come to some $40. These charges have increased, it is stated, by over 30 per cent, since the appointment by the Government at Söul three years ago of two official head-brokers, one to reside at Quelpart and one at Fusan. To these head-brokers, whether they take part in the sale or not, three-fifths of the brokerage has to be made over. Not content with imposing these burdens on trade, the authorities of the capital in July last either started or sanctioned an agency variously known as the Association for Protection and Examination," or the "Insurance Association." The avowed objects of the corporation, as made known at Fusan itself, were three: to provide a boat harbour, by building a breakwater or otherwise; to erect go-downs for the safe storage of cargo; and to appoint a committee for the appraising of goods brought into the port for sale. The ostensible reason for the last item was to prevent the higgling so constantly indulged in between the Korean vendor and the Japanese purchaser. It would appear, however, more than a little sanguine to expect that a purchaser of any nationality, and still less a Japanese, would be content to take the certificate of such an association as proof of weight and quality. Apart from this drawback, there is nothing on the face of the programme that is objectionable. Unfortunately, the plausible exterior conceals, there is reason to fear, a further menace to trade. To pass over the exaction of fees that seem at present not very high, the regulations of the association require all native boats to enter and clear through its agency, and to transact business through its officers; they even contemplate the daily fixing of prices. Further, all boats leaving Fusan for coast ports are called on (and will be compelled, if the association takes firm hold) to provide themselves with a certificate from the agency setting forth the amount and nature of the cargo. Thus the association would seem to combine the functions of a harbour trust and semi-official brokers' guild with those of a native customhouse.

Inland Exactions. — The exaction in violation of treaty of inland dues over and above the tariff is a practice as well known (both to foreigners and to the native Government) as it is difficult to suppress, and this too, it is needless to say, serves to check the development of trade. From a list of these charges which has been shown to me, I find that the average impost on cotton cloth at each of eight stations in three provinces served from Chemulpo is 300 cash per piece. These charges, and the absence of roads and navigable rivers, prevent foreign goods from penetrating far inland.

Copper Cash. — The effects on the import trade of the depreciation of silver in relation to gold need not be here discussed, but some mention should be made of the cognate question of the appreciation of silver when compared with the native cash. Not so long ago a dollar exchanged for 700 to 800 cash; now it is worth 3,000 to 3,300 cash. This greatly handicaps trade in foreign goods, for the consumer estimates his income and expenditure in cash, and where the cash price of a foreign article is, in his opinion, unduly increased, he foregoes it and returns to its native equivalent.

SHIPPING.

The total tonnage for 1893 was less than that for 1892 by some 3,960 tons, or about 1 per cent. No British vessel made her appearance off this coast during the year. When Korea was first opened to our trade, in 1883, a British steamer ran at regular intervals between Chemulpo and Shanghai, under an agreement with the Korean Government. Just when the Koreans were beginning to appreciate the advantages of safe, rapid, and regular transit the steamer was withdrawn.

This left the way clear for the Japanese, who after some experiments established a regular mail service under that title, the "Nippon Yusen Kaisha." This proving a success, a rival company, the "Osaka Shosen Kaisha" was started, at first between Kobe and Fusan, but last year also to Chemulpo. The resulting competition lowered freights, and dealt a heavy blow to the Japanese junk trade, which fell at Chemulpo from 232 entries in 1892 to 138 entries in 1893, and at Fusan from 472 entries to 394 entries. Wönsan being outside the competition was not affected. Despite the accession of the new company it will be observed that the number of Japanese steamers entered at Chemulpo was 33 below that of 1892, a fall of 25 per cent. This must be attributed to the rice embargo.

The decrease in Russian steamers (there have not been as yet any Russian sailing vessels) was due to the discontinuance of the small Fusan-Wönsan grain vessel. The thirty entries represent the "round trips" of the Shanghai-Vladivostock boat.

The Chinese loss is practically only in sailing vessels. The German eight entries are those of the *Chaochow foo*, a steamer sold to the 'I-wun Sa, a Korean company under official direction. The single American steamer was a little vessel fitted out at Nagasaki for whaling purposes. She met with no success.

The chief feature of the year is the great increase in vessels, both under steam and sail, carrying the Korean flag. In 1886, the first year in which that flag appears in the returns, the numbers were: steamers, seven; sailing vessels, three. In 1891 the respective figures were twenty-three and twenty-eight; in 1892 they were thirty-three and sixty-five, representing a total tonnage of 8,780. Last year they advanced to 141 steamers and 149 sailing vessels, with a total tonnage of 41,466, a gain of nearly 500 per cent. The increase of sailing vessels was at Chemulpo only, but that in steamers at all three ports. Korea possesses no appliances for building vessels of foreign type, so that the increase is all due to purchases from abroad. At Chemulpo most of these have been made on account of the 'I-wun Sa already alluded to, a company formed at the close of 1892 to take over the Korean Government vessels controlled by the "Transport Office." Until the past year these were engaged mainly in the conveyance of troops or of Government rice; they now carry passengers and cargo. At Fusan, in June last, the Korean Steamship Company, which employs tugs and lighters for the traffic between that port and the Naktong River, obtained from Japan a small wooden steamer to run to points further along the coast. The deplorable system of local taxation caused the venture to prove a failure, and the vessel returned in December to Japan. At Wönsan a similar attempt was made to develop the coasting trade. In March a steamer of 122 tons was specially licensed to ply to ports north of Wönsan, and in June she was joined by a steam launch of twenty-four tons. Both did well, but for some reason the licenses were suddenly withdrawn in September. The larger vessel has returned to Japan, but the smaller, having procured a now license, resumed running in October.

No movement deserves greater encouragement on the part of the Korean Government than the coasting trade. Korea possesses for her area a very extensive coast line, but she has few navigable rivers, no canals, and scarcely a track that deserves to be called a high road.

Of her rivers the most important one by far is the Han ("the river," par excellence), the waterway to Söul. Previous reports have dwelt on the importance of placing suitable steam vessels on this line. During 1893 a Chinese company, the T'ung-hui Kung-ssu or "Mutual Transport Company," was formed, and caused to be built at Shanghai a launch of 107 tons, by far the largest and most commodious vessel in the trade. Her first trip to Yongsan was a success, but her subsequent journeys were disastrous, and at the close of the year she was sold to the 'I-wun Sa for the coasting trade. She was, it appears, at once too long and too deep for the river. In her place the company are contemplating the purchase in Japan of two smaller steamers.

Meanwhile, during the open season, an almost daily service is kept up between Chemulpo and Yongsan (or the neighbouring village of Mapu) by means of launches of Japanese or American ownership. These last fly the Korean flag, on the ground, it is understood, that Mapu-Yongsan is not an open port. This, however, would appear to be entirely erroneous, as by the British Treaty the place may certainly be claimed as open, being "in the neighbourhood of Yanghwachin."

EXPORTS.

The principal exports of Korea are rice, pulse, fish, hides, skins, native cottons, seaweed, shark's fins, bêche-de-mer, bones, paper, wheat, barley, and nutgalls.

Rice. —There was a very great falling-off in the export of rice from all three ports, the total being 203,369 piculs, against 630,580 piculs in 1892, a decrease of 26,000 tons. The cause of this has been already explained. Korean rice, it may be observed, will probably always be in demand in Japan, not only to meet the actual requirements of that country, but also to supply the place of the rice exported thence to Europe and America.

Beans and Peas showed a serious decrease at the two principal ports, Chemulpo and Fusan, but a large increase at Wönsan. The total diminution for the whole country was 10,408 tons. The destination of almost all the pulse that leaves Korea is Japan, where the beans are used in the preparation of soy and of a local condiment known as miso. As is also the case with rice, a certain proportion of the Korean beans finds its way from Japan to other countries. The decrease in the export for 1893 was due to a diminished harvest owing to the storms in autumn.

Fish, which appears in the returns both as fresh fish and as fish manure, shows a satisfactory increase at every port, being some 20,000 tons in excess of 1892. The fishing ports are those of the east coast, Fusan and Wönsan, the export at Chemulpo being insignificant. One great fishery is that of sardines, which, however, instead of being prepared as a breakfast esculent, are disposed of to the Japanese in the less dainty form of manure. The catch of this fish appears to be greater each alternate year. At Wönsan in 1893 it was treble the take of 1892. There can be no doubt that in her fisheries should lie a great source of wealth for Korea, but so far the profits have gone to the Japanese. The Koreans are averse to the hardships of a fisherman's life, and when they do exert themselves sufficiently to make a haul cannot take the trouble to properly prepare the fish for the market. At the same time it would seem as though the Fisheries Convention between the two countries is in some respects unduly favourable to the Japanese. The tariff of charges, says Mr. Hunt, Commissioner of Customs at Fusan, is too light, and the penalties are inadequate. "For the benefit of Korea the Regulations should contain a clause stipulating that all fish caught on the coast must either be sold in Korea, or, if intended for abroad, brought to an open port, and there pay the prescribed duty." Lest too much pity should be expended on the exiles of Wönsan it may be added, from Mr. Oiesen's report, that "a large salmon is sold for about 10 c. (3d.)," and that "oysters of excellent quality form a staple article of food in winter."

Hides. —The export of cowhides diminished at Chemulpo and Wönsan, but increased at Fusan. On the whole there was a falling-off of about 5 per cent. The gruesome feature in this commodity is that its export always varies directly with the prevalence of cattle plague. The greater the amount of rinderpest the more hides for sale. Most of the skins go to Japan, there to be made into foot-gear, but some find their way to Newchwang as coverings to the stove beds, the Chinaman, with national nonchalance, taking his risk of anthrax. Under ordinary circumstances the killing of oxen for food in this country is limited, not because the Korean has a distaste for beef (the contrary is the case), but because the Confucian precept that forbids the slaughter of the ploughing beast gives here an excellent excuse for an official squeeze. The number of cattle that may be killed each day varies with the locality: at Wönsan, for example, it is one; at Pingyang, 30. A village community, except during times of murrain, can only taste beef by special permit from the authorities. Hence the supply of raw hides is, from the nature of things, restricted. Even when the cow is dead there are difficulties in the way of free trade in her hide. At Chemulpo, for example, the business is "in the hands of guilds or companies who for certain sums to Government are granted a monopoly, and any hides sold otherwise than through those guilds are liable to confiscation, and the vendor to punishment." This, as Mr. Osborne, from whom I quote, observes, "tends to raise the price above the poor quality." The quality is poor because, in the first instance, the boasts are mostly beasts of burden, and the friction of the pack saddle has raised in what should be the best part of the skin "detrimental callosities." In the second place, "Koreans are clumsy and careless in skinning the dead animals, frequently cutting and disfiguring the hides in the process, and the drying is done in a very perfunctory manner." "Perfunctory" is, perhaps, too euphemistic. The popular method at Chemulpo is to spread the skin, still unpleasantly gory, on the high-road, and trust to the dogs and the feet of the passersby to do the drying.

Skins. — More presentable forms of peltry are those entered in the returns under the heading of skins. These include, among others, those of bear, dog, leopard, tiger, fox, and badger. The chief ports for skins are Chemulpo and Wönsan, the former for badgers, the latter for dogs. The total number of pelts exported in 1893 was about the same as in 1892, a large decrease in dog-skins being balanced by an increase in badgers. The number of tiger-skins that leave the country each year never appears to exceed two or three dozen. To judge by the Wönsan returns, their average price has nearly doubled during the past year, having risen from $22 or $23 to $44 (4 guineas). Leopards' skins, with form part of the official insignia in Korea, remain at about the former price, $10. Only some 40 of them were exported in 1893. In this connection I may quote a passage from Mr. Commissioner Oiesen's picturesque decennial report on Wönsan. After speaking with enthusiasm of the wild animals and scenery of his district, he adds, "Surely it is a reproach alike to the ambitious globe-trotter yearning for unbeaten tracks, to the ardent sportsman in search of big game, and to the sedate aspirant to the honours of the Geographical Society, that within such easy reach there should still be a terra incognita possessing so high a reputation."

Native Cotton. —One of the noticeable circumstances in the trade of 1893 was the large increase in the export of native cotton from Fusan. Under this head is included both raw cotton and cotton goods of native manufacture. The greater part of the former goes to Japan, whence it often returns to Korea in the form of wadding for clothes. The latter in 1893 went almost entirely to Wönsan, where they competed successfully with their Manchester rivals. Several circumstances seem to have aided in promoting this trade. In the cotton districts of South Korea the checks, natural and artificial, on the rice traffic at once obliged the farmer to take to other employment, and afforded him the leisure to do so. Meanwhile, in the consuming area. North and North-east Korea, the fall in silver forced up the apparent price of foreign cottons, while it left unaffected that of the native. Korean cotton cloth is much coarser in texture than its foreign rival, but is considered more durable; it is hardly necessary to add that it is all woven by hand.

In *Seaweed* there has been a falling-off at every port. Fusan is the chief port of shipment for this article, as Osaka of consumption. The decrease was due to the liberal admixture of sand by the Korean vendors, a practice the Osaka and Fusan Chambers of Commerce are now endeavouring to check by requiring all parcels to be publicly examined before shipment. The export of bêche-de-mer has been stimulated through the employment by the enterprising Japanese of diving gear in foreign fashion.

Paper. —The plant "takpool," mentioned in Mr. Fox's note to Mr. Hillier's report for 1892, has been identified at the Kew Gardens as Hibiscus Manihet, and is, it would appear, the same as that used in Japan for sizing the paper made from the bark of the Broussonetia papyrifera, or paper mulberry. The export of paper for 1893 shows a slight increase over that for 1892.

Sundries. —Attention has been drawn in more than one previous report to the possibility of an export trade in human hair. All female attendants in the palace wear on their heads a heavy mass of false hair. This, I am informed, is of at least two qualities, according as it is derived from the clippings or from the combings of the head. The Korean youth, whose hair hangs down below his waist, finds it necessary from time to time to have his locks thinned out. The resulting hairs are preserved and twisted into tresses. A tress thus formed, of the thickness of a finger and the length of a yard, sells at from 4,000 cash to 5,000 cash (about 3s.); a similar tress made up from combings is worth about half that amount. The greatest quantity of hair comes from the southern provinces, but the best from Hwanghai Do. There, it is explained, the extent of the rice fields keeps the atmosphere most and clear of dust, so that the hair of its inhabitants is at once luxuriant and comparatively free from foreign matter. The only feature to which the fastidious gesang takes exception is its colour, which is too fair for her taste. That, however, is overcome by the accommodating perruquier, who dyes it to the fashionable shade of black.

IMPORTS.

Cotton Goods. — Speaking generally, there was a heavy fall in foreign cotton goods at Chemulpo and Fusan, while at Wönsan they remained stationary. The only item which at Chemulpo showed improvement was Chinese nankeens, which rose from 25,648 pieces in 1892 to 31,240 pieces in 1893. If the sole cause of the decline in cottons had been the fall in silver, the Chinese gain should have been accompanied by a corresponding increase in Japanese cloth. The contrary is, however, the case. Except Wönsan, where the improvement is but slight, Japanese cottons were very considerably below the figures of 1892. In his special report on Fusan, Mr. Hillier stated that the Japanese "have carefully studied the wants of the people, and are introducing a fabric of coarse and strong texture, which is specially popular amongst the women. Last year these goods represented one-fourth of the total import of foreign shirtings." This year, however Japanese cottons at Fusan stand at less than one-seventh of the whole, and the coarse cloth to which Mr. Hillier refers has passed completely out of vogue. The reason for its doing so is significant, and shows why Japanese trade in the peninsular may continue to decline, in spite Japanese energy. As soon as other Japanese manufactures found that the cloth in question was making way, they produced and placed on the market an inferior imitation of it, and thereby brought it into discredit. This is not, I am given to understand, an isolated instance of a very suicidal practice.

Notwithstanding the serious falling-off in the lost two years, foreign cottons (of which nine-tenths are British), still represent upwards of 45 per cent, of the total imports. With better harvests, the import should easily recover — indeed, over-pass the figures of 1890-91, did not question of exchange stand in the way.

Woolens. — The improvement of some $3,500(£438) at Chemulpo was exactly balanced by the drop at Fusan. Wönsan, as in the case of cottons, remained stationary. The whole import of woolens into Korea is, however, trifling, being, for 1893, only £3,853. Although the winters in Korea are long and severe, Koreans have accustomed themselves through centuries to meet them by means of wadded garments and flues. Three-quarters of such woolens as are taken appear under the heading of lastings.

Metals. — The total import of metals $217,183=£27,145) was only one-third of that for 1892. This last, however, had been unduly swollen by the importation of metals for the mint at Chemulpo, a mint that was scarcely worked at all in 1893.

Sundries. — The total value of goods classed as sundries was some $7,000 in advance of 1892, being $1,672,902, as against $1,665,979; though, when these figures are expressed in sterling, the advantage appears to be with the earlier year. The articles that gained were raw cotton, fruit, medicines, needles, kerosene oil, Japanese paper, salt, and skins. There was a loss in arms, clothing, coal, dyes, fish, grass cloth, matches, porcelain, provisions, building materials, and umbrellas; other articles such as saké, sugar, and tobacco remaining stationary.

Kerosene Oil. —In Korea, as in China, kerosene oil is becoming a staple. In 1893, 936,000 gallons were imported, of which 63,350 gallons were Russian, the rest being American. The corresponding figures for 1892 were 730,543 gallons of American, and 4,000 gallons of Russian. The extraordinary advance in Batoum oils took place at Chemulpo and Fusan only; at Wŏnsan (where, however, the quantity is small), but half the import of 1892 was recorded. The improvement is due, it would appear, to the introduction of oil tanks into Japan—whereby the oil can be laid down more cheaply—and to more careful packing. For a mountainous country like Korea, too much attention cannot be paid to the doing-up of all goods, and not kerosene alone, in secure, and, at the same time, portable packages.

Salt advanced enormously at Fusan, where its superior quality and cheapness have practically driven the coarse and evil-looking native article out of the field. This would, doubtless, be the case in China were the embargo removed.

Matches improved at Chemulpo and Wŏnsan, but fell off, though the import still remained large, at Fusan. Nearly all the matches now brought into Korea are of Japanese manufacture, their cheapness rather than their quality preferring them to their Scandinavian rivals.

The decline in *Timber* and building materials, to a certain extent, implies, as was, in fact, the case, a check in Japanese immigration; but a great part of the high Chemulpo import of 1892 was for the mint building completed in that year.

Chinese *Silk Piece Goods* remained stationary at Chemulpo and Wŏnsan, but retrograded at Fusan. They are, perhaps, the oldest article of foreign luxury introduced into Korea, and, apart from the quantity consumed in the Palace, which is practically fixed, the import of them varies with the wealth of the higher classes, who, in their turn, depend on fair harvests and a trade that will repay them the cost of the tax stations they farm from the Court. The native silks are of very narrow breadth, some twelve or thirteen inches.

It would be wrong, however, to conclude from this that the Korean, like the Chinaman, prefers his piece goods, whether of silk or cotton, narrow rather than broad. The Korean style of dress differs largely from the modern Chinese, and there is not in its case the same interrelation of cut and cloth.

Korean System of Washing. —I may observe, as a curious fact, that the outer garments of Korean men (for which our Manchester goods are chiefly in request) are always taken to pieces before being submitted to the scrubbing and pounding that occupies half the daytime (and sometimes one-third of the nights) of their wives and daughters. The consequence of this practice is that these robes are either only loosely stitched up with coarse thread, or, more curious still, are actually pasted together with starch. Were there more wealth in Korea, or more enterprise, it would seem that in this fondness of the male Korean for glossy white clothes should lie an opening for the introduction of the mangle.

Korean Headgear. —Other articles of common Korean wear might, were these difficulties and the nightmare of exchange once laid, be subjects of profitable import. The most characteristic portion of a Korean's dress is his headgear, This consists of (1), a band or fillet of woven horsehair pressing tight round the temples; (2), a cap, shaped like the old Phrygian, of the same material, horsehair; (3), the hat, of horsehair and finely-split bamboo, in appearance like a tenuous parody of a Welshwoman's; (4), the strings of Chinese gauze. The first three are all of native make, woven by hand, and are, by Korean standards, very costly. The band varies from c. 50 to $4; the cap from $2 to $30; the hat from $I to $12. It might be possible to turn out all, or some, of these articles by machinery at considerably lower rates.

His shoes, again, are a source of vexation to a Korean of frugal tendencies. They are of native leather, cost, I am told, about $1 a pair, and wear out in a month.

GENERAL REMARKS.

A treaty between Austro-Hungary and Korea was signed at Tokyo on Juno 23, 1892, and the ratifications exchanged at Söul on Oct. 5, 1893. It was drawn up in English and Chinese, and practically conforms to the English treaty, except that the tariff rates embodied in the French treaty of 1886 have been adopted, as more favourable. Additional advantages—which, under the favoured-nation clause all other treaty Powers will share— are the reduction of duty on meerschaum from 10 per cent, to 7 1/2 per cent, ad valorem, and on arms and ammunition from 20 per cent, to 10 per cent. They are, however, of little practical value, as arras for Government use will naturally be free of duty. A special clause deals with opium, which, while remaining contraband, is restricted as regards importation for medical purposes to 3 catties for each Austrian ship.

Opium. —In spite of the agreements and treaties excluding opium from this country, considerable quantities are smuggled in each year, and at Chemulpo, at any rate, many Koreans are learning to smoke it. At the same time it is worthy of note (as bearing upon certain often exploded allegations connected with the Indian drug) that the smugglers have hitherto been, almost without exception, Chinese, and the opium smuggled is all grown in China.

Korean Post Office. — Since the tragic failure of the Korean State Post Office in December, 1884, no attempt has been made on the part of this Government to convey private correspondence. The Foreign Customs establishment has, however, for some time past run a courier service between Chemulpo and Söul, and between Söul and Wönsan. On Sept. 26 last a decree appeared in the Korean Gazette, which, with regal brevity, announced that "telegraphs had been long established; a postal department should be also inaugurated. Let the two be amalgamated, and the General Telegraph Bureau become the general office for posts and telegraphs." Cho Pyong-chik a former President of the Foreign Office (to which post he has now, January, 1894, been restored), was appointed Controller-General; 'I Yung-chik, a Vice-President of the Foreign Office, was given charge of the inland delivery: and Mr. Greathouse, an American gentleman holding similar rank was made associate in charge of foreign mails. No further steps have been so far taken, but it is understood that a series of postage stamps will be shortly issued.

Korean Consulate, Shanghai. — In consequence of the increasing number of Koreans at Shanghai, a Korean officer with the title of "ts'al-li," and duties approximately consular, was appointed in September to reside at that port, but has not yet taken up his appointment.

Foreign Population. — The number of British subjects at the three ports (exclusive of Söul) remains the same; that of the Chinese has increased from 856 to 920, while the Japanese have decreased from 8,398 to 8,048. A better class both of Chinese and Japanese is coming to the country, but of the two peoples the Chinese, at any rate at Söul and Wönsan, appear to be making the greater progress. The Japanese, however, continue in point of numbers and in ship's tonnage to be far ahead, and to display the same activity and intelligence. As dealers in a thousand and one articles — chiefly cheap imitations of European goods — that make up the "sundries" list they are highly successful.' Heavier transactions — all or nearly all with the Court- fall, as heretofore, mainly to the German and American firms established at Chemulpo, though the Japanese have sold during the past year a number of vessels, steam and sail, to the Koreans.

Electronic Light in Palace. — Among the larger contracts of 1893 was one for the lighting of the palace by electricity. This was secured by an able young American engineer, and the various machines, boilers, dynamos, engines, and the rest were constructed in the United States at a cost of some $60,000. This sum was paid, it may be mentioned, by the Korean Government in gold dust and nuggets, and it is said that two of the larger of the nuggets showed so little sign of attrition as to make it evident that the place of their discovery could not have been far from the matrix. They had formed, doubtless, part of the considerable sum remitted every year from the mines in the districts above Wönsan to the capital as royalties or taxes.

Other Occurrences. − The only other occurrences in 1893 that call for particular mention are the loss of the Russian corvette Vitiaz on an unknown submerged rock in an unfrequented channel leading to Port Lazareff, May 10; and the establishment of a naval school on the island-fortress of Kanghoa, at the mouth of the Söul River.

In conclusion, I must express my indebtedness to Mr. McLeavy Brown, Chief Commissioner of Customs in Korea, and to the Commissioners at the three ports, Messrs. Osborne, Hunt, and Oiesen for valuable information and kindly assistance.

Berlin, den 14. Juli 1894.   A. 6264.

An
Botschaft
London № 543.

J. № 4148.

Postziffern.

Wie Ew. bereits von Lord Kimberley erfahren, hat die englische Regierung hier anfragen lassen, ob wir bereit wären, in Tokio u. Peking im Sinne einer friedlichen Ausgleichung der koreanischen Frage zu intervenieren. Ich habe dem hiesigen britischen Botschafter erwidert, daß wir politisch nicht in dem Maße interessiert seien, wie andere Mächte. Wir wollten aber im Interesse des Friedens unsere Vertreter auffordern, sich den dahin gerichteten Bemühungen ihrer Kollegen anzuschließen. Dementsprechend sind, wie ich zu Ihrer persönlichen Information bemerke, die K. Gesandten in Tokio u. Peking ermächtigt worden, sich den gemeinsamen Schritten der übrigen Vertreter der Großmächte auf Ausgleichung der zwischen Japan u. China bestehenden Differenzen anzuschließen. Der Ksl. Konsul in Seoul war bereits früher in ähnlichen Sinne auf seinen Antrag u. die Meldung, daß die übrigen Vertreter in gleichem Sinne einzutreten suchten, mit Anweisung versehen worden.

N. d. H. U. St. S.

[   ]

PAAA_RZ201-018914_236

Empfänger	Auswärtiges Amt	Absender	Rex
A. 6396 pr. 14. Juli 1894. a. m.		Petersburg, den 13. Juli 1894.	
Memo	14. 7. London 544, Peterb. 278, Peking A. 22, Tokio A. 2.		

A. 6396 pr. 14. Juli 1894. a. m.

Telegramm.

Petersburg, den 13. Juli 1894, 8 Uhr   2 Min. p. m.
Ankunft: 9 Uhr 10 Min. p. m.

Der K. Geschäftsträger an Auswärtiges Amt.

Entzifferung.

№ 84.[46]

England hat bei der russischen Regierung angefragt, ob sie zu einer gemeinschaftlichen Intervention in Korea geneigt sei. Antwort des Zaren wird morgen aus Finnland erwartet.

Ich habe den Eindruck als ob die Russen ernstlich bestrebt sein werden, den Krieg auf Korea zu verhindern.

Rex.

---

46 [Randbemerkung] Der englische Botschafter sagte mir, es bestünde ein früheres Abkommen Englands mit Rußland, daß keines beider Länder einen Hafen in Korea besetzen solle. R 14

Berlin, den 14. Juli 1894.   A. 6396.

An Botschaft
London № 544.

cfr. 84084.
J. № 4151.

Postziffern.

Zu Ihrer persönlichen Information:

Wie die K. Botschaft in St. Petersburg meldet, hat die englische Regierung auch dort angefragt, ob das Petersburger Kabinett zu einer gemeinschaftlichen Intervention in Korea geneigt sei. Die Entscheidung des Zaren sei noch nicht ergangen. Die Botschaft hat den Eindruck, als ob es Rußland darum zu tun sei, einen Krieg zu verhindern.

Wie der hiesige englische Botschafter mir mündlich mitteilte, bestehe ein früheres Abkommen zwischen England und Rußland, daß keines der beiden Länder einen Hafen in Korea besetzen solle.

---

2) An Botschaft
Petersburg № 278.

cf. A. 6559.

Postziffern

Zu Ihrer persönlichen Information:

Wie mir der hiesige britische Botschafter mitteilt, besteht ein früheres Abkommen zwischen England und Rußland, wonach keines der beiden Länder einen koreanischen Hafen besetzen soll.

Es wird mich interessieren, von der im Telegramm № 84 angedeuteten Entscheidung des Zaren Kenntnis zu erhalten.

---

3) Gesandte Peking A. № 22.
4) Gesandte Tokio A. № 2.

Postz.

Wie mir gelegentlich der hiesige britische Botschafter mündlich mitteilt, besteht ein früheres Abkommen zwischen England und Rußland, wonach keines der beiden Länder einen koreanischen Hafen besetzen soll.

Vorstehendes zu Ew. persönlichen Information. R.

Auswärtiges Amt
Abth. A.

Politisches Archiv d. Auswärt. Amts

Acta

Betreffend

Korea

Vom 15. Juli 1894
Bis 12. August 1894

Vol.: 15
conf. Vol.: 16

Politisches Archiv des Auswärtigen Amts
R 18915

KOREA. № 1.

Ber. a. Söul v. 2. 6. № 40. Hinrichtung des Vaters des ermordeten Kim Ok Kiun's; Verleihung des koreanischen Doktors - Grades an den Mörder Hong Jong U.	6476. 16. 7.
Ber. a. London v. 19. 7. № 464. Äußerung Sir Th. Sanderson's über die japanisch-chinesischen Differenzen; Wunsch der englischen Regierung, daß der König auf Korea lokalisirt werde und dies bezügl. Schritte bei den Großmächten.	6649. 21. 7.
Aufzeichnung des H. A. St. S. v. 23. 7. Wunsch der russischen Regierung, daß wir in Peking und Tokio unseren Einfluß dahin geltend machten, daß sich die beiderseitigen Truppen auf Korea zur Vermeidung von Konflikten auf bestimmte Rayons zurückzögen.	6749. 23. 7.
Ber. a. Rom v. 20. 7. № 138. Wunsch der Englischen Regierung, daß Italien in Peking und Tokio in vermittelndem Sinne einwirke; Zusage der Ital. Regierung.	6743. 23. 7.
Ber. a. Tokio v. 6. 6. № A. 42. Unfähigkeit des Königs von Korea, ohne fremde Hülfe des Aufstandes Herr zu werden; Entsendung chinesischer Truppen nach Korea: Absicht Japan's, gleichfalls Truppen dorthin zu schicken; Abreise des Gesandten Otori mit militärischer Bedeckung nach Söul.	6813. 25. 7.
desgl. v. 8. 6. № A. 44. Entsendung chinesischer und japanischer Truppen nach Korea.	6815. 25. 7.
desgl. v. 22. 6. № A. 47. Die Stärke der nach Korea entsandten japanischen und chinesischen Truppen; Dringen Japan's auf Einführung von Reformen in Korea (Trennung der Verwaltung von der Justizfrage)	6818. 25. 7.
Ber. a. Peking v. 12. 6. № A. 72. Äußerungen der Minister des Tsungli - Yamen und des japanischen Geschäftsträgers über die Entsendung chinesischer und japanischer Truppen nach Korea. Die chinesisch - japanische Convention v. 18. 4. 1885	6843. 26. 7.
Aufzeichnung des H. A. St. Sekret. v. 26. 7. Russische Mittheilung, wonach Rußland und England gemeinsam dahin wirken, daß China seine Truppen nach dem nördlichen, Japan seine Truppen nach dem südlichen Theil Koreas zurückziehen sollen.	6851. 26. 7.

Ber. a. London v. 25. 7. № 480. Äußerungen Lord Kimberley's über die gemeinsamen Schritte Englands und Russlands mit Bezug auf den chinesisch - japanischen Konflikt; Li hung chang habe Rußland die Vermittlerrolle angeboten; Japan erkläre, Schanghai und dessen Hafen nicht belästigen zu wollen.	6887. 27. 7.
Ber. a. London v. 25. 7. № 477. Standard - Artikel über die Gefahren eines chinesisch - japanischen Krieges; gemeinsame Schritte aller dabei interessirten Mächte zur Erhaltung des Friedens.	6885. 27. 7.
Ber a. London v. 26. 7. № 482. Ängstlichkeit der englischen Regierung in Bezug auf die Entwicklung der Dinge in Korea: die Haltung Rußlands und Frankreichs: Versuch des Hülfs - Unterstaatssekr. Bertie, Deutschland vorzuschieben.	6930. 28. 7.
Ber. a. London v. 27. 7. № 484. Erklärung des Regierungsvertreters im Unterhause betr. den japanisch - chinesischen Konflikt; die Convention vom Jahre 1885; Truppenentsendung; gemeinsame Schritte der Großmächte zur Erhaltung des Friedens.	6956. 29. 7.
desgl. v. 27. 7. № 486. Äußerungen des japanischen Gesandten Vic. Aoki, wonach Japan die politische Gleichstellung mit China in Korea verlange: Anwesenheit japanischer und chinesischer Truppen auf Korea.	6957. 29. 7.
Telegr. a. Paris v. 30. 7. № 179. Bemühungen der Regierung der Ver. Staaten v. N. Amerika, den chinesisch - japanischen Konflikt beizulegen.	7003. 30. 7.
Ber. a. London v. 30. 7. № 489. Die englische Presse (Times, Standard, Daily News) über den chinesisch - japanischen Konflikt. Notiz: Die Pressen über den Krieg zwischen China und Japan wegen Koreas befinden sich i.a. China 20.	7059. 1. 8.
Ber. a. Tokio v. 12. 6. № A. 46. Äußerung des Ministers Muton, wonach der Zweck der Truppensendungen nach Korea nur dahin bestände, die dort lebenden Japaner zu schützen: Mittheilung des Majors Grutschreiber über die Stärke der Expedition nach Korea und die kriegerische Stimmung der Truppen.	6817. 25. 7.

Ber. a. London v. 24. 7. № 471. Äußerungen des japanischen Gesandten Vicomte Aoki über den Konflikt mit China; Versprechen Japan's an England, im Kriegsfalle Shanghai nicht zu belästigen; Klausel des japanisch - chinesischen Vertrages von 1885 über Korea: geheime Abmachungen zwischen China und Rußland und Besorgnisse des japanischen Gesandten wegen Rußlands Streben nach dem Besitz Korea's.	6882. 27. 7.
Reichs - Marine - Amt v. 30. 7. Ersuchen um Erstattung der Kosten für ein auf Wunsch des Ausw. Amts an das Commando S. M. K bt. „Iltis" nach Kobe abgesandtes Telegramm.' Schr. v. 12/8 an d. Leg. Kasse u. an de. R. Mar. Amt	7185. 4. 8.
Berlin a. Söul v. 14. 6. № 45. Ankunft chinesischer und japanischer Truppen in Korea, Äußerungen des chinesischen Vertreters Yuan über die Truppensendung und die Rebellion; Anwesenheit fremder Kriegsschiffe auf der Reede von Chemulpo; Bestrafungen der Aufständischen.	7249. 7. 8.
desgl. v. 16. 6. № 46. Eintreffen 4000 japanischer Soldaten in Chemulpo.	7250. 7. 8.
Ber. a. Peking v. 20. 6. № 76. Die Ankunft chinesischer und japanischer Truppen in Korea und die Unterdrückung der Rebellion daselbst; Mobilisirung der chinesischen Armee in Wei hai wei und Port Arthur; das Versäumniß Li hung chang's, die japanische Regierung rechtzeitig von der Entsendung chinesischer Truppen nach Korea zu informiren; Äußerung des japanischen Vertreters über den Zweck der Truppensendungen (Sicherstellung der Integrität Korea's)	7253. 7. 8.
Ber. a. Peking v. 23. 6. № A. 77. Die chinesisch - japanischen Verhandlungen über Korea; Unterbleiben weiterer Truppensendungen von China nach Korea.	7433. 13. 8.
Ber. a. Söul v. 22. 5. № 37. Kämpfe der Regierungstruppen gegen die Aufständischen; Erlaß eines Dekrets des Königs, worin Abhilfe der berechtigten Beschwerden und Bestrafung der schuldigen Beamten versprochen wird.	6342. 12. 7.

desgl. v. 2. 6. № 41. Siege der Aufständischen über die Regierungstruppen; Absetzung des bisherigen Gouverneurs der Provinz Chol-la-do und Ernennung des Vizepräsidenten des Auswärtigen Amts Kim Hak Chin zum Gouverneur, angebl. Ersuchen des Königs an die chinesische Regierung um Sendung von Gehülfstruppen gegen die Rebellion; Proklamation der Aufständischen; Dekret des Königs, worin Abhilfe der Beschwerden versprochen wird; Bestrafung schuldigen Beamten.	6477. 16. 7.
Ber. a. Tokio v. 10. 6. № 45. Die Koreanische Frage hat das öffentliche Interesse von der inneren Streitigkeit abgelenkt und ist der Japanischen Regierung sehr erwünscht gekommen.	6816. 25. 7.
Ber. a. London v. 27. 7. № 487. Besorgnisse des Japanischen Gesandten Vic. Aoki bezüglich der Abhilfe Rußlands auf Korea nach Fertigstellung der Sibirischen Lage; Wunsch des Gesandten betr. militärische Zweitheilung Koreas (nördlich China, südlich Japan) und Besetzung Port Lazare's durch chinesische Truppen.	6965. 29. 7.
Ber. a. Tokio v. 27. 6. № A. 48. Mittheilung des Ministers des Auswärtigen Hrn. Mutsu über die erfolglosen Verhandlungen mit China wegen gemeinsamer Aktion in Korea; Hoffnungen des Ministers auf Erhaltung des Friedens; Forderung betr. die Unabhängigkeit Korea's; voraussichtlicher Sturz des chinesenfreundlichen koreanischen Premierministers.	7254. 7. 8.
Telegr. aus Shanghai v. 23. 7. № 1. Wunsch des Englischen Konsuls, daß zum Schutze des Handels die Neutralisirung von Shanghai erwirkt werde, Erklärung Li hung chang's, daß in Kriegsfalle Wusung blockirt werde.	6734. 23. 7.

Berlin, den 15. Juli 1894.   zu A. 6331.

An

die Missionen in

1. London № 545.

2. Tokio № A. 3.

3. Peking № A. 23.

J. № 4162.

Euerer pp. übersende ich anbei ergebenst Abschrift eines Berichts des K. Geschäftsträgers in St. Petersburg vom 9. d. Mts., betreffend Äußerungen eines Mitglieds der dortigen Japanischen Gesandtschaft über die koreanische Frage,

zu Ihrer Information.

N. d. H. U. St. S.

Korea.

PAAA_RZ201-018915_014 ff.

Empfänger	Caprivi	Absender	P. Metternich
A. 6458 pr. 15. Juli 1894. p. m.		London, den 14. Juli 1894.	
Memo	mtg. 19. 7. v. Washington A. 32, Paris 324, Petersburg. 283, Rom 413, Wien 363, Peking A. 25, Tokio A. 4, München 539, Stuttg. 513, Weimar 325.		

A. 6458 pr. 15. Juli 1894. p. m.

London, den 14. Juli 1894.

№ 448.

Seiner Exzellenz

dem Reichskanzler, General der Infanterie

Herrn Grafen von Caprivi.

Bei einem Besuch, den ich Lord Kimberley heute abstattete, kam derselbe auch auf Korea zu sprechen und bemerkte, die Zeitungnachrichten seien unrichtig, wonach er China und Japan seine Vermittlerwolle wegen Korea's angeboten habe. Er habe sich darauf beschränkt, beiden Mächten im Sinne einer friedlichen Beilegung des Streites von Zeit zu Zeit seinen wohlgemeinten Rath zu ertheilen, der auch von beiden Seiten dankbar angenommen worden sei.

Der Minister bemerkte sodann, aus Korea selbst seien ihm heute keine Nachrichten zugegangen, dagegen liege ihm eine Meldung Lord Dufferie's vor, wonach die Französische Regierung ihre Bereitwilligkeit erkläre habe, sich einer gemeinsamen diplomatischen Demarche zur Erhaltung des Friedens anzuschließen, obwohl Frankreich keine besonderen Interessen in Korea verfolge.

Lord Kimberley bezeichnete es ferner als sehr begreiflich, wenn Rußland, bei seinem Wunsch einen offenen Hafen zu erhalten und bei dem Aufschluß seines östlichen Besitzes durch die in einigen Jahren zu erwartende Fertigstellung der Ost - Sibirischen Eisenbahn, nicht ruhig zusehen würde, daß die Japaner sich in Korea festsetzen.

Andererseits ist der Minister der Ansicht, daß, falls es jetzt zum Kampf kommen sollte, die Japaner die Chinesen aus Korea verdrängen würden. Die Chinesische Flotte sei zwar nach Ansicht der englischen Seeoffiziere in gutem Zustande und tüchtig, jedoch der Japanischen nicht gewachsen. Für die europäischen Interessen würde es besonders bedenklich sein, falls die Japanische Flotte, nach Vernichtung der Chinesischen, zur Blockirung der Häfen China's schreiten sollte.

P. Metternich.

Inhalt: № 448. London, den 14. Juli 1894. Korea.

Berlin, den 16. Juli 1894.   zu A. 6252. (II)

An
den Herrn v. Kiderlen № 11.
J. № 4179.

In Folge eines im Süden Koreas entstandenen Aufruhrs haben bekanntlich China und Japan Truppen nach dem Lande entsandt, um die Ordnung wiederherzustellen. Nachdem dieser Zweck erfüllt war, weigerte sich die japanische Regierung ihre Truppen zurückzuziehen, bevor nicht die koreanische Regierung Reformen im Lande einführte, welche die Wiederkehr ähnlicher Aufstände verhüten sollten. China ist bereit, seine Mannschaften gleichzeitig mit Japan abzuberufen, lehnt es aber bis jetzt ab, sich dem Drängen der japanischen Regierung auf Reformen anzuschließen. Auf diese Weise ist es zu einer Spannung zwischen den beiden ostasiatischen Mächten gekommen, die insofern Gefahren bietet, als die Japaner z.Z. die Hauptstadt Seoul besetzt halten, während die chinesischen Truppen, welche sich bisher im Süden aufgehalten, sich der Hauptstadt nähern, um etwaigen Versuchen Japans, sich überwiegenden Einfluß beim Hofe zu verschaffen, entgegenzutreten und die bisherige, allerdings mehr nominelle als tatsächliche Souveränität Chinas über Korea aufrechtzuerhalten.

Bei dieser Sachlage hat die chinesische Regierung auch an unsere Vermittelung appellirt, damit wir auf Japan im Sinne einer Räumung Korea's einwirken sollten. Schon vorher war auch die englische Regierung an uns herangetreten mit dem Ersuchen, uns einer Intervention der Mächte behufs eines friedlichen Ausgleichs der entstandenen Gegensätze anzuschließen.

Wir haben mit Rücksicht darauf, daß bei der Frage der Existenz Korea's England und Rußland in erster Linie interessirt sind und diese Frage zu einer Interessencollision dieser beiden Mächten führen könnte, erwidert, daß eine Intervention nicht unsere Aufgabe sei. Dagegen scheint es, soweit eine solche Collision nicht vorliegt und die übrigen europäischen Großmächte im friedlichen Sinne einwirken, mit Rücksicht auf unsere Handelsinteressen in Ostasien wünschenswerth, unsdiesen gemeinsamen Bemühungen anzuschließen.

Dementsprechend sind die Kaiserlichen Gesandten in Peking und Tokio mittels der in der Anlage abschriftlich wiedergegebenen Telegramme mit Weisung versehen worden.

Euerer pp. wollen bei Vorlage der anliegenden Telegramme an Allerhöchster Stelle Seiner Majestät dem Kaiser in dem oben angedeuteten Sinne Vortrag erstatten.

N. d. H. U. St. S.

R

Hinrichtung des Vaters von Kim Ok Kiun.

PAAA_RZ201-018915_025 ff.

Empfänger	Caprivi	Absender	Krien
A. 6476 pr. 16. Juli 1894. a. m.		Söul, den 2. Juni 1894.	
Memo	mtg. 19. 7. v. London 550, Petersbg. 284, Washington A. 33, Dresden 518, München 542, Stuttg. 515, Weimar 326, Staatsmin. J. № 234.		

A. 6476 pr. 16. Juli 1894. a. m.

Söul, den 2. Juni 1894.

Kontrole № 40.

An Seine Exzellenz, dem Reichskanzler, General der Infanterie
Herrn Grafen von Caprivi.

Euerer Exzellenz beehre ich mich im Verfolg meines Berichtes № 33 vom 8. v. Mts.[47] ganz gehorsamst zu melden, daß der Vater Kim Ok Kiun's, der bisher in der Provinz Chung-chong-do gefangen gehalten worden war, dort am 24. v. Mts. hingerichtet worden ist.

Damit ist die Familie des Rebellen ausgerottet worden, da dessen Mutter und Tochter bereits früher erdrosselt worden sind. - Das von Kim Ok Kiun vordem bewohnte Haus in Söul ist dem Erdboden gleichgemacht worden.

Dagegen ist dem Mörder Hong Jong U am 25. v. Mts. der Koreanische Doktor - Grad verliehen worden.

Diese Beförderung und besonders die Hinrichtung des über 70 Jahre alten Mannes haben bei den hiesigen Fremden einen sehr ungünstigen Eindruck hervorgerufen.

Abschriften dieses ehrerbietigen Berichtes sende ich an die Kaiserlichen Gesandtschaften zu Peking und Tokio.

Krien.

Inhalt: Hinrichtung des Vaters von Kim Ok Kiun.

---

47 A. 5584. ehrerbietigst beigefügt.

Die Unruhen im Süden Koreas betreffend.

PAAA_RZ201-018915_028 ff.

Empfänger	Caprivi	Absender	Krien
A. 6477 pr. 16. Juli 1894. a. m.		Söul, den 2. Juni 1894.	
Memo	mtg. 20. 7. nach London 561, Petersburg 290, Washington A. 35. J. № 236.		

A. 6477 pr. 16. Juli 1894. a. m. 1 Anl.

Söul, den 2. Juni 1894.

Kontrole № 41.

An Seine Exzellenz

den Reichskanzler, General der Infanterie

Herrn Grafen von Caprivi.

Euerer Exzellenz

habe ich die Ehre im Verfolg meines Berichtes № 37 vom 22. v. Mts. ganz gehorsamst zu melden, daß die Aufständischen vorgestern Chön ju, die Hauptstadt von Chol-la-do, erobert haben, anscheinend ohne auf erheblichen Widerstand zu stoßen. Der inzwischen wegen Unfähigkeit abgesetzte Gouverneur hat sich nach Kong-ju, der Hauptstadt der benachbarten Provinz Chung-chöng-do, geflüchtet. Als sein Nachfolger ist vor Kurzem der Vizepräsident des Auswärtigen Amtes, Kim Hak Chin, ernannt worden.

Die Soldaten haben sich nach dem südwestlich von Chön-ju gelegenen Küstenbezirk von Hong-Kwang zurückgezogen. Die Telegraphenlinie von Söul nach Fusan ist unterbrochen. Der größere Theil von Chöl-la-do befindet sich gegenwärtig in den Händen der Rebellen.

In Folge dessen herrscht in hiesigen Regierungskreisen große Bestürzung und Rathlosigkeit. Heute sind fünfhundert, mit Remington - Gewehren bewaffnete, Soldaten aus Pyöng-Yang, die als die zuverlässigsten gelten, von hier nach Chemulpo über See nach dem Süden befördert worden.

Weitere fünfhundert Mann sind von Pyöng-Yang telegraphisch hierher beordert worden.

Die Regierungstruppen haben sich, wie zu erwarten war, als ganz untüchtig und feige erwiesen. Hier heißt es deshalb, daß der König von dem Kaiser von China Unterstützung gegen die Rebellen erbeten habe. Der chinesische Konsul erklärte mir heute indessen, daß ein solches Gesuch bisher nicht vorläge, daß jedoch seine Regierung, falls der König von

Korea darum bäte, bereit wäre, ihm zur Unterdrückung des Aufstandes bewaffnete Hülfe zu leisten.

Euerer Exzellenz beehre ich mich in der Anlage abschriftliche Übersetzung einer Proklamation der Aufständischen zu unterbreiten. Dieselben betonen darin, daß sie getreue Unterthanen des Königs seien und nur durch den unerträglichen Druck der habgierigen und übermüthigen Beamten zur Verzweiflung getrieben, die Waffen ergriffen haben.

Am 23. v. Mts. hat der König ein zweites Dekret erlassen, worin er nochmals Abhülfe der Gerechten Beschwerden der Empörer, Linderung der Noth der vom Aufstande Betroffenen und strenge Bestrafung der schuldigen Beamten verspricht. Der Bezirksvorsteher von Ko - Pu, wo der Aufstand begonnen hat, ist in das hiesige Gefängnis für schwere Verbrecher geworfen und der zur Untersuchung der dortigen Mißstände abgesandte Spezial - Kommissar wegen mangelhafter Berichterstattung mit Verbannung bestraft worden. Die Verhaftung des früheren Gouverneurs von Chöl-la-do ist heute angeordnet worden.

Die Bevölkerung der Provinz Kyöng-kui-do verhält sich andauernd ganz ruhig.

Eine Abschrift dieses ganz gehorsamen Berichtes sende ich an die Kaiserliche Gesandtschaft zu Peking; der Kaiserlichen Gesandtschaft zu Tokio habe ich den Inhalt meine Berichte über den Aufstand mitgetheilt.

Krien.

Inhalt: Die Unruhen im Süden Koreas betreffend. 1 Anlage

Anlage zum Bericht № 41.
Abschrift.

Übersetzung.

Das kostbarste Gut, das die Menschen auf Erde haben, ist die gesellschaftliche Ordnung; in der gesellschaftlichen Ordnung von erster Bedeutung sind die Beziehungen von Fürst zu Unterthan und von Vater zu Sohn. Ist der Fürst gütig und der Unterthan ihm ergeben, ist der Vater liebevoll und der Sohn voll Pietät so sind die Familie und der Staat wohl begründet und können ein Glück ohne Grenzen erreichen.

Seine Majestät ist gütig und voll Pietät, liebt seine Familie und sein Volk, er ist erlaucht und heilig und weise; wenn würdige und gute, aufrichtige Minister ihm mit Rath und Tath zur Seite stehen, können wir darauf rechnen, daß die Zeit kommen wird, wo Reformen geschehen wie durch Yao und Shun und wo die Regierung geführt wird wie durch Mun und Kyong (2 Könige aus der Wu respektive Sung Dynastie.)

Die jetzigen Minister richten ihre Gedanken nicht auf das Wohl des Staates; sie trachten nur nach Stellungen und Einkünften und halten seine Majestät in Unkenntniß über die thatsächlichen Zustände; sie reden ihm nur zu Gefallen, schwärzen bei ihm loyale Minister, die dem König Vorstellungen machen, an und stellen ehrliche Menschen als Schurken hin. In der Hauptstadt giebt es keine Talente, die den Staat schützen könnten; im Lande wimmelt es von Beamten, die das Volk bedrücken. Die Stimmung im Volk wird mit jedem Tage schlimmer. Zu Hause haben die Leute nichts zu leben; außerhalb wissen sie nicht, wie sie sich (vor den Übergriffen der Beamten) schützen sollen. Die Regierung wird von Tag zu Tag schlechter, die Entrüstung wird immer allgemeiner. Die Regeln, wie Fürsten und Unterthanen, Väter und Söhne, Höher- und Niedergestellte sich gegen einander stellen sollen, werden nicht mehr beobachtet. Der (Philosoph) Kwanchung sagt: „Wenn die 4 Pfeiler des Staates nicht aufrechterhalten werden, muß der Staat zu Grunde gehen." Die Zustände sind jetzt weit schlimmer als je vorher. Von den höchsten Beamten bis zu den niedrigsten denkt Keiner an die Gefahren, die dem Staate drohen; jeder ist nur bedacht sich zu mästen und den Glanz seiner Familie zu erhöhen. Die Anstellungen von Beamten werden dazu benutzt Geld zu machen, die Prüfungen sind der reine Markt; die Geschenke gehen aber nicht an den König, sie füllen private Taschen. Das Land streckt tief in Schulden, man denkt nicht daran dieselben zu bezahlen. (Die Beamten) sind stolz und üppig, ausschweifend und versagen sich nichts. Das ganze Land ist ausgesogen, die Bevölkerung total verarmt, nur in Folge der Habgier und Tyrannei der Beamten.

Das Volk ist die Wurzel des Staates; reißt man die Wurzel aus, so geht der Staat zu Grunde; (die Beamten) denken aber nicht an Erhaltung des Staates oder an das Wohl des Volkes; während sie im Lande sich Häuser bauen, wo sie sich in Sicherheit bringen können, trachten sie nur nach Stellungen und Einkünften. Kann das so fortgehen?

Wir sind nur Dorfleute, wir essen das Brod des Königs und kleiden uns mit Kleidern, die uns der König giebt; aber wir können nicht ruhig zusehen, wie der Staat dem Ruin entgegengeht. Die Bevölkerung des ganzen Landes denkt ebenso wie wir; wir haben zu Hunderttausenden und Millionen uns berathen; wir erheben jetzt das Banner der Gerechtigkeit zum Schutze des Staats und zum Wohl des Volkes und haben geschworen, unser Leben dafür einzusetzen.

Werdet ihr durch die gegenwärtigen Ereignisse auch erschreckt, fürchtet euch darum nicht und lauft nicht davon; es bleibe jeder ruhig bei seiner Beschäftigung. Wir wollen zusammen beten um glückliche und friedliche Zeiten, und hoffen, wir werden uns zusammen über die Wandlung der Zeiten freuen können. Für die Uebersetzung:

(gez.) Reinsdorf.

[   ]

PAAA_RZ201-018915_039

Empfänger	Caprivi	Absender	[o. A.]
A. 6491 pr. 16. Juli 1894. a. m.		Peking, den 4. Juni 1894.	

A. 6491 pr. 16. Juli 1894. a. m.

Peking, den 4. Juni 1894.

A. № 65.

Seiner Exzellenz

dem Reichskanzler, General der Infanterie

Herrn Grafen von Caprivi.

Entzifferung.

Nachdem die Empörer in Korea, ... Herr Krien vorgestern telegrafierte die Hauptstadt der Südwestprovinz genommen haben, beschloß Li hung chang, wie ich aus zuverlässiger Quelle aus Tientsin höre und Euerer Exzellenz telegraphirte, von Shan Hai Kuan heute 1500 Mann geschulte Truppen nach Korea abgehen zu lassen.

[   ]

PAAA_RZ201-018915_040

Empfänger	Auswärtiges Amt	Absender	Krien
A. 6511 pr. 17. Juli 1894. a. m.		Seoul, den 16. Juli 1894.	

A. 6511 pr. 17. Juli 1894. a. m.

Telegramm.

Seoul, den 16. Juli 1894, 4 Uhr 40 Min.
Ankunft: 17/7   2 Uhr 55 Min.

Der K. Konsul an Auswärtiges Amt.

Entzifferung.

№ 6.

Japanische Soldaten insultirten englischen Vertreter japanischer Gesandter unterbreitet coreanischem Commissar Reform - Vorschläge.

Krien.

Berlin, den 18. Juli 1894.   A. 6511.

An

die Botschaften in

1. London № 549.

2. St. Petersburg № 282.

J. № 4228.

In Postziffern:

  Zu Ihrer Information; Nach telegraphischem Bericht des Konsuls in Söul vom 16. d. Ms. wurde der englische Vertreter durch japanische Soldaten insultirt. Der japanische Gesandte unterbreitet dem coreanischen Kommissar Reformvorschläge.

PAAA_RZ201-018915_042

Empfänger	Auswärtiges Amt	Absender	[o. A.]
A. 6559 pr. 18. Juli 1894. p. m.		Petersburg, den 18. Juli 1894.	
Memo	mtg. i. Z. 20. 7. v. London 560.		

A. 6559 pr. 18. Juli 1894. p. m.

Telegramm.

Petersburg, den 18. Juli 1894, 5 Uhr 40 Min. p. m.
Ankunft: 6 Uhr 23 Min. p. m.

Der K. Geschäftsträger an Auswärtiges Amt.

Entzifferung.

№ 86.

Unter Bezugnahme auf Erlaß № 278.[48]
Antwort des Zaren noch nicht eingetroffen.
Herr Schisikkie sagt mir Japan weigere sich trotz aller Vorstellungen Rußlands seine Truppen von Korea zurückzuziehen bis nicht die daselbst einzuführenden Reformen festgestellt seien.

Rex.

---

48 A. 16396

Berlin, den 19. Juli 1894.   A. 6458.

An die Missionen in

1. Washington № A. 32.

7. Tokio № A. 4.

2. Paris № 324.

3. St. Petersbg № 283.

4. Rom(Botschaft) № 413.

5. Wien № 363.

6. Peking № A. 25.

8. Dresden № 516.

9. Karlsruhe № 403.

10. München № 539.

11. Stuttgart № 513.

12. Weimar № 325.

13. An die Herrn

    Staatsminister

    Exzellenzen

J. № 4242.

Ew. pp. übersende ich anbei ergebenst Abschrift
eines Berichts des K. Geschäftsträgers in London
vom 14. d. Mts. betreffend Korea
ad 1-7: zu Ihrer Information
ad 8-12: unter Bezugnahme auf den Erlaß vom 4.
März 1885 mit der Ermächtigung zur Mittheilung.

Euerer Exzellenzen beehre ich mich anbei
Abschrift cincs Berichtes des K. Geschäftsträgers
in London von 14. d. Mts. betreffend (wie oben)
zur gef. Kenntnisnahme zu übersenden.

N. d. H. U. St. S.

Berlin, den 19. Juli 1894.   A. 6476.

An

die Missionen in

1. London № 550.

2. St. Petersburg № 284.

3. Washington № A. 33.

4. Dresden № 518.

5. Karlsruhe № 405.

6. München № 542.

7. Stuttgart № 515.

8. Weimar № 326.

9. An die Herrn Staatsminister
   Exzellenzen

J. № 4259.

Ew. pp. übersende ich anbei ergebenst Abschrift eines Berichts des K. Konsuls in Söul vom 2. v. Mts., betreffend die Hinrichtung des Vaters von Kim Ok Kiun

ad 1-3: zu Ihrer Information. Ew. pp. sind ermächtigt, den Inhalt nach Ihrem Ermessen zu verwerthen.

ad 4-8: unter Bezugnahme auf den Erlaß vom 4. März 1885 mit der Ermächtigung zur Mittheilung.

Euerer Exzellenz beehre ich mich anbei Abschrift eines Berichts des K. Konsuls in Söul vom 2. v. Mts., betreffend(wie oben) zur gef. Kenntnißnahme zu übersenden.

N. d. H. U. St. S.

Berlin, den 20. Juli 1894.

zu A. 6342, 6477.

An

die Botschaften in

1. London № 561.

2. St. Petersburg № 290.

3. Washington № A. 35.

J. № 4294.

Euerer pp. übersende ich anbei ergebenst Abschrift zweier Berichte des K. Konsuls in Söul vom 22. Mai u. 2. Juni d. Js., betreffend die Unruhen im Süden Koreas zu Ihrer gef. Information.

_____

zu Ihrer Information und mit der Ermächtigung, den Inhalt nach Ihrem Ermessen zu verwerthen.

_____

mit dem Ersuchen, den Inhalt zur Kenntniß der dortigen Regierung bringen zu wollen.

N. d. H. U. St. S.

Berlin, den 20. Juli 1894.

A. 6559.

An

die Botschaft in

London № 560.

J. № 4293.

In Postziffern.

Zu Ew. pp. persönlichen Information.

Unter Bezugnahme auf Erlaß 544: der Kais. - Geschäftsträger in St. Petersburg meldet vom 18. d. Mts.:

(inser aus der Vorlage)

N. d. H. U. St. S.

Korea.

PAAA_RZ201-018915_047 ff.

Empfänger	Caprivi	Absender	P. Metternich
A. 6649 pr. 21. Juli 1894.		London, den 19. Juli 1894.	
Memo	mtg. 24. 7. Paris 335, Stuttgart 534, Petersbg. 296, Weimar 342, Rom 428, Washington A. 36, Wien 375, Tokio A. 5, Dresden 538, Peking A. 26, Karlsruhe 424, München 562, Staatsmin.		

A. 6649 pr. 21. Juli 1894. a. m.

London, den 19. Juli 1894.

№ 464.

Seiner Exzellenz

dem Reichskanzler, General der Infanterie

Herrn Grafen von Caprivi.

Die hiesige Regierung betrachtet die Lage in Korea, wie mir Sie Thomas Sanderson heute mittheilt, immer noch als sehr bedenklich, da keine der beiden streitenden Parteien geneigt scheine, den ersten Schritt zu einer versöhnlicheren Haltung thun zu wollen. Japan verlange die sofortige Einführung von 25 Reformen und eine gemeinsame japanisch - chinesische Garantie der Unabhängigkeit Koreas. China bestehe zunächst auf Zurückziehung der Truppen und wolle dann in eine Diskussion über die gewünschten Reformen eintreten. Dabei verlaute, daß beide Theile in Begriff ständen, Truppenverstärkungen nach Korea zu entsenden.

Unter diesen bedrohlichen Verhältnissen habe Lord Kimberley heute Sir Edward Malet und die übrigen englischen Vertreter bei den interessirten Großmächten telegraphisch angewiesen, den Mächten eine gemeinsame diplomatische Aktion in Peking und Tokio vorzuschlagen, um Japaner und Chinesen zu bewegen, ihre Truppen, die einen nach dem Süden, die andern nach dem Norden von Korea zurückzuziehen, damit ein Zusammenstoß vermieden werde.

Nach mir kürzlich gemachten Äußerungen des Vikomte Aoki zu schließen, würde derselbe einen auf Korea lokalisirten Krieg zwischen Japan und China nicht ungern sehen, da er an dem Siege der Japanischen Waffen nicht zweifelt. Er geht dabei von der Voraussetzung aus, daß seine Regierung nicht den Fehler begehen werde, mit der

Japanischen Flotte Chinesische Häfen zu belästigen, in denen der Europäische Handel interessirt sei.

Sir Thomas Sanderson ist über das von den Zeitungen gemeldete Attentat gegen den Englischen Konsul in Soeul und dessen Familie noch nichts Näheres bekannt.

P. Metternich.

Inhalt: Korea.

[   ]

PAAA_RZ201-018915_051

Empfänger	[o. A.]	Absender	[o. A.]
A. 6656 pr. 21. Juli 1894. a. m.		[o. A.]	

A. 6656 pr. 21. Juli 1894. a. m.

Der Englische Botschafter las mir heute eine Depesche seiner Regierung vor, wo nach sie den Ausbruch eines Kriegs wegen Korea ernstlich befürchtet, wenn nicht die Großmächte mit Entschiedenheit in Japan intervenirt u. zum Frieden riethen. Die Englische Regierung bittet uns entsprechende Schritte in Japans zu thun. Ich erinnerte den Botschafter an die ihm bereits bekannte Instruktion die wir unseren Vertretern in Peking u. Japan übersandt haben: sich den gemeinsamen, auf Erhaltung des Friedens abzielender Schritten ihrer Kollegen anzuschließen; wir hätten diesen Instruktionen nichts hinzufügen.

R

[   ]

PAAA_RZ201-018915_053

Empfänger	Auswärtiges Amt	Absender	Rex.
A. 6670 pr. 21. Juli 1894. p. m.		St. Petersburg, den 21. Juli 1894.	
Memo	mtg. i. Z. 22. 7. London 563.		

A. 6670 pr. 21. Juli 1894. p. m.

Telegramm.

St. Petersburg, den 21. Juli 1894, 4 Uhr 20 Min. p. m.
Ankunft: 5 Uhr 20 Min. p. m.

Der K. Geschäftsträger an Auswärtiges Amt.

Entzifferung.

№ 89.

Graf Cassini ist angewiesen Urlaub nicht anzutreten.

Antwort des Zaren bezüglich Koreas noch nicht eingetroffen. Allerhöchst derselbe wird in den nächsten Tagen zurückerwartet.

Rex.

Berlin, den 22. Juli 1894.   A. 6670.

An
Botschaft in
London № 563.

J. № 4331.

In Postziffern:

Zu Ew. pp. Information. Der K. Geschäftsträger in St. Petersburg berichtet vom 21. d. Mts.: Der russische Gesandte in Peking, Graf Cassini sei angewiesen seinen Urlaub nicht anzutreten. Die Antwort des Zaren bezüglich Koreas sei noch nicht eingetroffen.

N. d. H. U. St. S.

[   ]

PAAA_RZ201-018915_056

Empfänger	Auswärtiges Amt	Absender	Eiswaldt
A. 6734 pr. 23. Juli 1894. a. m.		Shanghai, den 23. Juli 1894.	
Memo	mtg. i. Z. 23. 7. London 566.		

A. 6734 pr. 23. Juli 1894. a. m.

Telegramm.

Shanghai, den 23. Juli 1894, 11 Uhr 15 Min. a. m.
Ankunft: 8 Uhr 40 Min. a. m.

Der K. Vizekonsul an Auswärtiges Amt.

Entzifferung.

№ 1.

Englischer Kollege bittet Foreign Office zum Schutz des Handels Neutralisirung von Shanghai zu erwirken da Li-Hung-Chang mittheilt, daß Blockirung Wusung im Falle Kriegs mit Japan beschlossen mittheile dies Reichskanzler. Telegraph Peking unterbrochen.

Eiswaldt.

Berlin, den 23. Juli 1894.   A. 6734.

An
die Botschaft in
London № 566.

J. № 4357.

In Postziffern:

Zu Ihrer Information: Der Kais. Vizekonsul in Shanghai meldet vom 23. d. Mts., sein englischer College bitte das Foreign Office zum Schutz des Handels die Neutralisirung von Shanghai zu erwirken, da wie Li - Hung - Chang mittheilte, die Blockirung von Wusung im Falle eines Kriegs mit Japan beschlossen sei.

N. d. H. U. St. S.

PAAA_RZ201-018915_058 f.

Empfänger	Caprivi	Absender	Bülow
A. 6743 pr. 23. Juli 1894. a. m.		Rom, den 20. Juli 1894.	
Memo	1. Ewl. i.Z. v. 25. 7. London 573, Petersbg. 297, Wien 377, Washington A. 37.		

A. 6743 pr. 23. Juli 1894. a. m.

Rom, den 20. Juli 1894.

№ 138.

Seiner Exzellenz

dem Reichskanzler, General der Infanterie

Herrn Grafen von Caprivi.

Entzifferung.

Mein englischer Kollege richtete im Auftrage seiner Regierung an den italienischen Minister der auswärtigen Angelegenheiten ein Schreiben, das in ziemlich lebhaften Farben die Besorgnisse schildert, welche die Möglichkeit eines Zusammenstoßes zwischen China und Japan bei Lord Kimberley hervorrufe. Sir Clare Ford knüpft hieran die Bitte, daß Italien auf China wie auf Japan in vermittelndem Sinne einwirken möge. Baron Clare hat die italienischen Gesandten in Peking und Tokio mit telegraphischer Weisung nach Maßgabe der englischen Wünsche versehen.

Bülow.

PAAA_RZ201-018915_061 f.

Empfänger	[o. A.]	Absender	[o. A.]
A. 6749 pr. 23. Juli 1894. p. m.		[o. A.]	
Memo	I mtg. 26. 7. London 580, Tokio A. 6, Wien 381, Peking A. 27, Washington A. 38, Rom 435, Paris 341. II mtg. 17/8 Bucharest 61. (A. 7547)		

A. 6749 pr. 23. Juli 1894. p. m.

Der Russische Geschäftsträger las mir eine Depesche von H. v. Hiers folgenden Inhalts vor:

Die Bestrebungen England's u. Rußlands auf Zurückziehung der chinesischen u. japanischen Truppen aus Korea seien erfolglos gewesen. Die Englische Regierung habe um in St. Petersburg vorgeschlagen gemeinsam auf China u. Japan dahin zu wirken, daß beide Staaten zur Vermeidung von Konflikten ihre Truppen in Korea auf einen bestimmten Rayon zurückzögen. Die Russische Regierung sei damit einverstanden und wünsche, daß auch Deutschland seine Vertreter anweise sich den Schritten Rußlands u. Englands anzuschließen.

Ich theilte H. Tscharytlow den Inhalt unserer letzten Instruktionen nach Peking u. Tokio mit, wonach unsere Vertreter angewiesen sind sich den gemeinsamen Schritten zu Erfüllung des Friedens anzuschließen und bemerkte, daß hinnach weitere Weisungen gegenwärtig nicht nöthig seien.

R

Berlin, den 24. Juli 1894.   A. 6649.

An

die Missionen in

1. Paris № 335.

2. St. Petersburg № 296.

3. Rom(Botschaft) № 428.

4. Wien № 375.

5. London № 538.

6. Karlsruhe № 424.

7. München № 562.

8. Stuttgart № 534.

9. Weimar № 342.

10. Washington № A. 36.

11. Tokio № A. 5.

12. Peking № A. 26.

13. An dem Herrn

    Staatsminister

    Exzellenzen

J. № 4379.

Ew. pp übersende ich anbei ergebenst Abschrift eines Berichtes des K. Geschäftsträgers in London vom 19. d. Mts., betreffend Korea

ad 1-10-12: zu Ihrer gef. Information.

Ew. pp. sind ermächtigt, den Inhalt nach Ihrem Ermessen zu verwerthen.

ad 5-11: unter Bezugnahme auf den Erlaß vom 4. März 1885 mit der Ermächtigung zur gef. Mittheilung.

Euerer Exzellenzen beehre ich mich anbei Abschrift eines Berichtes des K. Geschäftsträgers in London vom 19. d. Mts., betreffend Korea zur gefl. Kenntnißnahme zu übersenden.

N. d. H. U. St. S.

PAAA_RZ201-018915_065

Empfänger	Auswärtiges Amt	Absender	Schenck
A. 6759 pr. 24. Juli 1894. a. m.		Peking, den 23. Juli 1894.	
Memo	i. Z. 24. 7. Petersbg. 294, London 571.		

A. 6759 pr. 24. Juli 1894. a. m.

Telegramm.

Peking, den 23. Juli 1894, 8 Uhr 40 Min. Nachm.
Ankunft: 5 Uhr 6 Min. Vorm.

Der K. Gesandte an Auswärtiges Amt.

Entzifferung.

№ 5.

6500 Chinesische Truppen wurden gestern von Tientsin nach Korea verschifft. 3500 folgen heute nach.

Schenck.

Berlin, den 24. Juli 1894.   A. 6759.

An

Botschaften in

1. St. Petersburg № 294.

2. London № 571.

J. № 4375.

In Postziffern:

Zu Ew. pp. Information. Nach Meldung des K. Gesandten in Peking vom 23. d. M. wurden am 22. a. Mts. sechstausendfünfhundert Mann chines. Truppen von Tientsin nach Korea verschifft, denen am darauffolgenden Tage weitere dreitausend fünfhundert nachfolgten.

N. d. H. U. St. S.

Berlin, den 25. Juli 1894.   A. 6743.

An

die Botschaften in

1. London № 573.

2. St. Petersburg № 297.

3. Wien № 377.

4. Washington № A. 37.

J. № 4396.

Postziffern.

ad 1- 4- Nach einem Bericht des K. Botschafters in Rom vom 20. d. M. hat der dortige englische Vertreter im Auftrage seiner Regierung dem italienischen Minister der ausw. Angelegenheiten gegenüber den Besorgnissen Ausdruck gegeben, welche die Möglichkeit eines Zusammenstoßes zwischen China und Japan bei England hervorrufe, und hieran die Bitte geknüpft Italien möge auf China wie auf Japan in vermittelndem Sinne einwirken. Baron Clare hat dementsprechende Weisung an die italienischen Gesandten in Peking und Tokio ergehen lassen.

Ew. pp. beehre ich mich dies zu Ihrer Information ergebenst mitzutheilen.

ad 2 - 4 - Indem ich gleichzeitig daran Kenntniß gebe, daß auf Anregung der englischen und den Wunsch der chinesischen Regierung die diesseitigen Vertretungen in Peking und Tokio Weisung erhalten haben, sich gemeinsamen Bemühungen der Vertreter der Großmächte zur friedlichen Beilegung der chinesisch - japanischen Differenz anzuschließen.

N. d. H. U. St. S.

Die Vorgänge in Korea; Haltung der Japanischen Regierung.

PAAA_RZ201-018915_071 ff.

Empfänger	Caprivi	Absender	Gutschmid
A. 6813 pr. 25. Juli 1894. p. m.		Tokio, den 6. Juni 1894.	

A. 6813 pr. 25. Juli 1894. p. m.

Tokio, den 6. Juni 1894.

A. 42.

Seiner Exzellenz, dem Reichskanzler, General der Infanterie, Herrn Grafen von Caprivi.

Die Vorgänge in Korea erregen die ernste Aufmerksamkeit der Japanischen Regierung. Der Minister der Auswärtigen Angelegenheiten äußerste sich mir gegenüber dahin, daß nach den ihm vorliegenden Nachrichten kaum anzunehmen sei, daß der König von Korea des Aufstandes ohne fremde Hülfe Herr werden könne. Auch treffe China bereits Vorbereitungen um Truppen in die Halbinsel einmarschiren zu lassen. Nach den Bestimmungen des Vertrages von Tientsin habe China bekanntlich der Japanischen Regierung amtlich eine vorgängige diesbezügliche Mittheilung zu machen, welcher man jetzt hier entgegensehe. Auch treffe die hiesige Regierung bereits Veranstaltungen, um eintretenden falls ihrerseits sofort Truppen dorthin entsenden zu können. Japan habe in Korea nicht nur wichtige politische Interessen wahrzunehmen, sondern sei auch verpflichtet, den 10,000 dort lebenden Japanern wirksamen Schutz angedeihen zu lassen.

Hiesigen, mit den vorstehenden Mittheilungen des Herrn Mutsu übereinstimmenden Preßnachrichten zu Folge hat das Marineministerium bereits eine Anzahl der Dampfschifffahrtgesellschaft „Nippon Yusen Kaisha" gehörender Dampfer für einen eventuellen Truppentransport gechartert. Der Japanische Gesandte für China und Korea, Herr Otari, welcher sich mit kurzem Urlaub hier aufhielt, ist gestern in Begleitung einer Polizeitruppe von etwa 20 Mann wieder nach Korea abgereist.

Abschriften dieses Berichtes gehen nach Peking und Söul.

Gutschmid.

Inhalt: Die Vorgänge in Korea; Haltung der Japanischen Regierung.

Die Koreanische Bewegung.

PAAA_RZ201-018915_075 ff.

Empfänger	Caprivi	Absender	Gutschmid
A. 6815 pr. 25. Juli 1894. p. m.		Tokio, den 8. Juni 1894.	

A. 6815 pr. 25. Juli 1894. p. m.

Tokio, den 8. Juni 1894.

A. 44.

Seiner Exzellenz

dem Reichskanzler, General der Infanterie

Herrn Grafen von Caprivi.

Nach vertraulichen Mittheilungen, die mir der Minister der Auswärtigen Angelegenheiten am gestrigen Nachmittage machte, hat die Japanische Regierung, da eine Chinesische Notifikation über die beabsichtigte Entsendung von Truppen nach Korea ausblieb, in Gemäßheit des Artikels 3 des Vertrages von Tientsin am 6. d. M. in Peking telegraphisch angezeigt, daß sie zum Schutz der bedrohten Japanischen Interessen Truppen nach Chemulpo und Söul zu senden beabsichtige. Daraufhin hat der hiesige Chinesische Gesandte am gestrigen Vormittag Herrn Mutsu die offizielle Mittheilung gemacht, daß auch China Truppen, und zwar zunächst 3 Lager (= 1500 Mann) nach Korea abgehen lasse. Der Minister glaubt zu wissen, daß die Chinesen sich auf den Schauplatz der Bewegung selbst begeben werden, während die Japanische Streitmacht sich jeder Einmischung in den Bürgerkrieg enthalten und lediglich soweit verwendet werden soll, als es zum Schutz der im Königreich sich aufhaltenden Japaner nothwendig sei. Sie würde daher zunächst in der Nähe von Chemulpo und Söul stationirt werden. Herr Mutsu legt Werth darauf, im vollen Einvernehmen mit China zu handeln und hofft, daß dasselbe auch nicht gestört werden wird. Aus diesem Grunde soll auch jede Berührung zwischen den Japanischen und Chinesischen Truppen vermieden werden. Obgleich der Minister mir sagte, daß Japan zunächst wohl nur eine gleiche Truppenzahl wie China zur Verwendung bringen werde, so verlautet doch von anderer, zuverlässiger Seite, daß der gesamten 5., in Hiroshima garnisonierenden Division, deren Friedenspräsenzstärke 8882 Mann beträgt, der Befehl ertheilt worden ist, sich zur Einschiffung in Shimonoseki bereit zu halten. Ich glaube jedoch nicht, daß zunächst mehr als höchstens 3000 Mann wirklich eingeschifft werden dürften.

Abschriften dieses Berichtes gehen nach Peking und Söul.

Gutschmid.

Inhalt: Die Koreanische Bewegung.

[   ]

PAAA_RZ201-018915_079

Empfänger	Caprivi	Absender	Gutschmid
A. 6816 pr. 25. Juli 1894. p. m.		Tokio, den 10. Juni 1894.	

Abschrift

A. 6816 pr. 25. Juli 1894. p. m.

Tokio, den 10. Juni 1894.

A. 45.

Seiner Exzellenz

dem Reichskanzler, General der Infanterie

Herrn Grafen von Caprivi.

pp.

In Japan hat die koreanische Frage das Interesse der öffentlichen Meinung von den inneren Streitigkeiten gänzlich abgelenkt und es unterliegt keinem Zweifel, daß die Gelegenheit zu einem militärischen Eingreifen in Korea, dem alle Parteien den gleichen Enthusiasmus entgegenbringen, der Regierung gerade im gegenwärtigen Zeitpunkt sehr erwünscht gewesen ist.

gez. von Gutschmid.

Orig. i. a. Japan 13

Die Japanische Expedition nach Korea.

PAAA_RZ201-018915_080 ff.

Empfänger	Caprivi	Absender	Gutschmid
A. 6817 pr. 25. Juli 1894. p. m.		Tokio, den 12. Juni 1894.	
Memo	mit A. 7467 14. 8. mitg. 27. 7. London 582, Karlsruhe 431, Petersburg 300, München 576, Washington A. 39, Stuttgart 542, Dresden 546, Weimar 346, Staatsmin.		

A. 6817 pr. 25. Juli 1894. p. m.

Tokio, den 12. Juni 1894.

A. 46.

Vertraulich

Seiner Exzellenz

dem Reichskanzler, General der Infanterie

Herrn Grafen von Caprivi.

Herr Mutsu theilt mir im engsten Vertrauen mit, der Russische Gesandte habe ihm vor einigen Tagen gesagt, er höre, sowohl Japan als China schickten Truppen nach Korea, und daran die Frage geknüpft: „Mais qui est donc l'enemi?" Der Minister hat Herrn Hitrovo geantwortet, ob China in Korea einen Feind zu bekämpfen habe, wisse er nicht, Japan entsende Truppen dorthin ausschließlich zum Schutz der dort lebenden Japaner und stehe den inneren Kämpfen jenes Landes fremd gegenüber. Minister Mutsu hat bis jetzt keine Informationen, aus denen sich auf eine besondere Aktivität Rußlands in den Koreanischen Angelegenheiten anschließen ließe. Die Japanischen Vertreter im Auslande sind telegraphisch angewiesen worden, auf Befragen Aufklärungen über die Zwecke, die Japan bei der Expedition nach Korea verfolgt, - Wahrung japanischer Interessen und Schutz Japanischer Staatsangehöriger - zu geben.

Die nach Korea eingeschiffte und voraussichtlich heute dort eintreffende Expedition besteht, wie mir Major von Grutschreiber anvertraut hat, aus einer gemischten Brigade, d. h. 2 Regimenten Infanterie, 1 Schwadron Kavallerie, 2 Gebirgsbatterien und einer Abtheilung Pioniere mit dem erforderlichen Material zum Schlagen zahlreicher Brücken, also rund 3000 Mann. Obschon die Expedition ostensibel keine kriegerischen Zwecke verfolgt, so faßt man doch, wie Herr von Grutschreiber beobachtet hat, im Generalstab sowohl als im Kriegsministerium die Eventualität kriegerischer Verwickelungen ins Auge. Zu diesem Zweck werden Verstärkungen in Hiroshima bereit gehalten. Unter den Offizieren des Generalstabes sowohl als des Expeditionscorps herrscht meinem Gewährsmann zu folge eine kriegslustige Stimmung; es wird daher aller Vorsicht des Chefs der Expedition, Generalmajor Oshima, bedürfen, um den kriegerischen Eifer der ihm unterstehenden Truppen zu zügeln.

Gutschmid.

Inhalt: Die Japanische Expedition nach Korea.

Die Koreanische Verwickelung.

PAAA_RZ201-018915_084 ff.

Empfänger	Caprivi	Absender	Gutschmid
A. 6818 pr. 25. Juli 1894. p. m.		Tokio, den 22. Juni 1894.	
Memo	mitg. 27. 7. von London 582, Karlsruhe 431, Petersburg 300, München 576, Washington A. 39, Stuttgart 542, Dresden 546, Weimar 346, Staatsmin.		

A. 6818 pr. 25. Juli 1894. p. m.

Tokio, den 22. Juni 1894.

A. 47.

Seiner Exzellenz

dem Reichskanzler, General der Infanterie

Herrn Grafen von Caprivi.

Der Vize-Minister der Auswärtigen Angelegenheiten, mit welchem ich heute eine laufende Geschäfte betreffende Unterredung hatte, gestand mir auf meine Frage, wie die Sachen in Korea stünden, zu, daß zwischen 5 und 6000 Japanischer Truppen gelandet worden seien. Herr Hayashi fügte hinzu, Japan würde seine Streitkräfte aus der Halbinsel nicht eher zurückziehen, bis es Garantien für die bessere Verwaltung des Königreichs in Händen habe. Als die nothwendigste Reform, auf welcher man diesseits unbedingt bestehen würde, bezeichnete der Vize-Minister die Schaffung von der Verwaltung, wenn von solcher in Korea überhaupt die Rede sein könne, getrennten Justizpflege; denn augenblicklich seien die Räuber und Plünderer dieselben Personen, welche jene Verbrechen abzuurtheilen hätten. Diese könne sich Japan nicht länger gefallen lasse.

Militärisch vorzugehen, erklärte Herr Hayashi fernerhin, beabsichtige Japan auch jetzt nicht, es wolle vielmehr nur durch die nach Korea entsandte imposante Truppenmacht die angedeuteten Reformen erzwingen. Denn ohne Resultat könnten die Japanischen Truppen nicht abziehen.

Zum Schluß erwähnte der Vize-Minister, daß nach den hier vorliegenden Informationen die nach Korea entsandtem Chinesischen Streitkräfte etwa 2000 Mann betrügen, die sich von Hasan, dem Platze wo sie gelandet worden seien, bisher nicht gerührt hätten.

Abschriften dieses Berichtes gehen nach Peking und Söul.

Gutschmid.

Inhalt: Die Koreanische Verwickelung.

PAAA_RZ201-018915_088

Empfänger	Auswärtiges Amt	Absender	Graf Rex
A. 6822 pr. 25. Juli 1894. p. m.		Petersburg, den 25. Juli 1894.	
Memo	Umsttg. i. z. mtg. 27. 7. London 584.		

A. 6822 pr. 25. Juli 1894. p. m.

Telegramm.

Petersburg, den 25. Juli 1894, 5 Uhr 20 Min. p. m.

Ankunft: 6 Uhr 15 Min. p. m.

Der K. Geschäftsträger an Auswärtiges Amt.

Entzifferung.

№ 92.

Weder der englischen Botschaft noch dem russischen Ministerium über den Ausbruch von Feindseligkeiten zwischen Chinesen und Japanern auf Korea etwas bekannt. Der Zar habe gemeinschaftliches Vorgehen mit England genehmigt.

Graf Rex.

Berlin, den 26. Juli 1894. A. 6749.

An
die Botschaften in
1. London № 580.
2. Wien № 381.
3. Washington № A. 38.
4. Rom № 435.
5. Paris № 341.
6. Tokio № A. 6.
7. Peking № A. 27.
Sicher.

J. № 4416.

Ew. beehre ich mich anbei eine Aufzeichnung über eine Mittheilung des hiesigen russischen Geschäftsträgers zu Ihrer persönlichen Information ergebenst mitzutheilen.

N. d. H. U. St. S.

[   ]

PAAA_RZ201-018915_092

Empfänger	Auswärtiges Amt	Absender	Gutschmid
A. 6834 pr. 26. Juli 1894. a. m.		Tokio, den 24. Juli 1894.	
Memo	Umsttg. i. Z. mtg. 26. 7. London 581, Petersbg 299.		

A. 6834 pr. 26. Juli 1894. a. m.

Telegramm.

Tokio, den 24. Juli 1894, 3 Uhr 50 Min. N. m.
Ankunft: 26. 7.   1 Uhr 14 Min. N. m.

Der K. Gesandte an Auswärtiges Amt.

Entzifferung.

№ 8.

Vermittelung Englands erfolglos da Foreign Office durch chinafreundliches Telegramm des gesandten O'Connor beeinflußt, auf Japan unbilligen Druck zu üben sucht,
Krieg unvermeidlich, wenn nicht China zu Entgegenkommen bewegt wird.

Gutschmid.

Berlin, den 26. Juli 1894.   A. 6834.

An

Botschaften in

1. London № 581.

2. St. Petersburg № 299.

J. № 4419.

In Postziffern:

Zu Ew. pp. persönlichen Information.

Der Kais. Gesandte in Tokio meldet vom 24. d. M.

N. d. H. U. St. S.

Berlin, den 26. Juli 1894.   A. 6834.

An

die Botschaften in

1. London № 581.

2. St. Petersburg № 299.

Reinkoncept.

J. № 4419.

In Postziffern:

Zu Ew. persönlichen Information.

Der Kais. Gesandte in Tokio meldet vom 24. d. M.: „Da die englische Regierung durch ein China freundliches Telegramm des Gesandten O'Connor beeinflußt, auf Japan unbilligen Druck zu üben sucht, wird die Vermittelung Englands erfolglos.

Wenn nicht China zu Entgegenkommen veranlaßt wird, erscheint der Krieg unvermeidlich."

gez. Rotenhan.

Chinesisch - japanische Truppensendungen nach Korea.

PAAA_RZ201-018915_097 ff.			
Empfänger	Caprivi	Absender	Schenk
A. 6843 pr. 26. Juli 1894. a. m.		Peking, den 12. Juni 1894.	
Memo	mtg. 29. 7. v. London 589, Petersbg. 304, Rom B. 441, Wien 389, Washington A. 41.		

A. 6843 pr. 26. Juli 1894. a. m.

Peking, den 12. Juni 1894.

A. № 72.

Seiner Exzellenz

dem Reichskanzler, General der Infanterie

Herrn Grafen von Caprivi.

Die Minister des Tsungli-Yamen sagten mir vorgestern, daß der König von Korea die chinesische Regierung um Hülfe gegen die Rebellen angegangen habe. Auf Befehl Li hung chang's sind zunächst 1500 Mann und dann am 7. oder 8. d.M. nochmals 2000, im Ganzen 3500 Mann und 6 Feldgeschütze, aus den Lagern von Shankaikuan und Lutai nach Korea verschifft und bei Jusan gelandet worden. Dieser Küstenplatz liegt etwa 50 Seemeilen südlich des Hafens von Jenihuan (Chemulpo) da, wo die hauptstädtische Provinz und die an dieselbe südlich angrenzende Provinz zusammenstoßen.

Sämtliche chinesische Truppen sind mit Mausergewehren bewaffnet. Den Oberbefehl führt General Yeh, Oberbefehlshaber der Truppen in der Provinz Chihli. Inzwischen sollen die Koreanischen Regierungstruppen, nach der Angabe der chinesischen Minister, gegen die Rebellen einen kleinen Erfolg davongetragen haben, der indeß ohne Bedeutung zu sein scheint.

Verwickelt wird die Lage dadurch, daß nun auch japanische Truppen und zwar, wie mir der hiesige japanische Geschäftsträger sagt, 400 bis 420 Mann Marinetruppen von den im Hafen Chemulpo liegenden japanischen Kriegsschiffen detachirt, nach Söul, der koreanischen Hauptstadt, beordert und daselbst eingetroffen sind. Es handle sich zunächst um den Schutz der ziemlich zahlreichen japanischen Kolonie daselbst. Nach der chinesisch - japanischen Convention vom 18. April 1885, Art. 3 (Anlage bei diesseitigem[49] Bericht A 98 vom 30. April 1885) können „im Fall des Ausbruchs ernstlicher Ruhestörungen in

Korea China und Japan gemeinsam, oder eines dieser beiden Ländern für sich schleunigst Truppen dorthin entsenden; sie müssen sich jedoch gegenseitig offiziell und schriftlich benachrichtigen. Nach Wiederherstellung der Ordnung sind die Expeditionskorps als bald wieder zurückzuziehen. Die Zurücklassung ständiger Garnisonen ist in Zukunft unstatthaft."

Die Benachrichtigung Japans von der Entsendung der chinesischen Truppen hat, wie mir der japanische Geschäftsträger sagt, stattgefunden. Herr Komura fügt aber hinzu, daß China seine Loyalität noch deutlicher an den Tag gelegt haben würde, wenn es die Japanische Regierung nicht bloß benachrichtigt, sondern sich zuvor mit ihr wegen der Entsendung von Truppen ins Einvernehmen gesetzt hätte. Dann würde die Entsendung japanischer Truppen vielleicht unterblieben sein. China habe in Korea seit 10 Jahren unausgesetzt Übergriffe begangen, in der Form von Gesandtschaft- Polizisten Truppen dort gehalten und sich in die inneren Angelegenheiten Korea's in jeder Weise eingemischt. Japan könne dies als rechtmäßig nicht anerkennen, müsse vielmehr den Zustand, wie er vor 10 Jahren bestand, als Grundlage für das Verhältnis Korea's zu seinen Nachbarn ins Auge fassen.

Es läßt sich nicht leugnen, daß die beiderseitige Entsendung von Truppen nach Korea Gefahren birgt, zumal gegenwärtig, wo in Folge der Ermordung Kim ok kiun's und der damit in Zusammenhang stehenden Dinge die Beziehungen zwischen beiden Regierungen gespannt und die öffentliche Meinung, wie es scheint, in Japan aufgeregt ist.

Herr Otori, der japanische Gesandte in China und Korea, hat unverzüglich von dem soeben angetretenen Urlaub nach Korea zurückkehren müssen und ist in Söul wieder eingetroffen.

Schenk.

Inhalt: Chinesisch - japanische Truppensendungen nach Korea.

---

49 A. 5057 de 85 in ac. ehererbiet. beigef.

[   ]

PAAA_RZ201-018915_104

Empfänger	[o. A.]	Absender	[o. A.]
A. 6851 pr. 26. Juli 1894. p. m.		[o. A.]	
Memo	mtg. 28. 7. London 587, Tokio A. 7, Wien 388, Peking A. 28, Washington A. 40, Rom 440, Paris 345.		

A. 6851 pr. 26. Juli 1894. p. m.

Der Russische Geschäftsträger las mir eine Depesche von H. v. Hiers, als Ergänzung der früheren, vor, nach der England in St. Petersburg beantragt hat, auf die Regierungen in Peking und Tokio dahin zu wirken, daß Japan seine Truppen von der Hauptstadt Söul weg nach Süden nach dem Hafen Chemulpo zurückziehe und China die seinigen nordwärts von der Hauptstadt verlege. Die Russische Regierung ist einverstanden und wird entsprechend Schritte thun.

R

Berlin, den 27. Juli 1894.   A. 6817. / 6818.

An

die Missionen in

1. London № 582.

2. St. Petersburg. № 300.

3. Washington № A. 39.

4. Dresden № 546.

5. Karlsruhe № 431.

6. München № 570.

7. Stuttgart № 542.

8. Weimar № 346.

9. An dem Herrn

Staatsminister Exzellenzen

J. № 4433.

Vertraulich

Ew. pp. übersende ich anbei ergebenst Abschrift zweier Berichte des K. Gesandten in Tokio vom 22. 12. u. v. Mts., betreffend die Koreanische Verwickelung.

ad 1-3: zu Ihrer gefl. vertraulichen Information. Ew. pp. sind ermächtigt, den Inhalt nach Ihrem Ermessen zu verwerthen.

ad 4-8: unter Bezugnahme auf den Erlaß vom 4. März 1885 mit der Ermächtigung zur vertraulichen Mittheilung.

Euerer Exzellenzen beehre ich mich anbei Abschrift zweier Berichte des K. Gesandten in Tokio vom 12. u. 22. v. Mts., betreffend (wie oben)

N. d. H. U. St. S.

Berlin, den 27. Juli 1894.   A. 6822.

An

die Botschaft in

London № 584.

J. № 4162.

In Postziffern.

zu Ew. pp. persönlichen Information.

Der K. Geschäftsträger in St. Petersburg meldet vom 25. d. Mts.

N. d. H. U. St. S.

PAAA_RZ201-018915_109 ff.			
Empfänger	Caprivi	Absender	P. Metternich
A. 6882 pr. 27. Juli 1894. p. m.		London, den 24. Juli 1894.	
Memo	mtg 30. 7. v. Petersburg 309.		

A. 6882 pr. 27. Juli 1894. p. m.

London, den 24. Juli 1894.

№ 471.

Vertraulich

Seiner Exzellenz

dem Reichskanzler, General der Infanterie

Herrn Grafen von Caprivi.

Der japanische Gesandte Vicomte Aoki äußerte sich bei einem Besuch, den ich ihm heute abstattete, sehr besorgt über die Lage in Korea, wo ein Zusammenstoß japanischer und chinesischer Truppen jeden Augenblick den wirklichen Ausbruch des Krieges herbeiführen könnte. Ein japanischer Truppentheil sei bereits von der koreanischen Streitmacht, wahrscheinlich auf Anstiften der chinesischen Behörden, angegriffen worden. Dem Vernehmen nach sei ferner ein japanischer Truppentransport von einem chinesischen Kriegsschiff in den Grund gebohrt worden. Falls diese Nachricht sich bestätigen sollte - auf dem hiesigen Foreign Office wisse man darüber auch noch nichts Näheres - so habe damit der Krieg thatsächlich begonnen. Er thue sein Möglichstes, um im Sinne der Aufrechterhaltung des Friedens zu wirken, da er sich keinen Vorteil aus einem japanisch - chinesischen Konflikt verspreche. Seine Regierung habe der Englischen Regierung das Versprechen abgegeben, im Falle eines Krieges den Hafen von Schanghai nicht zu belästigen.

Vor Kurzem schien Vicomte Aoki weniger friedlich gesinnt zu sein, als er dies heute vorgab. Dieser Umschwung dürfte auf die Einwirkung der hiesigen Regierung zurückzuführen sein.

Im Laufe des Gesprächs kam der Gesandte auf die Vorgeschichte des gegenwärtigen Streitfalles zu sprechen und brachte damit den japanisch - chinesischen Vertrag zu Tientsin aus dem Jahre 1885 in Verbindung, aus welchem er mir vertraulich einen geheimen Artikel vorlas. In demselben verpflichten sich beide Regierungen, den König von Korea anzutreiben, seine Heeresmacht zu organisiren und zu vermehren und sich zu diesem Zwecke fremder Offiziere zu bedienen, die aber weder aus Japan noch aus China genommen werden dürfen. Dieser geheime Artikel sei indessen ein todter Buchstabe geblieben, da China die Kräftigung der koreanischen Armee nicht gefödert, wohl aber eigene Truppen nach Korea gesandt habe. Es sei die Politik Japans gewesen, Korea zur Selbstständigkeit zu erziehen und zu kräftigen, um als Pufferstaat gegen Rußland zu dienen. Die Anwesenheit von zahlreichen japanischen Staatsangehörigen in Korea, sowie die dortigen bedeutenden japanischen Schifffahrtsinteressen hätten ebenfalls dazu beigetragen, jene Politik zu verfolgen. Es liege auch im Interesse Chinas, die Integrität Koreas gewahrt zu sehen. Trotz des Tientsiner Vertrages habe nun China wider alles Erwarten den nordischen Nachbarn in der vorliegenden Streitfrage als Schiedsrichter angerufen. Hierdurch sei das alte Mißtrauen gegen China von Neuem bestärkt worden, und der Argwohn gegen China und die etwaigen Pläne Rußlands gegenüber Korea habe bei der Japanischen Regierung neue Nahrung erhalten. China habe schon vor mehr als einem Jahr der Japanischen Regierung mit Bezug auf Koreanische Angelegenheiten damit gedroht, daß es ein geheimes Abkommen mit Rußland habe. Der Gesandte gab zu verstehen, daß seiner Ansicht nach Li-Hung-Tschang seine Hand dabei im Spiele habe und sich zu Gunsten Rußlands verwenden lasse. Derselbe sei arm gewesen und jetzt immens reich. Er lasse sich in China von allen Seiten seine Gunst theuer bezahlen. Warum also auch nicht vom Ausland?

Vicomte Aoki schwebt die mit dem Ausbau der transsibirischen Eisenbahn verbundene Gefahr lebhaft vor Augen. Trotz seiner friedfertigen Versicherungen schien mir aus manchen seiner Äußerungen durchzublicken, daß ihm der gegenwärtige Augenblick, wo Rußlands Macht an der koreanischen Grenze noch nicht stark sei, geeigneter erscheine, die koreanische Frage im japanischen Sinne zu lösen und sich als beati possidentes dort festzusetzen, als zu warten, bis Rußlands Streitkräfte nach Erbauung der Eisenbahn und nach Kultivierung einer Landstrecke an der koreanischen Grenze dort zusammengezogen werden könnten.

P. Metternich.

Korea.

PAAA_RZ201-018915_117 f.			
Empfänger	Caprivi	Absender	P. Metternich
A. 6885 pr. 27. Juli 1894. a. m.		London, den 25. Juli 1894.	

A. 6885 pr. 27. Juli 1894. a. m. 1 Anl.

London, den 25. Juli 1894.

№ 477.

Seiner Exzellenz

dem Reichskanzler, General der Infanterie

Herrn Grafen von Caprivi.

Der heutige „Standard" bringt einen im Ausschnitt gehorsamst beigefügten Leiterartikel über die Zustände in Korea, worin derselbe die dabei interessirten Mächte zu schleunigen Maßnahmen behufs Aufrechterhaltung des bedrohten Friedens auffordert. Wenn nöthig, müßten China und Japan durch ein Ultimatum zur Vernunft gebracht werden, und zwar müsse England die Führung in dieser Angelegenheit übernehmen. Die Chinesischen und Japanischen Truppen würden bald in bedrohlicher Nähe einander gegenüberstehen, und wenn die großen Mächte nicht bald einschritten, könne unwiderruflich der erste Schlag zu einem Kampfe geführt werden, dessen Folgen möglicherweise keineswegs auf Asien beschränkt bleiben würden.

P. Metternich.

Inhalt: Korea.

Although no formal declaration of war has been made either by China or Japan, there is no doubt that hostilities have actually taken place between some of the forces of those two Powers. The exact details of the fighting are still unknown, and until more trustworthy information comes to hand it will be wisest to receive the reports from Chinese and Japanese sources alike with caution and reserve. We may still cling to the hope that the collisions that have occurred have not been sufficiently serious and sanguinary to render the outbreak of a great war inevitable; but it is quite clear that the dispute has reached such an acute stage that those who are concerned for the maintenance of peace in the Far East have not an hour to lose, if they wish to avert the gravest peril that has threatened International tranquility in that region since the Anglo-French march to Pekin in 1860. The crisis, moreover, is one calling for very decisive, as well as very speedy, action. Both the Japanese and the Chinese have shown little regard for the tender of their good offices made by the British and other European Governments, and up to the present moment diplomacy has altogether failed to arrest the development of a serious quarrel. While onlookers have been protesting that war ought not to take place, the two Governments of China and Japan have been gathering their military and naval strength, not so much for the purpose of forcing reforms on Corea, as of proving which State is to be the master in that Peninsula. The time has come when the great trading nations which have Treaties direct with Corea, and not through the mediation of either China or Japan, should assert their equal rights and voice in the matter, and if these two States will not listen to counsel couched in a milder key, they should be brought to their senses by an Ultimatum. This is not a matter in which any of the Treaty Powers can hope to snatch an advantage at the cost of the others, and there is no reason to suppose that they will not follow an identical policy. But it has been the right and privilege of England to take the lead in the Far East, and Lords Rosebery and Kimberley have the opportunity of adopting a wise if daring initiative in this matter. It is in their power, by a prompt and vigorous stroke of diplomacy, to avert a contest that must be prolonged and disastrous to all concerned. In taking so extreme a step, but one fully justified by the peculiar circumstances of the case, the English Government would be certain to receive the active co-operation of all the other Powers, and we notice with satisfaction that the French Journal *Le Temps* advocates this precise mode of procedure. There are precedents also in favour of this course, and it was among the most creditable successes of English diplomacy in the Far East when Sir Thomas Wade at Pekin and Sir Harry Parkes at Tokio averted war between China and Japan in 1874, on the Formosa Question, and again, in 1879, on the dispute about Loo Choo. The Japanese must not think we wish to prejudge their case, or to ignore their pretensions in Corea, if we say that there is greater necessity to protest, vigorously and effectively, at Tokio than at Pekin. They, undoubtedly, assumed the aggressive in thus matter without any provocation from China, and, however excellent their intentions may be with regard to Corea, it cannot be denied that they alone have created the present grave situation of affairs. The Japanese, who have acted throughout with great vigour, and in such a manner as to convey a high idea of their military efficiency and capacity for organisation, must pardon those who are interested in the development of Corea for thinking that there is no need for Japan and China to engage in a serious trial of strength, in order that that primitive country may be provided with a system of railways, or even a new Constitution. Those questions can be settled at the Council Board more effectually than by the sword, and if the object really sought by Japan is such as she declares it to be - the welfare of Corea — she can now rest satisfied with the triumph she has obtained in drawing the attention of the whole world to the matter. While we are quite willing to give the Japanese full credit for the sincerity of their motives, it must be somewhat disappointing to them to find how little the Coreans themselves have appreciated the efforts made on their behalf. The Japanese troops have met with neither sympathy nor support. Even the rebels against official tyranny have not coalesced with them, and the King of Corea has now formally applied to the Chinese Government for that protection to which, as its vassal, he is entitled. The Japanese have never been liked in Corea, and, although they have been endeavouring to obtain a firm foothold there for centuries, they have not succeeded in ousting the Chinese, or even in ingratiating themselves with the inhabitants. Their reception on the present occasion shows no change in this respect, and they must already be disillusioned if they thought that they would be welcomed as deliverers. But now that they have forced events in this quarter, and brought to light the serious maladministration of affairs in Corea, they can count on the goodwill and moral support of the European Powers in procuring a remedy, provided that they do not produce worse evils by a too high-handed and self-seeking policy. On the one side, the proceedings of the Japanese Government require to be restrained when they threaten an immediate war with China; on the other, they can be commended and even supported, so far as they relate to the amelioration of the lot of the Corean people. That question, however, cannot be settled in a precipitate fashion, or by the action of any single Power. Both China and Japan must realise that this country and the other Treaty Powers have a right to interfere, and that they will resent any action which is calculated to aggravate existing difficulties.

The Chinese Government has, up to the present moment, adopted a more pacific attitude than Japan; but it is doubtful how long it will be possible to say this, in face of the formidable military and naval preparations that are being made throughout China. At the commencement of the crisis, China gave expression to the desire that tranquility should not be disturbed, and repudiated all intention of precipitating events. But, when the magnitude of the Japanese Expedition became known, the Chinese authorities, realising that their enterprising neighbours had stolen a march upon them, ordered the most extensive military arrangements, so that they might recover the preponderant position in Corea which their energetic agent Yuen has maintained for the last ten years. The Chinese force already in Corea was small, and when the Japanese appeared at Seoul it was operating against the rebels in the southern Province. But the troops recently sent from Port Arthur and the Peiho, which have now been reinforced by twelve thousand men who left Taku on the 20th inst., will bring the Chinese army up to a greater numerical strength than the Japanese. Moreover, instructions were given to the Governor of Manchuria, in the first instance, to despatch as large a force of Cavalry as he could spare across the Yaloo river into Corea, and these should be now far advanced on the high road to Pingyang —an important strategical point north of Seoul occupied by the Japanese. The Black Banner Army of the Viceroy, Li Hung Chang, which has been subjected to discipline for many years, and is well equipped, numbers nearly fifty thousand men, and some of these troops are already in Corea, while others can follow whenever necessary. Not content with these available troops, the Chinese Government is stated to have ordered a levy of twenty thousand men from each Province, which would give a total of four hundred thousand men for the Empire, and in these measures may be seen evidence of China's determination to uphold her rights. The enumeration of these troops will show the enormous reserve of strength China possesses, and, however unwieldy her movements may appear, she has always shown a dogged resolution and a fixity of purpose that cannot be ignored by any of her opponents. By celerity of movement and a better organised system, Japan has established herself in command of the Corean capital; but now that China is fully aroused it must be clear that, whatever the result of the first engagements may be, she is ready, and has the means, to carry on war in defence of her vassal for an indefinite period, and with a result that could scarcely be advantageous to Japan. The Chinese and Japanese troops will very soon be drawn up in dangerous proximity on the Han river, and unless the Great Powers promptly intervene, the first blow may be irrevocably struck in a struggle of which the consequences might be by no means confined to Asia.

№ 480. Korea.

PAAA_RZ201-018915_122 ff.

Empfänger	Caprivi	Absender	P. Metternich
A. 6887 pr. 27. Juli 1894. a. m.		London, den 25. Juli 1894.	
Memo	mtg. 30. 7. Paris 347, Stuttgart 551, Petersbg. 307, Weimar 351, Rom 443, Peking A. 39, Wien 391, Tokio A. 8, Washington A. 42, Dresden 555, Karlsruhe 439, München 579, Staatsmin.		

A. 6887 pr. 27. Juli 1894. a. m.

London, den 25. Juli 1894.

№ 480.

Seiner Exzellenz, dem Reichskanzler, General der Infanterie, Herrn Grafen von Caprivi.

Lord Kimberley theilte mir heute mit, seine letzten Nachrichten über Korea lauteten etwas günstiger. Die Japanische Regierung habe die Forderung der fünftägigen Frist, welche sie der Chinesischen Regierung zur Beantwortung ihrer Vorschläge gestellt hatte, zurückgezogen und außerdem den Willen kundgegeben, keine neuen Truppensendungen nach Korea vorzunehmen. Trotzdem sei die Lage nach wie vor durch die Nähe der beiderseitigen Truppen sehr bedenklich. Seine Bemühungen seien daher darauf gerichtet, in Tokio und Peking seinen dahingehenden Vorschlag zur Annahme gebracht zu sehen, daß die chinesischen Truppen den nördlichen, die japanischen Truppen den südlichen Theil Koreas besetzen sollten. Die Russische Regierung sei, wie ihm Herr von Staal mittheilte, bereit in dieser Beziehung mit England gemeinsam in Tokio und Peking aufzutreten und an beide Orten den gleichen Vorschlag wie England zu machen.

Herr von Staal zu Folge sei Rußland von der Chinesischen Regierung die Vermittlerrolle nicht angeboten worden, sondern nur persönlich von dem Vizekönig Li-Hung-Chang.

Sehr befriedigt ist Lord Kimberley von der japanischen Erklärung, Shang-Hai und dessen Hafen nicht belästigen zu wollen.

P. Metternich.

Inhalt: № 480. Korea.

Berlin, den 28. Juli 1894.

A. 6851.

An

die Missionen in

1. London № 587.

2. Wien № 388.

3. Washington № A. 40.

4. Rom B. № 440.

5. Paris № 345.

6. Tokio № A. 7.

7. Peking № A. 28.

J. № 4480.

Ew. beehre ich mich anbei abschriftlich eine Aufzeichnung über eine weitere Mittheilung des hiesigen russischen Geschäftsträgers zu Ihrer persönlichen Information zu übersenden.

N. d. H. U. St. S.

PAAA_RZ201-018915_128 ff.			
Empfänger	Caprivi	Absender	P. Metternich
A. 6930 pr. 28. Juli 1894. p. m.		London, den 26. Juli 1894.	
Memo	Umstell. Mtg. 30. 7. Paris 348, Petersbg. 308		

A. 6930 pr. 28. Juli 1894. p. m.

London, den 26. Juli 1894.

№ 482.

Seiner Exzellenz

dem Reichkanzler, General der Infanterie

Herrn Grafen von Caprivi.

Entzifferung.

Als Earl of Kimberley bei einem Besuch, den ich ihm gestern abstattete, mir die letzten Nachrichten über Korea mittheilte, welche ich in meinem Bericht № 480 vom gestrigen Tage zu melden mich beehrt habe, war derselbe sichtlich befriedigt über seine gemeinsame Aktion mit Rußland in Bezug des Vorschlages der Scheidung der chinesischen und japanischen Truppen in Korea nach Norden und Süden. Hinsichtlich der zögernden und unentschiedenen Haltung der Französischen Regierung sagte mir der Minister im Vertrauen, er habe dieselbe auf den Wunsch der Französischen Regierung zurückgeführt, zunächst abzuwarten, was Rußland thun werde. Er habe jetzt aber noch eine andere Erklärung. Der hiesige französische Botschafter sei gerade bei ihm gewesen und habe ihn vertraulich gefragt, von welchem Datum die letzte hier eingegangene Nachricht aus Söul stamme. Er, Kimberley, habe geantwortet, es sei dies der 23. d. M. Herr Decrais habe darauf bemerkt, die französische Regierung fühle sich ziemlich beunruhigt darüber, daß sie seit vierzehn Tagen ohne jegliche Nachricht von ihrem Vertreter in Söul sei: Kimberley bringt daher auch mit diesem Mangel direkter Information die abwartende Haltung Frankreichs in der koreanischen Frage in Verbindung.

Der Hülfs - Unterstaatssekretär Bertin suchte mich kürzlich gesprächsweise davon zu überzeugen, daß es auch im Interesse Deutschlands liege, einem Konflikt wegen Koreas vorzubeugen, damit Rußland kein Vorwand gegeben werde, dort einen eisfreien Hafen zu erwerben, von wo es eventuell ebenso gut den deutschen wie den englischen Handel bedrohen könne. Ich ließ diese Insinuationen, andere vorzuschieben, wo es sich um die eigenen Interessen handelt, ohne Antwort.

Es erhellt jedoch hieraus, sowie aus der Freude Kimberley´s über sein Zusammengehen mit Rußland, daß das Foreign Office die Entwicklung der Krisis um die Hegemonie in Korea mit größerer Sorgfalt und Ängstlichkeit verfolgt als dies die hiesige öffentliche Meinung zu thun scheint. Allein der Standard läßt hin und wieder einen Kassandra-Ruf erschallen.

P. Metternich.

Berlin, den 29. Juli 1894.

zu A. 6843.

An

die Botschaften in

1. London № 589.

2. St. Petersbg. № 304.

3. Rom № 441.

4. Wien № 389.

5. Washington A. 41.

J. № 4505.

Euerer pp. übersende ich anbei ergebenst Abschrift eines Berichts des K. Gesandten in Peking vom 12. v. Mts., betreffend chinesisch-japanische Truppensendungen nach Korea zu Ihrer gefl. Information.

————————

zu Ihrer Information und mit der Ermächtigung, den Inhalt nach Ihrer Ermessen zu verwerthen.

————————

mit dem Ersuchen, den Inhalt zur Kenntniß der dortigen Regierung bringen zu wollen.

N. d. H. U. St. S.

China und Japan.

PAAA_RZ201-018915_137 ff.			
Empfänger	Caprivi	Absender	P. Metternich
A. 6956 pr. 29. Juli 1894. a. m.		London, den 27. Juli 1894.	

A. 6956 pr. 29. Juli 1894. a. m.

London, den 27. Juli 1894.

№ 484.

Seiner Exzellenz

dem Reichskanzler, General der Infanterie

Herrn Grafen von Caprivi.

In der gestrigen Sitzung des Unterhauses erklärte der Unterstaatssekretär der Auswärtigen Angelegenheiten auf eine Anfrage bezüglich der Beziehungen zwischen China und Japan, es bestehe ein Vertrag vom Jahre 1885 zwischen beiden Staaten, welcher für den Fall von schweren Ruhestörungen in Korea denselben die Entsendung von Truppen zur Widerherstellung der Ordnung gestatte. Nachdem nun kürzlich ein Aufruhr in Korea ausgebrochen sei, hätten China und Japan Truppen zur Unterdrückung desselben entsandt. Das Verhältniß zwischen beiden Staaten sei daraufhin ein gespanntes geworden. Die Englische Regierung habe unter dem 19. d. M. ihre Vertreter in Berlin, St. Petersburg, Paris und Rom telegraphisch angewiesen, die betreffenden Regierungen um Unterstützung der englischen Bemühungen zur Aufrechterhaltung des Friedens zu bitten. Die genannten Regierungen hätten nunmehr dementsprechende Weisungen an ihre Vertreter in Peking und Tokio gesandt.

Es sei hier von Feindseligkeiten zwischen Japan und China nichts bekannt, obgleich kürzlich zwischen Japanischen und Koreanischen Truppen Schüsse gewechselt worden seien.

P. Metternich.

Inhalt: № 484. London, den 27. Juli 1894. China und Japan.

Korea.

PAAA_RZ201-018915_141 ff.

Empfänger	[o. A.]		Absender	Metternich
A. 6957 pr. 29. Juli 1894. a. m.			London, den 27. Juli 1894.	
Memo	mtg. 1. 8. Paris 356, Petersbg. 314, Rom 448, Wien 401, Washington A. 43.			

A. 6957 pr. 29. Juli 1894. a. m.

London, den 27. Juli 1894.

№ 486.

Als ich heute den Japanischen Gesandten Vicomte Aoki aufsuchte, um ihm die in dem Erlasse vom 23. d. M. 16860 / 36745 vorgeschriebene Mittheilung in Betreff der von ihm in Anregung gebrachten Vertragsverhandlungen mit uns zu machen, kam derselbe mich auf Korea zu sprechen. Er hat heute keine Nachrichten, da die Telegraphen-Verbindung mit Korea abgebrochen zu sein scheint. Das Telegramm aus Shanghai, speziell über den Ausbruch des Krieges, hält der Gesandte für nicht zuverlässig. Seine Regierung habe der Chinesischen jetzt Vorschläge gemacht, worin die Souveränitätsansprüche Chinas unerwähnt gelassen, aber die politische Gleichstellung Japans mit China in Korea verlangt werde.

Hinsichtlich der Truppenvertheilung in Korea bemerkt Vicomte Aoki, daß in Söul und in Chemulpo Japanische Truppen ständen und daß ebenfalls Japanische Truppen einen Paß im Norden besetzt hielten. In einem Meerbusen südlich Chemulpo's seien Chinesische Truppen gelandet worden. Ebenso seien voraussichtlich Chinesische Truppenmassen im Norden Koreas angesammelt worden.

Metternich.

Inhalt: Korea.

[   ]

PAAA_RZ201-018915_145

Empfänger	Auswärtiges Amt	Absender	Krien
A. 6963. pr. 29. Juli 1894. a. m.		Seoul, den 29. Juli 1894.	

A. 6963. pr. 29. Juli 1894. a. m.

Blatt No. 56.
Leitung No. 73.

Telegraphie des Deutschen Reiches.
Berlin Haupt-Telegraphenamt.
29. 7. um 1 Uhr

"Seven otori asked corean goverment to demand from china wihdrawal of troops corea refused short fighting monday japanese took palace with king audience representatives western powers whose mediation king asked. - Krien"

B. den 29. Juli 1894.   A. 6960.

An S. Majestät

J. № 4489.

Nach einem Telegramm Ew. Maj. Konsuls in Korea hat der japanische Gesandte bei der Koreanischen Regierung beantragt, von China die Zurückziehung der Truppen zu verlangen. Auf die Weigerung Koreas haben die Japaner am Montag nach Kurzem Kampf den Palast, in dem sich der König befand, besetzt. Der König hat sich an die europäischen Vertreter um Vermittlung gewandt.

N. d. H. U. St. S.

PAAA_RZ201-018915_148 ff.

Empfänger	Caprivi	Absender	Metternich
A. 6965 pr. 29. Juli 1894. p. m.		London, den 27. Juli 1894.	
Memo	Auszug mtg. 1. 8. Paris 356, Petersbg. 314, Rom 448, Wien 401, Washington A. 43.		

A. 6965 pr. 29. Juli 1894. p. m.

London, den 27. Juli 1894.

№ 487.

Seiner Exzellenz

dem Reichskanzler, General der Infanterie

Herrn Grafen von Caprivi.

Entzifferung.

Fortsetzung des Berichts № 486.

Im Laufe derselben Unterhaltung machte mir der Japanische Gesandte sodann einige ganz vertrauliche Angaben, die nicht ohne Interesse sind.

Seine Befürchtung sei die russische Gefahr für Korea nach Vollendung der transsibirischen Eisenbahn. Unter diesen Gesichtspunkten habe er Earl of Kimberley, ohne jedoch demselben seinen inneren Gedanken zu verrathen, den bekannten Vorschlag der Sonderung der chinesischen und japanischen Truppen nach dem Norden und Süden Koreas gemacht und dabei insbesondere betont, daß die chinesischen Truppen Port Lazare besetzen sollten. Auf das Letztere sei Earl of Kimberley nicht eingegangen, sondern habe sich nur den Gedanken der beiderseitigen Truppenzurückziehung nach Norden und Süden zu eigen gemacht. Seit dem Tientsin - Vertrag von 1885 komme es der Japanischen Regierung darauf an, sich Gewißheit darüber zu verschaffen, ob es der Chinesischen Regierung damit Ernst sei, in Gemeinschaft mit Japan die Integrität Koreas auch gegen Dritte aufrecht zu erhalten. Mit der Besetzung Port Lazare's durch chinesische Truppen würde der Beweis dafür geliefert worden sein. Bei dem Vorschlag der militärischen Zweitheilung Koreas schwebe Vicomte Aoki ein dauerndes Verhältniß vor, woraus mit der Zeit die Theilung Koreas zwischen Japan und China habe entstehen können. Der Gesandte schien unangenehm berührt, daß Earl of Kimberley seine Gedanken nicht errathen habe.

Ganz nebenher bemerkte Vicomte Aoki, daß es sein und seines Landes sehnlichster Wunsch sei, in ein intimeres politisches Verhältniß zu Deutschland zu treten. Er mußte indessen bedauernd zugeben, daß wir bei aller Sympathie für Japan in jenen uns entlegenen Gegenden keine politischen Interessen hätten.

Metternich.

London, den 30. Juli 1894. zu A. 6882.

An
die Botschaft in
St. Petersburg № 309.
Vertraulich!

J. № 4525.

Euerer pp. übersende ich anbei ergebenst Abschrift eines Berichts des K. Geschäftsträgers in London vom 24. d. Mts., betreffend Korea zu Ihrer vertraulichen Information.

_____

zu Ihrer Information und mit der Ermächtigung, den Inhalt nach Ihrem Ermessen zu verwerthen.

_____

mit dem Ersuchen, den Inhalt zur Kenntniß der dortigen Regierung bringen zu wollen.

N. d. H. U. St. S.

Berlin, den 30. Juli 1894.   A. 6887.

An

die Missionen in

1. Paris № 347.

2. St. Petersbg. № 307.

3. Rom(Botschaft) № 443.

4. Wien № 391.

5. Washington № A. 42.

6. Dresden № 555.

7. Karlsruhe № 439.

8. München № 579.

9. Stuttgart № 551.

10. Weimar № 351.

11. Peking № A. 29.

12. Tokio № A. 8.

13. An die Herrn
    Staatsminister
    Exzellenzen

J. № 4521.

Ew. pp. übersende ich anbei ergebenst Abschrift eines Berichts des K. Geschäftsträgers in London vom 25. d. Mts., betreffend Korea

ad 1-5, 11-12: zu Ihrer Information.

Ew. pp. sind ermächtigt, den Inhalt nach Ihrem Ermessen zu verwerthen.

ad 6-10: unter Bezugnahme auf den Erlaß vom 4. März 1885 mit der Ermächtigung zur Mittheilung.

Euerer Exzellenzen beehre ich mich anbei Abschrift eines Berichts des K. Geschäftsträgers in London vom 25. d. Mts., betreffend Korea zur gefl. Kenntnißnahme zu übersenden.

N. d. H. U. St. S.

Berlin, den 30. Juli 1894.

zu A. 6930.

An
die Botschaften in
1. Paris № 348
2. St. Petersbg. № 308
Vertraulich

J. № 4522.

Euerer pp. übersende ich anbei ergebenst Abschrift
eines Berichts des K. Geschäftsträgers in London
vom 26. d. Mts., betreffend Korea
zu Ihrer vertraulichen Information.

N. d. H. U. St. S.

[   ]

PAAA_RZ201-018915_157

Empfänger	Auswärtiges Amt	Absender	Arco
A. 7003 pr. 30. Juli 1894. p. m.		Paris, den 30. Juli 1894.	
Memo	mtg. 1. 8. i. Z. v London 601, Petersbg. 315, Rom 449, Wien 402.		

A. 7003 pr. 30. Juli 1894. p. m.

Telegramm.

Paris, den 30. Juli 1894, 3 Uhr 15 Min. p. m.
Ankunft: 5 Uhr 3 Min. p. m.

Der K. Geschäftsträger an Auswärtiges Amt.

Entzifferung.

№ 179.

Der französische Gesandte in Washington hat, wie mir Herr Nisand mittheilt, heute telegraphirt, daß die Amerikanische Regierung sich sehr ernstlich bemühe chinesisch - japanischen Konflikt beizulegen und habe Hoffnung es zu erreichen.

Arco.

Berlin, den 1. August 1894.   zu A. 6957, 6965.

An
die Botschaften in
1. Paris № 356.
2. St. Petersbg. № 314.
3. Rom № 448.
4. Wien № 401.
5. Washington № A. 43.
Sicher!

J. № 4576.

Euerer pp. übersende ich anbei ergebenst
Abschrift eines Berichts des K. Geschäftsträgers
in London vom 27. Mts., betreffend Korea
zu Ihrer vertraulichen Information.

N. d. H. U. St. S.

Berlin, den 1. August 1894.   A. 7003.

An
die Botschaften in
1. London № 601
2. St. Petersburg № 315
3. Rom № 449
4. Wien № 402

J. № 4587.

In Postziffern
    Zu Ew. gef. Information. Der Kais.
Geschäftsträger in Paris meldet vom 30. Juli:
inser a. d. Vorl.

N. d. H. U. St. S.

China und Japan.

PAAA_RZ201-018915_162 ff.

Empfänger	Caprivi	Absender	Hatzfeldt
A. 7059 pr. 1. August 1894. a. m.		London, den 30. Juli 1894.	

A. 7059 pr. 1. August 1894. a. m. 1 Anl.

London, den 30. Juli 1894.

№ 489.

Seiner Exzellenz, dem Reichskanzler, General der Infanterie, Herrn Grafen von Caprivi.

Die englischen Zeitungen fahren fort, sich lebhaft mit den Unruhen in Korea und mit der Haltung Chinas und Japans in der Angelegenheit zu beschäftigen.

Dabei scheinen die Konservativen Blätter, wie „Standard" und „Times", welche übrigens in Betreff der Friedens-Aussichten sehr schwarz sehen, mehr für China Partei zu ergreifen. Dieselben betrachten wenigstens Japan als den Urheber eines etwaigen Krieges, da nach ihrer Meinung China niemals daran gedacht haben würde, die gefährliche Frage einer Reform der Koreanischen Verhältnisse anzuregen.

Dagegen sagte die heutige „Daily News" in einem im Ausschnitt gehorsamst beigefügten Leitartikel, daß jeder unbefangene Zuschauer von der Nothwendigkeit der von Japan geforderten Reformen überzeugt sein müsse. Die augenblickliche Lage erscheine zwar sehr drohend China besitze aber nicht die zarten Begriffe von Ehre, wie sie manchen Staaten eigen seien, und habe sich schon zu anderen Zeiten, z.B. seiner Zeit von Seiten der Franzosen, die Zerstörung von Schiffen und Arsenalen gefallen lassen, ohne zur Kriegserklärung zu schreiten. Es könne auch noch im gegenwärtigen Augenblick für die zahlreichen, in der Sache interessirten Mächte nicht schwierig sein, den Frieden zu erhalten, wenn dieselben die von Japan vorgeschlagenen vernünftigen Reformen garantirten und die friedlichen Armeen zum Rückzuge aufforderten.

Hatzfeldt.

Inhalt: № 489. London, den 30. Juli 1894. China und Japan.

THE DAILY NEWS, MONDAY, JULY 30, 1894.

China and Japan

China and Japan are at war, though apparently they have not yet gone through the formality of a declaration. The Japanese have captured a Chinese warship after severe fighting, compelled another to take to flight, and sunk a Chinese transport with seventeen hundred men to prevent the concentration of Chinese troops in Corea, and they suspected, probably not without cause, that the Chinese were negotiating only to gain time for this purpose. They accordingly made a bold dash with three ironclads on a Chinese fleet of seven transports convoyed by two ironclads and a despatch boat. The remaining transports are said to have made good their escape with the one ironclad. But this news comes from a Chinese source, and it differs in many respects from the official account received from Tokio at the Japanese Legation in London. One thing is certain, there has been fighting and great loss of life, and fighting both by land and sea. There is good reason to believe that the King of Corea is a prisoner in the hands of the Japanese. The Chinese are pouring all their available strength into Corea by land, and the Japanese await them with a well-disciplined army of ten thousand men. It is certain now that, whenever the forces meet, either by land or sea, they will fight, unless compelled to hold their hands at the bidding of some Power, or combination of Powers, that both must respect. The Japanese are determined to keep their slender army of occupation from being overwhelmed by the reinforcements now on their way, and they will only argue with China at the cannon's mouth.

It seems almost too late for mediation of the ordinary kind. This country and Italy have continued their good offices down to the last, and the Japanese Government were meditating their reply to a proposal for a settlement, at the very moment that the Japanese ironclads were pouring broadsides into the Chinese fleet. There is still, however, a basis of mediation, and, what may seem still more strange, some possibility of its success. The Chinese do not seem so sensitive on the point of honour as some other nations are. They once consented to negotiate with France when that Power had sunk many of their ships, and burned an arsenal, without a declaration of war. They apparently consented to regard the wholesale havoc wrought by Admiral Courbet as but an outburst of ill-temper, and they allowed M. Jules Ferry to declare in the Chamber that France was merely chastening them for their own good, in a friendly way. They may be the more disposed to treat now that they have felt the effects of the temper of Japan. The Japanese have formulated their terms, and so much is gained. They demand reforms in Corea, and reforms in a principle already laid down by themselves. They demand precisely the same rights as China in enforcing those reforms, that is to say, the right of occupying the country until order is restored. This is the main point. They insist on regarding the "suzerainty" of China in Corea as merely ornamental, and they maintain that, for all purposes of legitimate coercion, Corea is an independent Power, with which it is their right to deal at first hand. They offer to withdraw from Corea as soon as order is restored, and to meet the Chinese in conference for that purpose. Finally, while implicitly, and indeed expressly admitting the right of China to cooperate with them for the restoration of order, they draw the line at a concentration of Chinese troops that may overpower their own army of occupation. Their determination on this point has led to the present outbreak of hostilities. That Corea must be reformed, from within or without, is admitted by all impartial observers. The country is almost in the last stage of the decrepitude of misgovernment. The starving peasantry in their desperation are banded together under fanatical leaders for the expulsion of all foreigners from the country, and particularly of the Japanese, who are there in the greatest number. The test of Japanese sincerity is the alleged willingness to retire on the completion of the necessary reforms. It ought not to be difficult for the many Powers that are interested in the maintenance of the peace of the East to guarantee the execution of these reforms, and to call on both armies to retire.

Notiz.

Die Schriftstücke über den Chinesisch-Japanischen Krieg um Korea

befinden sich i. a. China 20

Zu A. 7185.

Bei Abtheilung A. mit dem ergebensten Bemerken wiedervorzulegen, daß dem Antrage des Herrn Staatssekretärs des Reichs-Marine-Amts auf Erstattung der Telegrammgebühren für das auf diesseitige Veranlassung von dem Ober-Kommando der Marine an das Kommando S.M. Abt. „Iltis" nach Kobe abgesandte Telegramm aus diesseitigen Fonds Bedenken nicht entgegenstehen.

Der Entwurf der bezüglichen Kassen Ordre nebst Benachrichtigungsschreiben an den Herrn Staatssekretär Hollmann werden ergebenst beigefügt.

[   ]

PAAA_RZ201-018915_170 f.

Empfänger	Marschall von Bieberstein	Absender	Perel
A. 7185 pr. 4. August 1894. p. m.		Berlin, den 30. Juli 1894.	
Memo	1. Erl.v 12. 8. an die Leg. Kasse.		

A. 7185 pr. 4. August 1894. p. m. 1 Anl.

Berlin, den 30. Juli 1894.

An den Kaiserlichen Staatssekretär

des Auswärtigen Amts, Kammer-Herrn, Herrn Freiherrn

Marschall von Bieberstein Exzellenz.

In Folge Euerer Exzellenz gefälligen Schreibens vom 4. Juni d. Js. - A. 4966[50] 3176
- ist seitens des Ober-Kommandos der Marine an das Kommando S. M. Abt. „Iltis" am
11. Juni d. Js. ein Telegramm nach Kobe abgesandt worden, wodurch laut des in
beglaubigter Abschrift anliegenden Auszuges aus der Rechnung des Kaiserlichen Postamts
№ 9 über die dem Ober-Kommando der Marine im Monat Juni d. Js. gestundeten
Telegrammgebühren 130.90 M „Einhundertdreißig Mark 90 Pfennig" Kosten erwachsen
sind.

Euere Exzellenz beehre ich mich ganz ergebenst zu ersuchen, die Legationskasse
gefälligst anweisen zu wollen, den vorbezeichneten Betrag an die Generalmilitärkasse
hierselbst zu erstatten.

Um gefällige Mittheilung des Veranlaßten darf ich demnächst, zwecks Ertheilung der
Einnahme - Anweisung, ergebenst ersuchen.

In Vertretung.

Perel.

---

50 ehrerb. beigefügt

Unruhen im Süden Koreas. Landung Chinesischer Hilfstruppen. Einrücken Japanischer Truppen in Söul.

PAAA_RZ201-018915_173 ff.			
Empfänger	Caprivi	Absender	Krien
A. 7249 pr. 7. August 1894. a. m.		Söul, den 14. Juni 1894.	
Memo	mtg. v. London 618, Petersbg. 326, Wien 412, Dresden 581, München 605, Stuttgart 545, Weimar 365, Staatsmin. J. № 256.		

A. 7249 pr. 7. August 1894. a. m.

Söul, den 14. Juni 1894.

Kontrolle № 45.

An Seine Exzellenz

den Reichskanzler, General der Infanterie

Herrn Grafen von Caprivi.

Euerer Exzellenz

habe ich die Ehre im Verfolg meines Berichtes № 41 vom 2. d. Mts. ganz gehorsamst zu melden, daß am 10. d. Mts. sechzehnhundert Chinesische Soldaten unter den Befehlen des Generals Yeh Chih-Chiao, behufs Unterstützung der Koreanischen Truppen gegen die Aufständischen in Chöl-la-do, in A - san, etwa 50 Km südlich von Chemulpo, landeten. - An demselben Tage rückten 420 Japanische Marinetruppen mit 4 Landungsgeschützen hier ein. Mit ihnen kam der Japanische Gesandte Otori.

Um das Vordringen der Matrosen nach Söul durch Vorstellungen an Herrn Otori womöglich zu verhindern, hatte der König sowohl nach Chemulpo als auch an den Han-Fluß Beamte entsandt. Auf deren Frage, weshalb die Truppen auf Söul zu marschirten, soll der Japanische Gesandte erwidert haben, daß sie zum Schutze der hier ansässigen Japaner abgesandt worden wären. Auf die Versicherung der Beamten, daß seine Besorgnisse unbegründet wären, da die Bevölkerung der Hauptstadt vollständig ruhig wäre, und daß sich außerdem die Koreanische Regierung bekanntermaßen verpflichtet hätte, im Falle eines Aufruhrs zum Schutze der einzelnen Gesandtschaften und der hiesigen fremden Bevölkerung Soldaten zu stellen, antwortete Herr Otori nach Koreanischen Angaben: Er könne kein Vertrauen in den Schutz Koreanischer Soldaten haben; die hiesige Regierung sei offenbar nicht einmal im Stande, ihre eigenen Unterthanen zu schützen, da sie zu diesem Zwecke die Hülfe fremder Truppen erbeten habe.

Gestern morgen rückten die Matrosen wieder nach Chemulpo ab. Dafür traf an demselben Abend ein achthundert Mann starkes Japanisches Infanterie - Bataillon mit einigen Pionieren hier ein.

Die hiesigen Chinesischen Beamten scheinen die militärischen Maßnahmen der Japanischen Regierung nicht erwartet zu haben. - Am 8. d. Mts. besuchte ich Herrn Yuan und erwähnte im Laufe des Gesprächs, es verlautete hier mit großer Bestimmtheit, daß binnen Kurzem Japanische Truppen in Chemulpo eintreffen würden, worauf mir der Chinesische Vertreter wiederholt versicherte, daß diese Gerüchte vollkommen grundlos wären. Die Landung Chinesischer Truppen erfolge im Einvernehmen mit der Japanischen Regierung, der die nach dem Tientsin‒Übereinkommen von 1885 erforderliche Anzeige gemacht worden sei. Herr Otori würde lediglich von einer aus zwanzig Polizisten bestehenden Eskorte begleitet, nach Söul kommen. Die Japanische Regierung sei ganz damit einverstanden, daß die Empörer ohne Verzug mit Chinesischer Hülfe niedergeworfen würden, da der Japanische Handel durch den Aufstand schwer geschädigt würde. Herr Yuan theilte mir ferner mit, daß der General Yeh ein außerordentlich tüchtiger und strenger Offizier wäre, den seine Regierung hauptsächlich in der Absicht ausgewählt habe, etwaigen Ausschreitungen der ihm unterstellten Truppen gegen die Koreanische Bevölkerung vorzubeugen. Er selbst sei zum General-Lieutenant ernannt worden mit der Befugniß, eventuell das Kommando von General Yeh zu übernehmen. Nach Unterwerfung der Rebellen würde er der Koreanischen Regierung Milde gegen dieselben anempfehlen. Seiner Ansicht nach sollten nur die Rädelsführer hingerichtet werden. Außerdem müßten die tüchtigsten und redlichsten Beamten in die Provinz entsandt werden.

Die Koreanische Regierung hätte übrigens in einer schriftlichen Eingabe Chinesische Hülfe erbeten, nachdem verschiedene mündlich an ihn gerichtete Gesuche zurückgewiesen worden wären.

In einem Gespräche, das ich vorgestern mit dem Konsul Jong führte, äußerte dieser, daß die militärische Machtentfaltung der Japaner in Korea seiner Regierung ganz überraschend käme und ihm unerklärlich schiene. Nach einer Weile setzte er hinzu: „If the Japanese mean war with China, we can meet them." Später erzählte er mir, daß der Japanische Gesandt Herrn Yuan versprochen hätte, weitere Truppensendungen aus Japan zu inhibiren.

Gestern lagen auf der Rhede von Chemulpo sechs Japanische Kriegsschiffe: Matsushima, Chiyoda, Yayeyama, Musashi, Yamato und Akagi, während drei andere Schiffe: Takao, Tsukushi und Oshima in den letzten Tagen von dort wieder ausgelaufen sind und jetzt vermuthlich an der Küste kreuzen. Zu gleicher Zeit waren in Chemulpo vier Chinesische Kriegsschiffe: Ting-Yuan, Chih-Yuan, Yang-Wei und Tsao-Kiang und der Chinesische Zollkreuzer Fei Hoo, das amerikanische Flaggschiff Baltimore und der französische Ariso-Inconstant; ferner die gestern angelangten Englischen und Russischen Kreuzer Mercury und Ryndo. In Fusan soll ein Japanisches Kanonenboot ankern.

Eifersucht auf den seit etwa vier Jahren stets wachsenden und gegenwärtig beinahe unbeschränkten Chinesischen Einfluß in Korea hat wohl in erster Linie die Japanische Regierung zu den umfassenden militärischen Maßnahmen veranlaßt.

Vermuthlich in der Absicht, den Japanern jeden Vorwand zur Entsendung ihrer Truppen nach Söul zu benehmen, richtete der Präsident des koreanischen Auswärtigen Amtes unter dem 8. d. Mts. an die Vertreter der Vertragsmächte die briefliche Mittheilung, daß in der Hauptstadt Alles ruhig wäre, daß die Gerüchte über das Vordringen der Rebellen nach dem Norden unbegründet wären und daß zu Befürchtungen kein Anlaß vorläge.

Vorgestern theilte der Präsident den fremden Vertretern ferner mit, daß die Regierungstruppen am Tage vorher die Stadt Chön-Ju von den Empörern gesäubert hätten.

Nach anderen, allerdings unverbürgten, Nachrichten sollen sich die Aufständischen zerstreut haben.

Der Bezirksvorsteher von Ko-Pu ist zu dreißig Hieben auf die Schienbeine und zur Verbannung auf eine ferne und unwirtliche Insel verbannt worden.

In Betreff des früheren Gouverneurs von Chöl-la-do, Kim Mun Hyön, hatte das Censorat dem Könige durch den Staatsrath den Vorschlag unterbreitet, den schuldigen Beamten hinrichten zu lassen, ohne erst das Ergebniß der gegen ihn eingeleiteten Untersuchung abzuwarten, „um der öffentlichen Meinung Genugtuung zu verschaffen und die militärische Disziplin zu stärken." Der König hat indessen diesen Vorschlag verworfen und den P. Kim auf die Insel Kochei in der Provinz Chöl-la-do verbannt.

Der Japanische Legations-Sekretär Matsui erklärte heute dem Vize-Konsul Reinsdorf: Die Absendung der Japanischen Truppen sei von seiner Regierung nach Eintreffen des Telegrammes über die Einnahme von Chön-Ju durch die Aufständischen und deren Vordringen nach Norden, lediglich zum Schutze der Japanischen Ansiedler in Söul und Chemulpo, angeordnet worden. Es wären noch etwa 4000 Mann nach Chemulpo unterwegs. Diese würden jedoch thunlichst bald, zusammen mit den jetzt hier befindlichen Truppen, welche die Hauptstadt binnen Kurzem wieder räumen würden, nach Japan zurückgeschickt werden. Herr Yuan habe Herrn Otori die amtliche Zusicherung gemacht, daß keine weitern Chinesischen Truppensendungen nach Korea erfolgen würden.

Der frühere Japanische Militär-Attaché in Berlin, Oberstleutnant Fukushima, der mich soeben besuchte, bezeichnete die Japanischen Truppenbewegungen nach Korea als ein Manöver.

In Söul selbst, sowie in allen mittleren und nördlichen Provinzen Koreas, herrscht andauernd vollkommene Ruhe.

Am 10. d. Mts. hatte ich die Ehre an das hohe Auswärtige Amt das nachstehende Telegramm № 2 zu richten:

Chinesische Truppen West-Küste gelandet Japanische Söul hiesige Gegend ruhig. Krien.

Gleichzeitig telegraphirte ich an die Kaiserliche Gesandtschaft zu Peking: Chinesische Truppen Asan südlich Chemulpo gelandet Japanische Söul hiesige Gegend ruhig.

Abschrift dieses ganz gehorsamen Berichtes gehen den Kaiserlichen Gesandtschaften zu Peking und Tokio zu.

Krien.

Inhalt: Unruhen im Süden Koreas. Landung Chinesischer Hilfstruppen. Einrücken Japanischer Truppen in Söul.

Ankunft von 4000 Japanischen Soldaten in Chemulpo.

PAAA_RZ201-018915_185 f.			
Empfänger	Caprivi	Absender	Krien
A. 7250 pr. 7. August 1894. a. m.		Söul, den 16. Juni 1894.	
Memo	J. № 262.		

A. 7250 pr. 7. August 1894. a. m.

Söul, den 16. Juni 1894.

Kontrole № 46.

An Seine Exzellenz

den Reichskanzler, General der Infanterie

Herrn Grafen von Caprivi.

Euerer Exzellenz beehre ich mich im Verfolg meines Berichtes № 45[51] vom 14. d. Mts. ganz gehorsamst zu melden, daß nach telegraphischen Nachrichten aus Chemulpo viertausend Soldaten des Japanischen Heeres in acht Schiffen gestern dort eingetroffen sind.

Abschriften dieses ehrerbietigen Berichtes sende ich an die Kaiserlichen Gesandtschaften zu Peking und Tokio.

Krien.

Inhalt: Ankunft von 4000 Japanischen Soldaten in Chemulpo.

---

[51] A. 7249 heutiger Eingang

Korea, japanisch-chinesische Truppensendungen.

PAAA_RZ201-018915_187 ff.			
Empfänger	Caprivi	Absender	Schenck
A. 7253 pr. 7. August 1894. a. m.		Peking, den 20. Juni 1894.	
Memo	in Berlin 14. 8. mtg. 8. 8. v. London 619, Petersbg 327, Wien 413, Dresden 582, Karlsruhe 459, München 606, Stuttgart 576, Weimar 366, Staatsmin.		

A. 7253 pr. 7. August 1894. a. m.

Peking, den 20. Juni 1894.

A. № 76.

Seiner Exzellenz, dem Reichskanzler, General der Infanterie
Herrn Grafen von Caprivi.

Nach den heute vorliegenden Nachrichten aus Korea ist der Aufstand dortselbst beendigt, die Hauptstadt der Provinz Chöl-la-do den Rebellen wiederabgenommen, welche sich zerstreut haben. Nach der Meinung des bisherigen Russischen Geschäftsträgers in Korea, Herrn Waeber, der gegenwärtig hier die Russische Gesandtschaft leitet, wäre dieser Bewegung von Anfang an eine zu große Bedeutung beigemessen worden. Die bedrückten Bauern, deren Klagen kein Gehör fanden, hätten ihre Bedrücker, die Lokal-Mandarine, weggejagt, wie es öfter in Korea vorkomme, und damit der keineswegs gegen die Central-Regierung gerichtete Aufstand sein natürliches Ende erreicht.

Ob die chinesischen Truppen schließlich bei der Unterdrückung des Aufstandes noch mitgewirkt haben, ist bisher hier nicht bekannt. Die Koreanischen Regierungstruppen hatten, wie schon gemeldet, gegen die Rebellen einem Erfolg davongetragen, noch ehe die chinesischen Truppen an Ort und Stelle waren.

An Stelle der 3 bis 400 japanischen Marinesoldaten, welche den Japanischen Gesandten Otori begleiteten, haben inzwischen ein japanisches Infanteriebataillon und eine Ingenieur-Kompagnie, zusammen etwa 600 Mann, Söul besetzt, während weitere 4000 Mann japanischer Truppen in Chemulpo angekommen sind und das „General Foreign Settlement" dortselbst, auch die Insel Kang-Hoa besetzt haben. Gegen die Besetzung des foreign settlement hat der englische Konsul in Söul Protest erhoben. Die Japanische Regierung soll 10 bis 15 Dampfer der großen japanischen Post - Dampfschiffahrts-

Gesellschaft (Nippon Yusen Kaisha) für Truppen - Transporte mit Beschlag belegt haben, während die Gesellschaft, um ihren Dienst aufrecht zu erhalten, ihrerseits die erforderliche Anzahl fremder Dampfer, namentlich englische Dampfer von der sogenannten „blue funnel line" charterte.

Auf Verlangen Herrn Otoris hätte, wie ich von Tientsin höre, der König von Korea telegraphisch Li-Hung-Chang um Rückziehung der chinesischen Truppen aus Korea gebeten. Li hung chang hatte inzwischen, wie aus Chefoo gemeldet wird, die Mobilisirung der gesamten nördliche chinesischen Flotte in Wie-Hai-Wi und Port Arthur angeordnet. Indessen soll es an Vielem fehlen, Nachlässigkeiten und übel angebrachte Sparsamkeit sich geltend machen und die Mobilmachung nicht so rasch als gewünscht von Statten gehen.

Während die Japanische Regierung die Verwicklung in Korea vielleicht als eine gelegene Ableitung der durch die oppositionelle Haltung des Parlaments hervorgerufenen inneren Schwierigkeiten betrachtet, scheint Li hung Chang durch die kriegerische Haltung Japans vollkommen überrascht worden zu sein. Wie es scheint, war der chinesische Resident Yuan in Söul, der im Jahre 1884 dort einen so leichten Erfolg hatte, der Rathgeber für die gegenwärtige etwas übereilte Entsendung chinesischer Truppen nach Korea, durch welche man das chinesische Übergewicht auf der Halbinsel noch zu verstärken hoffte. Die chinesische Regierung hat im Allgemeinen wenig Verständnis für die politische Lage und militärische Leistungsfähigkeit anderer Länder.

Die Japaner fühlten sich, wie schon angedeutet, dadurch beschwert, daß Li hung chang erst im letzten Augenblick, nachdem die betreffenden Befehle schon ertheilt waren und er von dem japanischen Konsul interpellirt wurde, die vertragsmäßige Notifikation wegen Entsendung der chinesischen Truppen der japanischen Regierung gemacht habe.

Der hiesige japanische Geschäftsträger, Herr Komura, stellt eigennützige Pläne Japans in Korea in Abrede. Dagegen sei die Gelegenheit, wie er bemerkte, jetzt günstig, um ein Einverständniß und eine Cooperation Chinas und Japans zum Zweck der Erhaltung der Integrität Korea's für die Zukunft herbeizuführen und festzustellen. Es sei bedenklich, daß Korea bisher weder von chinesischen noch von japanischen Truppen besetzt gewesen sei. Es scheint, als ob Herr Komura in dieser Richtung mit dem Tsungli Yamen zu verhandeln beauftragt sei.

Schenck.

Inhalt: Korea; japanisch-chinesische Truppensendungen.

Die Koreanische Verwickelung.

PAAA_RZ201-018915_195 ff.			
Empfänger	Caprivi	Absender	Gutschmid
A. 7254 pr. 7. August 1894. a. m.		Tokio, den 27. Juni 1894.	
Memo	in Berlin 14. 8. mtg. v. 8. 8. London 620 Petersbg. 328, Wien 414, Dresden 583, Karlsruhe 460, München 607, Stuttgart 571, Weimar 367, Staatsmin.		

A. 7254 pr. 7. August 1894. a. m.

Tokio, den 27. Juni 1894.

A. 48.

Vertraulich

Seiner Exzellenz

dem Reichskanzler, General der Infanterie

Herrn Grafen von Caprivi.

Der Japanische Minister der Auswärtigen Angelegenheiten hat mir gestern nachstehende vertrauliche Mittheilung bezüglich der Koreanischen Verwickelung gemacht:

Japan habe China gemeinschaftliches Vorgehen in Korea angeboten und hierbei drei Punkte betont, nämlich 1. gemeinschaftliche militärische Aktion behufs Niederwerfung der Rebellen; 2. gemeinschaftliche Vorschläge an die Koreanische Regierung behufs Einführung nothwendiger Reformen, namentlich in der Rechtspflege und den Finanzen, und 3. Gemeinschaftliche Vorstellung an den König behufs Organisation eines kleinen stehenden Heeres zur Aufrechterhaltung der Ordnung im Innern des Landes.

Sobald diese Reformen in die Wege geleitet worden seien, hätten nach den weiteren Vorschlägen Japans die beiderseitigen Truppen gleichzeitig aus der Halbinsel zurückgezogen werden sollen.

Leider habe China gemeinsame Aktion mit Japan abgelehnt und verlange außerdem die Zurückziehung der Japanischen Streitkräfte, während es, obgleich es auch die Zurückziehung der Chinesischen Truppen zugesagt habe notorischer Weise Verstärkungen nach Korea entsende.

Die Japanische Regierung habe nun nochmals gemeinsames Handeln bei Li-Hung-Chang in Vorschlag gebracht und dabei bemerkt, daß, wenn China ihr seine Unterstützung auch fernerhin verweigere, sie auf Eigen-Rechnung (single handed) in der in den drei Punkten bezeichneten Weise vorgehen werde.

Herr Mutsu befürchtet nicht, daß es, wie hier vielfach angenommen wird, zum Kriege zwischen Japan und China kommen werde, da der Vicekönig Li Hung Chang sowohl, welcher für China das entscheidende Wort zu sprechen habe, als der Kaiser von Japan die Aufrechterhaltung des Friedens ernstlich wünschte. Gefährdet würde letzterer erst dann werden, wenn Korea Chinesischerseits amtlich zum Vasallenstaat des Reiches der Mitte erklärt würde; denn Japan bestehe darauf, daß Korea ein unabhängiger Staat sei. Im gegenwärtigen Moment, so äußerte der Minister weiter, mache sich am Hofe von Söul indirekt eine Schwenkung zu Gunsten Japans bemerkbar, indem der Premierminister, welcher die Chinesen herbeigerufen und dadurch die Japanische Expedition veranlaßt habe, in den letzten Tagen in hohem Grade unpopulär geworden sei und möglicher Weise in Ungnade fallen werde. Der erste Akt eines neuen Premiers würde aber wahrscheinliche darin bestehen, die Chinesischen Truppen höflichst zu bitten, das Land wieder zu verlassen, um sich auf diese Weise auch der Japaner zu entledigen.

Am Schlusse der Unterredung theilte mir der Minister Mutsu mit, er habe Tags zuvor dem Russischen Gesandten, der ihn sehr um Information dränge, die Lage in derselben ganz offenen Weise wie mir geschildert.[52]

Gutschmid.

Inhalt: Die Koreanische Verwickelung.

---

52 Abschriften des Berichts A. 48 sind am 18. 7. nach Peking u. Söul mitgetheilt worden cfr. A.

Berlin, den 8. August 1894.   A. 7249.

An

die Missionen in

1. London № 618.

2. St. Petersbg. № 326.

3. Wien № 412.

4. Dresden № 581.

5. Karlsruhe № 458.

6. München № 605.

7. Stuttgart № 575.

8. Weimar № 365.

9. An die Herrn Staatsmin.

J. № 4770.

Ew. pp. übersende ich anbei ergebenst Abschrift eines Berichts des K. Konsuls in Söul vom 14. Juni d. J. betreffend die Vorgänge auf Korea

ad 1-2: zu Ihrer Information

ad 3: Ew. pp. stelle ich anheim, den Inhalt der dortigen Regierung mitzutheilen.

ad 4-8: unter Bezugnahme auf den Erlaß vom 4. März 1885 mit der Ermächtigung zur Mittheilung

Euerer Exzellenzen beehre ich mich anbei Abschrift eines Berichts des K. Konsuls in Söul vom 14. Juni d. J. betreffend (wie oben) zur gef. Kenntnißnahme zu übersenden.

N. d. H. U. St. S.

Berlin, den 8. August 1894.   A. 7253.

An

die Missionen in

1. London № 619

2. St. Petersbg. № 327

3. Wien № 413

4. Dresden № 582

5. Karlsruhe № 459

6. München № 609

7. Stuttgart № 579

8. Weimar № 366

9. An die Herrn
   Staatsmin. Exzellenzen

J. № 4771.

Ew. pp. übersende ich anbei ergebenst Abschrift eines Berichts des K. Gesandten in Peking vom 20. Juni d. J. betreffend Korea

ad 1-3: zu Ihrer Information

ad 4-8: unter Bezugnahme auf den Erlaß vom 4. März 1885 mit der Ermächtigung zurMittheilung

Euerer Exzellenzen beehre ich mich anbei Abschrift eines Berichts des K. Konsuls in Peking vom 20. d. J. betreffend Korea zur gef. Kenntnißnahme zu übersenden.

N. d. H. U. St. S.

Berlin, den 8. August 1894.

A. 7254.

An

die Missionen in

1. London № 620

2. St. Petersbg. № 328

3. Wien № 414

4. Dresden № 583

5. Karlsruhe № 460

6. München № 607

7. Stuttgart № 577

8. Weimar № 367

9. An die Herrn

Staatsmin. Exzellenzen

J. № 4772.

Ew. pp. übersende ich anbei ergebenst Abschrift eines Berichts des K. Gesandten in Tokio vom 27. Juni d. J. betreffend Korea

ad 1-3: zu Ihrer Information
ad 4-8: unter Bezugnahme auf den Erlaß vom 4. März 1885 mit der Ermächtigung zur Mittheilung

Euerer Exzellenzen beehre ich mich anbei Abschrift eines Berichts des K. Gesandten in Tokio vom 27. Juni d.J. betreffend Korea zur gef. Kenntnißnahme zu übersenden.

N. d. H. U. St. S.

Berlin, den 12. August 1894.   A. 7185.

An die Legations-Kasse[53]   J. № 4854.

Unter eine Abschrift des anliegenden Schreibens
ist zu setzen.

Abschrift vorstehenden Schreibens nebst Anlage
erhält die Legations-Kasse mit der Anweisung
den Betrag von 130.90 M an die General
Militär.-Kasse gegen Quittung zu zahlen und bei
Kap. 4. Zit. 10 des Etats zu Kostgeld und für
telegraphische Depeschen zu verausgaben.

d RK

ZA.

Ew. beehre ich mich auf das gefällige Schreiben
vom 30. v. M. C. 4056 ergebenst zu
benachrichtigen, daß die Legations-Kasse
angewiesen worden ist, die durch die Absendung
eines Telegramms an das Kommando S.M. Kbt.
Iltis nach Kobe erwachsenen Kosten im Betrag
von 130.90 M (Einhundert und dreißig Mark 90
pf.) an die General Militär-Kasse gegen Quittung
zu zahlen.

N. d. H. U. St. S.

---

53 [Randbemerkung] Abschrift des Exhibitums nebst zugehörigen Anlage, sowie der nebenstehenden Kassen-
Ordere und des Schreibens an Herrn Hollmann ist für I. B. anzufertigen.

Auswärtiges Amt
Abth. A.

Politisches Archiv d. Auswärt. Amts

Acta

Betreffend

Korea

Vom 13. August 1894
Bis 25. August 1894

Vol.: 16
conf. Vol.: 17

Politisches Archiv des Auswärtigen Amts
R 18916

KOREA. № 1.

China und Japan in Korea.

PAAA_RZ201-018916_ 010 ff.

Empfänger	Caprivi	Absender	Caprivi
A. 7433 pr. 13. August 1894. a. m.		Peking, den 23. Juni 1894.	

A. 7433 pr. 13. August 1894. a. m.

Peking, den 23. Juni 1894.

A. № 77.

Seiner Exzellenz, dem Reichskanzler, General der Infanterie, Herrn Grafen von Caprivi.

Im Anschluß an meinen Bericht vom 20. d. M. (A. 76), betreffend chinesische und japanische Truppensendungen nach Korea, beehre ich mich gehorsamst zu erwähnen, daß die Hauptverhandlungen hierüber zwischen dem japanischen Auswärtigen Minister und dem chinesischen Vertreter in Tokio geführt werden. Der hiesige japanische Geschäftsträger Komura, wie er mir selbst sagt, ist nur wiederholt beauftragt worden, Erläuterungen und Aufklärungen von dem Tsungli Yamen zu erbitten. Letzteres fragt dann gewöhnlich erst bei Li hung chang in Tientsin an. Gleichzeitig soll übrigens auch in Söul verhandelt werden. Japan hätte den Vorschlag der chinesischen Regierung, die beiderseitigen Truppen sofort und gleichzeitig zurückzuziehen, abgelehnt, wünsche vielmehr, wie schon angedeutet, zuvor ein Einverständniß mit China herbeizuführen mit Bezug auf künftige Insurrektionen und die Integrität Korea's.

Die japanische Regierung soll in Shanghai und Hongkong die vorhandenen Bestände an Cardiff-Kohle und die vorhandenen geographischen Karten der chinesischen Küste aufzukaufen versucht haben.

Es war auch von weiteren chinesischen Truppensendungen nach Korea die Rede. Indessen meldet der Kaiserliche Vizekonsul in Chefoo unter dem 19. d. M., daß eine chinesische Truppenabtheilung, die schon zur Einschiffung bereit stand, Gegenbefehl erhalten habe und nicht nach Korea abgegangen sei.

Caprivi.

Inhalt: China und Japan in Korea.

China und Japan in Korea.

PAAA_RZ201-018916_014 ff.

Empfänger	Caprivi	Absender	Schenck
A. 7434 pr. 13. August 1894. a. m.		Peking, den 28. Juni 1894.	
Memo	mitg. 15. 8. London 630, Petersburg 331, Wien 422, Washington A. 46. cfr. A. 7612 / cfr. A. 7011		

A. 7434 pr. 13. August 1894. a. m.

Peking, den 28. Juni 1894.

A. № 78.

Seiner Exzellenz

dem Reichskanzler General der Infanterie

Herrn Grafen von Caprivi.

Bei den japanisch-chinesischen Verhandlungen über Korea hat Japan dem Vernehmen nach folgende Vorschläge gemacht:

1) Die beiderseitigen Truppen bleiben so lange in Korea, bis die Ruhe vollständig wiederhergestellt beziehungsweise ein Einverständniß zwischen China und Japan in Bezug auf Korea erzielt ist.

2) Eine gemischte japanisch - chinesische Kommission wird eingesetzt, deren Aufgabe darin besteht, Maßregeln vorzuschlagen und einzuführen um Insurrektionen, wie die gegenwärtige, in Zukunft vorzubeugen und die Integrität Korea's sicherzustellen. Die gemischte Kommission wird deshalb Reformen in der Administration und Finanzverwaltung Korea's einführen, andrerseits aber auch die koreanische Armee reorganisiren, sodaß Korea in die Lage versetzt wird, sich selbst vertheidigen zu können. Dahin würde z. B. die Ausbildung der koreanischen Truppen durch japanische beziehungsweise chinesische Offiziere gehören

Der hiesige japanische Geschäftsträger, Herr Komura, der mir Vorstehendes mittheilte beziehungsweise bestätigte, fügte hinzu, daß Japan von China einen förmlichen Verzicht auf seine Suzeränität über Korea nicht verlangt habe.

Als er vor einiger Zeit der chinesischen Regierung die Entsendung japanischer Truppen nach Korea amtlich zu notifiziren hatte, fragten die Minister warum Japan Truppen entsenden wolle. China habe auf Bitte des Königs von Korea, um die Ruhe wiederherzustellen, Truppen geschickt und habe sich dieser Bitte von seiten eines tributpflichtigen Staats nicht wohl entziehen können. Bei dieser Gelegenheit habe er, Komura, Namens seiner Regierung gegen die Bezeichnung Korea's als eines China tributären Staats allerdings protestirt, wie schon früher hiergegen japanischer Seits protestirt worden sei. Aber bei den Verhandlungen sei auf die tributpflichtige Stellung Korea's zu China nicht weiter Gewicht gelegt worden. Gegenwärtig scheinen die Verhandlungen zu einer Art Stillstand gelangt zu sein. Es sei jetzt an China, Vorschläge zu machen. Das Hauptziel der japanischen Politik sei, Korea gegen eine europäische Invasion sicher zu stellen. China allein sei hierzu nicht im Stande. Augenblicklich sei vielleicht von Rußland nicht viel zu fürchten, dies könne sich aber ändern, sobald die sibirische Eisenbahn einmal fertiggestellt sei.

Herr Komura behauptete, daß einem Telegramm Herrn Otori's zufolge bis zum 21. dieses Monats in Korea sich nicht mehr als 4200 Mann japanischer Truppen befunden haben, davon 200 Mann in Fusan, die anderen in Söul beziehungsweise Chemulpo. Am 25. oder 26. sei die Erklärung Li hung chang's bekanntgeworden, daß er vorläufig von der Entsendung weiterer chinesischer Truppen nach Korea Abstand nehme, und habe seitdem auch Japan seine Truppen in Korea nicht weiter verstärkt. In der Zwischenzeit könnten keinenfalls mehr als einige hundert Mann japanischer Truppen noch hinzugekommen sein.

Nachrichten meines englischen Kollegen zufolge habe der König von Korea Herrn Otori geantwortet, daß bevor die Truppen nicht zurückgezogen seien, er die Frage der gemischte Kommission und Reformen nicht diskutiren könne.

Schließlich darf ich eines Herrn O'Conor telegraphirten, vermuthlich unbegründeten Gerüchts noch Erwähnung thun, wonach 10 japanische Torpedoboote in der Nähe der Yangtze - Mündung stationirt worden seien.

Schenck.

Inhalt: China und Japan in Korea.

Chinesisch - japanischer Konflikt. Graf Cassini.

PAAA_RZ201-018916_022 ff.			
Empfänger	Caprivi	Absender	Schenck
A. 7435 pr. 13. August 1894. a. m.		Peking, den 29. Juni 1894.	
Memo	mtg. 15. 8. London 638, Petersburg 335.		

A. 7435 pr. 13. August 1894. a. m.

Peking, den 29. Juni 1894.

A. № 79.

Seiner Exzellenz, dem Reichskanzler General der Infanterie
Herrn Grafen von Caprivi.

Der beurlaubte hiesige Russische Gesandte Graf Cassini hatte bei seiner Abreise von hier einen mehrtägigen Aufenthalt in Tientsin in Aussicht genommen, um mit dem Generalgouverneur Li hung chang über die chinesisch - russische Telegraphen - Convention zu verhandeln, deren Tarif von 2 per Wort die konkurrirende dänische und englische Linie („Great Northern" und „Eastern Extension") bei dem gegenwärtigen niedrigen Silberstand erhöht zu sehen wünschen.

In Tientsin angekommen, wurden die guten Dienste des Grafen Cassini indessen auch in der koreanischen Angelegenheit von dem bedrängten Vicekönig in Anspruch genommen. Er hat den japanischen Dampfer, der ihn an Bord des Komadischen Dampfers in Yokohama abliefern sollte, deshalb abfahren lassen und ist noch gegenwärtig eifrig mit Verhandlungen in Tientsin beschäftigt, die einerseits mit Li hung chang, andrerseits mit Tokio, vermuthlich durch den dortigen Russischen Gesandten Herrn Hitrovo geführt werden.

Graf Cassini bemerkte, daß der Ernst der Lage ihn veranlasse, augenblicklich noch in Tientsin zu bleiben, auch meinte er, daß Herr Waeber, der gegenwärtig in Peking die Russische Gesandtschaft leitet, besser gethan hätte, unter den obwaltenden Umständen noch in Korea zu bleiben.

Schenck.

Inhalt: Chinesisch - japanischer Konflikt. Graf Cassini.

[   ]

PAAA_RZ201-018916_026

Empfänger	Caprivi	Absender	Hahnte
A. 7467 pr. 14. August 1894. p. m.		Berlin, den 14. August 1894.	

A. 7467 pr. 14. August 1894. p. m.

Berlin, den 14. August 1894.

An den Reichskanzler

General der Infanterie

Herrn Grafen v. Caprivi Exzellenz.

Auswärtiges Amt.

Euer Exzellenz beehre ich mich auf Allerhöchsten Befehl anliegend den Bericht A. 4 6[54] der Deutschen Gesandtschaft in Tokio vom 12. Juni d. J., betreffend die japanische Expedition nach Korea, nachdem derselbe dem Chef des Generalstabes der Armee vorgelegen hat, ganz ergebenst zu übersenden.

v. Hahnte.

---

54 A. 6817

Berlin, den 15. August 1894.   zu A. 7434.

An

die Botschaften in

1. London № 630.

2. St. Petersburg № 331.

3. Wien № 422.

4. Washington № A. 46.

J. № 4888

Euerer pp. übersende ich anbei ergebenst Abschrift eines Berichts des K. Gesandten in Peking vom 28. Juni d. J., betreffend China und Japan in Korea zu Ihrer gef. Information.

N. d. H. U. St. S.

Berlin, den 15. August 1894.   zu A. 7435.

An
die Botschaft in
1. London № 638.
2. Petersbg № 335.

J. № 4913.

Euerer pp. übersende ich anbei ergebenst Abschrift eines Berichts des K. Gesandten in Peking vom 29. Juni d. J., betreffend das Verbleiben des Graf. Cassini in China aus Veranlassung des chinesisch - japanischen Konflikts,
zu Ihrer gef. Information.

N. d. H. U. St. S.

Besetzung der Allgemeinen Fremden-Niederlassung von Chemulpo durch Japanische Truppen. Protest der fremden Vertreter. Ende des Aufstandes im Süden Koreas.

PAAA_RZ201-018916_030 ff.			
Empfänger	Caprivi	Absender	Krien
A. 7505 pr. 16. August 1894. a. m.		Söul, den 19. Juni 1894.	
Memo	J. № 268.		

A. 7505 pr. 16. August 1894. a. m.

Söul, den 19. Juni 1894.

Kontrole № 47.

An Seine Exzellenz

den Reichskanzler, General der Infanterie

Herrn Grafen von Caprivi.

Euerer Exzellenz habe ich die Ehre im Anschluß an meinen Bericht № 46 vom 16. d. Mts.[55] ganz gehorsamst zu melden, daß ein Theil der Japanischen Truppen an demselben Tage in Chemulpo gelandet und in Japanische Quartiere sowohl in der japanischen wie in der Allgemeinen Fremden - Niederlassung gelegt worden ist.

Bei dem Gegenbesuche, den ich Herrn Oberstlieutenant Fukushima am 14. d. Mts. auf der japanischen Gesandtschaft abstattete, erwähnte ich Herrn Otori gegenüber, daß nach Mittheilungen aus Chemulpo die Truppen auch in der Fremden-Niederlassung einquartirt worden seien. Der japanische Gesandte erwiderte mir darauf, das müßte ein Versehen des dortigen Konsuls Nasse sein, den er ausdrücklich angewiesen hätte, die Soldaten nicht in die allgemeine Fremden - Niederlassung zu legen. Er würde sofort dorthin telegraphiren, damit die Truppen die Niederlassung räumten.

Statt dessen sind vorgestern und gestern mehr Truppen gelandet; auf einem englischen Grundstücke ist eine Batterie aufgestellt, auf einem Deutschen Grundstücke sind Zelte und Stallungen für Pferde errichtet worden und die Posten verwehren den Ansiedlern, gewisse Grenzen in der Niederlassung zu überschreiten.

In Folge dessen haben die westländischen Vertreter heute auf Anregung des Britischen

---

55 A. 7250

General - Konsulats - Verwesers Gardner die in der Anlage abschriftlich enthaltene Kollektiv - Note an Herrn Otori unterzeichnet; in der sie gegen die militärische Besetzung der Niederlassung protestiren. Auch ich habe geglaubt, die Note unterzeichnen zu sollen, in der Erwägung, daß ich als Konsul des Reichs berufen bin, die Deutschen Interessen in Chemulpo, welche durch die Japaner vollständig unberücksichtigt gelassen worden sind und vermuthlich durch die Okkupation noch schwere Schäden erleiden werden, nach Kräften zu schützen, und daß nach meinem Ermessen von allen der Erreichung dieses Zieles dienen den Mitteln unter den gegenwärtigen Umständen ein gemeinsamer Protest der Europäischen und Amerikanischen Vertreter am wirksamsten sein dürfte.

Der Handel im Chemulpo liegt wollständig darnieder, viele Koreanische Händler sind ins Innere geflohen und die Chinesen senden ihre Frauen und Kinder aus Furcht vor Feindseligkeiten nach China zurück.

Die Chinesischen Truppen stehen noch immer unthätig in Tsan. Herr Otori theilte mir zwar mit, dass weitere 2000 Chinesischen Soldaten von Shanghai Kuan in der Mandschurei nach Korea geschickt werden, doch stellte Herr Tong dies durchaus in Abrede.

Der Präsident des Auswärtigen Amtes hat sowohl Herrn Yuan als auch Herrn Otori gebeten, ihre Truppen zurückzuziehen, weil die Empörung beinahe niedergeworfen wäre.

Soeben theilt er mir schriftlich mit, dass die Rädelsführer getödtet worden seien, die Empörer sich unterworfen hatten und dass die Rebellion damit ihr Ende erreicht hätte.

In der Anlage beehre ich mich schließlich, Abschrift eines von Herrn Gardner unter dem 17ten, d. Monats an den Japanischen Gesandten gerichteten Protestes gegen die Einquartirung Japanischer Truppe in der Fremden Niederlassung, den der Erstern zur Kenntniß der übrigen Vertreter gebracht hat, ganz gehorsamst einzureichen.

Abschriften dieses ehrerbietigen Berichtes sende ich an die Kaiserlichen Gesandtschaften zu Peking und Tokio.

Krien.

Inhalt: Besetzung der Allgemeinen Fremden-Niederlassung von Chemulpo durch Japanische Truppen. Protest der fremden Vertreter. Ende des Aufstandes im Süden Koreas. 2 Anlagen.

Anlage 1 zum Bericht № 47.

Abschrift.

Seoul, June 19. 1894.

Excellency and Dear Colleague: -

His Excellency

H. Otori

H. I. J. M.'s Envoy Extraordinary and Minister Plenipotentiary

Seoul.

Whereas it has been understood among the Western Nations ever since 1885, that the Foreign Settlements in the East shall be free and exempt from military operations, and whereas it has been reported to us that soldiers have been quartered, a battery placed, and sentries posted on the General Foreign Settlement at Chemulpo; whereby the municipal Government of the Settlement as laid down by the Land-Regulations sanctioned by the Korean Government and various Foreign Governments having treaty relations with Korea, has been disregarded.

We therefore hereby note our solemn protest against such proceedings on the General Foreign Settlement of Chemulpo.

We have the honor to be your obedient servants.

gez: John M. B. Sill.

gez: Paul de Kehrberg

gez: G. Lefévre.

gez: F. Krien.

gez: Chirs F. Gardner.

Anlage 2 zum Bericht № 47.

Abschrift.

H. B. M. 's Legation Söul, June 17. 1894.

Sir,

I have the honour to inform you that I have received a telegram from H. M. 's Vice-Consul at Chemulpo to the effect that, acting on my instructions, he had asked your Consul at Chemulpo for explanations as to why Japanese troops were being quartered in the General Foreign Settlement at Chemulpo and your Consul had replied that he was unable to afford any explanations.

Under these circumstances in order to relieve my Government from the responsibility that acquiescing in so unusual a course would entail, I beg to enter a formal protest against Japanese troops being quartered on the General Foreign Settlement at Chemulpo.

I should be obliged, if you will afford me any explanation in time for me to add its substance to the telegram which it will be my duty to despatch to Mr. O'Conor.

I have etc.

Chris. Gardner.

Die hiesige politische Lage betreffend.

PAAA_RZ201-018916_041 ff.

Empfänger	Caprivi	Absender	Krien
A. 7506 pr. 16. August 1894. a. m.		Söul, den 29. Juni 1894.	
Memo	J. № 310.		

A. 7506 pr. 16. August 1894. a. m. 6 Anl.

Söul, den 29. Juni 1894.

Kontrole № 48.

An Seine Exzellenz

den Reichskanzler, General der Infanterie

Herrn Grafen von Caprivi.

Euerer Exzellenz beehre ich mich im Anschluß an meinen ganz gehorsamen Bericht № 47 vom 19. d. Mts. ebenmäßig zu melden, daß der Japanische Gesandte auf die gemeinsame Note der fremden Vertreter vom 19. d. Mts. diesen am folgenden Tag die abschriftlich anliegende Erwiderung gesandt hat, worin er ihnen mittheilt, daß er den Japanischen Konsul in Chemulpo angewiesen habe, im Verein mit den Militärbehörden die Entfernung der Japanischen Soldaten aus der Fremdenniederlassung zu bewirken.

Bis zum 22. d. Mts. ist dann die Niederlassung von Chemulpo vollständig geräumt worden.

Am letzteren Tage kamen die Chinesischen Kriegsschiffe Chen Yuen, Chao Yung und Kwang King auf der dortigen Rhede an. Zwei derselben verließen indeß nach einigen Tagen den Platz, vermuthlich um nach Asan zu gehen.

Am 24. d. Mts. brachen drei Bataillone Japanischer Infanterie mit etwa 200 Mann Kavallerie, 2 Batterien Geschütze pp. von Chemulpo auf und besetzten die strategischen Punkte rings um Söul. Auf der Nordseite des Flusses, zwischen den Plätzen Mapo und Yongsan, ist ein Zeltlager aufgeschlagen und eine Batterie bronzener Hinterlader - Kanonen aufgestellt worden. In Söul selbst steht ein Bataillon Infanterie.

Der hier anwesende Rath im Japanischen Auswärtigen Amte, I. Motono, der mich vor Kurzem besuchte, behauptete, daß die Truppen Chemulpo verlassen hätten, weil dort das Wasser schlecht wäre und sich unter ihnen typhöses Fieber gezeigt hätte. Doch ist dies einer der vielen Vorwände, welche die Japaner benutzen, um die widerrechtliche

Besetzung der Hauptstadt von Korea zu rechtfertigen.

Herr Motono erklärte mir ferner, daß die Chinesische Regierung die nach dem Tientsin - Vertrage von 1885 erforderliche vorherige Anzeige von der Absendung Chinesischer Truppen durch ihren Gesandten in Tokio an den Minister der Japanischen Auswärtigen Angelegenheiten gerichtet habe, allerdings mit dem Zusatze, daß das „Tributland" Korea die Hülfe erbeten hätte. Diese Bezeichnung wäre unzulässig, weil in dem Vortrage zwischen Japan und Korea das letztere ausdrücklich als ein unabhängiger Staat anerkannt worden sei. Die Japanische Regierung hat darauf ebenfalls Truppen nach Korea abgesandt, zunächst zum Schutze ihrer Unterthanen. Solange in Korea der Chinesische Einfluß überwiege, könne das Land keine Fortschritte machen, weil China selbst nicht fortschrittlich gesinnt sei. Reformen in der Civil- und Militär-Verwaltung Koreas seien unumgänglich nothwendig und Japan sei bereit, dem Lande dazu seine Unterstützung zu gewähren. Später würde es sich empfehlen, das Königsreich zu neutralisiren. Er sei von der militärischen Überlegenheit Japans über China überzeugt. Japan könne mit Leichtigkeit 250 000 wohl disziplinirte Soldaten ins Feld stellen, während China weder gerüstet sei, noch Geld für Kriegsrüstungen habe.

Am 27. d. Mts. sind wieder zehn Schiffe der Dampfergesellschaft, "Nippon Yusen Kaisha" mit Proviant und ungefähr 2500 Japanischen Truppen in Chemulpo angekommen, die in der Nähe der dortigen Fremdenniederlassung Quartiere und Lager bezogen haben. In Wönsan (Gensan) sollen 100, in Fusan 120, nach anderen Nachrichten 1000, Japanische Soldaten gelandet sein. Die ganze Hiroshima-Garnison unter dem Oberbefehle des Generals Oshima befindet sich jetzt in Korea. Die Chinesischen Truppen lagern noch immer in Asan.

Die Lage ist eine ernste. Die hiesigen Chinesen halten jetzt einen Krieg mit Japan für unvermeidlich.

Unter den Chinesen in Söul und Chemulpo ist eine förmliche Panik ausgebrochen. In Schaaren verlassen sie Korea, zumal nachdem Herr Yuan seine Familie nach China zurückgesandt hat. Unter diesen Umständen habe ich es für nothwendig gehalten, zum Schutze der Deutschen Interessen S. M. Kbt. Iltis zu requiriren. Das Schiff traf am 26. d. Mts. in Chemulpo ein. Der Kommandant Graf Baudissin ist gestern hierher gekommen, um mit mir über die hiesige Lage Rücksprache zu nehmen. Auf der Rhede von Chemulpo liegen jetzt außer verschiedenen Japanischen und Chinesischen Kriegsschiffen das Kanonenboot Iltis, das Amerikanische Flaggschiff Baltimore, der Französische Ariso Inconstant und das Russische Kanonenboot Koreyetz. Der Englische Kreuzer Mercury ging nach ganz kurzem Aufenthalt wieder fort, ein anderes Englisches Kriegsschiff ist trotz der Requisition des Herrn Gardner bis jetzt dort nicht angelangt,

Heute kehrten 900 Koreanische Soldaten aus Chöllado hierher zurück. Etwa 1000 Mann sind noch dort verblieben, weil der Aufstand noch nicht ganz nieder geschlagen zu sein scheint.

Unter den Koreanischen Beatmen herrscht große Aufregung. Viele derselben haben die Hauptstadt verlassen, andere sind in die Nähe der hiesigen Europäischen und Amerikanischen Gesandtschaften und Konsulate übergesiedelt.

Am 24. d. Mts. richtete der Präsident des Auswärtigen Amtes die in abschriftlicher Englischer Übersetzung unter B. anliegende Note an die hiesigen Vertreter der Westmächte, worin er die gegenwärtige Lage auseinandersetzt. Herr Cho konstatirt, daß Truppen China's und Japan's Koreanischen Boden besetzt hielten, die erstern gegen die Rebellen zur Hülfe gerufen, die letzteren uneingeladen und trotz dem Proteste seiner Regierung; angeblich zum Schutze ihrer Landleute. Eine Nothwendigkeit für die Anwesenheit beider Truppen sei nicht mehr vorhanden. Die Chinesischen Behörden wären deshalb bereit, ihre Truppen zurückzuziehen, falls die Japanischen ebenfalls zurückgezogen würden. Japan weigere sich indeß, seine Truppen zurückzurufen, bevor die Chinesischen Truppen zurückgezogen wären, und lehne den Vorschlag einer gleichzeitigen Truppenrückkehr ab. Der Präsident betont dann die Gefahren, welche die Anwesenheit zahlreicher fremder Truppen in Friedenszeiten nach sich ziehen können, sowie das völkerrechtswidrige Verfahren der Japanischen Regierung und ruft auf Grund des Artikels I, Absatz 2 der Verträge die freundlichen Dienste der fremden Vertreter behufs friedlicher Lösung der augenblicklichen Lage an.

Der bezügliche Abschnitt des Tientsin-Abkommens vom 18. April 1885 lautet in der offiziellen Englischen Uebersetzung:

> "In case any disturbance of a grave nature occurring in Corea which necessitates the respective Countries, or either of them, to send troops to Corea, it is hereby understood that they shall give, each to the other, previous notice in writing of their intention so to do, and that after the matter is settled they shall withdraw their troops and not further station them there."

Dem Koreanischen Ersuchen entsprechend empfehlen die Vertreter Amerikas, Rußlands, Frankreichs und Englands unter dem 25. d. Mts. in gemeinsamen und gleichlautenden Schreiben an die Vertreter Chinas und Japans (Anlage C) die gleichzeitige Zurückziehung der beiderseitigen Truppen als mit der Ehre und der Würde zweier großer Nationen wohl vereinbar. Euerer Exzellenz hohen Weisungen gemäß habe ich am 27ten d. Mts. sowohl den Chinesischen als auch den Japanischen Gesandten als auch den übrigen Vertretern meinen Anschluss an die Note erklärt.

Herr Otori antwortete darauf laut der abschriftlich unter D anliegenden Note vom 25.

d. Mts., daß seiner Regierung die Entscheidung über die Zurückziehung der Truppen zustehe und daß er die gemeinsame Note befürwortend nach Tokio übermitteln werde. Herr Yuan erwiderte unter dem 26. d. Mts., daß er die Note zur Kenntniß seiner Regierung gebracht und darauf ein Telegramm derselben erhalten hätte, das ihren Standpunkt darlegt. Darnach seien Chinesische Truppen auf ein schriftliches Gesuch des Koreanischen Hofes zur Unterdrückung des Aufstandes nach Korea gekommen. Nach Eintreffen der Nachricht von der Zerstreuung der Rebellen sollten die Truppen wieder zurückgezogen werden; da seien Japanische Truppen in großer Anzahl erschienen. Auf Grund des Tientsin - Uebereinkommens hätte die Regierung bereits Weisungen ertheilt, mit Japan einen Termin für die gleichzeitige Zurückziehung der Truppen zu vereinbaren; Japan weigere sich indessen, darauf einzugehen. Solange Japanische Truppen in Korea ständen, könne die Chinesische Regierung selbstverständlich ihre Truppen auch nicht zurückrufen. (Anlage E) Eine gleichlautende Depesche hat der Chinesische Vertreter am 28. d. Mts. an mich gerichtet, während der Japanische Gesandte sich darauf beschränkt hat, den Empfang meines Schreibens zu bestätigen.

Am 26. hatte der Japanische Gesandte eine Audienz bei dem Könige. Herr Otori überreichte dem Könige ein Memorandum mit dem Bemerken, daß er darin die Wünsche Japans aufgezeichnet hätte. Nach den mir durch den Koreanischen Linguisten zugegangenen Nachrichten hat Herr Otori dabei geäußert, daß die Politik Koreas geändert werden und Reformen in der Verwaltung eintreten müßten; dann würden die Finanzen des Landes sich heben und Ackerbau und Handel blühen. Korea sei ein unabhängiges Land und Japan bereit, für dessen Unabhängigkeit einzutreten. Der König soll ihm erwidert haben, daß er selbst die Nothwendigkeit von Reformen einsähe, daß er jedoch nicht in der Lage wäre, diese oder ähnliche Fragen zu erörtern, solange Japanische Truppen Koreanischen Boden besetzt hielten.

Am 28. d. Mts. hat nach Koreanischen Berichten Herr Otori ferner an den Präsidenten des Auswärtigen Amtes ein amtliches Schreiben gerichtet, worin er diesen ersucht, das staatrechtliche Verhältniß Korea zu China klarzustellen, insbesondere ob Korea nach der Auffassung der Koreanischen Regierung ein Vasallen - oder Tributstaat, oder ein unabhängiger Staat sei. Die Koreanischen Beamten sind darüber sehr aufgeregt, weil sie annehmen, daß es von der Antwort des Präsidenten abhängen wird, ob Japan an China oder Korea den Krieg erklären werde. Es soll deshalb beschlossen worden sein, Herrn Otori auf die Briefe zu verweisen, welche der König im Anschluß an die Verträge mit Bezug auf das staatsrechtliche Verhältniß des Landes zu China an die Souveräne und die Präsidenten der westlichen Vertragsmächte gerichtet hat.

Euerer Exzellenz beehre ich mich schließlich in der Anlage E Abschrift eines

Beschlusses zu überreichen, den der Gemeinderath der Allgemeinen Fremden-Niederlassung von Chemulpo in seiner Sitzung vom 26. d. Mts. einstimmig gefaßt und den hiesigen Vertretern übersandt hat. Der Gemeinderath ist der Ansicht, daß in keiner der Niederlassungen im Bereich des Hafens von Chemulpo oder dessen Nachbarschaft mehr Soldaten stationirt werden sollten, als zur Aufrechterhaltung der Ordnung unumgänglich nothwendig sind, weil die Anwesenheit zahlreicher Truppen in der unmittelbaren Nachbarschaft der Allgemeinen Fremden - Niederlassung eine Gefahr für deren Bewohner bildet.

Die Chinesischen und Japanischen Niederlassungen grenzen an die Allgemeine Fremdenniederlassung an. Der Japanische Konsul hat dem Beschlusse zugestimmt, obwohl Truppen seines Landes gegenwärtig in der Japanischen Niederlassung einquartirt sind.

Auszug eines von dem dortigen Englischen Vizekonsuls Herrn Gardner über die Frage erstatteten Berichtes hat der Englische General-Konsul dem Japanischen Gesandten übermittelt. Herr Otori hat ihm darauf erwidert, daß er bereit sei, die Angelegenheit mit seinen Kollegen zu regeln und daß ihm die Theilnahme des Präsidenten der Koreanischen Auswärtigen Angelegenheiten und des Chinesischen Vertreters an der zu diesem Zwecke zu berufenden Versammlung erwünscht sein würde.

Gleichzeitig versichert er, daß, wenn Japanische Truppen einmal zu Feindseligkeiten gegen irgendeine andere Macht genöthigt sein sollten, er seiner Regierung empfehlen würde, Chemulpo und dessen Bewohner zu schützen.

Bisher haben die Japanischen Truppen, deren gute Disziplin allgemein gerühmt wird, in ihrem Benehmen gegen die fremden und einheimischen Bewohner von Söul und Chemulpo zu Klagen keinen Anlaß gegeben.

Abschriften dieses ganz gehorsamen Berichtes sende ich an die Kaiserlichen Gesandtschaften zu Peking und Tokio.

Krien.

Inhalt: Die hiesige politische Lage betreffend. 6 Anlagen

Anlage A zum Bericht № 48. (A. 7506)

Abschrift.

H. I. J. M. 's Legation

Seoul, 20th June 1894.

The Honourable

J. M. B. Sill, U. J. Minister Resident etc. etc. etc.

P. de Kchrberg, H. I. R. M.'s Charge' d'Affaires ad interim etc. etc. etc.

F. Krien, H. I. G. M. 's Consul etc. etc. etc.

C. F. Gardner, H. B. M.'s Acting Consul General etc. etc. etc.

G. Lefévre, Gérant du Commissariat de France etc. etc. etc.

Sir,

Acknowledging the receipt of your letter of yesterday's date with respect to the quartering of Japanese soldiers in the General Foreign Settlement at Chemulpo, I have the honour to reply you that having consulted the General in Command of the army, I have yesterday morning instructed both by telegraph and in writing our Consul there to take due measures for the removal of Japanese soldiers in conjunction with the military officers in charge.

I have the honour to be,

Sir, your obedient servant

gez. H. Otori.

Seoul.

Anlage B zum Bericht № 48. (A. 7506)

Abschrift.

English Translation.

Foreign Office,

Seoul, Korea, June 24th 1894.

your Excellency: -

I have the honor to state that I am directed by His Majesty to bring to the notice of the Foreign Representatives a certain condition of things now existent in this Kingdom, with a view of its being communicated to the several Governments having treaty relations with Korea.

At this moment the troops of two nations, namely China and Japan, are in occupation of Korean soil. The first by invitation, to aid in quelling a rebellion, the other without invitation and against the protest of the Korean Government, but, as represented to me, on account of solicitude for the safety of her own subjects resident here.

The necessity for the presence of both of these has now ceased. The Chinese Authorities, under these circumstances, are now willing to remove their troops from Korea soil provided Japan will remove hers. But Japan refuses to remove her troops until the Chinese have been removed, and neglects to entertain any proposition for the simultaneous removal of both.

The presence of a large army in time of peace, the landing of cavalry and artillery, the placing of batteries and keeping a guard at strategic points after internal quiet is assured, is a dangerous precedent for other nations and a menace to the peace and integrity of His Majesty's Realm.

I respectfully submit to the Foreign Representatives and their Governments, that at a time when Japan and Korea are at peace the presence and holding Japanese armed troops in Korea territory in extraordinary numbers, is not in accordance with the law of nations.

I am directed by His Majesty to ask that the Foreign Representatives, being fully acquainted with the facts of the situation, will use their friendly offices as preferred by treaty in effecting an amicable solution of the present situation.

I have etc.

(signed) Cho Piong Chik.

President of the Korean Foreign Office.

To

Hon. F. Krien.

Consul of the German Empire.

Anlage C zum Bericht № 48. (A. 7506)
Abschrift.

Seoul, Korea, June 25. 1894.

Your Excellency,

We
have the honor to inform you that the Korean Government has asked our friendly offices in the present situation in Korea, and has suggested as a solution of the present difficulties, the simultaneous withdrawal of Chinese and Japanese/Japanese and Chinese troops from the Korean territory.

We the undersigned representatives solemnly submit this proposal for your favorable consideration as a course consistent with the honor and dignity of two great nations with which all our governments are in friendly relations.

We feel confident that your Excellency will fully understand that the interests of our governments are deeply affected, as the continued presence of foreign troops on Korean soil may easily lead to complications disadvantageous to the security of our nationals.

We should esteem it a favor, if your Excellency would be pleased to present his communication to your Government at your earliest convenience.

We will of course at the same time communicate immediately the request of the Korean Government to our respective Governments.

We have etc.
gez: John M. B. Shill for the United States,
gez: Paul de Kehrberg for Russia,
gez: G. Lefévre for France
gez: C. F. Gardner for England.

To his Excellency
Yuan Shi Hai
H. I. C. M.'s Representative

To His Excellency
H. Otori
H. I. J. M.'s Envoy Extraordinary and minister Plenipotentiary.

Anlage D zum Bericht № 48. (A. 7506)
Abschrift.

H. I. J. M's Legation.
Seoul, 25th June 1894.

Sir,

Acknowledging the receipt of your note of to- day's date suggesting to me under request of Corean Government and as friendly office the solution of the present situation by withdrawing simultaneously the Japanese and the Chinese troops from Corean territory, I have the honour to respectfully express my sincere thanks for your advice and your magnanimous act. But I regret to state herein that the withdrawal of Japanese soldiers being entirely in the option of the Japanese Government, the only course open to me is to convey your note to the notice of my Government as requested, and which I shall not fail to do in the earliest opportunity. I also have the honour to add in this connection that my views being entirely in accord with yours in preserving peace and order in this Capital and in continuing the amicable relations among us altogether, I have already taken due steps to recommend my Government in order to arrive at the end desired by all concerned.

I have etc.
gez: K. Otori.

The Honourable
John M. B. Sill, Minister Resident and Consul General of the U. S.
P. de Kehrberg,
H. I. R. M.'s Charge' d' Affaires ad interim
C. F. Gardner, I. M. G.
H. B. M.'s Acting Consul General
G. Lefévre
Gérant du Commissariat de France

Anlage E zum Bericht № 48. (A. 7506)

Antwort des Chinesischen Vertreters Yuan Si Kwai auf die gemeinschaftliche Note der fremden Vertreter vom 25. Juni 1894.

In Erwiderung auf die gemeinschaftliche Note, welche Ew. pp. am 25. d. Mts. an mich richteten, beehre ich mich Ew. PP. ganz ergebenst mitzutheilen, daß ich den Inhalt derselben sofort meiner Regierung zur Kenntniß gebracht und am heutigen Tage telegraphisch folgende Antwort erhalten habe:

„Die chinesischen Truppen sind nach Korea gekommen auf eine schriftliche Bitte des koreanischen Hofes um Hilfe zur Ausrottung der Rebellen und sollten, als die Kunde von der Wiedereroberung von Chonchu und von der Zerstreuung der Rebellen eintraf, wieder zurückgezogen werden, als starke japanische Truppenmassen einrückten und die Hauptstadt sammt dem Hafen von Inchön besetzten mit der Absicht, längere Zeit daselbst zu verbleiben. Nach dem i. J. 1885 zwischen China und Japan in Tientsin getroffenen Übereinkommen die Truppen gemeinschaftlich zurückzuziehen, hatten wir bereits Instruktionen ertheilt, mit Japan eine gemeinschaftliche Zurückziehung zu vereinbaren, Japan hat sich jedoch nicht geneigt gezeigt darauf einzugehen. Die Kaiserlich Chinesische Regierung nimmt gleichfalls besondere Rücksicht auf die Situation und die Unterthanen der befreundeten Staaten: da jedoch die japanischen Truppen in Korea verbleiben, können selbstverständlich auch die chinesischen Truppen nicht zurückgezogen werden. Dankbar erkennen wir die Bemühungen der in Söul residirenden Vertreter der befreundeten Mächte um gütliche Beilegung der schwebenden Angelegenheit an.“

Indem ich Ew. pp. das Obige zur Kenntnis bringe, ergreife ich auch diese Gelegenheit etc.

gez. Yuan.

Söul, den 26. Juni 1894.

Anlage F zum Bericht № 48. (A. 7506)
Abschrift.

Resolution.

"The Council deprecate the stationing upon any of the Settlements comprised in the port area of Chemulpo, or in their vicinity, of more armed men than may from time to time be absolutely necessary to maintain order, believing that the presence of any large number of troops in the immediate neighbourhood is in a high degree prejudicial to the peace and prosperity of the General Foreign Settlement, and a very possible source of danger to the lives and property of the residents." —

Die Koreanische Verwickelung.

PAAA_RZ201-018916_074 ff.

Empfänger	Caprivi	Absender	Gutschmid
A. 7507 pr. 16. August 1894. a. m.		Tokio, den 13. Juli 1894.	
Memo	mtg. 18. 8. v. London 644, Dresden 608, Brüssel 155, Petersbg. 336, Karlsruhe 479, Haag 22, Rom B. 467, München 633, Bern 16, Wien 425, Stuttgart 602, Washington A. 48, Weimar 382, Staatsmin. MEMO: Nicht nach Peking mitgetheilt. cf. A. 7754, Ber a. Tokio v. 18. 7.		

A. 7507 pr. 16. August 1894. a. m.

Tokio, den 13. Juli 1894.

A. 55.

Seiner Exzellenz

dem Reichskanzler, General der Infanterie

Herrn Grafen von Caprivi.

Die Chinesische Regierung hat sich, wie mir der Vice Minister der Auswärtigen Angelegenheiten mittheilt, zwar bereit erklärt, Japan Vorschläge zu einer direckten Verständigung in der Koreanischen Angelegenheit zugehen zu lassen, eine diesbezügliche Äußerung aus Peking lag indessen, obgleich seit dem 9. d. M. in Aussicht gestellt, bis zum gestrigen Abend der hiesigen Regierung nicht vor. Es scheint als ob der Tsungli Yamen ein direktes Abkommen mit Japan noch immer von der vorherigen Räumung Korea's durch letzteres abhängig machen will, eine Bedingung, auf welche das Japanische Kabinet nach wie vor nicht eingehen zu können erklärt.

Der Japanische Geschäftsträger in Peking hat nämlich, wie mir Herr Hayashi im Vertrauen mittheilt, zuletzt telegraphirt, daß er in einer Unterredung mit verschiedenen Mitgliedern des Tsungli Yamen den Eindruck gewonnen, China habe mit Sicherheit erwartet, daß Japan durch die Aufforderung Rußlands, seine Truppen zurückzuziehen eingeschüchtert, nachgeben werde. Da diese Hoffnung nicht in Erfüllung gegangen, sei der Tsungli Yamen werthlos und unschlüßig darüber, was geschehen solle.

Gemeinsame Bemühungen der hiesigen fremden Vertreter zur Erhaltung des Friedens liegen bis jetzt nicht vor. Wichtig ist, daß, wie mir der Vize Minister Hayashi sagt, die Russische Regierung sich ausdrücklich telegraphisch mit der von Japan für seine

Weigerung Korea zu räumen abgegebenen Erklärung zufriedengestellt erklärt und seitdem Herr Hitrovo keine neuen Schritte in der Sache gethan hat. Die Vereinigten Staaten hätten, offenbar von dem in Korea residirenden General Le Gendre beeinflußt, vor Kurzem denselben Vorschlag wie Rußland, wenn auch in viel milderer Form, gemacht und darauf von Japan dieselbe Antwort erhalten. Der Vertreter Frankreichs habe bis jetzt keinerlei Schritte gethan.

Daß England durch seine Vertreter hier und in Peking die Bemühungen, eine direkte Verständigung zwischen Japan und China herbeizuführen, fortsetzt, bestätigte mir noch gestern Mr. Paget, obgleich er wegen der chinesischerseits bisher nicht fallen gelassenen Vorbedingung nicht sehr hoffnungsvoll ist.

Obschon hiernach von gemeinsamen Demarchen der fremden Vertreter bis jetzt nicht die Rede ist, so habe ich mich doch für ermächtigt gehalten, dem Minister der Auswärtigen Angelegenheiten heute in halbamtlicher Weise zu sagen, meine hohe Regierung setze in die aufrichtige Friedensliebe Japans genügendes Vertrauen um annehmen zu können, daß dasselbe alle mit seiner Ehre irgendwie vereinbare Nachgiebigkeit in den Verhandlungen mit China an den Tag legen werde. Herr Mutsu sagte dies in vollem Umfange zu.

Gutschmid.

Inhalt: Die Koreanische Verwickelung.

Berlin, den 18. August 1894. A. 7507.

An

die Missionen in

1. London № 644.
2. St. Petersbg № 336.
3. Rom(Botschaft) № 467.
4. Wien № 425.
5. Washington № A. 48.
6. Dresden № 608.
7. Karlsruhe № 479.
8. München № 633.
9. Stuttgart № 602.
10. Weimar № 382.
11. Brüssel № 155.
12. Haag № 22.

---

13. Bern № 16.
14. An

die Herren Staatsminister
Exzellenzen

J. № 4965.

Ew. pp. übersende ich anbei ergebenst Abschrift eines Berichts des K. Gesandten in Tokio vom 13. v. Mts., betreffend (die koreanische Verwickelung)

ad 1 - 5, 11 - 13: zu Ihrer Information.

ad 6-10: unter Bezugnahme auf den Erlaß vom 4. März 1885 mit der Ermächtigung zur Mittheilung

Euerer pp. beehre ich mich anbei Abschrift eines Berichts des K. Gesandten in Tokio vom 13. v. Mts., betreffend (wie oben) zur gef. Kenntniß zu übersenden

N. d. H. U. St. S.

Chinesisch - japanischer Konflikt wegen Korea. Verwickelung.

PAAA_RZ201-018916_082 ff.

Empfänger	Caprivi	Absender	Schenck
A. 7609 pr. 20. August 1894. a. m.		Peking, den 2. Juli 1894.	

A. 7609 pr. 20. August 1894. a. m. 2 Anl.

Peking, den 2. Juli 1894.

A. № 81.

Seiner Exzellenz

dem Reichskanzler, General der Infanterie

Herrn Grafen von Caprivi.

Euerer Exzellenz beehre ich mich anliegend einen Bericht und Referat des Kaiserlichen Konsuls in Tientsin abschriftlich gehorsamst vorzulegen über eine Unterredung, die er mit dem Zolltautai Sheng, dem Vertrauensmann und ersten Rathgeber des Generalgouverneurs Lihungchang, am 28. v. Mts. über die Lage in Korea gehabt hat.

Demnach würde der Generalgouverneur es gern sehen, wenn sämmtliche in Korea vertretene Mächte und nicht blos Rußland an der Regelung der koreanischen Frage theil nehmen. Den Generalgouverneur habe es unangenehm berührt, daß der kaiserliche Konsul in Söul sich nicht an dem Schritte der dortigen Vertreter Amerikas, Englands, Frankreichs und Rußlands betheiligt habe, welche auf Wunsch der koreanischen Regierung den Gesandten Japans und China bekanntlich empfahlen, gleichzeitig ihre respektiven Truppen zurückzuziehen.

Ich habe dem Kaiserlichen Konsul in Tientsin mittelst des abschriftlich gehorsamst hier angeschlossenen Erlasses vom gestrigen Tage geantwortet.

Es dürfte in der That schwer sein bei dem Tsungli Yamen, wenn dasselbe seine Haltung nicht ändert, zu vermitteln, da die Minister bisher immer so thaten, als wenn sie die Angelegenheit überhaupt kaum etwas anginge. Die Haltung des Kaiserlichen Konsuls in Korea scheint mir nicht tadelswerth, um so weniger als bei dem Schritt seiner Kollegen vermutlich doch nichts herauskommt.

Nachrichten meines englischen Kollegen aus Tientsin zufolge hätte Li den Grafen Cassini ersucht, Seine Majestät den Czaren zu bitten, daß er die Vermittlerrolle übernehme. Die Chinesen seien aber jetzt erschreckt wegen des Preises den Rußland für seine Dienste möglicher Weise fordern werde. Diese Stimmung scheint auch Sheng Tautai zu den Äußerungen veranlaßt zu haben, über die Frhr. von Seckendorff berichtet.

Eine Vermittlerrolle dürfte für Deutschland unter den obwaltenden Umständen eine wenig dankenswerthe Aufgabe sein, und glaube ich Euerer Exzellenz hohen Intentionen am besten zu entsprechen, wenn ich vorläufig eine reservierte Haltung beobachte.

Für die Stellung der Fremden in China wird es vielleicht nicht schädlich sein, wenn die chinesische Regierung in Folge der gegenwärtigen Verwickelung zu einer wichtigeren Selbstschätzung gelangt.

Schenck.

Inhalt: Chinesisch - japanischer Konflikt wegen Korea. Verwickelung.

Anlage 1 zum Bericht A. № 81 vom 2. Juli 1894.
Abschrift.

Tientsin 28. Juni 1894.

Euer Hochwohlgeboren beehre ich mich in der Anlage Referat über eine am heutigen Tage mit dem hiesigen Zolltautai geführte Unterredung, die Lage in Korea betreffend, zur hochgeneigten Kenntnißnahme ganz gehorsamst zu unterbreiten.

gez. v. Seckendorff

An den Kaiserlichen Gesandten Herrn Baron Schenck zu Schweinsberg hochwohlgeboren Peking.

Referat über eine am 28. Juni 1894 mit dem Zolltautai Sheng geführte Unterredung.

In einer am heutigen Tage stattgefundenen Unterredung mit dem hiesigen Zolltautai Sheng berührte derselbe die augenblickliche Lage in Korea. Tautai Sheng erklärte dieselbe zwar für überaus ernst, sprach jedoch die Hoffnung aus, daß sich, falls Japan nicht auf gewissen Forderungen beharren würde, Mittel und Wege finden würden, um zu einem freundschaftlichen Einvernehmen zu gelangen. Daß in Korea etwas geschehen müsse, um die Wiederkehr ähnlicher Vorkommnisse zu verhindern, die zu dem jüngsten Aufstand in der Provinz Chüan lo tao geführt, darüber sei sich der Generalgouverneur vollkommen klar, nur fürchte derselbe, daß das Resultat einer seitens Chinas und Japans ins Werk gesetzten Reorganisation im Nachbarstaate kein so gutes sein würde, als wenn sich an dies bezüglichen Bestrebungen sämmtliche in Korea vertretene Staaten und besonders auch Deutschland betheiligen würden. Li-hung-chang wisse, daß Rußland gern eine Vermittlerrolle zwischen China und Japan übernehmen würde, er hätte jedoch Grund, ein solches Anerbieten nur im Nothfalle anzunehmen, da er sich keine Verbindlichkeiten dem Zarenreiche gegenüber aufladen wolle.

Der Generalgouverneur wünsche sehnlichst eine freundschaftliche Beilegung der augenblicklichen Differenz mit Japan. Er hätte daher auch den ihm aus Korea gemeldeten Schritt der Vertreter von Großbritannien, Frankreich, Amerika und Rußland, welche eine Note an den japanischen Gesandten Otori gerichtet, und denselben unter Hinweis auf die Gefahren für den fremden Handel und die innere Ruhe des Königreiches um Zurückziehung der Truppen aus Seoul, ersucht hätten, mit Freuden begrüßt. Unangenehm habe es ihn berührt, daß der Kaiserliche Konsul Krien an dieser Demarche sich nicht betheiligt, und habe es ihm daher geschienen, als ob Deutschland mit dem Vorgehen Japan in Korea einverstanden sei.

Auf Tautai Sheng's Frage, wie es sich hiermit verhalte, erwiderte ich, daß mir hierüber Nachrichten fehlten, daß ich jedoch nicht unterlassen würde, das Vorstehende zur Kenntniß des Kaiserlichen Herrn Gesandten in Peking zu bringen.

Mit Bezug auf die Anwesenheit des Grafen Cassini im hiesigen Hafen theilte mir Tautai Sheng mit, daß ihm der kaiserlich Russische Konsul gestern gesagt habe, daß Graf Cassini auf Weisung aus St. Petersburg vorläufig hier bliebe und wahrscheinlich nach Peking zurückkehre.

Tientsin, den 28. Juni 1894.

gez. Frhr. von Seckendorff

Kaiserlicher Konsul

Anlage 2 zum Bericht A. № 81 vom 2. Juli 1894.
Abschrift.

Peking, den 1. Juli 1894.

An den Kaiserlichen Konsul
Herrn Freiherrn von Seckendorff,
Hochwohlgeboren Tientsin.

Mit Bezug auf Ihren gefälligen Bericht № 77 vom 28. v. Mts., die Lage in Korea betreffend, bemerke ich vertraulich, daß allerdings der amerikanische, russische, englische und französische Vertreter in Korea auf Bitten der koreanischen Regierung den Gesandten Chinas und Japans dortselbst das gleichzeitige Zurückziehen der beiderseitigen Truppen empfohlen haben. Wenn Herr Krien an diesem Schritte sich bisher nicht betheiligte, so ist er vermuthlich zu dieser reservirten Haltung dadurch bewogen worden, weil er sich in seiner Eigenschaft als konsularischer, nicht diplomatischer, Vertreter Deutschlands nicht für befugt erachtete, ohne ausdrückliche Weisung der Kaiserlichen Regierung an einer diplomatischen Vermittlung Theil zu nehmen. Keinesfalls hat ihn hierzu eine Theilnahme oder Parteilichkeit für Japan veranlaßt. Wie Euer Hochwohlgeboren wissen, untersteht der Kaiserliche Konsul in Korea direkt dem Auswärtigen Amt in Berlin, und bin ich, auch der Kaiserliche Gesandte in Tokio, darum nicht in der Lage, Herrn Krien Weisungen für sein politisches Verhalten zu ertheilen. Wenn der Generalgouverneur die guten Dienste Deutschlands oder anderer in Korea vertretener Mächte in Anspruch nehmen will, so wäre es naheliegend, wenn die Tsungli Yamen die chinesischen Gesandten bei den betreffenden Regierungen mit den erforderlichen Schritten beauftragte. Ich und andere hier beglaubigte Gesandten haben in den letzten Wochen wiederholt die Lage in Korea auf dem Tsungli Yamen zur Sprache zu bringen versucht. Die Minister haben immer so gethan, als wenn sie von dieser Frage kaum etwas wüßten, und als ob die Regelung der Koreanischen Angelegenheit nicht sie, sondern nur den Generalgouverneur Li hung chang angehe. Einer solchen ablehnenden Haltung gegenüber dürfte es einigermaßen schwer sein, hier zu vermitteln. Euer Hochwohlgeboren beehre ich mich ergebenst anheimzustellen, dem Tautai Sheng gegenüber bei sich bietender Gelegenheit in vorstehendem Sinne sich vertraulich aussprechen zu wollen.

Der Kaiserliche Gesandte

gez.: Schenck.

Chinesisch - Japanischer Konflikt wegen Korea.

PAAA_RZ201-018916_094 ff.

Empfänger	Caprivi	Absender	Schenck
A. 7610 pr. 20. August 1894. a. m.		Peking, den 4. Juli 1894.	

A. 7610 pr. 20. August 1894. a. m.

Peking, den 4. Juli 1894.

A. № 82.

Seiner Exzellenz

dem Reichskanzler, General der Infanterie

Herrn Grafen von Caprivi.

Dem Vernehmen nach hat der russische Gesandte in Tokio, Herr Hitrovo, im Auftrag seiner Regierung, welche darum von dem König von Korea ersucht wurde, die japanische Regierung aufgefordert beziehungsweise derselben zur Erwägung gestellt, die japanischen Truppen aus Korea zurückzuziehen. Japan hätte dies Ansinnen abgelehnt. Weitere 4000 Mann japanischer Truppen seien in Chemulpo gelandet. Diese letztere Nachricht meldet der englische Vicekonsul in Chemulpo.

Japan hatte bekanntlich früher schon den chinesischen Vorschlag der alsbaldigen gleichzeitigen Zurückziehung der beiderseitigen Truppen abgelehnt und wünscht vorher wegen der Reorganisation und Integrität Korea's mit China zu einen Einverständniß zu gelangen.

Herr O'Conor, mein hiesiger englischer Kollege, ist der Ansicht, daß die fünf in Korea vertretenen Mächte gemeinsam, im Interesse der Erhaltung des Friedens interveniren sollten. Japan würde ohne weitere Pression und ohne Verminderung seines Prestiges den fünf Mächten zugestehen, was es einer einzelnen Macht, der es mißtrauisch gegenüberstehe, verweigert habe.

Schenck.

Inhalt: Chinesisch - Japanischer Konflikt wegen Korea.

Chinesisch - japanischer Konflikt. Graf Cassini's Rückkehr.

PAAA_RZ201-018916_097 ff.			
Empfänger	Caprivi	Absender	Schenck
A. 7611 pr. 20. August 1894. a. m.		Peking den 5. Juli 1894.	
Memo	mtg. 23. 8. London 657, Petersburg 344		

A. 7611 pr. 20. August 1894. a. m.

Peking den 5. Juli 1894.

A. № 83.

Seiner Exzellenz

dem Reichskanzler, General der Infanterie

Herrn Grafen von Caprivi.

Graf Cassini, der beurlaubte russische Gesandte, soll, wie aus Tientsin gemeldet wird, von dort hierher zurückkehren, während der interimistische russische Geschäftsträger Herr Waeber hierselbst, wie er selbst ankündigt, beabsichtigt in diesen Tagen nach Söul sich zurückzubegeben.

In Korea sollen zur Zeit gegen 9000 Mann japanischer Truppen stehen. Graf Cassini hat dem Generalgouverneur Li hung chang auf dessen Befragen, ob China nicht auch weitere Truppen nach Korea schicken solle, hiervon abgerathen.

Einen ähnlichen Rath hatte auch Herr O'Conor hier schon ertheilt. Allein wenn China bisher auch von weiteren Truppensendungen nach Korea Abstand nahm, so trifft es den japanischen Kriegsrüstungen gegenüber doch auch seine Vorbereitungen.

Schenck.

Inhalt: Chinesisch - japanischer Konflikt. Graf Cassini's Rückkehr.

Chinesisch - japanische Schwierigkeiten wegen Korea.

PAAA_RZ201-018916_100 ff.

Empfänger	Caprivi	Absender	Schenck
A. 7612 pr. 20. August 1894. a. m.		Peking, den 7. Juli 1894.	

A. 7612 pr. 20. August 1894. a. m. 1 Anl.

Peking, den 7. Juli 1894.

A. № 84.

Seiner Exzellenz

dem Reichskanzler, General der Infanterie

Herrn Grafen von Caprivi.

Nachrichten aus Tientsin zufolge hat Li hung chang die Rückkehr der nach Korea zur Unterdrückung des Aufstandes entsandten chinesischen Truppen angeordnet. Einen Bericht des kaiserlichen Konsuls in Tientsin vom 4. d. Mts. (№ 81) beehre ich mich abschriftlich gehorsamst hier beizufügen. Privatnachrichten aus Tientsin vom 5. zufolge wären die Marine und Torpedo Truppen Yeh's, des chinesischen Oberbefehlshabers in Korea, sowie seine Kranken in Taku bereits wieder eingetroffen.

Mein hiesiger englischer Kollege hat sich hier in dem letzten Tage bemüht, direkte Verhandlungen zwischen China und Japan wieder in Gang zu bringen. Auch hat die englische Regierung in Tokio, wie es scheint, sich alle Mühe gegeben, die Japanische Regierung zur Annahme des chinesischen Vorschlages der Wiederaufnahme direkter Verhandlungen zu bewegen. Die Japaner erklärten sich zwar im allgemeinen bereit zu weiteren Verhandlungen, antworteten aber schließlich, daß, nachdem China die japanischen Vorschläge abgelehnt habe[56] (Bericht vom 28. Juni A. 78), es jetzt an China sei mit bestimmten Vorschlägen hervorzutreten.

Ähnlich hatte sich der hiesige japanische Geschäftsträger schon am 28. v. Mts. ausgesprochen, wie ich damals berichtet habe.

Graf Cassini soll in Tientsin eine Konferenz zu dreien über die koreanische Angelegenheit angeregt haben, damit aber auch bisher nicht weitergekommen sein.

Nachrichten aus Korea zufolge, denen die Bestätigung aber bisher fehlt, seien 10

---

56 A. 7434 ehrerbietigst beigefügt.

weitere Dampfer mit Truppen von Japan nach Korea abgegangen.

Der chinesische Resident Yuan in Korea, der die Japaner 1884 aus Söul vertrieb und gegen den sie besonders aufgebracht sind, soll seine Entlassung gefordert haben.

Schenck.

Inhalt: Chinesisch - japanische Schwierigkeiten wegen Korea.

Anlage zum Bericht A. № 84 vom 7. Juli 1894.

Abschrift.

Tientsin, den 4. Juli 1894.

№ 81.

Über die Lage in Korea beehre Euer Hochwohlgeboren ich mich auf Grund ziemlich zuverlässiger Nachrichten zu berichten, daß der Generalgouverneur Li hung chang die Zurückziehung der seiner Zeit zur Unterdrückung des Aufstandes nach Korea entsandten Truppen verfügt haben soll.

Gleichzeitig mit diesem Schritte soll Li hung chang an den Thron berichtet haben und den Vorschlag unterbreitet haben, den früheren Gouverneur von Formosa, Lin ming chuan, mit der Bildung von 20 Bataillonen (10 000 Mann) gegen Korea zu beauftragen. Nach einer gestern hier eingetroffenen Depesche des mit der Führung der chinesischen Truppen in Ya shan, circa 30 Meilen südlich von Chemulpo, betrauten General Yeh hat die Rückverschiffung der Truppen bisher nicht stattfinden können, da der japanische Höchstkommandirende die sämmtlichen koreanischen Boote 70 Meilen nördlich und südlich von Chemulpo zum Zweck einer eventuellen Verwendung für weitere japanische Truppen - Ausladungen mit Beschlag belegt hat.

An der Richtigkeit der mir hinterbrachten Nachrichten zweifele ich nicht.

Dem Generalgouverneur kommt es momentan nur darauf an, einen von ihm verfolgten Hauptzweck zu erreichen.

Ob in der Zwischenzeit bei seinen politischen Schachzügen etwas Prestige verloren geht oder nicht, ist dem Generalgouverneur, soweit hier zu beurtheilen, gleichgültig.

gez.: v. Seckendorff.

An den kaiserlichen Gesandten Herrn Freiherrn Schenck zu Schweinsberg Hochwohlgeboren Peking.

PAAA_RZ201-018916_107

Empfänger	[o. A.]	Absender	[o. A.]
A. 7632 pr. 20. August 1894. p. m.		Söul, den 29. Juni 1894.	

A. 7632 pr. 20. August 1894. p. m.

Norddeutsche Allgemeine-Zeitung
20. 8. 94

Aus Söul, den 29. Juni 1894, wird uns geschrieben:

„Nachdem die fremden Vertreter gegen die Besetzung der Fremdenniederlassung in Chemulpo Verwahrung eingelegt, haben die japanischen Truppen bis zum 22. d. Mts. die Niederlassung vollständig geräumt. Am letzteren Tage kamen die chinesischen Kriegsschiffe „Chao yung" und „Kwang king" auf der Rhede von Chemulpo an. Zwei derselben verließen indeß nach einigen Tagen den Platz, vermuthlich um nach Asan zu gehen. Am 24. d. M. brachen drei Bataillone japanischer Infanterie mit etwa 200 Mann Kavallerie, zwei Batterieen Geschütze von Chemulpo auf und besetzten die strategischen Punkte rings um Söul. Auf der Nordseite des Flusses, zwischen den Plätzen Mapo und Yongsan, ist ein Zeltlager aufgeschlagen und eine Batterie bronzener Hinterladerkanonen aufgestellt worden. — In Söul selbst steht ein Bataillon Infanterie. Die chinesische Regierung hat die nach dem Tientsin-Vertrage von 1885 erforderliche vorherige Anzeige von der Absendung chinesischer Truppen durch ihren Gesandten in Tokio an den Minister der japanischen auswärtigen Angelegenheiten gerichtet mit dem Zusatze, daß das „Tributland" Korea die Hülfe erbeten hätte. Diese Bezeichnung wird japanischerseits für unzulässig gehalten, weil in dem Vertrage zwischen Japan und Korea das letztere ausdrücklich als ein unabhängiger Staat anerkannt worden sei. Die japanische Regierung sandte darauf ebenfalls Truppen nach Korea, zunächst angeblich zum Schutze ihrer Unterthanen und mit dem Verlangen, die unumgänglich nothwendigen Reformen in Korea endlich einzuführen. Am 27. d. M. sind wieder zehn Schiffe der Dampfergesellschaft „Nippon Yusen Kaisha" mit Proviant und ungefähr 2500 japanischen Truppen in Chemulpo angekommen, die in der Nähe der dortigen Fremdenniderlassung Quartier und Lager bezogen haben. In Wönsan (Gensan) sollen 100, in Fusan 120, nach anderen

Nachrichten 1000 japanische Soldaten gelandet sein. Die ganze Hiroshima-Garnison unter dem Oberbefehle des Generals Oshima befindet sich in Korea. Die chinesischen Truppen lagern noch immer in Asan. Die Lage ist eine erste. Die hiesigen Chinesen halten jetzt einen Krieg mit Japan für unvermeidlich. Unter den Chinesen in Söul und Chemulpo ist eine förmliche Panik ausgebrochen. In Schaaren verlassen sie Korea, zumal nachdem der chinesische Gesandte seine Familie nach China zurückgesandt hat. Für uns Deutsche ist es eine Genugthuung, daß inzwischen zum Schutze der deutschen Interessen S. M. Kanonenboot „Iltis" in Chemulpo eingetroffen ist. Auf der Rhede von Chemulpo liegen jetzt, außer verschiedenen japanischen und chinesischen Kriegsschiffen, das Kanonenboot „Iltis", das amerikanische Flaggschiff „Baltimore", der französische Aviso „Inconstant" und das russische Kanonenboot „Koreyetz". Der englische Kreuzer „Mercury" ging nach ganz kurzem Aufenthalt wieder fort; ein anderes englisches Kriegsschiff ist bis jetzt dort nicht angelangt. Heute kehrten 900 koreanische Soldaten aus Chöllado hierher zurück. Etwa 1000 Mann sind noch dort verblieben, weil der Aufstand noch nicht ganz niedergeschlagen zu sein scheint. Unter den koreanischen Beamten herrscht große Aufregung. Viele derselben haben die Hauptstadt verlassen, andere sind in die Nähe der hiesigen europäischen und amerikanischen Gesandtschaften und Konsulate übergesiedelt. Bisher haben die japanischen Truppen, deren gute Disziplin allgemein gerühmt wird, in ihrem Benehmen gegen die fremden und einheimischen Bewohner von Söul und Chemulpo zu Klagen keinen Anlaß gegeben."

Berlin, den 23. August 1894.   zu A. 7611.

An
die Botschaften in
1. London № 657.
2. St. Petersbg. № 344.

J. № 5057.

Euer pp. übersende ich anbei ergebenst Abschrift
eines Berichts des K. Gesandten in Peking vom
5. v. Mts., betreffend Korea und Rückkehr Graf.
Cassini's, zu Ihrer Information.

N. d. H. U. St. S.

Die politische Lage Koreas betreffend.

PAAA_RZ201-018916_110 ff.			
Empfänger	Caprivi	Absender	Krien
A. 7753 pr. 25. August 1894. a. m.		Söul, den 6. Juli 1894.	
Memo	cf. A. 8510 mtg. 28. 8. London 688, Paris 396, Petersbg. 358, Wien 448. J. № 323.		

A. 7753 pr. 25. August 1894. a. m. 2 Anl.

Söul, den 6. Juli 1894.

Kontrole № 51.

An Seine Exzellenz

den Reichskanzler, General der Infanterie

Herrn Grafen von Caprivi.

Euerer Exzellenz beehre ich mich im Anschluß an meinen ganz gehorsamen Bericht № 48 vom 29. vor. Mts[57]. in der Anlage A eine Uebersetzung des Memorandums zu unterbreiten, welches Herr Otori am 26. v. Mts. dem Könige überreicht hat. Der Gesandte rühmt darin die Tugenden des Königs und tadelt den Unverstand der Bevölkerung des Südens, die sich der Obrigkeit widersetzt hätte. In Ueberschätzung der Schwierigkeit, die Rebellen zu bewältigen, hätte die Regierung von ihrem Nachbarlande Hülfe angenommen. Daraufhin hätte die Japanische Regierung ihn mit Truppen zum Schutze der Gesandtschaft und der Japanischen Kaufleute und mit dem Befehle, dem befreundeten Nachbarreiche auf Verlangen Hülfe zu leisten, nach Söul entsandt. Inzwischen wären jedoch glücklicherweise die Aufständischen zerstreut worden. Herr Otori lenkt dann die Aufmerksamkeit des Königs auf die Macht und die Blüthe der fremden Staaten, die durch weise Gesetze für die Wohlfahrt ihrer Unterthanen sorgten, den Ackerbau pflegten und den Handel begünstigten, und empfiehlt dem Könige, seine Politik zu ändern und Reformen einzuführen, falls das Königsreich unter den umliegenden Staaten seinen Rang behaupten wolle. Schließlich bittet er den König, diese Gedanken zu erwägen und den Präsidenten des Auswärtigen Amtes oder einen anderen hohen Beamten abzuordnen, mit dem er die

---

[57] A. 7506 ehrerbietig beigefügt.

Fragen gründlich besprechen könne.

Auf wiederholtes Drängen des Japanischen Gesandten ist dann am 4. d. Mts. der „Staatminister zur Linken", Kim Hong Jip zum „Minister des Aeußern" ernannt worden, dem Vernehmen nach zu dem Zwecke, die angeregten Fragen mit Herrn Otori zu besprechen und dem Könige über auswärtige Beziehungen regelmäßig zu berichten.

Am 3. d. Mts. hat der Japanische Vertreter dem Präsidenten des Auswärtigen Amtes erklärt, daß ohne Garantieen der Koreanischen Regierung für die Einführung von Reformen im Heereswesen, in der Verwaltung, den Finanzen, im Unterricht und im Handel und Ackerbau die Japanischen Truppen nicht zurückgezogen werden würden.

Euerer Exzellenz beehre ich mich ferner in der Anlage B Uebersetzung der Antwort des Präsidenten des Auswärtigen Amtes auf die Anfrage des Japanischen Gesandten über das staatsrechtliche Verhältniß Koreas zu China ganz gehorsamst zu überreichen. (Die Japanische Note selbst habe ich bisher nicht erlangen können.) Herr Cho betont darin, daß Korea in Artikel 1 des mit Japan im Jahre 1876 abgeschlossenen Vertrags ausdrücklich als ein selbständiger Staat anerkannt worden sei. Die Unterstützung China's habe Korea aus eigener Machtvollkommenheit nachgesucht und diese Handlung könne als eine Vertragsverletzung nicht aufgefaßt werden. Korea habe stets die Bestimmungen des Vertrages mit Japan gewissenhaft erfüllt. Auch China wäre es bekannt, daß Korea, soweit seine innere Verwaltung und seine Beziehungen zu dem Auslande in Betracht kämen, unabhängig sei. Ob der Chinesische Gesandte in Tokio das Gegentheil behauptet habe, oder nicht, berühre Korea nicht. Für die Beziehungen von Korea zu Japan seien lediglich die zwischen beiden Ländern abgeschlossenen Verträge maßgebend.

Gestern trafen wieder etwa 500 Japanische Soldaten, 50 Spielleute und 350 Arbeiter aus Osaka in Chemulpo ein. Andere Transportschiffe mit Truppen, Kohlen und Proviant werden dort erwartet. Vor Kurzem haben die Japaner auch die Insel Kanghwa am Han -Fluße zwischen Chemulpo und Söul besetzt und Streitpatrouillen sind sowohl nach dem Süden als auch nach dem Norden des Landes abgegangen.

Der Russische Geschäftsträger Kehrberg äußerte sich zu mir neulich in sehr scharfer Weise über das völkerrechtswidrige und gewaltthätige Verfahren der Japanischen Regierung, das nicht einmal Wilden gegenüber angewendet würde, und sprach die Hoffnung aus, daß die Japanischen Truppen in kürzester Frist Korea wieder verlassen würden. Auch der Französische Vertreter ist über die Japaner empört, weil einige ihrer Soldaten einen französischen Priester, der ihnen das Legen eines Feldtelegraphen auf dem katholischen Kirchhofe verwehrt und einem der Soldaten dabei allerdings die Mütze fortgenommen hatte, mit der blanken Waffe bedroht haben. Der Englische General-Konsul ist auf der Landstraße von einem Japanischen Posten angehalten worden und hat seinen

Namen in ein vorgehaltenes Buch eintragen müssen.

Die Japaner gebärden sich überhaupt, als ob sie in einem eroberten Lande wären. Staatsgebäude werden trotz des Protestes der Regierung einfach mit Beschlag belegt und zu Soldatenquartieren und Pferdeställen eingerichtet; die Tragstühle der Koreaner werden von den Posten visitirt.

Chinesen und Koreaner verlassen andauernd in großer Zahl die Hauptstadt und die Hafenstadt Chemulpo; ungefähr die Hälfte der besseren Klasse der Koreaner hat sich von hier ins Innere geflüchtet.

Sechshundert Mann der Chinesischen Truppen brachen Ende v. Mts. nach dem Süden auf, angeblich weil sich in der Provinz Chung-chöng-do Rebellen gezeigt hätten, kehrten dann aber bald wieder nach ihrem Lager bei Asan zurück.

Vor acht Tagen traf der Englische Kreuzer „Archer" in Chemulpo ein.

Abschriften dieses ganz gehorsamen Berichtes sende ich an die Kaiserlichen Gesandtschaften zu Peking und Tokio.

Krien.

Inhalt: Die politische Lage Koreas betreffend. 2 Anlagen.

Anlage A zum Bericht № 51.
Abschrift.

Memorandum des Japanischen Gesandten Otori an den König, d. d. 26. Juni 1894.

Täglich wächst Euerer Majestät heilige Tugend, auf das ganze Volk erstrecken sich Ihre Reformen, über die Vorzüge Ihrer Regierung ist das ganze Land des Lobes voll. Die Bevölkerung des Südens verschloß sich unverständigerweise gegen die Reformen und widersetzte sich der Obrigkeit; die Königlichen Soldaten, gegen sie geschickt, konnten sie angreifen; aber die Regierung, in Ueberschätzung der Schwierigkeit (die Rebellen) zu zerstreuen, nahm Hilfe von ihrem Nachbar.

Meine Regierung, auf die Kunde davon und in Erwägung der Bedeutung der Sache beorderte mich, mit Truppen zum Schutze der Gesandtschaft und der Japanischen Händler hierher nach Söul zurück zu kehren, und, Glück und Unglück, das Korea trifft, mitfühlend, auf Verlangen Hilfe und Beistand zu leisten zur Documentirung unserer freundnachbarlichen Gefühle. Mit diesen Befehlen kam ich nach Söul und hörte hier, daß Chonchu wiedergewonnen war und die Rebellen sich zerstreut hatten. Jetzt sind die (Koreanischen) Truppen zurückgekehrt und für die Zukunft wird Alles wieder in Ordnung kommen, dank der herrlichen Tugend Euer Majestät; das ganze Land ist hierzu zu beglückwünschen.

Japan und Korea sind zusammen gelegen am östlichen Ozean, unsere Grenzen sind einander nicht fern, aber unsere Länder stehen zu einander nicht nur wie Wagen und Räder oder wie Lippen und Zähne; vielmehr stehen wir im schriftlichem Verkehr, haben Freundschaft mit einander geschlossen, und Gesandte und Geschenke gehen zwischen uns hin und her. So war es in alten Zeiten und so ist es noch jetzt; die Blätter der Geschichte lehren es. Betrachten Sie die Verhältnisse der fremden Mächte, wie diese ihre Unterthanen regieren und unterweisen, Gesetze geben und für die Wohlfahrt sorgen, den Landbau pflegen und den Handel begünstigen; das macht diese Völker reich und stark, und läßt sie wachsen und gedeihen und macht sie hervorragend auf der Erde. Also: durch gute Regierung das Reich erhalten und gute Gesetze einführen!

Ist (Korea) nicht im Stande seine Verhältnisse vollständig zu ändern und seinen Gesichtskreis zu erweitern, kämpft es nicht mit Energie für seine Selbstständigkeit, wie kann es dann seinen Platz behaupten in der Reihe der Staaten rings um?

Seine Majestät der Kaiser von Japan beauftragte mich daher, diese Gesichtspunkte den Ministern des Koreanischen Hofes darzulegen und Ihrer Regierung zu einer Politik zu rathen, die (Korea) reich und stark machen wird. So ist das Wort von gemeinsamen Fragen von Glück und Unglück erfüllt und wir verlassen uns auf einander und stützen einander wie Räder den Wagen.

Euer Majestät wollen (diese Gedanken) erwägen und den Präsidenten des Auswärtigen Amtes oder einen besonderen hohen Beamten mit mir gründlich besprechen lassen. Es wäre als ein großes Glück zu greifen, wenn Euer Majestät die guten Absichten und nachbarliche Freundschaftsbethätigung meiner Regierung nicht zurückweisen würden.

Ich hoffe und wünsche Euer Majestät Anerkennung hierdurch gefunden zu haben und wünsche Ihnen ein Glück ohne Grenzen.

den 26. Juni 1894.

Anlage B zum Bericht № 51.

Abschrift.

Antwort des Koreanischen Auswärtigen Amtes auf die Depesche des Japanischen Gesandten Herrn Otori vom 28. Juni 1894.

Ew. pp. habe ich die Ehre den Empfang der Depesche vom 28. v. Mts. ganz ergebenst zu bestätigen, und wollen Ew. pp. mir gestatten, darauf Folgendes ganz ergebenst zu erwidern.

Nach Artikel 1 des (Kanghoa) Vertrages vom Jahre 1876 genießt Korea als unabhängiger Staat dieselben Souveränitäts - Rechte wie Japan, und haben sich unsere beiderseitigen Länder in ihren Beziehungen zu einander seit Abschluß des Vertrages immer als selbständige und gleichberechtigte Staaten behandelt. Daß wir jetzt die Unterstützung von China in Anspruch genommen haben, ist ebenfalls ein aus unserer eigenen Machtvollkommenheit hervorgegangener Akt in dem eine Verletzung des Koreanisch - Japanischen Vertrages durchaus nicht enthalten ist. Korea kennt nur ein Festhalten an dem zwischen ihm und Japan geschlossenen Vertrage und handelt strikt nach den Vorschriften desselben. China wußte aber ebenfalls, daß Korea soweit seine innere Verwaltung und seine Beziehungen nach außen in Fragen kommen, Unabhängigkeit genießt, und ob Seine Exzellenz Herr Wang in seiner Depesche das Gegentheil sagt oder nicht, berührt Korea nicht im Geringsten. Für die Beziehungen zwischen Korea und Japan können jedenfalls nur die zwischen beiden Ländern abgeschlossenen Verträge maßgebend sein.

Indem ich Ew. pp. bitte, diese Gesichtspunkte im Auge zu behalten, verbleibe ich etc.

gez: Cho.

Präsident des Königlich Koreanischen Auswärtigen Amtes

den 1. Juli 1894.

Mittheilung von Berichten nach Peking und Söul.

PAAA_RZ201-018916_125 ff.			
Empfänger	Caprivi	Absender	Gutschmid
A. 7754 pr. 25. August 1894. a. m.		Tokio, den 18. Juli 1894.	

A. 7754 pr. 25. August 1894. a. m.

Tokio, den 18. Juli 1894.

A. 56.

Seiner Exzellenz

dem Reichskanzler, General der Infanterie

Herrn Grafen von Caprivi.

Euerer Exzellenz melde ich gehorsamst, daß ich, nachdem jetzt eine gewisse Entlastung der Kanzlei, die in Folge der Erdbebenkatastrophe vom 20. v. M. in ungewöhnlichem Grade in Anspruch genommen war, eingetreten ist, unter dem heutigen Tage Abschriften meines Berichtes A. 48 vom 27. v. M.[58], betreffend Korea, nach Peking und Söul habe abgehen lassen. Dahingegen halte ich mich nicht für berechtigt, Abschriften meiner Berichte A. 53 vom 9. d. M.[59] und A. 55 vom 13. d. M. dorthin zu senden, da deren Inhalt zum Theil auf streng vertraulichen Mittheilungen des hiesigen Ministers des Aeußern sowie verschiedener meiner Herren Kollegen beruht.

Gutschmid.

Inhalt: Mittheilung von Berichten nach Peking und Söul.

---

[58] A. 7254 ehrerbietigst beigefügt.
[59] A. 7503 ehrerbietigst beigefügt.

Die zwischen Japan und Korea schwebenden Verhandlungen. Das Japanische Occupationscorps.

PAAA_RZ201-018916_128 ff.			
Empfänger	Caprivi	Absender	Gutschmid
A. 7755 pr. 25. August 1894. a. m.		Tokio, den 18. Juli 1894.	

A. 7755 pr. 25. August 1894. a. m.

Tokio, den 18. Juli 1894.

A. 57.

Seiner Exzellenz

dem Reichskanzler, General der Infanterie

Herrn Grafen von Caprivi

Die vor Tagen eingeleiteten direkten Verhandlungen mit der Koreanischen Regierung scheinen einen nicht unbefriedigenden Verlauf zu nehmen. Der dortige Japanische Gesandte hat dem hiesigen Minister des Aeußern unter dem 10. d. M. gemeldet, daß in einer Konferenz, die er mit einer von dem König ad hoc eingesetzten Kommission von drei hohen Beamten gehalten habe, die Japanischen Reformvorschläge im Prinzip angenommen worden seien. Ausführliche Meldungen des Herrn Otori werden indessen erst erwartet.

Ein weiteres Entgegenkommen Koreas, in dessen Regierung das Japan freundliche Element an Einfluß gewinne, liege, wie der Vice Minister des Aeußern dem Secretaire-Interprite Fr. Weipert mitgetheilt hat, darin, daß der frühere hiesige Minister - Resident Kim Ko Shu, der der Reformpartei angehöre, zum Minister des Auswärtigen mit dem vollen Range eines Ministers ernannt worden sei, während bisher die Auswärtigen Angelegenheiten nur von einem direkt unter dem König stehenden Vice - Minister geleitet wurden. Herr Hayashi hat bei dieser Gelegenheit die Befürchtung ausgesprochen, daß Krankheiten in Folge des ungewohnten Klimas die Truppen dezimiren und so zur Aufgabe der Occupation nöthigen könnten. Andernfalls würde das Occupationscorps so lange dort bleiben, bis die Reformen ernstlich in Angriff genommen worden seien. Der Kostenpunkt spiele keine Rolle, da Korea sogar vertragsmäßig verpflichtet sei die Kosten zu tragen sowie für Unterbringung der Japanischen Truppen zu sorgen. Diese angebliche Vertragsbestimmung ist mir unbekannt. Der praktische Erfolg der Japanisch - Koreanischen

Verhandlungen wird indessen immer von der Haltung China's abhängen müssen.

Abschriften dieses Berichtes gehen nach Peking und Söul.

Gutschmid.

Inhalt: Die zwischen Japan und Korea schwebenden Verhandlungen. Das Japanische Occupationscorps.

Die Japanischen Pläne hinsichtlich Koreas.

	PAAA_RZ201-018916_132 ff.		
Empfänger	Caprivi	Absender	Gutschmid
A. 7756 pr. 25. August 1894. a. m.		Tokio, den 19. Juli 1894.	
Memo	mitg. 28. 8. London 680, Paris 390, Petersbg 352, Rom, B. 490, Wien 442, Washington A. 53, München 656, Karlsruhe 497, Weimar 396, Stuttgart 624, Staatsmin.		

A. 7756 pr. 25. August 1894. a. m.

Tokio, den 19. Juli 1894.

A. 58.

Vertraulich!

Seiner Exzellenz

dem Reichskanzler, General der Infanterie

Herrn Grafen von Caprivi.

Der Major Freiherr von Grutschreiber, welcher mit den hiesigen militärischen Kreisen in enger Fühlung steht, ist nach dem, was er gehört, überzeugt, daß Japan in Korea weitergehende Absicht hat, als nur die Reformen durchzusetzen: man meint, es werde von Korea die Zahlung der durch die Expedition entstandenen Kosten (wozu dann die Eintreibung alter Rückstände treten könnte) verlangen - was übrigens der Vize Minister Hayashi mir bereits zugegeben hat - und wenn es diese, wie anzunehmen, nicht aufbringen könne, Gebietstheile als Pfand occupiren und so dort Fuß fassen.

Daß eine solche Entwicklung der Dinge den Hoffnungen der militärischen Kreise Japans nicht nur sondern, auch eines erheblichen Theiles der Nation entsprechen würde, im Stillen sogar von der Regierung selbst ersehnt und als Möglichkeit in die Augen gefaßt wird, bezweifle ich durchaus nicht. Ob aber China der Verwirklichung derartiger Pläne unthätig zuschauen und nicht vielmehr ein unüberwindliches Hinderniß für eine Annexionspolitik bilden würde, ist eine andere Frage und zwar eine solche, welche die hiesige Regierung sicherlich sehr ernstlich bei ihren politischen Berechnungen in Erwägung zu ziehen haben wird.

Ein viel wichtigerer Faktor aber als China, mit dem Japan zu rechnen hat, ist Rußland. Herr von Grutschreiber hat nun in dieser Hinsicht in seinen Kreisen die Ansicht aussprechen hören, Japan habe sich sicher vor der ganzen Aktion mit Rußland insgeheim verständigt: man fürchte hier Rußland viel zu sehr um dessen Zorn zu riskiren und die Russische Mediation sei nur Blendwerk gewesen.

Daß das Armee Oberkommando Alles auf eine verlängerte Occupation vorbereitet ist allerdings eine Thatsache, da der mir sehr gut bekannte und fließend Deutsch sprechende Major im Generalstabe, Herr Ijichi mir noch vor einigen Tagen sagte, man schicke zwar vorläufig keine weiteren Truppen nach Korea, wohl aber das vollständig hergerichtete Baumaterial für Baracken.

Gutschmid.

Inhalt: Die Japanischen Pläne hinsichtlich Koreas.

Friedliche Erklärung des Japanischen Ministers des Aeußeren hinsichtlich Koreas.

	PAAA_RZ201-018916_136 ff.		
Empfänger	Caprivi	Absender	Gutschmid
A. 7757 pr. 25. August 1894. a. m.		Tokio, den 19. Juli 1894.	
Memo	mitg. 28. 8. London 682, Petersburg 354, Rom. B. 492, Wien 444, Washington A. 54, Dresden 632, Karlsruhe 499, München 658, Stuttgart 626, Weimar 398, Brüssel 157, Haag 25, Bern 18, Staatsmin.		

A. 7757 pr. 25. August 1894. a. m.

Tokio, den 19. Juli 1894.

A. 59.

Vertraulich

Seiner Exzellenz, dem Reichskanzler, General der Infanterie

Herrn Grafen von Caprivi

Der hiesige Minister der Auswärtigen Angelegenheiten ist vorgestern auf meine am 13. d. m. ihm gemachten und am Schluß meines Berichtes A. 55[60] von demselben Datum erwähnte Eröffnung zurückgekommen, indem er mir sagte, wie sehr er das in die Friedensliebe Japans Seitens der Kaiserlichen Regierung gesetzte Vertrauen zu schätzen wisse (appreciate). Herr Mutsu fügte hinzu, ich möge überzeugt sein, daß die Aufgabe Japans in Korea nicht nur in der Herstellung des Friedens und der Ordnung in jenem Königreich selbst sondern vornehmlich auch darin bestehe „the general tranquility in the extrem Orient" zu sichern. Japan werde einen bewaffneten Konflikt, so weit dies in seiner Macht liege und mit der Ehre der Nation vereinbar sei, vermeiden. Die gegenwärtigen gespannten Beziehungen mit China seien eine Folge der unversöhnlichen Gesinnung jener Macht.

Gutschmid.

Inhalt: Friedliche Erklärung des Japanischen Ministers des Aeußeren hinsichtlich Koreas.

---

60 A. 7507 beigefügt zu A. 7754.

Eventuelle Vermittlung der Mächte in der Koreanischen Angelegenheit.

	PAAA_RZ201-018916_139 ff.		
Empfänger	Caprivi	Absender	Gutschmid
A. 7759 pr. 25. August 1894. a. m.		Tokio, den 20. Juli 1894.	
Memo	mitg. 28. 8. London 683.		

A. 7759 pr. 25. August 1894. a. m.

Tokio, den 20. Juli 1894.

A. 61.

Seiner Exzellenz

dem Reichskanzler, General der Infanterie

Herrn Grafen von Caprivi.

Der hiesige Minister des Aeußern hat vor einigen Tagen ein Telegramm des Japanischen Gesandten in London des Inhalts erhalten, daß England die Regierungen Deutschlands, Rußlands, Frankreichs und der Vereinigten Staaten aufgefordert habe, durch ihre hiesigen Vertreter gemeinsame Schritte im Interesse eines friedlichen Ausgleiches zwischen Japan und China zu unternehmen. Zur Zeit der Absendung des in Rede stehenden Telegrammes wäre bereits von der Kaiserlichen Regierung eine zusagende Antwort auf dem Foreign Office eingegangen.

Der Englische Geschäftsträger ist bis jetzt noch nicht im Besitz einer dies bezüglichen Mittheilung seiner Regierung. Auch waren bis vorgestern meine übrigen in Betracht kommenden Kollegen ohne Instruktion. Auf Grund der mir von Euerer Exzellenz bereits zugegangenen hohen Weisungen werde ich mich eintretenden Falles für ermächtigt halten, mich an gemeinsamen Schritten zu betheiligen.

Gutschmid.

Inhalt: Eventuelle Vermittlung der Mächte in der Koreanischen Angelegenheit.

Neue Complikation in den Verhandlungen zwischen Japan, Korea und China.

PAAA_RZ201-018916_142 ff.

Empfänger	Caprivi	Absender	Gutschmidt
A. 7760 pr. 25. August 1894. a. m.		Tokio, den 21. Juli 1894.	
Memo	mitg. 28. 8. London 681, Paris 391, Petersbg. 353, Rom, B. 191, Wien 443, Dresden 631, Karlsruhe 498, München 657, Stuttgart 625, Weimar 397, Staatsmin. cf. A. 7761		

A. 7760 pr. 25. August 1894. a. m.

Tokio, den 21. Juli 1894.

A. 62.

Seiner Exzellenz

dem Reichskanzler, General der Infanterie

Herrn Grafen von Caprivi.

Die direkten Verhandlungen zwischen Japan und Korea, die nach Inhalt meines gehorsamsten Berichts A. 57 vom 18. d. M[61]. einen glatten Fortgang nahmen, scheinen jetzt an der Forderung des Königs, Japan möge vor Inangriffnahme der Reformen seine Truppen zurückziehen scheitern zu sollen.

Nach einer vertraulichen Mittheilung des Vice Ministers des Aeußern haben nämlich die Koreanischen Kommissare am 18. d. M. als Vorbedingung für die Inangriffnahme der Japanischerseits verlangten Reformen die vorherige Zurückziehung des Japanischen Occupationcorps verlangt und diese Forderung damit begründet, daß durch die Anwesenheit der Japanischen Truppen das Volk in Aufregung und Angst versetzt werde. Da Korea hiermit, so äußerte sich Herr Hayashi, ein bereits gegebenes Versprechen breche, so könne Japan diese Handlungsweise zum Anlaß einer Kriegserklärung nicht nur gegen Korea sondern auch gegen China nehmen, das es als den Anstifter betrachten müsse.

China hat sich zwar nach Inhalt einer gestern auf dem hiesigen Auswärtigen Amt eingegangenen Depesche jetzt damit einverstanden erklärt, gemeinsam mit Japan Reformen von Korea zu verlangen. Japan habe indeß erwidert, daß es bereits von Korea das

---

[61] A. 7755 mit heutiger Post.

Versprechen erhalten habe, Reformen einzuführen und mit den Koreanischen Kommissaren über diese Reformen im Einzelnen verhandle. Es habe nichts dagegen, wenn China von jetzt an sich diesen Verhandlungen anschließe.

Herr Hayashi glaubt nicht daß China diesen Vorschlag acceptiren werde und meint, daß andererseits Japan seine Position unmöglich aufgeben könne. Er hält demnach die Aussichten auf eine friedliche Beilegung der Differenzen zur Zeit für nur sehr geringe, um so mehr, als die veränderte Haltung Koreas in den Verhandlungen mit Japan offenbar eine Folge von Einschüchterungen und Intriguen des Hofes von Peking sei. Oberstlieutenant von Grutschreiber hat gestern dem Secrétaire Interpréte, Dr. Weispert, mitgetheilt, daß seit einigen Tagen auf dem Generalstab fieberhaft gearbeitet werde und er Grund habe, anzunehmen, daß man sich sehr eifrig mit den Etappenstraßen nicht nur in Korea sondern auch nach Peking beschäftige. Die Vermittlungsversuche schließlich werden bis jetzt ausschließlich von England geführt; über gemeinsame vom Englischen Kabinet angeregte Demarchen der Mächte verlautet auch heute noch nichts.

Gutschmidt.

Inhalt: Neue Complikation in den Verhandlungen zwischen Japan, Korea und China.

Stellung Englands zu dem Japanisch - Chinesischen Konflikt.

PAAA_RZ201-018916_146 ff.			
Empfänger	Caprivi	Absender	Gutschmid
A. 7761 pr. 25. August 1894. a. m.		Tokio, den 22. Juli 1894.	
Memo	mitg. 28. 8. London 684, Paris 392, Petersburg 355, Rom B. 493, Wien 445.		

A. 7761 pr. 25. August 1894. a. m.

Tokio, den 22. Juli 1894.

A. 63.

Vertraulich!

Seiner Exzellenz

dem Reichskanzler, General der Infanterie

Herrn Grafen von Caprivi.

Der Englische Geschäftsträger hat mir am gestrigen Abend ein Telegramm Lord Kimberley's vom 20. d. M. mitgetheilt, durch welches er beauftragt wird, dem Minister Mutsu zu sagen, die Haltung Japans China gegenüber entspreche augenblicklich nicht den Verabredungen, auf Grund welcher er die guten Dienste Englands in seiner Differenz mit der Chinesischen Regierung acceptirt habe und sei unvereinbar mit den Bestimmungen des Vertrages von 1885 (Vertag von Tientsin). Wenn Japan bei dieser Haltung beharre, so werde der Krieg unvermeidlich sein. England mache Japan für alle Konsequenzen verantwortlich.

Die Depesche des Staatssekretärs für die Auswärtigen Angelegenheiten bezieht sich offenbar auf die neuste Phase, in welche inhaltlich meines gehorsamsten Berichtes A. 62[62] vom gestrigen Tage die Japanisch-Chinesische Differenz getreten ist.

Herr Paget theilt meine Ansicht, daß das Foreign Office stark unter dem Einflusse der chinesenfreundlichen Telegramme des Gesandten O'Conor stehet; denn thatsächlich kann Japan der Vorwurf, neue, den Frieden gefährdende Forderungen an China gestellt zu haben nicht gemacht werden. Die hiesige Regierung hat vielmehr, nachdem sie die guten Dienste Englands acceptirt, mehrere Wochen auf Vorschläge China's gewartet und erst, als solche nicht erfolgten, direkte Verhandlungen mit Korea angeknüpft. Sobald aber letzterer

---

[62] A. 7760 mit heutiger Post.

Umstand der Chinesischen Regierung bekannt wurde hat diese sich entschlossen, Japan eine gemeinsame Aktion in Korea vorzuschlagen, nicht sowohl um bona fide mit dem Gouvernment von Tokio fortan Hand in Hand zu gehen als um die bereits dem Abschluß sich nährenden Verhandlungen in Söul zu durchkreuzen, wie sich aus der veränderten Haltung der Koreanischen Regierung, insbesondere aus ihrer Forderung der Räumung der Halbinsel durch die Japanischen Truppen zur Genüge ergibt.

Am heutigen Abend wird Mr. Paget die Antwort des Ministers des Aeußern, gegen den er sich in der Frühe seines Anstrengs entledigt hat, entgegennehmen; er glaubt aber ebensowenig wie ich, daß von Japan trotz des starken augenblicklich von England auf seine Regierung geübten Druckes weitere Nachgiebigkeit zu erwarten ist.

Eine gemeinsame Demarche der Mächte, die aber auch heute noch nicht in Aussicht steht, würde vielleicht im gegenwärtigen Moment der Japanischen Regierung den Rückzug erleichtern.

Zum Schuß unterlasse ich nicht, nachträglich gehorsamst zu melden, daß Abschriften meines Berichtes A. 62 von gestern nach Peking und Söul gehen.

Gutschmid.

Inhalt: Stellung Englands zu dem Japanisch - Chinesischen Konflikt.

Die Haltung Rußlands in dem Koreanischen Konflikt. Kriegerische Anzeichen.

PAAA_RZ201-018916_150 ff.

Empfänger	Caprivi	Absender	Gutschmid
A. 7762 pr. 25. August 1894. a. m.		Tokio, den 22. Juli 1894.	
Memo	mitg. 28. 8. London 685, Paris 393, Petersburg 356, Rom 494, Wien 446.		

A. 7762 pr. 25. August 1894. a. m.

Tokio, den 22. Juli 1894.

A. 64.

Vertraulich!

Seiner Exzellenz

dem Reichskanzler, General der Infanterie

Herrn Grafen von Caprivi.

Der hiesige Minister der Auswärtigen Angelegenheiten hat dem Englischen Geschäftsträger gegenüber der Besorgniß Ausdruck gegeben, daß Rußland mit Japan falsches Spiel treibe. Herr Mutsu findet es auffällig, daß die Note, in welcher Herr Hitrovo nach der Japanischerseits erfolgten Zurückweisung der Russischen Vermittelung die von der hiesigen Regierung hierfür geltend gemachten Gründe als berechtigt anerkannt, in so überaus warmen Ausdrücken abgefaßt war und recht dazu angethan schien, Japan in seiner Haltung zu bestärken. Der Minister hält es nicht für angeschlossen, daß Rußland einen bewaffneten Konflikt zwischen Japan und China ganz gerne sehen würde und daß es thatsächlich auf Seiten China's steht.

Es scheint sicher zu sein, daß China für den Krieg ernstliche Vorbereitungen trifft und im Begriffe steht, erhebliche Verstärkungen nach Korea zu entsenden. Der hiesige Chinesische Gesandte hat bereits von dem Nordamerikanischen Gesandten die Zusage erhalten, daß für den Fall eines Krieges die Vereinigten Staaten die Chinesischen Unterthanen in Japan unter ihren Schutz stellen würden.

Daß Japan ernstlich rüstet ist eine Thatsache. Die Presse wird indessen streng überwacht und darf nur diejenigen Nachrichten über militärische Bewegungen veröffentlichen, die ihr von der Regierung zugänglich gemacht werden.

Gutschmid.

Inhalt: Die Haltung Rußlands in dem Koreanischen Konflikt. Kriegerische Anzeichen.

Erfolglosigkeit der Englischen Vermittelung, Verschärfung der Situation.

PAAA_RZ201-018916_154 ff.			
Empfänger	Caprivi	Absender	Gutschmid
A. 7763 pr. 25 August 1894. a. m.		Tokio, den 23. Juli 1894.	
Memo	mitg. 28. 8. London 686, Paris 394, Petersburg 357, Rom 495, Wien 447.		

A. 7763 pr. 25 August 1894. a. m.

Tokio, den 23. Juli 1894.

A. 65.

Vertraulich

Seiner Exzellenz

dem Reichskanzler, General der Infanterie

Herrn Grafen von Caprivi.

Der Minister der Auswärtigen Angelegenheiten hat dem Englischen Geschäftsträger als Antwort auf die in meinem gehorsamsten Bericht A. 63[63] von gestern erwähnte Depesche Lord Kimberley's erklärt, Japans Forderungen seien nicht unbillig, es lehne daher die Verantwortlichkeit für einen etwaigen Krieg ab und schiebe dieselbe ausschließlich der Chinesischen Regierung zu. Er bitte die Englische Regierung, die Gründe, welche Japan zu seiner Haltung bestimmten, nochmals in Erwägung zu ziehen.

Herr Paget hat diese Antwort, auf die er seinerseits aus eigener Machtvollkommenheit nichts zu erwidern findet, heute Vormittag dem Foreign Office telegraphisch übermittelt.

Sollte China nicht bewogen werden können, noch im letzten Augenblick einiges Entgegenkommen zu zeigen so scheint der Krieg unvermeidlich.

Die Lage hat sich noch dadurch zugespitzt, daß der Japanische Gesandte in Söul am 20. d. M. die Koreanische Regierung als Antwort auf ihr Ansinnen, die Japanischen Truppen möchten vor allem das Koreanische Gebiet räumen, aufgefordert hat, ihre Unabhängigkeit dadurch zu bewahrheiten, daß sie die Chinesischen Truppen veranlasse, Korea zu verlassen. Herr Otori hat hierfür eine Frist von 3 Tagen gesetzt.

Gutschmid.

Inhalt: Erfolglosigkeit der Englischen Vermittelung, Verschärfung der Situation.

---

63 A. 7761 mit heutiger Post.

연구 참여자

[연구책임자]　김재혁 : 출판위원장·독일어권문화연구소장·고려대학교 독어독문학과 교수

[공동연구원]　김용현 : 출판위원·고려대학교 독어독문학과 교수

Kneider, H.-A. : 출판위원·한국외국어대학교 독일어학과&통번역대학원 교수

이도길 : 출판위원·고려대학교 민족문화연구원 HK 교수

배항섭 : 출판위원·성균관대학교 동아시아학술원 교수

유진영 : 출판위원·고려대학교 독일어권문화연구소 연구교수

[전임연구원]　한승훈 : 고려대학교 독일어권문화연구소 연구교수

이정린 : 고려대학교 독일어권문화연구소 연구교수

[번역]　　　　김인순 : 고려대학교 독일어권문화연구소 연구원 (R18913, R18914)

강명순 : 고려대학교 독일어권문화연구소 연구원 (R18915, R18916)

[보조연구원]　김형근 : 고려대학교 대학원 한국사학과 박사수료

박진홍 : 고려대학교 대학원 한국사학과 박사수료

박진우 : 고려대학교 대학원 독어독문학과 석사과정

서진세 : 고려대학교 대학원 독어독문학과 석사과정

이홍균 : 고려대학교 독어독문학과 학사과정

정지원 : 고려대학교 독어독문학과 학사과정

박지수 : 고려대학교 독어독문학과 학사과정

박성수 : 고려대학교 한국사학과 학사과정

이원준 : 고려대학교 한국사학과 학사과정

[탈초·교정]　Seifener, Ch. : 고려대학교 독어독문학과 부교수

Wagenschütz, S. : 동덕여자대학교 독일어과 외국인 교수

Kelpin, M. : 고려대학교 독어독문학과 외국인 교수

1874~1910

독일외교문서 한국편 5

2020년 4월 29일 초판 1쇄 펴냄

옮긴이 고려대학교 독일어권문화연구소
발행인 김흥국
발행처 보고사

책임편집 황효은
표지디자인 손정자

등록 1990년 12월 13일 제6-0429호
주소 경기도 파주시 회동길 337-15 보고사 2층
전화 031-955-9797(대표), 02-922-5120~1(편집), 02-922-2246(영업)
팩스 02-922-6990
메일 kanapub3@naver.com / bogosabooks@naver.com
http://www.bogosabooks.co.kr

ISBN 979-11-5516-994-0 94340
      979-11-5516-904-9 (세트)
ⓒ 고려대학교 독일어권문화연구소, 2020

정가 50,000원